求民族生存而战

张治中 回忆录

张治中 著

华文出版社

图书在版编目（CIP）数据

求民族生存而战：张治中回忆录 / 张治中著 . -- 北京：华文出版社，2022.5（2022.12 重印）

ISBN 978-7-5075-5630-8

Ⅰ．①求… Ⅱ．①张… Ⅲ．①张治中（1890-1969）－回忆录 Ⅳ．① K825.2

中国版本图书馆 CIP 数据核字 (2022) 第 064477 号

求民族生存而战：张治中回忆录

著　　者：	张治中
责任编辑：	潘　婕
出版发行：	华文出版社
社　　址：	北京市西城区广外大街 305 号 8 区 2 号楼
邮政编码：	100055
网　　址：	http://www.hwcbs.cn
电　　话：	总 编 室 010-58336239　发行部 010-58336238
	责任编辑 010-63429159
经　　销：	新华书店
印　　刷：	北京博海升彩色印刷有限公司
开　　本：	880mm×1230mm　1/32
印　　张：	30
字　　数：	650 千字
版　　次：	2022 年 5 月第 1 版
印　　次：	2022 年 12 月第 2 次印刷
标准书号：	ISBN978-7-5075-5630-8
定　　价：	128.00 元（全二册）

版权所有，侵权必究

写在前面几句话

张治中

　　我于一九四九年冬开始写回忆录，是想把过去六十年一本大账清理一下，作为自我检查，好为进入新社会为人做事的体验参证。

　　这篇回忆录是个人自述性质，只是把我亲自接触的事实写下来，其他非我亲自接触的事情，虽偶尔顺带一笔，亦极简略。

　　我写这篇东西，严格地要求真实；不夸张，不掩饰，更不愿稍犯自我吹嘘之嫌。我生平自律，绝不说假话；且过去已有六十年岁月在混乱、苦闷、黑暗环境中度过，错误丛生，遍体创伤，何有自我吹嘘的余地。

　　为求真切地表达当时的实际情况，所以对每一问题的叙述，是就当时的立场和观点写的。当然，我在解放前根本说不上以无产阶级的立场和观点来看待问题，考虑问题；只是有一事，就写这一事，至于对这一事的写法在我思想认识上是否正确，也未计及。

编者说明

一、为保留原作面貌，编者只对部分引文和附件作了期节，对记事中的误差作了订正，并改正了明显的错别宇。

二、书中部分电文根据《中央陆军军官学校史稿》作了校正，部分引文和其他版本互有出入，仍按原作文字付梓。

三、在本书成稿过程中，曾任张治中先生秘书的余湛邦同志出力甚多，先后参加编辑工作的还有黄国平、何大钩、张文惠同志。本书的出版，还得到张治中先生家属张素我、张立钧、张一纯同志的热情支持。

四、书中注释为余湛邦和编者所加。

第一章
艰苦的历程

第一节 来源
002 故 乡
007 家 世

第二节 读书
010 入私塾
013 考秀才

第三节 流浪
016 吕德盛号学徒
019 流浪十二圩
021 两次安庆之行
026 扬州警察
029 加入学生军

第四节 进军校
033 武 昌
039 保 定

第五节 锻炼
043 投奔广东

048　多次遇险
052　宣汉事变
058　选课于上海大学
060　初试教学

第二章
北伐到抗日

第一节　北伐前后
066　从广州到武汉
070　在武汉期间
074　溪口之行
076　小游欧美
082　归　国

第二节　十年执教
084　服务黄埔
088　由武汉分校到南京本校
089　几件不曾忘记的事
094　离开军校

第三节　"讨　逆"
097　出镇武汉
100　陇海战役

105　提师入闽

第四节　首次抗日——"一·二八"淞沪之役
109　淞沪参战
113　庙行战斗
115　浏河战斗
117　葛隆镇战斗
121　慰　问
123　诗意的虞山
124　追　悼

第五节　再度抗日——"八一三"淞沪之役
127　设秘密机构于苏州"留园"
130　初步的部署和意见
132　一封敌情判断的电报
134　两篇文告
137　进军上海
140　对敌根据地的猛攻
144　对敌登陆的激战
148　一个受委屈的问题
151　转取守势和我的辞职

第三章
服务湖南

第一节 莅任
158　从上海到长沙
159　省训与施政方针

第二节 三大难题
164　到任后的第一件事
168　一个兄弟问题——兵役
172　治安之癌

第三节 春雷起蛰
177　民训的发动
182　两大方案的制订
186　向着旧存组织、制度、人事进军的前夜

第四节 第一度出巡
191　湘东南一次秘密的旅行
193　地方政治的人、物、事

第五节 转移风气
197　正义不存乎天壤之间
200　贪官之惩治

203　公路上的死伤案件

第六节　新县制建设之实施

208　干部之培育

212　基层建设之推进

第七节　五月杂话

217　发动人民抗敌自卫力量之真义

220　我们愿多听人民说话

225　"省服"与"剃头匠的精神"

第八节　第二度出巡

230　巡程前后

233　西巡半月记

第九节　财政与计政

254　开源与节流

258　小事与大事

第十节　我与教育

262　我对于几个教育问题的见解

266　教育会议

第十一节　抗战准备与动员工作

270　战时政治的中心任务
273　军事整备的片断回忆
276　编组民众抗日自卫团诸问题之检讨
280　民众运动

第十二节　武汉弃守前后

283　抗战全局与武汉战役
287　紧急阶段中的自我检查
291　将又站在抗战的前哨

第十三节　长沙大火

295　火变一日记
300　火变是怎样造成的
303　事后的处置

第十四节　最后一页

317　长沙善后工作
320　应变方案的制订
322　呈请去任
324　告别辞

第四章
在抗战时期的重庆

第一节　参与军事机要

332　自律和申明

335　军事片段

339　协调干部

341　琐碎事务

345　一个武将——陈诚

348　一个文人——陈布雷

第二节　抗战中的部队政工

354　政工纲领

355　政工典范

355　政工改制

356　工作重点

358　活跃在战场上

364　工作的检讨

375　星期六聚餐晚会

第三节　抗战中的青年组训

379　工作纲领

380　团与党关系的确定

382　一个指示

- 391 团员总考核与干部政策
- 394 一个改进的意见
- 402 夏令营
- 410 第一次全国代表大会
- 415 建议与提案
- 420 知识青年从军运动
- 422 工作总检讨

第四节 逆耳之言

- 433 零星回忆
- 436 政治、军事及党内风气问题
- 442 政府、政策、制度和作风问题
- 450 根本错误、领导缺点和补正之道

第五章
新疆问题

第一节 迪化会谈

- 469 初飞新疆
- 471 对解决新疆问题的研究与决定
- 473 会谈的第一阶段
- 494 一个报告
- 499 会谈的第二阶段

第二节　几项重要措施

- 509　迪化"五五"纪念会上的讲话
- 511　释放被盛世才拘禁的中共党员
- 512　释放新疆全省政治犯
- 512　清还被没收的人民财产
- 513　免除捐税
- 514　告全省同胞书
- 514　告全体将士书
- 516　一次讲话

第三节　合　作

- 518　新的省政府成立
- 523　施政纲领
- 535　颁布选举法
- 540　访问伊宁
- 544　国大代表
- 549　访问南疆
- 555　几个文告

第四节　建设计划

- 566　多次建议
- 567　两个机构的设置
- 569　新疆建设技术辅导团
- 580　几件小工程

第五节　实行亲苏政策

- 585　协助苏联运回存放猩猩峡和哈密的物资
- 586　中苏航空协定的签订问题
- 586　迪化中苏文化协会的恢复和经常活动
- 587　"归文会"的撤销
- 588　关于中苏在新疆贸易和经济合作问题
- 588　美国军用机飞新"游览"问题
- 589　北塔山事件问题

第六节　分　裂

- 593　伊方撤退的远因
- 599　伊方撤退的近因
- 610　一篇谈话
- 612　来往函件

第七节　兰州小住

- 618　求　去
- 622　组织各种座谈会
- 624　视察河西
- 632　调换麦斯武德
- 642　包尔汉的报告

第八节　和平解放

- 645　来往电文

653 起义经过
658 和毛主席谈新疆问题
664 怎样改造
707 庆祝大会上
714 函谢王震将军
719 函贺陶峙岳将军

第九节 自我检查

第六章
我与共产党

第一节 北伐前后
732 两党合作
732 黄埔斗争
734 蒋、周关系的恶化
734 北伐到了武汉的分裂
736 出国游历
738 军校十年
738 西安事件

第二节 抗战期间
740 初度和谈
742 主政湖南

744　入川后——两党斗争的风雨
751　皖南事件
754　二度和谈
756　三度和谈
774　美方调停
784　和苏使谈中苏关系

第三节　抗战胜利以后
791　去延安迎接毛泽东先生到重庆
800　《双十协定》
806　欢宴毛泽东先生
810　二到延安
812　由新疆发寄反对内战万言书
814　马歇尔到了中国
815　政协前后——整军方案的签订
829　三到延安
831　东北停战
832　再回新疆
834　下"戡乱"令
838　机密建议
839　会见罗申
844　低气压的南京
847　兰州小住
854　西安谈话

861　南京谈话
864　孙科组阁
865　元旦文告——蒋下野

第四节　北平和谈

868　忽想退保西北
870　溪口盘桓
875　何应钦组阁
876　和谈腹案
878　顽固派的压力
881　再到溪口
882　飞到北平
889　一次会议
910　二次会议
929　南京拒绝签订国内和平协定
934　对时局的声明

求民族生存而战

张治中 题

第一章 艰苦的历程

第一节　来　源

故　乡

我的故乡，是安徽省巢县西乡离县城九十里的一个叫做洪家疃的村子。这个村子又叫做"清水塘洪"，是因为在村的旁边有一口大塘，塘的一边是由多数姓洪的聚族而居。这一口塘实在太可爱了。水，终年是清的，除非久旱，水才减少乃至于枯竭；平常的时候，满池碧清的水，明镜一般。杭州西湖的玉泉寺，有一池水也很清，里面养着五色的游鱼。我看，我们家乡那一口塘的水，和玉泉寺的一样清，而面积比玉泉寺的池大多了。

洪家疃在秀丽的黄山南麓。皖南的黄山是天下驰名的，我认为中国的名山，黄山应首屈一指。洪家疃的黄山，我不愿喊它做"小黄山"，我认为它与皖南的黄山是同等的可爱。

这山上常有云彩飘荡着，尽管它不很高，林木不很葱郁，却经常地保持一种碧清色和淡白色，不像一般山的黄赤色。它的品格，由它的姿态、色调表现出来，最端正，最淡雅，最秀丽。看了这山，使人发生和平、冲淡等柔美的感觉。李白的诗："相看两不厌，只有敬亭山。"敬亭山在安徽宣城，也不高，却很秀；我们村子的屏障者——黄山，不但不会令人看厌，而且使你越看越爱。

环洪家疃侧面皆山，黄山是群山的主峰。黄山像一只凤凰，张开美丽的两翼，让百鸟和鸣而飞舞；又像一位老人，端坐华贵的广庭，让儿孙绕膝而团拜。它的左翼是"靠山张"，右翼是"山尾洪"，两翼相距不到五里，像一座玉屏风，峙立在我村的侧面。

登黄山，望巢湖，那是多么美好的境界！巢湖，波澜壮阔的巢湖，白茫茫一望无际的水，点缀着风帆沙鸟，站在山巅，浩荡的天风，可以开拓你的心怀，恢弘你的壮志，激荡你的豪情。你可以尽你的目力远望环湖及湖心的山。姥山山上那一座我们叫做"锥子"的尖塔也可以看得清楚。固然，从我们村子附近的岗上向南望，也可以望见巢湖，然而总没有像站在黄山山顶远望的壮观和气魄。

我们的村子是背山面湖的一幅图画。向东十五里是烔炀河，向西十五里是长临河，向南二十里是忠庙和四顶山。四顶山是一座名山，忠庙是一座名寺。四顶山在离忠庙不过三里的湖边，山是四个顶，远望四峰，对峙竞秀。

在黄山东麓有一个大庙，叫做指南庵。我记得，在我幼年的时代，香火还是很盛的；光复①那年，庙被焚毁，一直没有修复。抗战前，我想把指南庵修复起来，一方面保存古迹，一方面做研究佛学或研究其他学术者的栖息之所。已经预备烧砖瓦了，因为抗战军兴而停止。

这个寂寞古老的洪家疃村，在交通方面，淮南铁路及合巢公路经过它东面十五里的烔炀河，东南与芜湖、南京相衔接，朝发夕至。

---

① 指辛亥革命。

洪家疃的居民约有百户，是一个典型的农业村落，男耕女织，各司所事。但是终岁辛勤，仅得温饱，有的还得不到温饱。在这种情形下，教育一向是不发达的。读书，被看做特殊阶级的专业，过去科举时代这里只有秀才，民国时代没有一个大学生，风气太闭塞了。我在一九二九年创办了一所黄麓小学，后来扩充为黄麓乡村师范。本村及附近村子的儿童、青年，才开始领受现代教育的洗礼，读书的风气才渐渐展开，后来不仅本村及附近村子的儿童、青年获得就学的方便，皖北各县的来学者也日益增加，俨然成为这一地区的文化中心。

　　我怀念我的故乡，更怀念我先人的庐墓。离我的家，向北走不过百步，是我祖父母、父母、叔父的长眠之所。我盖了一个小小三间屋的墓庐，我们叫做坟庄。我回乡时，总喜欢住在这墓庐里。有一年在家中过旧年元旦，大雪纷飞，自己一个人静幽幽地走进坟庄的园里。雪越下越大，像百万玉龙盘舞。我孤清清站在雪花中，俯看山麓的村庄，和平、幽静、纯洁，一片粉装玉琢的乾坤。山泉淙淙，奏出天然的美妙的乐曲。这时，我浑然忘了世界的尘秽，撇却了人生的疾苦，这宇宙和人生都像一片白羽，纯洁而光明。我仿佛到了一个化境，一个超然出尘、遗世独立、飘飘乎欲仙的化境。我相信，这种意境，是渊源于我对可爱的黄山，可怀念的故乡，可永远瞻仰纪念的先人庐墓的深厚感情，这种感情不断诱发我敬恭桑梓和息影林泉的愿望。

　　我常常回到故乡去。这不但是一个休息的机会，也是我静心思考和接近民众的机会。其中最值得回忆的一次是我在"八一三"上海抗战以后回乡小憩的四十天。战前三十天的准备工作，从八月十二日到九月二十三日整整四十天指挥作战的辛苦，使我的身体疲惫不堪。九月二十五日从前方回到南京，虽已调任大本营重要职务，也不能不请假回乡稍事休养。到了洪家疃，大家几乎不认识我了，惊问我为什么这样消瘦。我一回到家乡，如释重负，身体一天天好转起来。

我在休养期中，也和每次回乡一样，常向黄麓乡师学生讲话，大多讲些求学做人做事的道理，把自己的体验现身说法讲出来，主要是说明一个人应该有恢弘的抱负、坚强的意志和奋斗的精神，应该关怀民众的疾苦和国家的命运。同时，我在他们面前，表示对政治生涯的冷淡。我并不希望做大官，但愿有一天回到乡下，做一个小学教员或师范教师，也许在教育上的贡献，比在政治上的要大一点。我也常把孙总理的遗训启示他们，青年要立志做大事，不可希望做大官，人生以服务为目的。我说很多话鼓励师范生，要他们为农村服务，埋头苦干。因为我们乡下总免不了一种观念：做官是好的，做差事是好的。这成了一种社会趋向，父母教儿子读书，乡党期望子弟上进，全是为的做官。所以我想矫正一般人的不正确的观念，使大家认识做下层实际工作的重要，使大家知道为乡村服务是国家民族的基本工作。中国人口百分之八九十是农民，如果乡村的优秀青年，不能在乡村工作，不能为农民服务，而趋向政治活动，做官，干差事，把乡村风气弄坏，人才减少，这不是国家的好现象，倒正是农村衰败的原因之一。我分析这些道理，警觉黄麓青年。

黄山虽好，可惜树木少，我提倡植树造林。有些池塘没有鱼，我提倡养鱼。这时清水塘干了，是由于塘身太浅，蓄水不多。

我提倡挑塘，把塘掏深。我自己带头下塘，领导大家踊跃挑塘。村里的人笑着说："总司令①挑塘！总司令挑塘！"我觉得参加这样的劳动是一种很愉快的事。

我很想把我的故乡建成一个理想中的乐园。我有一个实验乡的计划：北自淮南铁路，南抵巢湖，东起峒炀，西至长临，筑成环乡的乡道，再在各村修村道；同时，办一百所民众学校，其他一切按地方自治原则办理。我曾多次和黄麓乡师的杨效春校长商量，想把乡师逐渐扩大，成为大学，附设一所中学、若干小学。此外如科学馆、天文台、图书馆、医院等，应有尽有。我脑中常常涌出一幅美丽的图案。可惜我的理想刚生了芽，尚在计划阶段，而战角在烽火漫天中吹起来了。

这一次回乡小休，曾在四顶山小住十余天。四顶山，像上面说过的，是巢湖湖边的一座名山，面着大湖，松树成林。我在山的第二顶上盖了小房三间，终日悠悠地在山上林间，踱来踱去，晒晒太阳，看看山色湖光。忠庙、孤山、姥山尽入眼底，远望白石山和巢湖南岸诸峰，参差如列玉屏。我常常一个人静悄悄地坐在山头，面对巢湖，天风浩荡，襟角飘开。每遇这种境界，顿忘尘俗，栩栩欲仙，觉得心灵上受着莫大的益处。

有一天，是我的生日，家里的孩子们，由长女素我领着，从二十里外的家步行到四顶山来了。那是一个清晨，我正坐在山头一块大石上观赏景色，忽然一阵歌声从山下传来，渐近渐清，听出是我的孩子们的歌唱。边走边唱，为他们的父亲庆寿、祝福。

---

① "八一三"上海抗战时任第九集团军总司令。

这一种情景，大自然的殊恩与天伦间的至乐，交流合响而成为人生的幸福的源泉，是我永远不能忘怀的一个回忆。

我对于故乡的父老，从小就礼貌甚周。望见长辈来了，远远打招呼，先喊他，所以父老很喜欢我。我始终尊敬父老和长辈，他们对我也情意深厚。每次回乡，一定要与父老及长者们谈谈，问候他们，也请他们喝喝酒，吃吃饭，有时也掷掷骰子。我掷骰子的方式与众不同，我预备了许多铜板，每位各给一份，只准押一注，输的归我贴，赢的带了走。我觉得这些长辈们应该受我的尊敬。我每次回乡，有一定的程序：进祠堂祭祖，上坟扫墓，分别恭请张、洪两姓长辈公宴。敦约周围十多个村子的六十岁以上老人聚餐。抗战胜利后，我也曾一度回乡，只是湖山依旧，长老凋零，不禁感慨不已！

家 世

在远远的年代，大概是明朝末季吧，从江西迁移到安徽，落籍到巢县西乡的四大房姓张的，那便是我的祖先。张家四大房分住四个村落，我们是四大房中的长房，靠着黄山山脉的一个山冈聚族而居，叫做"靠山张"。我家这一支以后又移到洪家疃，相距也不过一里。这四大房就叫做"四房张"。

在我的记忆里，我们四大房中好像是没有做官的，连念书的人也很少（进学、中举，根本没听过，仅有几名童生，都没有得过"功名"），大都以务农为本业，有少数做手工的，经商的也少，一族人安分守己地度生活。

我的祖父名邦栋，是一个典型的农村老者，性情刚正，常说直道话。他一生的工作就是种田，很少离开洪家疃。只有在他的儿、媳——我的父母——居住丰乐河的期间，偶然去过冬，可以说，他毕生没有出过远门。祖母是洪家的女儿，去世早，我没有见过。

我的父亲名桂徵，从小念过书，能写信、记账，粗通文理。他是一个篾工，在丰乐河镇上开了一间竹制农具店，即篾器店，当然是非常辛苦的。父亲为人老实忠厚，是一个柔和的人，与祖父的刚直的特性两样。我的叔父名桂荣，也是篾工，也在丰乐河镇上开了一间篾器店。

我的母亲，娘家姓洪，从小操作辛苦，得了气喘病，终于因此而早死。她生了我们弟兄四人（中间还有一个妹妹，早夭），带着病照理家务。这是一个贫寒家的家务，她要自己烧菜，煮饭，洗衣，还要督促篾器店里的伙计学徒们工作。她是一位慈爱、和平、厚重的伟大的母性。我自小一切得到母亲的培养，她对我的帮助实在太大了！譬如我今天有一点成就，最初的一步是由当年不安于丰乐河学徒生活而毅然出走，到安庆考陆军小学。按当时的环境没有母亲的支持，我要迈开这第一步也是不可能的。首先我的父亲就不赞同，只有我的母亲，仁慈的母亲，她独立地赞助我，密切地注意儿子的前途。她费尽心力，七拼八凑给我筹了二十四元的旅费，鼓励我求学，远行。她常看着儿子的大处远处，教诫我，提掖我。她把一句我们家乡的格言——咬口生姜喝口醋——给我作座右铭。这句格言，就是叫青年要尝尽酸辛，历尽艰苦，才能成人立业。以后我把这句话——慈母的遗教，请于右任先生写了一块横匾，挂在坟庄里，作永久的纪念。我之有今天，是由于这一句话的赐予。慈亲的遗训，不但我永远不能忘，我的儿女也应该永远不忘他们的伟大的祖母，我愿我的子子孙孙，都永远记住这一句格言和遗教。

这就是我的家世简单的叙述。我出身在一个贫穷的农民兼手工业者的家庭，不是世代书香，只有代代相传的劳动者的血液。我对这个平凡的家世，从心里感到有一种自信和自豪，它遗传给我一些美德，特别是给了我长期的磨炼。

第二节 读 书

入私塾

丰乐河镇上有个由李先生主持的私塾,他是我的启蒙老师。读了一年后转入一个较长的打根基的阶段,前后七年,业师是我的叔舅父洪子远先生。中间曾从丰乐河唐先生读了一年,最后又从"长冈张"张来轩先生读了一年。我在私塾一共读了十年。

我从洪先生读书的程序,与一般不同,是先从难的书读起,先从《诗经》《书经》《易经》读起,回过来再读"四书"。背书的方式,也与一般不同,五经、四书整本整部地背,硬是那样蛮干。如《论语》《大学》《中庸》,连"朱注"都要一齐背。我的那位叔舅父业师教学认真,督责极严,我虽有很强的悟性和记忆力,也得要苦读,苦背。

我的业师是怎样的严法,只需看他拿的那块厚厚的无情的板子。我现在的右额上还隐隐约约保留着一条创痕,这就是被先生打的"古迹"。背书时,偶然脱一脱,那块无情的厚厚的板子唰地一响就落到头上,往往头破血流。至于罚跪,打手心,罚一顿不吃饭,几成为当时私塾的一般风气,毫不足怪。

永远不会忘记的两个回忆:夜静更深,我还没有放学,我的母亲不放心,体念这一个还未满十岁的儿子,一个清瘦的小孩子。她常常深夜一人悄悄地站在书房门外,从壁缝里,门缝里,看到我读书的疲倦情形,等我放学出门时,她就不禁拉着我的手流下泪来了。慈母之泪,真是人间最伟大的爱的表现啊!

有一次我被罚不许吃饭,我的可敬可怜的母亲,知道她的儿子受了这样一个严重的处分,心里更发难过,她买了两个"粑粑"偷偷地送给我吃。我到底是一个小孩子,回家时,我哭了,母亲又以慈爱的话语来安慰我。

现在想起来,这种对待学生的方式,未免过于旧式,以我的聪明,似乎不需要运用这种笨拙的方法,然而正因我的叔舅父洪先生期待我最真最切,所以也格外从严。以后从丰乐河回到洪家疃,还是从洪先生读书,这一个时期便轻松得多了,他的教学方法也改变了,而我已是十一二岁的少年,从"小学生"进到"大学生"的阶段,也就没有受打受罚的事了。

我应该说说私塾生活的情形。论家庭,我是读不起书的,而我竟能在私塾读了十年,实在是勉强万分,所以我个人的生活状况,也就可想而知。记得在洪家疃前面冈上梨园读书的时候,一共二十多个学生,只有我和两个同学住在私塾里面,共同"起爨",即三个人共同出米煮饭,但是各人吃各人的菜。一个同学是本村富户,餐餐吃肉;一个同学是外村一个寡妇的弱子,也由他家里常常送好菜来;只有穷孩子的我,每顿总是吃的小菜饭,望着人家垂涎。父母远在丰乐河,只有祖父和我二姑父、二姑母住在家里,有一次,我实在忍不住了,要厨子回家去要点肉来吃。可怜的祖父,感慨地对厨子说:"肉吗,除非从我身上割下来!"我听了祖父的话,心里实在难过之极;深悔自己的孟浪。以后见了祖父,祖父也对我说:"那一次你要肉,哪里来的肉?"同样的一个惨淡的回忆:在丰乐河的时候,我生了满身疥疮,有人说吃猪油蒸红枣,可以健脾,疮可以好。我告诉母亲，母亲黯然地说："饭都吃不周全，哪能有什么猪油蒸红枣！"

我睡的床，只是一块木板上垫着一铺稻草，上面覆着一床烂棉絮。热天只有一顶稀烂的帐子，四周八方都是孔，大孔小孔，补了又补的。然而由于一天读书疲劳，仍然得钻进去睡。当我睡熟的时候，也正是蚊子大肆活动的时候。曾记有一次，我的业师拿着扇子替我赶蚊子，我才为之惊醒，心中感谢不已。

我那两个同住在一起的同学，虽然家道小康，生活一切比我好，但念书总赶不上我，以后也没有什么成就。可见在私塾里，在幼年时，吃点苦头，不但没有害处，还大有益处——我常常是这么想着。

我另外还从了一位唐先生读书，是在丰乐河。这是一位"老好人"，学问很平常。他那个私塾的房子很湫隘，学生并不多，他又常常管外事，给学生的负担也很轻，用不着怎样出力。这一年没有多大进益。

我读私塾的最后一年，是在长冈张村西峰庵从张来轩先生。他是秀才，很器重我。他感慨似的说："教了几十年书，才遇着这一个聪明学生！"这时读《左传》是一门正课。我通常只读一二遍就烂熟，张先生非常惊奇，逢人称赞："这孩子将来大有希望。"他有一次与一个老年人谈到我，说："张家孩子是一个小才子，将来了不得！"现在张先生已作古了。回想他的为人，品貌好，做人好，国学根基深，虽在他的门下只读了一年书，而所受国学的启迪益处很大。

他欢喜喝杯酒，有一个小小的瓦盆，通常放一点咸菜，午饭前他总是吃点酒,就拿那一点咸菜下酒。有时没有酒了,他脱下马褂叫火夫去当四毛六毛钱,买酒吃。我对他的印象很深。他是一个很严正、很慈祥的老人,安贫乐道。

西峰庵在山冲里,前面一排松树,风景很好。这时因为我已经有了底子,读书生活比较轻松,不论开讲、作文章都不太吃力,因此我和一些同学居然有散步的闲情逸兴,可以说是我少年读书时期最快乐的一年。

我认为最受磨难而同时最有进益的时代,是从我的叔舅洪先生读书的时代。他考过多次,虽没有进学,但许多进过学的人不及他,他一生没有旁的嗜好,自小苦学。在教书时,对自己的约束很严,讲到学问,一点不放松,除教学生以外,自己一天到晚不断地诵读写作。他做人是很厚道的;以后他在地方管事的时候,有些人嫌他软弱,坏人不怕他,他没法对付坏人,这也可以看出他的厚道。我对他为人的不苟且,存心忠厚,态度端正,是很敬佩的。所以我们永远保持很好的感情。

我在私塾读书时受的是旧式的教育,至于学问是怎样,怎样应用到实际的人生,怎样与国家民族有关系,可以说根本谈不到。现在十岁左右的孩子常识就很丰富了,对国家民族就有相当的认识了。而当时的私塾学生,不过是装满一肚子线装书的字句罢了。

考秀才

十三四岁的时候,我去考秀才。我为什么忽然考秀才?原因是这样：那时科举制度在将废未废之际，不过八股已改作策论了。我在私塾读书，以我的作文的优异，先生认为我可去试试，考一下秀才。我记得：我的父母都以为"念长书"的目的，是要猎取一点"功名"，而猎取"功名"的正当途径，自然是考科举。其实，我自己是糊糊涂涂的。这一个"功名"的猎取，对于我究竟有什么益处？益处在哪里？我当时莫名其妙。

考试分三个阶段：县考、府考、院考。我没有参加县考，是直接参加府考的。但必须完成县考补考手续。府考、院考都在合肥，是由我的父亲亲自护送去的，住在合肥城内一家旅店里。考试的日子，三更天就携起考篮和干粮进场。点名进场后，就封考场门，出题，作文章，缴卷，出场，第一个程序，要一天两夜做完。考场里最难受的是大家不能出去解手，每人桌下有一个瓦罐子装尿屎，臭的熏人，闷气得厉害，真难过。

我的府考考得很高。那时发榜的方式，不像现在的一般学校，而是用一种圈形排列名次的先后，越是圆圈的里层，地位越高，大概圆圈中心点的一名是"府首"。我的名字离那中心点很近，好像是最里面的第二圈的前排。

当我再到合肥考院考的时候，有些人是知道或听说我聪明过人的，看见我生得清秀，都说："小秀才来了！"但是我毕竟辜负了大家的希望，院考没有取上。父母的热望，亲友的期待，被泼了一瓢冷水。我为什么取不上？我想字写得坏，或者是一个不能取上的原因。别人一个格子端端正正写一个字，我是三个格子拉拉扯扯写两个字，这也许有点关系吧。

科举是清王朝用来桎梏人才的方法。我虽没有考中，对我毫无损害，反而打断"功名"的一线希望，唤起了奋斗前进另找出路的决心。

第三节　流　浪

吕德盛号学徒

吕德盛号是一家商店,在丰乐河镇上。丰乐河是一个什么地方呢?它离我的家乡有九十里远,隔着巢湖,是安徽合肥县的一个市镇。这一个市镇,以"毛行"为交易的重心,是鸡鸭鹅毛的出产地,通常是有人坐庄采购,经过三河(三河是一个市镇,是一个较大的米市场,离丰乐河十五里),出巢湖,下芜湖,运销出去。

吕德盛号是一家卖布匹、糕饼、油盐、桐油、纸张、香烛、碗盏及其他杂货的百货商店。丰乐河镇只有临河堤上的一条直街。吕德盛号是丰乐河镇上数一数二的大铺子。吕老板是一个典型的商人,很勤谨,很守本分;弟兄三人,他是老大,名叫吕为才。

有一年,吕德盛号新收了一个学徒。这学徒便是我。我为什么忽然又去当学徒呢?经过的实情是这样的:

在考不取秀才以后,就想进学堂,但是家境太困难,决不能供给我的学费,既然进不起学堂,又想继续去考科举。我自己当时还相信:以我的聪明,迟早总会取得功名的。不料科举又停了,于是这一个希望宣告断绝。我的念头又转过来,既然无力进文学堂,如果有武学堂,何妨去考考。那时有一个远房亲戚在扬州十二圩当哨官,听说那里要办一个随营学堂,我就到十二圩去投奔那亲戚。等了好久,随营学堂并没有开办,冤枉跑一趟，只得又挑着一个"失望"的担子回家。

进吕德盛号当学徒，就是在这次郁郁回家之后。这是一个没有办法中的办法。我的母亲的干女儿，是吕老板的老婆。父亲与吕老板也熟识，便把我介绍进去了。

吕老板知道我是读书人，仪表、态度、举止，与一般学徒截然不同，所以不把我当做普通学徒看待。大约服务了三个多月，我学会了打算盘，他就叫我写账，算账。但是普通学徒应做的工作，我还是去做，像早起洒扫，收拾铺房，抹布架子，清理糕饼，洗茶杯，泡茶，客来敬茶，照应顾客，等等，还有老板盖新房子，我有时去做小工，也掏过阴沟。凡是我可以做的事，不待老板的督率，常常自动地去做，一点不躲懒，虽不知道什么叫做服务精神，工作却是相当勤快的。只有一件事我未做过，就是没有替老板、管事的铺床、倒便壶，这是他们特别给的面子。

店里的生活方式，现在想起来极有趣味。第一是吃饭。平常吃饭，只是一两碗青菜，每逢初一、十五才有肉吃，我们叫做"吃荤"。盛一碗满满的饭，夹些菜，端着碗，就站在柜台上吃，吃得很香。遇着买东西的人来了，马上放下碗和筷子去招呼生意，生意第一，吃饭第二。

第二是睡觉。吕德盛号是两层楼的房子，我们都睡在楼上一间宽大的房子里面，排列着许多床铺，又堆积着许多货物。也有一个时期睡在楼下柜台里，地板上。夜晚把被褥打开，铺在地板上，清早又把铺盖卷起，搬出来。睡得迟，起得早，不过并没有睡眠不足的感觉。

我在这一个"宝号"中，除做日常工作外，唯一的安慰就是看书。最喜欢看《纲鉴》，其他书籍，只要能到手就看，我有手不释卷的精神。我不甘心就这样做一个生意买卖人。初入店的时候，在一个新环境的刺激下还不觉什么，不久以后，我的内心渐渐感觉苦痛起来了，好像自己受了委屈：难道这个样子就是出路吗？难道做一辈子生意不成吗？

一面工作，一面考虑自己的前途。对于求学的事，梦寐也不能忘。当时丰乐河镇上是没有报纸看的，每逢得着从外埠包货来的旧报纸，不管一张半张，不管怎样破烂，不管何年何月，我总是把它留下，里里面面看过。有一次，忽然看到从芜湖包货来的一张报纸，是上海的《申报》，上面登着"安徽陆军小学招生"的消息，我的心，雀跃般地喜欢极了。我想，可以去投考了，这一个机会再不能放弃了。同时，我知道有一个瓜葛亲在安庆省城测绘学堂当学生区队长，并且知道他放暑假回来了，我就找到了他，他答应在快要招考的时候通知我，并且在省里帮忙。我下了最大的决心来找自己的出路。

一个很好的做生意的生活，凭空地忽然放弃，这在一般人的眼里是有点奇怪，我的父亲也不赞成我这一着。同情我的、了解我的、赞助我的，只有我的母亲。她关心她儿子的生活，更关心她儿子的前途。学生意，是无办法中的一个办法，但这却不是她儿子的出路；如今既有了这样一个很好的机会，儿子见到了，怎好轻易放过。她不知费了多少心力，东拼西凑，替她的儿子凑了二十四元做盘费，到安庆省城去投考。这是毕生难忘的二十四元，这不是钱，是母爱，伟大的光辉的慈母之爱。

流浪十二圩

扬州十二圩，我先后去了两次，度着流浪生活。

在我考不取秀才又无力进文学堂之后，听说十二圩那里要办一个随营学堂，我带着一点希望去投奔一个远房亲戚。这亲戚姓洪，是我祖母家的远房，我应喊他做表叔。他带着舢板船，当一名哨官，是保护盐务的武力。我初到他那里，因为是来投考随营学堂的，他对我态度还好，愿意帮忙，使我有成就。哪里知道，一等再等，这个学堂一直没有开办的消息。我越等越着急，越住越着急，而我的那位表叔呢，他看见随营学堂不开办了，我没有希望了，就渐渐地对我冷淡起来。我吃的是"冷眼饭"，就是"冷眼饭"也常吃不饱。船泊在小河汊里，有时，我一个人坐在船头，芦苇上的一粒清露，辉映着我眼眶里的一滴泪珠。船主人有点不耐烦了，而我仍想再等一等，吞着眼泪再等一个最后的消息。

随营学堂终于没有开办，我终于听了亲戚的劝告回家了。这一个短短的时期所受的心灵上的痛苦使我至今不忍回想，依人的无聊，寄食的苦况，实在难以形容。记得临走的时候，那位表叔给我开了一笔账，把原来给我的零钱和伙食费一起算足，另外凑上给我的回家旅费，总共是十三元，并且叫我写一张"借条"以为凭据。这一张"凭据"，在我回到丰乐河的第二年，他就派人拿来向我父亲把欠账讨还了。

我第二次到十二圩，是在我"气走安庆"之后。我为什么"气走安庆"呢？跟着后面我就要说的。安庆是不可一朝居了，然而我离开了安庆,又到哪里去呢?又去干什么呢?我实在没有地方可去,没有事情可干。想来想去,还是到扬州十二圩去找那位远房亲戚,也许随营学堂会开办,看有没有机会进去。

好容易奔到十二圩,也没有事可做,随营学堂始终没有开。我看十二圩的情形,盐的气氛弥漫了一切。盐商是头等的巨富,而搞盐的工人却是劳苦而赤贫。他们有气力,还可以惨淡地生活着。我是一个瘦弱的青年,被人们看不起的穷小子,天赋我的生存权利,我向何处去求?我没有路可走了,但我仍要奋斗。我想:索性当兵吧!

我投到当地的盐防营,而这一个营里没有正额可以补,只谋得了一名"备补兵",待遇是极可怜的。首先是"住"的问题。名义上是住在营内,而实际上没有一定的铺位,遇着哪一个铺位有空,就补上去睡;如果没有空铺,就叫你睡不成。我记得,我每天晚上,总是抱着一床被,到处找地方睡,清早又抱起这床被离开这地方。

睡觉的问题虽艰苦,还不要自己贴钱。备补兵根本没有饷,不像正额兵每月有四两二钱银子。比睡觉更严重的一件事就是吃饭。吃饭是要自己出钱的,叫做打"火食圈子"。我哪里去找钱呢?唯一的办法只有进当铺。十五里路外的仪征县城的"当铺"是我这个穷备补兵的"银行"。为着维持"食"的需要,最初是当衣服,当其他零碎东西,后来当光了,没有东西可当,就当汗褂子。有一次,来回跑了二三十里,才当了四毛钱,维持那无情的"火食圈子"。

备补兵也有工作,就是:当正额兵有其他勤务离开了,就代替站岗或者是跟随正额兵上操。唯一的希望是正额兵出了缺，出了缺就有补上的机会，偏偏那些正额兵不大容易出缺。这样在盐防营里当一名备补兵，苦干了三个月，岁月蹉跎，始终补不到一名正额兵。我觉得这样下去，太不是办法了，我不能不离开十二圩了，想不到我的遭遇这样苦！

还有一个原因刺激我下决心离开盐防营，就是在备补兵期间，碰见一个班长，他是一个"头目"，一个流氓。不知怎样的，也不知什么时候开罪了他，他对我的态度特别的坏。有一天，他对我摆出一副可怕的狰狞的面孔，很凶恶的神气，威吓我，骂我（我不懂他说的一些什么话，但知道他是辱骂我），幸而没有殴打我。这是一个谜。我至今仍想不起那个班长为什么这样对我。

我当时怀着很大的忧郁与恐怖。我想：那班长是流氓，流氓是不好惹的，动不动就是"白刀子进、红刀子出"，我何必冒犯这危险？被人歧视、欺负、侮辱，难道一个备补兵就是这样的奴隶地位吗？

我第二次离开了十二圩。"潮落夜江斜月里，两三星火是瓜洲。"瓜洲离十二圩不远，都在江北岸，瓜洲的诗景，变成当日的心情。我像一颗星影，一盏渔灯影，随着夜静静的江流，又飘荡到另一个地方去了。

两次安庆之行

到安庆前后共两次。第一次安庆之行，是去考安徽陆军小学。

我的母亲辛辛苦苦东挪西凑给我二十四元做盘费，我便由丰乐河到安庆，一共三百六十里，走了六七天。

我们一行五人，都是丰乐河过去私塾的同学。抵省城后，住在一家小旅馆。一经调查，才知道"陆小"虽招考而名额有限，并且各县名额都有规定，大县两名，小县一名。如合肥县两名，巢县是小县，只分配一名。这一名，争的人很多；同时争这一名的，有一个最有势力与巡抚衙门有关系的，势在必取。我不管这些，我总是要考。

第一次考体格，检查身体，那时我拖着一条小辫子进考场。我的体格算是通过了。第二场考国文，题目我还记得，是《战阵无勇非孝也》。这一篇文章，我到现在还记得清楚。出场时，我把这篇文章的底稿给大家看，都说："一定取！"而结果榜上无名。我们巢县的这一个名额，给了同巡抚衙门有关系的人了。这人姓贾，年纪也轻，很漂亮，又进过学堂，我当然争不过他。这个我自信有把握、旁人也相信我有把握的机会，又失掉了。

记得我一到安庆，紧忙先去瞻仰"陆小"。我看到它的堂皇的屋宇，穿着整齐的制服的学生，我是何等的羡慕。假如考取了，进了这一个好学堂，应该如何快乐。正因希望迫切，讵料榜上无名，自然更加懊丧。

云天辽阔，四海茫茫，我注定了失败的命运。怎么办呢？想起来真是烦闷极了，痛苦极了！那些没有考取的人都纷纷回家，他们也劝我回家，说："还是做生意好。"但是我觉得不能如此。我情愿流浪，我一定要从流浪中找出一条出路来，不管怎样的艰难困苦。

我到安庆不久，从旅馆里搬到唐启尧先生的公馆。清朝末年，创办新军，每省成立一个督练公所，唐先生是督练公所的总办，大家都称他做"唐军门"。我为什么能住进"军门"的家里呢？因为我们几个同伴从丰乐河上省，其中有两个是唐先生的本家，我就同这两人住在唐公馆。唐家请一位先生，姓庞，河北故城人，专教他的二儿子。庞先生很器重我，在他的心目中，我是一个有出息的孩子，有前途的青年，所以他对我态度很好。我寄住唐公馆，一面陪着"唐二少爷"读书，一面抱着第二年再考安徽测绘学堂的希望。

"唐二大人"是唐军门的二哥，是一名秀才。他不住在唐军门的公馆，不过常到这里来。忽然有一天，他跑来当着唐二少爷的面厉色地向我说："你是什么人？他是少爷，你这穷小子配和他在一起住在这个公馆里吗？"当时我以一个入世未深、阅历尚浅的青年，听了他的话，像晴天霹雳般地打到头上。我受了这样一个难堪的刺激和打击，又伤感，又气愤，实在受不了，我宁可流浪死、漂泊死、冻死、饿死，也不能被人家欺负，受人家侮辱，我决心要走。就在挨骂的那一天晚上，我睡不着，想来想去，非走不可，半夜，悄悄地走到庞先生室内告辞。庞先生已睡了，我轻轻将他唤醒，他突然坐起来，看见我哭着，大惊，问我："你做什么？"我眼泪直淌，说："我要走了！"庞先生问："为什么要走？"我说："我非走不可！"庞先生说："我看还是等一等机会吧。"我说："不能再等了！唐二大人今天对我太难堪了，我本来不配住在这公馆里。"说着，又哭了，哭得非常伤心！庞先生极力安慰我，晓得不能挽回我的决心，又知道我没有盘费,记得那时是一个深秋,旧历的九月间,我穿的还是一件夏天的生丝蓝大褂。这件大褂,是我母亲特别替我制成的。庞先生问我:"你无衣无钱,怎样走啊?"我答:"讨饭都要走!"庞先生于是送我一串钱、一件旧布大褂。再三叮嘱保重,洒泪而别。

我带着悲愤,带着坚决的奋斗情绪离开了安庆。后来,听说庞先生在我离开安庆的不久之后回河北去了。我在扬州当警察的时候,还通过一次信,他劝慰我,有"不犹愈于蓬飘无定乎"的话。现在,此翁是不是健康如昔,我常系念着。

第二次安庆之行,是因为在十二圩再住不下去,又听说安庆测绘学堂招考。但到安庆后,这个学堂并没有招考,我住在一家很小的旅馆里,实在维持不下去了。那时安徽已创办新军,成立一混成协①,打听到这混成协征兵,听说秀才也有从军的,我愿意当兵,从戎。

征兵有一定的章程,系由地方保送,要经过种种手续、程序,我没有方法可以办到。兵既当不成,想找一点小事做也找不到。最后不得已补上测绘学堂一名传达,仍然想,这样先解决吃饭问题,等待测绘学堂招考的机会。

传达就是号房,我就住在门房里。干什么事呢?引导来宾会官长或学生,登记收发分转公文信件。做这些工作的,不止我一人,好像有三个人。这种传达工作,实在是太没有意义了。我搬进门房去不久,就感到苦痛,觉得这一个工作,只是一个"听

---

① 协:清代军队编制单位,相当于后来的旅。

差"的地位，我不能干。我想：新兵虽然当不到，与其当一个类似听差的传达，不如当一个警察吧。按当时的警察制，要想当一名正式警察，先要经过备补警察的阶段，由备补然后入正额，否则补不上，纵有正额，也没有办法。什么叫做"备补警察"？就是人家请假不站岗的时候，你去替他站岗。每站一次是三小时，每一次四十文，我就靠这份钱吃饭，打伙食圈子。安庆人家普通都烧芦柴，我住进警察分局去的时候，连睡的地方都没有，巡警局的厨房也是烧芦柴，堆在厨房的一角，我在晚间就倒在芦柴堆上睡觉。最怕的是夜间站岗，而正额警察请假，偏偏常在夜间十二时到三时，乃至三时到六时。那时正是冬季的寒夜，夜间起来很冷，衣服不完全，感到直打战颤，但也只有咬紧牙关，从芦柴堆里爬起来，穿着一套半新半旧的别人的制服，挟着一根不长不短的木棒，孤悄悄站立街头，冷对着一片凄凉暗淡的夜景，真有万感交集，不知不觉地想到茫茫人生，我总不能就这样下去吧？

这样又过了两三个月。测绘学堂的招考消息渺然，而我又连一名正式警察也补不上，老是穿人家的制服，替人家站岗，受尽辛酸之苦，我实在支持不住了，还是要另找自己奋斗的道路。

刚在这时，接到从前丰乐河私塾的一个同学方若木（合肥人，当时在扬州做警察巡长）一封信，说：扬州有一个巡警教练所招考，我可以进去；而且说，受训三个月当正式警察，慢慢可升巡长。我接到信后，以为这个巡警教练所一定是一个学堂性质，只要是这样，不管它几个月毕业，不管毕业后的出路是什么，能借这个机会离开安庆，是我很愿意的一件事。

我两去安庆，又再别安庆。临江的塔影是那样尖瘦，晓雾迷蒙，江波浩淼，我带着痛苦和希望的心情，随着东流水又飘向扬州去了。

扬州警察

离开安庆到了扬州，就进了巡警教练所。所址在史公祠，对于我们这个伟大的民族英雄的史迹，我应该郑重地介绍一下。

可怜一代民族英雄史可法，忠骸混在死尸之中，因天气蒸热（扬州被清兵破城是四月二十五日），尸身腐烂，不能辨识，无法收殓。隔了一年，他的家人才将他生平所用的袍笏，葬在扬州城天宁门外的梅花岭。

出扬州天宁门有一座大庙，叫做天宁寺，寺东不远有一所破房子，褪了色的古木栏杆，这就是有名的史阁部祠——史公祠。史公的衣冠冢在祠内，梅花岭在祠后。

墓与祠向分两区，祠在西，墓在东，共由大门出入。入门有翠柏数株，昂然独立，与岭上的红梅遥相辉映，显示孤忠抗敌的精神。墓前杂植松柏梅花十数株。墓南有正厅三间，东有客厅五间，船厅七间，梅花仙馆一所，多已颓败。堂中悬有史公的画像，对联很多。其中有："生有自来文信国，死而后已武乡侯。""数点梅花亡国泪，二分明月故臣心。"由墓西北隅园门入，有长廊一道，壁嵌石碑很多，还有一个碑亭，中置崇祯年铸的铁炮一尊，是当时史公守城的工具。由正厅折而西入祠，有飨堂三间，中设史公牌位，两旁附祀诸人。这些屋宇都很荒凉。长廊外,梅花多株,间有樱花。梅花岭在祠的后面,要由祠外绕道而去,只有清潭一泓,垂柳数枝,土阜半堆,破屋两间而已。当日史公点兵,放炮,就在这一座土阜之上。所谓梅花岭,传到后来,虽有疏落的寒梅数枝,但已无岭可登了。

虽然祠宇荒凉,颓败,冷落,而史可法爱国抗敌的精神和事业,永远是值得千秋万世的崇仰的。

巡警教练所一共不过几十名警察学生。有一个所长主持,其地位等于巡官。所谓教练,非常简单,就是教你当警察的规矩和知识。这样三个月完后,我补上了一名正式警察。正式警察的任务,还是站岗。不过与上次在安庆所站的岗不同:上次站的岗是人家的岗,这次的岗是自己的岗。好容易我才有一个正式的自己的岗位。

站岗也常常被轮在晚上。我带着一支旧式枪,突兀地站在盐运使署大门口。这种夜岗,在冬天不知不觉地使人产生凄凉的情绪。有时站得很疲倦,偶然把上身倚靠着门墙上,忽然下意识地警觉这是犯规的,站岗是不能打盹的,于是身子一下就挺立起来了,告诉自己不能犯规矩,只好在大门口蹬蹬脚或是踱来踱去来取暖,来提一提精神。

当时一天只吃两餐,餐餐照例是黄豆芽汤一碗。吃得实在太厌了,有时我拿三五个制钱,买点咸萝卜下饭,这咸萝卜的风味是无穷的。

站岗不久,就调任勤务警察。好些同事羡慕我:"啊!升官了。"真是升官了吗?不是的,不过是不站岗罢了。任务是:外面来局"打官司"的,代为排解或报告上面;送贼来了,把他收下,拘留；登记户口，查户口跟着出去。专干这些日常事务和零星差遣，只是不站岗。一方面看来，从一个站岗警察调为一个勤务警察，算是幸运，确是从所谓优秀的警察中挑选上来的；而一按工作的实际，也不过是一个门房、一个传达罢了。

  在这期间，我有下面两种表现：一个表现是我工作不忘求学，站岗不忘读书。我当站岗警察的时候，每天除站岗外，不是看报，就是读书。并且到处找书看，借书看，渐渐喜欢读新书。一天，忽然在街上看见一张"英算专修科夜班招生"的广告，我高兴极了，认为这是一个求学的机会，自己太没有科学基础。学习英文、算学是一件必需的事。于是就去报名，每晚上两小时课。算学是从加减乘除学起，英文是从 ABCD 学起，对我等于是"科学的启蒙"。我一面站岗，一面求学，大家觉得我有点"特别"之处。

  还有一个表现，可说是我当时的一个特殊表现，一个精神上的嗜好，也成为被人注视的原因。这是什么呢？就是"捡字纸"。我们局里扫垃圾，每天一大堆，里面的字纸不少。我不懂得什么叫卫生，什么叫细菌，天天用两根小棍子，一个破篮子，从垃圾堆里捡字纸。捡完了，送到字纸炉去烧。为什么这样有恒地捡字纸呢？现在想起来，大概是由于以下两个意识：一是从前在私塾读书的时候，先生总是叫我们"敬惜字纸"，我受了这种教育的启示；一是我小时常常看见有人挑字纸担，认为是一种功德，一种好事，我受了这种工作的暗示，不知不觉地把捡字纸这一件事看做很重要，很正当。那时，好多人认为我是勤劳，称赞我做"功德"；但也有人拿我开心，把字纸扔在那里等我捡。一个火夫就常和我开玩笑,对我说:"字纸多了,还不去捡吗?"我只有报他一个微笑。我不管旁人的称赞和讥讽,总认为"捡字纸"是一件好事,自己应该去做。因之又想起幼年时代的一件事:在西峰庵私塾从张先生读书那一年,听人家讲起"乌鱼"是一种"孝鱼",我就不但不吃乌鱼,而且常常买来放生,认为"放乌鱼"是一件好事。这一种心理,也许是根源于慈母的爱,也许是由于私塾中先生讲中国伦理故事所烙印的一观念,这是和"捡字纸"一样的心理。

后来,勤务巡长不知是不是看我工作上有些什么不好,把我又调回站岗。我反觉态度怡然,因为勤务警察的工作太麻烦,太琐碎,太不自由,倒不如去站岗,只要站了岗,此外的时间可以任意支配,捡字纸,看书,上课,没有什么拘束。

这一时期的生活,总括起来是:学习英、算,看报,读杂书,捡字纸,站岗及警察职务上的杂事。此外有一个期待,就是希望陆军一类的学堂招考。我立定志向,预备学陆军,总想将来转到陆军方面去。于是到处通信打听,随时存着这一份希望,期待着。

加入学生军

霹雳一声,武昌起义。不久的某一天晚上,扬州也燃起了光复的火焰。诸事都很顺利地进行,没有什么阻碍,没有发生事故,我非常兴奋,参加了热烈的游行。一个伟大的光明的日子到来了。

那时看上海报纸，知道上海已经响应革命。从街头巷尾看报人的表情可以看出"人心思汉"，都希望光复，都拥护革命军。当时全国各地的光复运动如火如荼，我卷在这一个狂潮热浪的漩涡里，也变成一滴飞溅的浪花。我觉得这样留在扬州站岗，根本不是办法，我想就到上海去。

到了上海，干什么呢？我想：警察是不愿意再当了，还是当兵吧。我看见上海组织了学生军，预备参加北伐，非常兴奋，觉得如果能够参加这一行列，是极光荣的，因为学生军与一般军队不同，全是由青年学生组织起来的。我在街上看见一群一群的学生军，挺着胸脯，雄赳赳，气昂昂，留下一个最深的印象，欣慕万分。

经过一定的程序，我进入这学生军了，达到了我的热烈的希望。我是没有进过文学堂的，只在扬州学了一点英、算，是一个"读圣贤书"的私塾学生；但是入学生军以后的表现，很受一般官长的器重，认为我是一个优秀的学生。

孙中山先生领导的革命运动，终于把清朝专制政权推翻了，中华民国创立了，孙中山先生当选为中华民国临时大总统。学生军奉命到南京，改编为陆军部入伍生团。当时的陆军部长是黄克强先生。这一个入伍生团，是把各个地方的学生军合在一起，编成一团，正式开始入伍生训练。我被编在第一营。我们上操上课，都很兴奋。每次操练回来，昂着头，张着口，高唱《四季从军乐》的军歌，何等慷慨雄壮。起初，我进上海学生军，只有一个想法，就是打仗，就是北伐，打死了是光荣的；如果不死，希望可以进陆军学校，将来当一名正式军人。现在做了入伍生，摆在前头是一重一重新的希望了！

在那时，我有两件事永不能忘：一件事是我当时的矛盾心理。我在学生军的时期，个人的志愿是决心打仗拼一死，而同时一念到父母的苦楚和对我的大恩，心里非常悲痛，往往写家信写得很长，一边写一边痛哭，简直是以泪代墨，非常伤心。我每次写家信，都有这种痛苦的感觉，但是又不肯把自己的决心告诉家庭，反而安慰双亲，说些自己有希望，有前途，请父母放心这一类的话。正因为这样一个矛盾，使苦痛在我的内心钻来钻去，没有出路。

还有一件事，是当时的痛苦遭遇。在南京入伍生团时期，有一天，学踢足球，被一个同学用钉鞋踢破了我的腿，出血，流脓，差不多五六个月之久，一直到入伍生团快结业以前才好。在这几个月中，最初课也不能上，后来能走动一点，才勉强去听课，根本不能上操。人家上操，我就坐在地铺上看书。有时感到焦急，当听说连部开过会，对我很久不上操，有主张开除的，更分外地伤感和难过。如果真被开除了，怎么办呢？幸而我在连上的一切表现都好，有几个排长说："这样好的学生，开除了，未免太可惜！"因此才未被开除。这一条"烂腿"，险些误了我的前途。

这是一九一二年（民国元年）的事。这时，南北和议已成，南京临时政府取消，入伍生团准备编入陆军军官学校，调到保定。于是我们在团的生活告一结束。当离开南京北上时，知道打仗拼命已用不着，而自己就要进入陆军军官学校了。从前瞻仰"陆小"的高墙而不可即，现在一跃而跨入陆军军官学校的大门，这是自己经过长时期的奋斗而获来的一个报偿,不禁引起了一种安慰。

第四节　进军校

武　昌

　　陆军部入伍生团并入保定陆军军官学校。宣布之后，我们从南京被送到保定。不料一到保定，就听说有人反对合并。反对的理由：第一，因为保定陆军军官学校的升学系统，是招考高小毕业生入陆军小学，三年毕业升入陆军中学，两年毕业，再入伍半年以后始能升入陆军军官学校。这就是说，必须经过高小的六年，陆小的三年，陆中的两年，一共十一年，才能进到军官学校。年限是这样的长，经历是这样的久，从他们的眼光中看来，南京入伍生团是不合这个资格的。第二，现在军官学校第一期的学生，在光复时多有参加革命及指挥军事的官长，入伍生团的连排长许多是他们充任。现在硬要使师生同学，未免不合情理。第三，就是依照前清陆军升学系统，他们是正统派，而入伍生团是半路出家。由于这几种原因，反对合并的声浪很高；而这一个反响，遭遇了我们入伍生团同学激烈的抗争。在那个时候，我们的同学中显然地分为两派：一派是主张非力争不可的，另一派是不主张力争的。这时北京政府决定分设两个陆军军官预备学校：第一校在北京清河，第二校在武昌南湖。第一校收容陆小毕业或陆中肄业的陆军学生；第二校收容南京入伍生团的学生。我们可以加入的，就是这个陆军军官第二预备学校。我是属于不主张力争的一派。因为感到我们的科学知识太不够了。这个预备学校是注重科学教育的，我们正可借这机会，充实科学的基础，所以我不主张力争。可是我有一个矛盾：同学中都知道我平常喜欢写作，到了开会抗争的时候，要我起草呈文。我居然接受他们的意见，尽管我不赞成他们的主张。我还是替他们起草，而且写出很多的理由。大家都说我写的呈文是"理直气壮"。但这一个问题终于未得北京政府的许可。于是我们又从保定回到武昌，进入北京政府就前清陆军第二中学的原址成立的陆军军官第二预备学校。

　　入校是一九一二年冬季，一共修学两年。在这个学校的两年中间，我认为自己确实得到了不少的进益。它的课程，在对科学的学习上，因为我过去没有根底，所以一开始学习就感觉莫大的兴趣，也非常用功。不过究竟不是按部就班地一步一步学上来的。一个还没有受过高小科学教育的学生，一跃跨入高级中学的行列，虽然凭自己的聪明和努力，可以赶得上，但毕竟是很吃力的。譬如说，当时对于立体几何、解析几何、三角，我都感觉很有兴趣，很吃力地学，但总弄不大清楚。我记得常常为一个数学题，总是尽量运用脑筋去想：白天想不通，晚上想，睡着还想，走路、吃饭甚至做梦也还在想，真未免太吃力了。至于其他的功课，如史地、理化、代数等，就觉着容易了。另外有一门功课——图画，使我简直没有办法。记得有一位先生教我们的图画，有一天，是考画什么东西吧，我随便画了两笔，表示这两笔就是一座巍巍的喜马拉雅山，山上画了一个很高的纪念碑，也是随便的两笔，而且题了一行大字："大中华民国战胜纪念碑"。是这样幼稚得可笑。意思就是在表示登上喜马拉雅高峰，雄视欧亚的气魄，就这样地交卷了。先生看了，笑一笑，打一个圈，给我吃了一个"鸭蛋"。还有一门功课——论理学（逻辑），必须机械地记公式。我自信是一个记忆力很强的人，但我没有办法把自己机械化。在考这一门功课时，理论是可以对付的。而对于那种复杂的公式，实在是没有方法去对付，于是只好坦白地交白卷。教这门功课的先生是一位四川人，他却不把"鸭蛋"送给我，而奇突地批了三个大字："好极了！"我到现在还不明白他的用意：是在赞许我的率真（不知即不知），还是讥讽我的无能呢？

还有一门功课使我感兴趣的，就是德文。以前在扬州曾经学习英语，现在我想进了军校，学习陆军，最好是学德文，因为那时德国的陆军在世界上是驰名的。在这里，我从字母学起。本来我是一个语言笨拙的人，但因先生的教授法好，缺乏语言天才的我，在德文班里，成绩居然得以排在甲级，而我的时间花在德文学习上的可也就不少。回想到这一门课程，使我永远怀仰着一位先生，就是当时教授我们德文的格拉塞先生。

不客气地说，当时我们的先生、官长，似乎很多都是平平常常的。只有一位先生被我看得起，影响我最大，那就是教德文的德籍教师格拉塞先生。在这整整两年的授课期间，他没有耽误一次课，没有早退一次堂。他的家离学校有好几里，每天都是走来走去，上了课回去吃饭，吃了饭又来上课。尤其在夏天，走得满头满身热汗淋漓，跨进学校的大门，就往课堂上去，毫不休息。他的授课，是切切实实的，教授法非常好。他经常穿一套简朴的黄咔叽布制服。一到星期天，我们喜欢到他家里去。他的夫人是日本籍。他们欢迎我们同学到他家里，很亲切很客气地招待我们。他给我们的印象实在很深。他认真，负责，态度诚恳，刻苦耐劳，处处表现着不愧为人师表的风度和精神。学问好，教授法好，还在其次，他拿人格影响学生，所以学生所得到的，不光是他的学问，还有他的人格。他那时不过四十一二岁吧。他不是传教师，也没有其他什么任务，他是一个德国高级师范毕业生，清末受聘到武昌高等学校教课，可以说完全是一位教育家。到一九一四年我国对德宣战，他本来要被遣走的，因为他在各校教课，师生的感情都好，就把他留住了，这是特殊的待遇。我离开南湖后，和这一位最可亲敬的先生隔别了许多年，一直到一九二六年北伐到武昌才见面。后来我到德国去，他还介绍他的儿子照应我。一九二九年，格拉塞先生六十大寿，我正任武汉行营主任，曾赠送酒席，并亲自到他家里拜寿。此后也偶尔通过信。一直到抗战以后，很悲哀的一个消息：听说他已逝于武昌了。在我的师长中，他是使我最难忘的一位。

如果说我生平有最难忘的一位朋友，那就是当时的同学郭孔彰。他本是北京师范大学堂的学生，国文、科学，都有根底。为人正直豪爽，真是一个悲歌慷慨的热血青年。我开始认识他是在上海学生军里，我们一见如故。以后在武昌同学，他给我的益处最多，他予我的影响最大。我们在一块的时候，总是讲求志气，研究学问，都要做一个大人物，充满着英雄主义的思想。我们对于同学的态度也是严肃，看见贪玩不用功的顽皮同学，认为没有志气，不稍假以好的辞色，不和他们来往。那时候，我们常在一起的几个同学，被一般同学称为"三圣七贤"。

有些同学就常常揶揄我们，念着："圣人不死，大盗不止！"我们只好付之一笑，并不去同他们争论。

郭孔彰在光复前就参加了京津同盟会，他是一个极富国家民族思想的热血青年，真情朋友。我们以后从保定毕业，两人被分派到两个地方：我到安徽，他去北京。听说他到了北京军队以后，常常引吭高歌，满腔义愤，此时他对于国家前途及个人身世，更加怀抱了无限苍凉悲壮之感。不久督军团造反时，我们在上海遇着了。那时候，我决心南下赴粤，追随护法运动。他要同我一齐去，被我劝阻了。我的理由是：我们两人何必都到广东，而且到广东以后，在事业的开展上，不一定就有把握。孔彰是四川人，四川这样大这样重要的地方，他回去，不患英雄无用武之地，所以我和他约定分途奋斗，并且狂妄地说："各人去打天下，无论哪一个有了成就，将来再会合来干一番事业，岂不最好！"由于这一个理由，他勉强地同意了。从上海分手后，他回到四川当营长，打仗，不幸阵亡于遂宁。孰料这样一位顶天立地的人才，竟死于悲惨的内战，真是极尽人间的惋惜与哀痛！假使他和我一同到广东，以他的学问、人格、抱负，一定可以成就一个最有为的人物，何至一战而死。我懊悔极了，我悲痛极了！

郭孔彰死后三年，我到四川，哭奠故人的坟墓；再过二十年，我重去四川，复为之修墓立碑，并撰了一篇纪念碑文，以志哀思。他是我永远不能忘的一个真挚朋友，一个忠肝义胆可亲可爱的热血男儿。

我真庆幸，我有这样一位良师（格拉塞先生）和这样一位益友（郭孔彰）的辅导，在这两年中，由于良师益友人格的感召和学问的切磋，对我影响实在不小。我是一个很用功的学生，每天，每星期，自己有功课表——自习表，什么时间自修什么功课，什么时间写日记，都一丝不乱。我尤其喜欢读古人或名人的关于修养方面的书，如《王阳明全集》《曾文正公家书》《群学肄言》《菜根谭》《自助论》等书，都喜欢看；此外如发明家、思想家的传记，《宋儒学案》《中国历代名臣言行录》《饮冰室文集》等等，也都涉猎过。在这一个时期，我沉醉在修养的功夫上，我看这些书，非常有兴趣。我的日记，写出了当时对人生理解的轮廓，可惜后来我从安武军出走，一个皮箱装着很多的书和我的日记，托一个同学保管，不幸被遗失了。

我的兴趣集中在求学上，读书上，不但不到汉口去玩，连武昌也很少去过，除非有必要的事而不得不去。我引为遗憾的有一件事：一次，我的父亲从家乡到武昌南湖来看我，而我刚好星期天放假出去了。父亲等我回校，匆匆一面，天已晚了，父亲想就在校旁的小饭铺里借宿一宵，以便和我谈谈。我因小饭铺并不是旅馆，没有床位，催父亲回去，同父亲就在黄昏时黯然地分别了。他走到武昌渡江，住在汉口一个朋友家里。临别时，我说预备第二天请假到汉口看父亲，到第二天我又没有去。一直到父亲回了丰乐河写信告诉我，才知道父亲住在汉口朋友家，大热大烧，病了两三天，扶病回安徽的。这一个烙印，真成了我毕生的遗憾！

在南湖两年的学校生活，与我从前的遭遇比较起来，可以说是登了天堂。衣服，不用说是由学校发的；每餐四菜一汤。

想起流浪时代，一顿饭，一样寡油寡盐水汤汤的青菜，买几片咸萝卜就算很好，相隔何啻天壤。但是在那个时候，校中的津贴很少，每月只有二元，买一些信纸、袜子、面巾、肥皂、牙粉和书籍、邮票、文具等还不敷用，自然没有钱买揩汗的小手巾。照例，学校每星期发擦枪布一次，这擦枪布是大约八寸见方的一块土布，质料很粗，我就把它当小手巾用。一天上操，我拿出来揩汗，一个同学看见了，失声而笑。官长说他犯了规，把他叫过来处罚了。那时是罚跑步，或举枪立正。这个同学虽受处分，始终没有讲出所以笑的原因，而在我的心中却认为是一件有趣的事。

在这两年中，我安分守己，严正不苟，虽有些地方不免幼稚得可笑，然而彻里彻外是一个纯洁的、肯用功的、有志气的青年，对于人生的修养、科学的知识、国家大事的见解，都建立了一个相当的基础。

保 定

在陆军第二军官预备学校毕业后，分发到保定入伍。我被分发到第八师，时期是一九一四年冬季。什么叫"入伍"呢？入伍就是学习当兵。连上的官长都是行伍出身的。照规定我们应该同兵士一样，和兵士在一块生活；可是这些官长，对于我们这几个新来的学生兵很客气，给我们一间单独的房子住，而且单独吃饭。我记得那时候和我同住一连的有两个入伍生——徐培根、罗纬。一个见习官——刘永祚。连上的官长，也不管我们，我们也落得他们不管；每天没有什么事情可做，正好多看些书，有时偶尔也上上操。这样入伍期间六个月，很自然地、很平顺地度过去了。可是在这期间里有一个最大的不幸：我的父母相继去世。为着奔丧，来回耽搁了一个多月。因为父母去世，无限悲伤，有一段期间最难过，心绪沉痛。

　　完成入伍的一段过程，升入正式的陆军军官学校，必须经过一个入学检定考试，验身体、考科学，都很顺利地通过了。这样进校以后，我第一件事，便是专心一志地读书，研究军事学。我一向是很能用功读书的，进了军校以后，特别抓住了这一个机会，加紧读书。肄业期间，两个暑假都没有回家，利用暑期，遍阅军事参考图籍。譬如，一部《阵中要务令详解》十厚本，以及《作战纲要详解》七本，都读完了。同时，还着重身体的锻炼和人格的修养。每当星期天或放假日，就和几个同学，带几个烧饼，一个水壶，到野外的松柏林间游憩。保定郊外的风景线，可以说是一座坟堆，一座松柏林。我们就在树林间，上下古今，无所不谈。谈的尽是关于一个人的志气、抱负，目空一切，趾高气扬，自命不凡。那个时候，我们的同学似乎是可以区别为两种典型。一种同学是喜欢看戏，吃小馆子，甚至于涉足花丛。尤其到了星期六，这些同学，组织观剧团，有时戏园的老板还亲自跑到学校来请他们点戏。也有少数同学，每逢星期天，溜到城里的会馆，把衣服一换，"打茶围"去了。另一种同学则不然，平时用功读书，研究学术，在礼拜天或例假日，便到野外散步，游玩，吃些瓜子花生，纵横谈论。我是属于后一种的。我和几个比较接近的同学，从来就没有想到闲逛，看戏，脑筋里根本没有那些玩耍的观念。反而对于那些喜欢玩耍的同学，抱着鄙薄的态度。现在回想起来，那时实在不免有许多幼稚的地方，总觉得自己了不起。尽管是谈抱负，论志气，然而怎样才叫做爱国，怎样去实现自己的志气与抱负来爱国，可以说在当时的意识里是极其朦胧的，并没有一个确定的中心思想，充其量，只是一个个人形态的英雄主义在那里发酵罢了。

在这一个时期，遇着一件关系国家命运的大事，那就是袁世凯想做皇帝，一个荒谬绝伦的"洪宪之梦"。因为这一件突然发生的大事，引起了我们全体同学的愤怒的狂潮。袁世凯是在一九一五年（民国四年）十二月十二日下令称帝的，三十一日下令改第二年为洪宪元年，大颁爵赏。这一个帝制的迷梦，这一个天大的笑话，刺激了我们这般青年军人的心，大家非常的愤激，都感觉无比惊奇："怎么忽然做起皇帝来了！"那时候，全北京的报纸，在袁氏控制压迫之下，有的是袁氏御用的机关报，不是歌功颂德，就是噤若寒蝉。只有一家日本人主办的《顺天时报》（日本派在中国的一个间谍机构）——不接受袁政府的管制，公开地反对帝制，因此我们学校当局禁止学生去看。我们学生最喜欢看这个反对做皇帝的报纸。有一天，一个同学正在偷看《顺天时报》，被学校的一个官长看见，报告了校长。校长一方面痛切地感到平时禁止之无效，一方面为示威起见，派卫士把那个同学抓到校本部，痛打四十军棍。这位大校长，姓王名汝贤。好！你闹出祸事来了！"啊！那还了得！"全体同学的公愤，烧成一道通红的火炬，闹起来了。大叫大喊，把砌阶的砖翻出来，打窗子，打校本部，军官学校变成了暴动大本营。

压制已久的愤怒，一下迸发出来了。我们还把校长的相片撕毁，扔到厕所里，而且尽情地辱骂校长。为着正义，为着同情，我们简直是疯了！这位校长，到了实在无法收拾的地步，一不做，二不休，请调驻军，如临大敌地包围了学校，并把我们骗上讲堂，把我们连的枪支都收缴了。

现在回想这一次的暴动，可以说是一幕趣剧。因为我们这位大校长，实在可以成为笑话的主人公。他是非常低能的，不会说话，也不会办事，只因与袁世凯有私人关系，才被派来做校长，我们一般同学平时就很轻视他。他是利用这四十军棍来示威，同学们又何尝不想借这四十军棍来泄愤？一个主持教育的人，一定是要一个有学问、有能力、有品格而能为人师表的人。这样才可以教学生，才可以担负教育的责任。那个时候，我们同学在全体官长和先生中，最佩服的只有一位，就是步兵科长程长发——程其祥先生。他品格好，野外演习的讲评好，一般同学很佩服他，尊敬他，有什么问题，经他一讲，同学就没有什么意见。其余如炮兵科长，因其身长，同学就替他取了一个绰号，叫他做"长加隆"，辎重兵科长是一个矮子，绰号就叫"臼炮"——这些官长，都不被学生重视。我们又可以知道，一位师长，如果他的品格、学问、能力，不能得到学生的敬仰，单靠学校的纪律是无济于事的。所以选择一个学校的负责者或教育者，一定要注意他是不是可以为人师表。一个军事学校全靠军事纪律是绝对不够的。

我在武昌陆军军官第二预备学校与保定陆军军官学校求学前后整整五年，培植了我的科学基础，培植了我的军事学术基础，培植了我的人格修养基础，对于我一生的事业是具有重大意义的。

第五节 锻 炼

投奔广东

一九一六年十二月,我毕业于保定陆军军官学校。在年终毕业的前夕,学校分发志愿书,叫我们填报。那时候,我很希望到边疆去服务,我填的第一志愿是到边疆,第二志愿是到当时的各师;但是结果把我分发到安徽去了。一揭晓,出于我的意料之外,也许因为我是安徽人吧。于是,我们四十余人都被硬派到安武军①去见习。我们都不愿意去,就推我做代表,到北京向陆军训练总监请愿。那时训练总监是张绍曾。我到了北京,跑到训练总监部,没有见到张绍曾,部里的一个职员出来会我,我代表同学的公意,请求另行分发,但是他给我一个失望的回答:"不可以!"我们的要求被否决了,希望成了泡影。没有办法,只得带着怏怏的心情回来。我们满腔热血,想到边疆去奋斗,平时胀满了一肚皮的英雄主义,更想打出一条光明大道,但是终竟不能达到自己的目的,仍然必须回到腐败的、旧式的、由倪嗣冲统率的安武军里面去,这真是最大的烦闷。从北京回来以后,我回家一次,扫了墓,很抑郁地到安武军报到。

我被分发到驻在蒙城的一个小镇的一个哨上。哨,是袭用旧式巡防营的老名称,等于现在的连。我是以一个见习官的资格来的。这里的哨官、哨长(即现在的连长、排长),都是老粗,

---

① 安武军,北洋军阀倪嗣冲的军队。

像这样的军队,当然说不上教育和训练,不过有时叫我们为士兵上上课,或是为了防剿土匪,侦察地形,叫我们画一个图,做一个警戒配备的计划。他们觉得我们年纪都很轻,在讲堂上所讲的,都是他们闻所未闻的,我们所做的计划,又是他们见所未见的,所以对我们非常客气。

　　见习期间,自己看看书,野外散散步,日子也容易过去。有一个不能忘的印象,即亲眼看见旧式军队的腐败情形——他们的官长,每天赌钱,打麻将,吃过饭就上牌场了,把桌子一拖,哨官、哨长坐下来,就好像上课,恬不为怪地赌博。我们当然不愿同流合污,有时站在他们后面"观战",也不好表示什么不满的态度。至于哨官的野蛮,那更是无法形容,有时将头目、哨兵拖到地下,一阵军棍乱打,打得头破血流。我亲眼看见一个头目被打得屁股上、大腿上一块肉一块肉地飞,那种狂叫、惨痛的呼声,使人心惊胆战。也不知为的什么事,其实也并没有什么了不得的理由。不但一边恶打,还一边痛骂,连祖宗八代都骂出来。叫人打,打不够,就自己拿军棍来打,有时把军棍都打断了。有时气忿上来,手里拿着大刀挥舞,硬像就要杀人的样子。像这一类的凶横、野蛮、粗暴,我们新从学校出来的青年,真是想也想不到。我们在保定军校里,为着一个同学挨了四十板军棍,就闹出一场天翻地覆的风潮,哪里知道,打屁股,挨军棍,在安武军中,简直是家常便饭。当然,这一种落伍的军队,是注定了被淘汰的命运。我从前听见有人讲过巡防营、绿营的腐败情形,说是把"马搭子"——北方一种睡椅似的卧具——向操场一端,官长就躺在上面看操。我虽没有看到这一类怪现象，然而我在这里——安武军——却看到了更多的怪现象。

在这一个腐败的军队里混了两三个月，忽然督军团造反了。这是一九一七年的事。督军团为什么造反呢？经过情形大概是这样：一九一六年六月，袁世凯帝制失败，羞愤而死，黎元洪继任大总统，以段祺瑞为内阁总理。次年，段主张对德国宣战，黎不赞成；五月七日段祺瑞提出宣战案于国会，两院都不赞成，他的左右唆使督军张勋等请黎总统解散国会，黎乃下令免段职，督军团大哗，纷纷独立，推举张勋率兵北上，直逼京师。这位倪嗣冲，自然是督军团要角之一，当然也统率了他的腐败的烂队伍北上，还誓师哩！这时候，我的不安与苦闷交相逼迫而来。本来预备见习六个月期满，另外去找一条正当的出路，哪里想到，还没有期满，就遇着所谓督军团造反，我慎重地考虑了第一个难以解决的问题：我们的军队是要加入"造反"的集团了，我应该怎么样？而且听说我们这一营也就要开差了。为着这一个问题，我有多少天陷于一种寝食难安的心境。考虑的结果，可以说构成了我一生中最大关键之一。这时，我把应该考虑的问题写下来，分析、判断、下结论——这是我向来处理问题的一贯作风。跟着军队北上打仗吗？打什么仗？原来是"造反"。我愿意造反吗？愿意附逆吗？良心回答我："当然不愿。"不愿意造反，不愿意附逆，就是不愿意打，然而跟着军队北上，不打，成吗？事实回答我："当然不成。"最后的结论只有一个字：走！我决心走，决心离开这腐败的烂队伍。明明知道走了以后，也是前途茫茫，但如果跟着他们一齐"造反"，将会把整个生命毁掉。我请了几天假，到了蚌埠，马上坐火车到上海，就写信给军队，说不能再回营。以后听见一个同学说：北京陆军部还有命令通缉我哩！我下这个决心，从今天看起来似乎是很平常，但在那个时候，确是一个很大的决心，并且是一个很大的关键。假使我不离开安武军，我一定被拖下水，当然不会到广东了。我所知道的：当时的四五十个同学中，只有我一人脱离了险恶的环境毅然地出走，而那些被拖下水的同学，一个个不是牺牲，就是淹没在腐败与不义的命运中了，真是可惜。由此可见，一个人的决心，尤其是一个应付非常事变的决心，是何等的重要！

　　督军团造反的结果，却引起了张勋的一幕滑稽魔术——拥护宣统复辟。经过段祺瑞的有名的"马厂誓师"，把这一幕魔术消灭了。国人以复辟之祸，系由解散国会而起，纷纷请求恢复国会，而段不以为然，主张重新召集临时参议院。头一个通电反对的，就是孙总理。云南、贵州、广东、广西四省，也先后宣告自主。一九一七年七月二十一日，孙总理同海军总长程璧光和国会议员率海军赴粤，树起护法运动的大纛。八月二十五日，国会议员开非常会议，议决组织军政府，并举孙总理为大元帅①。

　　我这时已到上海，听到了孙总理率领海军南下护法的消息，就决心到广东去，参加革命的护法运动。

　　到广州后，见到广东的保定同学渐渐多了，大家联合起来推代表去谒见大元帅。接见我们的是一位参军。他向我们说：

---

① 《中外历史年表》记载：九月一日，广州非常会议推举孙中山为大元帅。

将先预备一个地方让我们住，以后陆续录用。于是我们就住在旅馆里等候，但是一等再等，都没有消息，吃饭也成问题，工作更谈不到。这时，因为有一个同学的介绍，我预备到云南讲武堂去工作，听说他们那里很欢迎保定学生。突然，又遇着征闽军事发生。福建督军李厚基，是督军团的中坚分子，孙总理在广东倡导护法，当然首先要解决他。在征闽的部队中，有滇军第四师第八旅，旅长是江西人伍毓瑞。我有几位保定同学，都是江西人，其中一位同学张善群劝我："何必去云南，不如到福建打仗去。"因此，我取消了云南之行，同这几位江西同学，一同参加征闽的战役。

我干什么呢？在旅部挂了一个上尉差遣的名义，是一种额外人员。那个时候，我很表现了一点能力。记得有一次奉命运输子弹，由几百个挑夫挑，走旱路。我在当时，可以说是没有一点运输事务的经验，但长官派到了我，我就布置调度。自己穿一双草鞋，前头走到后头，后头走到前头，鼓励他们，招呼他们，勉慰他们。几百个挑夫，帖帖服服地到达目的地，没有逃跑一个人，没有遗失一箱子弹，总算把一个困难的任务完成了。为此，长官曾嘉奖我的能干。

当差遣没有多少固定工作，但我不甘清闲，就想起不如把旅部的勤务兵集合拢来，施以训练。最初召集三两个勤务兵，后来渐渐加到五六人，更渐渐加到四五十人。这些勤务兵，对上课、上操都很感兴趣，自动愿意参加。他们受了训练后，不但知礼节，而且精神好。这在我也不过是一种兴趣，并没有其他想法。但是我们的旅长，看见我练兵有办法，就下令再凑合六七十人，编成一个旅司令部警卫队，派我当队长。这样，我就脱离上尉差遣的名义了。今天回想起来，我忝为一名军人，且曾统率大军，参加过大时代的抗日战争，这是从什么时候什么地方做起的呢？可以说，是从三个勤务兵练起的。

多次遇险

我任警卫队长不久，发生了一次事件。有一营军队是别人的，从旁的地方一路转徙到了汕头，我们的旅长想把它收编过来。事先曾派了一些人去接洽，又因为这一营军队的营长是安徽人，也曾经叫我从中斡旋。然而他们这般人，都是在外面烂场合里混惯了的"老油子"，对于我们旅长的意思，表面上像是接受了，曾经表示愿意改编，实际上，因为那般士兵都是身经百战的老兵，营长、连长并不能完全控制。也许营长、连长愿意改编，但是，他们没有能力也没有办法把这个意志贯彻到他们的部下。一天，我们的旅长以为是事先谈判好了的，就召集那一营军队在一个大空场里训话，实行收编。我带着一班士兵随旅长到那空场里。也许由于我们这位旅长不大善于言辞，他开头说的几句话，大概是："过去的事（指饷项）我不负责，从今天起，即从改编之日起，我一定负责。"他这几句话的语气，似乎是强调"不负责"，以致引起了绝大的误会。这时就有几个老班长站出来说话："旅长改编我们，我们大家的欠饷，刚才旅长说不管。我们各连要举出代表来，要求发欠饷。旅长不管，谁管？旅长不发，谁发？"这样一个带有几分煽动性的质问，使全营的兵鼓噪起来了："好！

不发饷……"一种尖锐的愤怒的呼叫咆哮起来,我看见情形不对,立刻紧急处置,叫卫队赶快保护旅长离开。就在这一瞬间,乱兵就放起枪来。我回头一把抓住那营长,被他一掌推倒在地下——事后才知道,他是好意,怕我站着受伤——他也就卧倒。一阵连珠似的枪声,足足打了十分钟左右。我伏在地下,四周落满了子弹,泥土打起很高,到处都是弹痕,可是我的身上没有中着一弹。这不能不说是一个奇迹:几百支枪,在几十步内连续放了十分钟左右,我没有受伤。

这次事件以后不久,战事发动了,还是继续攻打福建。我们的阵地已移到离汕头不过几十里的黄冈,正进行激烈的战斗。傍晚时分,敌人从我们的左翼来威胁我们,像是用的迂回包围的战术。那时旅长觉得左翼非常重要而空虚,叫我带警卫队(等于一个连)掩护左翼作战。我带兵连夜出发,走了二三十里,到达我们的左翼,占领了一座小山头。这时敌人也已到达我们的左翼,占领山下的一个村庄。幸而我们先赶到了,占领山头。假使迟到一点,敌人就会把这山头占据,对我们是非常不利的。双方战斗到天亮,敌人没有退。本来占领了这座山头,只要抵住敌人,也就可以达成任务,但我一想,天亮了,敌人仍是不退,我实在不能忍耐,我们不进攻,敌人是不会退的。我就发了一个冲锋号,自己领着兵从山头冲下来,经过一道田冲,到达那村庄外面的一个菜园。敌人占着菜园的三面,我们只占着一面,敌人顽强地抵抗,我的左右死的死,伤的伤,我遍身是血,都是从旁人溅到我身上的。幸而我们的友军看见我们冲锋以后敌人还没有退,派来了援兵,才会我们同奋勇地把敌人打退。敌军伤亡殆尽，只有少数奔窜去了。这一战斗，把全线支持下来。回到旅部，旅长见我一身是血，大为嘉奖，大家都称赞我的勇敢。我带的这一支队伍，多半是江西人，只有我是安徽人，大家都看不出我是这样一个勇敢的"书生"。

不久，警卫队改编为第一支队第二营第七连，我当连长。中间经过很多战事，这一连打仗是有办法的，它老是站在最前线勇猛地战斗。就在前线打仗时，我升了营长。由于我们原来的营长胆子很小，精神欠振作，旅长便把他掉换，为奖励有功而升我当营长。其他五、六两连连长，年纪比我大，资格比我老，他们有点自恃，对我的升任表示不服。当宣布我升营长而举行布达的仪式时，这两位负气不到场。但是久而久之，他们就真心地佩服我了。因为每次打激烈的仗总是我这一连兵，我的带兵方法与作战精神，使他们觉得确有值得佩服的地方。

我带兵，无论到什么地方，决不带行军床，只是随身一件雨衣，等到兵士都睡下了，然后躺在兵士们的空当里。在作战时总是站在第一线前面。无论行军、宿营，一概以身作则，以身率先。无论到什么地方，先把兵安顿好，勤务布置好，然后自己才休息。吃饭当然更是同在一起，兵士吃什么我吃什么。我又注重精神教育，常对士兵作精神讲话，鼓励他们，并且经常关切士兵日常生活和纪律情形，所以这一营兵带得很好。

我还记得有一次也几乎送掉我的性命。一天，我在一座山头上，山下有一条小河，河那边就是敌人。我想侦察敌情，正从山坡这边拿着望远镜瞭望，猛不防隔河的敌人发现了我，向我瞄准，枪弹就连续地打过来，有一颗子弹擦耳而过，穿过站在我后面的一个卫士和一个传令兵：一个从脑穿入，迸出脑浆而死，一个从嘴边穿入，打落了牙齿，我侥幸未被打中。经历这些危险，都是使我生平保持着战斗精神的一种锻炼。

在征闽战事结束之后，得到一个较长时期的休息。陈炯明驻在漳州，我们的军队改为援赣第四军了。我这一营人，曾先后驻诏安、梅县、潮州等地。那时候的军队情形很困难，不发饷；只发伙食和津贴，如连长每月二十四元，营长三十元，兵士是四元两角毫洋。有些官长是带着家眷的，吃饭没有钱买菜，常把橘子皮晒干，泡在盐水里，就算是一样下饭的菜。以后官兵伙食费也发生困难，因而一般官兵情绪非常低落。正在这个时候，广州的情形传到我们军队里来了。是什么情形呢？这就是当时所谓"桂系"在广州专权的情形。孙总理以护法号令西南以后，桂系陆荣廷、莫荣新两人不受约束，遇事掣肘，莫荣新更是毫无忌惮。他们联合政学系，倡议改组军政府。孙总理愤桂系的凶横，向非常国会辞去了大元帅的职务，离粤赴沪。这个时候，莫荣新是广东督军，想乘机解决在粤的其他各军。我们这原来是滇军而后来升编为援赣军的一军人，当然也是桂系亟待解决的一个目标。我们其时驻在潮州，一天，桂系刘志陆部忽然戒严，夜间从四面把我们包围，激烈地射击，我也险遭毒手。他们有计划，有准备，有布置；我们无计划，无准备，无布置，一军人遂被完全缴械，官长们都被迫上船，到了上海。

宣汉事变

潮州缴械,从汕头回到上海以后,我还是打听广东的情形,还希望到广东去。就在这个时候,有一位四川朋友罗天骨约我到四川第五师工作。那时四川一共有八个师,就中吕汉群(超)的第五师,是一支向来与孙总理与革命有关系的军队。郭孔彰曾在这个师当连长,不幸阵亡,我因此也想到四川看看,借此可以吊唁故人的丘陇。第五师的师部在绵阳,我到了以后,被委为少校参谋。这时正是吕汉群联合驻川滇军发动倒熊(克武)运动的开始,不久就打起来了。最初由于滇军的力量,把熊军赶出了成都;当然,滇军就请吕汉群到成都,由唐继尧任川滇黔联军总司令,吕汉群被任为副总司令。我随着这位副总司令也到了成都,调为副官处第一科(总务科)科长。但是到成都没有多久,由于刘湘等军的反攻,滇军不能支持,吕部又远在川北,只好退出成都,以后又逐步逐步地退,从成都退到简阳,从简阳退到泸州,从泸州一路沿江退到重庆。刘湘等的川军跟着追,我们也就跟着退,这样地兜了一个大圈子。我是人地生疏,吃尽了"兵荒马乱"的苦头。到了重庆,吕汉群想带着他的残部下川东,到酉、秀、黔、彭一带去求生存,但他的部下,许多都不愿意去,我也感觉这样地跟着走,走不出什么道理。便向吕汉群提出:"我可以回去吧?"得到了他的允许,也谅解我这一点:跟着部队没有什么作用,是一个赘疣。于是我回到故乡,住了一些时候,又到了上海。我的意思,还是想回到广东去。

这时,吕汉群也到了上海。原因是他的残部在下川东的途中，许多官兵不愿意到那些偏远荒瘠的地带去，吕汉群就将他的残部交给副官长林光斗带着，自己到上海来了。我们在上海遇见了之后，他说林光斗已率部队到了宣汉，要我回川去看看，因此我就再度入川。

这时，川军第五师残部就在师长余蕴兰节制之下，改编为川军第三独立旅，旅长林光斗，我被任为旅部参谋长。我觉得军队光是关在夔门里，大家自己内讧，太没有意思，我主张：川军出川，将来可以会师武汉，完成中国革命的伟业。但这是我所唱的高调。那时四川的空气，俨然是一个合纵连横的战国局面。不久，陈树藩因为在陕西失败，退到四川的宣汉。林光斗是陈树藩的旧部，相处得很好。陈树藩虽退到宣汉，但仍准备回陕，打退北军。我主张我们的军队同他一起赴陕，虽不是会师武汉，也是北伐的一个准备动作。于是我们喊出了一个"援陕"的口号。林旅长就派我到重庆同当时主持四川军政的刘甫澄（湘）接洽。但是在我们部队内部，如团长吕镇华，却不愿意采取这个行动。他们认为，假使我们部队出去援陕，即等于林光斗把军队拍卖，为陈树藩牺牲。同时，所谓川军保定系三大将领"邓、田、刘"——邓锡侯、田颂尧、刘季昭，都是保定同学。刘有一师人，驻在通、南、巴，而原任第五师姓彭的旅长也由上海回到了宣汉。这说明什么呢？这就是当时一般军人"拖队伍"的情形。姓彭的由上海回来，想把这一旅再拖走，他正在与刘季昭接洽。这是一个关键。我一到重庆，刘季昭就派代表来和我谈判，拿出一个协约的条件，要我们的军队同他们联合起来，共同一致地行动。我当时是赞成的，为什么赞成呢？因为我看透了部队的内情和心理，是不甘于受余蕴兰节制的，我们必须找一个外援，以谋自己的解放。其次，我保持着相当热烈的同学观念，认为邓、田、刘三人都是保定军校同学，林光斗是陆小出身，后来进速成学堂，算是四校①同学；如果能够把"邓、田、刘、林"联成一气，也就是保定同学在四川的大团结，共同奋斗，将来是大有作用的。由于有这两个想法，我从重庆打电报给林旅长，主张与刘季昭联合。林本人是不易有果断的，开初还有这种意思，以后又不赞成，说了一些"我们力量小，不配和他们平等联合"一类客气话，拒绝了刘季昭的建议。这一拒绝，使我感到很大的失望。就在这个时候，那姓彭的与刘季昭密议妥当，由刘派彭带一团人到宣汉，暗地勾通吕镇华，里应外合，实行火并。

一九二一年春，我住在宣汉的川军第三独立旅司令部——一座民房，进去是一个院子，楼上五间，我住在最里面的一间。有一天，肚子有点泻，不大舒适。半晚，吃了一点稀饭，靠在一张帆布椅上，穿一件夹袍，拖着睡鞋。内弟洪君器进来了，还不到五分钟，忽然听着门外连续的枪声。我恐怕是匪，君器说："不一定，也许兵变？"我就换穿布鞋。窗子靠近城墙，君器就扶着我，迅速地从窗户一下跳出，落在城墙上面，躲在墙垛缝里。看见有一连人模样，打着马灯，在城脚下疾走。我想喊，打算向他们问话。君器说："慢着！把情形弄清楚再说。"同时，我又想到炮兵连连长是与林旅长有关系的人，如果是兵变的话，

---

① 陆军小学、陆军速成学堂、保定陆军军官预备学校、保定陆军军官学校，同属陆军部领导。

我应该劝他指挥镇乱,又经君器劝阻。现在回想:假如我去向那打马灯的一连人问话,就好比"飞蛾扑火",因为这一连人正是叛兵;又假如我去劝炮兵连长,那就更糟,因为首先被缴械的,就是炮兵连。君器和我商量,老站在城墙上不是办法。那一头有一个邮政局,局长和我们向来熟识,何妨到那里去。我两人幽幽地循着城墙向邮政局方向走。一个哨兵问:"什么人?"君器随声答道:"陕军司令部的。"当时陕军司令就是陈树藩,他已率部回陕去了。哨兵不认识我们,让我们通过了。到了邮政局,局长是范众渠,才由他的口里,说出这一叛变的真相:"不仅是兵变,而且是官变。"大概吕镇华他们已派人向各方打了招呼,我们不能老躲在邮政局里。由范众渠先生到陕军司令部打了一个招呼,林黄胄参谋(保定同学)随即来接我们去到陕军司令部。我们刚到一会儿,叛兵团长吕镇华带着卫兵,背着驳壳枪,来会陕军司令部的留守官长,实际上就是来找我的。因为在各处寻找不着,才来到这里。如果被他找到,我也就完了!我看见送进来一张名片:"吕镇华",心里怔了一下,我的勇气使我要见他,问他为什么干这件事?这个时候已听到林旅长在寓所被叛兵打死的噩耗,我要质问他:"为什么打死林光斗?为什么下这种毒辣手段?"但为陕军司令部几位官长劝止住,不叫我出面,把我们送到后楼一间房子隐避起来,把吕镇华对付过去了。住了几天,外面搜索我更急,陕军司令部的人胆子小,这里又有一个关键,他们把我们两人送到一个庙里,这里好像是他们的卫生队。送到这里,他们还是不放心。外面的风声越紧,他们越害怕,劝我道:"你还是出来同他们谈谈,公开同他们谈谈吧，没有什么要紧的！"这时我忽然警觉起来，我丝毫没有保障，不能露面，要求他们保护我到底。这真是一件奇怪的事：当吕镇华到他们司令部找我的时候，我愿意出来，他们不愿意我出来；现在我不愿意出来，他们又要我出来。从这里，可以看出一个露骨的世态人情。当时经我说明出来的危险以后，跟着想出了一个妙法：化装成伤兵，同原有的伤兵一道溜出去。因为这时正有一班伤兵回陕，就由医官把我和君器两人头上用白布一包，穿着伤兵的衣服，拿着一根小竹竿，从从容容、一步一步地混出了宣汉城。守城门的看是伤兵，没有盘查，我们就这样过了关。

我因林旅长的关系，认识了他的一位朋友蓝懋昭，这时蓝正做四川万源县县长。我从宣汉城化装成伤兵逃了出来，到了万源县，就向县政府走。本想把头上包的白布取下，接着转念头："何妨与蓝懋昭开开玩笑。"一直走到他住的房间，大声叫："懋昭！懋昭！"屋后出来一人，说："县长走了！"忽然看见我是个伤兵，厉声地问："你是什么人？"我答道："我是陕军司令部的。"那人便不再问我。假使当时有人认识我就糟了。而且幸而我离开宣汉还早，如果再迟两天，就走不了了，因为余蕴兰的军队，打败了吕镇华，吕镇华撤军，路就不通了。

出了川境，到了陕西，住在与陈树藩有关系的一处人家。过几天，陈树藩的军队失败，前方不利，我住的一家，表示不欢迎我们的态度。这时，蓝懋昭等也来到这里，我们商量，决定再从川陕边境走到夔府再说。我们步行了许多天，一路上受尽千辛万苦，好容易抵达夔门。我在路上就下了决心：只等一到夔府，就看轮船上水下水，上水到重庆，下水到宜昌。那时想到重庆的成分还多些，满想把这些事向渝方说明，替林光斗伸冤，希望一到夔门就有上水船，到重庆去。但是到了夔门，上下水船都有，两只船静静地摆在江中。这时，我的一颗心就像江波一般的动荡：搭哪一只船呢？上水？下水？到宜昌？到重庆？忽然转一个念头：我为什么要到重庆？四川的情形这样复杂，我为什么自讨麻烦？这样，我们终于搭了下水船到宜昌，再由宜昌到汉口。记得我和君器到夔门时，全身只剩一套裈裤，污泥破烂，简直像叫花子。上了大轮，大热天，短衣裤，蹲在轮船屁股后面。到了汉口，找不着旅馆住，因为我们是没有行李的穷客。最后才找到一家小客栈，告诉了老板："千万放心，不会骗账的。"于是写信给在北京的罗天骨，寄来二百元做衣服。这才带着极端的疲乏，回到了巢县故乡。

十年以后，我在南京看见余蕴兰的旧部一位姓游的，我问他："假使当年在宣汉事变后，我到重庆，是不是会完了？"他笑着说："恐怕是不用说了吧？"说实在的，我当时心地非常纯洁，根本摸不清川军的一切勾结和阴谋，自己差一点平白地牺牲在里面。在这一次事变中，历经了几道险关，终于被我侥幸地安全地度过了。

我现在想起宣汉之变，还有点不寒而栗，这是我生平所经历的一次大险，我永远不会忘记。二十年以后，那位在当时容留我而且殷勤照护我的邮政局长范众渠先生，又与我在战时的重庆重晤了。夜雨巴山，回首当年，涌起了我无穷的感慨。我特地制了一件小纪念品，在上面刻了一段小文送给他，以志我内心的铭感。原文如次：

赠范众渠先生记

民国十年春，余任川军第三独立旅参谋长，驻宣汉司令部内。旅辖吕团，阴谋叛变。是晚，余病卧，忽闻营门内枪声，初疑匪，继恐兵变。内弟洪君器，急扶余跃窗，坠城头，见城下兵影，提马灯疾走。余拟呼止，君器阻之。余料旅长林光斗在寓，无法联系，将何往？君器主循城头至邮局暂避，而哨兵密布，厉声问："何人？"君器立答："陕军司令部职员耳！"乃得趋至。局长范众渠先生，见余等来，惊且喜，殷勤照护，并向陕军留守处通款，蒙派参谋林黄冑同学迎藏余等于部内。叛兵大索城厢，斯时，闻林已被害矣！其后余虽历经数险，而仍得安然离川，实以避入邮局为脱险第一关键。微范先生，余其殆矣！二十年后，重晤范先生于陪都，特镌数语，敬志铭感。

选课于上海大学

从宣汉脱险后，回到家里，休养了两三个月，接到伍肖岩从上海的来信，约我同到福建去，我就离开了家，经上海转福建。那时候，许崇智、黄大伟都在福建带兵，而且彼此摩擦。到了福建，伍并没有被发表为原定的师长。我在福州住了一些时候，又回到上海。

回到上海做什么呢？决心读书。就到上海大学报名，选修一些课程,主要是学俄文。教这门课程的就是有名的共产党人瞿秋白。我曾找瞿秋白谈了一次话。一方面,又在文生氏高等英语学校补习英文。我为什么同时学俄文、英文?这是因为我的兴趣已经转变了。以前想到德国去留学,所以尽力学德文;现在对苏联的兴趣比较高,也想环游欧美,所以改学俄文,补习英文。这时,我真是很忙,一天到晚,看书,查字典,坐电车,上课。可是惭愧得很,英文还读得很好,上海有几家外国电影院,全是英文字幕,没有中文的说明,我看英文字幕,懂到十之七八,但是学俄文,却越学越觉困难。我仍是不畏困难地去学,是为了想到俄国去。我为什么想到俄国去呢?这就要谈到我当时的思想情况了。

最初,我是受了《饮冰室文集》的影响,以后读到许多新的出版物,给我以较大影响的是《新青年》《新潮》《向导》这一类的杂志,觉得这些东西很合我的胃口。"五四"前后风起云涌的"新文化运动""民主与科学运动",对于我的思想起了决定性作用。虽然在南湖、保定的求学时期,偏重读科学与军事方面的书刊,个人英雄思想非常浓厚,但出校以后,我的思想渐渐起了一种变化,就是"左倾",就是前进。在第一次出川后,我的思想就很激进了。在北京时,有一位朋友特意介绍我到上海去见陈独秀,曾和他谈了一次话。那时的"上大"是染着"红色"的,校长是于右任。有一次,"上大"开纪念苏联十月革命的会,我听到于右任的讲演,瞿秋白的讲演,都是推崇社会主义苏联的话,更使我心向往之。

我在"上大"并没有读到毕业,可是以后到了南京,"上大"

的同学组织同学会，推我做监察长，我曾一再辞谢。教育部还补发了一纸大学毕业文凭，真是有点"却之不恭，受之有愧"了。

那个时期的生活情景也有趣得很。我和我的夫人带一个孩子（一真），赁居法租界的一个楼面，每月房租是十六元。把这一间小房子用布幔隔成两间：一间卧室，一间书房兼客厅。夫人弄饭，洗衣；我读书，翻字典。连学费、电车费都在内，大概一个月要花五十元左右。这样拮据地又过了一段赋闲的生活。

初试教学

在这一个时期，我曾第二次入闽。那时王懋功在福建当师长，陆福廷[①]在他部下当团长。我前次到福建时，陆福廷要我帮助，我不愿意就事，仍然返沪。临别的时候，我对陆说："现在虽是分别了，但是，只要你们出师广东，讨伐叛变的陈炯明，什么时候出发，我什么时候随着你们去。"后来他们出师去打广东，陆便要我"践约"。我接信后，若照当时的情形，也未始不可以推诿，不过我不可失信于朋友，于是又到了福建，没有担任什么名义，只在部队里做客卿，跟着他们从福建一路走到广东。

这里要说明一点当时的经过，帮助了解我为什么两次入福建。一九二二年，孙总理在戡定两粤后进行北伐，而陈炯明却在广州暗中与直系勾结。孙总理在这年五月六日，亲自誓师于韶关[②]，下令攻赣。北伐军正在轰轰烈烈地迭克名城，陈炯明竟

[①]张治中的保定军校同期同学，后曾任陇海铁路局局长。
[②]中华民国史研究室编，一九二二年《大事记》记载：一九二二年五月六日，孙大元帅离广州赴韶关，九日在韶关誓师北伐。

于六月十六日称兵倡乱，围攻总统府，孙总理以大无畏的精神，登永丰舰和叛逆相持到八月九日，才离粤赴沪①。北伐军也回师讨贼，与叛军激战于北江，不利，许崇智、黄大伟退到闽边，李烈钧退到湘南。十月间，许崇智、黄大伟入福州。总理乃命许崇智、黄大伟指挥东路讨贼，进兵潮汕；又命在桂的滇军朱培德、杨希闵及桂军刘震寰、沈鸿英等部取道梧州，规复西江；直到一九二三年一月，才把陈炯明打退。陈逃到惠州去了。我第一次入闽，是正在许崇智、黄大伟进入福州的时候；第二次入闽，是随着他们会师广东，讨伐陈炯明的时候。

　　我为了"践约"，不能不离开上海，中断了读书计划。回到广州时，伍肖岩正任桂军总司令刘震寰的参谋长。不久，伍改任桂军第四师师长，要我当参谋长。不过他这个师长，有名无实，根本就没有兵。我起初曾被任为桂军总司令的参谋，这个总司令部也是乱糟糟的。我觉得没有什么意思，又离开广州而回到上海，还想继续读书。正在这个时候，我的祖父去世，等到回家办完丧事重回上海，伍肖岩又来信邀我了。这次是邀我到广东去帮桂军办军官学校。我办完了祖父的丧事，经济已有困难，再在上海读书，实在不易支持，既然有这样一个机会，还是到广东去吧。

　　到了广东，帮助成立了建国桂军军官学校。刘震寰当校长，伍肖岩当副校长，我当大队长。校址在虎门。这个学校的干部、学员，都是从桂军部队里调来的，都是广西人，有学校出身的，

---

①中华民国史研究室编，一九二二年《大事记》记载：一九二二年八月九日，孙中山乘英舰赴香港，十日孙中山由香港改乘俄轮赴沪。

有行伍出身的。办学，我感觉有兴趣，但是生活很清苦，根本就无所谓饷。我一天到晚，名义做大队长，实际上负了一切训练教育的责任。

这个学校，一九二四年的夏天由虎门搬到广州。本来，在同年春天，黄埔军校创办的时候，因一般教官都是保定同学，他们要我参加"黄埔"的工作，但我自己觉得不好意思：第一，我应伍肖岩约到广东，帮他办桂军学校，我若离开桂军军校，对不起伍；第二，廖仲恺先生当时是国民党的各军校——那时除黄埔军校、桂军军校外，另外还有滇军干部学校和一个陆军部（部长程潜）办的军官学校（此校以后归并入"黄埔"）——的党代表，廖先生同我讲，桂军军校总要有一个人负责，叫我不必到"黄埔"；第三，加伦是苏联总顾问，我们桂军军校也有一位俄籍顾问糜娜（女），和我在学校工作上合作很好，她也希望我不要离开。这时候，"黄埔"的校长就是蒋介石，王懋功好像是当管理处处长，陆福廷当教官。蒋也知道我的名字，知道我在桂军军校，也很想要我到"黄埔"工作，发表我一个黄埔军事研究委员会委员的名义。这是我同"黄埔"第一次发生关系。召开训练会议，我也常常参加。一直到这年的十二月，办完了桂军军校的学生毕业事宜，一方面，我看到了桂军方面的情形太坏，绝没有什么作为；另一方面，因为东征——肃清陈炯明余孽的军事行动——开始，蒋成立"黄埔"第三期入伍生总队，王懋功负总队长名义，随蒋出发，叫我做上校总队附，代理总队长职务，维持后方。我欣然奉命，于是脱离了桂军军校，正式参加了"黄埔"的工作。

求民族生存而戰

張治中 題

第二章 北伐到抗日

第一节　北伐前后

从广州到武汉

1924年12月，张治中在黄埔陆军军官学校任第三期入伍生总队上校总队附、代理总队长。

一九二四年十二月我到黄埔任第三期入伍生①总队的总队附、代理总队长②，直到一九二五年夏第三期入伍生入伍期满升学，复调为东征军总指挥部上校参谋。在这后几个月的中间，我所担任的职务太杂了，一身兼上七八个职务，而且都是负着主要责任的，如：航空局局长、军事处处长、航空学校校长、黄埔第四期入伍生团长；同时党军第二师成立，蒋介石兼师长，王懋功任副师长，后实授师长，我当参谋长，又兼广州卫戍司令部参谋长。一般同事说我身兼八职。而我呢，一天到晚坐汽车，坐小汽艇，往来广州与黄埔，忙到连午饭、晚饭都不知道在什么时候吃，常常到深夜十一二点钟才记起吃晚饭。但是这一种极端繁忙的

---

①入伍生别于正式生，升为正式生前，须经入伍期训练。
②《中央陆军军官学校史稿》记载为：一九二五年一月二十九日，任张治中为入伍生队总队附，同年四月十二日张治中被任为代总队长。

工作，实在不容易长久支持下去，遂于一九二六年初毅然决然摆脱这许多职务，仍然回到黄埔，专任第四期学生军官团团长。

一九二五年东征胜利以后，回师广州讨平杨、刘①，已经把广东的反革命势力肃清，革命根据地已经巩固，继此而后，便是出师北伐。一九二六年六月，国民革命军组织完成，蒋介石被任为国民革命军总司令，何应钦为第一军军长，谭延闿为第二军军长，朱培德为第三军军长，李济深为第四军军长，李福林为第五军军长，程潜为第六军军长，李宗仁为第七军军长，唐生智为第八军军长。那时蒋急于成立总司令部，要我暂时担任副官长一职，并且把组织总司令部的责任，交给我们副官处。蒋的意思，本来是要我带兵的，副官长原定张群，因为当时张群在上海，所以蒋要我暂时代理，将来还是由张担任。哪里知道，一直打到武汉，张群始终没有来。国民革命军总司令部是一个崭新庞大的机构，关于整个机构的组织工作，都是交给我商同各处办理的。虽然这是一个繁重事务，但为着北伐，我兴奋地参加并负起责任来。

北伐誓师的日子定于七月九日。当举行这一个盛大的空前的典礼时，蒋有这样一段重要的话，是在总司令就职的宣言里说的：

> 革命战争之目的，在造成独立自由之国家，以三民主义拥护国家及人民之利益，故必集中革命之势力于三民主义之下，

---

① 杨希闵，驻粤滇军首领；刘震寰，驻粤桂军首领。杨、刘都反对北伐。

推倒军阀与军阀所赖以生存之帝国主义！

....

　　如我全国军人，有能以救国爱民为职责，不为帝国主义之傀儡者，中正必视为革命之友军；如能向义输诚，实行三民主义，共同为国民革命奋斗者，中正尤引为吾党之同志，绝无南北界域之见，更无恩仇新旧之分。若有依恃武力，甘冒不韪，谋危我革命根据地，抗犯我各省国民革命军，乐为帝国主义者效忠，不惜陷国家于万劫不复之地，则必将为全国人民之公敌，誓当摧陷而廓清之！

　　这一天，蒋以总司令的地位又发表了誓师词，激励三军牺牲奋斗。

　　蒋就职誓师以后，先命驻在衡阳的唐生智发动最初的进攻，打下了长沙。七月二十七日，蒋命李济深留守广州，他率领各军出发，乘粤汉南段车到韶关，八月十日到衡阳，十二日到达长沙，召开军事会议，下令总攻。这时我所注意的，乃是北伐与革命的前途。我是一个肯讲话而且敢讲话的人，看到的、想到的、应该讲的，就随时向蒋陈述、贡献。

　　有一次，是在蒋从衡阳到长沙的船上。我们到达衡阳后，蒋要往长沙，因为后面的部队陆续开到，命我留在衡阳照料，我送蒋上船，说过这样几句话："我们现在拿下武汉，是不成问题的，但拿下武汉以后，对于这一个复杂严肃的局面，现在应该加以注意与准备。我的意思，最好还是邀请汪精卫回国，帮助总司令来料理这一个下了武汉以后的局面，并可促进国共两党的团结合作。"当时，蒋对于我的建议，从他的态度上的表示，可以说是很有难色的。我记得，我并且还这样地说过："假使我们不欢迎他（指汪）回来，他自己一定也会回来。"果然，打下了武汉后，我的话，我的预料被证实了。汪精卫果然回来了！在上海，他和陈独秀发表了"共同宣言"，他到了武汉，就引起了"宁汉分裂"的激烈的斗争。

还有一次，我记得是在武昌业已攻下的时候，蒋命我赴武昌筹备学兵团。那时因为李济深留守广州，白崇禧代理参谋长。临走辞行时，我向蒋说："健生①这人很硬，也很能干，我希望总司令对他特别看待，结以感情，并且使他安心才好。"蒋的答复是："当然，我对他一定好。"我为什么有这样一个建议呢？因为在北伐途中，我常和健生在一块，他对于当时蒋的很多处置，认为不大持平，有时发出一些不满意的牢骚。譬如说，他总觉得蒋对第一军②比对其他各军要好些，心里总存在着这样一点隔膜，而且他的态度，会直接影响到当时第七军军长李德邻③。也可以说，我老早就看到了这一点，虽然后来有几次的离合，终于免不了最后的分裂。

北伐军进展神速，九月七日克汉阳④、汉口，十月十日克武昌⑤，十一月十日克南昌；至第二年——一九二七年二月中旬克杭州，三月中旬克上海、南京。于是建都南京⑥。四月，国民政府在南京成立。

---

① 白崇禧，字健生。和张治中在保定军校同期，同科，同班。
② 第一军为蒋介石的嫡系部队。
③ 李宗仁，字德邻。
④ 中华民国史研究室编，一九二六年《大事记》记载：九月五日克复汉阳；《民国大事日志》记载为一九二六年九月六日，占领汉阳。
⑤《民国大事日志》记载为：一九二六年十一月八日，敌出城投降，警卫入城。九日，蒋总司令进驻南昌。
⑥《中国新民主主义革命时期通史》第一卷记载：三月下旬克上海、南京。

在武汉期间

　　打下武汉不久，蒋准备要成立新的部队，叫我办学兵团，造就可以供应三个师的班长和基层干部。这个团是包括三个步兵营、机关枪连、迫击炮连、交通兵连，是一个部队化的军事学校，地点就在武昌的南湖。这个南湖，就是我的母校（陆军第二预备军官学校）所在地，学兵团就设在母校旧址内。这是多么富于回忆和联想的地点啊！现在这个母校，因为受了历年驻兵的影响，已经是蓁芜满目、破败不堪了。我抱了"重兴南湖"的志愿，将校舍修葺的修葺，补充的补充，并且修筑了马路，买了发电机，布置电灯装备，居然气象一新，我觉得十分快慰。十二年前做学生的我，十二年后竟做了南湖的主人，这十二年间的世事沧桑，使可爱的南湖，竟变得如许憔悴，到这时才得笑颜重开的机会。

　　同时，蒋又在武昌成立了中央军事政治学校武汉分校（因为黄埔军校已更名为中央军事政治学校），命我兼任分校的教育长。政治部主任是周佛海，政治总教官是著名的共产党员恽代英。

　　自从革命势力到达武汉，蒋率师进攻江西，蒋所付托而负着重任的是邓演达。他是当时总司令部政治部主任兼管武汉行营事宜。

　　是一九二七年一月间的事吧，日子记不清楚了，忽然接到蒋由南昌打来的电报，要我到南昌去。这一次，我在南昌住了三四天，其中的一天，蒋同我——只我们两个人——在一间办公室里，谈了整整半天，可以说是最长的一次谈话。我从这一次谈话才知道武汉局面正在剧烈演变的一个轮廓。邓演达原来就与蒋相互间的感情不好，他在武汉发表一篇文章，指摘蒋，所以蒋向我说："他挖苦我，他还是本部政治部主任哩！"据我所知，邓演达不是共产党员，但"左倾"，而"左倾"的程度，还超过共产党。他的言论、态度，实在是比共产党更激烈。蒋要我到南昌去的意思，现在想起来，不外以下两点：一是看我的态度，要我来制邓；一是要我负疏解之责，去劝邓。我对邓演达的看法是怎样呢？自从出师北伐到达武汉，在我的眼中，邓演达确是一个精明强干的人，虽然是"左倾"过激，并无什么关系。所以我在答复蒋相当愤慨的语气时，说："请总司令原谅他这一次。当然，他的言论、态度都不对，但他一向是如此，总司令如原谅他，我回去一定同他讲，促他觉悟。我想，他总可以觉悟的。或者要他到南昌来，当面说服他。"这几句话，因为我的内心是忠实的，态度是诚恳的，所以相当动听。蒋说："好，好，我当然没有什么，只要他能觉悟。"又说："他能到南昌来，好，好，当面谈谈。"蒋要我来南昌的意思，不是要我"制邓"，就是要我"劝邓"，现在我的态度是站在帮助邓演达的地位讲话，是替邓说情，所以蒋就撇开了要我制邓的企图，而有赞同邓来南昌的首肯。

我太老实了，我为朋友讲了许多话。我一回到南湖，邓演达就打电话给我，说："啊，你回来了，我就到南湖来。"邓演达来了，我留他吃晚饭。哪里知道他开始怀疑我，他说："是不是总司令要你来监视我？我预备辞去一切职务，请你来接收吧！"劈头就是这样一个奇特的态度，然而只能怪我自己太老实，不能怪邓演达的怀疑。为什么？因为那时武汉方面对蒋的斗争已在开始，而我主持着两个重要的军事教育机关，已为大家注意，现在又奉蒋电召，则其中消息，是令人可疑的。我还是诚恳地劝邓不要有什么怀疑，而且把我同蒋谈的话，有什么说什么，老老实实地告诉了他，最后说："总司令对你很好，何妨到南昌去当面谈谈，绝无问题的。"但他不相信，笑道："这不是自己送到南昌去请他扣留吗？"我说："为什么误会到这步田地，决不会有这种事，你若不相信，我陪你一阵去。"他干脆地说："一阵去也不相干！"随后又说了蒋许多不对处。我看这情形一时不容易疏解，只好说："以后再去也可以。我们再商量好了。"

　　过了不久，是三月中旬吧，我再接到蒋的电召，重到南昌。这时局势更加恶化起来。有一天，恽代英和我谈话，希望我作一篇文章，发表意见，表明态度。我告诉周佛海，要他转告恽代英："革命是不要人教的，我自己会。"当时我对恽代英也曾这样说过："你说总司令种种不对，我可以电请总司令设法改正，又何必这样误会呢？"我记得因此曾给蒋一个电报，很温和地贡献了一些意见。这个电报，是站在国民党的立场，不是站在共产党的立场，却也多少为共产党谋求蒋的谅解。大概蒋接到了这个电报，所以要我二度赴南昌。到了南昌，蒋一见我，就说："我这回要你来，没有别的，因为局面已是这样的变化，免得你在武汉当俘虏，你赶快回去，把学兵团带出来，军校的学生不容易带出，就不带。"并且催我就回武汉，事不宜迟。我问："还有挽回的余地没有呢？"一个简要迫切的指示："赶快带学兵团出来！"于是我匆匆又回武汉。

我一到武昌，见了邓演达，还是坦白地告诉他，奉命带出学兵团到江西东征。邓演达说："那不行！政治分会①已经有命令了，学兵团当然不能带走，同时要你辞掉学兵团团长和军分校教育长的职务。"他的态度是那样的严肃，语调是那样的坚定，而且要我就在他家里写辞职的文稿，简直没有丝毫商酌的余地。然而这一瞬间，我的头脑清醒，态度沉毅，我说："辞职可以的，但我不向政治分会辞。我是学兵团团长，应该向总司令辞；我是中央军校武汉分校教育长，应该向校长辞。"邓说："也可以吧。"我就在那里草了一通辞职的电稿，写明南昌总司令部，交给邓拍发。以后我知道，这个电报，并没有发出。那个时候，我所以有恃无恐，是由于我知道学生对我好，而在过去，我与共产党有好感而没有恶感，所以我自己觉得比较有把握。我既然被迫辞职，应该回校告别。邓说："可以不必吧。"而我还是回到学兵团和武汉分校，召集官长教职员和学生，正式告别。尤其学兵团，我记得在召集学生讲话时，一讲要走，许多学生大声痛哭起来，齐说："团长不要走！"我终于离开学校和团，是规规矩矩地离开，堂堂正正地离开的。我离开武汉，也显示了国共分裂的征候之一。我是不愿国共分裂的，这时我既不愿站在国民党立场来反共，又何能站在共产党立场来反蒋，内心非常矛盾，真是痛苦极了。

离开武汉，到了上海，见了蒋，看见陈铭枢也在座。蒋带着轻松的笑容，说："啊！文白也来了。"

---

①指中国国民党中央政治会议武汉政治分会，北伐军到达武汉以后设立，是最高决策机构。

张治中与蒋介石

溪口之行

我从武汉到上海后,万感交集,很想利用这一个机会,到国外去游历一下。蒋从上海去南京时,要我同去,我就把我的意思陈明,仍然逗留上海,做出洋的准备。蒋到南京,又亲电召我,要我一定回南京,电中有"党国危亡,人才缺乏"这一类极恳切的话。正在这个时候,我的内弟洪君器在武汉受冤惨死,使我怀着莫大的伤感。公谊私情,使我推迟了出国的打算,于是我到了南京,负责成立一个训练处。这个训练处,就是以后训练总监部的前身,分步、骑、炮、工、辎各科,负编练新军和培养干部的责任。不料我刚把这一个训练处组织完成,蒋就宣布下野了。

　　这是由于一九二七年夏季武汉方面组织东征军，由长江顺流而下，逼近南京，蒋为环境所迫，宣布下野，于八月十二日离开了南京，十三日在上海发表"下野宣言"，十五日返奉化故里。

　　蒋离开南京的那一晚，我送他上车，蒋叮嘱我："我先到上海，你没什么，还是留在南京好。"但我不愿参加这个纠纷，决心离开南京，我就把训练处解散了。这时有许多朋友，还想留我在南京，但我的去志坚决，一直就到了上海，积极地准备出国，再不能放松这一个机会了。

　　等我到上海后，蒋已回故乡溪口。我打电报告他已经来沪，得回电，要我到溪口去一次，于是我又从上海往溪口。我在从上海准备到溪口时，就预备了一个纲要，检讨蒋过去种种缺憾，如对共产党问题、对第七军问题、对用人问题的分析，写了十几条款。我一到溪口，过了一两天，便和他一边坐在文昌阁的凉台上，看着远山近水的景色，一边按着我所拟的大纲，一件一件地检讨。这是一次爽快的谈话，也是一次痛切的陈辞。我看蒋的态度，很为动容。有很多地方，由他加以解释、说明，或为我所不知道的，或为我没有看到的。总之，这一次的会谈，是可纪念的一次长谈。

　　这个期间，陪着蒋的，只有我和吴礼卿（忠信）两人，每天游山玩水，闲话漫谈。这样，我住了一个星期，告别回到上海。

小游欧美

　　我把船票及一切出国手续都办好了，那时是在一九二七年十一月间。这时蒋已有复职的酝酿，已由日本回到上海，他示意我暂缓出国，但我的态度坚决，非走不可。我为什么有这样坚决的态度呢？这是因为我自己的感触，觉得矛盾太多，如政治问题、思想问题，常常刺激我的头脑，对于国家前途，革命事业，都发生一种焦虑与迷惘，心里没有一天宁静，所以极愿摆脱一切，离开现有环境，到外国去换换空气，并从事学术的补充，同时把头脑做一番检查整理工作。这是我出国的情绪和希望。

　　我决定先到德国，并且预备了一个五年留学计划：以一年补习德文，以四年研究军事。我完全拿学生的资格去留学，而不是以"将军"的资格去游历。这样一个人孤单单地开始远去海外的征程，没有同伴，也没有带翻译。坐的是一只德国船。在这只船上，没有第二个中国人，都是外国人。我在护照上的名字，仍然是用的原名，大概就因为这一个缘故，他们发现我是中国的一位将官，是一位有地位的人。到了菲律宾，当地的中国领事和华侨，都来欢迎、招待，请我讲演，报纸上登着我的相片，记着我的谈话，而称誉我是中国的一位有名的将军。因此我的行踪，就不容易保持着完全的秘密。经过新加坡时，也是同样的情形，船一靠岸，侨胞就挤上来了，男的、女的，环绕着我，问这样，问那样。侨胞关怀祖国，同情革命，对我表示格外亲热，真是令人感动！我在那个时候，不论是在菲律宾还是新加坡，起了一个很大的感想，就是到了这些地方，尤其是新加坡，简直不像在外国，就像在广州，在祖国的怀抱里。熙来攘往的人们，讲的都是广东话、福建话；商店的招牌上写的是中国字，做生意的，除少数外，大多是中国人，哪里看得出外国的样子呢！"中国真伟大啊！"我心里这么想着，口里这么称赞着。坐海船从上海到新加坡，走了十天之久，而我的意识里，尚认为未出国门，不能不使我感到中国之伟大！而海外侨胞，过去完全本着他们的自我奋斗，艰苦经营，在世界的每一个角落，争取生存和发展，这一种精神是多么可敬可佩！

航行一共走了四十二天吧。我本来晕船的，却只晕过两天，一天是在黄海，一天是在地中海，除掉这两天，其余的日子，都是风平浪静。这样海阔天空的悠闲生活，觉得很是愉快。但有一件事，使我很生气，很苦痛。我们的船，漂在印度洋上，一天船上开晚会，举行化装跳舞，男的可以化装女的，小的可以化装老的。船上只有一个中国人，就是我，当然不能不参加，我自己也愿意参加。但我并没有化装，也不会跳舞，我只穿了晚礼服，跨入跳舞厅。哪里知道，有一个外国船客（英国人，后来知道他曾在中国海关服务）化装前清的官吏，穿一身朝服补褂，后面还拖着一根猪尾巴的辫子。我一见，气极了，马上退出会场，找着船主交涉。我说："有一位外国先生，化装我们中国清朝时代的官吏，拖着一条辫子，我是中国人，我应该代表中国人说话，像这种化装是不对的！这是过去清代的制服，现在不但朝服补褂早没了，那一条辫子，也早被我们消灭了，现在他这样化装，在我不能不认为是对中国人的一种侮辱！"但是船主去交涉的结果，那人拒绝了我的要求。船主说：那人认为今天晚上做的是戏，原来什么都可以化装的。在这晚会里，也有化装欧洲中古时期的骑士的，可见古时风俗习惯，没有不可化装的道理。我说：如果真是做戏，表演历史剧，当然没有话讲；而今晚的集会，并不是演剧，化装中国人拖着一条辫子，

第一次国共合作破裂后，张治中辞去军校职务，这是1928年2月他从德国寄给夫人的照片。

纵然不是侮辱，至少对我也是不礼貌。这样往返交涉的结果，还是被那人坚决地拒绝。船主笑着劝我道："算了吧，不必认真吧。"我愤慨地说道："既然他不肯另外化装，请你原谅我，我也就不愿参加这个晚会了。"于是我一个人走到甲板上看月亮。海上的夜景是最美的，这时正当阴历十月中旬，皓魄当空，纤云不染，海平似镜，微波不兴。我凭栏远眺，一望无际，海上景色，清幽绝伦。但我的心中总是充满着惆怅，觉得自己的国家，到处受人侮辱、轻蔑，不禁万感交集！

到了德国后，开始补习德文。抵达柏林时，是由我师格拉塞先生的儿子到柏林车站来接我的。他生在中国，以后才回国；有了他，就得着很多的便利。因为柏林中国留学生较多，我恐

怕因交际妨碍读书,就选择了一个离柏林几小时火车的德莱斯敦,住在一个德国人家里,有两位老太婆——一位五十几岁的寡妇,一位是她的母亲。除进德文专修学校之外,还请了替我补习语文的教师,每天到我寓所来。在那个时候,差不多一天到晚,翻字典,读德文,写德文,没有一点闲暇,拼命地学习。这样补习了三个月后,进步很快,也因为本来有些底子。我和这一家的两位老主人是一起吃饭的,可以和她们说日常的普通话;读起德文来,她们说我读音很准确。我学外国语文,如俄文、英文、德文,用功最多的是德文,但到今天,都一无成就,我常自己觉着好笑。

我住在这家里三个月,有几件事情是不会忘记的,同时可看出她们的民族性。德国人有一个很普遍的节约习惯,比如出房门的时候,一定要把这间房的电灯关好,然后才出房来。有一天,我从卧房出来到浴室,只有这一次忘记关电灯,及至坐在浴盆里了,才想起来,匆匆地洗完,回到房中,见电灯已经关闭了,这显然是房主替我关上的。第二天晚饭,那位老太婆对我笑着说:"昨天洗澡,恐怕是太忙了一点吧?对不起,电灯是我替你关上了。"我虽觉赧然,但也佩服她们的节约习惯。还有一次,是一个星期日,我出去游玩,稍微远点,不能回寓吃午饭,而临走时也没有打招呼。怎么办?小格拉塞先生主张打个电报去,我以为电报恐怕赶不及,说:"算了吧!"这天下午四五点钟才回寓所,一进房间,看见一份午餐的刀叉盘还静悄悄地放在桌上,这就是表示主人的态度。那位老太婆对我说:"你出去,不回来吃午饭,走时又不打招呼,我们等了你许久!"

带着一种严肃的态度责备我。我也只好和她说："没有招呼，真是抱歉得很！但我住在贵府很久，也只有这一次，并不是故意的，是疏忽。"从这些地方，也可看出德国人的厉害。他们对于物力的爱惜，信约的践履，看得非常认真，这不能不说是一种好的民族性。

在德国最后一个月，到柏林、汉堡、莱比锡等大都市参观，所看的东西很多，所得的教训很大。德国科学文化是何等优越；家庭生活是何等整洁、优美；社会风习是何等严肃、俭约。那时的德国，还是一个很穷的国家，还是一个受凡尔赛和约重重束缚的国家，而我所参观过的各种工厂，已足使我惊讶不置！

譬如柏林电力厂，它的一个大发动机，只需一个人，轮流管理，就可供给全柏林市四百万人口的电力。走进去，只看见机器的转动，并没有看见人。又有一个工厂，排列着几个圆柱空心的大火炉，一条一条粗大的铅柱，从第一个大炉进去，极迅速地穿过几个火炉，就像一条大蛇，在火洞中钻，钻出最后一个火炉的时候，咦，奇怪，就变成铅丝了！我又看到堆积如山的废铜烂铁，用什么方法把它运到大火炉里熔化？是不是用人工搬，用起重机？不是。是用吸铁石往废铜烂铁堆上面一吸，就吸起来了，这样吸来吸去，就把废铜烂铁轻易地运到大熔炉里。当我参观容克飞机厂的时候，看见厂中做了一个飞机大模型，能坐七八十人的样子，厂主容克先生告诉我们，计划开辟欧亚交通的航线。我觉得他是一种宣传，或者是种理想，认为不可能，但过了几年，样样都实现了。一架巨型飞机，何止容七八十人！在这里，还要补充说一句，当时飞机并不盛行，乘客也少,我们参观容克飞机厂后,承容克先生殷勤招待,留我们吃饭,并且特别开飞机送我们回柏林。我们一共五人,其中一位是我国驻德公使馆代办,他们听说要派飞机送,都不表赞同,和我商量说:"我们是坐车来的,还是坐车回去为好。"我说:"人家知道我是一个中国的军官,派机专送,这是很客气的事,我们不能拒绝他,一定是要接受的。"这是我生平第一次坐飞机。飞机到了柏林时,看见代办的夫人在飞机场候了很久,那夫人认为是做了一件冒险的事。世界上先进各国的科学工业,莫不突飞猛进,而反观当时我国,近百年来,无论科学工业,都没有什么基础,更说不上什么进步,真令人不寒而栗。我们要迎头赶上人家,实在非奋起不可了。

本来决定五年读书计划的,还不到五个月,蒋介石就函电纷驰,要我回国。那个时候,蒋已复任国民革命军总司令之职,继续进行北伐。我奉召后,一方面因为国内的事,使我再不能安心读书;一方面也因为我情面太软了一点。我是这样想:既然说北伐要我回去,怎能不回去。于是放弃了我的五年计划,准备归程。但同时知道再度出国之不易,便决定借这一机会,到各国游历看看。

这一次归国的途程,是由德国出发,经比利时、法国、瑞士、意大利、英国,然后渡大西洋到美国,过日本,回国。在这样一个周游世界的长途中,游览了许多名胜,参观了许多建设,然而都不过是"走马看花"。所得的感想,也正和德国所见到的大同小异。摆在我眼前的,刻在我心里的,尽是人家的一切宏伟远大的规模,除羡慕外,只有惭愧。

还有一个最大的不愉快。世界闻名第一大瀑布——尼亚加拉瀑布，是在美国与加拿大交界的地方。美加毗连，过一座大桥，就是加拿大国境。我想看了大瀑布后，经过加拿大到芝加哥，于是前往交涉。据他们说：因为护照上没有写着到加拿大，所以不能签字。我们交涉了几次，无效。最可恶的，他们说："可惜你们是中国人，你们如果是日本人，就可以了！"我当时听了这话，义愤填膺，几乎要骂起来。由于这一个刺激，归国之心，急如飞箭。觉得这样在外国游历，简直是痛苦。欧美一般人，只要看见穿得整齐，是黄色面孔的人，就必然问："你是不是日本人？"为什么一定要这样问呢？这是因为日本国家强盛，他们只知道东方有一个日本。所以我这次游历欧美的最大感想是：国家不能富强，不能自由平等，那就没办法在世界上争生存，那就没办法在国际间找地位。

归　国

　　这一次游历欧美，虽然匆匆八个月，但是看到的很多，同时所感触的也深，对我的思想发生很大的影响。我看到欧美各国所采取的政治和经济制度，虽说各有各的长处，可是也有不少的弱点，我才觉得只有革命的三民主义，不但适合我国的国情，而且是一个改造世界的完善的原则。但我又看到欧美各国的富强情形，认为如我国不能富强，就不能立足于这样竞争剧烈的世界，所以首先必须讲求富强之道。还有一点，就是我对日本的观感。出国以前，我是最仇视日本的，但是这次游历欧美之后，使我觉得日本人究竟同是黄种人，而且在亚洲，在东方，纯靠这一个强大的日本撑持，代表黄色人种的体面，假如没有日本，则亚洲是不是会变成非洲，所以我把出国以前仇视日本的概念加以修正，觉得中日共存共荣的原则是必要的。不料"九一八"事变一起，证明我过去的看法，不过是一种片面幻想，我于是又是坚决主张对日抗战之一人。但我仍然相信：在推翻日本军阀，改革日本政体以后，中日两国的人民，必然还是要携手的。然而这种未来的关系，也只等待将来的历史的命运来决定吧！

　　我在一九二八年七月到了上海，这时北伐业已完成。我和蒋见了面，他要我担任军事委员会军政厅厅长。接事不久，军事委员会改组，国民政府也改组，蒋任主席；军政厅改为军政部，首任军政部部长是冯玉祥。蒋仍派我到军政部工作。因为我觉得对于行政事务不大习惯，也不感兴趣，所以表示不愿参加，想到军校去的好。我这样恳切地表示："如果让我回军校，情愿当一名队长。"蒋说："那就更好了。"那时军校教育长是何应钦，教育部主任是王右瑜，我任训练部主任。这是一九二八年秋天的事。对于这一个职务，我是很高兴地接受了。过了几个月，到翌年春，我升任教育长。

第二节　十年执教

服务黄埔

现在回想起我过去几十年的工作，不是带兵，便是从政，不是从政，便是办教育。要是分别计算一下，我从政的时间较短，带兵的时间更短，时间最长的，还是要算办教育。而且从我的个性看起来，是适宜于办教育；我的兴趣，也是侧重在教育方面。记得我在湘主政的时候，有人说我是拿教育家的精神来办政事，这种说法，我觉得相当正确，而且我也很乐于接受。

一九二四年年底，发动了第一次东征[①]，黄埔第三期入伍生总队成立。蒋亲自率军东征，恳切地要我担任这入伍生总队的总队附，且因为总队长王懋功还有其他任务，并要我代理总队长。这里还得附带说明一点，即是我一入黄埔，就是上校。那时黄埔的上校很少；尤其是一个初到黄埔服务的人，更不容易。

孙总理在黄埔开学讲话中，有一段说："由于我们的革命，只有革命党的奋斗，没有革命军的奋斗。因为没有革命军的奋斗，所以一般官僚军阀，便把持民国，我们的革命，便不能完全成功。我们今天要开这个学校是有什么希望呢？就是要从今天起，把革命的事业，重新来创造！要用这个学校内的学生做根本，成立革命军……来挽救中国的危亡！"[②]当时那一种革命的空气，紧张的空气，无处不令人得着深切的感召和鼓舞。无论你是什么人，

[①]《中共党史事件人物录》记载：一九二五年二月开始第一次东征。
[②]《孙中山全集》。

只要你一进了黄埔的大门,你便为这革命而紧张的空气所笼罩。当时一般革命青年,到了那种环境,就显出一种活泼、快乐、向上的精神。不必说,我在那时的精神,自然也是极痛快的。每天黎明起来,便把学生带出去,跑步,操练,一天到晚忙不休。但精神上只感觉着快乐。

自从一九二四年冬天,孙总理由粤北上,叛徒陈炯明所部仍盘踞东江流域潮汕一带,蒋亲率军校的教导团三团及粤军东征,克惠州,入潮汕,取得胜利。而盘踞广州的军阀杨希闵、刘震寰又图蠢动。他们假借革命的名义,暗中勾结北洋军阀,实行反革命之实。所以蒋又回师广州,讨伐杨、刘。这是一九二五年六月的事了。这时我已做了第三期入伍生总队长。蒋命我带第三期入伍生攻击对江广州近郊的敌人——杨希闵的部队。我们的学生已经受过了半年的训练,我自信对于作战也有相当的经验,但是带一团人,要渡过很宽的江,在敌前登陆,却是我作战以来的第一次。我记得我们只配着一门七五生的山炮,由一位苏联的炮兵顾问指挥,只有很少的炮弹,就用这炮弹,轰的一炮打去,把对江的石牌车站打中了。这个车站是滇军的指挥所。我们这一炮,把他的师长赵成梁和几个参谋都打死了。虽然遇着了他们沿江守备兵的抵抗,死伤几个连排长和几个学生,但很顺利地渡了江。渡了江才知道他们的师长等被我们一炮打死。滇军不知道我们有多少人,而且军心不固,缺乏斗志,狼狈而逃。我们打了一个胜仗!

这个期间,有一个使我感到困难、苦痛的问题,就是政治斗争问题。当时学校里,虽然有两个组织的对峙:一是"青年军人联合会",是属于中国共产党领导的;一是"孙文主义学会",是属于中国国民党右派领导的。那个时候,两派的斗争非常激烈。我是什么态度呢?老实说,当时我的言论、态度,是"左倾"的,但我对于中共朋友虽有亲切的往来,并没有组织关系,在两派斗争中也没有随声附和。有一次,为着调解校内的斗争、摩擦,戴季陶和沈玄庐①两位莅校,邀集大家开了一个座谈会,戴被中共方面百般诘难,几乎不得下台,我曾说了一番话,为戴解了围,因而中共方面的人对我有所不满。但孙文主义学会的人,却又看我是一个"赤色分子"。记得有一次王懋功在汕头时,蒋就问过他:"张治中是不是共产党?"可见我的言论、态度已为蒋所注意,使他也怀疑起来了。但我始终自信:我的态度虽激昂,但也不过是始于激昂,止于激昂;我始终又自信:我的一切言论、态度都是为着爱护革命而出发的。我觉得,国民党在当时,既通过了"联俄联共"的政策,最好是大家团结,以求革命的发展;如果还没有做出一点事,自己的组织先分裂,自己的肢体先就支离,则革命如何可以完成。不久,在黄埔第四期学生的初期——军官团与预备团(这两个团后来改为第一团与第二团),我任军官团团长。就在这个时候,我被选为军校党部的执行委员。党部的执委,是由两派事先协商的;我之当选,乃是中共方面所提出。中共对我这时已有了解了。

现在使我联想起一件事情来。自我决心辞去许多职务,回到黄埔任第四期军官团团长不久,王懋功被扣的事件发生了。

---

① 戴季陶即戴传贤,沈玄庐即沈定一。

他是党军第二师师长。我听到他被扣留的消息,马上坐船到广州见蒋,很直率地问蒋:"我可以相信王师长没有别的问题,或者他说话有些失于检点,除此以外,决没有什么。校长为什么这样处分他?"我的态度是那样莽撞,而蒋却和颜悦色对我说:"没有什么,给他到外国去学习学习,休养休养。你回去罢!你还是好好地带学生,我不会难为他的。"

这一次事件,就是三月二十日的中山舰事件的序幕。不久,三月二十日的问题发生了,军队中共产党员党代表被逮捕了。我听到这样一个事变的警号,非常愤慨。我不明白,党代表为什么会被逮捕?我更不明白,我们同抱着一个远大的目的,为什么内部发生出来这样重大的裂痕?为什么忽然发生这一个问题?为什么突然有这一个严重的处置?我的部下官生,就有很多是共产党,如陈赓、许继慎①等,他们是不服的。我虽一方面因不明白事变的真相而愤慨,一方面仍是劝慰那些共产党员稍事镇静。后来我才知道,当时指名逮捕的,还另外有四个人,而这四个人中间,有一个人就是我,这就不能不使我惊奇了。这四个人是邓演达、恽代英、高语罕和我。我居然成为一个逮捕的对象,真是出我意料。我现在想,也许由于当时我的态度言论"左倾",公开地表明不满意孙文主义学会的举动吧?那么,我至少是以一个"赤色嫌疑"而获得了被捕的资格。幸而这一道命令中途又撤回去了;虽然没有成事实,但是那一派的人,都把我们四个人喊做"黄埔四凶"了。事件平息之后,蒋回黄埔,

---

①陈赓和许继慎是军官团的两个党员连长。

住在长洲要塞,我同邓演达去谒见。我的态度,简直是太激昂了。我问蒋:"校长这种做法,是否顾虑到一般革命同志的信仰和一般革命青年的同情?"激昂慷慨地说了一顿。当时他听了我的话语,看了我的态度,还是很温和地对我们说:"事情已解决了,没有什么,一切都过去了,以后没有问题。大家好好地做吧!"我们出来后,邓演达对我说:"你真冒失,真胆大!"

由武汉分校到南京本校

出师北伐,攻下了武汉,进取江西,革命的形势已经飞跃地扩展,革命军事教育自然也需要有适当的措施来配合这个新的环境。蒋决意成立武汉分校,因为当时黄埔军校已改称"中央军事政治学校",所以分校的正式名称是"中央军事政治学校武汉分校"。蒋于一九二七年二月命我为分校教育长。同月十二日正式开学,男女学生达六千多人。规模之大,几乎与本校旗鼓相当。不过为时不久,在三月下旬我就离开了。

一九二八年夏,我由欧美游历回国后,担任军事委员会军政厅厅长。不久国府改组,军政厅改为军政部,以冯玉祥为军政部部长。蒋仍要我到军政部去,但我考虑结果,决计回到中央陆军军官学校服务。这样,就从一九二八年秋直到一九三七年夏十年中主管了军事教育的工作。从第六期到十四期学生入校,其中教育方针、计划和实施经过,说来太长,今天也不必再叙述了。我从一九二四年到一九三七年这十二年间所造就出来的学生,虽然有一部分为北伐、为对日抗战而努力而牺牲,但却有一部分做了反共战争的帮凶和罪犯，真是负咎实深。

几件不曾忘记的事

（1）学生请愿事件

"九一八"之后，日寇占领沈阳，进攻吉林、黑龙江，这正是马占山将军孤军苦斗的一个时期。上海的大学生，联合江、浙、平、津一带的男女大学生三千多人，像暴风雨袭来似的，到南京向国民政府请愿。那时蒋任国府主席。请愿的学生，高举着爱国的标语和旗帜，一齐涌到国府大礼堂，大门、两廊都挤满了学生，当然是一个很紧张的情况。蒋指定了二十多人如吴稚晖、陈立夫、朱家骅、张道藩、张厉生等处理这件事，并且要我来主持。那般青年学生，聚集门内门外，高喊口号，至为激昂。他们的意思，无非是要中央援助马占山，带着一些责难的意味。看了这种情形，我们这些人中，就有些生气的，说这是一个捣乱的行为。我则觉得这些请愿学生的动机是纯洁的。我们正在国府大厅里开会，我当主席，外面的学生群众，形势汹涌，人声鼎沸，像要打进来的样子。大家问我的办法，我答道："无论如何，先把今天晚上挨过。赶快到军校多拿些毯子和馒头来，多预备点开水，以免学生受饥挨冻。把今晚挨过了，明天再说。"有人问我："学生打进来怎么办？"我答道："打进来，就听他们打进来，毁国民政府就听他们毁。"有一位就笑着说："又是一位不抵抗的将军！"我把桌子一拍，马上站起来，愤愤地说："我就是不抵抗，但我的不抵抗，对象不同。青年就如同自己的儿女。哪个愿意抵抗的，来！我退席，我走！"有几位主张和平处理的人，还有一两位党内先进，怕把这件事弄僵，争来劝解，把我拉住，说："不要紧，不要紧，听你的办法。"我说："对学生的武器，只有毛毯、开水、饼干。"因为我知道有些主张压制的人，已经从警察局调来了打手，并且准备放水龙和催泪枪，埋伏在国府后面，只等机会到来就动手。我继续激昂地说："国民政府打毁了，没有问题。蒋主席辞职，也没有关系。如果目下造成血案，就会把蒋主席的政治生命送掉！学生并不是日本军阀，我们为什么把他们看做敌人？"这样，大家才说"好，好，听你的"，才把那些打手撤回。这个消息传到外面学生的耳里，再加以毛毯、开水、饼干、馒头等不断地送来，这一夜竟自平安度过了。

第二天清早，我集合学生讲话。学生讲来讲去，随便他们提出什么质问，我总是随即予以答复，加以开导。例如，他们问道：马占山正在血战，中央为什么不加以援助？我就反问他们："你们知道从南京到马占山那里有多少路？怎么走？兵散在各地怎样调？中央是决不会欺骗青年的，能救必救，没有不援助的道理；但如果在事实上救不到，也没有办法。"这样解释以后，学生的气渐渐平得多了。经过一两天，蒋也亲自和他们讲了一次话。最后，学生对政府方面的答复，认为满意，不过要求蒋主席写一个手谕，表明中央对青年学生保证有决心收复失地，同时勉励他们几句。这样学生表示愿意回去了。临走之前，我向学生讲话后说："你们要走了，我们快分别了，让我们来喊三个口号。"

有一个学生问："喊什么口号？"我就开始高喊道："打倒日本帝国主义！拥护国民政府！中华民国万岁！"（不喊"拥护中国国民党"，不喊"蒋主席万岁"，容易被一致通过。）三千多可爱的青年，就跟着我呼喊，声震屋瓦。在一片热烈的鼓掌声中，顺利地解决了这一次大风潮。

这是第一批而且是人数最多的一批请愿的大学生。这批学生回去以后，关于处理学潮问题，有人以为我的态度太软。不久，第二批请愿的学生又来了，我不好再管，也不便多说话，因为大家说我"姑息养祸"。这第二、三批学生请愿时，竟因主张压制的人使用了他们的手段，闹出了一些乱子。事隔十余年，有一个广西银行的协理，忽然写一封信给我，他就是参加那年请愿的一个学生代表。他说他对我的印象很深，在当时处置学潮的诸人中，我是学生所最信仰的一个人。以后那几位党内先进，也很同情我当时的那种态度，而且表示称赞和敬佩。

这一次学生请愿的爱国行动，使我深为感动。他们的那种秩序、态度，尤其是纯洁的热情，给我的感动实在太大了。我只觉得他们纯洁，只觉得他们可爱。当他们站立听话的时候，正是细雨濛濛，正象征着我们国家那时所处的困境，他们个个鹄立在那里，怀抱着满腔的热血和希望，一字一句地听我说话。他们真是爱国的青年。

(2) 十周年纪念大会

以黄埔军校师生为骨干而发展的革命武力，打倒了北洋军阀，统一了全国。但同时，从"九一八"事变以后，日寇对我们的侵略，十分露骨，民族受着空前的压迫。一九三四年六月十六日，为军校成立十周年纪念，蒋乃发电文，召集军校各期师生举行纪念大会，电文中说：

在革命诸战役中，皆以本校师生为革命武力之骨干。国民革命之历史，不啻本校之血史，而本校环境之良否，又于国民革命之环境以窥之也。……六月十六日为本校成立十周年纪念，定于十五、十六、十七，召集本校先后员生，开纪念大会，并追悼先烈，举行恳亲，展览成绩，皆以昭示本校亲爱精诚之精神，且为十年来吾人努力革命工作之总检查，意义至为重大。

这次大会，除在校师生而外，各地代表参加的四千多人。大会分三天举行，十五日上午举行追悼会，追悼本校十年来为革命牺牲之先烈；下午展览军校十年来的成绩，并开恳亲大会。

十六日举行阅兵典礼、总理广州蒙难纪念会和军校成立十周年纪念大会；下午开运动大会，举行公宴和游艺会。

十七日上午举行军官高等教育班、军官训练班第二期学员毕业典礼及十期入伍生升学典礼；下午召集国民革命军遗族学校全体员生和军校教职员及家属开茶会；晚，联欢祖饯各代表。

这一次大会，可以说是军校的空前盛举。十年来的师友，天涯海角，会聚一堂，实在是一次盛会。不过，今日回忆起来，犹如一场梦幻了。

(3) 编印校史

从黄埔军校成立以来，国民革命军统一两广、誓师北伐这一个革命的过程，与黄埔的校史息息相关，有整理资料、编修校史之必要。因此，派了几位人员，组成一个校史编纂委员会。编纂校史的工作，经过了年余的工夫，终于完成了。这部书的内容，采用纪事本末体，分为十编：本校创办，本校成立后之环境艰难与奋斗，组织之沿革，军事教育，军事工作，党务，政治训练与政治工作，本校先烈，校务行政，建设。编修这部史稿主要的用意，在于保存文献，所以在可能范围内尽量收入各种史料，尤多影印插图，以便保存真相。全书精装十大册，二百余万字。不过这部史稿，虽已编好印好，其中有无错谬，我至今还没有看过，以后也没有兴趣来看了。

(4) 大演习的殉职者

一九三五年，正是倭寇对我们压迫得极紧张的时候，首都南京举行秋季联合大演习，这个意义的重大可以想见。这一次大演习，可算军校空前的壮举，参加的部队很多，空军和机械化部队都齐全，军校大部分学生也参加，我任东军司令官。在这次演习中，大家都领会着蕴涵的意义，精神振奋而愉快。最使人久而不能忘怀的，就是王守明同志的殉职。王同志是军校第六期毕业生，在本校服务。这次大演习，他任东军工兵队队长，那天他在施家桥地方架桥，命令限他四点钟内完成任务，但是到了时间,还没有完成,等到部队到达河边,不能渡河,他感觉难受,便对大家说:"同志们!对不起大家,我没有完成任务,我真惭愧!"话刚说完,他就举起手枪,在大家的面前自杀了。

这是演习,虽是任务没有完成,他用不着看成这样严重而自杀,然而他竟表现出这等勇于负责的精神,出于一死,这种行为,不能不使一般军官与学生们大受感动,而且应该引为模范。

离开军校

当我在一九二八年秋再回军校时,我本想毕生尽瘁教育。我看见外国当大学教授的,当一辈子,而我对于教育,有兴趣,有理想,而且有把握,为什么不可拿教育来作终生事业呢?可是在校几年之后,由于现代军事科学的发展和个人体力等等原因,我的信念发生动摇。等到军校十周年纪念大会开过之后,我认为时机已到,决心求去,但时经三年,连辞四次,始被批准。记得在一九三七年三月二十八日,举行总理纪念周时,我把要辞职的理由详细说明了。首先告诉大家:"这一次我提出辞职的理由很简单,是因为个人的体力(患神经衰弱)与学力落后,不足为青年学生的表率,倘若仍然站在这教育长的地位,问心确实有愧。这两三年来,求去的意思,无时不在考虑之中。因为自己深深感觉到,在校务进展到目前阶段的时候,自己是不是能站在这个地位,负着这个责任。自己的能力是不是能促进本校进步与更高的发展,这个责任观念无时不萦于脑际。因为这种责任观念的驱使,自己常常在内心考虑着:如果在这种情形之下拖延下去，我真要成为本校的罪人。"接着郑重向大家声明：第一，我不是为把学校办坏了而求去，因为学校当时的情形，在各方面，如教育、人事、经理等等，都已有了很好的基础；第二，不是为了想做别的事情而求去，因为主持中央军校教育，是极重要也是极光荣的，何况，训练干部，建设国军，准备将来复仇雪耻，收复失地，正是我志愿之所在。

关于第二点，我现在可以举出一两件事实。记得在陇海战役结束回京之后（一九三〇年秋天），内定冯轶裴接我的教育长——那时冯轶裴、顾祝同、刘峙和我均是师长。我知道了这个消息，便向蒋说："现在师长人选比较容易找，至于本校教育长这一职务，还是我来吧。"又在"一•二八"战役中，我当第五军军长，兼第八十七师师长。第五军可以说是当时的劲旅。我从上海打仗回京，何应钦告诉我，已经内定朱绍良为军校教育长，还是要我去带兵。我考虑后就对何说："教育长还是我相宜些，军长给朱逸民（朱绍良）或其他人均可以，我愿意当教育长。"蒋听到我的话，感觉满意。因为当时谁都愿意带兵，带兵有权有势，办教育是倒霉。我的想法与此不同，我很愿意把这个错误观念改正过来。平时在学校里，也是这样鼓吹："当一个教官，比当一个旅团长还重要得多。"所以我不能不言行相顾，提倡一种重视教育的风气。在我第四次参加战役，任东征军第四路总指挥，入闽回师之后（一九三四年春天），又把总指挥交卸，仍回任教育长。党内先进们曾说："这真不愧为模范军人，打仗的时候就'得令'，打完了仗就'交令'，假使中国军人都如此，那还有什么问题。"不过我这样做，内心还有说不出来的一种原因,就是想躲避参加反共的战争,因为我如继续带兵,一定要参加反共战争,那我是绝对不愿意的。

辞职离校的念头,不断在我的心里发展。所以决定在军校举行了成立十周年纪念大会之后,便提出辞去教育长的职务。可是,这一次的辞职,没有获得允许。接着一九三五年和一九三六年继续辞职,仍然未蒙批准。蒋总是说:"过一年看。"一直到了一九三七年,我考虑了适当的继任人选,保上五个人,请蒋圈定一人,又面陈了种种理由和留学补充知识的志愿,终于得到允许,并准我赴欧,专研军事教育与国防经济,以一年为期。这正是四月间的事。如是就准备置服装,买船票,就要放洋了。哪里知道事情竟会出乎意料。忽然接到蒋打来的电报,说:"请兄来奉化一叙。"我心想:大概蒋要我去话别,也许关于游欧还有什么指示。及至到了溪口见蒋,他劈头便对我说:"文白,你不必出洋,到广州行营去。"那时广州行营主任是何应钦兼任,蒋的意思,是派我当广州行营的参谋长,哪知何客气地说,他不过是挂名的广州行营主任,要我去当主任。我的身体精神,实在需要一点养息。我向蒋恳切说明:"如果不要我出洋,广州也不好去,可不可以允许我请病假休养一下?"幸承允诺,卸却了学校的重责,暂时离开南京,到青岛去休养。

第三节 "讨 逆"

出镇武汉

我在中央军校教育长任内，整整十年，先后出去带了五次兵：第一次是出镇武汉，第二次是陇海战役，第三次是"一•二八"战役，第四次是提师入闽，第五次是"八一三"战役。现在想起来，锋镝余生，疴瘵在抱，我在这里提笔，这笔底下不知流出多少缕血丝？白骨嶙嶙，荒烟宿草，真不胜悲壮哀悼之感。回想自黄埔建校，广州誓师，一直到北伐完成，其间的历程真够千锤百炼，辛苦备尝，再想不到完成北伐统一全国之后，还要经历更多的波折更大的险阻，使我在军事上还要先后"客串"五次之多。

自然，在我参加的这五次战役之中，站在国家人民的立场说，只有"一•二八"战役和"八一三"战役是光荣的，因为这两次战役，都是对外的自卫图存的抗日战争。其余三次，则都是内战，没有什么价值。但我在当时却站在"拥护中央"的立场，错误地认为是"讨逆"，今天想起来，不能不说是一种罪恶行为。

先从我出镇武汉写起吧。

国民革命军北伐成功之后，在一九二七年，全国有了四个集团军：以原先从广州出发的北伐军为第一集团军，国民革命军总司令蒋介石兼任该集团军总司令；以西北军为第二集团军，冯玉祥为总司令；以山西军为第三集团军，阎锡山为总司令；以桂军为第四集团军，李宗仁为总司令。一九二九年初，为着编遣国军、整理军事、解除军额过剩之忧，特设立一个国军编遣委员会，专司其事。不料编遣工作刚着手，西北军表示反抗，于是内战——平汉线战事爆发了。

平汉线战争发生了之后，蒋觉得武汉重镇，不能不有一个人去负责，设立行营。十月间，蒋本来派我当武汉行营参谋长，蒋自兼主任，我答应了。但在发表前一天，在蒋的官邸晚餐，检讨作战计划时，他要我当行营主任。我自己感到资望不够，当参谋长是可以的，蒋对在座的人说："文白就当行营主任好。"说完就下手令，弄得我相当的窘。但在匆忙情势之下，也只好接受。首先一个问题，就是当时的武汉三镇，可以说没有一个兵。我请示兵力的计划和布置，蒋说："武汉是后方重镇，现在没有正规军可以卫戍，好，把军校第七期学生带去。"我心里闷着想：军校第七期学生不过一千多点人，怎能负起这样的责任，但又不好说要多少部队，只得硬着头皮，把七期学生带去再说。现在想起来，真是有趣。一个空虚的武汉三镇，全靠这些学生来卫戍，好大胆！

我奉命后，就开始布置了行营机构，并把第七期学生编成了一个学生混成团，内分步兵大队、骑兵队、山炮兵队、野炮兵队、小炮队、工兵队、迫击炮队、卫生队、特务排等。

我带了这支学生军于十月二十一日从南京出发，二十三日深晚到达武汉，第二天清晨上岸，分驻汉口、汉阳，担任卫戍勤务。武昌方面，令武汉军分校将步兵四个大队改编为第一、二、三、四营，工炮两队为工炮连，也组成学生混成团，担任武昌卫戍。

我到了武汉任行营主任后，有很多人，尤其是带兵的同志，很感惊讶。他们觉得像我这个人，由一个学校教育长一跃而为行营主任，似乎有点稀奇。而他们对于这一个行营主任又不能不以长官看待，心中难免发生奇异的感想。这一点，不但他们觉得奇怪，我自己也觉得奇怪，我实在不应该一下就当行营主任。

在这个期间（前后大约四五十天吧），可以说我是提心吊胆的。前方战事愈激烈，武汉人心愈动摇，我硬着头皮，在黄鹤楼头唱了一出"空城计"。就是这样控制了两千多个学生，以备万一。对外面自然不免有些虚张声势。学生军的服装好，精神好，每天派他们上街巡查，武汉三镇也就表现得相当镇定。但有些时候，我确实是故示镇定。前方战事愈紧张，我在后方愈从容。前方打败仗的时候，我却到汉阳兵工厂去检阅，集合工人讲话；或者听到不好的消息，又到武汉大学去讲演。我认识王世杰就从这个时候起，他正当武大校长。我记得到兵工厂讲演的时候，讲到我的父亲也是工人，我对他们说："你们这些工人，岁数大的，我把你们当做伯伯叔叔看待；岁数小的，我把你们当做哥哥弟弟看待。为什么？因为我也是出身工人的家庭。"那些工人听了我的话，非常高兴，博得他们热烈的同情，他们觉得这些话不像是一个行营主任所讲的。在武大讲了一个新鲜的题目，叫做《文化与武化》，以轻松的悠闲的态度，与大学生"聊天"，就等于四川话的"摆龙门阵"。我有时还跑到黄鹤楼头，逛逛茶馆，登登高，看看江上风景，偶然被新闻记者发现了，第二天的报上大字刊登："张主任闲游黄鹤楼"。我就是这样一个态度。现在想起来，也好笑，也是一个有趣的经过。前方我去过两次。在紧急的时候，坐飞机去，那时坐的飞机只有旧战斗机。我去的时候,蒋驻在驻马店以南一带,就在火车上办公。在作战方面,我也提出一些建议。总理纪念周照常举行,与在军校时一样,常常集合学生讲话。就这样轻松地、从容地,直到这一个战役结束。

战事快要结束的时候,我向蒋请求准予把学生撤回南京,因为不能把学生的功课耽搁久了,学生们只差两三月就要毕业了。

十一月三十日上午十一时,武汉各界在中山公园举行了一个"讨逆"胜利庆祝大会,由我任主席,参加的有数万民众。我们学生混成团,每队各派代表十名参加。开会时,各界代表都有热烈的演说,表现了欢欣鼓舞的情绪。第二天,我们的学生军在把武汉三镇的防务交卸了以后,便分乘江大、建国两轮回南京,继续照常上课。

陇海战役

从武汉回来之后,蒋要我开始训练新部队。于一九三〇年一月成立了一个教导团筹备处,我兼筹备处主任,下设编练处、总务处、军械处、经理处、军医处,分任各主管事务。筹备处成立以后,积极于部队的编练。二月间,就将步兵教导第一旅所属三个团编成,开赴杭州笕桥及南星桥等处训练。步兵教导第二旅所属三个团,也在同年三月间编成,先后开赴浙江五夫训练。炮兵教导第一、第二两团都在三月中旬成立;骑兵、工兵、辎重兵各团,学兵营、战车队,都在三月内先后编成。至是,各步兵团及各特种兵团已完全成立。五月下旬,奉蒋令将教导团筹备处改为教导第二师司令部,任我为师长。

我刚刚组织成立教导第二师,就遇着陇海战事爆发。

在一九二九年的冬天,结束了平汉路的战事,不料到一九三〇年春天晋军复与西北军联合进兵反蒋。四月四日,经国府第十七次国务会议议决,以武力制裁,促其觉悟。蒋复统帅大军,再度"讨逆"。我在五月底奉命率教导第二师由津浦路北上参战。我们这一个新成立的师,一切准备都很仓猝,出发的时候,军服都还没有发齐,一边出发一边发军服。第一旅所部尚属整齐,而第二旅训练并不充分,也得出发。本来我的意思,让第一旅先走,第二旅以后开拔,但蒋给我的电报,要我把第一、第二两旅一齐开赴前方。

我抵归德,奉蒋命,并指挥第五师、第二十一师,担任特别任务,包抄敌军后方。这是因为正面的战事已僵持着,蒋要我迂回敌后,包围战斗。那时候,我本来表示了意见:新兵,最好使他们先作阵地战,练习点胆量,如果一开始就要他们做机动的行动,似乎不大相宜。不知是什么缘故,首先就要我指挥迂回作战,但中途又变更计划,奉命撤回。

六月中旬,我们这一师,在陈留、太康一带,迭次击退了吉鸿昌、张自忠两师。七月初,败石友三于考城。八月三十一日占领民权县城。九月三十日,进克兰封。这时候,我教二师奉令与右翼军的四十六师、五十五师联络,分由陇海铁路两侧地区进攻开封,十月三日攻克开封。我叫本师参谋处打一个电报回南京,给本校报一个喜信:

我军协同二十六军于江（三日）晨攻克开封后，乘胜直追，已到中牟附近。中牟无敌，郑州仅少数掩护队，今日可下。双十节准可班师。

六日克复郑州，晋军及西北军已无再事抵抗的可能了。我教二师遂于胜利声中凯旋。十月末到十一月初，我师一、二两旅先后开抵徐州，奉令暂住徐西训练。

但在最后胜利以前，我遭遇了初期两次的失利。在蒋要我迁回作战作罢之后，就调到右翼，归陈调元指挥。蒋告诉我，要我把部队控制在后面，不要轻易使用，不必守阵地；但陈命我守阵地。我感觉很困难，究竟听谁的话呢？这也许是我的一个弱点，但也许是我的一点长处。为顾全大局起见，我接受了陈的命令，因为他是归向中央的北洋军队，我应该不使他多心而满意。这样一来，已种下了我这一次失利的原因。当时马鸿逵的部队被敌人包围在贺村，马鸿逵一再要求我去救他，为贺村解围；同时陈也要我派兵去救马鸿逵。我为了尊重陈的意旨，为了顾全友军的困难，竟自违背了蒋的嘱咐，派了两团人去接应马鸿逵。这样，却把敌人引到自己方面来了。聪明的马鸿逵，因他已经解围而不打了，偷偷地撤退了。我们的团长要撤退，我不准。我自己到第一线督战，晚上回来，总不放心，天还未亮，又跨鞍疾驰，重上前线。走到中途，看见我们的兵垮下来了，侥幸的是，我早已在预备阵地上，配备了一旅人在后面，占领了一个阵地，阻止两团人的溃退，并截住了敌人的追击，才把情势稳定下来。贺村丢了，马鸿逵反向蒋报告，说他本来打得很好，因为我的兵撤退，他守不住，所以才丢的。这真有点儿滑稽。他被包围，我去救他，把他救了，他还来反咬我一口。蒋当然对我发脾气："要你控制在后面，为什么打？"各军在共同作战的时候，往往功则相争，过则相诿，我吃了这一次大亏后，也才明白了。

还有一次管村之役。这一次，一个错误的上级指挥和我故意开玩笑，有意无意使我吃大亏。一天，我忽然奉到上级命令，说敌人退却，要我迂回敌后，断敌退路。奉令后，即连夜兼程进到敌人最坚强的一处阵地，哪里知道，敌人不但没有退却的模样，而且正在严阵以待，于是遭遇了一次恶斗，我方的死伤很大。第二天半夜才接到命令，把部队调回，并要我指挥两个师担任正面防务。这一次的命令，事后我才知道蒋并不晓得，而由于中间的指挥错误，叫我夹击敌人，敌人又并未退却，所以受了损失。我报告蒋，蒋说："谁叫你打的？"当然，总有人叫我打的，而我又上了第二次大当。

在这一次战争中，我接触到一个难以解释的答案，就是对于杀人问题的见解。我觉得：我是一个军人，是一个高级将领，自信具备了一个高级将领的勇敢与果断，但是，我对于杀人这一件事，常常表示犹豫，常常很软弱。老实说吧，我很不愿意杀人。在陇海路作战中，两次抓到敌方的侦探，大家都主张立即枪毙，我始终不肯。我觉得：一个普通人是否甘心做间谍，即使是做间谍，这样的人，也没有什么了不起。还有一次，在贺村一役，有一个营长应该枪决的，但我想来想去，算了吧，把他记处死刑，并令戴罪立功了事。

但我并不是没有杀过人。在这一战役期间,我杀了两个人。一个人是某一团的军需,拐了军饷跑了,逃到蚌埠被宪兵捉住,我派人押解回来,这时候有人求情,我觉得,这个军需胆敢拐带军饷,阵前脱逃,实在不能宽恕,只有把他办了。还杀了一个兵,这个兵,强奸民妻,遇着她的丈夫回家,这兵就开枪把他打死,老百姓到师部来告状,经我查出证实后,即刻枪毙了,我认为这是非杀不可的。我杀了这两个人后,自己常常思索关于杀人的这个问题:怎么一个人会杀另一个人?为什么要杀人?我杀这个人,是不是由于自己有嗜杀性?当然,在统兵立威上,在维持军纪上,在激励士气上,杀人,对于军法的执行,是有重大关系的。但我仍思索这一个道理,是应该拿道德的观念来看,还是应该拿战争的纪律来看?若再联想下去,为什么要战争呢?这就要讲到反战思想上面去了。我自己也觉得奇怪,我是一个

1932年,身着戎装的张治中(中)与蒋介石(右)、林森(左)在一起。

军人，而常常潜伏着反战思想（如下节讲的"征闽"一役中的"古田释兵"，就是这个思想在里面发酵而发挥出来的）。但是，在"九一八"以后，我首先极力主张对日抗战。这是我思想上的矛盾吗？不是的。

当陇海路战役结束之后，蒋已不预备让我再回军校，内定以冯轶裴继任教育长；但我仍坚辞教二师师长，愿回军校原职。大家都觉得奇怪，因为教二师是当时一个最大最新的师，这样一个师，谁不愿意带，他们怎会想到我会薄师长而不为，只想做一个教书匠呢！

提师入闽

一九三三年冬，在"一·二八"战役之后，调往福建的第十九路军忽然宣布独立，组织"人民政府"。这真是一件意外的事。蒋那时驻在江西抚州，指挥反共战事。闽变一起，蒋电约我到抚州，说前方将领不够支配，要我担任第四路总指挥，统率由"一·二八"淞沪抗战的第八十七、八十八两师扩充的两个军及第三十九军刘和鼎部，入闽从浦城、建瓯一路进军"讨逆"。

我在本章第二节里曾提到"古田释兵"这一句话，就是我在"征闽"一役里，小试我自己的理想，用和平的努力，化干戈为玉帛，免得生灵涂炭。这一个经过，我应该把它朴实地记下来。

我的军队到了古田附近。那时"逆"军守古田的一个师长，是"一·二八"时候当蔡廷锴的参谋处长的赵一肩，我是熟识的。

这个城池的防御工事筑得非常坚固，以我当时的兵力，攻占虽不是什么难事，但损失必大。我就想试用和平的努力把古田拿过来。一个深夜，我亲自起草了一封信，与幕僚两人妥慎商酌，一直到天亮，才把这封信写好。这封信是劝赵一肩投诚。这封信稿已遗失了，不过信中的大意，不外以大义相责，以利害相劝，望他悬崖勒马，及早归顺中央。这封信居然把他感动了，他派他的副师长陈任之出来接头。我们就开诚布公地开始谈判，来往商洽。

商洽的进程，现在想起来，可以看出我在当时的一点点魄力。那时候，蒋鼎文是第三路总指挥，在我路的右翼，迭次责问我：为什么屯兵城下，还不进攻？同时，我的军长王敬久也三番五次打电话给我，说蒋总指挥催促攻城。后来蒋鼎文竟直接要王敬久进攻，王敬久又来请示，问我为什么不发攻城命令，表示焦灼为难的样子。当时，只要我稍微迟疑一下，就炮火连天了。我这样想：赵一肩一共有三团人，有几十挺机关枪，而且工事筑得非常坚固，实在不容易进攻，攻必死伤重大。我就对王军长说："我是总指挥，没有我的命令，不准开枪，上面由我负责，不关你们的事。上面要砍头，砍我的头；但你们如果不服从我的命令而开枪，我就要砍你们的头！"这样，前线才安定下来了，否则一枪放出，即无法挽回。这是我对于部下的制止。对于上面如何答复呢？我在蒋鼎文传达命令限即攻克古田的时候，电蒋表示绝对负责的态度："乞钧座勿问职所用者为和平方法抑军事进攻，总之，在明日正午十二时以前必将古田解决，如违，愿依军法伏罪！"这一个电报上去后，我的部下，尤其是幕僚人员，大为愕然,替我深深地捏一把汗。但我就在这个时候,把握现实,加紧与赵一肩接洽。同时,在赵一肩方面,因为听到了上面的消息,知道并相信:我之驻兵城下,按兵不动,确属诚意讲和。我又派参谋长祝绍周亲自到对方去磋商。祝和赵一肩是熟人,而且我所派的是一个重要的参谋长,赵乃无话可说,表示完全接受了。

就在献城这一天早晨,赵一肩亲自到我们总指挥部来,我当然对他很客气。我要他即刻把军队撤出城外,指定地点驻扎,等候中央命令。他一切应允了。我们的军队,于是从从容容地进了古田城,不折一兵,不耗一弹,达到了我当初的和平理想。

赵一肩把他的军队带出城外驻扎,静候收编,我事前已有电报告,以为不成问题,不料接到蒋的回电,一定要把赵一肩的部队缴械。原来蒋有他的看法:征闽的战事尚在进行,如果把这一师人收编了而放在旁边,还需用两师人来看守,这个仗如何打法?我接了这个命令,心里虽是难过,但我想蒋的看法也是对的。没有办法,只好明白地对赵一肩讲:"现在总司令来电,有这样一个意见,请你把枪缴了,兵仍然改编,官长另外安置,决定从优待遇。你的兵愿编,自然可以收编,不愿意编,就给资遣散。"赵一肩接受了。他这一师的枪全是好枪,整个一师人缴枪,在多少次战役中还是破天荒的第一次。我觉得赵一肩这人坦白而识大体,特为向蒋保举他,随后他到了南京,蒋送了他一笔钱,出洋考察。一九四三年底,我曾小住重庆中央训练团五周,这是党政班第二十八期,赵一肩也在这期受训。一天,我约他吃便饭,谈起十年前古田释兵的那一幕,大家都不禁为之一笑。

我更想起一件有趣的事。赵一肩的部下有一个团长，是军校第五期的学生（名忘记），当我们围困古田的时候，城里忽然送出一封信来，好像古时两军阵前所下的"战书"，就是这个团长写的。大意是这样：如果不解城外之围，即将与夫子周旋到底！我觉得一个有血性的青年人，终是可教的，而且还是我的学生，就回了他一封信，剀切地劝他，用师生的感情打动他，使他由忏悔而觉悟。后来知道赵部的输诚，这个学生有促成的力量。以后过了几年，他在一个地方做事，还和我通过一次信。

在赵军撤出城的时候，我巡视古田城一次，看见他们的机关枪及沙包、铁丝网等坚强的防御工事。我如果用两师人来打，一定大流血，三两天也拿不下，拿下来也要受惨重的牺牲。不但我军牺牲，敌方也必牺牲。不但军队牺牲，人民也必牺牲。如果有避免军民牺牲的办法，我何乐而不为？在和平解决的那天晚上，我心中似感到一种莫大的安慰。

把古田这一关和平地打破后，一路就没有战事，长驱直入福州。我们五路大军，本是分路合围的。我到福州后，再由福州进军闽南。我军进到中途，其他友军已把十九路军残部完全解决了，闽变遂告结束。我即电蒋表示辞职，仍然愿回到军校原任，不久到了南昌，见蒋复命。这一次战役经过很快，前后刚刚两个月吧。

第四节　首次抗日——"一·二八"淞沪之役

淞沪参战

"一·二八"淞沪抗日之役，是接连"九一八"事变而来。日本帝国主义吞并中国的野心，首先在征服满蒙，对于我国东三省的侵略，无时不在积极地准备。一九三一年九月十八日夜偷袭沈阳，实行占领，数日之间，河山变色，辽东巨野，尽陷铁蹄。其后，更扩大其侵略目标，向我沿海各要埠肆扰，乃有天津事件，福州告警，纷至沓来。上海"一·二八"事变的爆发，即系暴日侵略野心及挑衅行动所造成。最先，暴日制造五日僧被殴案，继乃有日浪人的暴动，焚烧三友实业社工厂，捣毁北四川路中国商店，使上海空气趋于极度紧张；终乃有四项条件之提出，要求我国取缔抗日运动及解散抗日救国会，挑衅阴谋，层出不穷。于是日舰队集沪示威，日陆战队登岸布防，各地日侨撤退等等。而最后的一幕，就是"一·二八"的闸北夜袭，淞沪抗日的战幕正式揭开。

这时是十九路军驻守上海，首先举抗日之旗，通电云：

> 暴日占我东三省，版图变色，国族垂亡！最近更在上海杀人放火，浪人四出，世界卑劣凶暴之举动，无所不至。而炮舰纷来，陆战队全数登岸，竟于二十八夜十一时在上海闸北公然侵我防线，向我挑衅。光鼐等分属军人，唯知正当防御，捍国守土，是其天职，尺地寸草，不能放弃。为救国保种而抗日，虽牺牲

至一卒一弹，绝不退缩，以丧失中华民国军人之人格。此志此心，可质天日而昭世界。炎黄祖宗在天之灵，实式凭之！十九路军总指挥蒋光鼐，军长蔡廷锴，淞沪警备司令戴戟叩艳。

战争之幕既揭开，这时，蒋已退职在野，对于国难当前，似觉责无旁贷，应该挺身而出，负起御侮图存的重任。他发出一道通电：

各总指挥、各军师旅长、各将士、各军官学校师生诸同志均鉴：东北事变，肇始迄今，中央为避免战祸、保全国脉起见，故不惜忍辱负重，保持和平，期以公理与正义促倭寇之觉悟。不意我愈忍让，彼愈横蛮。沪案发生，对渠要求且已茹痛接受，而倭寇仍悍然相逼，一再向我上海防军突击，轰炸民房，掷弹街衢，同胞惨遭蹂躏，国亡即在目前，凡有血气，宁能再忍！我十九路军将士，既起而为忠勇之自卫，我全军革命将士，处此国亡种灭患迫燃眉之时，皆应为国家争人格，为民族求生存，为革命尽责任，抱宁为玉碎毋为瓦全之心，以此与破坏和平蔑弃信义之暴日相周旋。中正与诸同志久共患难，今身虽在野，犹愿与诸将士誓同生死，尽我天职。特本血诚，先行电告：务各淬砺奋发，敌忾同仇，勿作虚浮之豪气，保持牺牲之精神，枕戈待命，以救危亡。党国幸甚！

蒋中正印

这一个电报发出后，人心士气，为之大振！但是中央部队散在各地，而因蒋下野，群龙无首，一时未易集中。我看到一种大可忧虑的情形：十九路军单独在沪作战，孤军决不能久持，应该予以增援；同时，有党内反对派的人在上海说中央看着十九路军打光，按兵不救，这对蒋的地位和领导权都会发生不好的影响。蒋二月初由洛阳到浦口，我去迎接他，就表示我的意见："我们中央的部队必须参加淞沪战斗才好，如果现在没有别的人可以去，我愿意去。"蒋说："很好。"马上关照军政部长何应钦，即调动散驻京沪、京杭两线上的第八十七、第八十八两师合成为第五军，命我率领参战。

我是在二月十六日从南京出发到上海的。我住在中央军校，十五日深夜鸡鸣以前，起床端正地写了一封遗书，然后出发。我为什么要写遗书呢？这是表示我的决心，表示我尽忠国家的最大决心！因为这是一次反抗强暴的民族战争，也是我生平对外作战第一次，我必以誓死的决心，为保卫祖国而战。我知道：一个革命军人首先要具有牺牲精神，而牺牲精神又必须首先从高级将领做起。这一役牺牲是应该的，生还算是意外的了。

我所率领的第五军所辖计有八十七、八十八两师，及中央军校教导总队、独立炮兵第一团山炮营。我于二月十六日上午九时从南京和平门登车出发，到达南翔，即奉蒋光鼐总指挥的命令：接替十九路军由江湾北端经庙行镇沿蕴藻浜至吴淞西端之防线，并以一部在狮子林炮台南北闸洞亘川沙口、浏河口、杨林口、七丫口担任沿江警戒。我就令八十八师（师长俞济时）担任由江湾北端经庙行镇、周巷至蕴藻浜南岸防线，八十七师（我自兼师长，副师长是王敬久）二六一旅（旅长宋希濂）担任胡家庄沿蕴藻浜北岸经曹家桥至吴淞西端防线，军校教导总队（总队长唐光霁）之一部担任狮子林南北闸洞、川沙口、浏河口、杨林口、七丫口沿江一带警戒，于十八日先后接替完毕。这天，我奉总指挥令任左翼军指挥官（蔡廷锴是右翼军指挥官）。吴淞、宝山、狮子林要塞地区司令谭启秀、翁照垣，也归我指挥。在十七日黄昏，我由南翔进驻刘行镇。

这天，我奉到蒋（这时他已复职）的铣戌电：

俞师长济时并转张军长文白兄勋鉴：前在豫徐致济时各电，谅均接到。今日兄等决定在淞沪原阵地抵抗到底，奋斗精神，至堪嘉慰！望兄等努力团结，为我党国争光。沪上地形复杂，敌方或将舍正面之攻击，而向我侧背着眼。我阵地附近河流纵横，到处便于扼守，日军若取攻势，其牺牲非有一与十之比，决难奏效。希与十九路军蒋蔡两同志，共同一致，团结奋斗，对于蒋总指挥命令，尤当切实服从，万不可稍有隔膜。吾人若不于此处表现民族革命精神，决意牺牲，更待何时？可将此意转告全体将士，努力保持本军光荣之历史为要。

蒋中正铣戌

我当即呈复一电：

委员长蒋钧鉴：铣戌电敬悉。职此次奉命抗日作战，即下最大决心，誓以一死报国，并与十九路军团结一致，对于蒋、蔡两位，绝对和衷共济，断不负钧座之教训。且信全军将士，均能仰体钧座意旨，勇于牺牲，为党国效命，亦断不敢稍有畏怯，玷辱钧座之声威。请释廑注。

职张治中呈篠申

淞沪抗战中，张治中（右三）与蔡廷锴（右四）及十九路军、五军的将领们一起商讨作战计划。

庙行战斗

二月二十日，敌人从这天拂晓起，开始向我进攻，敌飞机结队成群在我阵地附近及我阵地后方，到处掷弹；更以重炮及敌舰炮向我吴淞庙行一带阵地集中射击，敌步兵则借飞机炮火掩护，向我攻击前进。我军奋勇抵抗，击毙敌人很多，并且击落敌机一架。入晚敌继续向我攻击，战斗益酣，竟夜炮声不绝。我阵地工事被毁很多。我官兵掩处战壕内，沉着不动，等敌步兵接近，就用手榴弹步枪迎头痛击，冲锋肉搏。这样血战两昼夜，敌死伤甚重，才不支而退。

到二十二日，敌人又倾巢来犯，继续攻我庙行镇以南阵地，想突破我阵地一点。这天上午九时，我庙行镇以南八十八师五二七团第三营大小麦家宅阵地，惨受敌炮火及飞机轰炸，工事全部被毁，被敌突破一段（营长陈振新当场阵亡）。我立即亲率教导总队（缺一营）赴八十八师指挥策应，并令八十七师二五九旅孙元良旅长率部向庙行增援；令守蕴藻浜北岸的宋希濂旅长率他的主力，由纪家桥渡河抄袭敌的侧背；令俞济时师长率部对被敌突破地区反攻。我六十一师张炎副师长也率兵两团由竹园墩出击。敌被我三面夹击，仓皇溃退，仅一小部残留在金家宅、大小麦家宅一带，顽强抵抗，血战到晚八时半，才把敌包围，完全解决。这一天的庙行战斗的激烈，为开战以来所未有，中外报纸，一致认为沪战中我军战绩的最高峰。过了四天（二十六日），蒋有一个电报给我们，说到庙行一役的战斗效果：

张军长文白俞师长济时勋鉴：×密。近日未得济时电，甚念！各师经费与给养，尚足用否？对官兵宣传，应格外注重。自经二十二日庙行镇一役，我国军声誉在国际上顿增十倍。连日各国舆论莫不称颂我军精勇无敌，而倭寇军誉则一落千丈也。望鼓励官兵，奋斗努力，并为我代为奖慰也。

蒋中正宥酉

这是日寇在沪第一次总攻的失败。敌第九师团及久留米混成旅团的精锐,伤亡重大,庙行、江湾间,敌尸堆积如山,计有三四千具之多。而使我伤悼者,就是我的忠勇的袍泽,牺牲于此一役中的,为数亦复不少,官长伤亡八九十员,士兵伤亡一千余名。所以我在一本《淞沪抗日作战所得之经验与教训》小册子上面说过:"以我各官兵作战之勇,牺牲之烈,斯书殆亦不啻滴滴鲜血所写成。"而庙行一役的忠勇奋斗,壮烈牺牲,更是这滴滴鲜血的结晶。

浏河战斗

浏河在我军左侧背。沿江七丫口、杨林口、浏河新镇及小川沙一带,绵延数十里的沿江警戒线,只由本军教导总队一营会同少数冯庸义勇军①担任守备的责任。根据蒋的指示(二月铣戌电),对浏河方面应该早予准备,至少应该配备三团兵力。可是前线自从二十日以来,无日不在激烈战斗之中,各部队都有重大伤亡,兵力实在感觉不敷。我之所以把原守蕴藻浜北岸阵地的八十七师宋旅两团调往田湾为预备队,也就是准备一旦战事吃紧,前可以策应江湾、庙行,后可兼顾浏河、杨林口。这个时候,日将白川义则大将率领日兵十万来沪增援,令敌第十四师团全部驻运输舰中,泊在崇明海面;一面用飞机将我吴淞要塞及狮子林炮位毁损无余。三月一日拂晓,敌就开始在江湾、庙行一线向我总攻击,战舰二十余艘携带无数民船和马达

---

①冯庸,东北大学校长。他组织的抗日义勇军,名冯庸义勇军。

船，利用烟幕掩护，以步兵在我兵力配备单薄的六浜口、杨林口、七丫口登岸，并以舰炮向我沿江各口猛烈射击，飞机数十架从吴淞起沿江活动。敌登陆后，即连占浮桥等地，向茜泾要隘猛扑。我教导总队的一连死力搏斗，伤亡殆尽。我立即派遣八十七师宋旅两团飞驰截击，想乘敌人立足未稳时一鼓而歼之，同时报告蒋总指挥请派兵赴太仓、浏河协助。

宋旅奉令后，即依五二一团、五二二团及各营的顺序，于午前九时由顾家宅汽车站向浏河输送，但只得汽车十一辆，每次只可输送一营。宋旅长率先头部队五二一团第一营于正午十二时到达浏河，得到一个紧急的情报：敌军约一万人，在占领浮桥后，有向我急进模样；教导总队的一营（欠一连）正在马桥附近坚强拒止敌人。他得到这个报告后，观察形势，以茜泾为浏河屏障，位置扼要，就打算先行将其占领，以掩护该旅后续部队的展开，即命五二一团第一营营长唐德率部迅速向茜泾营搜索前进。哪里知道，才走到茜泾营南门附近，敌已先我占领，于是与敌接触，展开尖兵白刃战。到下午三时许，五二一团刘安祺团长率第二营到达浏河，敌飞机正集中轰炸浏河车站，输送汽车及房屋全被炸毁，同时在途中装运部队的汽车也多被炸坏，使我后续部队不得不徒步前进。在这个时候，茜泾营附近的战斗愈演愈烈，敌机二十余架密罩天空，一律低空飞行，掷弹如雨，敌舰的重炮连珠发射。四时许，敌大部向宋旅左翼绕攻，右翼方面教导总队的一营，死伤殆尽。这时与敌在茜泾营苦斗的五二一团第一营，乃处于前、左、右三面受敌围攻的紧迫状态，死亡巨大。而全营官兵仍然沉着应战，几度冲进寨内，与敌肉搏，卒以敌火力过猛，众寡悬殊，不能得手。

看看到了六时，天色已昏，我五二一团第三营才赶到。宋旅长即命第一营仍在原阵地死力抵抗，阻敌前进，并命已到部队迅速沿浏河南岸积极布防，等五二二团全部到达后，再行乘夜大举反击。一直到深夜十一时，五二二团以徒步行进，路程过远，还没有到达。这里我要指出的，就是我军仅以一营之众，在茜泾营抗敌数倍之师，自晨以至深夜，使敌人不能有尺寸的进展，而我军视死如归，前仆后继，卒使敌密集茜泾营寨内，虽以一师团之众，仍不得犯我浏河。我教导总队孤军死战，我八十七师宋旅仓猝应援，都抱必死的决心，以期挽回全线被围的危险。

这天夜里，我军奉蒋总指挥命转移阵地。攻击茜泾营的部队，撤至太仓占领阵地，五二二团还在黑夜中向浏河挺进，中途得令，才转向太仓。于是浏河一带陷于敌手，留下一个永远沉痛的回忆。

葛隆镇战斗

三月一日午后九时，蒋总指挥为保全实力，待援反攻，决心转移阵地，在南翔总部下了命令。关于我们第五军的指示如次：

左翼军须派一部在胡家庄、杨家行占领收容阵地，主力于本日午后十一时向嘉定太仓之线撤退，利用嘉定城、太仓城为据点，派出一部于罗店及浏河附近对浏河方向警戒。

九时三十分，我在刘家行军部，下达左翼军变换阵地的命令，规定八十八师由马桥宅退集嘉定城，八十七师孙旅由唐桥退集娄塘镇，宋旅及教导总队由浏河退集太仓，独立旅第一团退集蓬阆镇，第二团集结钱门塘，七十八师翁照垣旅也集结于嘉定。各部队得令，都按时分途撤退，陆续到达指定地点，军部及直属部队也到达钱门塘镇。我一到就下命令，叫各部队即在新防御线构成坚固阵地，利用河川为外壕，构筑据点式的工事，逐次增强为主阵线。

在我奉命统率所部向新阵地嘉定、太仓背进的时候，又遭遇了一场极惨烈的战斗，那就是三月三日我八十七师二五九旅五一七团在葛隆镇附近的娄塘、朱家桥一带的战斗。

在这一个静悄悄的午夜——三月三日的上午一时——我五一七团已在昨天的薄暮，由庙行左翼趋抵娄塘附近，此地距浏河仅十五里。积疲未苏，血衣犹湿，夜凉侵肤，哨线兵单。忽然敌以千余之众，自浏河猛扑而来，分向我警戒线夜袭。我娄塘镇、朱家桥、四竹桥三个前哨连奋起抵抗。战斗两小时，敌越来越众，越战越多，轻炮十余门向我猛烈射击。我每连警戒线达三千米之宽，且损失已及三分之一，前哨线乃逐个被围，但仍死战不退，把敌人抑留在娄塘附近。敌到午前八时，又增加主力四千余人，开始向我阵地突击，并向我右翼包围。这时我军正在构筑工事，匆促应战，敌冲到朱家桥北岸我五一七团团部门前，我阵地势极危迫。幸该团第一营第三连奋勇冲击，才把敌人打退。到了午前十时，我二五九旅旅长孙元良得讯，急赴五一七团团部指示机宜，并令坚强抵抗，同时向我紧急报告。我立即急令驻蓬阆镇的独立旅莫团迅速增援，又令太仓宋旅掩护二五九旅的左翼，令嘉定的八十八师俞师长固守嘉定城，相机策应孙旅的右翼。

这个时候，敌军已增到七八千人，环绕于娄塘一带我阵地前面，我五一七团孤军力战，弹药已将告罄，拼死相持。午后，各点都被突破，我五一七团被困核心，弹雨纷下，死伤逾半。莫团援兵还未到达，而敌军已突过娄塘镇连占各村落各要点，直陷贺家村。孙旅长这时在葛隆镇，看见敌军披猖形势，在下午三时，亲书一件，派员急趋钱塘门军部向我紧急报告：

一、…………
二、第五一八团早尽，第五一七团现受包围覆没，团长失踪。
三、职拟在葛隆镇殉职。
四、钱门塘将有危险，请军长迁移。

我接到了这个报告，马上打电话给孙旅长，告诉他莫团即可到达，五一七团于日没时可向葛隆镇撤退，在河川岸线占领阵地，拒止敌人。午后四时，莫团到达葛隆镇，即部署最后的抵抗线，并向前线增援。在这个时候，五一七团战况越陷于不利，朱家桥左翼又被敌突破，团长张世希到这最后关头，率所部官兵向前冲击，并对众激励以必死的决心，各荷枪向蒋家村方向冲出。敌军机枪如雨，我军前仆后继，顶死冒进，直扑日军阵地，杀声震野，势不可当。敌军受了这一次最大的猛击，才向后退去，重围遂解。我忠勇的五一七团抵外岗与八十八师会合，经昆山转赴我军新阵地。

葛隆镇一役，关系很大。因为敌军的企图，在突破我嘉、太中间地区，直下铁路，截我后路。如果不是我五一七团奋勇拒止，则敌趋葛隆镇，陷钱门塘，直下铁路，我们第五军和第十九路军的归路就断了，那后果是不能想象的。

这一天的血战，牺牲了我军一个营长、两个连长和连附、六个排长，士兵伤亡近千数。就中第一营营长朱耀章身中七弹，殉国成仁，尤为伟烈！他在殉国前两天还作了一首诗，题目是：《月夜巡视阵线有感》。今天读他的遗诗，真可以说是一字一滴泪，一字一滴血。原诗：

风萧萧，夜沉沉，一轮明月照征人。尽我军人责，信步阵后巡。曾日月有几何？世事浮云，弱肉强争！

火融融，炮隆隆，黄浦江岸一片红！大厦成瓦砾，市镇作战场，昔日繁华今何在？公理沉沦，人面狼心！

月愈浓，星愈稀，四周妇哭儿啼。男儿百战死，壮士十年归！人生上寿只百年，无须留连，听其自然！

为自由，争生存，沪上麾兵抗强权。踏尽河边草，（蕴藻浜河）洒遍英雄泪，又何必气短情长？宁碎头颅，还我河山！

正值我二五九旅五一七团与敌在娄塘苦战时，三月三日下午，又奉到蒋总指挥电令，要我撤到陆家桥、石牌、白茆市之线，构筑工事。奉命后，我又令各部队以次撤退：令八十八师撤至常熟城集结待命，八十七师宋旅撤至白茆新市之线，孙旅撤至石牌之线，军部进驻东塘市，独立旅第二团及军校教导总队集结于东塘市附近待命。四日上午，军部及直属部队都已到东塘市；五日，各部队也先后到达指定地点，都在积极着手整理并布防。于是，我们退守第二道防线了。

为坚强防线作持久抗战的打算，我特令各部队构筑第一、第二、第三之三线阵地。不过几天，各线阵地都已次第构筑完成。同时激励士气，整备军实，准备与敌作殊死战。九日，上官云相师长统率四十七师开抵常熟，由蒋总指挥拨归我指挥，当令该师在常熟东北梅李镇、谢家镇、福山镇一带构筑数线阵地，并严密警戒沿江各要点。自我军退抵第二道防线以来，敌未再犯，每天只有飞机向我做侦察动作。

慰 问

在这时候，国民党二中全会开幕。三月六日致电（麻电）慰勉我淞沪抗日全军，其中重要的一段：

……此次我武装同志在淞沪一带抗御强暴，保卫疆土，于国家民族实有极深之影响。去岁九月十八日东北边防军以不抵抗之故，二十四小时之内丧失两省之土地，而一月二十八日以来，则以抵抗之故，以淞沪一隅，支持至三十余日之久。使全国之内处处如此，人人如此，日本暴力安能得逞？且也，第十九路军先登于前，第五军踵至于后，无日不在枪林弹雨之中，悉力苦斗。两军将士所流之血，凝结为一，使强邻挑拨离间之计无所施，操纵捭阖之谋无所用。此种精诚团结之最高表现，尤足为袍泽之模型，而保国保种之基础，亦于是乎奠。日本此次借不平等条约为护符，兵舰驰突于长江上下；更以公共租界为陆军之登陆地点与作战根据，于是大批军队，源源而至，绝无阻隔。而我方则以交通不备，运输不便，当十九路军苦战之际，第五军驻在苏浙，犹及赶援外，其余各处部队，尚在长途跋涉中。坐是之故，众寡悬殊，我忠勇之将士，遂不能不为战略上之退却。此诚中央同人之所歉然于怀，而深愿循省弱点，亟谋补救者也。今日之事，岂但一时进退与战局无关，吾人既以最大之决心，为长期之奋斗，则胜亦不足喜，败亦不足悲，唯知以牺牲为民族复兴之代价而已！

这一个电报，说明了这一次战役的全貌，而其重点，则在昭示真相，破除谣诼，使前线全体将士，愈加团结，愈加淬砺，从事于神圣的民族战争。

我军驻在常熟一线大约有一个月，中外人士或来慰劳，或来访问，络绎于途。而在慰问者中，使我感怀不已的，是过去黄埔军校党代表廖仲恺先生的夫人何香凝同志（在黄埔我们都称她廖师母）。她在我军部住下，慰问之余，慷慨赋诗，我特把她所作的《赠前敌将士》那一首记在这里：

倭奴侵略，野心未死，既据我东北三省，又占我申江土地，叹我大好河山，今非昔比。焚毁我多少城市，惨杀我多少同胞，强奸我多少妇女，耻！你等是血性军人，怎样下得这点气？

在这以前,即在"九一八"事变发生后,她曾寄给我一封信,送来女褂子一件,要我转达黄埔学生的将领,并附一诗如下:

枉自称男儿,甘受倭奴气,不战送山河,万世同羞耻。吾侪妇女们,愿往沙场死,将我巾帼裳,换你征衣去。

何香老充满爱国热情,民族义愤,令人敬佩!

诗意的虞山

四月二十四日,我又奉到南京发来的修正阵线的电令,命我第五军占领自后塘湖经常熟迄福山镇、鹿苑镇之线。我命令:八十七师孙旅附军校教导总队占领自后塘湖北岸至昆城湖南岸之线,八十七师宋旅占领自昆城湖北岸至忠国庙之线,独立旅一、二两团位置于莫城赵家镇附近为师预备队,四十七师占领忠国庙、福山镇、鹿苑镇之线,八十八师位置田庄附近为军预备队。布置妥当后,我率领军部及直属部队进驻常熟城。

至今使我深深地感忆虞山一月的生活。常熟,这一座江南名城,它拥着秀丽的虞山,围绕着浩荡的长江,绿野绵延,清流交错,又是一个樵嬉渔唱、农产最丰富的名区。在虞山山下静静地躺着一座古刹,那就是唐诗人常建所咏的"清晨入古寺"的古破山寺,现在名兴福寺。

在那暮春时节莺飞草长之时,临此秀丽天然山环水抱之地,而寇氛尚炽,草木皆悲,新垒纵横,战骑跳跃。我们得暇,登虞山山顶,远眺长江,福山港口外,隐约可见敌舰冲风破浪而行,真不胜其感慨。

我们的部队，在城郭四周及沿江一带积极布防，并构筑防空工事，枕戈待命，豪气凌云，而敌骑也在数十里外的新塘、岳王等市纵横驰骋。难民从东而来，络绎不绝，战区无村不洗，无屋不空，又增加了我们的唏嘘悲愤。差堪幸慰的是我们的士兵和人民相处甚好，而人民对我们士兵也异常亲爱。我还记得，我一到常熟城，各界民众就开了一个盛大的会欢迎我们，慰勉我军。他们对于抗日工作，也很努力，我们极其融洽。当我军复员的那一天，万千群众，争集河干，依依不舍；各地商轮民船，争为我军装载运输。这些珍贵的印象，直到今天还萦回我的脑中。

追 悼

五月五日，上海休战协定签字，淞沪抗日战役至此告一段落。中日为什么会休战呢？一方面固由于友邦的调停，一方面也由于我们力量不够，不能不忍痛一时，来争取充分准备的时间吧？

我在五月七日奉到了蒋的麻戌电，命第五军复员：八十八师开驻武汉，八十七师暂驻常熟附近原阵地集结整理。十八日复奉筱未电，令第五军八十七师及军校教导总队调京训练。本军遂陆续返京。

我带着一个无边伤感的心情悠悠地回到首都。在飞机场，我们的军队受了蒋的检阅，奖慰备至。

在五月二十八日追悼淞沪抗日阵亡将士大会于苏州举行时，雨细风寒，天愁地黯。我备了一篇祭文，哀哀哭奠：

维中华民国二十一年五月二十八日,国民革命军第五军军长张治中率同全体将士,敬谨致祭于我淞沪抗日阵亡将士之灵曰:呜呼!蠢彼岛夷,狼子野心,陷我东北,窥我沪滨。赖我将士,挞伐用申,迭歼顽敌,固我名城。贼来愈众,我志益坚,奋勇杀敌,一以当千。声震陵谷,气壮河山,撼山岳易,撼我军难。月黑庙镇,风紧江湾,剑光射斗,敌胆皆寒。再接再厉,载守载攻,追奔逐北,叶卷西风。敌弹如雨,敌机翔空,唯我将士,猛勇精忠,出生入死,成仁成功。洒血兮化碧,吐气兮成虹。呜呼将士,渺矣音容!仓皇戎马,诀别无从。梦萦回兮故垒,泪涕零兮江东。鹃啼兮声苦,花落兮飞红。呜呼将士!上有父母,下有妻子,泉台永隔,怆怀何已!我与君等,如兄如弟,仰事俯蓄,责在后死。呜呼将士,从此长眠!此仇未报,衷肠若煎。誓将北指,长驱出关,收我疆土,扫荡凶残。执彼渠魁,槛车系还,一樽清酒,再告重泉。呜呼将士,得其死矣!功昭党国,光耀青史。人生草草,大地茫茫,忠贞亮节,山高水长。呜呼将士,庶几来飨!

我军复员以后,特于军中组织一个抚恤委员会,以司死难烈士家属的抚恤事宜。关于烈士的遗骸,政府有拱护侠骨忠魂的办法,在南京总理陵园附近的灵谷寺前,国民革命军阵亡将士公墓的中央,安葬"一·二八"事变之役阵亡烈士一百二十八人,第十九路军居其七十,我第五军及宪兵团居其五十八,以隐示"一·二八"的血痕,并使"一·二八"阵亡烈士所代表的精神永垂不朽。第十九路军和第五军各立一个抗日阵亡将士纪念碑,但在一九三七年南京失陷后就被日军毁坏了。此外,上海各界复以淞沪战役中第五军所担任的庙行一线激战最惨,伤亡最众,也决定在庙行镇东南隅度地营阡,表曰"无名英雄之墓"。在启事中有这样最恳挚的一段:

……夫无名英雄者,有名英雄之所赖以成就也。欲中国之兴,必先自全国国民尽愿为无名英雄始。同人等愧未能亲执干戈为国民倡,然对此抱大无畏精神,示大牺牲决心,为民族争光,为国家吐气,悲壮惨烈,民国以来所绝无仅有之多数无名英雄,万不能坐视其久而湮没不闻也。爰于抵抗最久,炮火最烈,伤亡最多之庙行镇东南隅,度地营阡,表曰:"无名英雄之墓"。

这个无名的英雄墓,也在一九三七年上海失陷后被日军毁坏了。

我军既复员,正是我摆脱军职还我素愿的机会,我便向蒋恳切地请辞军职,幸蒙允许。于是我重回中央军校担任教育长的职务。

在"一·二八"战事结束后几年,当时同我在上海作战的日本陆军第九师团长植田谦吉中将,乘有人从东京来,还托那人带一张名片问候我,并说了些客气话。不知这是什么意思?

张治中在1932年"一·二八"抗日战争时留影。

第五节　再度抗日——"八一三"淞沪之役

设秘密机构于苏州"留园"

一九三六年二月，南京国民政府为了准备对日作战，划全国为几个国防区，我奉命兼任京沪区的负责长官。

这是一个极机密的准备工作，不能公开进行。我在奉命之初，先在中央军校选调了一批干部，筹划一切。首先我得考虑一个问题：用什么名义来掩护这个工作的进行呢？中央军校是一个教育机关，我就在东大楼那座教育长办公室的旁边，设置了一个高级教官室。我利用这个"高教室"的名义，作为一个实际的司令部，把从军校选调来的工作人员，武的就派在参谋处，文的就派在秘书处。我对工作人员曾有一个很严厉的约束：对外绝不许泄露工作的机密。一般的人只知道那是一个高级教官室，是一个教育作业休息的地方。没有一个外人知道，这个小小的地方，竟是孕育伟大的揭开全面抗日战争序幕的司令台。

我把机构设立之后，首先决定两个重要工作，一个是对国防工程的，另一个是对民众组训的。我派了两批人分别到京沪区各地去视察，经过半个多月的时间，我把这个"高教室"移驻苏州。为了不引起人家的注意，先选定一个比较偏僻的地方狮子林作为办公处所，后来因为机构扩大，工作人员增加，狮子林地方仄狭，容纳不了这么多的人，又将这个"高教室"移驻留园。在移驻留园时，我觉得"高教室"这个名义不能掩护工作的推进，又改对外名义为"中央军校野营办事处"。

如果说苏州是全国最负盛名的风景区之一，那么留园就是代表苏州风景的最足令人留恋的一座名园。说起这座名园的历史，许多人都知道那是清代维新后一个鼎鼎大名的邮传部大臣盛宣怀的家园。这座用民脂民膏所筑成的美轮美奂的名园，在我的记忆中留下了一个深刻的印象。它是集东方古典艺术之特点，一楼一阁，一亭台，一水榭，幽静曲折而有趣，乃至水池里各种各样的金鱼，古老的树木，鲜艳的花卉，都极尽园林之胜。然而我今天所留恋的不只是这所名园的风光，而最足令我回味的，还是因为我在那座名园中考虑过许许多多有关民族抗战前途的问题，决定过许许多多的对敌作战的计划方案。在那些怪石嵯峨的假山之上，或茂林修竹之中，也曾留下我一点深思熟虑的痕迹啊！

平时当作战时看，我们这群在留园工作的同志们，都怀着这样一种心情，孜孜不息地工作。同时，我又把这个机关学校化，很有规律地作息。常常集合参谋人员研究一些问题，制出若干决定，派出一批一批的人到淞沪线、苏福线、钱澄线一带实地侦察，测量，绘制地图。这批人回来之后，完成了战术作业和初步的作战方案，并开始构筑淞沪线、苏福线和钱澄线一带的小炮机关枪据点工事。这都要在种种困难情况下秘密地工作，特别是在上海，为怕被敌方侦知，更不能不用巧妙的掩护手段来进行工作。

更为了加强军事上、政治上的研究设计工作起见，我又设置了军事研究委员会和政治研究委员会两个附属机构。两会的职掌在搜集有关军事的和社会科学的学术材料，研究国内外军事、政治、经济、社会、外交、文化各方面的情形,作出报告或建议。除了就本部内干部选充为研究委员外,并另行聘请了多位有专门学识的人担任工作,他们都曾给予许多宝贵的意见。

我因为须兼顾中央军校的校务,并时有向政府接洽请示事项,还得常常回南京去,有时还要到上海去看看。政府曾为此而给我指定专用车厢一节,随时听挂任何一次客车上,因此这一个时期,我好像是京沪路上一个来去匆匆的忙人。

这个"中央军校野营办事处",一直到"八一三"的前夕,外间没有人知道它究竟是做什么的,敌方更是始终不知道。我所任的抗战准备工作得以从容布置,得力于这个秘密机构不少。留园啊!我向你致意。

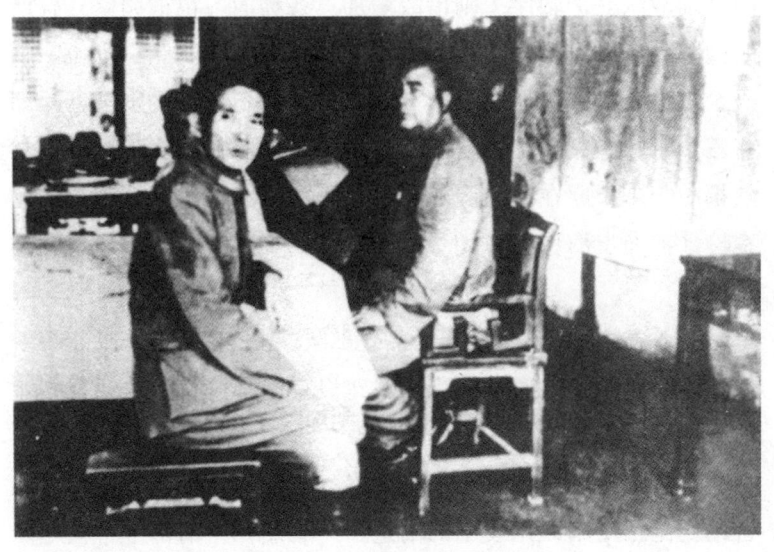

淞沪会战,张治中在军事会议上与冯玉祥等研究作战计划。

初步的部署和意见

自"一·二八"淞沪抗战之后,直到一九三六年,这一整段时间,中日关系在不断地变化发展过程中。日本在东北早已无耻地让溥仪傀儡登场,在华北亦在肆无忌惮地作侵占的准备。当时的中日形势,已经是山雨欲来风满楼之势了。

果然,这年八九月间,中日形势在上海方面开始紧张起来了。九月二十三日夜,日本借口出云舰水兵三人偶然在上海北站附近租界内被人狙击伤二死一事件,敌海军陆战队全部出动,在青云路、八字桥、粤东中学、天通庵、五卅公墓一带,布满岗哨,派队逡巡,大有挑衅的企图。虽经多次交涉,渐趋和缓,而其陆战队驻沪数字,则借故增加,各种演习也很频繁,且迭派舰队到宝山、福山镇、段山港、浒涌各港口,测量水位,积极企图进犯。我当时认为形势严重,不能不作进一步准备,即将三十六师由无锡推进至苏州附近,八十七师由江阴推进至常熟福山一带,原在南京区的八十八师推进至江阴、无锡,并秘密设计扩充上海保安总团,并于九月二十三日向南京政府陈述意见:

一、请将本分区作战上必需之部队,密令配拨,以便指挥。

二、请即令饬通讯主管机关建设京沪分区军用电话及指定地方长途电话战事发动后之使用权。

三、请将京沪铁路及锡沪公路之车辆尽量控制于无锡以西各站、昆山支塘以东及上海附近。所有船舶,请密令各县尽量诱至吴县、常熟附近,以利我军运输,且免为敌所利用;并请将本区各县船舶车辆明定统制管理办法,俾得于军事运输适时利用。

四、请于本区预定作战地区各要点,囤积必需粮秣,以供军食。

五、请将阵地内已由驻军筑成路基之各路桥梁涵洞,迅予建筑。

我当时看了南京方面的种种情形,又焦虑,又愤慨,又于十月四日痛切地具申意见:

一、上海为我经济重心,系世界观听,我沪上武力仅保安一团,守土匪易。在事变之初,必先以充分兵力进驻淞沪,向敌猛攻,予以重创,至少亦须保持我与租界交通,取攻势防御。若自甘被动,虽占苏福线或钱澄线,洵属非宜;若迎战不能一举破敌,又不能持久支持,则使国人回忆"一·二八"之役,薄现在中央军之无能矣。

二、为达成上述任务,须有兵力六七师,以四至五师任淞沪正面,两师控制浏河、福山、常熟一带,如此,在淞沪附近作战当可支持三个月以上。除现有三十六、八十七、八十八三个师,请再调三至四师。

三、大局至此,无论外交如何,似应以抗战决心积极准备,唯各方面仍不免空泛、纡缓、推诿,使部属无所秉承,如徒有作战计划,迄今毫无准备,即其例也。

从这几个月来敌在上海的动态,推测中日形势,今后可能更趋恶化。我为了应付万一,于十一月初发令进入下列的部署:

一、令三十六师、八十七师在苏福线上一面警戒,一面继续构筑工事。

二、令八十八师接防钱澄线阵地。

三、以地方团队担任沿江防务。

四、以各县警察为监视哨。

五、令江苏保安第四团分驻浏河、梅李镇、牌头镇等处，为东自浏河附近西迄大港镇地方警察各监视哨后方之支援。

六、成立太湖水警联防处，任太湖水上之警备。

到了十二月十二日，西安事件突然发生了。当时南京国民党首要对西安事件主张用军事解决的占多数（我是主张政治解决的少数人之一），在调兵遣将的"讨逆"计划之下，原驻在京沪区的三十六、八十八两师被调走了。这时对敌戒备的兵力，只有一个八十七师了。（在几个月后八十八师才调回，三十六师到"八一三"战起才调回，这对淞沪作战准备工作是一个顿挫。）我因此担心敌人乘我内部发生问题的时候，爆发淞沪方面的战事，那就没有好的办法来应付。不过上海方面的日军，反而采取了冷静观望的态度。这或者由于当时西安事件出乎日方的意料，它作了错误的估计吧！

一封敌情判断的电报

一九三七年七月七日敌军发动了卢沟桥战事以后，敌人在上海的行动，真是咄咄逼人。如将各通衢哨所的兵力增加，各屋顶架设高射炮，各要点构筑工事，对市中心区及南翔方面试设炮位，日夜继续演习，撤退各地侨民，扩编义勇队及在乡军人队，等等。它并将原驻汉口的陆战队千余人撤调上海，控制军舰十余艘于浏河至吴淞间，对各海口施行封锁，更先后故意制造水兵宫崎失踪及撕毁日本国旗事件作为口实，真是紧张到了极点。在敌国内也已派定正式陆军待命出动。

"七七"以前，我正在青岛养病，忽闻卢沟桥战事起来，即于第二天拒绝医生的劝告，径返南京，接受京沪警备司令官的职务。这时所指挥的驻军，除八十七师原在常熟、苏州，八十八师已调至无锡、江阴外，仅江苏省、上海市保安团队数团。原指定协同作战的空军炮兵等，都调到华北去了。为顾虑我军集中不易及维持上海的资源与海口起见，不愿在上海轻易发生战争，但万一战争的形势已成，则必求立于主动地位，所以尽力为输送通信等各项工作做好准备。等到第二师补充旅到达苏州后，我令其一团化装为上海保安队，入驻虹桥、龙华两飞机场，加强警戒；一团化装宪兵，开驻松江。又调江苏保安第二团接替浏河方面江防警戒，将原保安第四团集结至太仓附近，担任岳王市、梅李两区的防务。

这时候，我对上海敌情的判断，自信很实在，很正确。同时我有一个基本观念：这一次在淞沪对日抗战，一定要争先一着。我常和人谈起，中国对付日敌，可分作三种时期：第一种他打我，我不还手；第二种他打我，我才还手；第三种我判断他要打我，我就先打他，这叫做"先发制敌"，又叫做"先下手为强"。"九一八"东北之役，是第一种；"一•二八"战役、长城战役，是第二种；这次淞沪战役，应该采用第三种。我在七月三十日向南京郑重提出这个意见：

我在北方作战，固不宜破坏上海，自损资源，然若敌方有左列征候之一，如：（一）敌决派陆军师团来沪，已开始登轮输送时；（二）敌派航空母舰来沪时；（三）敌在长江舰队来沪集合时；（四）敌在沪提出无理要求，甚至限期答复，即断定敌发动无疑。则因我主力军远在苏、常以西，输送展开在需时，且上海保安团抵抗力薄，诸种关系，似宜立于主动地位，首先发动，较为有利。曾迭电具申意见，未蒙核示。兹预拟本军行动标准，谨申呈核，是否有当，敬祈示遵。

南京的复电是：

卅未电悉，应由我先发制敌，但时机应待命令。

两篇文告

我知道战争决不能免，就在给南京电报的第二天——八月一日，发布了一篇文告，鼓励我京沪区的卫国将士。开头说：

此日吾民族已临于最后关头，此日吾人亦已临于生死线上！光荣神圣的民族生存抗战之血幕必且展开。兹特揭橥要义，为本区将士同志告。期以忠勇坚毅，共迎行将到来之无限艰苦但必有无限希望的岁月。

接着历举国耻的由来：

自甲午一役，失地丧师，我同胞忍辱负重，而徒抱复仇雪耻之愿者，殆已四十余年矣。乃敌自此更逞淫威，肆其凶焰，蹂躏我主权，占领我土地，荼毒我人民。本其岛国野心，妄标大陆政策，鲸吞蚕食，益无忌惮。攻城略地，何日无之？因之"九一八"之血迹未干，"一·二八"之屠杀顿起，长城之役甫停，察绥之变旋作。含垢忍辱既已六年，创巨痛深，几难终日。兹复驱师启衅，扰我平津，更且大举动员，图占冀察。然后挥师南指，侵我中原，跃马西行，纵横朔漠，以遂其逐步吞噬之迷梦。我最高统帅所以认为最后关头，抗战到底，以求最后之胜利，而举国人士所以奔走呼号，誓死不能退让者，正以此耳。

然后说到全面抗战实出于不得已，完全为自卫图存：

囊者我中央固深知御侮图存绝对需要抗战，然国家进行建设，又绝对不能放弃和平，故不惜委曲求全，决心准备；更不惜以"和平未到绝望时期，绝不放弃和平，牺牲未到最后关头，绝不轻言牺牲"二语，为我神明华胄至苦至难至辱至愤中血泪交萦之信念。时至今日，敌我间之诸般问题，已非和平所能解决，在我尤非抗战无以图国家民族之生存。全面应战之烽火高燃，舍身报国之良机已至！凡我袍泽，当必奋兴。雪恨歼仇，此其时日！

接着说到同仇敌忾的真正意义，以坚定将士们的信念与决心：

虽然，我袍泽当知此伟大的神圣民族抗战之必然胜利，实由无量惨痛、无量牺牲所换来，盖唯有牺牲到底之决心，方能博取最后之胜利。故吾人之生命在此日实无其他生命意义之可言，仅属民族解放之祭礼而已，仅属无量牺牲无量热血牺牲中之一粟而已。唯具献身为国之决心，方能成就千秋盛业；亦唯具"我死国生"之至勇，方能所向无前！血幕展开而后，我中国每一块土地，均将满布每一个国民之血迹，人人将成英雄烈士，人人可成志士仁人！吾人分属前驱，岂期后死？当然，流血愈惨，代价愈高，成功成仁，本无二致。凡我将士，莫非同志，平时修养，素重大义。故为报国而言，不能成功，便当成仁；然为自爱而言，如能成仁，亦即成功。此为吾革命军人尽忠负责之真义，亦即克敌制胜之要诀。本司令官誓本决心，义无返顾。所属诸将士多为昔日同生死共患难之袍泽，自能互相爱护，共膺艰巨。而一念及"一·二八"抗敌先烈喋血之壮烈，更必能枕戈待旦，磨砺以须，同仇敌忾，百折不回，从事于最大光荣的且必获最后胜利的神圣抗战。

最后我提示了对敌作战应注意的几个要点，如誓雪国耻，不怕死，不怕敌人，信仰中央，爱护袍泽，长期苦斗，百折不挠，实行连坐法等，作为京沪区全体将士的精神教育和纪律基础。

同日我又发表了一篇《告京沪区民众书》，除提高亡国灭种之警觉及剖析敌国实情外，重在宣示此一战的重要，发动民众，尽力与国军合作。我在这篇书的结尾说：

凡我民众，无分男女，无问老少，智者尽其能，勇者竭其力，以绥靖地方，杜绝奸宄，厉同仇敌忾之气，坚至死靡它之心，以听命于政府，则虽不擐甲胄，不执干戈，不冒矢石，而其贡献于国家民族者，实且伟大莫与伦比矣。至于体力精壮，英勇果敢之同胞，愿为父老之前驱，愿作本军之后继者；精警有为，熟悉敌情，能扑灭无耻之汉奸，能肃清敌方之间谍者；抑或有其他一技之长，愿以供战争之使命者，或编入地方组织，或隶属部队机关，不患无效命之机，不患无杀敌之具。昔孙武子以吴兵复楚，阎应元以江阴抗清，东南为人才文物荟萃之区，孤忠英勇之士，悲壮激烈之操，史不绝书。揆之十步芳草、十室忠信之义，市井田畴，动多壮士，必有闻风兴起者。自由之范已胎，独立之旗高举，为民族之英雄，抑为子孙之罪人，决于自择。唯我亲爱同胞，共勉前程，共纾大难，时乎不再，凛凛勿忽。

这样，从各方面我都加以准备布置了，只待大战时机的到来。

进军上海

一九三七年八月九日，日军官大山勇在虹桥飞机场与我守军冲突被杀，上海的形势突然告急。十一日，敌第三舰队驶集黄浦江及长江下游浏河以下各港口，有即在淞沪登陆发动战事的企图。这个时候，我京沪区在苏、常、锡一带的驻军，仅八十七、八十八两师，及炮八团与炮十团，警察总队一总队，独立第二十旅的一团。我命八十七、八十八两师，为输送前进的准备，并以第二师补充旅留苏州的一营化装保安队开赴龙华。这天下午九时我接到南京统帅部的电话命令，将全军进至上海附近，当即作了下列几个重要决定：

一、八十七师的一部进至吴淞，主力前进至市中心区；

二、八十八师前进至北站与江湾间；

三、炮十团第一营及炮八团进至真茹、大场；

四、独立第二十旅在松江的一团进至南翔；

五、令炮三团第二营及五十六师自南京、嘉兴各地兼程向上海输送；

六、派刘和鼎为江防指挥官，率领五十六师及江苏保安第二、第四两团任东自宝山西至刘海沙的江防，并控制主力于太仓附近。

我记得我是八月十一日夜半离开苏州的。我统率的全军，也就在这晚从苏州、无锡一带出动向上海挺进，十二日的清早就占领了上海。上海的居民清早从梦里醒来，看见遍地都是国军，惊喜交集，都问：从哪里来的？为什么这样神速？这是由于我们事先控制了火车、汽车，所以能够于一夜工夫便占领了上海预定阵地。并定于八月十三日拂晓以前，将我军攻击部队对虹口杨树浦敌根据地攻击准备完毕。但突然奉到南京电话：不得进攻。我飞急电告："我军业已展开完成，攻击准备也已完毕。"但回电还是：不得进攻。因此十三日拂晓攻击不得不停止。我预定十三日拂晓攻击，本想以一个扫荡的态势，乘敌措手不及之时，一举将敌主力击溃，把上海一次整个拿下。但现在失此良机，似乎是太可惜了！这是什么缘故呢？据说是这样：这个时候，上海外交团为避免在上海作战，建议南京政府，改上海为不设防城市——自由口岸。这一个建议文件,大概是十一日发出,十二日到达外交部的,南京政府不免犹豫了一下,故忽然命令我不得进攻。这一个情形,我未见着正式文电,真实的原因是否如此,无从确断。我们的进攻因此展到十四日午后三时才开始。大家都说这一次淞沪抗战为"八一三"战役,实际上八月十三日并未开战,不过是两军对垒,步哨上有些接触,正式的开战是在八月十四日。这样耽搁了两天,却给了敌人一个从容部署的机会。

大战的血幕既已正式揭开,我外交部在这天曾代表国民政府发表了一个重要声明,同日我也发表了一篇重要谈话。这篇谈话里显示我军坚决抗日的态度,其中一段是:

昨(十三日)下午四时,日方军舰突以重炮向我闸北轰击,彻夜炮声不绝,我居民损失奇重。同时复以步兵冲出界外,进攻我保安队防地,我方仍以镇静态度应付,从未还击一炮。现日方又大举以海陆空进攻,我为保卫国土,维护主权,决不能再予容忍。事至今日,和平确已完全绝望,牺牲已到最后关头,御侮救亡,义无返顾。兹应郑重声明者,上海和平既为日方炮火所震毁,而我祖先惨淡经营之国土,又复为敌军铁骑所践踏,不得不以英勇自卫之决心,展开神圣庄严之抗战。本军所部全体将士,与暴日誓不共戴一天。五年以来,无日不申儆军中,以湔雪国耻、收复失地为己任。我十万健儿之血肉,即为保卫国土之长城!决以当年喋血淞沪、长城之精神,扫荡敌军出境,不达保我领土主权之目的,誓不终止。

对敌根据地的猛攻

上面的那篇谈话,可以看做我对敌行动的正式宣言。从八月十四日起到二十二日止,是我军对虹口、杨树浦敌根据地猛烈攻击的时期。敌自我军开始行动后,就在虹口、杨树浦两大根据地,利用其炮舰火力的掩护固守,等候他们国内的援军来到。八月十四日上午,我空军开始向黄浦江敌舰轰炸。我军于下午三时下达总攻击命令。下午四时,我们的炮兵就开始集中射击,步兵勇猛攻击前进,到日没时止,多有进展。忽然又奉到上令:

密。今晚不可进攻。另候后命。(寒酉侍参京电)

于是攻击实施,又因以停止。

十五、十六两天都是奉令作攻击准备,并没有实行全线攻击,仅将五卅公墓、爱国女学、粤东中学各点攻占。就中以八十七师二五九旅第八连与第七连合力突入敌阵地,占领敌海军俱乐部一役为最壮烈,最英勇。

在十五日这一天,我发出一个通电,原文如次:

各报馆转各部队、各机关团体暨全国同胞公鉴:元日下午,暴日侵沪舰队突以重炮轰击闸北,继以步兵越界袭我保安总团防地,我保安队忍无可忍,起而应战。治中奉命统率所部,星驰应援,保卫我先祖列宗筚路蓝缕辛苦经营之国土,争取四万万五千万炎黄华胄之生存,誓不与倭奴共戴一天!今日之事,为甲午以来五十年之最后清算。彼曲我直,彼怯我壮,彼为发挥野心之侵略,我为决死求生之自卫,无论暴敌如何披猖,最后胜利必属于我!愿我举国同胞,武装袍泽,毋忘我东北平津数千万同胞呻吟于日寇铁蹄践踏之奇惨,毋忘我"一·二八"战役、长城战役、天津战役忠勇牺牲先烈之血迹,以悲壮热烈之精神,共负洗雪国耻收复失地之重任,遵奉最高统帅之昭示,以百折不挠抗战到底之决心,求得最后最大光荣之胜利。擐甲陈词,不胜激越!

我觉得,对虹口、杨树浦的攻击,有于敌援军登陆以前奏功的必要,奉令在十七日拂晓继续开始全线总攻击。十六日下午五时,召集各师长到南翔司令部指示方针,下达攻击命令。这一次的总攻击,其经过及成果的概要,可见于下面给南京军委会的一个电报:

密。本军于今(筱)晨五时半,按预定部署,全线开始总攻击。最初目的原求遇隙突入,不在攻坚,但因每一通路皆为敌军坚固障碍物阻塞,并以战车为活动堡垒,终至不得不对各点目标施行强攻。谨将各部激战实况分陈如次:(一)八十八师以主力由北分向日本坟山、八字桥、法学院、虹口公园攻击,往返争夺,伤亡甚重,仅法学院一处,已牺牲一营之众,而攻日本坟山之部,于上午十一时攻入后,因受敌侧方机枪射击,未能返出,死伤尤多。日没前北正面受敌反攻,已被我击退。(二)八十七师先对日俱乐部、日海军操场及沪江大学、公大纱厂攻击,迄九时许,得王师长（敬久）电话报告：已占领日俱乐部及海军操场。唯经派员确查，据称日俱乐部旁之四层楼油漆公司，尚为敌死守，我军正向其包围。对沪江大学、公大纱厂及引翔港镇方面，则激战终日，尚未得手。下午五时许，敌由海军操场南两次激烈反攻，均被我击退。（三）本日我炮兵射击，甚为进步，命中颇佳，但因目标坚固，未得预期成果。如对日司令部一带各目标，命中甚多，因无烧夷弹，终不能毁坏。

我在这天上午八时许到前线视察，经八十八师炮兵阵地到八十七师，所见官兵士气及乐于牺牲的精神都极良好。从正午十二时到下午四时，我在万国体育场附近督战，枪声炮声密集，可以证实战斗激烈。我又看见我空军的动作也很敏捷勇敢，敌人的高射炮所构成的威力圈真是声如连珠，弹发如雨，胜于民间过年晚上放爆竹。

八月十八日这一天，又奉到暂停进攻的命令。这是"八一三"战役爆发以来第三次的停攻命令。

但是敌人在这时却整天在其飞机掩护下，到处以小部队向我反攻，我们司令部到前方的电话，也常被敌谍破坏。十九日，我军又开始攻击。到下午五时，接到八十七师王师长电话，知道他的左翼最前线部队已经突入杨树浦租界至岳州路附近。我决心即刻扩张战果，突入贯穿杨树浦租界至汇山码头，截断敌左右翼的联络，向东西压迫，一举而歼灭之。当即率同重要幕僚，进驻江湾叶家花园八十七师司令部，部署一切：

（一）令三十六师即夜加入沙泾港至保定路间的正面，向汇山码头江边突破攻击。

（二）在日俱乐部正面的九十八师之一旅，受三十六师指挥。

（三）令九十八师二九四旅归八十七师指挥，加入该师左翼，向沪江大学、公大纱厂攻击。

二十日拂晓前，我之突破，西进展至欧嘉路，东至大连湾路，南至昆明路、塘山路。敌从昆明路方面向我多次反攻，都被我击退。

在这一天的战斗中，有一件事，使我到今天想起来还觉得难过：就是突破杨树浦租界时，我们只凭几辆破坦克（是在厂内修理的，临时拉出，好的坦克早调到北方去了）冲进。带领坦克车的连长，也是军校学生，我命令他冲进杨树浦。他说："车子太坏，而敌人的火力过猛，我步兵又很难跟上。"我说："那不行，你的坦克不攻入，休来见我！"结果他冲到汇山码头，连人和车子一起牺牲了！我军虽一度冲到汇山码头，但未能确实占领，因敌人利用钢骨水泥的楼房作据点，放射密集小炮，火力异常猛烈，我们的步兵虽极勇猛地跟上，但挡不住黄浦江面敌舰炽烈的炮火，也不容易冲破敌方在街市的坚固据点。所以这天虽一度攻入汇山码头，仍是站不住脚。

二十日晚上，我乘月夜亲赴江湾前线督战，指挥各部队继续猛攻，并以九十八师全师加入，准备以全力先攻略杨树浦。三十六、八十七两师的第一线部队推进到百老汇路、塘山路、华德路之线，以新到的第十一师及教导总队第二团控置于江湾市中心区为总预备队。二十一日，各部队继续攻击。三十六师最前线部队，在新调来的战车掩护下又攻抵汇山码头，到拂晓后因受敌海军炮火的猛烈攻击,迫不得已,才退回百老汇路北侧。我战车第一、二两连,全被击毁。八十八、八十七、九十八各师攻击,也都没有多大进展。二十二日,我军各部还是继续进攻,但因敌军增援已到,攻击已不易得手,仅八十七师在本日午后将精版印刷厂及康泰厂两据点占领。入夜,敌分途反攻,都被击退。

这是从八月十四日至二十二日攻击敌根据地虹口及杨树浦的战斗经过概要。

对敌登陆的激战

八月二十三日上午五时半,我接到江防司令刘和鼎的电话报告:狮子林、川沙口方面,有兵力不明的敌人登陆。那里的守军仅五十六师步兵一连(因兵力不够支配,这里只配了一连)。我当时决以拒止并歼灭登陆敌人的目的,由正面抽出部队,向狮子林方向前进,支援原任江防军的作战。这个时候,我已被任为第三战区第九集团军总司令,指挥淞沪附近的全军作战。总司令部设在南翔附近一小村中。拂晓后,敌机开始活跃,到处狂炸。总司令部到各方的电线,都被炸毁,通讯联络,完全中断。我为明了状况,分别派遣参谋到各方观察联络,又为便于指示机宜,亲率重要幕僚,于八时三十分到达江湾。这一天的战况以及我的处置,可以在我呈报统帅部的漾亥参电看出一个轮廓:

密。本(漾)日上午五时半接到刘军长电话报告：敌于拂晓以前，在狮子林、川沙口登陆，即与陈次长诚商定部署，以十一师向罗店北进，支援五十六师之作战，而由正面抽出兵力为预备队。当因前方电线为敌机炸断，未能由电话指示各部，乃于八时半亲赴江湾八十七师料理一切。是时据报张华浜、蕴藻浜附近，同时有敌登陆，我守军正迎击中。……兹为顾虑左侧登陆之敌起见，将对虹口、杨树浦正面作战之三十六师、八十七师、八十八师、独立第二十旅、保安总团、教导总队第二团各部，归王敬久指挥，派其为淞沪前敌指挥官，命对正面固守原阵地；而以教导总队第二团拒止张华浜之敌，由八十七师调一旅支援吴淞，并抽出第九十八师令向宝山、杨行、刘行、罗店之线前进，以该师师长夏楚中指挥该师及第十一师，拒止上陆之敌。……迄下午五时，十一师已不顾敌机轰炸，进至罗店南六公里之处，因罗店为少数敌军占领，该师已将前卫展开，将其驱逐。教导总队第二团，因张华浜上陆之敌近两千人，尚在其附近与敌对峙，当由八十八师抽调一团前进至蕴藻浜南岸设防。

电报最后又说：

因住地于日间受敌机轰炸，本晚正在移营，电话尚未架通，焦急异常。拟即赴太仓或嘉定与罗军长卓英一晤。

这一夜，继续进行彻夜的激战。狮子林、川沙口方面，进至罗店附近之敌，于十七时顷由十一师驱逐，并击毙敌下级军官一名，在其身上搜得军用地图，知敌重点指向罗店、嘉定及浏河，十一师当向川沙口方面攻击前进；九十八师也正向狮子林方面前进。但宝山已被敌占领，五十六师据守的一营，撤退至陶家宅、张华浜、蕰藻浜方面，教导总队第二团前进展开于张家宅、殷家浜、南徐家湾之线，迎击登陆敌人。嗣于十七时由八十七师派兵一团增援，于二十四日三时到达，由二六一旅刘旅长指挥，与敌激战。吴淞附近敌军，于二十三日下午以千余人登陆。吴淞方面原由保安第一团守御，二十四日四时，由八十七师先派二六一旅的一营到达增援，也与敌激战中。

这里我要叙述当时一段危险的情景。在听到敌人在川沙口登陆的报告后，我觉得敌军已抄到我的后面，我军有全部被敌包围的危险，因此亲到前线去，一面镇定军心，一面设法挽救目前的危局。从南翔到江湾只十几里路，本不算远，但我们一出门就碰上敌机，三架至九架，不断地在上空来往轰炸扫射。我本来坐的小汽车，敌机临头，我就下车隐蔽，敌机转头，又马上前进；但走不多远，敌机来往太多，小汽车不能再坐了，我穿着一双马靴徒步走去。中途遇见一个骑脚踏车的传令兵，下车向我敬礼：“怎么，总司令走路？”我也来不及对他说别的了，骑上他的脚踏车就走。一路上，我一会停止掩伏，一会又乘隙前进，就这样冒险赶到江湾叶家花园八十七师师部，才把正面军心稳住。我到了江湾，决定不顾任何困难，抽调十一师、九十八师迎击登陆的敌人。那时由正面抽出这些部队真不容易，且因敌机狂炸、扫射，部队简直无法行动。十一师师长彭善在初接到调动命令时对我说:"简直炸得不能抬头,怎么办呢?"我说:"不能抬头也得走,难道我能从南翔一路冒轰炸走到江湾,你们就不能从江湾走到罗店吗?"就在这个万分危急的局势下,抽调两师人迎敌。由于这样一个迅速的部署,才把已经失去的罗店收复。罗店收复的影响很大,不仅稳定了正面,而且维护了对后面的交通,使后面的部队能继续增援,才能与敌保持对峙的态势。当天晚上九时从江湾回到总司令部已是深夜十二时了。

在攻占罗店的同时,九十八师也已将狮子林之敌驱逐,保安总团的一团仍守吴淞,唯张华浜的敌人,虽经教导总队前进猛攻,还是未能击退。二十三、二十四两日,先后由三十六师、八十七师抽调四个团前往围击,经几度猛攻,才把它包围在张华浜沿岸泗塘以东的狭小地区。而杨树浦正面,仅有兵力四团,突入巷战的部队,因受敌军夹击,在二十四日夜不得已撤出,沿租界路口固守。二十五、二十六两日无激战,教导总队第二团及炮八团、炮十团,都奉命调至后方。第六十一师的主力,则已输送至大场附近。八月二十七日,虹口杨树浦正面敌拂晓前由俱乐部方面向我反攻两次,都被我右翼军(指挥官孙元良)击退。张华浜方面之敌,被我左翼军(指挥官王敬久)于夜间猛攻,迫敌退到了张华浜车站附近。吴淞方面登陆敌,也经我右翼军迎击,尚残留百余人在纱厂被我包围。八月二十八日也无激战。二十九日,全线战况沉寂。三十日,战况也无变化。

三十一日拂晓后,敌以飞机三十余架,并以海军炮猛击吴淞,强迫登陆;又敌一部由市轮渡码头登陆。我守吴淞的六十一师一团,伤亡过半,不支后退;唯吴淞炮台,仍由上海保安总团固守。我将在刘行的第六师调到杨行、吴淞，驱逐登陆之敌。该师于三十一夜，向吴淞攻击前进，与敌遭遇于杨行以北地区，发生激战。从九月一日到五日全军正面无激战，但到六、七两日，我军又有一次英勇的表演：六日晨，敌在虬江码头登陆，经我右翼军猛烈攻击，激战至黄昏，卒将敌包围于码头的栈房中。七日，张华浜之敌倾全力向我右翼军及中央军（指挥官宋希濂）阵地猛攻，经全日激战，卒将敌击退。虬江码头躲在栈房顽抗之敌，也因我六十一师之一团增援被打退了。八日，这股败敌又倾全力来犯，复被我打退。九日上午十时，敌集中军舰炮火向我左翼军沿军工路一带猛烈射击，并以飞机轮流轰炸，以及步兵约一团进攻，激战直到薄暮，敌伤亡惨重，我军也受不少损失，但因我军奋勇抵抗，原阵地仍为我屹然保持。十日、十一日均无激战，各军都仍在原阵地。

这是从八月二十三日到九月十一日攻击上陆敌的战斗经过概要。

一个受委屈的问题

在"八一三"战役的整个过程中，我总算是一个勉尽职责的人吧。当时的冒险犯难、奋不顾身的种种经过，在我则视为当然，本没有什么值得夸耀的；不过，今天回想起来，却有一些无端的横逆，常常在刺痛我的心。

记得八月二十三日奉到命令把战斗序列调整了一下：炮兵第十六团及六十七师都输送至嘉定附近，连同第一师、第九十八师都划归十八军军长罗卓英指挥。从八月十四日以来，我没有好好吃过一餐正式的饭，也没有得到一夜的安眠。在过度疲劳之后，也忘记了困乏，只是感到眼睛是红的，喉咙是嘶哑的。二十三日深夜，总司令部已移设于徐公桥，我才吃了一点粥，在椅子上略靠了一下。我想应该去看看刘和鼎和罗卓英他们，商询对该方面登陆敌人的作战方策，并指示机宜。一触及这些问题，立刻动身，于清晨到达太仓，指示刘和鼎如何应付当面之敌；然后冒着轰炸，从太仓到嘉定找罗军长。敌机盲目地到处投弹，简直使我无法躲，而又不得不一面找一面躲，好容易找到罗卓英。罗卓英他们很奇怪："张总司令为什么会跑到我们这里来？"我当时内心很明白：罗军长归我指挥，我应该来看看。可是后来一谈，才知道陈诚已不是军政部次长的身份，他已经做了第十五集团军总司令；自蕴藻浜以北地区的防务，统编归十五集团军，由陈诚指挥了。在罗卓英那里谈了半天，傍晚回到徐公桥我的总司令部来。这时，我的肚子里实在包着一股闷气：怎么发表了陈诚做十五集团军总司令，连我也不通知？十八军本归我指挥，为什么忽然划归十五集团军，我也不晓得？我几天几夜未曾睡觉，奔驰战地，亲授机宜，使左翼的危机得到解救，而人家却冷眼旁观，还认为我多事。这究竟是什么缘故，真难令人索解了。

就在我从罗卓英那边回徐公桥的时候，我得到电话说顾祝同已到达苏州（第三战区司令长官冯玉祥，副长官顾祝同）。我心里想，两日以来，我只专顾前线，没有同后方联络，我应该到苏州看看顾祝同，和他商酌许多问题，并可借此向南京统帅部报告请示。我一到苏州,还未及见顾祝同就打电话给蒋,满拟申说一番内心的苦闷。不料,蒋一接电话,就厉声地问:"你在哪里?"我回答:"在苏州。"电话里又问:"为什么到苏州?"我就说明经过:"为着左翼作战,亲到嘉定会罗卓英,听说顾墨三(顾祝同,字墨三)到苏州来了,所以来同他商量问题。"电话里又大声地叫:"为什么商量?两天找你不到,跑到后方来了!"我也有点愤愤了,我再讲:"罗卓英原来归我指挥,我不能不去看看,我不知道他已划归十五集团军陈辞修指挥了!"电话里的声浪越来越大,对于我讲的话根本不理,只是严厉地责问:"为什么到苏州?为什么到苏州?"我耐不住了,索性说厉害一点:"委员长应该怎么办?我是到苏州与顾墨三商量问题的。我一直在前方,委员长究竟怎么样?"即听见猛厉地说了一句:"你究竟怎么样?还问我怎样?"一下就把电话挂了。由于这个电话,我伤心了!我抱着很大的伤感,很大的委屈。为什么?"八一三"之战,是展开全面抗战的序幕,何等光荣,何等神圣。我在淞沪一带的部署,自信毫无错误。尤其像我以一个总司令的地位,大胆而勇敢,从八月十四日起,一直在师部,在第一线,亲在叶家花园的水塔上督战,始终是站在最前线。至于上海之未能一次总占领,统帅部失机于先,三次叫我停止攻击;后来大战展开,除陆军外,又没有配合有力的空军。在开战前,蒋问我:"有没有把握?"我的答案就是:"一定要有空军和炮兵的配合。"而自开战以后,因为这一个条件的缺乏,以致未能达到占领全沪的目的。我这两天(二十三日、二十四日)都在前线奔忙,稳定了正面,阻止了左翼登陆的敌人进攻,只因前线电话线屡被炸坏,以致没有与后方通电话。我是临阵脱逃吗？为什么不能谅解，反向我生这样大的气呢？

这一个意外的横逆，刺伤了我的心！

转取守势和我的辞职

在苏州同蒋通话之后，虽然遭受了无端的横逆，但是我仍然怀着一颗沉重的心，于当晚半夜返至总司令部指挥作战。

从九月十一日沪战转入了一个新阶段，可以说这是转攻势为守势的时期。

自淞沪战事爆发以来，敌在淞沪一带作战兵力，陆续增加到八万多人；军舰四十余艘，停泊定海桥至吴淞镇之间，协同作战；敌机成群结队，活跃甚力，滥施轰炸。自九月初旬起，敌就以主力由吴淞方面猛烈攻击，至十日夜，我十五集团军右翼阵地被敌突破，退到杨行、月浦的新阵地，与敌对峙。我第九集团军的左侧背，因之越发暴露，大受威胁。九月十一日上午，敌向我蕴藻浜南岸阵地猛袭，战斗异常激烈，潘家宅、徐家宅的阵地，被敌占领。我军退到该处河流附近西岸固守，并由二六一旅派兵一部推进于蕴藻浜上游附近警戒。这天午后，接到第三战区司令长官的命令：

为整理淞沪嘉浏一带阵线，节约兵力，俾达韧强抗战之目的，着第九、第十五两集团军即转移。第九集团军即向北站、江湾、庙行、蕴藻浜右岸之线转移，占领预筑阵地，但须节约兵力，抽出第六十一师及独立第二十旅充集团军预备队。

我即依令变换阵地，转入守势。各部队奉令后，即于夜间开始行动，到第二天拂晓前，转移部署，均告完毕。直到九月二十三日我辞职照准那一天，第九集团军正面，敌我就没有多大接触，可以说一切无变化。

最后要说到的是关于我辞职的经过。我在前线的生活，从八月十三日至九月二十三日这整整的四十天中，无分日夜地指挥策划，四处奔驰，得不到休息，体力已疲乏到不堪想象的地步。尤其使我感到疲惫而实在无法支持下去的，就是精神上的苦闷。我不得不决心辞职。记得远在九月四日那一天，我曾亲函蒋恳切表示辞职的至诚，并荐贤自代。这封信多少可以表达我那个时期的苦闷心情：

一、淞沪作战，已逾三周，兹概呈重要经过：职于八月十一日午后九时许，奉命率所部八十七、八十八两师，于十二日进至沪上，以一团占领吴淞，七团进围虹口杨树浦之敌，至午后六时展开完毕。十三日，奉命勿进攻，延至十四日午后五时，始开始攻击，至十六日，奉命停攻、准备；十七日，再攻击，至十八夜，八十七师已突入杨树浦租界，又以三十六师加入猛攻，自十九至二十二数日，皆继续进展。讵二十三日晨，敌分由川沙口及张华浜登陆，因警戒川沙部队仅有五十六师之一连，警戒张华浜部队仅保安团之一部，遂致侧翼感受威胁。职当即亲至江湾部署，抽调十一及九十八两师北上，收复罗店，以迎击上陆之敌。二十四日，至嘉定视察，并与罗军长商讨歼敌计划。此两日皆电话不通，无由向钧座报告，致劳廑念；然职有责任，不能不亲至前方部署与视察也。自二十五日以来，虹口杨树浦之敌，仍为我包围封锁；张华浜之敌，屡经我击退至江边狭小地区。我因受敌舰敌机之轰击，伤亡过大，尚未能将其歼灭。吴淞方面，以六十一师守兵素质稍次，复于三十一日为敌登陆，现由第六师围攻中，已奉令划归第十五集团军作战地境。此三周来作战经过概要也。

二、前奉钧座垂询：扫荡上海敌军，有无把握？如扫荡不克时，能否站得住？等因。职当以"如我空军能将敌根据地予以毁灭，则步兵殊有把握；如空军未能奏效，则以主力守据点，掩护有力一部攻击，取稳扎稳打之战法，亦可站得住"奉答。嗣后攻击实施，我空军虽奋勇轰炸，惜为数量所限，终未能收成效；复因敌工事之坚强，我军诸兵种力量之不逮，致未于短期间克奏全功。窃维我军战略方针，原为对敌持久战，钧座前所询扫荡不克时处置，职经迭电陈明：在上海附近，以维持与租界交通着眼，预定数线强固阵地，以行攻围，似有坚强持久之把握。现敌虽增援已到，连日来犯，均经击退，我阵容迄未少变，而我王敬久师、孙元良师、宋希濂师及钟松旅各官兵，不辞疲劳、不畏牺牲之攻击精神，洵已极度发扬，此当在钧座洞鉴之中。

三、自作战以来，职之部署计划，皆经逐日呈报，而钧座命令意旨，亦一一遵转实施。职于指挥上似无不当之处，但扫荡沪敌之任务，因力量与时间之限制，终未达成，职当身负其责。且职病体未愈，力疾支持，已感形神交瘁。职虽有为国牺牲之精神，深恐于事无补，反足贻误。似此职在责任上，在病体上，均应求所以自处之道。昨因健生副总长回京之便，曾恳托代陈下情，幸蒙特许，准以墨三副司令官长兼代，毋任欣感！乃今复以健生副总长、墨三副司令长官之建议，中止发表，仍令职继续负责，彷徨焦虑，万分不安。务祈钧座迅赐明令免职。如墨三兄不愿兼代，拟请以逸民（朱绍良）兄继任，或将第九与十五两集团军合并，由辞修兄统一指挥，均甚适当。至职如蒙钧座鉴宥，畀以闲散名义，派在大本营奔走效力，谨当竭其绵薄，以报高厚。抗战期间，决不敢偷安旦夕也。

我辞职决心下得很早，而酝酿得很久，总是不蒙批准。说可以批准了，忽然又不准，经过几次的周折，好容易才于九月二十二日见之命令，调我为大本营管理部部长。敌人广播，说是我的建议不被采纳，而且与陈诚闹意见，所以辞职。这种诬蔑，当然不足一哂。然而我为减除对统帅部的烦闷，和预防与友军摩擦，却被敌人道出其中一点点消息。回到南京，蒋约我吃饭，我请求回家休养。蒋说："好，但你先就了职再走。"于是遵命先就了管理部部长的职，随即带着一个困乏的身体和一种落寞的心情，回到我的故乡洪家瞳了。

从一九三七年八月十三日起，直到九月二十三日止，整整四十天的苦斗，我固然已善尽了我的职责，而那些与我同生死共患难的袍泽，他们每一分钟每一秒钟，为国家牺牲奋斗，肝脑涂地，更发扬了他们高度的爱国精神。当时，战争并未结束，我竟于中途放下我的责任，离开了他们。当我在夜色苍茫中凄然向他们告别的时候，我不禁流下热泪。想到那些在枪林弹雨中冲锋陷阵的手足弟兄和那些夕阳衰草中的碧血青磷，这一切，更使我伤感交集，不能自已！

为纪念"一·二八"淞沪抗战，张治中题字："求民族生存而战"。

求民族生存而战

张治中题

第三章 服务湖南

第一节　莅　任

从上海到长沙

一九三七年九月二十二日一个微雨的薄暮,我交代了任务,结束了在东战场上四十天的生活,回到南京。得到最高统帅的许可,我回到我的故乡——安徽巢县洪家疃休养。从剧烈紧张的战场生活转到幽静的乡居,差不多经过一个多月,我的精神已渐见复原。这时候,南京来的电报已经传递到了乡间,我奉召回京。

十一月中旬重返南京,那时东战场的形势已经在急剧变化中。为了适应战局的转移,南京政府决定迁都重庆,同时决定把几个省区的政务重新部署一番。最初,我被征询是否愿意回到安徽,后来,又被提出作为承乏湖南省主席的人选。

这样,我在十一月二十日从南京起程。我知道我离开战地是一天天远了,仅仅几个月的时间,我的岗位从最前方移到大后方,我的责任从军事转到政治。在国家多故的时候,我开始一个新的生活——一个从来没有经验过的从政生活,我感到惶然悚惧。当时九位省府委员,除了我自己以外,其他八个人我都不曾相识。我心里想:这样的组织倒很新奇,恐怕自有省府组织以来,没有一个像我一样的"光杆主席"吧?在汉口,我和新任秘书长陶履谦初次会晤,从那时候起,他就以他丰富的经验,替我分担了不少的责任。一直到我离任为止,我和所有不曾相识的委员,没有一个不是水乳交融的。我十分庆幸。一个"光杆主席"能够得到多助,这是使我不能不感念难忘的。

十一月二十五日夜间,从徐家棚车站开出的武长专车,载着我和秘书长及少数随从人员,向着长沙进发。

省训与施政方针

一到长沙,便接到一位湖南前辈的电报,勉励我:要我"奋发有为",要我"为湘民造福",这使我有如临深渊、如履薄冰之感。

在我到达前三日,敌机首次空袭了长沙,在东车站附近留下了一笔血债。市井谣言说:"这是敌人追踪张主席来向他送礼的!"

一种严重的感觉,一种职责上的重大启示,伴着这样可笑离奇的传说,使我深感时艰任重。

实在说,这一种残酷的礼物,倒不是对于我个人的"献敬"。而是"献敬"到湖南,"献敬"到那时绾毂南北、控制东西、掌握粤汉湘赣两线枢机的湖南省会。敌人的这些炸弹,不啻是发着巨响的警钟,是指示湖南进入战时状态的信号,警告"过于镇静"的湖南民众,如我所要警告的一样:目前抗战之规模正在展开,战区之范围必益扩大;湘省此日之地位,绝不容苟且偷安,更不容粉饰升平。

在那样一个时期来到湖南,黍膺疆寄,实在是比不得太平时代的"太平官"。虽然在我的秉性上,有着恬淡的心情,但是在职责上,却必须要我以全副心力去做事。因之,面对着庄严的使命,想着血腥时代中的苦斗,我也不能不有一个决心:我是为着做事到湖南来的。我只知道为国家服务,为人民服务,我绝对不是来做官,不是来这里苟且偷安过因循的日子的。我要对国家、对民族、对中央、对湖南三千万人民担负责任。我一定要殚精竭虑,尽我一切能力,来为国家民族奋斗牺牲,来为地方人民奋斗牺牲。我以这样的决心,在湖南过了一年又二月。贯彻了"奋发有为"四个字,想建设一个新时代的湖南。

"建设一个新时代的湖南",这是我最初的目标,也是我最终的愿望。在我奉命以后,我对于这个被称为"中国普鲁士"的省区,深怀着历史上的爱慕。我憧憬革命先烈谭、唐、黄、蔡①的遗风余韵,我崇尚湖南人讲骨格、敢担当、说真话、做实事的精神。我想,在这一个地方,无论讲人力,讲资源,讲民风士气,都是最有可为,最能成为民族复兴根据地的所在。我就想要以一片至诚,来把这可爱的湖南,很有作为的湖南,造成一个三民主义的新湖南!我在京汉途中的长江轮上,就集中了我的思考在描绘蓝图。

这样的蓝图,以一个过去办学、练兵、打仗,对于地方政治太少研究,甚至可以说,根本就是没有打算过的人,又如何绘起呢?然而我以一个军人、一个军事教育者的理解,习惯地觉得要依循两个原则,以作经纬:一个是"军事第一",一个是"风气为先"。我想要树立一种新风气,来培育护持新政治的力量,即以这一新政治的力量来支持抗战,奠定复兴民族国

---

① 谭嗣同、唐才常、黄兴、蔡锷。

家之基础。这就是以后我揭橥的"改造旧社会，建设新湖南"的意义。

就职时，我就把我考虑决定的"廉正勇勤"四个字提了出来，希望作为湖南的"省训"，并加以阐明。

我希望湖南要有一个"省训"，所以提出这四个字，不仅希望全省公务人员做好人，而且都要做好事。我解释"廉"是做人做事的基础；"正"是做人做事的态度，能廉方能正；"勇"是做人做事的精神，能廉，能正方能勇；最后加上一个"勤"字来实行"廉"，"正"，"勇"，否则虽廉，虽正，虽勇，也不能成事。所以这四个字还有它的一贯性。

为什么提出这四个字呢？在当时我还不能设想湖南政治风气究竟是怎样，但在一般的了解上，我想，贪污浪费，狭隘偏私，畏葸因循，懒散腐败，实在是成了普遍的官场风气。这种颓风末俗，是足以亡国灭种的。我发一个愿心，要培养公务人员崇高的情绪，正义的精神，发扬朝气锐气，鼓舞热血热忱，蔚成一派的新兴气象："化官"成俗，咸与维新！这四个字是我认为一个公务人员应该具备的最低限度的人格与修养的标准，同时是摧毁官僚政治，使之进化为现代政治的根本精神。没有这种精神条件，新湖南的建设是无从企望的。

那天在我就职典礼完毕了以后，通讯社记者来访问我的施政方针，我扼要地说明了以军事第一为基点的政见，兼及几个精神的守则：

一、在抗战阶段内，所有政治设施，当以适应战时需要为主；

二、因此决定以"寓国防建设于地方政治建设""寓军事

于政治"二语为施政之总目标,使军事政治齐头并进,互作支援;

三、为适应战时需要,兼顾地方情况,对于中央的希望,人民的要求在某种条件下,要加以适宜之斟酌,以期止于至当至善;

四、对于地方兴革以及非常时期之兴革事宜,当以"调剂盈虚,不增人民负担"为基本原则;

五、用人行政一秉"至公至正不倚不偏"之旨。

贯注于施政方针的依旧是我要用以自律自守的"廉正勇勤"四个字的精神。我要以"不增人民负担"的基本原则,来贯彻一个"廉"字;要以"至公至正不倚不偏"的态度,贯彻一个"正"字;要以建树战时政治,支持抗战,奠定复兴基础的祈响与精神,贯彻一个"勇"字;要以一个必要的"奋发有为"的基础条件,贯彻一个"勤"字。

我记得,我在湖南是没有举行宣誓式的,但在总理遗像之前,在三千万人民注视之前,我作过以下的誓言:

> 我站在现在的地位,我一定要尽保障人民、保卫地方、保卫国家的责任。我如果有自私自利的心理,升官发财的念头,你们每一个人,任何一个湖南人民,都可以来攻击我。如果我不是为国家民族来奋斗牺牲,不是为湖南人民来奋斗牺牲,我就不配站在这一个地位,不配担当这个责任,我就对不起国家民族,对不起湖南人民。①

---

① 就职典礼上的讲话。

这誓言，我以绝对严肃的精神，加以不渝的信守。终我在任之日，我尽了我所有的能力，促使全省各级公务人员生活在一种崇高理想和善良风气之中。

1937年秋淞沪抗战结束后，因连日指挥作战身心俱疲的张治中回到家乡作短期修养，这是他与妻子洪希厚、女儿张素我在一起。

第二节 三大难题

到任后的第一件事

处理伤兵问题成为我到任后的第一件事。

在汉口已经听到不少关于这个问题的传说,到长沙以后,目击着那样混乱的情形,证实了这确乎成为一个严重的问题。我没有想到,从前方浴血归来的战士,是处在那样可怜而又可恼的情况之中。

所有长沙各商号、各旅馆几乎完全被伤兵占住了,很少幸免的也谨慎地收起了招牌。街头巷尾,伤兵三五成群,以铁棒作为威吓的武器,从早到晚,在那里横冲直撞。伤兵滋事的案件,日有数十起。就是省政府门口,也常常拥集了新到的伤兵,示威咆哮。长沙确实成了一个"伤兵世界"。

另一方面,伤兵从车站下来的没有适当的收容,重伤的没有人来照顾,伤愈的也没有严格的管理,医疗缺乏,食住不安,甚至饥寒交迫,到处遭受一种冷遇,一种仇视。在这种情况之下,他们在精神和物质两方面,都感到不能忍受的痛苦,有时就被迫采取一种报复的态度了。这样,近万的伤兵便成了使这一个拥有五十万人口的省会感到严重不安的因素。至于外县,更是官恇民怯,相顾惊惶,某一个县政府竟被伤兵捣毁。

这许多负伤同志,有不少是和我同生死共患难的袍泽,他们的痛苦,也就是我的痛苦;而地方人民天天担心着的治安和秩序问题,又为我身为地方长官应该负责解决的事件。为了开导伤兵，表明态度，我颁布了"告伤兵书"，同他们"约法三章"；同时我满足了一部分人的愿望，出了一张取缔伤兵滋事维护治安的布告。然而冷静地思考，空言是不可能根本解决问题的。在那年十一月三十日举行的第一次省府委员会议席上，我提出了改进管理伤兵的办法，并主张充实伤兵管理处的组织。原则上是：先之以适宜之安顿，继之以相当之禁制，而终之以严格之处理。通过这个办法以后，就从解决伤兵的生活着手：使他们有吃、有穿、有住、有用、有医疗、有娱乐。那时中央饷款还没有汇到，我们就设法垫发，总额超过了一百万元；并且购办了卧床、棉被、棉衣裤、衬衣各三万套，在省会和各县搭篷供三万人收容之用。因此第一步便是将占住各商店各旅馆的伤兵，迁移到特别设置的医院、休养院和收容所去，使这些曾经为国家流过血的伤兵，在生活上感到安顿和满足，没有一点怨言。第二步，入院以后，便施行军事管理，严禁外出；同时将留居长沙的一部分伤兵，分配到驻有兵力的大县，俾易管理，已经好了的要他们归队，或者编成荣誉团。第三步，如果还有不听约束或者仍有不法行为的，那就予以军纪军法制裁。

这样的处理，经过了一个月的时间，差不多完全就绪，长沙市面恢复了安定与繁荣。一般地说，在处理过程中，伤兵是很能守纪律的，但也不是没有例外。

在长沙有一部分占住某一旅馆的伤兵，在警察的催促之下，还不肯入院。商民推了几个代表来向我请愿，要求派得力部队去强制执行。我说："如果我这样办，一次流血的惨剧或许是不能避免的。这一招，不到万不得已时，我是不能办的，最好还是你们向伤兵请愿去。"

他们似乎很失望,但毕竟照着我的意见去做了。当天,有许多商民集合起来,很礼貌地向住在旅馆的伤兵"请愿"。良心被唤起了,伤兵们以很好的行列,随着警察的先导,走进了四十九标——休养院的所在地。

"为什么要怕伤兵?为什么要厌恶伤兵呢?"我一再就这个问题谆告官民,不要怕,不要厌恶。因为每一事故,都是由于怕,由于厌恶,以致事前没有精密筹维,事后又无处理方法,于是一发而不可收拾的。另一方面,我也绝没有稍存姑息。我曾经很严厉地将几个犯有重大情节的不法之徒——里面有伤兵散勇,也有地痞流氓——予以处置。我并且很负责地通令各地方政府,各保安团队:凡是发现有不法伤兵,以及假名滋事或勾串伤兵的痞棍,依照军政部的通令,准予就地拘拿,并准许先办后报;要他们勇于负责,为民保障。这个命令发出以后,虽然在各地发生不少功效,但有些地方还是做不好。一九三七年底和一九三八年初,从长沙分配到各县的伤兵,又使地方上的文武官员感到头痛。呈电纷来,不是请求派兵,便是痛陈款绌。我和陶履谦秘书长洽商以后,由他亲自起草了一个电报,发给各区司令、各县长,说明处理伤兵办法的意义与精神,并提醒他们注意:

本主席以为伤兵自前线归来,各地方长官以及民众应深表关切之情,不宜因有不肖分子参杂其间,遂概存厌恶之念。第一,对于伤兵生活,除衣、食、住、医以外,当予以适当娱乐,以解其苦闷之怀，常作精神讲话，以鼓其忠勇之气，俾其精神有所寄托，不至受人煽惑。第二，伤兵入院或入所以后，应严禁外出，由各该司令、县长，多派明密稽查，昼夜巡察，遇有擅出滋扰情事，轻者纠正，重者拘惩，使其行动有所顾忌，渐趋正轨。第三，如果伤兵不肯入院入所，聚众持械横行，自应遵照迭令，将首犯予以处分，必要时并可发动民众自卫力量，直接予以制止，使知峻法之可畏，民气之难犯。此外，各士兵行动宜视官长为转移。果对于负伤军官详查番号，加意慰劳，俾其自为约束，收效当必更大。总之，伤兵管理之是否得宜，关系抗战前途甚巨，本主席昕夕焦思，未敢忽视。各该司令、县长有维持治安、保障人民之责，所望共喻此意，努力奉行，不得临事张皇，以一纸电文希图卸责。尤望各该司令、县长，此后遇有事故发生，能当机立断，负责应变，力矫蹈常袭故畏葸因循之习！（一月支电）

问题发展到这里，已经不是如何处理的问题，而是主观方面如何认真处理的问题了。我记得在我接事的一天，就有一位县长赶到省里来请示。请示什么呢？他说：他县里驻了某师的一个补充团，这位团长向地方借钱，第一次要借七千，借了三千，第二次又要借一万，县长没有法子，便从县仓里拨给他一千二百石谷。可是第三次又来借了，县长这才赶到省里来，要我想办法。

我对他说："你最初应该很严正地告诉他，地方上绝对没有钱可借，而且即使有钱，没有得着上峰的许可，也不能随便借给你。你这样拒绝他,他能造反吗?他能把你杀掉不成?"

可是,他实在没有一点勇气了。他要求我把他免职,甚至撤职都可以,只要我允许他不要回到他应该回去的县城。

这正是一个例子,说明许多地方官吏没有担当,没有勇气,蹈常袭故有余,适应机变不足,于是在非常的日子,便表现充分的无能,在伤兵问题的处理上正有同样的情形。然而这种情形究竟是慢慢克服了的。

经过了相当时间,各地伤兵以及管理伤兵情况,都进入比较平稳的状态。到六月初旬,在我巡视湘西途次,突然接到长沙的电告,说有少数伤兵又发生了越轨行动,我立刻加以指示,要负责机关妥慎处理,幸而迅速解决了。

从湘西回到长沙以后,为了更进一步在精神上和物质上慰藉伤兵,我要求社会人士、人民团体扩大对伤兵的服务运动、教育运动,扩大尊敬伤兵爱护伤兵运动;同时要求负责机关改善伤兵的生活,严格纠查伤兵收容所的管理情形,并加强领导伤兵自动组织的荣誉维持会。这样,在政府和人民通力合作之下,逐渐地打下了一个较好的基础,使以后在保卫武汉战役中,从南北各线交代长沙承纳的大量负伤战士,在适当的收容和迅速的移转之下,没有成为一个严重问题。

一个兄弟问题——兵役

那时,和伤兵问题成为兄弟问题的是兵役问题。征兵制度的推行未善,是这个问题的一部分;招兵情形的混乱是另一部分;

因而牵连到匪患的嚣张，又是一部分。现在回想到当时那种天怒人怨，不忍之心仍不禁油然而起。

当时除了办理役政的机关以外，各部队在湖南的招募机关竟有八九十个单位之多，这实在是骇人听闻的怪现象。这种怪现象，使得各地方怨声载道，民不聊生。报纸上每天都有记载，为人民作着合理的呼号，我们同时也接到各地方的报告，诉说办理兵差的痛苦。

民不聊生到了如何的情况呢？因为抓丁的威胁，很多地方的壮丁，在一天的辛苦以后，连一夜应得的休眠时间都没有，而必须摸到山林中去"避难"。举一个例子：在某一个乡镇的小客店里，有些小工小贩，在那里过夜，还没有到"鸡鸣早看天"的时候，便失去了他们的自由，如同犯人一样，被绳子捆起押着走了。

普遍的恐慌造成了下面几个结果：一、壮丁大量逃避到城市里来，严重影响春耕；二、强悍的壮丁不愿意被捉当兵，而宁愿流为土匪，于是草泽山林，成了逋逃渊薮；三、民间流传了许多所谓"狸猫换太子"的故事，因为"买放"，善良的风化和安宁的生活都以极大的速度被败坏。

自由招兵的弊害也是不可胜言。一份报纸作了如下的报道："近来因各地所设的招募处招募新兵，有人就可当官，于是一般在野军人或土豪劣绅，勾结区乡镇长使其多多抽丁，或直接派兵到各处搜捕，以便填满人数，升官发财。"另一份报纸记载：在湘南耒阳，某一个部队因为要弥补逃兵的缺额，就自动搜捕壮丁。上面说："本来可以通过地方政府去征集，偏采取自由行动扰乱后方,不但于征兵无益,反种下军民不合作的恶根,影响将来的战局。"我接到的报告,也相当证实了这些新闻报道的内容。某师一个团长,竟然严厉地命令一个县长说:"如果不能在一定限期内,解缴多少兵额,就要把你捆到团部处办。"更有很多地方,对于乡镇保长承办"兵差"不力的,就干脆捆缚游街,或者是派些枪兵到乡镇公所去坐催勒缴,骚扰不堪。自然,一切供应都是转嫁到人民身上的。这种混乱的情形,实在令人痛心。

在我发表的施政方针里,我就已经郑重提出兵役与生产的问题。我以为"目前国家最需要兵员的补充,但在执行时,总要以不妨碍农村生产力为原则;如此,一方面可以补充国家战斗力,一方面亦可不妨碍社会生产力"。我站在"妥施要政,善用民力"的立场,认为不能不有一个彻底调整的办法。因此,将伤兵问题布置就绪以后,十二月中旬,就召集了第一次兵役会议,决定了两个办法:

第一,为了统一事权,杜绝纷扰,以加强役政效率,减轻民困起见,呈请中央将各部队在湖南的八十余个招募机关一律撤销;

第二,中央每月需要湖南补充多少兵额,由湖南役政机关负责尽力征集。送请中央统筹分配,以裕兵源。

决定了这两个原则后,就呈报中央核定。中央采纳了这两个办法,并且认为这两个办法很好,参照我们的意见,制订"战时募兵统制办法",通令各省施行。这样,不但使地方上免除了纷扰的现象,而且使各作战部队解除了强招强募的困难。经过了这样的统制征募以后，役政总算初步走上了轨道。

以后中央规定湖南每月应摊兵额一万八千名，湖南全省，一共有三万八千保，按比例说，每一保每两月才出一个兵。假使役征能够办到公平妥善，一切无谓的纷扰恐怖，原是可以化作无影无形的。然而由于基层机构的不健全，由于不肖的乡镇保甲人员的作祟，役政的彻底改进，仍然成为一个重要的课题。

一九三八年三月下旬，第二次兵役会议举行的时候，那时军管区已经成立，我们研究的中心是"如何可以彻底解除在役政进行中人民所感到的切身痛苦？"当时的情况部分地反映在我的闭幕词里：

现在人民感到一些什么痛苦呢？第一是土匪，第二是兵役，第三是伤兵，所以匪患、兵役、伤兵成为湖南人民的三大问题。伤兵问题到现在已经大致解决了，所余的就是土匪与兵役问题。而这两个问题恰恰在我们军人身上，要我们去尽责任，去尽解除人民痛苦、安定地方的责任。

关于匪患，暂时姑作为另一问题。讲到役政情形，舞弊的事情到现在还是层出不穷，我在会场上已经报告过。我还听说：在某一个地方，有一对夫妻感情很好，夫虽及龄，但抽签未中，本可暂免，但役政人员依旧多方要挟恐吓，他的妻子无法，愿筹百元以敬。经几日奔走，始得五十元，其余五十元还没有筹措起来。结果竟然因'限期的紧逼，被迫把他的妻子，短期作质'。这是不是事实，还待彻查，要是真有这样的事，我们实在没有面目可以对人民！我听到这种情形，不禁为之全身发战！

所以今天我在会场上责备大家的是：为什么大家看到或知道这些事情，而不彻底去办呢？大家总不能睁着眼睛袖着手来看着人民受苦！……我们如果在最短期间能把地方匪患、兵役舞弊两个问题解决了，就是解除了湖南人民一大半的痛苦，也就是尽了我们军人一大半的责任！

我惩办了几个渎职的役政人员，并且在法令上、在制度上加以多方的部勒，役政是渐见起色的。后来为了杜绝弊端，安定民心，又订定征集国民兵总抽签办法，从十月起施行。然而我认为所有这些努力，还是属于治标。治本的办法，是动员有才有德、敢作敢为的知识青年，作彻底改进基层机构的张本。基层政治机构的改革，是所有要政推行尽利的重要前提。日后读到冯玉祥副委员长"改善兵役的建议"，主张"仿照湘省办法，训练青年，派充保甲干部，健全基层组织"。我很欣幸我的意见被采纳为"改革之道"的第一条，而这正是我当时以最大决心着手进行的第一件大事。

治安之癌

假定把当时湖南人民所忍受的三大问题——土匪、伤兵、兵役加以病理学的研究，伤兵问题和兵役问题，可以说是急性的病症，而匪患实在是慢性的沉疴。这个慢性的沉疴，那时正以急性发作的姿态表现在湘西，甚至在湘中各县。其中最严重的，自然是在多年不曾真正安定的偏僻的湘西。

在我到任前不久，有龙云飞部发动的"乾城事变"，有吴恒良部的"革屯军"在永绥一带的骚动。由于这些异动而破坏的地方秩序，在我到任以后，还不曾恢复起来。加以不少小股的跳梁，使整个湘西都受着骚动的影响。善良民众普遍处在水深火热之中：有田不能耕，有家不能归，甚至有路不能行。至于在湘南湘中各县，有的是牵牛吊羊的零星散匪，有的是大股拐枪拖队的投机啸聚之徒——许多"义勇军""游击队"之名纷然杂呈。"匪氛之炽，使若干县份痛苦连天"，报纸上以及人民的申诉上，不断作着"安定地方"的呼吁。

　　土匪的真正成因何在呢？有一次我对一批干部人员讲："匪患之所以滋生与蔓延，其主要原因是政治领导的不得其法，人民真正自卫力量的不得其用。明白地说，就是因为政治的黑暗与腐败，所以才产生土匪；又因为人民本身力量太薄弱，不能够实行自卫，所以匪患蔓延。"

　　我继续加以说明："多少年来土匪没有肃清，土匪方面拿来作号召的是说受了政治的黑暗与压迫。他们所讲的话，不见得都可信可靠，不过我们细细分析起来，却也有若干真实的成分。"

　　我说："在我的理解上，我认为匪患到底是一个政治的问题。我们绝不能否认政治上的欺骗与不公平，在人民心理上招致的反感，可以成为酿乱之源；同时更不能不承认苛捐杂税等剥削是摧残人民生计、迫使铤而走险的一个因素。所谓'官逼民反'该不外乎这两端。另一方面，因为在这样腐败政治领导之下，社会组织没有法子可以健全，政府也没有法子可以和民间正义力量深相结纳，而民间的正义力量也得不着清明政治的保障，于是形成好人不敢露脸、坏人争抢出头的现象。行险侥幸之徒，或者意想升官发财之辈，便乘虚而入，利用强悍的民风、地瘠民贫的环境和落后交通的掩护，肆行裹胁，于是大股的土匪形成了。政府没有根除的办法，人民没有自卫的力量，于是，多年的匪患，成了一个几乎无法治疗的癌症。"

湖南有一个特殊现象。当时在湘西、湘南领导土匪的人物，都是所谓在乡军人，是许多退伍的军人。时局每一次的变化，军队每一次的编遣，总有一些军官被编余了。有队伍的就拖着几杆枪上山去；没有队伍的或者没有路可走的，也可以去找绿林豪杰。野心小一点的相信时势可以造英雄，野心大一点的就相信英雄可以造时势；所以做匪不但成了一条退路，而且还成为一条出路。山林草泽成了冒险者的乐园，成了在乡军人的根据地。这种现象的由来，有许多人把它归根于风气，其实风气之所以酿成，正是应该归咎于政治之失修，社会组织之松懈。

我对于匪患就是持着这样的见解：我把土匪譬作社会上的毒菌，人身上的虱子。我说："物必自腐而后虫生"，假使政治不黑暗腐败，土匪是不会发生的，发生了也易消灭。反过来说："我们看到哪一个地方发生土匪，就可以知道哪一个地方政治的腐败，军事的腐败，社会的腐败！"

那么，怎么肃清匪患呢？我有一次对湘西各县屯务代表讲过："讲到湘西的治安问题，清剿收编都是治标的办法，旨在阻止匪势的蔓延；其治本的办法是在清明政治，改造社会，使政治上不再存留'官逼民反'的因素，在社会上把人民力量发动起来，特别是把正人君子提拔起来，把土豪劣绅打倒下去；在经济上开发资源，改善人民生活，更施以教育，转移风气，这样，才可以根除匪患。在这样清明政治的领导之下，土匪就没有法子可以产生。但是就目前情形而论，我们对这个骚乱局面，用剿抚兼施的方式，设法澄清，也就可以有小康之象了。"

我讲这话是在一九三八年解决湘西屯务问题的时候，也是从湘西绥靖处过渡到沅陵行署的时期。一九三七年十二月七日举行的第二次省府委员会议，决定了设置湘西绥靖处，想以军事政治的力量协同改进地方。到了次年三月初旬，为了想进一步地安定并开发湘西，使其政治、经济、文化得与其他各地平衡发展，决定设置省府沅陵行署，并经省府委员会推定陈渠珍担任首届主任。

我和陈渠珍在长沙初次会谈时，他纵论湘西一般情况，从他的谈吐中，我发现了耿直忠诚的气质。他讲到他在湘西二十三年的历史以及其中不少的曲折艰难和委屈，归结到"怨尤丛集"，但他一再讲起良心，这里面自然是含蓄了一种精神上的苦楚。我当时想：要是现在能把这一位有着历史、地理、人事渊源的"老统领"请回去，对于糜烂的湘西，该是一个比较有效的措施吧？我后来征询他的意见，他保持了很远的距离。他的意思是：离开了湘西以后，雅不愿再回到湘西去。大概"湘西王"这一称号是他引为深痛的。然而我们以真诚相见，在三个月后，在我的敦促之下，在湘西人民的盼望之下，他接受了省府的决定。

对于湘西问题的处置，我是始终持"王道"的方针。我想，治理一个拥有劲直的风尚、朴厚的民情、"矜重名教，敦尚典型"——信仰与感情生活非常发达的地区，首先是一个人的问题，是一个办法的问题，是一个诚意的问题。有了被信仰的人，有了实实在在的办法，有了诚诚恳恳的精神，问题是可以逐渐解决的，尽管奏效很慢。而霸道只是足以燃起野蛮的反抗性的火焰；诈术只是在往往来来的欺骗报复中，加深历史的症结及其仇恨，而这样所加于人民的痛苦，加于地方的劫难，实在是太大太深了。基于这一个态度，我选择了一个人，就绝对地信任他，不加以任何钳制；我们收编了一股土匪，也绝对地待之以诚，不加以丝毫歧视，不存有任何一点权谋；我们要清剿也就要剿它一个彻底，不存有丝毫姑息。这个态度与精神，自然不是短期间能够转移历史回忆所控制的误解，但是本着这种态度精神去做，更在政治方面、经济方面、教育方面，正本清源地解决这一个"治安之癌"的各种病原，相信永恒的安定必将代替这样久长的骚乱的。

第三节　春雷起蛰

民训的发动

一九三七年十二月初旬，刚刚对伤兵问题找出相当解决办法的时候，我正在打算应该做的积极的事情。我的考虑落在民众训练这个问题上。那时前任省政府已经有一命令到各县去，集合所有乡镇长来长沙受训，受训后回去担任施行民众组训的工作。我正在考虑，这样的办法究竟是不是适宜。

一天下午，有几十个高中男女学生要求见我。我会见了这些穿着青布制服的湖南青年。

一位代表首先向我在淞沪战役中的劳绩深致慰劳，接着申述他们对于我来到湖南的愿望，请示关于今后学生运动的方针，而后提出"实施战时教育分配战时服务"的要求。他说："这就是今天代表多数同学的意见，要向主席请愿的。"

继续有好几位代表对于这一要求的意义，加以补充。我看出了他们不甘放弃他们应负的责任，为伟大的民族解放战争所掀起的热情在他们的血管里奔流。经过几小时的谈话后，我送别了他们，我说："你们回去对各同学说，现在赶快预备。只要你们能够吃苦，能够耐劳，能够努力，就不愁英雄无用武之地。我一定负责指示你们学生运动应走的道路，并且负责领导你们！"

当天夜里，我把我正在考虑的问题加以确定。我认为当时的乡镇长，他们的品格，他们的智识能力如何，姑且不论；他们是不是够得上担负这非常时期训练民众的责任，也姑且不论；

我们只看到他们终日要应付征兵、征工、筹捐等问题，已经够他们忙碌了，哪有充分的时间和精力来担当这样重要的工作呢？照这样想，要他们去办不可能，而且不会办得好，结果一定还是欺下蒙上，毫无实效。因此我决定把集合乡镇长来长沙受训的命令撤销，趁此机会展开一个大规模的运动，发动知识青年到农村去，造成新知识分子、新青年和农民的结合。我想第一批便遣派这些高中以上的学生，这些有着自发情绪、自献精神的青年男女，去做"开路先锋"。

　　我把我的意思先和教育厅长朱经农商量，后来又提到省府会议上去讨论，大家都同意了。于是决定了实施的办法：

　　一、召集四千高中以上曾受集训的男女学生，再加以技术训练，在四百个教职员的指导下，派往各县展开民训工作，期间定为六个月。

　　二、期满后仍返归原校补足课程。

　　十二月下旬，四千个男女学生，离开了学校课堂，受短期训练，我和他们保持着经常的接触。

　　"什么是这一种民众运动的真意义、真精神？"有一次我和他们很热情地解释："这一次发动民众运动的真意义，不仅是抗日自卫，而且是对于旧社会旧农村的一个改革的运动，一个革命的运动。也可以讲，这个运动就是改造社会的革命运动！这种革命的方式是流汗的，不是流血的；是用劳力的，不是用武力的；也可以讲，是政治的，不是军事的。这个革命成功，不仅抗日自卫能够得到最后胜利，我们还一定在这一个机会上面，把旧的势力，旧的社会，统统加以一番扫荡，一番改革，一番调整，进一步造成一个现代的国家，现代的社会，造成一个真正实行三民主义的新的社会。我们就是奠定了国家民族复兴的基础。这一个革命成功以后，我们的国家才能得救，我们的民族才可以复兴！"

这个意义，在我后来发表的《为民训运动告行政人员书》内有着进一步的说明：

此次民训运动意义之重大，盖不仅在加强抗敌自卫力量，以作战时动员准备，而尤在提高行政机构效能，以培植现代政治根基。易言之，盖不仅一方面以政治教育鼓动人人敌忾之心，以军事训练构筑步步设防基础，期以达成全民动员、乡村决胜之使命；而另一方面，则在以现代精神灌输于古老乡村，促其进步，更以革新力量充实基层组织，速其健全。

在讨论分发以及其他各种问题的集会上，那天是一个寒冷阴沉的日子，在教育会坪集合的这些具有大胆天真性格的青年，和我作了以下问答：

问：赤手空拳，到农村去，训练一些什么呢？

答：这次训练民众，不仅仅限于有形的武器。我们不一定使每一个人手里都拿上一杆枪，拿一杆梭镖也是一样。而更要紧的是要训练到每一个农民心理上、精神上、行动上都有现代化的武装，都有一种无形的武器！

问：假使我们工作还没有做好，而战局起了特殊的变化，甚至湖南也成了战区，那怎么办？

答：我不会把你们当作一把豆子，撒出去就算了的。我一定在适当的地方指挥你们作战。

问：究竟同谁去作战呢？在乡村作战的时候，究竟是代表农民的利益，还是代表土豪劣绅的利益呢？

答：土豪劣绅够不上做我们的敌人，他们是依附于那个敌人的。我们的敌人是一种广大的也可以说是无形的旧的势力、旧的社会制度和旧的习惯！

问：那么假使不幸冲突起来，有什么保障没有呢？

答：在我的责任上，一定要尽力保障你们，你们在工作中，我相信你们也能以群众的力量来保障你们自己。只要你们能够努力干下去，乡村就是你们的世界，绝对用不着踌躇、怀疑、怯惧。你们尽管大胆地去吧！

我知道这样的保证是不够的。临别我除了提出"敬智勇毅"四个字作为对他们的临别赠言外，并且郑重叮咛："你们现在是打前锋，接着还有四万几千人的后援大队（预计训练五万青年分发下乡），马上我们要把整个湖南的革命风潮鼓动起来，要把湖南的革命风气提倡起来！我们有五万个'生龙活虎'，分配到全省各地，所有旧的势力、旧的制度、旧的习惯，还怕推翻不了吗？"

我的这个宣言，被一张报纸评为"简直是一把烈火"。评论上继续指陈：

湖南正需要一个革命的领导者，要勇敢，要负责，要以救亡为前提而摧毁一切黑暗势力，以奠救亡复兴新社会的基础。

今天已经有了四千多新人的队伍，接着就有五万。一大群不安于破落的现实而欲彻底改造旧中国的人群，这便是力量。

我们很庆幸政府大胆地悬出了目标，从这里便可以测出政府的要求是和我们一样——一样的迫切而具决心！

诚然，这个办法是被很多人评为"太大胆的"，也有人认为这样的做法是"荒唐"。所以当这些天真未凿的青年——里面甚至包括了很多十六七岁的少年——在一九三八年一月中旬分发到七十五县以后，在舆论上，在观感上，都引起很大的震动。一般人和我以及我和一般人的谈话，常常从别的问题转到这个问题，而且常常包括了不同见解。善意的顾虑，总以为这些"学生伢子"下乡，一般农民未必能对他们产生信仰，他们的能力也不够克服必然遭遇的困难，这样一定要大大影响到民训的开展与成功。恶意的想法，认为这样办法是含有充分危险性的。这一派人担心青年"恶化"："十年前旧事（指马日事变以前旧事）会不会重见于今日？"另一派人又担心青年腐化，说"他们会不会变成'科学化的土劣'呢？"甚至有一个曾在黄埔毕业而任县长的人到长沙来见我，我顺便问起他对于民训运动的意见，他也忘记了黄埔青年的历史，同样表示怀疑。我对他们坚决表明我的态度："就我个人的看法，情形不会那么困难，流弊也不会那么严重。我对于青年人做事是怀着无限真诚的希望的。我以为我们中国的乡村，实在是太古老了，如果我们不用革命的方法，把新的血液灌输到农村里去，试问这种永久在静止状态中的老大乡村怎么能够动起来呢？又怎么能够担负决战中心的任务呢？最近我们派了四千学生下乡工作，我们没有过奢的期望，我们只准备两千人能成功；就是一千人能成功，我们认为已经很满意了。以后二期三期可以继续训练出去。目前一班青年们的世故经验诚然不够，但他们的朝气锐气和热血热忱足以鼓动他们改革老大乡村的精神，我相信他们的工作是不会没有结果的！"

三个月以后，所作第一阶段的考查，证实了这些年轻人的能力。他们在穷乡僻壤树立了与人民不可分解的感情，广泛地扩展了革新运动的影响——这些先头部队已经初步赢得了农民群众的心！在六个月以后，在这些青年教育训练下具备了现代国民的基础知识与精神的民众是七十万人，组成了卫国卫乡的武力。

两大方案的制订

从一九三七年十二月中旬起，我们开始了两大方案的研究。这两大方案就是次年一月下旬颁布的《湖南省政府施政纲要》和《湖南省组训民众改进政治加强抗日自卫力量方案》，前者是目标，是理论，后者是方法，是行动。

在研究这两个方案时，我们实在费了不少的心思。一个星期两次的谈话会，总是在晚上举行，每到夜深始散，有时竟是通宵达旦。那一种昕夕焦思、严肃不苟的精神，通过一两件事留在我的心中，是特别值得回味的。

记得在一月中旬,那时草案已经完全决定,就要送请战时设计委员会各位专家分组审查了,在十五日夜间将全案做最后一次研究时,直达通宵,所有参加者都在晨光熹微中才离开二府坪——当时我的住处。过了两天,我接到教育厅长朱经农和他的夫人联名的请帖,我准时赴宴,朱夫人一见我就说:"主席,今天我要向你抗议哩!"

我笑说:"朱夫人!你有什么事要向我抗议呀?但是,公事可以向我抗议,私事我是管不了的!"

她说:"这件事表面上是私,但实在是公,而且不仅我要向你抗议,恐怕今天在座的各位夫人都要向你抗议。"

她作着征求同意的姿势继续说:"自从主席来到湖南以后,经农就常常深夜不归。譬如最近一次,他在十五号晚上八点钟出去,一直到第二天早上五点钟才回来,这在我们生活中还是第一次哩!"

我说:"这可怪不得我!这是大家的共同行动,也是大家的兴趣所在。假使你不信,你也可以问问今天在座的各位厅长、委员呀!"

我想,当时我是得到在座的支持的,朱夫人的抗议也消灭在来宾的笑语中。

所以,在战时设计委员会大会席上报告制订两个方案的经过时,我很郑重很诚实地说明:"这两个方案,不是草率拟订出来的,而是我们以十二万分的诚心,经过很长时间的研究,多少次的讨论,然后才决定下来。所以这两个方案,绝非漫不经心地粗制滥造。我们想到我们对于这两个案子负着严格执行和完全兑现的责任,所以对于每一条条文,甚至每一条条文的用语,都经过严密的研究考虑,因为我们认定处理事务应有严肃郑重的一贯精神，是绝对不敢含糊的。"

因为大家都不敢含糊，所以很多时候从和平的讨论竟发展到激昂的争论，大家都是一个字也不肯放松。在记忆中的可以举出一两个例子。

在讨论施政纲要财政部分第三条"整理营业税裁撤产销税"问题的时候，有一派人主张在原则上维持以上的字面，认为这种变相的厘金，这种不合理的税制，应该立刻完全裁撤。但是财政厅长尹任先固执地认为不可。他说："湖南产销税从前每年收入有六七百万元，抗战后，预计也还有三四百万元。倘使营业税还没有整理好，产销税又完全裁废，这三四百万元的巨额，叫我如何弥补呢？"因此他坚决提出："裁撤产销税"之上必须加"逐渐"两字。"要是不然，"他说，"财政厅没有法子办！"

这位厅长的算盘向来是打得很紧的，他提出了算盘上的数字以后，大家只好接受他的意见。

又如，在讨论民政部分的条文时，有人提议列入"办理土地陈报，实行地政制度"，认为这是有关国计民生的要政。在原则上，我们自然赞同，但在实行的可能性上，我们经过了长时间的考虑，以为时间、人力、财力，种种条件都不许可。因此我们只好放弃地政上的治本办法，而仅仅要求做到"实行清查户粮，革除田赋征收积弊"治标的地步。我相信，假定切实地做到这一条，税收也可以增加，人民负担也可以减轻，对国计民生也就有不少好处了。

施政纲要军事、民政、财政、经济、文化五部分，总共五十七条条文，便是在这样字斟句酌中定下来的。因此，凡是估计我们的力量不能做到，或是时间上不许可做到，要等抗战结束以后才能着手进行的事，都不曾列入。在性质上说，这些纲要可以看作是战时的政治纲领。而组训民众改进政治加强抗日自卫力量方案，正是纲领中"编组民众抗日自卫团""健全行政机构""大规模发动知识分子"等重要条文的实施办法。其中确实包含了"大胆的"精神，是一种非常的改革。记得大公报记者范长江先生在《湖南对抗战之政治准备》一文中，指出"方案的特点是在可行性和必行性、敢行性上面"，诚然，这些条文是有其现实性、革命性和战斗性的。

有人指出这两个方案的产生是"基于敌人炮火的赐予"，是"由破国而得来的伟大经验"，这同样是真切扼要的看法。一九三八年一月十八日，在战时设计委员会的会议上，我作了一个说明，表明了两个方案的根本精神之所在："这次提出的两个方案的真正意义与精神，我想各位都已了解，是不但为了现在，而且为了将来；不但为着适应抗战的需要，同时也是为着奠定复兴国家民族的基础；更不但是消极的治标，而是积极的精神上的治本。

"关于政治、经济、文化的一切组织、制度、人事诸端，我们的根本精神就是要求一个彻底的改造！我们深深感觉到湖南目前的一般情况完全同平时一样，实在不能适应非常的抗战局面。历史上从没有一个国家已经失去了四分之一以上的版图，而它的后方还是一切照常，诸凡行政机构、社会组织、教育方法等，依旧保持原来的状态，绝不紧张，毫无变动。时局发展到了今天，我敢说一个新时代和一个新潮流的到来就在目前了！

没有一个国家会在这样一个非常时期内，依旧是故步自封，蹈常袭故的！……所以省府同仁决心趁此时机，彻底改革一切省政，要把所有充满着沉沉暮气麻木不仁的组织、制度、人事，予以根本铲除，要负责领导三千万民众统统站起来，担负保卫湖南、保卫国家的责任！

由于怀着这样的信念与热忱，我们展开了"改造旧社会，建设新湖南"的战斗。在这时候，我是用主要时间和力量准备实践我对下乡青年所作的"以四千人做前锋、四万数千人做后援大队"的诺言的。

向着旧存组织、制度、人事进军的前夜

对于《组训民众改进政治加强抗日自卫力量方案》的内容，还有加以较详细说明的必要。因为这里面固然包含着我们战斗的目标和改革的方法，也有激烈争论过的问题，而这些问题又确是方案重心之所在。比方说，有些人认为严重的地方，正是我们认为必要的地方，或者有些人认为可以"缓"的地方，又正是我们认为必须"急"的地方。这个不同的所在，就在于常态与非常态、平时与战时、治标与治本的认识与掌握之间。

我对于抗战时期政治任务的基本观念是：现在是一个非常时期的局面，绝对不是一个敷衍的局面。我们在这非常时期的局面里应该要有革命的精神，要以革命的方法来做事，来努力。如果不然的话，还是保持"自从盘古开天地"以来的那一套，那就叫做不合时宜，不识时务，那就要贻误大计，贻误人民。

因此，我们就不得不兢兢业业，昕夕不遑地考虑着如何适应新时代的要求，如何完成新时代的使命。但是，也许有些人持着不同的见解，那么，我所要求的一个适应新时代的转变，一个彻底的全盘的改造，自然不得不被认为"非常"了。

我怀着这样一个基本观念，那么，要采取什么样的方针去完成任务呢？这个方针就是要"将平时生活转变为战时生活，将平时组织转变为战时组织；并趁转变之时，加以一番涤荡，一番改革，一番调整，一番建树。消极期能负艰危而不懈，临大难而不溃，以尽抗敌自卫之功能；积极则在经历战时化之过程，达到现代化之鹄，以对外抗战之准备，达成对内建设之企图"。这是我在一月二十二日，对实施两个方案公告中所揭示出的主旨。

这个主旨确定了以后，应该讨论的是：什么是应该涤荡、调整、改革，什么是应该建树的呢？我们认为当时急务，莫如革新政治，组训民众。而要达到这个目的，基层组织必须加以全盘改造。当时参与讨论的人，谈到基层组织的情况时，没有一个不是疾首蹙额！我说：我们侈言革命，但是革命的影响究竟在哪里呢？革命对于基层社会，对于农村民众，也好像是从前改朝换代一样，没有一点变革，没有一点更张，因而也没有丝毫进步！一直到现在，乡村还是古老凋敝的乡村，农民还是散漫痛苦的群众，基层组织还是一个空壳，一块招牌，基层领导人物还是既庸且愚、不学无术，甚至不识"之、无"的一群。以这一种社会，这一种组织，这一种人事，如何可以谈到御侮救亡、复兴民族呢？

我曾经讲过一件实事，我说：最近我从家乡来，知道有一个地方附近十四个保长中,有八个是抽鸦片烟的,两个是开烟馆的,没有一个是有恒业恒心的,都是只以欺诈、敲剥、打坏主意为事。对于这种情形,有乡居经验的人,一定都有同感。以这样的人来担负国家基层组织的领导责任,那是绝对不成的。

经过交换意见,大家一致确认基层组织的腐败与不健全,广大民众缺乏现代组织与训练,是政治上一个很大的危机。而这个危机是必须从根本上加以克服的。《组训民众,改进政治,加强抗日自卫力量方案》——实施民众动员、政治动员、文化动员、进行改造社会的革命的方略——在极审慎的探讨研究以后,确立起来了。

方案制订的经过,实在费了比纲要更长的斟酌与更大的苦心。方案是很谨慎地吸取了当时县政实验、乡村建设、民团组织的经验,按照现代政治、战时教育的原理原则,贯以彻底革命的精神,大规模动员的方法,确定了向政治上社会上旧存组织、制度、人事进军的方略:

一、民众动员——广泛发动民众,以"两个三位一体"包含"管教养卫合一"之精神,编组民众抗日自卫团,实施民众之广泛的集体组织,发动民力,提高民智,纳入民族主义的"加强抗日自卫力量"和民权主义的"树立全民政治基础"的任务之中。

二、政治动员——为了保证民众动员之有效施行,必须彻底革新政治,健全基层组织:在制度上,决定废区,改设督导员,扩并乡镇区域;在人事上要动员五万知识分子,加以训练,分别派充县长、县佐治人员、督导员、技术辅导员、乡镇保长、政治训练员、妇女训练员,推进现代政治,完成基层建设。

三、文化动员——发动知识分子,分赴农村组训民众,健全基层组织。在教育的文化的意义上,是要他们深入农村,到民族抗战的实际基础上去求活的经验,去上活的课堂;在政治的社会的意义上,是作为动员民众、革新政治的干部,完成新知识分子与农民的结合,在农村中深植现代精神,培育新生力量,以加速社会的变革,巩固国家的基础。

方案公布后,也产生了一些反应,提出了一些问题。主要有:

一、这样大规模的改革,在战时有成就的可能吗?

二、县以下各级机构的调整,是不是"太理想"呢?

三、一批新知识分子下乡以后,能不能有效地达成任务呢?他们真的会比旧的好吗?

四、旧有的区乡镇保长是不是一笔勾销?对于这些人的安置,要说用,你没有办法;要说不用,是不是会有麻烦?那么,你究竟怎么办?

五、为了发动知识分子而停办高中,使"教育中断",是合理的吗?

六、民众抗日自卫团的编组,是不是有可能成为豪绅割据的武力?或者竟成为投机啸聚的非法组织呢?或者是不是又要"收缴民枪","增加团款"呢?

对于这些问题,我当时都曾分别加以解答。当然讲起这个大规模运动成功的可能性，其条件是非常复杂的。但在主观上我们当时有很大的信心："只要对人民有利，对地方有益，对国家民族复兴有助，我们是不计成败利钝，决心去做。"

讲起县以下各级机构的调整办法，当时确是一种新的制度，而这个新的制度，可以说是从湖南来实验的。如果说发动青年已经"大胆"，以这样的方式来使用青年就更是"大胆"了。我记得一九三八年七月国民参政会第二次大会所通过的"改善各级行政机构"一案，其中关于各级机构之改进，如废区，扩并乡镇区域，充实乡镇公所组织，以及在县政府内设置督导员、技术辅导员等等办法，都和我们当时已在实行的制度相同。实际上的成效如何，湖南是负了试行的义务的。负着这样的任务，我们不曾有瞻顾徘徊。

我们决定，以行政干部学校为保姆，分批造就试行新县制所需要的干部人员。巨幅的"登记知识分子充任县市各种干部人员"的通告，在报章上出现了！除县长及佐治人员已经甄审外，第一批要登记督导员五百人，技术辅导员四百五十人，政治训练员一千人，乡镇长两千人，妇女训练员五百人，加以训练，组成政治的部队，分派到七十五县去。

"自目前起，本省省政改革及新政建设，已自计划时期入于实行时期。吾人在计划时期，不厌周详审慎；但至实行之日，必要雷厉风行。绝不忍睹与吾三千万同胞福利前途极有关系之方案，成为一纸辉煌显赫之具文！"

这时，是到了向旧存组织、制度、人事进军的前夜了。对全省各界人士，各地公正士绅，青年知识分子，我作着诚恳的号召。报纸上说："镇静"的湖南，传出了"春雷起蛰"的消息。

第四节　第一度出巡

湘东南一次秘密的旅行

两个方案颁布以后，每每想起"对于本省政治、经济、文化之一切组织、制度、人事彻底改进"这一句话，觉得诚然是很痛快、很坚决了，但是仔细地想一想，这句话是不是闭门造车？是不是主观想像？在客观方面、实际方面是不是有这一需要？是不是现在所有政治、经济、文化的一切组织、制度、人事都真真需要彻底改进呢？我想：应该要有一个实地的考察、实地的证验才行。

二月初旬，我和省委宾步程从长沙出发，经过衡山、衡阳、耒阳、安仁、攸县、醴陵、浏阳七县，作了一度短期的秘密旅行。

沿途我以某师长的名义买食民间，闲话田园，到处听到农民叫穷叫苦的呼声。出发的一天，正当农历新年。当我在湘潭、衡山间一个乡村休息的时候，我和农民开始闲谈。我问："你们过年，为什么不贴门对子呢？"一个简截了当的回答是："没有闲钱！"到了醴陵乡间，我看见好几个十岁左右的孩子还不曾进学校，我又问起："为什么十岁左右的孩子还不读书呀？"

一个简截了当的回答是："没有钱呀！"

再看到有一个地方，很多老百姓的牙齿都是黄的，也许是吃了某种烟草的关系，但问起他们所以如此情形，一个简截了当的回答是："我们没有钱买牙粉、牙刷。"

是不是真的陷于这样普遍深刻的贫穷呢？我想也许是不尽

然的。我感觉这些朴质的然而又饱受现实教训、创巨痛深的农民群众，对于不知从哪里来的陌生人，都保有很大的矜持，不肯轻易说出真心话。你要问起他们的生活，他们就干脆承认贫穷。然而，他们诉苦的目的并不在乞求怜悯，而在坦然暴露其内心无可奈何的愤慨。就在这一点，我仿佛看见了燃烧于农民心理上的激怒的火焰。

但是，你说农民真正过着很好的日子吗？这样的想像也是太玄虚了。

抗战以后，土产滞销，地方经济显得异样凋零，农民生活因此遭受了极大的影响。可是在另一方面，战时要政纷至沓来，征兵、征工、派捐、募款，一齐涌进了农民的生活，带来了纷扰与苛征。

在从耒阳到安仁途中的乡下——一个人烟稠密的村庄，我和一些男女老少的农民作了一次较长的谈话。问起他们有什么捐款，他们首先提到伤兵捐款太繁太重了：第一，伤兵捐，每保就要摊派四十元；第二，棉被捐，每保要摊棉被两条，每条五元五角，就是十一元；此外又有什么医药费，每保要摊十五元。总共三项捐费，每保要出六七十元。这实在是个惊人的数字。

我问他们还有什么捐，他们说："捐多得很呀！"

于是举出什么修路捐、枕木捐（建筑湘桂路用的枕木，他们那一保摊派二十三根，每根枕木要出一元二三角），还有什么谷仓捐等。至于无名的非法摊派，那是不容易举出的。

国家的每一件要政，地方上任何一种设施，好像总是化成捐税，嫁于人民特别是农民，要这些贫困的农民凋敝的农村去负担。别的不讲,在我们订定的改进管理伤兵办法里,何尝是要一切取之于民、捐之于民呢?我们身处省垣,又哪里知道到了地方上会演变到如此情形呢?一个保负担的数目如此之大,如此之多,你怎能不让人民叫苦,我们又怎忍不为人民叫苦呢?我当时深深感觉,我们政府实在对不起人民,而人民也是不能忍受这样的负担的。

怎样才可以改进政府与人民的关系呢?怎样才可以减轻人民的痛苦呢?怎样才可以使得下情上达,而上层的意图又可以贯彻到每一个人民的身上呢?怎样革除政治上对上蒙蔽敷衍、对下欺骗压迫的积习,使政治以崭新的形式、真诚的面目,与民更始呢?一种炽热的愿望燃烧在我的心头。

我的愿望寄托在现代的政治、现代的机构上,可是看看当时政治的实际情况,那一派陈旧腐败黑暗的情形,几乎难以想像。

地方政治的人、物、事

在出发以前,对于政治,我决定了视察的三个方面:一是动的精神——就是"人"一方面的精神;二是静的精神——就是"物"一方面的精神;三是办事的精神——就是"事"一方面的精神。

所有人、物、事三方面的表现怎样呢?

有一天,到达一个县政府,直走到县长寝室的门前,这位县长还不知道。那时已经上午十点多钟了,他还酣睡未起,借口生病,派了一个秘书接待。我们在会客室里等了好一会儿,称病的县长才出来。以后接连地看见了在礼堂里保留了两年前就职典礼秩序单的警察局长，房间里高悬钟馗像的警佐，到任半年还不确知全县学校和教师数字的教育局长，头戴睡帽、颈围围巾、脚踏火炉、瑟缩在办公桌上的公务人员，以及头戴黄色军帽、上着青布学生装、下穿草黄色西裤、脚踏牛皮钉鞋、手执红缨大刀的门卫……人的方面如此，物的方面就可以推知了。

到处都是破落户气的"衙门"，仿佛象征着国家倒霉的样子，污秽紊乱的外表，十足反映了污秽紊乱的内容。我到过一个县政府，进了二堂，看见男男女女还有小孩，偷偷在那里嬉笑张望。我觉得太奇怪了，一问才知道是些职员眷属。以后看到很多地方都是采取家庭与机关"合一"的办法，甚至还有一个警察局总务科长的房间，前面是办公室，后面就是内室、厨房，真所谓包罗万象。还看到破衣、破袜与卷宗纷然并列的管卷室，被降格为晾衣场所的大礼堂，积了一层厚厚灰尘的办公桌，所谓"整齐清洁"的要求，简直不知道什么一回事。

那时民训学生已经到达各县了，我每到一县，总要召集他们，问问他们的生活。记得在某县，我接到他们一个报告，控诉那个县长昏聩糊涂。他们说：他们来了许多天，县长都不和他们照面，一连要求三四次，总是被挡驾。后来总算接到一个通知，约期会见，可是按期到了县府，却依旧会不着县长，而只看到几个妇女在那里抹牌！这些未经世故的青年，怀着光明愿望的青年，亲身接触到政治的腐败，感到无限痛心。

在另外一县里，有几个民训学生来见我，他们很稚气又很愤慨地说:"报告主席,我们是按照命令来的。年都没有回家去过,可是一直住到现在,还一点没有办法。要我们冷清清地死守在这里做什么呢,请主席替我们想办法。"

我劝慰他们说:你们不要发火,这就是经验,这就是教育。我过去不是多次同你们讲你们将来遇到的困难多得很,你们要碰到的问题也多得很吗,这还不过是一个开端。你们要忍耐,要平心静气地好好应付,不要急躁,那些人也许和你们是隔着一个时代的。对于我们的工作,只要我们能耐住性子,但是一点不放松我们的决心,我们总是有办法的。

缓滞,腐败,不负责任,嫉视革新,成为政治的本色。可以交的就不负责任地去交,可以推的就不负责任地去推;交不了、推不了的,便不负责任地搁,而这就是"办公事"。

说起这一点,在我记忆中,总留下了一位带着通光眼镜的"老书记"的影子。在一个警察局的书记室里,我看见这位老先生按着一张警察调查表,在凭他的臆想去填。这原是一件很重要的公文,是我们预备整理警察的一个步骤。然而这一件重要公文,却从县长、局长、秘书、科长、科员逐层逐次推到这位"老书记"身上,到达了"公事大旅行"的终点。一切重要公文,重要法令,尽管它与国计民生有极大的关联,它所得到的待遇大概都是一样——推了以后,归进了拉杂散乱的档案之中,只配与破裤破鞋同腐,如我在某县府管卷室所看到的一样。那一次,我很生气地把那些破裤破鞋抽出来扔掉了。

办事方面的情形,大体便是这样。什么紧张、条理、迅速、确实的科学方法和科学精神,实在是风马牛不相及。当然,比较好的并不是没有，可是太少了。

　　巡视归来，我不得不痛心地作了如下的结论："就所看到的情形，我们不能不认为现存一切组织、制度、人事都是陈旧的，也可以说是中古世纪的；不是新的，更谈不到现代化。这个肯定的判断是我的结论。我以为这种组织、制度与人事，绝对不能适应现代的潮流，绝对不能适应现代国家的环境。我们现在唯一要紧的事，是怎样集中人力，挽救危亡，复兴民族。在主观方面，我们不能不检查，我们的一切是不是够得上达成这个任务的条件。如果像现在这样的办事精神，这样公务人员的精神，可以说是没有救药。因此我们要反省，要负责，要改革，要决心改造一切。这些话虽然言之过切，可是一切情形，使我目不忍睹，在我的责任上是不能不郑重提了出来，告诉各级文武同志，各位高级主官知道的。"

　　事实上，这些话造成了什么影响没有呢？有，但不大。传统积习实在深，惰性实在重。三月间，我不得不在两件案子上昭示肃正官常、转移风气的决心。

第五节　转移风气

正义不存乎天壤之间

前面曾经讲过，当我提出"廉正勇勤"希望作为湖南的省训时，我还没有想到湖南风气究竟怎样。等到加以体验以后，这才觉得，树立以这四个字为骨干的新风气，正是客观上迫切的要求。

初到湖南，和几位父老乡贤接触，谈到政治风气一层，他们总是沉重地摇头说"今非昔比"了！固有的勤劳、诚朴、笃实等善良的风气日益衰微，而贪黩、营私、萎靡、偷惰之风，日甚一日。"古道不存，人心陷溺"，每一位老者的心灵上，都罩上了一层忧国忧时的悒郁。

长沙赌风盛行，打牌成为公务人员"调剂精神的经常娱乐"，社会上亦复以豪赌作为正当的社交。在这样恶劣的风气中，正不知隐藏了多少罪恶。为了肃正官箴，我在一月中旬颁布了严禁公务人员赌博令，指出"沉迷赌局，不唯贻误要公，甚或流于贪黩"。有些人举出在我到任前所发生的省银行出纳员戴运鸿卷逃二十二万元巨款案，作为实例说明。因为当时盛传这个案件正是在赌局中串演起来的，案中的主角是一个以"神仙"称号活跃于长沙上层社会、具有相当政治潜势力的巨憝恶骗周仲评。

在我出巡湘东南的前一日——农历除夕，我下令省会警备司令部，将在押的周仲评以"邪术诈财，贪污极恶"的罪状，处以死刑，人心称快。杀掉这个"神仙"，其意义不止于消灭一个坏人，而是在扫荡邪说异端的存在，扫荡九流三教左道旁门在社会上、政治上败坏世道人心的影响。这是转移风气的一端。

　　省会情形如此，外县情形怎样呢？所谓中古世纪的印象，何只对于政治、组织、人事而言，社会上的情形正是一样。许多视察人员的报告都指出两点深刻的危机：一是官场风气的败坏，二是社会正义的消沉。他们认为在这样的风气之下，湖南实无新政之可言。我每次都用着十分沉痛的心情读着这些报告。在一次纪念周上，我说："我们湖南民气向来很好，民性民情也是很勤朴、很诚笃、很勇敢，但是到了现在，这些良好的风气，已经不容易见到。而目前这一种冷淡，这一种消沉，实在是深为忧虑。这一种冷淡消沉的情况，如果只表现在农村方面，只要各级政府领导得法，一般农民的素质原是优良，良好风气不难树立。最坏的还是在县城方面，那风气之腐败、淫靡、偷惰，真是不能想像。我们接到很多的视察报告，知道各个大大小小的县城里，大大小小的旅馆里，都住了不少的娼妓，甚至一个很小的县城里，也有一二百名妓女，少一点也有几十个。一般公务人员公然在旅馆开房间，叫条子，打麻将，恬不知耻，这是一种什么风气！

　　"这还是就坏习俗一方面来讲。另一方面，社会上没有正气，没有公道，没有是非，这种情形也是关系到社会风气的一个重要因素。地方上只知道分派别，争权利，走邪路，社会正气消沉，人心陷溺，大家均趋于侥幸投机，巧取豪夺，种种浇薄、堕落、野蛮、荒唐的习性。甚至每一个人都没有正常高尚的人生观念，所看到所听到的尽是一些一塌糊涂、黑暗沉沦的现象。我请各位同志把自己的环境想一想：照这样情形下去，社会正气澌灭无余，个人志气消沉殆尽。社会无公道，无是非，个人无情操，无良知良能的观念，无论社会和个人都是向着腐败、堕落、颓废、消沉的路上走，真使人有'正义不存乎天壤之间'之感！

"我们公务人员的风气——也就是官场风气的好坏，与社会风气有重大的关联。当然，官场风气只是社会风气的一部分，然而却是一个重要的部分。'国家之败，由官邪也'！所以社会风气之坏，总从官场风气坏起。就今日官场情形而论，其他一切都可不谈，单就一般从政人员服官心理说，实在是不堪闻问。他之想做官，绝对不是想替国家尽力，想为人民服务，所谓赤胆忠心、鞠躬尽瘁的一些话，根本谈不到。退一步讲，他要是肯为他自己前途自身事业打算，还不失为一个好人，这个好人也就难于发现。一般人是怎样想的呢？他想当一个县长，当一个局长，他唯一的心思，就是想趁此机会捞一把钱，就想去刮地皮。所以他在事先就多方打听某一个缺是不是肥缺，某一个地方是不是好弄钱，完全以做买卖、发洋财的打算来做官。像这样的情形，这种无耻的心理笼罩了整个官场，革新政治从何谈起。"

照这样情形，倘使没有一种新风气的形成，来改变公务人员以及领导社会的士绅的心理，进一步转移人民的视听，彻上彻下彻头彻尾显示一种与民更始的精神，如何可以谈到政治的社会的革新运动呢？

"吾欲垂之空文，不如见之行事之深切著明。"到处是这样的颓风,是这样的恶习,推也推不动,骂也骂不改,要想转移这恶俗,挽救这颓风,如果没有雷霆万钧的力量、严正不苟的精神,是不容易做到的。我不得不采取治乱世用重典的精神,采取了以法律济道德之穷的措置。

贪官之惩治

作为惩治贪污开始的,是新化税务局赋税主任车衡侵占公款枉法贪污一案。一九三八年三月十八日将车衡处以死刑。

也许车衡是可以不死的吧?原来他在任内侵占了经征应缴的团款六千一百余元,这也许是一个很小的数字。案发以后,有人替他请求开脱,提出:"这一笔'欠款'可否用押追手续归案清偿?"

我以为风气之坏,正是由于这样的姑息、瞻徇。所谓宽厚仁慈,应用到这种地方,客观上徒然成了作奸犯科肆行无忌的保障。我决心以严峻的精神,执行惩治贪污的纲领,"决不愿博个人宽厚之名,贻民众以切肤之痛"。

为了以法立信,为了惩一儆百而杀人,杀人诚然是万不得已的最后手段。杀人何尝是一个目的?我说:"我们不但不好杀人,而且也不愿意枉杀一个人。"在我的愿望中,诚然希望"车衡之处决能使本省贪污恶习永远革除,成为本省惩治贪污公务人员最先亦即最后之一案",可是在我的职责上,不能不郑重昭示"果使仍有无数之车衡,必将此无数之车衡同样处置"的决心。

在处决车衡一星期以后，一九三八年三月二十六日，我在十四次省府委员会常会上提出了惩治贪污的单行法令——《湖南省惩治文武公务人员贪污暂行条例》，通过后加以公布。

对于惩治贪污绝没有稍涉宽纵。六月，我在巡视湘西途次，将办理征工事务收贿舞弊供证确凿的监工员唐立成枪决，以平民愤。七月，将卸任华容财政局长张作典被控案审查终结，处以死刑。后者可以说是一件重大的案情。在处置车衡时，我曾经表示："就车衡本身而论，或可视为不幸之一人，其罪情更大而尚未经发觉者，意亦不乏其人，自仍当督察检举，随时严办。"然而我们终于发觉了一个张作典，与车衡相较，可谓"大巫"之与"小巫"！

张作典一案，案情的大概如罪状中所述："张作典于二十四年五月十六日就任华容财政局长，二十六年六月一日交卸；移交手续，延至九月方始办竣，仍将大部现金以及摊款存银抗匿不缴，经县民呈诉到府，饬县组织清算委员会，清算报省，呈送卷证前来。复经本府派员审讯，实查得该张作典，在其任内侵占公款与应负责追还之数，多至二万三千五百四十六元一角五分四厘四毫，又谷一百零五石六斗，尚有该县九期摊款存根，张作典竟敢抗不移交，数达十一万二千余元，以致无从彻底清算。复查张作典派员征收摊款之时，屡有无故拘压人民暴行胁迫之举，经本府先后两度派员前赴该县及乡中私访密查，据报华容豪劣狼狈为奸，被害人民既不敢言，又不敢怒。张作典恣横暴戾，尤为贪污之魁，其恃势欺凌、蹂躏人民之处，凶恶万端，人民恨之入骨等情。该张作典肆行贪污，作恶殃民，滥权营私，侵占公谷，浮收征款，捏造账目，隐匿文书，实属罪无可逭，着即枪决，以昭炯戒！"

一个地方的财政局长，就任二年，他所侵蚀的国帑，榨取的民财，竟达到这样一个数额，真是骇人听闻。可是这种情形，实在并不是稀罕的。当时在湖南，地方财政非常混乱，不要说一个县长交代不清是常事，他们临走时都把与财政有关的档案通通带走，而各县财政局长、税务局长的交代，更是一塌糊涂，大概都是"满载而归"。社会但慑其权势而不敢穷诘其来源，不问其为人民膏脂，亦不问其为贪婪枉法。谁来查究？如何查究？所以张作典的"抗匿不缴"，也不是一个独特的情形。要讲到滨湖各县的财政状况，更是混乱中之混乱，黑暗中之黑暗。这里正是"以服官为利薮"者流所视为"肥缺"的所在，也正是贪污豪劣联合分赃共同作恶的地方。像罪状中所述无故拘押人民暴行胁迫的行为，成了催捐收款的通常方式。对于张作典一案的案情，起初我也不很明了，后来看到一个刊物上所记载的《洞庭湖上的风波》以及两度派往华容乡间私访人员的报告，我才了然于这样的秕政。

我还听说，在滨湖某县，有一片湖田，土地一年一年增长起来，然而赋税还是三十年前的比额。于是土地成了豪劣的领地，贿赂成了胥吏的财源。地方财政之彻底清理、爬梳，应该是紧接着惩治贪污而实现的具体措施，这在后面再说。

公路上的死伤案件

单纯惩治贪污，是不是可以养成善良风气呢？当然不是。"贪污只是恶习惯当中的一个，并不是全部，所以要是说打倒贪污就算是养成了善良风气，那是不完全不正确的见解。今后，我们公务人员除了不贪污以外，举凡一切敷衍、因循、懒散、不守纪律、不负责任等种种恶习要一概摒除，代之以振作、认真、紧张、不苟且、负责任、守纪律的良好风气，要培养一种正气出来。"（纪念周讲话）

和车衡贪污伏法案差不多同时发生的，是省公路局长周凤九的撤职查办案。这是"积玩之下振之以猛"的要求，是整饬纪纲的实践。

这件案子，我知道当时是"颇滋物议"的，特别对于我后来还起用周凤九，更多误解。我以为一般人和我的见解不同之处，是在"对人"与"对事"两个问题的不同看法。如果把对事和对人混为一谈，或者在对事的问题中强调对人的作用，那就凡有属于整饬风气这一范围的事件，都要变成"爱憎之私"。这是一种不公平的尺度。

为什么有这件案子的发生呢？丢开一切的公文案牍不谈，参证的材料，在案发以前，有《大公报》记者长诚所提出的"公开控诉"；在案发之后，有立法委员王毓祥所提出的"补充证据"，这些都不能不视为纯正的舆情。

一九三八年二月间，长诚先生有一次西南公路的旅行，通讯中曾说："谈到湖南的公路，也真难令人满意，路局的上级职员姑暂不论，就以记者沿途观察所得，下级路员好的固然很多，不称职的也很不少。"他提出了许多目击的事件，认为"中国许多官办事业吃了'官办'的亏，结果是官而不办，湖南公路局也是犯了这种老毛病。……深望负责当局能在最短期内彻底改良"。

四月间，我接到和我有"一面之雅"的王毓祥先生来信，他首先说，"自勋座治湘以来，整饬吏治，壁垒一新，贪惰之流，皆为寒胆，三湘民众，感戴曷极！"但特地附了一篇《长晃旅行回忆》给我，叙述他"道出湘黔公路中途所见"，"为老百姓所不易上陈，而为汽车阶级所不获亲身接触的管理废弛情形"。指出："就人事方面而论，管理之腐败，纪律之废弛，站员之缺乏责任心，站役之缺乏训练，为铁一般之事实，虽善颂者亦不能为之讳。……但当局人员如能勤奋自励，当不应一糟到此"；认为"公路当局诚不能辞溺职尸位之咎，省政当局不能不视为严重问题之一"。

现在要研究周凤九案何以产生，这两位走马观花的旅客已经说得一清二楚了。当时的撤职令如下：

案查前据报长常公路于本年二月八日公路局洪字第五号客车在小青铺地方出险，死伤旅客多人，又同月十日宇字第五六号汽车在小吴门肇祸一案，当于二月十三日以省动字一九一号训令，饬该厅长将此次路局汽车肇祸情形，于一星期内详细具报。旋据该厅呈复，洪字第五号汽车肇祸系因军车赶客车所致，但核与军政部常德补充团第三团长饶第先报告完全不符，且所拟处罚路局员司办法，亦属轻微之至，经复以省动字第三六号指令，严饬该路局对于出险原因明白查复。嗣复据该厅呈请由府派员复查，亦经指令应候该局明白呈报后再办各在案。乃该路局迄未遵令呈报，似此初则欺蔽，希图卸责；继则延宕，希图了事。为政若此，国亡无日，殊堪痛心！再查此次该路局于两日内，连续发生惨案，系经本府饬查始行具报，其他肇祸情事，据报该路局汽车一月份各段出险计二十一次之多，殊属骇人听闻。复查各公路以前关于修补例用石子，近则仅用沙土敷衍，以致路面日坏，烦怨纷至，足见该路局管理腐败，愈趋愈下，其内容不实不尽，可以推知。若不从严查究，何以维路政，更何以对人民？该公路局局长周凤九着即撤职，听候查办！

这不是一个人的问题，而是一个事的问题。正如"惩治贪污的目的，是不在以严刑峻法对人，而在于树立善良风气，树立法治威权"。这一案的要求，是不在以严峻手段对人，而是要铲除一种彻上彻下的积疲恶习，树立信赏必罚的制度，使近代的官营事业，有着近代的效率，近代的精神。我有责任执行两位过路人也是无数过路人的要求和愿望。所以当案发以后，国内工学各界以及省内外的知名之士都为人的问题，而函电分驰，甚至好意的人，也担心是"下吏希承意旨，深文周纳"，我以为是我的态度还没有被明了。因为远道传闻，易滋误会，所以在决定移送法院之初，我作了一个总答复：

余固深知周前局长，为国内工程学家有数人才，十年来致力本省公路工程，亦有相当劳绩。国家多故，在在需人，爱护专才，岂无同感。唯是余固有求贤若渴之心，但余尤有视民如殇之念。余固当顾念人情，但余尤不能不尊崇国法。良以对人固当曲尽保全之道，而对事则不能不尽综核名实之功。所以使能者尽其才，贤者彰其德，溺职者不能辞责，营私者无所逃刑，此为余对本案所持之态度，亦即余决心整饬吏治，肃清贪污之根本方针。

这可以说是"治人尤贵有治法"的方针，这也是我坦白的真诚的态度。

讲到用人一层，我曾经说过：轻易换掉一个人，或轻易任用一个人，绝不加以缜密的考虑，这是一件太不郑重的事，这是官僚政治的习惯。我再举例说：譬如各地县长，以一县地方之大，人民之众，责任实在太重了，我一定要十分注意选拔真才，绝对不能把派县长当作送人情，绝不能也绝不忍拿十万或几十万人民的生命财产来当作一种礼物。然而为什么很多的真才，很多受过近代教育近代科学精神洗礼的真才，往往深陷于泥淖之中而不能自拔呢？可以说是人事上的放任制度使然。放任一个人正如存心毁坏一个人一样，正如接受一笔礼物，而又送出一笔人情一样，所谓事功那就不堪闻问了。我以为在上者这样的官僚习惯，同样是极可怕的颓风，即使确实做到"用人唯贤"，结果还是贤而不得其用，甚至用而失去其贤。因此，自来对于用人，不能不讲求信赏必罚的培育之方和综核名实的考求之道。我曾经一再同各级主官讲起：我们如果要求把我们的事做好，并且要求我们的部下，不但都做好人，而且都做好事，就要注重循名核实，赏罚严明，使得每一个人都有一个规范可循，人人都有一个责任心和荣誉观念，都能认识自己对国家、对人民的地位与所负的使命。这种精神养成以后，不但可以提高公务人员服务的热忱，奖励认真向上的努力，而且可以祛除在上者的私心，养成高度的政治道德，使现有的名实不符、赏罚不公、纪纲失坠、威信荡然种种痛心的现象一扫而空！

所谓"对人固当曲尽保全之道，对事则不能不尽综核名实之功"两句话，说明"国家多故"，固然要"爱护专才"，然而为了整饬纪纲，也不能不循名责实。这固然是为了培养正气，也正是为了保育贤才。如果这其中有"爱憎之情"，或是什么"深文周纳"，我想这正是一种私心的打算。这种打算，我实深信我自己是没有的。我记得王毓祥先生来信中特别说明，"为后方交通计，未甘缄忍，毫无个人恩怨之私"。我的态度正是一样。也正是由于这一种态度，所以当案情终结以后，建设厅长余籍传提出"可否起用周凤九专任公路工程事务，俾展所长"的意见时，我在他的签呈上批了一个"可"字。

那么，这件案子产生了什么影响呢？我所知道的是：在这以后，各种官营事业的效率增加了，赢余也增加了。如同一部朽坏的机器一样，经过一度检查修整以后，它以一种新的效率、新的声容在转动了！

第六节　新县制建设之实施

干部之培育

作为培育试行新县制干部的保姆——地方行政干部学校，三月间，从七千五百人中选拔了三千余人，四月中旬开学。开始了大规模的、统一的、有计划的、政治与学术打成一片的、以"事"为对象、以"行"为方法的训练。

讲起这个学校，原来的意思是要把它成为一个永久性的行政教育机关，是要使所有民、财、建、教各方面的公务人员都从这里陆续产生出来，已经任职的也要轮流受训。这就是服务与训练并重的意思：一面服务，一面训练；训练为了服务，服务再受训练。这样做法，至少可以使得每一个公务人员都有不断进修的机会，一方面可以加强干部的能力，提高政治的效率，另一方面可以防止官场的腐化，改善公务人员的素质，使省内政治上洋溢着青年的精神——勇敢、前进、认真、向上、自强不息的新锐的精神。

这个学校的初期任务，是要在半年的时间以内，训练我们预定要发动的五万个知识分子，即五万个可算单纯属于民政系统的试行新县制的干部人员——七十五县县长、几百个佐治人员、督导员、技术辅导员、几千个乡镇长、政治训练员，还有四万个保长。无论讲时间、讲经费、讲人力，都可以说是巨大的工程。这个工程是进行得非常顺利的。

第一期各班次学员在五月中旬结业。我们一次就更换了三十三个县长，他们带着混合的政治部队走上规定的作战地区。第二期各班次学员在七月下旬结业，我们又一次调整了二十五县的人事。加以几处提前的调整，到了八月，全省七十五县从县城到乡镇，有计划地完成了人事的更张。舆论上称为"新纪录"，我并不否认它。

　　我记得在我到任不久，就有很多县长一再恳求辞职，同时经各方介绍请委以地方之职者多至五百余人，但是很长时间，我没有换过一个县长。当时有许多人对于我这个态度很不满意。有许多人讲："有很多县长他们实在不愿意干了，要辞职，省府又不准，这样拖下去，一定要耽误国家大事，害了地方人民。为什么省政府不拿大刀阔斧的手段，把所有县长重新布置一番呢？"我说："我可以告诉各位，省政府方面绝对不愿意随便换掉一个负着地方重任的人。要讲到换县长，那七十五县县长，一次省府会议就可以撤换完的。可是目前我们不能这样做。无论对于旧的抑是新的，我们都必须经过一番合法手续的审查，而且都必须经过一定时间的训练，否则，枝节更张，那是没有意义的。"

　　所以，最初对于率领政治部队、负责领导并保障几万或几十万乃至百万人民的县长，就采取了十分审慎而严格的态度。为了储才待用，决定了两个办法：一是开办县市行政人员讲习所（后来改为干校县政人员班），公开招考，延揽人才，规定训练期间为三个月；期满后，除合格的任为县长外，余任为佐治人员，以期因才器使。二是实行严密的甄审办法，将各方介绍来愿意当县长的人，加以甄审，借免幸进滥用，而且甄审合格的人，还是要受训练，还是要受同样的考核。甄审章程中规定甄审程序：第一步要经过资格审查，由民政厅长和另外两位省府委员会同办理；第二步要经过四位省府委员和民政厅长一共五个人的口头询问，并调查其平日之操守能力，而后提请省府委员会议决定认为足膺县长之选者，才发交民政厅存记备用。这样办法，九个省府委员就有七个可以参加考核工作。后来有人以为这样的办法，不是非常时期择吏之方，而且也绝不是"礼贤下士"之道。因为以一个应甄的县长要经过五个省委的谈话，真正的人才已经会不高兴了，再要加上受训，那他如何愿意忍受这样的办法呢？我当时曾说：这样的办法虽然不是礼贤之道，但是通过这样的办法所产生的县长，绝不是主席送人情的礼物，这一点是可以保证的。立法不可不严，我们正是要用这样严格的规定来消弭幸进之风和官场陋习，树立政府与在野贤才之间的真诚互信。我想要是真正的好人才，一定会谅解政府的苦心，愿意来为地方尽力。如果实在不然，而为了地方上的特殊需要，我们也可以至公至正的精神，来谋一个特殊的补救。

在这样有原则、有计划、有步骤的准备之下，我们自己也相信"这是为革新县政而选择人才，不是为安插私人而更动县长"。全省县政经过全盘调整以后，一种新的气象在各县城渐渐滋长起来了。这些政治的部队，首先被课定一个十分紧张的任务：废区，扩并乡镇区域，充实乡镇机构，整编保甲，选拔保长。这个任务四万人的保长训练，九月要在各个行政区域的所在地开始实施。我想，基层组织能否脱胎换骨，能否变化为新的力量,是决于这一阶段的任务是否成功。根基一坏,建树皆休。我亲自撰了一通电报,指示必须注意的机宜。全省各专员、县长均鉴:保甲为推行政令之基层组织,改选保甲长为革新省政之第一要着。故保长人选务须极端慎重,必以青年热忱之知识分子为准。倘仍惮于更张,徒以旧有保长或其他不健全分子滥竽充数,则一切计划方案,皆属枉费。切望各县长严格铨衡,毋稍轻忽!各专员于各县送到受训之先,必须举行入学检定试验,其不合格者,应发回令再选送,毋稍宽假。其次,则在加紧训练。各专员、县长必须亲自参加,并督率重要职员如秘书、科长、督导员等认真办理,本府亦随派委员前来视导,庶几力量集中,宏效可期。本主席殊以保长人选与训练,为建设新湖南之重大根据,各专员、县长当有同样见地,而特加重视也。(九月寒电)

这里,我特别提出了"必以青年热忱之知识分子"作为选拔保长的基准:第一要求,必须是一个知识分子;第二要求,必须是一个青年知识分子;第三要求,必须是一个热忱的青年知识分子。一个知识分子固然可以成为一个保长,但必须是一个青年知识分子才可以成为一个革命的保长,更必须是一个热忱的青年知识分子,才能成为一个富有朝气锐气热血热忱,有担当、能苦干的亦文亦武的基层组织领导人员,一个可以兼任联保小学校长和抗日自卫团联保队长的基层干部。

事实上,可曾完全照着这一个绝对性的准则去选拔呢?也许是不尽然。经过一度概括的调查,大致百分之四十是中学生,百分之三十是当地士绅,百分之三十是原来的乡保长。这样的成分还是要待加以逐次的修正与改进的。可是种子撒下以后，无论如何总会有一点萌芽。我相信这些青年分派到乡村去后，一定会或多或少地在改造社会革新政治的进程中，起着推动的作用。当然基层建设的完成，该不是短促的时间所能企望的。

基层建设之推进

计划中的新县制，有下面几项措施：

一、提高县长的职权，充实县政府的组织，使县一级能成为三级政府制度中坚强之一级。

二、废止区公所，使县组织愈益简单灵活，并实施督导员制，巡回督导各乡镇保甲人员推行政令办理自治，"一面为政府公务人员，负推行政令之责；一面为人民代表者，有生聚教训疏通民意之权"。

三、扩并乡镇区域，规定保甲户编组以十进，十保至五十保为乡镇，斟酌山川形势、经济状况、交通情形及人民习惯等，加以扩并，使直隶于县。扩并后之乡镇，设乡镇长一人或二人，办理规定之职责。

四、在县府设置技术辅导团，包括教育、农林、工矿、卫生等类性质之辅导员，深入乡村，计划并辅导乡镇保甲，办理及改良各种生产技术事业。同时，更设置政训员、军训人员、妇女训练员等，负各种训练之责，使乡村得以接受科学与近代政治精神之洗礼。

五、将乡镇保甲实务加以扩充，除一般执行政令推进自治之事项外，确定以"办理民众组训""组织抗日自卫队""辅助军警搜捕盗匪"等为中心任务。以军事、政治、教育之连锁实施，树立管教养卫合一的基础。

六、在基层组织中，高度的发展民主性，以树立全民政治基础。规定乡镇民大会，每半年举行一次，保民大会每月举行一次。同时制订乡保民众集体组织实施办法，除规定各乡镇公所应延致本乡公正士绅及其有专长之人士组设评议会，计划并策动各乡镇内一切地方事业外；并规定应就本乡镇内人名之年龄、性别、职业及各种社会活动、娱乐，分别组织各种团体。如属于年龄、性别者，有耆老会、壮丁团、少年团、儿童团、妇女会等；如属于职业者，有农会、工会、商会、教育研究会及其他自由职业团体；如属于社会事业者，有林业公会、保路工会、修筑堤委员会、慈善会等；如属于娱乐者，有国术、戏剧、音乐等组织。使每一人都有参加一种或多种组织的机会，加强其团结，形成一种新气象。

以上几点说明：我们计划中的新县制的建设是侧重基层，而基层建设的推进，不只于要求纵的方面基层机构的健全，更要求横的方面即民众组织的充实。为什么呢？"组织民众非健全基层机构，无以端正其动向；健全其基层机构，非组织民众无以充实其内容。必也错综交织，相互为用，其效乃著。"我们组织抗日自卫团的目的，是要将民众力量纳入地方自卫制度之中，发扬民力，保乡卫国；而规定集体组织实施办法的意义，则是要将各种社会活动纳入整个地方行政自治机构的领导之下，发挥民主政治的精神。

当时我对于组织民众的一般见解，以及我对于现代政治的愿望是这样："讲到处置安顿原有区乡镇长的问题，虽然在方案里面没有说到，但是将来实施办法里，一定要明白地规定出来。我想，乡下有资望的老者长者以及一些有一技之长的人，都要纳入相当的组织；就是一般乡保长，将来也要给他们一个相当的地位，相当的发言地位。我们知道我们现在所有的组织完全是纵的组织，譬如从省到县，从县到乡镇到保甲，完全是纵的关系。讲到组织的运用，那完全靠纵的组织是不够的。什么叫做严密的组织？严密的组织就是纵的横的交织成的一种网的组织。这样的组织才能有力量，也才是最健全的组织。

"譬如，在这一乡、这一保里面，我们在乡保长以外，另外再设立一个评议会之类的组织，把这一乡、这一保有资望的人都容纳进去，让他们都有过问乡务的机会，有发表意见的地位。这样，即使不当乡长，不当保长，对于他们原有的地位，原有的体面，也并无妨害。再则一个评议会或者还嫌不够，那我们也可以多组织几个会，或者在评议会多分几个部门。这样不管他是木匠、瓦匠以至接生婆，他们都可以分别参加各种的组织。组织的形式，可以从评议会扩展到水利会、造林会乃至龙灯会、拳击会等形式。总是处处表现组织的精神，时时启发组织的意识与情绪，这样在无形中就给了他们一种现代的训练，可以慢慢推动现代化。

"我们常说国家是有组织的机体，某一个民族是有组织的人民。这话怎么讲？这就是说，在这个国家民族里，所有的人民，不论是男是女，是老是少，他们都参加一个组织，而且甚至参加两个以上的组织，每一个人都按照各人的专长、能力、职业乃至嗜好，分别参加各种组织，发展自己的抱负，再由政府或由党把这些组织领导起来，便可以在一致的步骤之下，发生伟大的力量。所以一个国家真正有组织的话，不但是由省到县以及乡镇保甲，有纵的组织，同时还就人民各自的职业技能，有横的组织，不只城市有组织，就是乡村也要有组织。这样相互交织，城乡联贯，就可对各种设施作有力的推动。我们说组训民众，不是说到乡村拉老百姓进党，拉人这样那样，弄得他们头昏脑涨。我们主要的目的是利用并善为运用民间各种固有的组织，使它健全，使它科学化，使它现代化。要能够这样，才是懂得组织的道理，也才可以建立组织的基础。

"我们主张社会革命，我们要改造社会，是用感化的方式、教育的方式，使一切自然地走上我们的一条道路来，使一切人不能不向着好的方面去做。因此，我们对于各种下层组织，要求其十分严密而有力，可以作为领导民众之基础。同时，领导的人物一定要有良好的品格，可以应付一切的知识，具有前进的精神和国家的观念。这样来感化一切，运用政治方式达成一切，将来自然而然可以养成一种新风气，一种处处为国家民族利益着想的新风气。我们要鼓励人民发言，鼓励人民过问地方事务，只有这样才能培植现代政治之基础。如果人民没有发言机会，对于地方事务没有热忱，这就不是现代的国家，现代的人民！"

《抗战建国纲领》第十三条说："实行以县为单位，改善并健全民众之自卫组织，施以训练，并加速完成地方自治条件，以巩固抗战中之政治的社会的基础，并为宪法实施之准备。"很显明的，我们基层建设的方针，正是循着这一个纲领向前推进的。鉴于过去"地方自治"掌握于土劣手中所造成的失败，我们试行以改造社会的革命方式，转变地方的本质，加速自治的完成。所以我在改进基层机构所发表的公告中，特别说明："凡此人事之更张，制度之变革与其组织之改进，盖无一而非为革新政治着想，无一而非为增进人民福利着想，亦无一而非为巩固国家基础着想。其原则、其方针胥指于同一之归趋，使人力物力并皆发展，充实抗战力量，人事、制度并皆合理进步，以谋现代国家之实现！"

　　这个愿望实现了几何呢？这五万个基层干部是不是达成了基本的任务呢？可以说，当我离开湖南之日，这一个艰巨的工程还没有完整展开。

第七节　五月杂话

发动人民抗敌自卫力量之真义

从四月起，大规模的集会比较多，而且每次的会场中也出现了新的行列——行政干部学校各班次的学员和中央军校长沙分校的学员军士，建设新湖南的文武干部，象征着文武合一的精神。

最初是干部学校举行开学典礼，有人告诉我："你们这些文武干部都已经受了两番'洗礼'了！"

原来，在某天举行民众庆祝鲁南大捷大会的时候，倾盆大雨注了下来，这些草绿色的行列以屹然不动的精神，承受着大自然的"洗礼"。接着在开学之日，又是在大雨淋头之下举行，仿佛是在锻炼大时代中青年知识分子担当风雨的精神。

经过了四月二十五日长沙军分校的开学典礼后，紧张的五月到临。五月，这一个创巨痛深的五月！我们把抗日自卫团的编组预定作为这一月的主要课程。总团部的成立仪式，决定在五月九日和抗战雪耻大会合并举行。

一个阴霾四布的清晨，在圣经学校的草坪上，到了两万多群众，在半旗之下，举行了沉痛庄严的仪式。

那天我们举行了发动人民抗敌自卫力量——编组民众抗日自卫团总团部成立式。我是说，我们要发动湖南省三千万人民自卫的力量，来抗日救国。为什么一定要发动人民自卫力量来抗日来救国呢？我们人民如果没有自卫的力量，就不能够担当抗战，支持抗战；我们人民如果没有自卫的力量，就不能安居乐业；我们人民如果没有自卫的力量，就不能实行自治。

"怎样讲我们人民没有自卫力量就不能担当抗战、支持抗战呢？在现代的战争中，尤其是在民族革命的斗争中，单纯的军队力量是不够的。必须要把全民族的人民自卫力量发动起来配合作战，这才能形成一个保卫国家、打击敌人的坚固不拔的堡垒，这才有把握，才可以胜利，才可以成功。不然，我们就要失败，就要让敌人长驱直入，横行无阻——就要灭亡！所以我们为了要担当抗战，支持抗战，保卫国家民族，我们要尽早尽可能地把人民自卫力量发动起来，领导起来，才可以争取最后的胜利，最大的成功。

"再说，为什么说我们人民没有自卫的力量，就不能够安居乐业呢？我们不必拿远的地方来讲，只说我们湖南有若干县份，一天到晚，一年到头，人民都被几个土匪、几条破枪弄得焦头烂额。这种惨痛的情形，是由于什么呢？就是因为我们人民没有自卫力量，所以受害如此之深。其实，真的土匪有多少？真的有一万八千吗？没有的。也许只有二三十杆枪，或者多则三五百支枪，集合几十人几百人，这就算是股匪。这种小股的土匪就到处杀人放火，越货吊羊，弄得民不聊生。这是什么道理？假如我们人民自卫力量发动起来了，哪里还有什么土匪？我们全省有三千万人民，我们全省有多少土匪？最多算他三万吧。照这一个最多的最可怕的数字来计算，也只是全人口的千分之一。换句话说，一千个人中才有一个土匪。如果我们把九百九十九人自卫力量发动起来，我们还敌不上一个土匪吗？还管不住地方上的坏分子？还不能消灭这些坏分子吗？

"我们为什么又说，如果人民没有自卫的力量就不能够实行自治呢？这个道理是很明白的。我们碰到很多爱国爱乡的志士，就是诸位乡老乡贤，都一致慨叹：如今在社会上在地方上，站在前面的都是一些坏人，就是土豪劣绅之流的坏分子，而真正的公正士绅，都不肯出来负责。这就形成了一个所谓'小人道长君子道消'的坏现象，以致一般人民陷于水深火热之中，在种种非法支配压迫之下过活。这样，试问，我们有什么法子可以使人民自治呢？有什么法子可以革新基层政治、澄清风气呢？我们应该怎么样？我们要发动改造社会的革命运动，要把一切的坏人压下去，要把一切的正人提起来，要造成一个'坏人不敢露脸，好人大家出头'的新气象，要做到'君子道长小人道消'，要使人民不再受土豪劣绅、流氓地痞的摧残压榨。这样人民才能自治，政治才能革新。我们怎样办呢？就是要发动人民自卫的力量，要以这一个力量肃清一切土豪劣绅的盘踞势力，来澄清我们乡村的空气，使得真正有生产有职业的纯良民众都能参与政治，参与国家大事，使大家都肯为国家民族去奋斗去牺牲！"

这三点真义和我曾经提出的抗日自卫团消极的三条——一、不离开行政系统；二、不离开生产；三、不离开乡土——也是相互说明的。由此把抗日自卫团的性质与任务确定起来：在制度上，是要将地方自卫制度纳入地方政治制度之中，使地方生产力量汇入国家战斗力量之中，使地方民众的战时组织成为政治建设的基础；在办法上，是要发动全省人民的力量，和政府打成一片，以省为首脑，区县为肢体，民众为细胞，结成有机的战斗体，平时确保治安，推动建设，战时能协同国军，保卫乡土，战后亦能以自卫之机构，进而加强自治之效能。这就是把平时状态转变为战时状态，以战时机构强化平时机构的办法，也正是"以对外抗战准备达成对内建设企图"的步骤。在这办法实行之后，集合民枪十万支，再加以梭镖、刀矛、土铳、鸟枪等杂色武器，编组三十万自卫常备队，七十万后备队，所有的成员都是"各有其身家性命，各有其保卫本乡本土的热情，一方面握着战斗的武器，一方面不放弃生产的锄头"——从十六岁到五十岁的纯良民众，这一种庞大的民力、强固的民心与旺盛的民气之发动与养成，实在是"抗战必胜建国必成"的资本。

在强烈的历史憧憬中，我说："我要拿没有一个湖南人不知道的几句流行的话来作结束了。这几句话就是：'中国若为德意志，湖南当为普鲁士！若要中国亡，除非湖南人尽死！'这一种崇高伟大的自信，就是我们湖南同胞同志应有的信心。不过这几句话，还是带一点消极的意义。因此，我现在把这几句话改换几个字，提出更积极的要求。把这几句话怎样讲呢？就是：'中国若为德意志，湖南必为普鲁士！若要中国兴，只有湖南人尽起！'"

我们愿多听人民说话

紧接着抗日自卫团总团部的成立式，五月十日举行了军事参议会的成立典礼。一百几十位从全省素负众望、热心公益的公正士绅、地方领袖中敦聘出来的人民的代表，济济一堂。我说：

1938年主政湖南时的张治中。

"我感觉这个典礼是比任何仪式都有更重大的意义。为什么呢?因为省府全体同人,对于这一个机构,实在怀有无限真诚的敬意,深信军事参议会成立以后,对于发动湖南三千万人民抗敌自卫力量方案的实施,一定有着最大的助力与推动力,使政府与人民感情沟通,意志融洽,打成一片,向前推进!"在我们制订规程的时候,原是把它作为一个民意机关而设置的。

当时各省还没有设置民意机关。我在一九三七年十二月中旬,延聘了省内的专家学者和留在湖南的国内知名人士,成立了战时设计委员会,这是为了希望将战时施政与专家学术配合起来,做到合乎技术政治原理的一步;现在再要成立这个军事参议会，里面固然也有专家，也有学者，可是主要的成分是按县区分配的各地乡贤，是德高望重典式地方的父老，这是希望做到政府人民通力合作——做到合乎民主政治理想的地步。因此，这两个组织，可以说：一个是政治的设计机关，一个是民意的表达机关。

开宗明义，我以"我们愿多听人民说话"为题，说明了我私衷的热望："就本会的名义和组织性质来讲，顾名思义，是属于军事性质的参议机关。但是省府同人衷心的思想，是不但认定本会负责的先生可以代表湖南三千万人民的公意，来执行抗敌自卫关于军事方面设计建议的工作；而且在政治方面，民情方面，也希望各位先生尽量代表人民说话，丝毫不必客气，一点不要有其他的顾虑，有什么感想尽可提出，有什么意见尽可发挥，有什么话尽可以讲。省府一切措施绝对是以人民利益为前提，绝对是站在人民利益的立场来做事。正因为如此，所以绝不怕人民说话，而只怕人民不说话！省府同人很明白地了解他们自己的地位是领导三千万人民的地位，也很明白地认清他们自己的责任是发动三千万人民抗敌自卫的责任，省府同人更不只以了解自己为已足，更希望了解人民，认识人民的意向。所以人民方面提出的意见，省政府是要接受的，人民方面的建议，省府没有不诚心诚意来考虑执行的。因此，各位先生如果能把民情民意尽量转达到省府方面来，好让我们知道人民对于我们所做的事究竟持着什么意见，也就是让我们知道，我们所做的事，人民方面的反应如何，省府同人实在要认为这是最大光荣的收获，是没有不欢迎的！

"今天,特地向各位先生郑重表示这种诚恳的态度,为的就是要切实说明一个很重要的意思,那就是说:如果我们哪一种设施是离开人民利益的立场,或是不合乎人民的需要,人民当然可以出来说话;如果人民不出来说话,那负有沟通三千万人民情感责任的各位先生,当然更可以说话,更应该说话。无论说好说坏,省府同人都绝对愿意听到人民的说话,这样才可以使政府措施与人民意旨不致疏离。在省府同人方面,既然认清了自己的地位与责任,对于一切措施也决不敢偷安苟且,或者草率从事,我们对于每一个问题,当然都是经过很郑重的研究与考虑,而后再付之实行。但是我们虽然这样仔细,终究恐怕力有未逮,终究恐怕稍有疏虞,所以要延请高明,广征民意。这个军事参议会也是为了这一个意思——为了集思广益,众擎易举,为了一切措施易于顺利达成,不至于发生错误或中途挫折。所以对于这一个工作,省府同人是要请各位先生协助计划,要使三千万人民了解与拥护的。

"为什么我们这样重视人民的了解与拥护呢?这是一个很重要的问题。现在世界上很多国家,都走上了现代化政治的道路,可是我们中国的政治距离这个路标还是太远。我们中国的政治,还是自上而下的政治,不是由下而上的政治,这种政治的特色是:政府是主动的,而人民是被动的;只有政府说话,而没有人民说话;只有政府的主张,而没有人民的意见;只有政府提出办法来要人民这样做那样做,而没有人民提出意见来,要政府这样做那样做。因此,一切是自上而下,是多半带一点强制的意味的,这样就很容易使政府站在压迫的地位,而人民站在被压迫的地位。这样一切需要强制执行，不能使人民心悦诚服，效力当然是十分微薄的。如果政府一切的措施不能顺应人民的情绪，那成功就很难；而且即使成功，也会丧失或减少这一个政治措施的意义与价值的。

"所以现代政治的精神，就是要激励人民自发的情绪，来推动政府的方案。政府不但要使一切设施真能合乎人民的需要，而且还要观察民心之所在，使政府意旨与人民意旨完全配合起来，这一种态度与心理就是省府同人的抱负。所以我们十分重视人民对于方案的了解与拥护。我们省府同人就是要以这一种精神，上对中央负责，下对湖南三千万人民负责。我们自信自视为人民的公仆，要一心为人民服务，其意义就在此。天下哪有做仆役的人可以违背主人意思而单独行动的？又哪有仆人不处处希望了解主人意旨的？省府同人深深认识这一点。所以凡是违反人民利益的，省府绝对不做；凡是可以增进人民利益的，省府绝对要做。什么是违反人民利益？什么是可以增进人民利益的？省府绝对愿意并且欢迎人民自由说话，欢迎人民自由提出意见来，要我们去做，不断地去做。我们唯一的愿望与企求，就是要在我们湖南树立现代政治的根基，造成政治现代化的三民主义的新湖南！"

那天我讲话后，湖南名宿、七十余龄的老翁湘阴陈嘉会致词。他认为在抗战时期"有钱出钱，有力出力"还不够，还要更进一步"有命拼命"。他坚决表示："一息尚存，愿竭尽绵薄，以贡献于国家民族。"日子已经很远了，但这位老人当时所表现的慷慨激昂的情绪、老当益壮的精神，还在我的记忆中留下了难忘的印象。

"省服"与"剃头匠的精神"

五月最后的一次纪念周上（五月三十日），听到了宾步程委员率领团员视察广西的报告以后，我就当时流行的所谓"省服"——湖南省文职公务人员制服——问题，有所评述与发挥。

先讲这种制服的缘起。

也许是由于一种军人的习惯吧？我总时时感觉到整饬服装的重要。因此，我常常告诫文武人员，要注意养成整齐清洁的习惯，要在服装上、仪表上显出一种特有的风气、一致的精神。四月下旬，在一次省府谈话会上，就谈起夏季服装的问题。当时我们相互看了一下，有长袍大褂，有中山服，有西服，有军服，帽子、鞋子、袜子，五彩纷呈，大家不禁哑然失笑！

本来，文官制服是有规定的。但是如果说一律穿着中山服吧，有许多老先生认为不方便；如果说一律改为长袍大褂吧，青年公务人员又会认为这是太腐败了。如果说"一视同仁、不加偏废"吧，那不但长短装不同，而且长衫或短装队中，也还是有种种参差。于是大家计议到新服装样式的问题，先决定了几个原则：

一、无论老年青年都愿意穿，穿着时很便利；

二、无论城市乡村都可以做，做起来很简单；

三、老百姓看了不会讨厌，而又能印象一新；

四、从头到脚可以绝对一致，如同军人服式一样。

大家想了好久，得不着结论。第二次的谈话会上，我提出了我想到的式样：

一、帽用软边学生帽；

二、上衣对襟布扣，大体为中装短衫式；

三、裤用中山装裤式；

四、黑袜黑布鞋或黑皮鞋。

这或者是一种很怪异的服装吧？说好一点，是"中式为体、西式为用"，"文式为里、武式为表"；坏一点说，就是"四不像"——不中不西，不文不武。但是这一种服装确实是采取了西裤的便利、中衫的简单、学生帽的美观和黑袜黑布鞋的朴素。还有几点特别适应事实的地方：一是适应夏季的天气，这样可以凉爽方便得多，也省得买草帽，穿衬衫；二是适应一般人的习惯，把领口的束缚——风纪扣的束缚解放；三是适应乡村的生活，在新颖的仪表下，包含了朴素的土风。

我的意见通过了，于是规定各文职公务人员在办公时间及参加各项集会时必须穿着这样的服装。五月十六日，干部学校第一期学员结业典礼时，省会各机关公务人员第一天换穿新制服来参加典礼。我看见许多人用着会心的微笑，在那里面面相觑。有些人还觉得很为羞怯的样子，大概在他们的心目中，也认为这是一种"奇装异服"吧？

过了几天，这一种服装以"省服"之名，出现在报纸上了。后来，几乎成了通用的名称。有一张小报登了一段幽默的文章，说这样的服装，"帽子象征学生，上衣像剃头匠，裤子是文官服制"，我看了也禁不住好笑。可是细细想想，如果真是以一个青年学生、一个剃头匠、一个近代文官的精神，合成一个湖南省的公务人员，那实在是太理想了。

所以那天听到考察团讲起广西公务人员的精神以后，不禁深有感慨，我说："刚才宾委员讲到在广西上自主席下至小学生都一律穿着制服，这一点我听了非常感动。我们湖南省公务人员现在也换穿制服了，可是就有很多的趣事发生，即在今天会场里，就有不少笑话。"

我说起干校结业典礼时所看到以及当天会场上所见到的种种不合规定和玩忽命令的地方，指出是一种旧习惯、旧心理的遗留和命令还未能彻底传达忠实奉行的缺点后，提起那张小报上说的话，我说："这篇文章多少有一点开玩笑的意味，但是实实在在讲来，我们还是受之有愧的。这篇文章并不是讥讽我们，实在是称赞我们，大大地称赞我们！大家想一想，学生的头脑多清，学生的精神多好，我们要是有学生的头脑、学生的精神，我们的政治就不会这样的腐败。再讲到剃头匠，也许有人误认为这是下等的职业，这小报简直在挖苦我们，但是我们再想一想：我们够得上做剃头匠吗？我们有剃头匠的精神、剃头匠的技术吗？假使我们大家都能够做到剃头匠的功夫，湖南早就治理清明，不用今天来多说了。"

我继续说到剃头匠的功用。

"剃头匠的功用有两个：一是扫荡，二是整理，所以他的现代称号是叫做理发师或是美容师。无论你的头积垢怎样久，怎样多，你的头发怎样长，怎样乱，只要经过他的手下功夫，就可以荡涤瑕秽，有条不紊，而且修饰得容光焕发，使你蓬头垢面进去，光头洁面出来，这不是可观的成绩吗？

"可是我们怎么样呢？我们负了洗涤旧污、推行新政责任的人，可曾扫荡了政治上的瑕疵、涤除了社会上的污秽没有呢？换句话说，我们可曾像剃头匠一样，把政治上、社会上的积垢积弊肃清——把贪污肃清，土匪肃清，烟赌娼一概肃清，虚伪、迷信、污秽等腐败的习惯，一概肃清了呢？老实讲，我们没有做到。我们实在是愧对剃头匠！

"说到整理，那更不容易谈了。可以说，凡是要整理、应该整理的都还没有做到。大家对于那些不合理的乱七八糟的混乱情形，仿佛听其自生自灭一样。讲人事，人事没有整理好；讲制度，制度没有整理好；讲一切业务，一切业务上尽是问题，又都没有整理好。这真是所谓积乱如麻，千头万绪，一部二十四史，不知从何说起！"

接着，我讲起"工具"与"勇气"——方法条件和精神条件的问题。我说："我们不要轻视剃头匠，凡是扫荡、整理、爬梳、修饰这一类的事，都不是容易的。

"譬如以剃头匠来说，他怎样完成他的工作呢？他第一要有灵巧的工具，第二要有运用工具的熟练的本领，第三还要有贯彻本领的勇气与决心。

"第一讲到扫荡，这是剃头匠的第一步功夫。他拿了一把快刀快剪，把他认为不好、认为应该削除修剪的地方，很迅速地就办到。可是我们不行，我们手里虽然没有一把刀、一把剪，但是权力在我们手里，正是我们的刀与剪，为什么我们不行呢？我们没有勇气去执行！譬如我们明明知道一些积弊是应该扫荡的，可是我们不敢去扫荡，我们唯恐惹是生非，就得过且过，甚至还要有意无意地把它掩饰起来，唯恐别人看见。剃头匠是对着镜子认真施展本领的，可是我们这样掩耳盗铃，敷衍塞责，你们说，我们配得上做剃头匠吗？

"第二再讲到整理。剃头匠实施整理的工具，是一把梳子，一把篦子。梳子一梳，条理井然；篦子一篦，垢质尽除。梳要梳到妥帖，篦要篦到干净，可是我们又不行。我们梳子篦子当然也有，但是我们懒得去用它，或者用得不彻底，偶然扒了几下，梳了几下就算了。甚至扒梳了几下，没有结果也就算事，乱还是让它乱，糟还是让它糟。而且大家都这样想，反正这不是我弄乱的、我弄糟的，我可以不负责任，不尽责任。人民拿他们的脂膏来养活我们，是为了什么呢？大家想想看，我们不应该愧对一次只拿几毛钱的剃头匠吗？"

现在想想这一段言辞，实在是太激切了。可是想到一些可以做到而没有做到、应该彻底做到而没有能彻底做到的事情实在是太多了。积弊积习都还没有清除，还谈什么新建设呢？

所以我总结说："现在我要求我们每一个同志，尤其是各级主官，要切实反省一下：我们对于政治上的一切设施，是不是能尽到剃头匠扫荡与整理的功夫？我真想不到小报上能够给我们很好的材料。我觉得这种比喻是荣幸。我希望我们各部门的公务人员都成为各种业务上的剃头匠，以敢作敢为的精神，来为湖南做整容的工作，使三千万人民都如同经过理发的功夫一样，每一个人都感到怡然自适；使湖南全省从省城到各县一直到各乡村都是容光焕发，生气盎然。这就是新湖南建设的成功，这就是为建设新中国打下一部分坚固不拔的基础！"

第八节　第二度出巡

巡程前后

一九三八年五月中旬地方行政干部学校第一期各班次学员结业分发以后，湘中各县分人事都经过了根本的调整，我们的目光乃注视到还没有十分安定、一向被视为"特殊地带"的湘西。

自从四月初沅陵行署成立，陈渠珍回到湘西以后，这一地区的情况虽然有了初步的安定，但究竟还没有完全安定。再则，湘西不仅在湖南是一个重要地带，而且因为屏障川黔的关系，在抗战全局中必然也将成为一个重要的根据地。为了想实地考察这一个动乱的地区的民情风物，更希望从实地考察中能够决定一个切实而有效的安定湘西、开发湘西的办法，我计划第二度的出巡。

原来也是预备同第一次出巡湘东南的办法一样，事先不给地方知道，随意去视察。但是不能不先使沅陵行署知道。行署陈主任知道以后，就提出一个请求说："到别的地方去，可以不使地方知道，但是湘西情形有点不同，最好能先知道。况且湘西人民多少年来，都没有看见过地方长官，也希望给他们一个接近的机会，所以这次主席如果要到湘西来，希望预先可以给大家知道。"他并且建议：到一个地方去要把地方士绅召集起来谈话，好让他们有机会面陈民意。因为他这样讲，所以这次到湘西去，事先由沅陵行署通知预定要经过的各县，同时对不经过的地方，也把附近各县士绅的代表，集合在相当地方，等我在经过的时候见面。同行的人，本预定为教育厅长朱经农，财政厅长尹任先，临动身时，尹因接洽发行省公债事赴汉，没有同行，但是后来他也赶到沅陵，参加到常德的视察。此外还有各厅处所派秘书、科长、督学、视察、技正等随同前往。

五月三十一日从长沙启程，一共经过沅陵、辰谿、芷江、麻阳、凤凰、乾城、永绥、泸溪、常德、临澧、澧县十一县。可以说是从上湘西走到下湘西，也就是从沅水流域走到澧水流域。中间从芷江到乾城的几天行程完全是走的山路。沿途山川风物瑰伟奇丽，树木葱茏，使人感到山水之胜，风景之奇。这全部行程，如果用旅行的眼光去看，可以说是在大自然公园中的游览，在画图中的赏玩。这些美丽的山川，葱茏的原野，不但使人有锦绣河山的感觉，而且也减少旅途的劳顿。所以我曾说："湘西这一个地方，丢开别的情形不讲，实在是一个美丽的公园。"

这次出巡所注意的目标，与出巡湘东南的一次稍有不同。上一次的目标，是考察各机关与一般公务员的精神，和探访民间疾苦，是秘密访问的性质；这一次出巡湘西，对于人民生活，是一种公开慰问的性质。其他的目标是在教育问题、治安问题、民众训练问题，以及人民自卫力量组织问题。至于对一般公务人员的精神和地方上的各种动态，也适当注意。

回到长沙以后，我曾经作了一个详细的报告，就（一）人民生活情形，（二）匪患问题，（三）教育方面情形，（四）民训成绩的表现，（五）民众自卫力量的发动，（六）经济建设问题，（七）公务人员的好与坏，（八）湘西士绅的精神等项目，综合地说明了我的印象和感想。

最令我不能遗忘的自然还是人民的疾苦。尤其不能遗忘的是在上湘西一带，每到一县时，人民拦路涕泣呼号的情况。一路收到的禀帖达四百余件之多。后来加以统计，请求惩治盗匪劣痞的是占第一位。其次就是控诉地方官，以及乡保长等的压迫剥削。再次，就是诉讼纠纷。这个统计至少可以作为政治失修的反映。对于这个问题，我曾说：

"讲起湘西人民生活的情形，可以说是过的非人生活。这些苦痛的情形，这些非人的生活，我们一般老百姓也许只会委诸天命，他们是不会有什么怨言的。但是在我们负着军政责任的，或许有些人也可以不把这些列为自己责任以内的事，使自己有负咎之感。但是细想一想：我们能逃脱这一个责任吗？根据禀帖的统计加以研究，就可以看到一般人民的痛苦，还不止于本身生活的贫乏，同时在贫乏的生活中，还受着政治上压迫的痛苦。这就不能说与我们无关，这就是我们要负责的。大家看看人民是怎样呼号，是怎样迫切陈词，我们真应该要万分惭愧！要是我们不能负起责任来，解除人民的痛苦，不但不配站在我们的地位，而且也不配做一个人！这是我们莫大的罪恶，莫大的耻辱！希望我们各位负责的同志，要清夜自思，时时反省！错误要坦白承认，责任要坚决负起，不必掩耳盗铃，更不需粉饰太平！只要我们把握时机，负责去做，一切难题都是可以解决的。所以我们的态度是：绝对不讳疾忌医，而要绝对指出病症，研究病因之所在，要求大家负责来医治，使一切恢复健康！"

从巡视归来，就我所看到的各方面的情形，我的结论可绝不是悲观的。我曾说过："湘西是有名的穷，但是我们到湘西看一看，觉得湘西实在是富。矿产之丰，林木之盛，民力之强，这都是富的条件。为什么还是穷？为什么我们湘西人民是过的非人生活呢？就是因为货弃于地。真正的财富一旦开发起来，那湘西实在可以成为一个最富的地区之一。要根本解决湘西的民生问题，这是一个最主要的着眼点。"

关于人事方面，我也曾说过："在腐败老大的环境中，湘西是有一个新兴的气象表露出来了，古老的湘西是渐渐地转变过来了，湘西是向着新生的路上走了！"

什么是这些迹象呢？无论是好的坏的，我都把它保留在下一节的"西巡半月记"中。

西巡半月记

五月三十一日

晨六时，抵西站。出发前，就站外路畔民家树荫下，聚随行人员作小谈。告以此去湘西系抚慰人民，探求民隐，无论待人接物，均须出以亲切真诚之态度，切勿自视为省会官员，虚骄自用。到达一地后，更须成绝酬酢，专心访察。遂将任务加以分配。是日，见各员均衣规定之夏季服装，似亦颇能为精神生色。

登车后，疾驶于行道树荫中，五月薰风，使沿途浅水低山倍添清丽。车抵益阳渡口，登裴公亭远眺河山，经农遥指资水下游，云："去此三数十里，即所谓桃花江上也。"

下午一时许抵常德站，酆力余①同志以下文武人员候于道左，即就站畔旅店午餐。与力余同志略谈地方军政事务后，继续登程。官庄以上，箐深林密，路转峰回，车傍滩流行进，恒见三五农民浴于一泓碧水之中，恬然自适。意者千载以前，殆诚如陶靖节先生描绘中之桃源风物欤？

　　途次，就一山坳农家休息，与一老者闲话田园生活。度其身世，或当为一富农。有子一人，曾受中等教育，云已赴沅陵应保长考试。余意即就此一端而论，新政殆已引起古老农村之波动矣。俄而，一农妇负其幼子来，见座前所置香蕉，瞪视良久。畀以二，尚不知其为可食；告之，惊异与欣喜之情，交相透露。为之恻然。

　　斜阳映照中，穿过沅陵乡间二三村落，皆有民训人员率领受训农民，整队迎迓于路侧。车行后，雄壮之歌声犹可远闻。

　　暮霭自群峰中腾起之时，车尚蜿蜒于曲折之险路中。深山晚色，益显幽深。七时左右抵沅陵。陈主任偕全城文武人员及中小学男女学生早于数小时前渡河接候，余心至为感愧。

　　夜宿行署，与陈主任闲谈湘西民俗。

六月一日

　　是日上午八时，出席各界欢迎大会，见有受训妇女参加，有长衣，有短衣，有天足，亦有缠足，唯精神已达一致，且能

---

① 酆悌，字力余，时任常德专区专员兼警备司令。

守秩序，知礼节。素无组织意识、未过集体生活之家庭妇女，而有如此表现，是亦不能不认为一种新气象。

下午四时，在行署接见沅陵、溆浦、辰谿、泸溪、古丈等县士绅，畅谈地方情况。其中数老者，特富劲直笃厚之风，古道热肠，弥深钦敬。彼等认为湘西问题并不若何严重，但若干年来政府无好官，民间无正气，或以湘西人民朴愿性成，遂专以榨压欺凌为事，于是治安日坏，民不聊生。求治之道，第一厥在每县要一好官，而后一切方有办法。余深是其言。余告以政治之清明固为安定地方建设地方之要着，而民间正义力量之形成，人民自卫力量之发动，亦正为澄清政治根除匪患之前提；省府职责所在，自当慎选一县主官，以慰嗷嗷之望，唯亦深盼各地公正绅耆，以敬恭桑梓之心，致力福利地方之业，庶几政府人民通力合作，打成一片，克负建设新湘西之使命。

继夏与历经湘西各县视导民训之熊梦飞相晤，承告各地民训工作情形，以及不少可歌可泣之故事。渠谓无论穷乡僻壤、山陬水涯，均有民训青年活跃之足迹，以其精诚血汗，以其坚忍天真，在朴质之民众中，树立不可动摇之信仰，与所在地方深结难于分解之感情。甚至在土匪之心目中，亦确立不敢侵犯之威严，普遍为善良民众所欢迎，而为贪污豪劣之所畏惧。渠以绝对乐观之语调，誉为意外之成功。此盖余所信赖之青年，深入民间忍劳耐苦冒险犯难之成绩也。夏念及昨日沿途所见，相与忻然！

六月二日

本日日程为视察沅城教育情况，经农、玉鍪①及随从人员等同行。是日计曾视察一所联立中学及两所教会学校。三校相距在咫尺之间，而其办学情况乃有天渊之别。相形见绌，使人无地自容。以此推知国家之败，实有由来，不禁深怀忧惧！

当余等一入联中校门之际，恍如置身古庙之中，败壁颓垣，灰尘狼藉，无论讲人、讲物、讲事，均属腐败、杂乱、污秽不堪。学生既无礼貌，教者亦欠精神。余曾见一教员立于讲台之上，手执课本，低头诵读，一如自拉自唱，初不问学生之反应、学生之感受力如何，亦不问其所讲解能否注入学生印象之中，殆真属不求甚解之教师。以此而言近代教育、近代教育精神，实不知从何说起。

其负责者曾延余等人其休憩室中，室中腐败气息，令人不能久耐。辞出后，转入比邻两校，气象大不相同。参观其讲堂、寝室，到处整齐清洁，井井有条，礼貌精神，处处周到。一切事象与精神，一切内容与外表，均非前者所可同日而语。夫以一城之内，数步之间，乃悬殊若此，此中初无别故，唯在精神之不相及耳！盖经营该数校者均属本国之人，唯一则视教育为事业，一则视学校如地盘；一则在新兴气象笼罩之下，一则在因循旧习锢蔽之中，遂致背道而驰。不曰他山之石，可以攻玉，即一墙之隔，亦若相距百年，私心自用，衰朽自甘，初不顾及

---

①陈渠珍，字玉鍪，时任沅陵行署主任。

是否误人子弟矣。在该校周围又曾见有无数"打倒"之标语，经农云："此被打倒之人，即主张将联中改为省立之人。"且更以学生名义出之，具见其居心之坏。乌烟瘴气，实属糟乱无以复加。相与慨叹不已！

返行署途中，曾有一学生装束之青年，含泪跪于路畔，吁请申冤。询其情，知其兄原任沅陵区长，守法奉公，不意竟遭恶霸之暗算，遂致身首异处。其事殊可哀，嘱陈主任加紧缉凶，从严办理。

下午，曾召集民训人员谈话，十数青年精神昂奋。彼等任务将告结束，纷作继续求学计。余深信此半年实地民间生活，必能助彼等了解人生，了解中国社会，了解中国农民。将来蔚为国用之时，必将珍视此一过程在其个人生活史中之重要意义也。

午间，沅城各机关团体设席公宴，余峻谢于先。继推代表来云确为六元之新生活席，余曰："即使为六角之新生活席，余亦不愿地方供应。"仍坚谢之。余自信绝非欺世盗名，唯一念时艰任重，地苦民贫，恒恻之深，实属匪言可喻。觉唯有力自检束，以求心之所安而已。

三区专员萧伯亨有电来，约往永顺一行。告以行程早定，因须赶于本月十六日以前回省主持干部学校第二期学员开学典礼，不克转程。约于佳日在永绥相晤。

六月三日

傍晚抵芷江。自南郊飞机场之边缘以迄城关之路畔，均为民训队员、中小学生之行列。偕席专员楚霖、张司令沛乾等同行行列中。古城落日，犹有余晖，而此几千人之行列中，似亦映有未来光明之远景。所有民训队员、中小学生等精神均极为良好，在想像中殆非如此边城所可见者。

正午抵辰谿时，曾就六三纪念大会，与辰谿民众见面。会场一隅，有数老妪跪地求哀；出场时，拦路呼冤者又数起。或为出征军人家属吁求救济，或为控诉地方豪霸，或为民刑诉讼案件，请求昭雪，宛转呼号，情殊可悯。余心沉重已极，唯有一一慰之。

与辰谿民训人员会见时，数青年侃侃谈地方政事与人民疾苦，胸怀热烈，溢于词色。即当县长之面，亦痛指其非。此种正直精神殊觉难能可贵也。

晚间，延见七区各县代表。各士绅均能慷慨陈词，且充分表现不畏强御、敢于说话之精神，对于地方政务以及七区匪患之剿抚问题，亦有特殊见解。士绅中亦颇多因抗战而还乡之新知识分子，方以改进地方为职志。此诚不能不视为国家在抗战中一种新生命之萌芽，正与民训青年深入乡村同其意义。余对各代表言："余深幸此来能与诸君相见，诸君凡所陈述与建议，均以地方公意人民利益为依归，而敢言之精神，尤为衷心所敬佩。余深信此种精神即是民间之正气，有此正气支柱民间，地方必有清明之日。七区匪患问题，诸君所见与余之所见正复相同，其症结厥在失意军人之作乱。余当嘱沅陵行署以痛剿为方针，早日敉平，毋使滋蔓难图，终成积患也。余在省城一再表示：在省府之立场，绝对愿多听人民说话，以作为对于每一问题探讨抉择之准绳。吾人宁愿多找麻烦，但绝不愿人民多受痛苦。此为省府同人服务人民之一贯方针。自余以下，盖无时不以如何解救湘西人民于水火之中为职志，唯望地方公正士绅相与努力，共底于成也。"

关于地方教育问题，各地代表均曾提出意见，金以学校地点配备偏枯为弊，由经农详加解答。余约经农同莅湘西，固在探求如何改进湘西教育，充实湘西教育，使能与湘中、湘南平衡发展也。

代表散后，与席专员商飞机场征工舞弊一案。此案现正为各方注视之中心。到芷后所接禀帖，关于本案者已有十数件。余必有以妥慎处之。

六月四日

今日民众大会场中，有自附近乡间自动赶来参加之民训壮丁，凡数千人。一派农民装束，掩映于长矛土铳之间，以与服装整齐之学生行列相比，适成一对照。登临台上，检视此辈初受集体生活训练之农民，余心之快慰不禁形于辞色！余得见农民之朴质感情，在受大时代中之锤炼。新事物之体验，新生活之影响，使其多少年来沉埋于压榨下之精神，获有高度的发扬。余信民族之新生命正将随此破衣破帽的群众之觉醒而来，而真正抗日自卫力量之基础，固亦在刀矛土铳无穷威力之中也。余对到会群众深致慰勉之忱，群众中泛起天真之笑意。

此间素以民风强悍著称。余曾以此征问地方人士，据云：此间附近有一乡村，风气异常奇突，居民一若好杀成性，十一二岁之幼童即身佩利刃，动辄相斫杀。其尤奇者，如刀出鞘而不获杀一人，亦必以犬豕为牺牲，务使出鞘之刀血污而后已。嗣夏谈及一故事，云：曾有某姓父，密征邻人杀其亲生子，且悬五百元为敬，邻人应征而往。入门忽有所踟蹰。自思此何等事，万一如有别情，岂非自投罗网？因不敢前。继思白刃既已出鞘，再以之入，又乌乎可？遂一鼓作气，杀其子而出，竟携五百元以归。如此残忍离奇之风气，殆人间之所罕见罕闻！余初不置信，唯说者力言其实。然则此种原始风气，或即所谓"蛮性之遗留"欤！？惜限于行程，不克亲往察视。唯湘西一带地方，民性劲直无邪，恩仇必报，诚属一显著风气。阳明先生曾云："沅民性与道相近。"果得负政治教育之责者潜移默化，因势利导，则去短撷长之日，亦即拨乱反正之时。故社会风气之清纯，正有待于教化勤施之力也。

是日为访查飞机场舞弊案，曾费去不少时间。舆情极为愤慨。良以飞机场之修筑，历时甚久，民工均自邻近各县征来，且有在四五百里外者。徒以管理无方，不仅持久无功，倍增人民痛苦，抑且灾疫流行，民命亦有极大损丧。余曾亲往勘查，不忍卒睹其惨苦。爰命席专员驻芷督工，限期竣事。至于舞弊案中要犯唐立成供证确凿，决定处以死刑，以平民愤。另一要犯杨毓桓以身为地方党委，且案情较为复杂，决定饬将全案及杨犯解省鞫讯，期无枉纵。深夜饬秘书将命令缮就，于明日黎明出发前，密交保安第一旅张旅长及芷江赵县长，遵照执行。

连日到达各地，均有小学生在站守候。守候时间甚久，殊非幼年体力所能胜。在沅时即曾嘱行署人员饬知各县毋许小学生参加迎接，且亦不必参加大会。闻昨日来芷时，小学生亦守候半日，今日大会场中亦有幼童行列，余心极感不安。嘱秘书电沿途各县重申前意，切戒铺张。

六月五日

黎明，乘肩舆发目芷江。北郊外万株绿柳，一湾清溪，晨光熹微中，朝露未收，林间漫溢清新气息。民训队员就数里外之村落中，燃土炮作礼，此或亦为旧农村中之新动态也。告别远送之群众，数百高级小学学生跣足草鞋、短裤戎装、精神抖擞之姿态，深留印象之中。

全日在荒山中行进。沿途极少村落，罕见行人，俨同原始山林。暗云含雨，阵阵灑道，途为水浸，泥泞难行。随从人员中颇多踉跄蹶扑者。暮抵麻阳，历山程九十里。

上午在一贫困之山村休息时，曾在过路亭中与一农民谈话。询其生活情形，无言以告，其面容之愁惨，不啻沉默之说明。芷江飞机场之修筑，予此贫困山村以极大之影响。据云：彼等一保办理征工，规定每甲应出民工二人，服役五日；如欲免除工役，则应以两元为代工费。如未按照规定日期先期到场工作，则催工胥吏来临，又须以六角之催工费为敬。民有饥色，工有病容。为政如此，国将奈何！偶睨墙头，则派捐摊款之字条，斑烂驳杂，不一而足。民生凋敝一至于斯，苛杂之烦又如此其烈，余不忍深思，唯望桥头流水，寄予无穷感慨而已。政治之彻底清明，盖尚有待于悠长之来日也。

　　临行时，嘱卫士畀以一元以作茶资，农人审视良久，似不知所措也者。询卫士指余谓何如人，卫士以实告之，益增其惶惑。山间岁月，远隔市风，朴厚天真，乃成为乡民之本色。此可喜处，亦正可怜处。

　　午间，在另一村落之保长宅中用餐。壮丁数十人，由一民训青年率领，荷枪候于村外。宅中有自沅陵分发来乡之农村放款人员，尚未展开工作。餐次与居停主人谈及治安情况，余询："居此深山环绕之村中，亦以匪为惧否？"主人云："此处有破枪数十杆，匪固不曾侵入也。"为言往事，云匪曾数次来扰，均被击退，村民组织较强，故能应付非常之变。

　　距麻阳十数里之一村落，民家竟设坛鸣爆以迎。余不知何以接纳此种非分之隆情。人民责望愈殷，是则愈增内心之痛楚耳。

　　晚间，召集当地士绅及公务人员谈话。县长不理于众口，业已称病他行，在沅时已决定予以更换。麻阳情况真糟乱如麻！因其僻处边区，交通梗阻，于是地方官吏，得以无法无天。比较观者，唯赖一批英勇青年孤军苦斗；亦唯有此民训人员可为边城生色。召集彼等谈话时，述及人民在政治压迫下之痛苦，及地方上之黑暗情形，几至潸然泪下。据云：彼等赴民间工作之时，必须郑重声明系余所派来，否则必遭极深之仇视，以至无法动弹。伤哉，民怨之深，乃至于此极！

　　夜十一时许，晚膳后，检视数小时内所收禀帖已达二三十件之多，几尽属呼吁诉讼之不公平，与夫苛杂之不胜负担者。字里行间，已将地方政治情况映照无遗，固不待民训人员痛心之泣诉也。中夜彷徨，未能入睡。

六月六日

　　自麻阳来凤凰途中，气象较昨日所见为佳。沿山遍植桐茶，一派新绿，景物怡人。高冈之上，恒见茅舍栉比，一如蜂巢，询之土人，则谓原系避匪移居。指另一峰巅云：村民在此，曾与匪相持数日之久，山麓犹有被焚房屋之残迹也。沿途所经村落，均有村民自卫队整队相迎，道路亦经临时修整。凤城附近，且有佩自卫臂章之指路农民，立于路口。一般组织表现甚强，盖亦在民匪斗争中而成长者。

　　凤凰全境自去年秋季以还，几整个为匪氛所笼罩。乾城事变发动之时，凰县曾被围攻数日，卒在全力抵抗中，幸能保全元气。龙部收编以后，地方秩序渐告恢复，唯乡间散匪未清，居民仍不能安枕耳。现负清剿责任之谭司令治平，及县长谭巨涛，均属精明干练之才。谭司令于匪乱时即以绅士地位，以组织人民力量为己任，用是大著成效。余意地方有一精明干练之主官，益以一批富有廉正勇勤精神之干部，再加以士绅之合作，善用政府威权与人民力量，地方事绝非不可为。

　　此间为在日屯边重镇，市廛中饶有中原风味。房舍整齐宏伟，为所经各县冠。玉鳌先生居此数十年，其仁爱侠义之风，在民间构成坚强之信仰。以言绥靖湘西之适宜人选，余信余之所见不差。

六月七日

上午，仍照例与公务人员地方士绅等相见一堂，一十余龄女童代表致词，甚可喜。

与地方人士研究匪患成因，大致可归纳为：一则山多田少，耕耘不足以自给，加以豪强兼并，捐税如麻，于是以当兵做匪为必然之出路。二则由于历史之沿革，在往昔屯边制度中，即以兵农合一为基础，一旦基础破坏，只有为匪之一途。三则地理上之环境又助成其便利。据云在湘西一带，为匪乃一极简易之事。如能执有一枪，一开始即可杀人越货；否则亦只须携一耕牛，拖往川黔边区一带制造土枪场所，即可易得一枪；既有一枪即能入伙。四则政治力量之薄弱，复助长匪氛。初则任民与匪争，继则纵匪逼民，终则逼民为匪，秩序乃不堪问。如此既有生计之驱逼，复受风气之熏染，更有山林之掩护，复无政治力量之防闲，于是凡有一枪可用之人，均群趋于上山吃粮之一道，此所以使边区不易治。凡此数因，一言以蔽之，厥在"管教养卫"四字未曾做到一字。长治久安之道，固待于正本清源，非单纯以军事力量所能使每一乡村臻于静谧安宁之境地。

傍晚登山远眺，楼阁掩映于群峰流水之间，玲珑秀美，如入画图。何社会现象与自然现象之不能相合也！转捩之机，要在人为而已。

六月八日

晨兴甚早，烟雨濛濛中，渡河沿古大道至乾城①。道畔尚保留昔日防苗旧迹（旧碉堡），断续数十里之长。今日苗胞已不复成为异族，唯汉苗间之仇视隔阂仍深，此亦湘西问题之另一特点。

抵城时，与张专员星舫及谭司令目侯等欣然把晤。道路两旁亦为群众之整齐行列所蔽塞。半载以前，此城曾为龙部所陷，景物凋零，今则生气盎然。观夫学生民众以及文武人员所流露之精神，余告星舫先生：劫后边城，其景象殊非始料所及也。

星舫先生以一学者居现职，以儒家从政精神刻苦笃实，仁民爱物。平日恒芒鞋简从，深入农村，勤求治理，一如小驷巡乡、甘棠听讼之往事，风气乃为之一变。乾城民众殆无一不知此"好好先生"之父母官者。

晚间与谈全区政事兼及教育方面情况。湘西小学教师一般待遇之低，殊堪慨惋。最多者仅月得十二三元，少则七八元，或五十串钱，亦有以四五十石谷为一年之酬报者，其清苦可知。如此菲薄之待遇，自不能吸引良好师资，于是乡村教育乃益速其落伍。间有六七十岁之白发老师，犹与数十儿童相处一堂。余意将来保学制、乡学制施行以后，更必须在待遇上加以改善，使教师生活得以安定，情绪得以提高，庶几乡村知识分子可以留住于乡村，不致转为城市之游离分子矣。

关于苗胞问题之解决，当以教育为入手。第一步须培育苗

---

① 旧县名，一九五三年改名吉首县。

族青年，使先成为一进步的领导力量，则蒙昧中成长之传统成见，必由淡化以至于消灭。星舫先生云：距此十数里之所里，有一特区师资训练所，专为培养苗区教育人才而设，办理尚见精神。明日拟往视之。

六月九日

上午在民众大会场中，对乾城新气象深致嘉许。是日除县城各机关文武人员外，亦有自所里及附近数十里内乡村赶来之学生、民训壮丁及乡保长等。会后巡视各机关，亦均井然有序。

昨晚以至今午，所收禀帖仅数起，多属遭匪乱而吁请救济者。余以为每一事实，无论其为善恶，固必然有其真实之反映。所谓事实胜于雄辩，信然。为政之道不难，唯视如何力行而定。今晨余曾就事在人为一语加以发挥，盖欲求湘西之治理，首当注意于人事之清明。一则古朴民情趋重于德化，必求忠信笃敬之才，方可善尽抚循之道；二则愈边远之县，贫者愈易逞其私，懦者亦愈可掩其弱，而地方政事乃不堪闻问。闻湘西人民对昔日官员仇恨甚深，概詈为"沙脑壳"，乾城事变中有加以杀戮者。转移风气，重在用人；变易视听，尤在所用之人能亲民勤政。非然者，官民和洽，事岂易言！？

启程来永绥①途中，曾赴所里乡师视察，办理确见精神，初不因经费拮据而贬其成就。学生初作苗歌以示欢迎，余心甚感。

---

①旧县名，一九五三年改名花垣县。

勉以化育苗民、启迪湘西文化为己任。检阅学生日常生活，觉唯有刻苦二字可以形容。

沿川湘公路行抵永绥城。沿途山峰挺秀，公路穿矮寨盘旋而上，凡十数匝，抵于巅，形势之雄，叹为天堑。此路兴筑时，曾自湘中各地动员数万熟练民工，开山填水，死于矮寨工程之上者，据说达二百余人。寨上有殉职员工纪念塔，刻石纪其事。

迄晚三区专员萧伯亨尚未见来。就公园内寓所与永绥、保靖、龙山等县绅耆共叙民间情况。座中亦有曾于三月间在省垣商讨屯务时一度相见者，因复就屯租问题有所论列。治安情况，据告殊不见佳。此一地带情形更有其特殊之处，盖以接壤川边，积年成为匪窟，抚不能清，剿不能彻底。匪患所以滋蔓难图，除政治上之弱点外，更有省界上之障碍，故无论剿抚，均不易为功。某一士绅曾慨乎言之，谓永、保、龙、桑一带半属所谓大王之势力范围，固不易得正常政治之保护也。伤心民瘼，久未去怀。

本日始接到省府陶秘书长电告长沙伤兵滋事情形及处置办法。复电告以只许严密监视，促其就范，并须分别首从，妥慎办理，以迅速平息事端恢复秩序为要着。

六月十日

清晨，萧专员偕永顺士绅二人来见，似一夜未曾合目者。询以故，据云：自永顺启程时预计昨日到，不意阻于大水，昨抵保靖城时，天色已暗，唯沿小道徒步通宵行进，幸于黎明前赶到，否则又虚此一行矣。因就庭前石凳上相谈，述及各县人民生活，谓沿途未见有食米之家，亦无燃灯之屋。乡民所赖以为活者，唯包谷荞麦等杂粮，菜蔬则自山间采拾野菜，晒干后，加盐少许，即以佐餐。途中渠亦曾尝此风味。因此贫民全年生活所需仅一元左右。余讶其言，乃详计以告：乡间每一元可易制钱八九串，而一担包谷约值五吊许，如此则以一元之资，可得包谷一石四五，再益以荞麦之属，即可敷一人一年之食。而乡民除糊口外，固无所谓其他消费；即有余资亦将备为不时之需。鹑衣百结，非所顾矣。地方之乱之糟，人民之穷之苦，苟非身经目击，实不易知，知之亦不易信。谈次为之泫然。生民憔悴，疾痛何如？以视湘东南各县农民尚可日食米饭三餐，相去盖不可以道里计矣！

十时自永绥东下，抵于排碧场，在一苗胞乡长家中午餐。餐罢，主人劝作小龙洞之游，颔之，以肩舆去。途畔有汉苗同胞数十人肩长短枪，荷刀矛，排为行列，鸣爆以迎。为首者云将护余前往。告以毋须，而坚持不可，因鸣号以进。号音初无节奏，仅可代表一种愉快心情，亦正由于此种素朴情趣，殊令余不能忘怀山野农民之纯真可爱。以农民体格之壮健，精神之旺盛，自卫意识之发扬，果加以政治之训练，严密军法之部勒，则所有深山穷谷之健儿，必将以生龙活虎之姿态，参加卫国卫乡之神圣事业，其气象之盛，盖可想见。

今晚过泸溪，返抵沅陵。尹任先厅长在汉事毕，已于日前到此相候。

六月十一日

竟日与尹厅长、朱厅长、陈主任等会谈湘西亟待解决之各项问题，并审查行署所提出之安定及开发湘西各项方案之草案。

就巡程中所见湘西之表象，人民诚在水深火热之中，亟待振拔，唯根本解决之道，初非短期内所可观成。而就湘西之实质论，以其蕴藏之富庶，民力之充实，民情之勤朴，实可开发成为一理想之地区。如何加强军事肃清匪患，改进政治发动人民；如何推广教育提高文化，兴办工业富裕民生；如何标本兼施，缓急并进，要在善为运用。余当使余对各地人民所作"至少使湘西与湘中湘南平衡发展齐一进步"之诺言，在原则上予以贯彻，在事实上予以表现也。

决明日启程赴常德，转往澧水下游。

六月十二日

雨中别沅陵，过桃源宿于常德。力余同志方卧病署中，今日不及往视。地方人员初以武陵饭店为招待所，嘱新任郑县长却之，仍宿于县府。

巡视县府，见力余同志在任时，曾将余三月七日在纪念周中，重申树立善良风气报告之要略，缮为横幅，并附跋语，悬以诫群僚。力余同志坐镇此间，以整肃地方为职志，尤注意于社会风气之转移，而于清理地方财政，更不遗余力。读其跋语，其苦心有足多者！

晚间，召地方各机关各公团代表聚谈。会场间所流露之气象，迥不若上湘西各县所见之真诚热烈。就余平日所见，大抵农村社会风气古朴可爱，而在小城市中，大都市黑暗面之颓靡腐败，以及内地乡村黑暗面之懒散消沉，交织成为一种市井气，令人见而生厌！狡猾、敷衍、虚伪、欺骗，谈吐仪表之间，均属显而易见。

余曾询一所谓民生工厂之负责人，其工厂内容种种均未见一合理而真切之答复，徒以支吾其词为应对方式。意者殆真有无可告人之处也。恒据视察人员报告，在较富庶之县城，多有此类所谓慈善机关，借办理公益之名，行侵占公款公产之实，除招牌以外，别无任何足纪之内容。地方之穷，厥故即在此种蠹蚀之弊。

六月十三日

上午八时就党部礼堂，对各机关团体人员讲话，晓以常德在未来战局发展中地位之冲要，勉以振作有为。对于地方风气更三致意焉。

党部礼堂中，总理遗像及党国旗均已水渍斑烂，两旁所悬先烈像亦为尘灰所蔽，精神之颓败，一目了然。在上湘西数重要县份，党部及党部重要人员均颇不理于众口，芷江党委杨毓桓一案特其甚焉者耳。

赴专署晤力余同志于病榻。继往参加第二期妇女训练毕业仪式。全场九百余人，服装整齐，精神严肃，其中有百余人为妓女，亦极有规律；即中年家庭妇女经训练后亦能表现活泼之精神，是不能不视为改造社会运动中之大波动也。

本日曾巡视数学校。一职业学校，其办理之腐败，与沅陵所见之联立中学堪称伯仲。校中附设之工场，所置纺纱机均已生锈，门口所悬学生门牌亦已生霉。经农将门牌摘下，持以示引导参观之校长，受者似毫不介意，一似此为无关宏旨之小节者。忆余曾举一实例以为忽略小节者戒。曩在俄国沙皇时代，日俄战争未作之时，日本有一武官参观俄舰队之演习，偶以所着洁白手套触扶梯里侧，为尘所污。归以奏天皇，断为俄军腐败，可以一战；一战竟胜俄军。吾人以常情度之，其判断并非过甚，而确有至理。观夫该校管理腐败至此，其教育成绩宁堪追问？此其为害，实不止误人子弟而已。

次之，在其他各校中，亦发现不少缺点。在某校余曾就学生课桌听某教师授课，久之，毫无端绪，竟不知其所云。在另一校，某教师正授世界地理，教师未作一图解，课室中亦无巨幅挂图，于是地中海、直布罗陀乃至好望角，其位置形势均非学生所得而知，一如空中楼阁者然。此种教授方法如何能有良好影响？我昔年在德国某校中，曾参观某教师授历史上普法战争爆发前之一节，指一学生饰威廉第一，另一学生饰俾斯麦，于是摹拟当时君臣商讨情节，一如历史剧之演出。其给予学生印象之深，了解之切，盖有其必然，初不系乎受学青年之是否刻苦向学也。

复次，余曾就学生自修室翻阅学生课本，其中极少保持清洁。类多拉杂涂写。亦有在每一课本上必缮其英文译名，且如出一人手笔，询以原因，则云均系英文教师代写，用意如何，诚属不解。凡此均为细微末节，唯亦正在此种细微之处，乃真确透露现行教育上之缺点，深感教育精神之败坏可忧！

余与经农谈视察湘西教育之结论，认为就组织与人事，精神与礼节，课程与教法各点而言，均有彻底改进与整顿之必要。学生之好坏，视教师为转移、学校之好坏，则以校长是否尽职负责而定。故对于慎选校长教师，更不能不切实注意。此为吾侪负责者对国家根本大计及民族后代青年不能不尽到之责任。

下午自常德启程，经临澧至澧县。沿途所见人民生活较上湘西为优裕多多。以澧城而论，其富庶情形远非沅芷一带所能比拟，然地方风气则又相差迥甚。贫瘠之地民勤，富厚之区民惰，正与"水性使人通，山性使人塞"同为两种气质之对照也。

六月十四日

昨夜曾与澧县士绅谈话，此间引为最大隐忧，厥为水患。水患之难治固由于自然之障害，亦由于人事之不臧。在沿湖各县水灾成为普遍之严重问题，而水灾救济则又成为众所皆知之利薮。所谓灾官、垸蠹之流，即恃此为发财机会。人间罪恶盖未有更甚于此辈凉血动物之所造成者！风气所趋，地方公正士绅可闻而不可问，地方人民敢怒而不敢言。昨夜士绅告余，民国二十四年澧城曾为洪水所淹，城墙亦为冲破，灾情极重；水退后即有人提议修城筑堤以资防范，迄今不能成议。一则兹事体大，需费约两三万元，筹措不易；二则款即可筹，事无可举，因官既不可靠，民亦不愿来，于是迁延数载，空议依然。每逢洪水大发之时，全城民众未有敢安然就寝者，深惧洪峰一来，即遭灭顶，其痛苦情况如此！污政固已患逾洪水，而地方正义力量不存，其为祸患正不知伊于胡底！观察地方消沉情况，不禁感慨万端。古代所谓修桥补路之风，亦已不见于今日！在湘西某城中，阳沟历百十年而未整，亦正由于地方领导之无人耳。

今日大会场中，余曾告在场听众巡程中所见上湘西人民生活之至痛极苦情形。余谓以澧水下游与沅水、酉水一带情形相较，诚有天堂地狱之分，唯凭借厚者必须善用勤劳，方可保持生活水平于不坠，更须培养民间正气，而后可使地方蒸蒸日上，民生于以乐利，民力得以增强；非然者，亦徒见其空虚凋敝而已！

此间教育极为发达，亦颇见精神。土地陈报制度亦将试办成功。此可视为可喜之现象。

正巡视学校时，路局人员来告，沅水澧水均在暴涨中，恐路阻，因即成行。过常德，水已薄城，车田轮渡载往德山后，循公路经益阳、宁乡，返抵省垣。

自三十一日出发至今日完毕巡程，适为半月。限于时间，每至一地不克作深刻之访查，实为此行之缺憾。冀异日政务稍暇，当赓续巡程，求更进一步之印证也。

第九节　财政与计政

开源与节流

财政厅尹厅长从汉口转到沅陵的时候，告诉我，我们所拟定发行民国二十七年度建设公债一案，中央已经核准。这项公债，债额定为一千八百万元，其基金系以官营事业盈余及钨矿业盈余拨抵。用途方面，决定以票面五百万元拨作省银行准备，三百万元增加其资本，八百万元拨充建设费用，二百万元拨充国防紧急支出。至于消纳方面，除省银行之八百万元可径以公债抵充外，其余一千万元即由财厅筹划周转，调剂运用，不采用附加以及其他派募方式。因此，无论就基金或消纳方法说，都不增加人民任何负担。在拟议之初，我们确实也经过了周详的审虑，有人很善意地说："主席一来到湖南的时候，就提出了'调剂盈虚，不增人民负担'为财政之基本原则，同时在两大方案中，也特别专立一章，说是'方案之所需经费以不增加人民负担为原则，由省政府统筹支配'，虽然发行公债的计划是如此，恐怕在影响上还是要引起人民的疑虑的！"

然而，再三考虑，我们要做的事实在是太多了，特别是许多与国防有关的事业，如保卫湖南的国防工事的构筑，有关国防资源的开发以及有关国防工业的兴办，都在在需钱，所需要的钱又不是省库所能供应，那就不能不谨慎地去筹措。照公债计划的内容，究竟可以说是还能符合不增设捐税而能筹集多量财源的原则。至于人民方面的疑虑，那当然不能说是不会有，然而事实将是一个最有力的佐证。

我曾检讨我在财政上的设施，自信是问心无愧的。

在我到任不久后——一九三七年十二月中旬，我就要财厅拟定了一个财政调整计划，以多方面的整理调度与改进，希望做到统收统支和财政合理化的一步。原文第二条规定：预算外之支出，除国防用费外，如无收入来源，不得请款。从这里可以说明我所坚持的一个方针，用这一个方针也可以说明许多事实。当然，我应该承认在我任内我是用了不少钱的，然而所有这些钱是用在国防工程上，是用在与抗战有关的事业上，我没有把人民的脂膏血汗用来粉饰升平，作无益的浪费，这一点差堪自慰。

所有要用的钱是从哪里来呢？讲起来源，当然不外两个：一是开源之所入，一是节流之所得。怎样开源？"开合理之源"。怎样节流？"节不必要之流"。我曾说过："财政这一部门的整理工作是我们建设国家、建设地方的重要基础。没有钱不能做事，要做事就得要钱。那么钱从什么地方来？有了钱又怎样用得其当呢？又怎样使所做的事都适得其宜呢？这一切就是要'操之在我'。善于理财的人，善于运用钱财的人，一定不愁没有钱做事，而且一定能以很少数的钱做很多的事。什么叫善于理财呢？就是一面会开源，一面会节流。开源并不要增加人民的负担，节流也不会减少工作的效能。就是要在不增加人民负担而又能增加工作效能、扩大事业成就的两个似相反而实相成的原则下，调剂盈虚，斟酌缓急，自然能使所有的钱尽得其用，用得其宜。"

那么我所实施的开源的办法是什么呢？首先要举出的就是这个一千八百万公债。尽管数目很大，可是人民负担实在没有一点增加，不失为一个合理的开源之道。其次，还有什么可以举出的呢？我不曾今天一个摊派，明天一个附加，但如果一定说有什么增加人民负担的话，那或者可以举出紧接着公债的发行，于八月一日实施的屠税制度的改革。改制的内容如下所述：

"本省各县因财政困难，以致改善地方政治、健全基层组织，以及办理教育，建设自卫之要政，均为财力所限，不易推进。本府再四筹维，认为非以省库收入，扶助地方，不足以资促进。特于省库万分困窘之时，将本省屠宰税向归省库收入之六成，每年五十余万元，自二十七年八月起，全数拨作地方教育经费；尤以边远贫瘠县份，决予以充分之补助。但地方事业经纬万端，虽有省库收入之屠宰税五十余万元，拨作补助，仍复不敷甚巨，若不调整税源，增加合理收入，则县地方政治事业仍难望充分发展。按本省屠宰税税率，较之他省向极低微。即以广西而论，该省现行税率，宰牛一头最高已达七元，猪一头最高五元，羊一头最高一元六角，以视本省之宰牛一头征税一元，猪一头征税四角，羊一头征税一角五分者，悬殊不啻霄壤。是本省屠宰税税率，实有增加之必要。爰经参照桂省办法，斟酌本省情形，重新规定：计宰牛一头征税五元，猪三元，羊一元。其原来征收之牛猪羊产销税，及各县原有之屠税附加，统应一律取消；并将屠商每半年换一次之屠业证，改为一年换领一次，证费仍旧。此项收入，完全拨作全省县地方经费及抵补废除摊派之用。唯各县情形不同，加税之后，富庶县份增加收入甚多，贫瘠县份所得仍属无几，各县政治事业，即难望平衡发展。兹为矫正此项病态起见，除将各县屠宰税原归省库收入之五十余万元补助边远贫瘠县份外，其富庶县份屠税收入已足敷该县开支者，所有原由省库补助之经费，即予停发。如仍有屠税余款，并由财政厅酌提若干成，一并补助其他不足之县份，并专案呈报本府备案。此项补助经费，概由财政厅统筹支配，酌剂盈虚，以取之于地方用之于地方为原则，以互助共荣、平衡发展为目的。并为维护农民副业计，限制屠商不得将此项屠税，取偿于豢养牲畜之户，只准适当提高肉价，使增加之税由消费者负担。在肉食之家所受影响甚少，在屠商方面，亦毫无损失，而地方已得莫大助益，亦即可为人民谋实际之福利，实为合理之税源。"

我想，这一个税制，无论就法理讲，就事实讲，都是比较合理的。即使说是增加了肉食之家的负担，然而这种负担似乎是不足以为诟病的。照我们当时的推算，这一个办法施行以后，税收可以增加五六倍之多，如果再剔除征收积弊，办到涓滴归公，单以这一项原是很微末的收入而论，也就很可观了。这不是不增加人民负担，而有助于地方事业发展的一例吗？

再次，还有一个简捷有效的开源方法。有一次，讲到整理地方财政问题，我对干部学校学员曾经讲过："现在地方上穷是事实。但是为什么穷？是因为所有公款公产都是落在一些土豪劣绅的手里，以致弄到民穷财尽。要是我们能把地方财政整理好，把公款公产清理起来，那也用不着增加人民任何负担，就可以开源，就可以使地方财政富裕起来，足够做有益的开支，办革新的事业。"我也举出广西的情形作一个实例。广西建设之成功，是得力于基层建设之成功。基层建设之成功，必有赖于地方经费之充足。据调查所得，广西乡保长都有足敷生活的待遇，而湖南当时的情形是怎样呢？每个保长每月的办公费是国币一元，还要打一个九折。如果说，要把乡保长的待遇提高，那真是谈何容易！但广西是有名的穷，为什么他们能够办到这一点呢？有一次，白健生路过长沙，我顺便同他谈起这个问题。他说："要整理地方财政不难，只要杀掉几个恶贯满盈、人民皆曰可杀的土豪劣绅，马上就可以把地方财政从把持剥削里救出来，一年就可以增加几百万的收入，就可以通通用到地方上。"广西建设的成功，也许是得力于此吧？不一定要用这样的方法，但切实清理地方上的公款公产，无疑是应该肯定的开源办法之一。如果再加以节流，地方财政一下剔除了中饱之弊与浮滥开支，一年几百万元的增益，实在是没有问题的。

所谓节流的办法又是怎样呢？施政纲要上有"裁并不必要之机关，停办或紧缩不急需之事业"的明文规定，更于二十次省府常会上确定裁并骈枝机关原则，这原则也是特别适应于地方情况的。

小事与大事

除开上节所谓的开源与节流之外，想到财政上的措施，还可以举出两件大事和两件小事，说明我对于财政问题的态度。所谓两件小事：一是废除苛杂，严禁非法摊派；另一件是严禁私钞，统一辅币发行。所谓两件大事是什么呢？一是预算制度的确立和二十八年（一九三九年）预算的制订；另一件是超然主计制度的施行——会计、审计两处的先后成立。

对于一切不正常不合理的现象，我以为不应该以一种"讳疾忌医"的态度加以掩饰。为了国家着想，为了人民着想，在国家进入现代化的过程中，我们必须以种种的努力，对保留封建政治本质的种种残余予以无情扫荡，绝不能也绝不忍使人民永久处于被压迫被剥削的可悲状态之中，而不予振拔。

曾接到很多报告，也看到很多记载，同时也在两度出巡中证实地方苛杂非法摊派之多，榨压之烈，实在是不忍尽言。试问一切取之于民，一切派之于民，任何一个地方都可以随便巧立一个名目，随便派捐摊款，派了摊了还不够，还要勒缴勒追，这究竟是成何景象？我曾经很痛切地讲过："这种政治，实在除暗无天日以外别无第二内容！国家受害之巨，人民受苦之深，实已至于极度！"每一次读到报纸上记载着各种无奇不有的罪恶情形，心里常常发战。这种现象实在是"国无常道，民苦倒悬"！

谈到私钞充斥的情形，不但一县有一县流通的市票，推而至于一区一乡一镇甚至也是一样。不要说一个政府机关或是什么钱庄银号可以发行私钞，甚至一个豪绅或是一个富商也可以非法印行。一个地方官可以和地方上人随便商量一下，就发行大量的流通券；一个商号随便向政府机关运动一下，也可以发行几千几万的私家纸票。不要说没有什么现金准备，而且发行的数量也没有切实的稽查，兑换的情形也没有人过问，就是印刷之坏，也是不堪寓目。这样的无政府状态如不严行禁革，实无以谈财政，无以对人民！

在严禁摊派取缔私钞这两件事上,我是用了很大的决心,除了办过一两件案子以外,更制订了详细的办法。这虽然是些小事,但是对于人民的生活,却有很大的关系。同时在政治上,也可以说是执行反封建残余——非法剥削与经济割据形式——的任务。

讲到财政的彻底调整,对于紊乱制度的纠查取缔,仅可以视为消极的一面;而就积极方面讲,如何使财政制度充分的合理化,实在是当时的一个紧要议程。这就是要确立近代财务行政的程序,实现行政、会计、出纳、审计四权分立的综合组织,使财政基本地从封建形态中,走上近代化的道路。因此,在我们自己权力范围以内,我们确定了预算制度,要做到满收满支,同时改革省县金库,充实其机能。至于会计、审计方面先后呈请中央遴员组织,会计处及审计分处也在任内次第成立。我和尹任先厅长都感到十分的欣幸,因为这样我们便不愁财政不会不公开。而且我们有了一个拘束,也就是有了一个轨范可循,不但将使财政可以有条有理,而且更可以进一步促成政治的清明——贪污浪费的恶习即使不能绝迹,至少也可以减少。我们十分欣幸的是看见计政制度的完成。同时由于这制度的完成,我们以更大的谨慎,更大的苦心,经过了几天的争辩,在一九三八年年底,把一九三九年全年度预算编成。

想起这一幕,我也有着不易遗忘的印象,当时争辩激烈,情绪紧张,常常相持不下。任先在那几日的生活,真是四面楚歌,我也不能不为他叫苦。当时制订预算的方针是什么呢?鉴于一般开支的浮滥、预算的庞大,以及行政的混乱,我们执意要确立一个严密合理坚定的预算,不容有一点变更,要确实做到预算以外的收不能收、预算以外的支不得支的一步,并力求收入与支出的稳定平衡。因为大家都以一种至诚至敬的态度坚守自己的立场,于是在预算会议中形成了极严肃的争执。任先要应付四面的围攻,真到了舌敝唇焦的一步。平息那一再出现的舌战紧张的局势是很感困难的。然而经过无数次的折冲,终于完成了我们认为比较合理的、符合战时财政原则的预算草案。

当时着重提出的,自然不是这一个预算的字面,而是包孕在里面的力求撙节的精神,严格守法的精神,以全力支持抗战的精神。在抗战第一的原则下,所有财政上的设施,毫无疑义,是应该用以加强抗战准备的。

第十节　我与教育

我对于几个教育问题的见解

现在，应该讲到教育问题。

从湘西巡视回来，对于教育方面的印象，使我有着很深的感触。我和朱经农厅长商量后，决定在八月初召开全省教育会议，来检讨并研究全省教育的改进事宜。

自从到湖南以后，虽然是以全力先打下一个政治的基础，但也时时刻刻注意到教育问题，同时我的感情也常常被教育上的许多问题所激动。譬如，在最初我计划发动高中以上学生，在教职员领导之下，分派全省各县担任民训工作，而不得不暂时把所有高中以上学校停办一二学期，一个教育问题就来了："这样不将使国家百年大计的教育因而中断了吗？"其实，照民训计划的本质说，何尝是中断了教育呢？因此，我说："我们是在这个国家存亡危急之秋，为了适应战时环境、战时需要，要给成千上万的青年学生——也就是国家民族复兴的青年战士，以新的教育，以必要的教育。这个伟大的战争要我们摆脱一切平常的窠臼，我们决不能蹈常袭故，麻木不仁！我们实在不能把这些活泼泼的青年学子，关在学校里读死板板的课程！我们要领导他们到社会上，到民族抗战的实际基础上，去做活的工作，去求活的经验，上活的课堂，要他们从学校里的死课本转移到社会的活课本上，去受社会的教育，尽国民的责任。这样看来，学校停办一年半载，对于国家社会实在并无多大影响。照外国的教育制度，高中学生都要当一年的志愿兵，外国在平时就这样做，难道我们在战时还不能这样做吗？"

后来，黄任之（炎培）先生路过湖南，我把民训计划和我的意见告诉了他，请他指正。他回到汉口以后，特意草拟了一篇《对于湖南省大规模发动知识分子组训民众的意见》寄到长沙，在最后一点提出了他对这个问题的宝贵意见。他说："下乡服务时，倘能以教师之指导，将各项工作经验，加以整理，成为有系统的材料，使与平时校课知识，得实际上或反或正之证明，因而发生联系与融化作用，诚能做到，不唯在修学上得极有价值的教材，且使地方政治渐趋科学化。尤有一层，到一年后，一部分人员，回复学校生活，彼时校课，在青年心理上，必不复愿蹈常袭故，总以另定适当方法为宜。"

任之先生的意见，大体上说，与我所谓"新的教育"和"活的课程"的意义相同。讲起校课问题，一月间我曾在临时大学讲演，我说："现在我们所学的依旧是和三年前、五年前乃至十年前的一样，与目前战时所需漠不相关，这实在是太不合理的事。"当时，我有一个朋友在临大教授英文，他告诉我，上课时不但学生不愿意听，他实在也无心去讲。一个大时代的浪潮沉重地冲击着每一个知识分子的心灵，这些敏感的心灵是不能不起着一种非常时的感应了。教育制度的更张，课程的改革，和政治上的组织、制度、人事以及内在精神一样，同样有着迫切的要求。对于教育问题，我首先表示了这样的一个态度。

其次，我认为一个太不合理的现象是教育发展的不平衡。以湖南学校分布情形论，中学大半是集中在长沙、常德、衡阳几个较大的都市。而湘西湘南较僻远的县城，简直很少有中等学校的设置。以教育经费论，百分之七十是用在城市里，而用在乡村里的，不过百分之三十。如果拿人口的数量，比照教育的设施以及教育经费的配备情形，可以说是成反比例的，这不能不说是一种畸形的状态。如果教育的作用，不能从少数大城市推动到边远的县份，如果文化的光辉不能从城市普照到广大的乡村，其影响是决不止于教育上的失败。因为广大的乡村永远空虚下去，广大的农民永远闭塞下去，就不单纯是一个教育上的问题。因此，我们在施政纲要中规定要重新分配省立中等学校设立的地点，并以大半迁入农村为准，同时要筹设联乡小学、联保小学，以普及农民教育，增进农村文化。

当迁移学校的办法付诸实施的时候，迷恋都市生活的知识分子心理上的反应是可想而知的。有一次我问起一个学校的负责人：迁移后的师生情绪怎样？他说：现在流行着一个口号，叫做"打回老家去！"我最初还以为是东北或沦陷地区的学生思乡情绪的流露，后来才知道不是的。乃是一般学生不愿意待在乡下，而坚持要回到都市里去，他们把都市当作了老家。在教育会议上，我提出了这个问题，认为这种情形充分暴露了我们对训育工作的没有注意！

讲起训育，就应该讲到教训合一的问题。我认为这应该是一个理想的教育原则。我常常想，为什么近代教育常被人指为破产呢？我以为根本原因之一，就是近代学校制度和风气，只注意到教书，而没有注意到教人；只注意到教学方面，而根本没有注意到训育方面，最多只做到教训分立，而没有做到教训合一。教师唯一的责任仿佛就是传授知识，所以教师在上课的时候，拿了书本进来，写完黑板出去。教了课，就没有他的事。教得进去教不进去，他也不管。反正钟一响了上课堂，钟再响了出教室。所谓教者，就是徒然讲课而已。他就不知道在教的里面，就有教学生为人做事的道理。他认为这仿佛又不是他一般教师的责任。学校和他的关系原只是以时计薪，论值而来；他与学生的关系，自然也只是抱布买丝，交易而退。一般办教育的人，就只注意到知识的灌输，根本没有注意到思想和人格的培育，这样如何可以造就健全有为的后辈出来呢？如果拿古代书院制度的精神来讲，讲学的人，不但要拿湛深的学识启迪青年，而且要以高尚的师道来感化青年，时时保持亲切的接触，处处流贯一种"养使作善"的精神，学生受着这样的熏陶，自然有了健全的修养，蔚为国家有用之材。这种教育就是综合教训，造就一个完全人才的基础。我以为要使教育达成训练每一个青年成为一个完善有用之人的根本大计，必须在教育方针上根本改进。

就我在两度出巡中所见到的一些学校办理的精神、教学的方法，以及学生在修养方面的诸般缺点，说明教育上确实存在许多亟待改进的地方。为了想听取专家的意见，我曾经邀约了江问渔、郑西谷、黄敬思三位先生，对湖南教育作一度检查。他们在湖南住了九天，参观了五个县份，虽然考察的时间很短，所走的地方也并不多，但也提出了很多宝贵的意见，对于湖南教育的优点和拟议改进之处，都有详细的指陈。譬如他们所提出的"按照人口区域，学校设置地点似应再求均匀分配，俾各地教育得同时发展","应切实实行教职员专任制,提高专业精神,增进教学效率","各校应施行导师制,切实指导青年,养成活泼、勤敏、有礼貌、守秩序之学风;师生服装最好能整齐一律,俾精神得由形式而提起"等等,都是很有价值的建议。

因此,在教育会议开幕致词中,我说:"我们深深觉得,湖南教育在这一个阶段上面,是确实存在若干问题亟待我们解决。虽然这些问题,并不就是缺陷,但是既然有了问题亟待我们解决,我们就要研究,研究以后,就要马上使这些问题有一个适当合理的解决。然后才能促进湖南教育,然后才能使湖南教育在已有的良好基础和秩序上,有更良好的成绩表现出来,更能适应新时代的需要。不断地向前进步,而不至于停滞在某一个阶段上,一天一天落后,一天一天地不合时宜!"

我继续说:"我们觉得在此抗战建国同时并举的重要关头,一切都应该在极大的变革中来求进步,以增强抗建工作的力量。特别因为教育是培养后辈青年,培养民族活力的渊源,更不能不渗合时代精神,力求适应。

"我们召开全省教育会议,就是想借这会议为起点,展开一个划时代的改进运动,希望有一个新的生命展现起来!"

教育会议

全省教育会议在八月八日开始,"八一三"闭幕。其时我刚从南岳回来,会期以内,我每日和教育界同人欢聚一堂,从容讨论。会场上所流露的纯真融洽的精神,使我非常感动。以这一种精神，终于使这个会议能够得着很圆满的结果。重要的议案有二十余件。其中特别重要的如训育方案的制订，课程改革的拟议，分区设学的筹办，专任制度的确立，男女同学的主张，改良集训办法的建议，以及增筹教育经费、缩短中学修业年限、充实实习设备等，都是很富于积极性、改革性的主张。宣言上说："其中有为多年积弊而一扫廓清者，有为数载悬案而一旦解决者，有为法令限制而毅然变更者，有为事实拘牵而决然打破者。"这次会议的结果，确是湖南教育史上一个划时期的记录。

对于这些议案，我曾经作了一个综合说明。我说："这次所通过的议案，大致可分为三类。第一类是本会有权决定的议案，这些议案通过后就可以实行。第二类是提经本会议通过的议案，但是要经过中央决定以后才能实行，如缩短中等教育期限一案就是一个例子。省政府只可以本着教育会议的决议，由教育厅起草办法，在很迅速的时间建议到教育部去，并且努力促其实现。设或不能普遍办到，那么，我们就可以向中央请求由湖南省先为试行，如有成绩，再推进到其他各省。以这样的意思建议中央采纳。第三类是不能经由本会议决定，也不必经由中央决定，而以省政府的权力就可以决定施行。譬如教育经费问题，本会议决议案要以本省岁入百分之二十五及屠宰税百分之四十为教育经费。关于这一点，我曾亲自同财政厅尹厅长商讨过，问他以岁入百分之二十五做教育经费能不能办到，他说可以的。不过他说省款的全部收入，这半年约有一千三百万，照这个数目字的百分之二十五计算，每年教育经费可有三百二十五万，但是这个总岁入中有很多项目是属于专款的。什么是专款呢？

就譬如保安团款、建设公路专款、司法专款和三百万公债基金。凡是这些专款的收入都不能另拨作其他用途。照这样估计,本年下半年真正的收入是不到六百万的。所以如果按照真正的收入百分之二十五的比例来拨作教育经费,则现在教育经费已经差不多了。当然,大家提出这个原则,是希望再有增加的,不过能不能通过增加教育经费的案子,这还要等待省府会议来决定。对于这个问题,我总希望省府同人大家有一个共同的认识,来决定增加教育经费问题。次之讲到屠宰税问题。照现行的屠宰税率看,我们将来的收入差不多要增加到五六倍以上,但是各县地方教育经费目前究竟占有屠宰税的百分之几十,现在还不知道,不过省府不但没有想用这个钱,即连省库原有收入每年几十万,也决定拨出来补助到边远贫瘠的各县去。现在我可以负责说明,对于各县地方经费的支配,尤其是屠宰税,我们将来总要有一个确定的原则与合理的比例。"

在闭幕的前夜,我和朱经农厅长公宴与会会员。席间,我曾说到我个人的志趣。我希望不要把我看成一省的政治长官,而要视为教育界的同志。我说:"就我自己的生平而论,虽然在军事上不能说没有一点儿兴趣,但是,这个兴趣还是属于军事教育上的。要是再深入一点儿讲,我对于军事的兴趣,还不及我对于一般教育的兴趣浓厚。至于讲到政治的兴趣,那实在是太淡薄了。"我再提到我过去已经讲起的往事,我说:"我是不曾想到会到湖南来担负政治上的责任的。七八年前中央征询我是否愿回安徽去主持省政的时候,我就加以恳辞。当时一班朋友很以为异,问我的意思究竟怎样。我说,我的意思简单得很,就是不愿意去从事政治生涯。那么,什么是我的心愿呢?我是愿意把从事教育作为我的终身事业。过去几年,我除了负着军事教育的责任以外,还在自己的家乡创办了一个师范,附属两个小学。每一年或两年,我回到家乡去一次,看着学校的成长,故乡子弟就学人数的增加,心里就有无穷的快慰。我同一些先生讲:要是我能摆脱一切,我实在愿意回到家乡来做一个小学或师范的教师,觉得精神上的酬报是无穷无尽的。"

因此,我常常想起,湖南教育界里有很多的前辈先生,如胡子靖先生等,多以其毕生全部的精力与心血,尽瘁于教育事业,生平不求名,不求利,更不求官,只知以教育事业为其终生鹄的,为桑梓培植子弟,为国家作育人才,形成湖南特有的风气,因为我自己性之所近,对他们不禁深怀倾慕之忱。我也曾沉吟于教育的情趣及其历史的使命,不禁常常引起遐思。

第十一节　抗战准备与动员工作

战时政治的中心任务

远在就职之初，我明白地提出："战时政治的中心工作，即在完成战时动员准备。""此日之政治设施，当以国防及军事为主体，务使一切整理、改进、建设，及各部门工作之调度，均能合乎战时之要求，并即以作为战时之准备。"

这个意见就是上面曾经提出的所谓以"军事第一"为基点的政见。卑之无甚高论，原只是为了适应机宜，希望以非常的方法达成非常时期的政治目的，努力贯彻抗战建国的要求。从民训计划开始发动以来，一切措施都是循着这个方针前进的。

回忆初到湖南的时候，刚在抗战第一期战事急剧转变的阶段。一般人看到当时仿佛日蹙百里，敌人势如破竹，而我们几乎不可收拾的情形，好像以为武汉长沙都快保不住。我当时曾一再在公开的演讲中或私人谈话里，说明短时期内敌人绝对不敢深入，我们正可以趁时加紧准备。但是似乎只有很少数的人了解，更少数的人相信。然而不论怎样，我是很耐心地在埋头准备。

但是，要做到这一层，非从事若干基本准备不可。譬如，要是可能把军事、政治、文化、经济、社会各种部门的准备工作，都纳入战时动员的范围以内，那就非有全盘的根本的计划不为功。这就有赖于广泛的政治动员、文化动员、民众动员的相互为用，相与有成，而尤赖于精神动员的支柱。我的态度，我的所信，就是这样。我在民众抗战统一委员会成立大会上曾经公开表示："省政府改组以后这十个月来，对于抗战的准备工作，当然有大部分为一般人所了解，但不是完全了解，甚至有很多地方简直是不了解。因此，我常常看到很多人无论是省内的、省外的，对于湖南的抗战工作，就有各种不同的观察：有认为湖南的抗战准备工作是有实际的成绩的，也有认为湖南的政治是有实际的进步的，但也有认为湖南的抗战准备、湖南的新政都没有什么成效的。在我们省府的立场，对于这些议论，除都虚心接受外，只有更加紧地去做，更切实地去做！我们当然希望一切的措施都能得着各方面的了解、拥护与支持，但是万一某种工作实在不能，或不易得到各方面的了解与赞助的话，我们只好一心一意埋头去做，等到了相当时期——也许是在很久以后，事实自然明白。而明白的事实是可以作为历史的定评的。"

从我到湖南以至离开湖南，我是没有一天离开了抗战的准备。我号召"把每一个人每一分钟的努力都汇合到抗战时期的动员准备程序之中"。所以最初从四千知识分子的下乡，次之各级政治机构人事的调整，次之基层组织的改进，次之四万保长的训练，乃至民众抗日自卫团的编组，民主政治的推动，以至风气的转移，精神的整饬，都是为了加强并完成抗战动员的准备。

举一个例子说明。我当日所希望于一些新县长的是什么呢？我曾经对他们讲过："无论到哪一个地方，我都给他三样法宝：一是新的干部，二是民众抗日自卫团，三是无线电机。假使敌人真有深入湖南的一天，你们就要守土。你们身在哪一个地方，

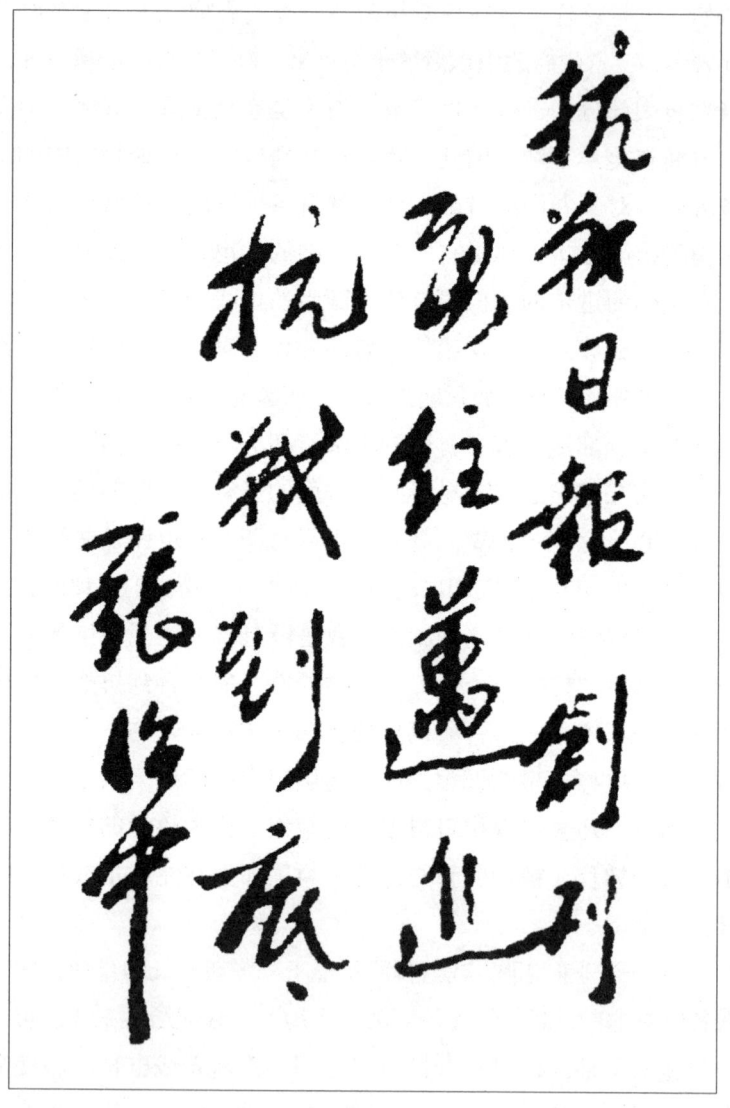

1938年,张治中为《抗战日报》题字。

就要身许哪一个地方——你们可以去做'山大王',但不能离开你们的职守!"从这里至少可以反映出我的愿望,同时也可以说明,所有一切新的设施,不论是政治上的、民运上的、教育上的,都指向一个目标:为了抗战!所谓"任何事不能视作平时之事业,任何办法更不能不合乎战时之范畴"者,其意盖如此。

军事整备的片断回忆

(1) 国防工事

从我到任的第三天起,就开始草拟保卫湖南的国防计划。一九三七年十二月中旬,便将草成的计划送到中央。嗣后曾经向上级军事机关一再研究了保卫湖南的方略。设立了专处,秘密地开始构筑各种必要的工程。到了次年九月,国防工事线已经绵亘了一千余公里之长,远从湖北的咸宁境内开始。这样巨大工程的所需费用是由省库负担的。建设公债中两百万元的国防紧急支出,只是其中一部分。在尽力撙节之下,一共支出了三百多万元。照当时的配备,估计敌人可能从湘北湘东两线进犯湖南省境,都可以凭借工事作坚强的抵抗。九月中,冯玉祥先生来湖南视察,沿湘鄂公路南来,一路查勘,对于工事构筑的坚固,曾经表示赞许。想到当时所动员的民力,这些工事可说是伟大的农民群众血汗之所凝成。虽然在以后的战役中,并不曾使湘北一线的工事得到预期的利用,但这几百万民工对于抗战的贡献是不能抹煞的。

(2) 长沙分校

中央军校长沙分校的开办,是为了训练保安团队的干部、警察的干部以及在乡军官。这是整顿团队、改进警政的初步。依照原来的计划,是以三个月为一期,要在一年以内给全省军警干部人员一个改造的机会,一个接受近代军事政治训练的机会。这种短期的特种班次的机会,这种短期的特种班次的教育,可以说是以政治教育为中心,而政治教育又是以雪耻教育为骨干。目的在提高素质,使固有的封建性以及其他各种不良的气质,自削弱以至于消灭,并具有一定的军事知识和技能,克负捍卫地方,捍卫国家的任务。

(3) 团队整训

除了干部的训练以外,另外在南岳有一个补充兵训练处,这是为了逐渐改进保安团队的素质、培养兵源而设置的。有一个时期外间报纸谣传我在大量地训练新军,大概就是这件事所引起的。那时,除了驻在湖南的几师国军就近归我节制督练以外,实在没有什么新军。而且保安团队原来有二十八九个团,自从拨出一大部分成立国军以后,余留下十一个团,一直也没补充。就安定地方而论,我不想在兵力上计较。我的想法是如我曾对一些保安司令保安团旅长讲过的:"以前拥兵自卫的理论,在我们是完全用不着的。时至今日,我们都应该把眼光放远一点,不要在多几个兵或少几个兵方面来计较。大家应该要有一点新头脑,使用新的方法。什么是新的方法呢?就是要把人民的力量领导起来,发动起来。这样在我们的防区以内,无形中便是增加几十团几百团的兵力。要扩充团队,增加兵力,这才是根本的办法。否则,都是舍其本而齐其末,越来越搔不着痒处!"

我当时的打算是:第一步把十几个保安团整理好了,加紧精神教育和战斗教练,并加强其装备,在全省控制几个主要点;进一步把各县地方部队如所谓公安警察、保安队等等加以整训;更进一步把全省人民自卫力量编组起来,而后才可以形成抗日自卫的大力量,一旦有事之时,进可配合国军作战,退可以发动广大的游击战争。

(4) 南岳治安会议

八月初,在南岳举行了一次治安会议。这一次的会议主要的是检讨全省的治安情形。当时保卫武汉的战争正在长江两岸激烈地进行,湖南不仅是一个大后方,而且又可能成为前线,在军事上必须有一个部署。

在南岳治安会议中,曾就未来战局可能发展的前途以及湖南的地位加以检讨,决定在短期以内要完成一切的紧急措施,以期担负未来的艰巨使命。首先决定的是尽可能地发动邻近战区的民众武力,建立几个准备游击区。

闭幕以后,我回到长沙参加教育会议,而后有武汉之行。我向最高统帅部建议:在湘鄂边境,应该配置第二线的兵力,并准备承接假定武汉弃守以后可能出现的严重局势。

编组民众抗日自卫团诸问题之检讨

(1) 九月删电

作为发动人民力量的骨干——民众抗日自卫团——的编组工作，自从总团部于五月间成立，陆续地颁布了一些法令规章，再经过军事参议会参议分头到各县指导督促以后，仅仅是开了一端绪。九月间，舆论界鉴于大江南北岸战局的紧张，纷纷提出了"动员民众、武装民众、保卫湖南"的口号。有的提出："为什么组训民众、武装民众这个迫切的工作，仍然这样迟缓不前？"诚然，我自己也是很担心的。我总时时感觉，一种泄沓因循、不负责任的传统习气，实在顽固得可怕。每一个政令、每一个政治设施的推行，从上到下要经过若干的七折八扣。本来很短时间可以办好的，却要延到一个月、三个月甚至半年还办不了，到头来也许还是一纸具文。焦虑之余，我发出了一个通电：

各区司令各专员各县长均鉴。现各县民众抗日自卫团相继成立，组训随即开始。各该员应了解目前战况日趋紧张，民众武力需要之迫切，实事求是，敏赴机宜。务使人民有强烈的民族意识，有浓厚的抗战情绪，且有杀敌御侮之技能，庶可养成推行新政之坚实基础，而有贡献于此次伟大民族战争。倘视为具文，漫事敷衍，将使民众组训无从收效，民众力量无从发挥。则不仅有负本府改进政治、加强抗日自卫力量之苦心与本省三千万同胞明耻教战、捍国卫乡之热望，抑且为中华民族之千古罪人！大敌当前，不容稍懈！本主席愿与各同志共同警惕奋勉，俾克尽保卫湖南、担当困苦悲壮之过程，以达到最后胜利之责任也。（删秘）

远在三月间，我就已经讲过："我们不早下决心，不早做准备，难道还要等到火烧眉毛的时候，等到敌人打到长沙城外的时候，我们才认识战争是怎么一回事吗？"不料在半年以后，我还是不能减少我焦灼的心情。

(2) 三原则的重申

为什么抗日自卫团的编组不能顺利进行呢？当时一般地只注意到枪械与经费问题。这些人的想法是这样：先筹一笔款，买了一批枪，而后再来编组。款既不易筹，枪也无处买，于是编组也随之停顿了。其次，还有一些地方官吏和士绅想"抄近路"，以为发动民众"太麻烦"，甚至"危险"，于是就想把要整理的地方部队加以"改编"，也就美其名曰"民众武力"。他们以为，这样一来，枪械与经费都没有问题了。对这些人说，他们这种想法和做法，正不知距离原意有多远啊！于是我不能不把过去所提出的三原则——一不离开行政机构，二不离开生产，三不离开乡土的"消极三条件"——加以重申。我说：

"这个三原则就是这个方案的根本精神，是三个联立的、不可分离的因素，决不能有所变更。否则便不是真正的民众武力，也就不能尽到保卫乡土的神圣责任。过去，过度地重视军队的力量,而忽视民众的力量,这是一种错误的观念,因而要走入错误的道路。现在有人还不知道运用民众的力量,尤其是在对外作战的时候,还不知道发动民众的力量,正是中了过去的毒!其实军队的力量是有形的,人民的力量是无形的;军队的力量是有限度的,人民的力量是无穷尽的。把人民的力量放在生产民众的基础上,加以军事的部勒,纳入保卫乡土的任务之中,拿起枪杆可以打仗,放下枪杆又是农民,集合起来是强力的队伍,散开以后便是潜伏的士兵,这种力量有多大!再次,人民的力量并不一定是建筑在枪杆上的。刀也行,矛也行,梭镖也行,甚至只要坚强地组织,高度地训练,没有任何武器都行!问题只看如何去运用。讲到运用民众,共产党所用组织民众、教育民众的方法是值得参考,也是值得效法的。我们看一看山西的战局就可以明了。因此要是我们抛弃了旧思想、旧方法,而采用新的思想、新的方法,这才能够达成发动真正人民力量的任务。"

(3) 武装民众问题

从民众组训问题再谈到武装民众问题。这在当时并不是一个理论问题,而是一个实际问题。这个实际的问题是:枪支从何处去买?虽然地方民众纷纷筹集款项,请求代买枪支,也是无从办到。为了表示扶植人民武力的态度与诚心,八月间特令保安处将库存旧枪四千四百余支扫数分发各县——特别邻近战区各县,然而数量实在微乎其微。后来又曾通电各位湘籍将领,请把他们部队的旧枪,通通送给湖南来充实人民自卫力量。在我去武汉的时候，复面恳军政部何部长许可：凡是各部队送到湖南来的旧枪，由省政府出具收条转报核销。何也慨然答应了。当时刘建绪军长电复说，旧枪二千三百支已经缴到军政部去，如果早接到我的电报就可以不缴了。我接到电报以后，再电军政部请求，也蒙复电许可。但是，把这些枪支分发到各县去，每县也只能分到几十杆枪，还是谈不上"武装民众"。对这个问题，我曾经作了一个公开的答复："对于武装民众这一个问题的态度，我可以说：我们是绝对愿意人民武装起来的，我们丝毫没有惧怕民众武装的意思。我们自信是一个革命的政府，一切是站在人民利益的立场，人民武装起来，当然可以增强革命政府的力量，我们为什么要害怕民众武装，不愿意武装民众，那只有反革命的政府才这样想。我们是诚心诚意，时时刻刻在想着怎样才可以把人民自卫力量扶植起来，怎样才可以把人民的武装力量充实起来。尽管事实上很困难，也在时时刻刻诚心诚意去谋可能的解决。譬如，我们就想到，要是人民自己买得到，或是自己想法子搜集得到，不论枪支的来源怎样，我们都给他们打一个烙印，作一个保证。但是，要怎样才可以毫无流弊，却是一个应该考虑的问题。"

我继续说："我们是绝对愿意人民武装起来，更愿意尽力帮助人民武装起来。要是领到或是买到一杆枪，就发一杆枪给人民；领到或买到一颗子弹，就发一颗子弹给人民，尽量使人民自卫力量增加扩大起来，这是革命政府的职责。但是我们也有另外一个意思，就是有够用的枪固然是好，实在枪不够用也是无妨，即使镰刀锄头，对于有组织有训练的民众，同样是有效的武器。"

民众运动

(1) 二期民训工作

第一期民训工作，原来是预定在六月底结束。后来又延长一个月。那些青年知识分子离乡以后，怎么办呢？原是想把他们的任务交代新的乡镇长去赓续，然而当时乡镇长的任务很多，这个重要工作怕担负不了。因此第二度动员高中以上学生，继承上期使命。

十月间训练完毕以后，将其中二千余个师范学生派入民间。我们以为这样的办法是更合理一点。显然，以师范生去教育民众，更是在实地上去求知、去求能。而政教合一的完成，更是不能不期望于师范生的努力。

当时为了适应战局的推移，加强军民的联系，动员民众服务伤兵，服务过路军队，服务驻军，曾经将沿铁路公路县份的民训人员，组成政治工作队，收到了很大的成效。

(2) 抗战统一委员会

在动员民众的工作上，曾经有一个比较特殊的组织，就是民众抗战统一委员会。

有一个时期，我曾想加强省动员委员会的组织，容纳各民众团体，乃至其他党派包括共产党在内的代表参加。可是照当时动员委员会的法定组织是不能有这样扩大的，因此迁延了下来。但我想，当大敌当前之日，怎样去巩固准备动员工作的基础，怎样汇合多方面的力量，调整其关系，统一其领导，以收意志统一、力量集中之效，毕竟是一个重要的问题。当时有不少的所谓民众团体，但内容贫乏，成效薄弱。在"八一三"纪念大会中，我公开提出批评："讲到抗战准备，那也没有什么高深的理论，这并不是什么理论问题。这是一个绝对的事实问题。简单的一句话，就是要大家都负起责任，要大家都尽各人的责任，要大家都尽各人的责任来充分地准备。每一个人要有一个人的准备，每一个团体要有一个团体的准备，大家为了抗战一致准备起来，就可以担当支持抗战、拥护抗战的使命。譬如，以长沙来讲，所有长沙市的工会、农会、商会、学生会、教育会以及各种团体，都要有健全的组织，来加强团体的力量，来参加动员的工作。那么，大家可以反省：这些团体的组织充实了没有？是不是有助于抗战？退一步说，也要检查一下，是不是有经常的工作？是不是有真实的力量？能不能发动这一个组织的力量？这不是平时，这不是写写文章，贴贴标语，就算能够尽到责任的。现在我们说动员，说怎样地总动员，有所谓自上而下，也有所谓自下而上，这些方式问题，姑且不论，只问我们每一个国民的本身，每一个地方、每一个团体的领袖，究竟有没有抗战最高的情绪，抗战充分的准备和抗战最大的决心？大家要互相严格地检查自己，也要深切地反省。"

九月一次的纪念周上，我更把人民团体的无力郑重地提了出来，我说："'八一三''九一八'两天报上，都说怎样慰问伤兵，但是有一个伤兵医院院长说：'八一三'和'九一八'那天，他老早就对他们伤兵讲，今天有人来慰劳，要他们不要出去，但是从早到晚，等了一整天，结果还没有看见一个人去慰问。他讲了几乎要哭起来。……讲到民众运动，固然有党部的关系，民众团体本身的关系，但是总要以政府为主体，而政府机关也是脱不了责任的。如果民众团体本身不负责任，或者领导机关不负责任，那么，所谓动员民众，不是完了吗？"

综合多方面的意见，认为不论为了加强党政机关对民众团体的领导力量，加强民众团体活动的力量，或是为了调整各种战时民众团体的关系，在统一领导下，提高效能，并减少不必要的摩擦，都应该有一个扩大的总动员委员会的组织。经过多次郑重研究，并正式开了四次筹备会议，一直到十月初才把这一个组织——抗统会成立起来。

在这一个组织里面，是表现了统一政治领导的形式，而且代表性相当广泛。原来希望以这一个机构来展开广大有力的民众运动，但是成立不久，战局便起了急遽的变化，实际工作尚没有怎样积极地展开。

第十二节　武汉弃守前后

抗战全局与武汉战役

　　远在二月间，正当敌人进行"中原大会战"，抗战形势一度紧张的时候，在一次纪念周上，我曾就中日战争全局中军事、政治、国际各方面的情况，以及可能发展的前途，加以剖析，说明我对于中日战局的估计："敌人没有办法可以屈服我们！"

　　在这里面，单纯就抗战前途的军事形势讲，我首先提出一个假定——军事方面坏到最大限度的假定："东北四省已经被敌人占领了，华北五省也全失陷了，津浦路被敌人打通了，陇海路被敌人切断了，敌人占领武汉了，甚至于长沙也不守了，敌人更打通粤汉路，把广东也占领了，抗战形势到了这个阶段总算坏到无以复加的程度了吧！但是在这样情势之下，敌人要多少兵力？要造成这样的情势，又要多少时间？这个我们也不能不想一想。"

　　我举例说："在南京杭州先后失陷以后，有许多人大感恐慌，以为日本人占领南京、杭州以后，就一定要由皖南沿公路，由浙东沿浙赣路夹击江西，由江西到湖南来包抄武汉，我当时就一再判断：敌人决不敢这样做。而现在是证明了。为什么我这样判断呢？这是军事条件上不允许的冒险。敌人虽然发了侵略狂，但这个不可能他是不会不知道的。由此推想，敌人将来究竟能把我们怎么样？"

　　"不论敌人方面的情形怎样，单说，假定真个到了这样坏的程度，我们自己怎样呢？我们所有的铁路线公路线都被占领了，海口都被封锁了，那时候我们会不会死呢？"我说："我们还是不会死的！我们还可以退到山里去打！""最低限度我们还可以保有甘肃全省，陕西的大部，四川、贵州、云南、广西一部，广东一部，湖南、湖北一部。我们是一个农业国家，海口虽然被封锁，铁路虽然被占领，但是我们的粮食总不会成问题，我们有储藏的汽油，有储藏的子弹，敌人的飞机也没有办法可以阻碍我们陆路的交通与运输。我们是农业国家，到处我们不愁没有饭吃，没有衣穿。我们只要有了子弹，有了枪支，我们就可以随时随地去打。我们跑到哪里去，都可以和敌人周旋，而且周旋到底，敌人又有什么办法可以屈服我们？！"

但是，另外又有一种顾虑，就是说，如果我们被逼退到这样狭窄的地区，我们的精华都毁灭了，我们怎样立国呢？我们不是真的要屈服于倭寇之前吗？我的看法是："毁灭，这有什么了不得？！我们是农业国家，我们根本不怕什么毁灭。即使大毁灭，我们三年以内就可以恢复转来！一度好年成，就可以恢复一小半；两度好年成，就可以恢复元气的一大半；三度好年成，国家的面貌，人民的生活，一切都可以恢复旧观！我们怕什么？我常常说：我们原是穷光蛋，我们有什么顾忌？即使毁灭到了透顶，那也不能妨害到我们的根本。老实说，我们正可以准备在这大毁灭之后，重新建造一个崭新的中国。这样可以说，旧中国的毁灭，就是新中国的诞生！但是看看我们的敌人怎样？他一失败就要完全解体的，他的力量一旦耗竭，他就要完全毁灭的！

我们想：屈服的是我们呢？抑是我们的敌人？"

这几点，可以说明我对于抗战的根本观念。

七月上旬，敌人沿江跃进已经到达了鄱阳湖畔，形势又有再度的紧张，我在一次纪念周上剖析了战局形势以后，更提出一个判断战局的要点：

我们是装备不全、教育不够的一种弱国的军队，而敌人是已有几十年准备，而且是处心积虑来侵略我们的一种现代装备的军队。在前期战役中，我们和敌人作战是不能在军事的对比上来考量，也更不能在一时一地的得失上来计较。我们可以很沉痛地说：敌人要想占领我们的什么地方，或是决心攻取一个什么目标，不是不可能的。而我们也不能够说对敌人侵略攻占的目标，就一定要保持，要固守到永久的。这是我们判断战局根本的要点。

因此在我们方面来说，我们的战略就是争取时间的持久，我们的战术就是尽量地消耗敌人。我们如果能够把战争的时间延长下去，使敌人的消耗扩大起来，而我们自己的力量又渐渐壮大起来，我们就是把握了胜利。这个意思就是说：在任何空间、任何时间的会战中，一定要敌人付出了最高最大的代价以后，我们才可以放弃一座城池，一个据点。这样，敌人虽然是前进了，但是他是付了最大代价，我们虽然失掉了一块地方，但并没有失掉了我们的力量，更没有影响到我们作战的精神。我们知道敌人在军事方面的力量确实比我们强，所以我们不作幻想，不尚空谈。但我们确信我们对倭寇的战争，一定可以得到最后的胜利。我们永远不丧失作战的精神，永远不断地增强我们作战的力量，我们是不会打败仗的！

九月下旬，保卫武汉的战役到了更激化的阶段，也带来了新的心理上的恐慌。在我的职责上，不能不忠实而坦白地把保卫武汉的意义告诉文武人员，使他们有着正确的认识，因此又在一次纪念周上，我老老实实地说：

我记得我曾经同诸位讲过：中国对日本的抗战，完全是弱国对强国的战争，我们的胜利不是决定在空间的争夺，而是决定在时间的持久。所以我们坚守要点的意义，不是在要求死守这个要点，而是要求以死守的准备与决心，来延长坚守的时间，扩大敌人的消耗，增强自己的力量。可以说，这是手段，不是目的；这是过程，不是结论。这是我们一贯的作战方针，也是我们对敌人作战的一个制胜的特殊战略。从上海战役起，经过徐州战役、山西战役，直到最近的武汉战役，我们都是守着这个方针，达成了战略的胜利。

所以我们现在保卫大武汉，能够保持得住，这是大家的希望；就是万一保持不住，敌人占领了武汉，在我们持久抗战的意义上，可以说是无关重要。可是，现在有少数人有一种悲观的论调，以为武汉失了以后，我们就没办法了，我们国家的政治、军事、经济，都要受着莫大的打击与影响了。这种看法是完全错误的。现在武汉有什么经济上的意义？各方面的交通差不多都阻断了，武汉怎样还能形成一个政治的、经济的中心？要讲到军事，我们现在没有海军。空军的力量也不怎样充实，试问凭陆军就可以保持得住武汉吗？我说这几句话，不是说武汉不要守，只是说，武汉万一失守以后，是与抗战全局无关。我们的军队撤离武汉核心以后，还是可以继续地打！这就是我一再讲过的敌人没有办法可以屈服我们的道理！所以我们只有坚定信心，为拥护抗战而准备，为支持抗战而努力！

怎样使保卫武汉的战役得着最有力的支持呢？怎样争取最后胜利的实现呢？我说："这就要看我们如何准备，要看我们有没有充分的准备了！"

紧急阶段中的自我检查

这时我是很担心的。为什么？

就一般的表现论，无论是精神方面、行动方面、心理方面，都是恬嬉如常，因循度日。我感到政治上的所谓"机关气习"，永远笼罩在我的周围。虽然战争一天一天地逼近了，积重难返的情形，还是不殊于往日。有许多事情原是应该立刻举办的，往往敷衍了好久，还是有问题；有许多事情原是短期内可以办好的，又往往延长了很长的时日，还是办不好；又有许多事情讲了一次不算，再讲一次不算，甚至讲了三四次还是故态依然。不但说话如此，就是正式命令亦复如此，就在七月那一次纪念周上，我很沉痛也很坦白地说：

"我心里郁积的事情是太多了！我所见所闻，而实在看不下去、听不下去的事情也太多了！我站在这地位，负了这责任，不能不揭露出来。如果我不讲，我就对不起国家，对不起中央！我希望同志们切实反省检查，力图上进！要是我不尽责任，不守纪律,你们任何人都可以批评我!但是如果你们不负责任,不守纪律,一味推诿,一味敷衍,甚至于一味蒙蔽的话,那大家该怎么样?在这时候还不赶快准备,那我们究竟预备怎样?难道将来炮声一起,可以一走了事吗?"

我不知道别的地方情形怎样。就当时的感想论,固然痛感到自己的德薄能鲜,所有这种情形,或许是领导无方、感格不周之所致,然而假定这种情形不限于局部地方,而确实是多少年来,官僚政治所遗留的腐败传统,那实在是太可忧了。我说:"日本人是容易打的,但是在这一个时期,如果我们负地方之责的文武干部还不能推陈出新,改头换面,彻底觉悟,就是把日本人打退,我们中国还是没有办法,还是要亡国的!"为什么呢?我的更坦白的意见是:"试问以这种不振作的情形,以这样腐败的习惯,我们能立国于世界吗?我们根本就没有具备现代国家军事、政治干部的条件,还谈什么建设现代国家?"

所以,把战局暂时搁置在一旁,就"在政言政"的立场,客观的困难究竟还是容易克服,而问题总是感到主观条件的不够。当战事已经迫近湘边的九月,那时距离我到湖南,转瞬之间已经十个月了,就当时省政,我也作了一番自我检查。

首先,我说:"我们的新政建设还没有开始——的的确确还没有开始!——我们过去所做的只是清除整理的工作,这个工作也还没有完成!我们现在是在预备起一座新的房子,但是这个地方是一片瓦砾之场,充满了污秽垃圾。虽然不是披荆棘,辟草莱,但是,这些污秽非扫除净尽不能谈到建设!我们两大方案就是这座新房子的图样,照着这个图样去做,我们正还是在打基础的时候，建设并没有开端！"其次，讲到客观的反应与主观的弱点，我说："在省政府改组以后，这十个月的工作，已经得到国内的一点好评，但是，我们如果以现在这种情形来说，那么，我们已经得到的这点名誉，就快要维持不了。单就治安情形来讲，湘西有匪，上级机关对我们还能谅解，现在湘鄂公路上平江附近都走不通，这是谁应该负责的？我们省政府改组十个月之久，到现在还是土匪为患，这不值得我们深刻地检查吗？还不值得我们痛切地反省吗？我可以同大家讲，现在正是吃紧的时候！因为省政府的办法和态度，已为一般人所知道，要想做坏事，要想容许腐恶势力的存在，那是不可能的。我们在这吃紧的时候，一定要贯彻我们的办法，贯彻我们的主张！只要我们拿得住，站得稳，任何一种腐恶势力绝不能做我们省政府的敌人，都不配做我们省政府的敌人！但是有一点，我们自己首先要拿得住，站得稳，如果自己拿不住、站不稳的话，人家不攻击你，你自己也要倒的，人家不破坏你，你自己也要消灭的！

"不讲客观的原因，单就主观方面讲：有许多事件的发生可说都是我们努力不够、措施失当的结果。举一个例子，最近有一个县长，和当地抗日自卫团、县参议会参议在会场上发生冲突，这完全是处置不当！要知道县参议会的参议，都是你自己聘请来的，都是地方上的公正士绅和知名之士。如果不是正绅，你就不要聘请；既把他聘请来，对他就应该要相当礼貌。不管他的建议对不对，我们也应当有相当的斟酌与采纳。我们在地方上负责的干部，虽然有热心、有勇气，但是用之不当就容易坏事。

"像这种事情,我们省政府,各高级机关文武同志,也要特别注意。我们大家,从我自己起,都要反省!譬如七十五县县长放下去了,我们有没有对他们作过正确的切实的指导?他们在地方上碰壁,发生困难,做错了事,或是做坏了事,大家都是不闻不问。像这样子,我们怎样掌握七十五县?怎样领导三千万人民?最近有一个县长,到任只一个月,就来了三次辞职的呈文。其理由,不是说军队过境拉夫,没有法子应付,请你赶快派人来;就是说,办事困难,现在有病,请你赶快派人来;甚至于说,征工征丁无法办理,请你赶快派人来。像这种没有担当的县长如何能把事情办好!再查一查,这个县长在一个月内已经受过两次处分:一次是因为延误征兵被记大过,又一次是延误国防工事被申诫。最近还发生一次保安警察的叛变。像这样的县长,他对于自己的责任,自己的职务,是毫无办法。在他个人当然是要负责任,不过在我们省政府方面,也免不了要负责任。我们把县长放下去了,以后有没有派人切实视察呢?对于他们有没有切实指导呢?我曾经一再地讲过:单打官腔是不能解决问题的。我们一定要设身处地替下级干部想办法,一定要本着至诚至敬、痛痒相关、荣辱与共的精神对待部下,来替他解决一切的问题,指示他一切应付的方法,这样子,他就一定会少做坏事,少做错事。要知道他们少做一件坏事或错事,我们做高级长官的人,就可以省却多少波折,多少麻烦。假使不然,等他们做坏了事,做错了事以后,我们再去想法子补救,这又要费去多少的时间与精神,地方与人民有多少的损失?"

结论我说:"我相信,湖南在战事方面是没有问题的。敌人暂时绝不敢也绝不能深入到湖南的境内，至少，我在今天可以下这一个判断。其他一切都没有问题，一切腐朽势力不成问题，湘西土匪也不成问题，但是问题就是我们自己。"

我感觉：主观方面那样的情况，应付一个战争状态的到来，还是太嫌脆弱了。

我的担心随着事态的日趋严重而愈见增加着。

将又站在抗战的前哨

十月下旬，广州和武汉先后失守。接着，鄂南及湘鄂边境配备的兵力进行了迅速的转移。湖南从抗战的后方变成了前线。这种局面本来是在预料之中，但当时群众心里非常动荡不安。十月尾，我作了一次广播演讲，再一次地分析了抗战的形势与发展的前途，着重提出了作为抗战重心的湖南当时面临的责任，表述了我的决心。此篇播讲的原文是这样：

自从广州武汉相继弃守以后，有些人感觉恐慌，仿佛以为我们的抗战已经没有办法可以继续下去，甚至相信许多违反国策的流言。这一种心理非常可怕！这就是自己动摇我们抗战的意志，减低我们抗战的情绪，因而要影响到我们抗战的胜利。我曾经一再地讲过：对于中日战争，我们自始至终是有把握，而彻头彻尾都是乐观的。我们观察这一个空前未有的战争，不要就一段一段的过程来看，而是要就全局来看，要从开始的一天看到最后的一天——就是经过极艰苦、极危险的过程之后终于要来到的最后胜利的一天。今天,最高领袖告诉我们:"预计最后胜利之信念,必待敌人侵及平汉、粤汉两路以西,而后凭我整个民族无上奋斗之实力,全国呼应,然后与之作一殊死之决战,乃克有彻底之实现。"因此在现在以前的战事,还只是初期的战事,今后才进入决战的准备和决战的开始时期。最高领袖更告诉我们:"目前一切敌我军事之情势,实与我预定决胜之方略愈至接近。"由此可见,一切都在我们最高领袖通盘筹划的预定方略之中。这些筹划都是根据于对日抗战到底的国策:最后胜利一天不能实现,我们的抗战便一天也不会中止;反之,我们的抗战一天不中止,我们就是一天一天接近最后胜利的到来。只要我们能担当危险,能忍受艰苦,能不屈不挠地奋斗,我们一定会看到敌人崩溃在我们的面前。

各位同胞要明白这一个全盘的局势,要了解每一度战局的变化,都是在我们预定的方略之中。现在这个局面,实在没有什么了不得,没有什么了不得的严重,自然谈不上什么恐慌。不过我们湖南三千万同胞要知道,在这一个局面和今后的决战准备中,我们湖南的地位实在太重要了,而且我们湖南同胞的责任也实在太重大了。我们估计,湖南是有三方面被敌人侵犯的可能。今后抗战的重心是在我们湖南,今后支持抗战直到最后胜利的责任,自然也落在我们湖南同胞的肩膀上。我们湖南同胞要把这个神圣的责任担负起来!近百年来,我们湖南常以一省系全国的安危,现在又到了这个时候了!我们湖南同胞是有种种优越的民族性,到了这个时候,要尽量地把它发挥出来。我们希望大家立定两个志向:第一,要抗战到底,绝对不做顺民!

第二，要守住家乡，绝对不做难民！大家就是要决心做一个中华民国的忠勇之民！敌人没有来到以前，就要尽力支持抗战；敌人如敢于侵入湖南以后，就要拿起枪杆、锄头，准备和敌人到处周旋，老弱妇孺只要避开交通线向乡村疏散，就可以避免敌人的蹂躏，不必转徙四方。我们要知道，时至今日，我们是没有路好走了，我们只有守住我们的家乡，守住我们的田地房屋，守住我们的祖宗庐墓，来和敌人拼命！将来我们的决战展开在两路以西的时候，我们所有在两路以东的民众武力，就是我们决战武力的支援，就可以冲破最后的难关，获得最后的胜利！

我们从军事见地来判断，敌人现时还不敢深入湖南。但是目前实在是一个紧急而宝贵的时机，我们要赶紧完成一切准备！老弱妇孺要趁早疏散到各县各乡村去，有力的壮丁，各界的领袖士绅，要赶紧参加到民众抗日自卫团的各级组织里来，按照各人的业务分别参加各种战时工作队。就是要尽量地把民力发动起来。这就是保国卫家之道！以我们湖南有利的地形，旺盛的民力，优越的民族性，我们一定可以发扬历史上的光荣！在湖南境内结束我们民族解放的伟大战争，进一步发扬湘勇驰骋全国的精神，收复一切失地，为中华民族雪耻复仇！

治中个人今天也愿意对湖南三千万同胞郑重表示：在保卫大湖南、支持抗战成为紧急任务的今天，一定以最大的决心和最大的努力，来和湖南三千万同胞同生死，共患难！绝不躲避责任，绝不畏惧难苦，奋斗到底，义无反顾。希望全省同胞坚定信心，一致奋起，准备为保卫家乡而奋斗，准备为保卫国家而奋斗！发扬激昂慷慨、坚忍勇敢的民族精神，支持抗战到底，拥护抗战到底！我们坚决相信，我们中华民族的前途是伟大的，是有无限的光明的!

一面进行了应变和整备的紧急措施。在湖南，特别是湖南东北部可能转为战地的情况下，为了保持行政机构的效能，必须先把所有省政机关预筹安置。经省府会议决定，将各厅、处、会依次分批迁往预定的战时省会——沅陵。伤兵难民更由负责机关实施有组织地疏散。（为了疏散伤兵，不但公路客车交通曾经停了几日，还征发了机关及私人的车辆辅助运输。至于难民疏散各县，则规定一律步行，并由派任难民工作的青年知识分子率领前往，沿公路自带炊爨，络绎于途，秩序异常良好。这是应该提出的。）当时长沙的形色，正如某报所记述："长沙市的街头，成天到晚是各种车辆的转动，各色人等的奔流。经过半个月的转移，长沙市的繁华完全退了色。到十一月上旬末，街市上整个儿冷清清的！"但冷落的街头已出现了对敌宣传的日文标语，使这一个过去拥有五十万人口、熙来攘往的省城平添了战时的景色。

我自己决定不随省府西迁，而以主席兼保安司令、抗日自卫团总团长的名义，调派少数人员，组成军事性质的行署，准备随战局形势而机动地转移，并选定邵阳为比较固定的驻在地，就近指导战区的政务，并策动展开广泛的游击战。

湖南毕竟成为第一线了，我感觉到我又站在抗战的前哨上！我相信自己是从容不迫地接受了伟大的抗战过程所赋予的新任务，准备实践"绝不躲避责任，绝不畏惧艰苦，与湖南三千万人民同生死、共患难"的诺言。——然而，一个巨大的灾变发生了！

第十三节　长沙大火

火变一日记

现在要说到长沙大火。

这实在是一次非常的不幸事件,一次意外的、突发的灾变。一座名城,顿成焦土;许多人的生命财产作了牺牲!内心沉痛,匪言可喻!我当时曾发表了一篇《为长沙市火灾告全市民众书》,开头是这样说的:

此次湖南省会长沙市,突于本(十一)月十三日凌晨二时许起火,延烧两昼夜,全市顿成焦土。余对此次突发之不幸事件,事前毫无所知,其真相究竟如何,现正在严密彻查,以求大白。自起火以至现在,余始终未离市区一步,亲睹火势燎原,虽心欲扑火,而术无可施。对于我全市父老与伤病兵之流离呻吟,甚至葬身火坑者,一切惨状,皆所目击,不禁恻然心伤,潸然涕出矣。

现在事隔多年,这历史上的灾变早成陈迹,但真相还不尽为人所明了。每一回想到这次不幸事件,我的心情还是十分沉重的。

我觉得现在可以把我当时所写的《火变一日记》发表了。这是我在灾变以后几小时中记载的实情实况,也是我在蒋亲临长沙时面呈的报告。我应该提供确实的保证:其中所记是没有任何一点不是忠于事实的。

这一文件，也许可以使这一历史事件的真相得着适宜的表白吧！？

《长沙火变一日记》

十一月十二日上午九时许，我正集合军管区兵役干部训练班学员点名训话，适接林主任蔚文①电话，第一件事，即传谕说："我们对长沙要用焦土政策。"旋即接到蒋委员长文侍参电，文曰："限一小时到。长沙张主席。密。长沙如失陷，务将全城焚毁。望事前妥密准备，勿误！中正文侍参。"

当时我即召集警备司令酆悌，保安处长徐权，指示办法，并指定警备司令部负责筹备，由保安处协助。

同日上午十二时许，陈司令长官辞修②来晤，说：长沙市警察岗位都没有了。我很诧异，当时亲自打电话问警察局长文重孚，他说："只把不重要的地方撤去，重要地方还有岗位。"

我同辞修吃饭，我低声问他："这次长沙用焦土政策，你的意见怎样？"他说："当然要做的。"

上午一时至三时之间，我先后接见伤兵管理处处长汪强，军管区参谋长滕杰，电报管理局局长张忍。关于伤兵问题，问汪强："什么时候能输送完毕？"他答："十六日能运完。"我说："最好能提前于十四日运完，愈快愈好。"我又对滕杰说：

---

①林蔚，字蔚文，蒋介石侍从室副主任。
②陈诚，字辞修，时任第九战区司令长官。

"兵役要加紧办理，在本年内应当能征齐十万人，以应紧急补充需要。"又对张忍说："电报局对于员工，要加重精神教育，要勉励他们日夜工作，不要懈怠。"又叫他将暂时不需要的机器及材料赶紧运走，并且允许为他设法，请铁路拨车予他装运的便利。

同时又接见市长席楚霖，告诉他，无论如何要征集一千名夫子，交蒋副司令锄欧担任搬运工作。每人一元一天，如市区征不到，可到长沙县去征。

到下午四时，酆悌、徐权同来，拿出一焚城准备纲要。酆的意见，要长沙市社训副总队长王伟能当正指挥，警备司令部参谋处长许权为副指挥。当时我以为王伟能是军训教官，恐不方便，所以改用警备队第二团团长徐昆为正指挥，王伟能、许权为副指挥，并且说："须在我军自汨罗撤退后，再命令开始行动。"但我和酆、徐二人商定，下命令还不够，要等到接命令后，先放空袭警报，使人民逃避，等到再放紧急警报时，即开始行动。当时余并命明日须根据纲要，作好细则，送来核定。

下午五时许，我接见秘书长及各厅长，因为他们早已决定分迁沅陵和宝庆，特定于今晚动身。我说："我暂时不走，我将与野战军同进退。"

下午约七时，副官从外面来报告我说："街上无一岗位，有人看见警察已整队开出去。"当时我更诧异，乃又亲自打电话与文局长，质问他为什么将警察带走？又为什么将岗位撤去？他回答说："警察只集合在几个地方，并没有走。"岗位问题，他仍同上午回答的话一样。

下午七时半，我宴请在长沙的英美教会领袖，如葛牧师夫妇、丁牧师夫妇，及其他牧师共十人，我约尹厅长任先作陪。当时表示我在长沙一年中，得他们的帮忙，尤其对于伤兵问题、难民问题，他们帮忙很多，表示感谢。

　　在座中有德国医生安德生夫妇，他的医院在省政府隔壁。我同他谈话。他说，他要搬到圣经学院，他的夫人不肯。我当时劝他搬家，因为敌人汉奸将来总要烧省府，恐他们遭波及，最好是明天上午七时即搬。

　　下午十点一刻，我应中央广播电台的邀请，为总理诞辰纪念作广播演讲，沿途看到无论重要不重要地方，皆无警察岗位。我到广播电台后，即令副官王建成打电话与文局长，限他两小时内恢复全体岗位，并叫他来与我一阵上街去巡查。这电话是文局长亲自接的。

　　十点三刻钟，我回寓接见英国沙鸥号舰长兼代领事伊麦斯，因为所有在长沙的外侨，统由他负责保护，我当时请他对于外侨安全作准备，并表示感谢。又同他说："虽然省府搬走，我在长沙尚有两三日或两三礼拜或较此更多之时日耽搁。"（译员为省府秘书汤武。）我当时还拿一纪念品送他，他表示诚恳的感谢而去。

　　将到十二点时，我叫副官打电话请文局长来，预备一同上街巡查，但警局电话已断，无人来接，且到处找他不着。在这时又接到副官报告说："街上警察局，均从门上用竹板钉起"，即在我寓所后面的警察局，门亦封闭。

　　十三日上午一时许，我已处理过许多事，由寓所搬到二里牌唐公馆居住。因为近日省府搬家，我亦移住大雨厂坪十九号磐园。陈辞修兄本住一处，但他十一日搬走，并劝我此地居住不相宜，因为与电灯厂逼近，烟囱多，又吵人，且出入路狭不方便，我乃与他约好今晚一阵搬到唐公馆居住。但这时打电话约他时，他说：他已住在章公馆，各处电话均已装好，不便又搬，至明日再说。

我到唐公馆后，大约快到十三日上午一时半至二时之间。又打电话找着席市长，问他究竟明日夫子有无办法？如果真没有，即将义勇壮丁常备队所余留的五百人调来担任。

将近两点了，我就寝。不久，刚入睡，副官王建成来叩门报告说："城内很多响声，已经起火。"我立即披衣起来，看有三四处都在起火。这时电灯尚未熄灭，再过不久，约在三点钟后，火势更大，到处电话都打不通了。

到四时许，酆司令来报告："各处起火，电话已断，文局长找不着。究竟放火者何人？看这样子，似为一大规模有组织的行动，外面人都传说火是由警察局开始烧起的。"

十三日清晨，以后两日来我即做下面的紧急处置：

一、手令酆悌、徐权，严拿放火者，准予就地处决。

二、派员调查外侨有无损害，并派员持函往会英舰长，请他转知各外侨，代为慰问。

三、派保安团上街维持秩序。

四、令徐处长、酆司令及伤兵管理处汪处长，赶快对于伤兵难民，加以救济，并维持秩序，恢复交通。

五、与陈司令长官商量，设法恢复电讯交通。

六、派保安第一团归蒋副司令锄欧指挥，担任火车上的装卸任务。

七、电呈委员长及何参谋总长。

八、派员并亲自召集有关人员，查询起火真相及主动者。

火变是怎样造成的

如上所述，在长沙如失陷的情况下将全城焚毁，这是当时军事上的预定计划，而且不止有上述电文。在武汉弃守以后，在长沙（就在省政府内）还曾举行了一次由蒋亲自主持的军事会议，会议上"检查"了武汉弃守时没有彻底破坏的原因，确定了新的"焦土抗战"的方针。这是当时在"焦土抗战"的指导思想下的部署。对于这些情况，我是了解的。我受命拟订和执行破坏长沙的计划，我也是有责任的，而且今天回想起来，也是内疚在心。但十二日夜发生的火变，对我确确实实是意外的。

在查明真相以后，当时国民党中央宣传部和军委会政治部联合发表了一个关于长沙大火经过真相的说明，原稿是经政治部副部长周恩来先生和我在一起亲加修改的。说明原文是这样：

中宣部、政治部关于长沙大火经过真相之说明

十二日夜长沙大火，实为地方军警误信流言，自卫民众激于义愤之所造成。盖战略转移，我军对于预定撤退的战略支点

及重要城市之建筑物,施以破坏,免资敌用,原为作战上之必要,在各国战史上亦不乏先例。故长沙既临战区,政府于事前有所准备,当为必然之事实。唯十二夜长沙大火时,岳州虽失,而平江汨罗以北阵线甚稳,长沙距前线尚有三百余里,军事当局不仅无命令破坏,且正调兵增加前线。而地方政府亦并未下令破坏。然大火何以骤起?其原因:(一)由于地方军警负责者误信流言,事前准备不周,临时躁急慌张之所致;(二)由于曾从事破坏准备之人员及人民(自卫团员丁森等)鉴于敌机之连日轰炸及最近平江、岳州、通城、通山等县被炸之惨,激于民族义愤,以为敌寇将至,乃即自焚其屋,遂致将准备工作变为行动,于是一处起火,到处发动,以致一发而不可收拾。火灾之广,波及民居,损失之巨,殊为痛心。最高军事当局闻耗,已亲临长沙,立即采取下列处置:(一)逮捕首事有关人员,依法严惩;(二)拨付巨款,救济被难民众;(三)调集重兵,加紧长沙防卫;(四)改组地方军警机构,办理一切善后。现长沙秩序恢复,前线战事更稳,应明告国人:自我牺牲原为国民报国之义愤行为,长沙虽毁,首事与负责官长亦已严于治罪,被难者政府已举全力予以安置。今战事方酣,我国民须忍受痛苦,方能得最后胜利。湖南民众,尤具革命历史,更能发扬蹈厉,表示不惜牺牲一切从事抗敌之决心,与恢弘我革命忍受无上痛苦之精神。自经此次火灾之后,当更能沉毅坚忍,戒慎严密,此原为我湖南民众之特性,亦即我长期抗战所必须具有之决心。长沙外侨现正从事调查救济工作,此举亟应赞扬,更足鼓励吾国人闻风兴起。

记得当时曾有人说过，这是"类似阴谋的纵火"。我可以说是一个"意外的突变"。要研究造成这一个"意外的突变"的各种因素，很明白的，首先是我和几个高级人员的疏忽，其次是中下级干部的慌张，再次是些训练不够的士兵与义愤人民的无知与急躁。这些因素凑合起来，以致未能配合时机，造成过早的行动。而这一点，我想无论是当时负责的干部，抑是冲动的兵民，他们没有丝毫觉察，甚至当时他们会想，他们是完成一件"壮举"了，而明天就可以让日本人来占领一座焦土的空城！

　　为什么会有这样过早的行动呢？误信流言。为什么误信流言呢？这便是一个精神因素的存在——失败主义的灵魂的作祟。

　　真正了解中日战争的意义，真正能从开始的一天看到最后的一天，真正能从全局来观察战局必然发展的前途，这种人实在很少。我在前面已经讲过，每一个阶段战局的转捩，总带来一个新的普遍的恐慌。据调查所得，当时有许多人说："抗战是没有办法了，粤汉线以东区域都要放弃。"这是一点。其次，谣言往往先于事实，所以岳州没有放弃，就谣传岳州情况不明，常德交通已断；等到敌人在城陵矶登陆的消息一证实，就传说敌人两天以内就可以到长沙。我后来听说，就在十二日晚间，战事发展到汨罗前线时，有些人竟慌张到这种程度，他们说："敌人的潜水兵舰可以在三小时内开到长沙河岸。"我后来又知道，有些人希望在火后的翌日在湘潭或邵阳会着我，可是我一个人却在长沙一角，对着漫天的火焰，唏嘘不能自已！

　　不过也有人说，主要的由于蒋限一小时到的焚城一电。——

这时期大家是主张"焦土抗战"的。如果没有蒋的焚城电报，我们就不会作焚城准备；而在作焚城计划时，只注意到焚之不彻底，所以作了焚城的周密布置，绝没有料到焚之过早。虽然事后也有人说，假使我们不焚城的话，敌人是要随即进占长沙的，烧了长沙实是保全了长沙。这当然不能作这个大错的解释和宽恕。

事后的处置

蒋在南岳闻讯，十四日亲临长沙视察，我报告了当夜实在的经过以后，坦然承认我自己的过失，请求严予处分，以为失职者戒。

蒋当时并没有答复我的请求。他在长沙留驻了几日，把事态查明，处理办法决定以后，行前，召集了当时留在长沙的几位同志，就本案作了一番剀切的训示。我记得他曾这样说："就这一次事件的根本成因研究，可以说不是属于哪一个个人的错误，而可以说是我们整个团体的错误，这一种错误的造成，不能不认为是我们的失败，我们以后怎样使用干部，怎样训练干部，怎样沉着应变，从这一次事件上都可以得着明确的教训。

"现在处置的办法已经决定，目前最要紧的事是赶筹善后，收拾人心。文白还应该继续负责，表现革命军人服从命令完成责任的精神。至于处分问题，当待中央核议。"

在送蒋上车时，我向他报告："我知道自己应负的责任，委员长虽然宽恕我，但是我的内心沉重的负担并没有减轻。不论中央决定的处分是怎样，除了完成善后责任以外，我当知所以自处。希望委员长将来给我一个退思补过的机会。"

蒋在长沙的几天中，举行了军事会审。长沙警备司令酆悌，保安团长徐昆，长沙市警察局长文重孚三人，依照军法会审的裁定，被处死刑。

酆悌原是不应死的！应死的或者是省会警备司令这一个职务，就是死于"直接责任"这四个字。对于他的责任与处分问题，我曾经两次向蒋申述我的意见，求为减轻。但是我的请求没有能变更森严的裁定。大错铸成，力余（酆悌的字）死矣！

不久，我接受了革职留任的处分。中央的决定显然不是在保全我的禄位，而是要我经历更艰难的地位，体验更苦痛的生涯。倘若那时便容许我走开，在责任上虽然讲不过去，但在精神上是稍可轻松。可是我知道，一个破砖残瓦败壁颓垣的局面谁来收拾呢？在当时的情况下，我没有办法不以忍辱负重的精神，恪遵处分，赶筹善后、尽我未尽而应尽的责任。我平常做事是提得起，放得下，而那时是提不起又放不下，这真是太大的惩罚了！

附：与郭沫若先生谈长沙大火问题

从一九五八年十二月号的《人民文学》看到郭沫若先生写的《洪波曲》——抗日战争回忆录，其中第十五章关于长沙大火的描述，有些地方可以说是有意歪曲事实，进行个人攻击，我不能缄默。我当初想把这问题报告周总理，但又想到：这种做法是不是会使他认为我是"告御状"？似乎不大好。所以我就决定直接写信给郭沫若先生。后来谅是经过党的系统,仍被周总理知道了,承中共国家机关党务领导同志、统战工作领导同志先后告诉我:"郭这样写是不合适的,我们要他改正。"还说:"不过,你的信上措词也还厉害了些!"郭收到我的第一次去信,复信表示在印单行本时愿把来信作为附录,两位领导同志都表示以不作附录径行改正为好。后来郭接我第二次去信再复我一信说:"蒙您进一步指出了我的一些错误,谨向您表示感谢。"同时见面时还握着我的手说:"真对不起,请恕罪!"向我道歉,我还有什么话说呢?

以后,《洪波曲》在天津出版,内容删改了不少,措词语气也有了变动,但是在日本出版的日文版还是沿用《人民文学》的稿子,这就是以讹传讹地传到国外去了。

现在把双方来往信件写在下面,聊作历史资料的补充说明吧。

(一)一九五九年元月七日我给郭沫若先生的第一次去信

沫若先生:

您已入党,在您是再度做了光荣的共产党员,我首先向您表示诚挚的祝贺。

最近,我在《人民文学》一九五八年十二月号看到您写的《洪波曲》(小标题:抗日战争回忆录)。其中第十五章关于长沙大火的描述说:"放火烧长沙,是张治中、潘公展这一竿子人的大功德。他们是想建立一次奇勋,摹仿库图索夫的火烧莫斯科，来它一个火烧长沙市。"又说："……他完全是贪图功名，按照着预定计划行事。他把陈诚蒙着了，十二日的当晚甚至扣留了陈诚的交通车。他把周公蒙着了，竟几乎使周公葬身火窟。他满以为敌人在进军，这样他便可以一人居功而名标青史，结果是一将功未成而万骨枯！"

您这种对我残酷无情的描述是与当时事实完全不符合的。不知您真是不知实情而出诸推测，还是对我别有成见呢？

长沙大火的真实情况是这样的：

一九三八年十一月十二日上午九时许，我接到蒋介石的文侍参电："限一小时到。长沙张主席。密。长沙如失陷，务将全城焚毁。望事前妥密准备，勿误！中正文侍参。"

同时还接到当时的侍从室主任林蔚的长途电话："我们对长沙要用焦土政策！"当时我的心情是非常激动不安。一年来的工作，使我对湖南人民产生了深厚的感情，我怎忍使长沙市人民的财产付之一炬？所以思潮起伏，矛盾苦闷，不执行是不行的，蒋当时是最高统帅，我是省主席，理应服从命令。同时，当时正是武汉撤退不久，外间正流传一种焦土抗战的宣传，许多人都认为武汉没有实行焦土抗战，徒然资敌，议论纷纷。您当时主管宣传，对这种情形是必然知道的吧？所以我只好照办，就将电令交给长沙警备司令酆悌执行。

在下午四时酆悌来见，提出焚城准备纲要，我看了曾对他说这个计划最好备而不用。还特别指示：在敌人逼近长沙时，须先放警报——紧急警报，待人民离开市区方得开始行动。

我经过一整天活动，疲倦已极，在十三日上午二时就寝。

不久，副官来唤醒我，报告城内起火，我披衣起看，已起火多处，各处电话都打不通。

这件事情本来是有计划有组织来进行的，当然唯恐烧之不彻底，并没预料到烧早了烧快了，这是当时的疏忽。而火所以烧早烧快，又与下列事实有关：就是警察擅自撤岗，文重孚局长擅离职守，市内谣言蜂起，甚至说敌人已逼近长沙只有几里地了；其次执行放火的警备第二团官兵沉不住气，没有等到放警报就开始行动了。

这件事是完全出我意料的。

大火后负执行责任的人酆悌、徐昆、文重孚三人都被枪毙。您说："三个人死的时候都喊冤枉，大骂张文伯(是白不是伯)。"我不知道您从哪里听来的？决没有此事。相反的，他们是服罪而死的，是在蒋介石亲来长沙领导下的临时军事法庭判决的。当然，我对他们之死，在道义上负一定的责任，因为他们是我的部下，最少要负当时思虑不周、监督不严的责任。所以我对他们的服刑也感到极其痛苦。我也曾自请处分，后由重庆明令革职留任。

您说："他把陈诚蒙着了，十二日的当晚甚至扣留了陈诚的交通车。"又说陈诚是"主张枪毙张文伯的一个人"。这也是与事实不符的。不仅他和我住在一处，焦土的事早和他商量过，火起时，我根本还在睡梦之中，谈不到蒙着他；同时您想，一个手无寸铁的文官能够和敢于扣留战区司令长官的交通车吗？至于说陈诚主张枪毙我，更没其事。为了没有把蒋的电令及时告诉他，他是和我争吵过，蒋十四日到长沙召集我和陈诚，另有二三人谈话，还安慰我一番。因为蒋已看到我写的《火变一日记》，知道我的心情是沉重的。

您说："他把周公蒙着了，竟几乎使周公葬身火窟。"更与事实不符。十二日晚上我还和恩来先生通过电话，请他在十三日中午吃饭谈话。大火后我发表告民众书，恩来先生还字斟句酌地为我修改了许多地方。我绝没有欺骗过朋友，更没有存心陷害过朋友。

您说：事后有人做了一副对联和匾额来讥讽我："匾额是'张皇失措'，对联是'治湘有方，五大政策一把火；中心何忍，三个人头十万元'。流传得很广。"当然，这副匾额和对联您是听来的，不足奇怪。其实这副匾额和对联也没有什么，问题是来源如何？是什么一种人做的？怎么可以轻率引用加以渲染呢？

在湖南这一段时期我做了些什么工作呢？首先是拟订了施政纲领，提倡社会改革运动，发动全省中学生下乡，先后训练了四千多高中学生和四万多知识青年去代替原有的县长、佐治和乡保长，从事组训民众工作，主要是组织各地的民众抗日自卫团；同时还组织了抗日的统一委员会，被人看作是有中共党员参加的组织。在决定放弃长沙的时候，我还向叶剑英先生提议，聘请他当省府的高级顾问，领导打游击战。他答应了，我预备和他同到宝庆领导全省的群众游击战。当时中共派驻湖南的代表是徐特老，我和他合作得很好，凡是遇到两党有关的问题就商量解决，解决得很顺利。徐特老解放后在北京还常和我谈起过去推诚合作的情况，他现在北京，您还可以去问问。当时我还建议蒋介石一定要坚持国共合作,准许中共公开活动,电报原文具在。您试想,在当时充满地主、官僚、豪绅势力下的湖南,我要进行社会改革,要重用学生青年,要和中共合作,能不招致他们的反对吗?像这副匾额对联不是代表地主、官僚、豪绅的知识分子写的吗?您还记得湖南有叶德辉其人吗?他不是对中共领导的农民运动写过极其恶毒的对联吗?这一类人写的东西是不是要稍加分析之后再来引用为是呢?

我虽然就这件事作了实况的说明,但是我到今天还不能不说,这是我毕生内疚神明耿耿于怀的一件事,任何人说我应负一定的责任,我绝不推诿,但是您说我是"想建立一次奇勋"、"贪图功名"、"一人居功而名标青史",我实在接受不了。您的话冤枉人也未免太过分、太厉害了!

您在第十四章"长沙种种"一节中又说:"首先这儿不是可以做工作的环境。在省政府主席张治中之下,潘公展在做着秘书长。那党老爷和官老爷们一向就把群众封锁着,他们有他们的一套,不允许你外来人过问。"您说我们有一套,倒是事实。我那一套就是刚才所说的组训民众,整顿基层,进行社会改革,特别是组织民众抗日自卫队,这没有什么不好吧?你们是暂时过境的,您也并没有向我提过要做工作的意见,我也不可能把你们留下来。至于您说我是"党老爷""官老爷""一向就把群众封锁着",那也形容得过分些,且与事实亦不相符。我在湖南是确实想把工作搞好的,从早到晚紧张地工作,还多次到各县检查监督工作,经常到乡村访问,和群众保持接触,并没有把群众封锁。当然,这远不能和今天的群众路线相比,我当时还没有这样高的工作水平。您说我"封锁群众",说我是"党老爷""官老爷",怎能这样忍心糟蹋人呢?

您说:"十一日的清早,张治中本来答应我们可拨六辆卡车备用,然而一直等到半夜,完全成了画饼。"这件事究竟谁来和我说的?省府本身根本就没有六辆卡车,我怎么敢答应?我生平重然诺,即使我说过设法试试看而没有办到的话,也会有个交代,这不能说我失信吧?

您在第十六章"桂林种种"一节内说:"这报纸(按:指《救亡日报》)是在两年之后,张治中做政治部长时代,由何浩若亲自跑到桂林来勒令停刊的。"这件事我根本不知道,我更不会指使何浩若来勒令《救亡日报》停刊,您何必又要牵涉到我?您对我似乎是太抓紧了吧?

说到这里,我想提醒您两点:

首先,您是一位负盛名、有权威的大作家、大诗人,您于一九五八年五月九日在《洪波曲》写的前记中说:"就请读者把这看成为历史资料吧";既是"抗日战争回忆录",既是"历史资料",如果您对一个人、一件事实的描写失掉真实性,对作品的价值有没有影响呢?

其次,您现在是中共党员,而我是民主人士。您在人大是副委员长,在政协是副主席,我都是常务委员,解放后我们同事十年之久了,您的大作虽写于一九四八年,而在一九五八年五月您"把旧稿整理一遍",再次发表,把我描写成这样的一个人,试想,站在党员对党外人士的立场,同事十年的立场来说,这能说是合适的吗?

在这里，我想介绍您温习一下毛主席在《论联合政府》中所说的一段话。

"但是，国民党是一个复杂的政党。它虽被这个代表大地主、大银行家、大买办阶层的反动集团所统治，所领导，却并不整个儿等于这个反动集团。它有一部分领袖人物不属于这个集团，而且被这个集团所打击、排斥和轻视。它有不少的干部、党员群众和三民主义青年团的团员群众并不满意这个集团的领导，而且有些甚至是反对它的领导的。在被这个反动集团所统治的国民党的军队、国民党的政府机关、国民党的经济机关和国民党的文化机关中，都存在着这种情形。在这些军队和机关里，包藏着不少的进步的民主分子。这个反动集团，其中又分为几派，互相斗争，并不是一个严密的统一体。把国民党看成清一色的反动派，无疑是很不适当的。"

我在国民党反动派集团中，是不是一个"进步的民主分子"？我自信是的，而许多平素相知的朋友们也会说是的。但在您的笔下，我却成了这个反动集团的"贪图功名"的"党老爷""官老爷"了，这怎能叫我不喊冤叫屈呢？

最后，我想和您谈一件事。这件事闷在我肚子里十多年，常想和您谈的，今天应该彻底敞开来谈。

我觉得，在政治部时代，我不该撤销您所领导的文化工作委员会，使您感到难堪。这是我事后感到大大对不起您的地方。至于当时何以撤销这个组织，我不愿意把责任推到别人身上，不过您也有一些小小对不起我的事情在前。

记得在一九四〇年政治部改组时，国民党中许多人主张要把您一脚踢开,我坚持不可,后来想出一个特别办法,就是另外组织一个文化工作委员会,由您来领导,把原三厅您领导的一些朋友调过去。为了此事我到您家商量了两次,我当时还这样说:"特为左翼文化人士开辟一个租界。"您大概还记得吧?我当时说这话虽然以幽默口吻出之,但用意确是真诚的,对您所领导的左翼文化人士,我是认为应该给以安排和活动机会的。

文委成立以后相当长的一段时间,我们相处得不错,我曾到文委去看望您和您谈话,您也常到我家来谈话,我还表示过希望能够每星期会面一次。但是后来不知怎的重庆发生了一种谣言,说国民党要迫害这些左翼文化人,于是有人往香港和南洋等地走。我为了使大家安心,曾经邀请大家来吃饭,记得到会的有四十多桌。我在席间讲了话,保证大家朋友的安全,希望大家不要随便走,香港南洋也不是安全的地方(这句话以后事实证明了)。我的话是出自真心善意的,但是您没和我谈,却在香港报上发表文章大加讥刺,说是"要使文化人不走,最好每人送飞机票一张,庶使近者悦而远者来。"我当时看了是感到有难以索解之处,认为您为什么不和我面谈,而在香港报上讽刺我,这样做不够交情,所以曾经写信质问您,您回信表示歉意,但从此来往关系上就逐渐疏远了。

这件事也是构成了撤销文委的远因,但是在撤销之后,我又感到懊悔,感到自己太冲动,太草率,内心很不安,总觉得对不起左翼文化界的朋友们。从此多时没有见面了,但是我这种不安是始终没有解除的。记得在抗战胜利后,大概是一九四七年,我到了上海,听说您在上海,我特别邀请您来吃饭,在座还有田寿昌、洪浅哉诸位。席间我虽然没说什么，但是从我的态度和表情上，就可以看出我是向您表示深切的歉意，向您赔罪的。一九四九年在北京碰头，我又一再请您吃饭，在公共场合会面，我总抢先和您握手问好，这些都是我内心抱歉的真诚表现。但是，我觉得这些表示都没能够消除您对我的余恨。您的《洪波曲》是一九四八年在香港写的，当时您对我余恨未消的心情我是能理解的，但在一九五八年再次在北京《人民文学》发表时是不是就应该有所不同了？现在您对我如果能够高抬贵手，笔下留情，不但对您无损，而且适足以表示您的共产主义高贵品质和雅量，而在我则感激不尽了。

至于您是不是应该在《人民文学》上作一个更正，又如印单行本时是不是应该删改，这就听您的善意斟酌了。我是不敢提这个要求的。

郭老！希望您原谅我，消除过去的芥蒂，让我们和好如初吧！敬礼！

张治中
元月七日

（二）元月十日郭沫若先生给我的第一次复信

文白先生：

您的长信收到。《洪波曲》中有得罪处，很抱歉。请您注意那里面的一句话："他们的计划是得到了那位当局的批准的"，那就是说，主要该由蒋介石负责，而你们是执行命令罢了。谢谢您把当时蒋的指令告诉了我，证明我的猜测没有错。您不幸的是在蒋下边和潘公展共事，我说："放火烧长沙是张治中、潘公展这一竿子人的大功德，他们想建立一次奇勋……"并不是专指您一个人。

　　您提到您解散文工委事，很有历史意义，但我相信事情不那么简单。我去年在北戴河曾对您说过，希望您写些回忆录之类的东西。我现在也向您建议，希望您大胆地写出，对于搞历史的人是有帮助的。

　　《洪波曲》准备出单行本，也将收入《沫若文集》，我想把您的长信作为附录，想来可以得到您的同意。请您赐复。

　　我是毫无芥蒂的，以往的历史并不是您我之间个人的问题。同样我也希望您原谅。

　　敬礼！

郭沫若
一九五九年一月十日

（三）元月十二日我再给郭沫若先生的第二次信

沫若先生：

　　您的一月十日复信接到了。

　　首先，谢谢您说"《洪波曲》中有得罪处，很抱歉"，实不敢当了。

　　但我对您信所说，其中还有提出商榷的地方。

　　第一，您特别强调"他们的计划是得到了那位当局的批准的"

那句话,并且加以解释,说是"主要该由蒋介石负责,而你们是执行命令罢了。谢谢您把当时蒋的指令告诉了我,证明我的猜测没有错"。现在,我想和您说:您的猜测还是错了。为什么?因为如果是我拟的计划而蒋加以批准,这就变成我主动而蒋被动了。而事实上是蒋主动而我被动的,这显然有实质上的差别,因为我根本没有什么"计划"由蒋"批准"的,您那样解释,逻辑上似乎是说不过去的。

第二,您说:"您不幸的是在蒋下边和潘公展共事",又说:"放火烧长沙是张治中、潘公展这一竿子人的大功德。他们想建立一次奇勋……并不是专指您一个人。"我也想告诉您:这点也与事实不符。当时潘公展到职才一个月,他在大火前一天就和各厅厅长、省府人员撤到沅陵去了,此事他根本不知道。至于潘公展在国民党内本是我素所反对的CC分子,素无往来,为什么在这时我同意武汉方面提出他继任省府秘书长呢?说来话长,不谈了。而全国团结一致抗战的气氛也许是一个主因吧?

《洪波曲》中还有记载错误的地方。例如第十五章第十六节"长沙善后"中所说的"民政厅厅长周澜、财政厅厅长张开琏",也弄错了。这时民政厅厅长是陶履谦,周澜是薛岳时代的民政厅厅长;这时财政厅长是尹任先,张开琏是何键时代前期的财政厅长。您说"几位大员失掉了威风,就和罪犯一样,来财政厅拜会我们"。这未免描写得过分了。火烧长沙与各厅长无干,有何罪?他们拜会你们,不过是仰慕大名表示敬意,并无恶意,您何必说成是"罪犯一样"?您既写"历史资料",是不是在命笔时能力求公允恰当些更好?——这是我向您提一个小小的意见。

　　您的大作《洪波曲》将印单行本,并收入《沫若文集》,想把我给您的长信作为附录,我当然同意。

　　您说:"我是毫无芥蒂的,以往的历史并不是您我之间个人的问题。同样我也希望您原谅。"太好了,这是您的雅量,应对您表示崇高的敬意。
敬礼!

张治中
元月十四日

(四)元月十八日郭沫若先生给我的第二次复信

文白先生:

　　我十一日曾在上海一行,今晚回京。读到了您十四日的复信,我非常高兴。承您同意把您的长信作为附录,并蒙您进一步指出我的一些错误,谨向您表示感谢。您的信实在是宝贵的史料。

　　专复顺致
敬礼!

郭沫若
一九五九年一月十八日

第十四节 最后一页

长沙善后工作

火后的第十日——十一月二十二日,长沙市火灾临时救济委员会成立。善后工作可以说是从这一天正式开始。在这之前,一部分政工人员对于急救工作,也使这一个劫后省城逐渐有了生机。

在成立会上,我表示:这次大火造成意外损失,省府方面对人民唯有认罪,决心全力办理善后,借赎前愆,希望在三星期至一个月内,将临时救济工作完成,务使赈款五十万元(内中央拨发二十万元,省府拨三十万元,最后共用约一百万元)每一分钱都用在灾民身上。

三星期以后,救济灾民、清除街道、恢复市场等重要工作都迅速完成。以我当时的地位,目击着一场空前的大火把一个城市毁掉了,而又目击着多少人在破砖残瓦之中,重理故居,经营生业,使一座废墟每天增加着生气和活力,这种痛苦与感慰的交萦真是人生中罕有的体验。我固然痛感到火灾之烈,也深感到民力之强。"人民努力建设之成效因灾患而愈彰著",这个期望确然成为事实。劳动创造诚然是我们民族的本领。从那时起,我对于进一步兴复长沙满怀希望,并开始了新长沙建设的设计。

在一个月内的临时救济工作中,使我感受很深的有下面两点:

第一是群策群力认真负责的高尚热忱。我觉得我在湖南一年多的时间中，在各方面都很少接触到这种宝贵的情操，我怎样大声疾呼，也看不到多少成效。但在这一个月里，我才看到了在工作中像火一样燃烧着的热情。临时救济委员会成立以后，工作无分昼夜。每天各单位会报，检讨过去一天的工作，计划次日工作的要点，经常到夜深才散。所有各部门的工作人员以至征调来的兵工和被灾民众，都各以自觉的精神辛勤努力，任劳任怨。劫后的市容是由从各县征调来的五千民工所组成的工程大队，在短促的限期内，整理清楚的。安顿灾民的工作是由许多青年同志，如政治部长沙工作队，九战区第二政工大队、三民主义青年团长沙的一部分团员以及抗统会工作干部大队等，热心负责进行的。总的方面计划周详，指导适当，是当时救济委员会负责人如主任委员尹任先，常委朱经农、田汉、黄少谷，宣传组长洪深，救济组长张以藩诸位废寝忘食、苦心擘划的结果。在这一个月内，上下一致，始终一致，显示了办事精神的严肃紧张，协调合作。这种精神实在太宝贵了。

第二是救济工作的踏实。救济的原则，第一步是设所收容，并办理灾民登记。因为当时还有战争威胁，而且供应困难，所以希望把登记的灾民疏散到较安全的县份，由各县设收容所凭证收容。这个办法太消极了。所以后来采取第二步的办法：予以经济助力，使灾民能自力营生。规定凡是不愿意住收容所而愿意小本经营的，每人可贷款十元；十二岁以下儿童不得贷款，但可领保育费五元。这样规定以后，从十二月一日到七日，登记和疏散的灾民二五八一三人，其中贷款者二三八〇四人，领保育费者一七九二人，而愿领灾民证者仅二一七人。这个统计数字也使我大为感动了，因为愿意自力营生的是那样的多，而愿意住所的是那样的少，这正是反映了湖南民性的坚强处。

在这个阶段内，虽然登记了两万多人，费了整整几天工夫办完了发款的手续，但是还有不少的灾民没有赶上登记。补行登记呢，还是不补行登记呢？临时救济委员会讨论这个问题时，有人认为：如果再办一次登记贷款，不免有重领或冒领的弊病，而且一面补发，一面灾民源源而来，也怕应付不了。他们讨论几次，决定不了，跑来问我。我说："应该再办一次。即使会发生一点流弊，也不必看得太严重。宁可让一千个灾民重领，也不能让一个灾民漏领。"后来决定了一个补救的办法，即不再登记了，再补发救济费一次，不分男女老幼，每口各发五元。十二月九日补发时，事先估计两万人，准备了三万人的款项。可是实发的有八万四千多人，从九日下午四时一直到次晨四时才发完。现款不够，临时印发兑换券，改在十二日发兑现款，共发四十多万元。这样一个巨大紧张的场面，幸而组织良好，人员得力，没有一点骚乱，没有发生一点问题。这种情景，也是不能忘怀的。当时两湖监察使高一涵，在实地视察后，曾对这次救济工作下了一个总评。他说："此次长沙火灾临时救济工作中，虽尚未完全避免灾民之冒领、重领等情事，而赈款全部均能用之于灾民，办事人员之不中饱，则予各方以极良好之印象，而为过去赈济之所未有。"

十二月中旬，重庆政府行政院慰视灾民代表团周道腴、赵炎午、仇亦山、彭静仁、胡彦远五位先生到达长沙时，急救工作已经告一段落了。当时商讨结果是呈请行政院再拨三十万元扩大小本贷款使灾民能进一步安居乐业。后来在我临走前,我还作了最后一次请求,希望早日实现。

在这一时期中,我全心寄托在赶办善后,聊补愆尤。虽然我之所以自处早经决定,但我必以负责到底的决心,把我应该做和可以做的事,做完做好。

应变方案的制订

十二月中旬,一面赶办临时救济,一面召开了一个重要的会议。到会的除省府委员、厅长、主席行署各厅处负责人员以外,还有一、二、五、六、八、九等区行政督察专员、区司令、各县自卫团副团长及就各行政区指定作为代表的县长。主要的议程是讨论应变方案,兼及战时地方的一些问题。

这个会议本来是定在十月间即武汉保卫战紧张阶段召开的,因为当时各区司令正在忙于剿匪,各专员又在负责保长训练,延未举行。我当时常常设想:假定湖南成为了战区时,各级地方文武负责人员有什么轨道可循,能够使一切战时要政都能大体按照一定的章则去进行,而他们也能够胸有成竹地适应机宜,不致临事张皇,遇事请示呢?当然,战时情况是复杂的,是常常变化的,但总该有几个要点,有些明确的规定,好让地方上有计划、有准备地去执行。所以一直在打算订立一种战时工作的方案,在方案中把各项重要措施都作详明的规定,作为地方政府应变的指针。不料战局变化迅疾,筹谋未妥,火变又先发生。在赶办临时救济的时候,还是常常想到这件事。不把这件事办好,于心实感不安。当时的心情有如在一次通令中所述：

　　……待罪任中，不敢稍自暇逸，在任一日，即誓尽一日之责。不唯对于长沙一市之继续救济与善后复兴，当秉承中央之领导筹划进行，不遗余力，庶几人心挽回，元气恢复，而对于全省如何加强抗战自卫之力量，如何巩固建设之基础，亦更当即知即行，丝毫无懈。……所以补过者在此，所以服务于三千万民众者在此，所以贡献于抗战者亦在此！

　　在这样的考虑和决心之下，我提出了几项原则，指定了几个人员，做成了一个应变方案的草案。这个方案既然关系到地方，必须听取地方文武负责人员的意见；再则因为战事临到湖南以后，尤其是长沙大火以后，对于地方上精神的影响很大，在我的责任上，不能不提起他们尽忠负责的精神，应该和他们见见面，所以决定召开一次会议。

　　会开了三天，除讨论并确定了湖南省各地地方政府战时应变方案以外，我在这个会议上，还就匪患问题、自卫团问题、战时财政问题、兵差问题、长沙大火问题，以及我个人的态度，作了坦白切实的说明。

　　这个方案的主要内容是，依战局的转移把全省划为备战区、邻战区、战区、游击区四种区域，列举其应变大纲。同时因为地区辽阔，省府不易控制七十五个县，所以在方案中特别加强了专区一级的职权，规定省府的一般政令只下达于行政督察专员或区司令转行各县。各县上行文件，普通的只需呈请专员或区司令核示；重大紧急的才分呈省府，但仍候专员或区司令核示。至于专员与区司令之间的关系，也予以调整加强，规定专员及区司令在必要时应采取合署办公制度。关于军事命令，以区司令名义、专员副署行之；关于政务命令，以专员名义、区司令副署行之。这一点，当时会场上有很多人主张军政合一，即以专员兼区司令，或区司令兼专员。为什么我一直维持分立的制度呢？当然也有人事上的原因，不过我觉得如果区司令在政治上能把专员当秘书长看待，专员在军事上能把区司令当参谋长看待，分工合作，也未尝不是一个理想的制度。

在这个会议结束、应变方案颁布以后，我在十二月下旬再作第二次湘西之行，在沅陵召开三、四、七等区专员、区司令、县长会议。除宣布长沙会议的决定以外，还对湘西匪患问题确定了一个最后的计划。而后我再转到湘中、湘南各县视察。在湘西的乾城、湘中的邵阳、湘南的桂阳，都曾看见了受训中的保长，精神都很好。

经过长期考虑，并办完了长沙的紧急善后，制订了湖南的应变方案，会见了全省主要的文武负责人员，也视察了几个地方的基层干部训练，我觉得我可以而且也应该及时交代我的责任了。十二月三十日，还在沅陵旅次，我就秘密地发出了请求去任的电文。

呈请去任

下面是呈请去任的电文：

特急。重庆国民政府主席林、军事委员会委员长蒋、行政院长孔钧鉴：密。长沙大火以后，职以负疚之身，奉命革职留任，责成善后，黾勉补过，以迄今日。现临时救济已告段落，兴复建设尚非其时。腼颜待罪，痛苦殊深！拟恳钧座准免留任，并另荐贤能前来接替。此后有生之日，益当力矢忠贞，以图报称。倘蒙鉴此微忱，赐予核许，毋任感激待命之至！

发出这个电报时，我没有同任何人商量；除了我的随从秘书外，也没有第三人知道。为了加深恳挚的情感，我加上"腼颜待罪，痛苦殊深"八个字。我深信我的恳挚的要求是可以得到中央的许可的。

但到一九三九年一月十三日，忽然接到行政院的嘉勉电报，我不得不再电重申前电请求，坚请早予决定。过了三天，我知道我的请求已经奉准，改组命令即将发表，我才公布上面请求去任的电文，并电请留在沅陵的省府委员到长沙来话别。我和他们会见时，他们深厚的感情使我很感动。一年多来风义相期，甘苦与共，我是一个"光杆主席"而来，却满载他们的高谊隆情而去。这是我引为深慰的。

一月十七日，重庆行政院通过了改组湖南省政府的决议。当夜，我接到蒋的电报，要我交代后赴渝。我的交卸准备已经作好了。为了告别，我发出了一些必要的文电，其中重要的有：告同志同胞书，告全省文武人员电，致省军事参议会电，致省县党部同志电，告民训同学书，致湘西陈渠珍主任电。

告别辞

我的去任请求奉准以后，湖南各界人士在一九三九年一月二十日下午，特意召集了一个话别的茶会，邀我去参加。各位长者同志依旧给了我许多奖饰。我回想，当我在任的时候，我是怎样得到湖南一班长者同志挚爱的匡扶，得到本省许多学者以及国内名硕专家宝贵的指教，得到一般社会人士直接间接的贡献，以及怎样得到青年同学同志无限热忱的协助，我不能遗忘这多方面的辛劳在湖南政治上留下的影响。我顺便在茶会席上简述了一年多来的感受，作为告别之辞。

首先我说："在这个话别的聚会上，我是百感交集，觉得无话可说，只有惭愧、痛苦、罪过！"我说："湖南是太可爱了，是太有作为了，而我中道离开，未能使湖南同胞期望于我的得到一点成就，这是我临走之前万分歉憾的地方。"

接着我说："我很想对各位先生、各位同志说一句至诚的话。我初到湖南的时候，自己是以一片至诚想把这可爱的湖南，很有作为的湖南，造成一个三民主义的新湖南。自己所定的总目标，所有一切的用人行政，总是本着这个总目标去做。但在今天看来，实在是无所成就。不过假使各位先生、各位同志仍认为还有一点小小的成就的话，这也不是我个人的功劳，这也不是省府同人的功劳。我认为这种小小的成就主要有下面的几种原因。"

于是我列举了各方面的爱护与帮助，对他们致以真诚的感谢。我说："首先，应归功于湖南一班前辈长者、导师，一年来不吝教诲，以极其热烈挚爱的态度，指导省府，指导个人。

例如现在在座的仇亦老、陈凤老、彭静老,以及未在座的赵炎老许多老先生,都给省府及个人很多的指导。这一番热诚,这一番督促、指导,是我个人永远不能忘记的!我曾说过,没有哪省的耆老长者肯这样热诚地帮助后辈,把全省民众的幸福看得这样真切,像湖南的各位耆老长者所给予治中一样的!

"其次是各界领袖,尤其是从事社会事业、教育事业、文化事业的诸位先生们给我们的帮助很多。他们一样给我们很多的指导,很多宝贵的意见和建议,我们都曾搜集起来,交付研究。去年出版的《湘政与舆情》,就是将各方对省政的意见,无论批评好坏,都搜集进去,将各界对省政的是非、批评,甚至是责骂,我们都搜集起来并将它印刷出来,这就是治中平常所说的:'愿多听人民说话',这真是使我们获益匪浅。

"再次,我们应该对本省专门学者及省内外名硕专家表示敬意。我们在省政府改组之初,组织了战时设计委员会、民训指导处、民众抗日自卫团、军事参议会,罗致了各县民众信仰德高望重的绅宿,来共同进行湖南的动员。刚才各位所说两大方案的完成,即得诸位设计委员会的帮助甚大。这不是一项简单的工作。就军事参议会各位先生而言,曾分赴各县指导卫政,现在各县有一番新的气象,也多是军事参议诸先生努力的结果。这些都是我们不能不向参议会设计委员会诸先生感谢的。

"复次,对在乡村中担任民训工作埋头苦干的青年学生要说几句话。由于这班热情青年的努力,这一年来民训的道路可以说是开辟成功了。我们这班青年到乡村去,做组织民众、启发民众的工作,他们大体是完成了他们的任务的。这成功使古老的陈腐的乡村，变成了活跃的新鲜的世界，使散漫的群众变成了有组织的人民。这不能不归功于这一班青年学子及省县各级的指导先生。

"最后要说的，我们发动了五万知识分子，此次治中到湘西乾城及邵阳、桂阳等处，尤其在乾城看到保长训练班，我们深深地感动。那样严寒的天气，他们还穿着单衣，赤着脚穿草鞋，站在大风中，数小时没有丝毫移动。他们住的是四面通风的房子，睡的是白天授课的桌子。这些青年大概百分之四十是中学生，百分之三十是当地绅士，百分之三十是原来的保长。有这种苦干的精神，我们国家民族能够不复兴吗？（鼓掌）我们湖南会不被造成一个新湖南吗？（鼓掌）我们国家有这种苦干的青年，就是有了复兴国家的根本！（鼓掌）我们湖南有了这种苦干的青年，就是有了建设新湖南的基础！（大鼓掌）

"所以，我们省府发动了五万青年去做县长、佐治人员、督导员、各种技术辅导员、乡保长，总算勉强可以达到我们起初的期望。这五万青年散布在全省，努力工作，我相信可以完成新湖南的建设，而进一步造下复兴中国的基础。说到这里，我们不能不向这批可爱的纯洁而热情的青年致敬，而使我们感觉国家前途无限的希望！（鼓掌）

"总之，假使湖南一年来省政还稍稍有点成功的话，这便是诸方面的功劳。此外，各委员厅长这一年也竭尽辛劳，对治中个人的匡助扶持，都是很大的，这也应特别提起。而治中个人对各位先生、各位同志的褒奖，只有惭愧，只有向各位表示感谢。"

最后，说到我临去的感想。我赤裸裸地指出我临去还有依依不舍之感。我说："至于讲到个人临去的感想，最大的依依不舍就是觉得湖南太可爱了，山川秀丽太可爱了，一班人民勇敢、朴实、刚强，有战斗的精神，这样的人民太可爱了。尤其是一班青年在长者先进指导之下，努力工作的精神，也是可爱的。蕴藏资源的丰富，实具备现代工业国家的一切条件，我们尚不及计划，开始开发这些宝贵的富源，这是对湖南十分歉憾的地方。我永远怀念着湖南，思慕着湖南的一切。我们深信只要政治走上轨道，走上现代化，新湖南的建设完成，为期并不遥远。新湖南的建设完成即可作为复兴中华的基础！（鼓掌）以后治中无论站在中央或任何地方，都不会忘记湖南。只要有机会，总愿随时帮助湖南，尽一些个人的力量来完成新湖南以及新长沙的建设。这也是报答各界同胞给我的厚意，这厚意是我永远怀着感谢，永远不能忘记的。（大鼓掌）

"至于这一年多来想做到尚没有完全做到，虽有计划但在实际上尚未照计划充分做到，或甚至许多计划尚不及具体拿出来的，都是万分歉疚的地方。这些缺陷不足之处甚多，这不能不求诸位先生、诸位同志对治中加以原谅。同时，对今天各位先生、各位同志的盛意敬表诚恳的感谢。"（大鼓掌）

中央社对当日茶会情形曾有如下的记载：

湘各界昨日下午四时举行盛大茶会，以欢送主湘年余、揭橥建设三民主义新湖南之张主席治中氏。到党政军各界及民众团体代表二百余人，公推省党部驻长办事处主任伍仲衡主席，并致欢送辞。伍氏对张主席主湘以来,以"廉正勇勤"为治事准则,扫除过去官场积弊,树立廉洁政治,称誉备至。复谓年来湖南在张氏主持之下,党政军民得造成巩固阵线,共负抗战建国艰巨,诚湘省数十年来所仅见,湘人将留为永久纪念。盼张氏此后仍以治湘精神,继续予湘人以指导云。嗣新任省委仇鳌代表各界致辞,首对张主席主湘以来,为政日夜勤劳之精神,表示钦佩。谓张氏之勤劳,完全为民众,张氏深切认识到政治离不开民众,即举总理"政治"二字之定义,以为说明。复对张氏主湘以后,礼致本省耆老名宿,赞襄省政,古代养老尊贤之遗风,复见于今日之湖南,足征张主席虚怀若谷,竭尽心力,以为湖南人民谋利之诚意。至于张氏在军事政治及学问上极有修养,有基础,个人事业之前途,绝不仅在今日,尤在将来。此次张氏因长沙火灾,自劾自责,毅然引退,其负责之精神,补过之勇敢,尤令人钦敬。最后复对张氏返至中枢,襄助抗战建国之大计,以及今后协助建设湖南,复兴长沙之工作,表示无限希望。继由陈嘉会[①]致辞,列举张主席年来之三大政绩:一为建立抗日自卫军,使全省人民均能担负些保乡卫国之责任;二为铲除贪污,减轻民众痛苦,充实生产力量;三为组训民众,使人民了解抗战建国,责无旁贷。最后对张主席此次离湘,湘人失去贤明之领导,表示无限惋惜。陈氏演讲时,激昂慷慨,流露无限热忱。次由周方、向郁阶等致辞,对张主席重视教育及抗敌工作,表示敬佩之意。旋由张主席答辞。张辞毕,会众

---

① 陈嘉会,湖南绅士。

报以热烈掌声后,由党委陈大榕起立致辞,对张主席热诚告别辞,深致感佩。时近七时,天色已晚,陈氏提议在座诸君,应仿古人"寒夜客来茶当酒"之意,大家举茶敬张主席一杯,祝张氏健康,抗战胜利。会众即全体起立,举杯致意,于依依不舍中散会。

原来,我是预定在二十二日启程赴渝的,因为继任薛岳还有许多的准备决定月底交接,一直等到二月一日参加了新任的就职式的次日,我才告别了湖南直赴重庆。

求民族生存而战

张治中 题

第四章 在抗战时期的重庆

第一节 参与军事机要

自律和申明

带着非常疲惫的身体,从湖南回到重庆以后,很想得着一个短时期的休息,恢复健康。见了蒋,我就表示了这一个意见。蒋说:"还是要做工作!"头一次见面时,情形是如此。见面后第三天,蒋约我吃饭。这一天,在座的约有二十位客人,都是

20 世纪 40 年代张治中夫妇与岳母赵夫人在重庆。

党政军高级干部，特别排了座位，把我的名字摆在首席。本来我是一个受了革职留任的处分，从湖南解职而来的人，为什么受到这样的优遇？大概是蒋内心认为我不应受处分吧？饭后，客都走了，蒋留我谈话，问我的意见："你愿意担任中央党部训练委员会的主任委员，还是愿意担任侍从室主任？愿意做哪样？"我当时一点儿不犹豫地表示："训练委员会是要多讲话的，我现在不方便讲话，我愿意到侍从室服务。"蒋听了，很高兴，说："那很好！很好！"连讲了几次。我向蒋要求作短期的休息，蒋说："好，休息一两礼拜。"这是一九三九年二月中旬的事。我既然接受，随即就以命令发表了。这样，过了一个多月，到三月十六日接事。从二月一日交卸湖南省政府主席，到三月十六日在重庆就侍从室第一处主任，中间虽闲暇了个把月，实际上并没有休息。

那时，我自己觉得：这是一个主管军事机要的地位，恐怕做不好。而结果，以后一般的评价，觉得我在侍从室还做得有声有色的，这真是出乎我意料了。当时，我始终保持这样的一种态度：我一定要站在最高统帅的立场，与军事委员会各部门协调，尤其要与军令部、军政部保持协调，并且要予各主管部门以便利，使下情上达。所以在做了一年有半交卸后，大家常常鼓励我，并且常常回想到我在侍从室任内的情形。

我在未做这一项工作之前，曾经考虑至再，写了一个自我约束的准则，呈报鉴核。在侍从室任内，幸免陨越，或者是厉行这一个准则的成效。我的准则的原文是：

顷奉钧命，侍从服务，遵于本日就职。谨拟自律三端，及申明请训五项，列呈鉴核。

一、严守机密：此为钧座平素剀切所训示，今侍从室居内府地位，严守机密，自属更为重要。

二、明识大体：一切须站在领袖立场，对人对事，至公至正，不能有成见，更不能存私心。

三、寡言少主张：如有意见具申，只可径呈钧核，若在公共场所或会议席上，只可奉答对某一问题之解释内容，或经过叙述，不可有肯定意见或主张之提出。

以上为自律三端。

一、和协各方：宣达领袖意旨，使大家悦服；而主要干部相互间之亲爱精诚，亦应随时从旁致力，但不可抹杀理智，徒重感情，尤其忠奸贤愚之辨，不可不严，并当以真知灼见，呈报钧座，借供参证。职生平处友，从无隙末凶终者，唯往往使感情蒙蔽理智，亦一短处，今后当益加戒慎。

二、分忧分劳：一般人皆认钧座忧劳过甚，如对日常文牍与事务及会客诸事，似可由左右代分忧劳者。但所谓分忧者，乃为使领袖精神上思想上减少无谓之烦扰，绝对非出蒙蔽；所谓分劳者，乃为使领袖脑力上时间上减少无谓之耗费，绝对非出擅权，此中分际，当谨守勿渝。

三、善处请托：因在侍从左右，地位便于传言，各方因公私问题，而有所请托，似属难免，但必明其是非，审其轻重，斟酌而后转呈，且当力避感情与意气作用，以免陷入偏蔽，而不得其正也。

四、职字迹过劣，因礼貌及郑重关系，往往签呈报告，交由书记誊正，但职事必躬亲，且皆必考虑周详，从无假手他人，而稍存懈怠疏忽者。

五、职深感侍从责任，较之负一军一省之责任，更为重大，自当持以勤慎，勉试三月，如不能胜，愿请调换。

以上为申明请训五项。

以上就是我在侍从室服务期间恪守的一个准则，时时刻刻注意这一个问题：我怎样尽自己的责任？

现在就我所能回想得到的，略述服务经过的片段吧。

军事片段

在昆仑关战役后，我办了一件比较得体的事，即厉行严明的赏罚。为整饬军纪，不能不有所表示。这时我陪蒋到桂林，约了桂林行营主任白崇禧、政治部部长陈诚、参谋长林蔚等，开了一个小组会议，说服白、陈以身作则，厉行赏罚。首先从行营主任、政治部部长自请降级起，依次处分一大批将领：其中有的交军法裁判，有的革职，有的记过。我们商量之后，把处分拟好，由我面呈，蒋大为动容，说："很好！"又问："怎么来的？"我说："昨晚我们四个人商量，非严明赏罚不可！要严明赏罚，非从上面做起不可！所以先从行营主任、部长降级。"第二天到柳州开军事会议，会议闭幕前，全体肃立，蒋便照着我们所拟的，当场正式宣布，自此项命令颁布后，士气为之一振。

在这期间，我有很多的重大建议，多被采纳，如撤销桂林行营，就因我的主张最力。因当时我看到一种不好的趋势，如昆仑关战役，桂林行营主任本来应该站在统帅的立场指挥部队，但事实上，谁来当行营主任，谁就站在部队的立场，这样就要损伤统帅的权威，关系很大。在行营主任方面，这个地位也不大方便，因为他指挥部队作战时，一方面站在部队立场，向统帅部提出要求；另一方面又站在统帅部立场，向部队提出要求。就是白崇禧本人，也有这种感觉。我还有一个动机：认为在这个时候（当时白崇禧任桂林行营主任，程潜任西安行营主任），为充实统帅部阵容，提高统帅部威权，必将负有声望的高级将才集中于中央，以便顺利地统率全国部队。我这一个大胆的建议，当初蒋表示犹豫，经过多少次的考虑，终于决定先后撤销桂林行营和西安行营。

在侍从室，本来不是个容易处的环境，特别是在抗战紧张的时期来掌管军事机要，但是在我的任内，大家常拿一种过当的语句，来形容全体爱戴的情绪。我为什么能够得到大家的同情，没有别的，就因我对一般同志很公正，肯负责任，对于工作指导也还相当地周到、正确。而在工作上面，很少使蒋操心。在我的记忆中，很多次的战役，对于军事上的建议，对于最高统帅的意旨到达于战区高级指挥官，都很周到、正确，没有什么错误。如湘北大捷诸战役，都是由蒋亲自指挥，而我是不折不扣地传达了命令。蒋常常在深夜打电话找我，对白天打的电报命令加以修改、补充；或是叫我立刻打长途电话，传布命令到前方。战事紧张时，蒋一天要找我多少次，而每次的见面，动不动要打许多次电话。虽是这样的紧张,我觉得还能够处置裕如。

我经常不敢离开自己的岗位一步,没有一点懈怠,从来不会偷懒。我见到的地方,我会自动去做。譬如说吧,有一天,忽然接到前方电话说:张自忠阵亡!为争取时间,我立刻代蒋亲拟电稿,先予慰问。我报告蒋,只等签一个字,马上就发出了;因为我知道,张自忠一死,军心动摇,所以马上发电,使发生镇定作用。这个电稿,蒋只改了一两个字。原电如次:

冯副总司令仰之①兄:×密。顷悉荩忱②总司令亲临前线督战,壮烈阵亡,噩耗传来,痛悼万分!顾荩忱忠贞英勇,牺牲成仁,本其素志,光荣一死,炳耀千秋!唯在此抗战中途,将星忽殒,使国家遽失长城,损失过大,其何以堪?此中追念素所信赖爱护之袍泽,不禁悲痛无已者也!至荩忱尽瘁革命,功在党国,所有表扬抚恤诸事,自当从详拟订,呈请国府明令施行。其所部,请兄代中善为抚慰,务继荩忱总司令之遗志,益加儆奋,俾得复仇雪耻,完成抗战最后之胜利,以慰其在天之灵,是所切望!闻耗仓促,未能尽意。现荩忱遗体,已否寻得运回?其阵亡详情,均盼详报。中正巧巳川侍参。

上面已经说过,我在侍从室服务期间,很少使蒋操心生气。但并不是没有碰钉子的时候。记得有这么两次:一次是蒋错怪了我们,一次是我们自己的疏忽。有一次,苏联要求他们的飞

---

① 冯治安,字仰之。
② 张自忠,字荩忱。

机直接飞延安，兰州方面打电报来，请示怎么样的办法，办了以后，也不知是蒋忘记了，或是听错了话，就来责备我，说我处置错误，但以后把兰州来的电报呈阅，蒋才知道我的处置，与他的意旨是完全相符的，并没有错误。但我确有一次疏忽。某一个战区把作战计划送来一大厚本，本来应交给军令部审核的，但本室第二组组长认为应该先呈蒋看看，再发交军令部，我当时顿了一下："这样厚的一本，能够呈上吗？"但念头又一转："这是一个重要的作战计划，应该呈阅。"马上就签了字，呈上去了。哪里知道，蒋在上面批了一大段话，很幽默的，大概说："这样一厚本给我看，究竟你们是我的参谋，还是我是你们的参谋？"这还有什么话说呢，当然是我的疏忽，因为我只写了"呈阅"二字，没有写"交军令部"，所以蒋怪我们没有签注意见就呈阅，而使他变成我们的参谋了。

  蒋对军队的统率，向来采集权于一身的办法，养成习惯已久，所以部队将领就有一种反映：部队接到蒋委员长电报，先看电尾是哪一个机关主办的，如"中正手启"是要特别注意的，如是"中正侍参"（即侍从室主办的）也还重视，但如是其他部门主办的电报，就要看情形来决定遵行的程度了。所以军令部、军政部甚至后方勤务部，有时为求命令有效，也要用"中正手启"名义发电。这种个人集权、机构无权的特殊现象，坏处甚多，绝难持久，我曾想尽力加以纠正，并曾建议撤销侍从室。无如积重难返，迄未做到，我认为这是以后军事失败种种原因之一。

协调干部

我对于使高级干部保持协调、联系，也费了很多的心力，也有很多有趣的事例。譬如有一次，为着四川方面的问题（七师长通电问题）发生，蒋要何总长敬之①到成都去料理，敬之不愿去。蒋不高兴，同我讲："你告诉何部长，一个军政部长为什么这样胆小？他不敢去，我去！"我说："委员长不必生气，我一定劝何总长去，我有法子要他去。"出来以后，就往见何敬之，我说："你如果不去，谁能够去料理呢？假使你不去，委员长要自己去，你也不好意思。"何应允了。到第二天，蒋问我："何部长去不去？"我说："去。"蒋望了我一眼，接着说："嗯！——你同他怎么讲的？"我说："我向何部长说，你如果不去，谁能够去料理呢？假使你不去，委员长要自己去，你也不好意思吧！而且……"我继续说："我们干部，一定要为领袖分忧分劳。"蒋连连点头，"好，好！"这一段公案我始终没有告诉何敬之。譬如说，又有一次关于冯玉祥先生的问题，鹿钟麟对我讲："冯先生每月的特别费，是不是可以增加一点？"有一天，我向蒋请示，蒋说："只有他一人有固定的特别费，怎么还好增加？"当然，这话是有理由的。在冯先生方面，因为物价增涨，开支浩繁，实在有增加的必要；然从蒋看来，对冯总算是特别优待了。我想了一想，就这样地转圜："以后可按年节加送吧？"蒋不做声。有一天问我："你已见着冯先生否？"（因为冯有病，住在乡间，

---

① 何应钦，字敬之，当时是军政部长兼参谋总长。

派我去慰问。)我说:"见到了。"他又问:"你对他加经费,怎讲?"我说:"我讲委员长对冯先生关切得很,如果冯先生有所需要,请随时写信给委员长,不要客气。冯先生表示感谢。"我这话,蒋认为得体。譬如又有一次,滇缅路通了,在"运输第一"的口号下,蒋要自己兼任运输统制局局长,在那个成立运输统制局的签呈上,写了"自兼"两个大字,等于下了一道手令。我觉得运输这一件事,最高统帅如何可以兼?就一面向何敬之说:"应该请你兼,若是由委员长兼,不成体统。"一面就老实不客气地签上一条:"这个运输统制局,以最高统帅兼任,实在不成体制,可由何总长兼之。"签上后,被批了一个更大的字:"可。"这一个有趣的经过,谁也不知道,一直到后来运输统制局撤销了。何在一次中央扩大纪念周上作报告提出这一件事来才传开了。原来自从运输统制局成立后,流弊百出,怨声载道,何也觉得太伤脑筋。他像想减轻一点责任似的说:"本来,这个运输统制局,是张治中主任以大义责我,要我来担任的,因为如果我不做,委员长就会自兼,那就不大合适。但我做了以后,成绩不好,真是很惭愧!"我听了何公开地报告这个故事,心想:幸而蒋没有兼,否则将损伤最高统帅的威信。从这些地方,也可以看出我对最高统帅的一点负责精神。所引为遗憾的,就是拖累了何,然而他为蒋分劳分怨,正是他的幕僚长责任之所在。

　　蒋的个性是很强的,对事并不是没有"成见",但有时也能听从幕僚的规劝,而改变自己的意见。我举一例吧。譬如说,当蒋要兼理四川省主席时,我们都不赞成,而蒋仍然兼了。我们都不了解:为什么蒋一定要自兼四川省主席呢?做得好,是应该的；做得不好，损失威信。我曾经当面讲过，蒋的答复是："因为没有人。"蒋自兼了四川省主席，我们曾两次到成都。我在成都同陈布雷说笑话："我们问问委员长，是以什么资格到成都去？如果是以委员长的资格，则无到成都之必要；如果是以四川省主席的资格，则我们无随行之必要。"但是我们的结论仍是："马虎一点吧！迁就一点吧！"凭良心讲，蒋两次到成都，并非完全为着四川省政，如军校方面，空军方面，以及其他方面的问题，也都就地解决了不少。但是我们总觉得，蒋兼理四川省政是不必的，有机会就进言："为什么还要兼？"我们又讲笑话：到成都，已经一次、二次，我们可不再走第三次了；如果还要走第三次，我们就要"同盟罢工"啦！后来，居然没有走第三次，蒋就辞了。大概蒋意识到我们共同反对他兼主川政的态度了。

琐碎事务

我在侍从室服务期间，曾随蒋到过南岳，到过桂林，两到成都，一切都很顺利，很愉快。但是有一次遭遇了很大的危险。那是在柳州，我随蒋从桂林坐火车去开会，于早八时抵达，住羊角山；到十一时，忽来警报，但接着并无消息。我陪蒋吃午饭，吃完了，也没有听到情报。蒋已休息了。我从楼上下来，也准备休息一下，刚把上衣脱掉，忽然想起：何不打一个电话问问防空司令部？刚拿电话筒到手，只听得一片"轰、轰"的声音，敌机袭来了！赶忙穿上衣，叫副官速请蒋下楼。这时，敌机业已临头。附近并没有好的防空洞，只有一个一丈多高一丈多深的天然石洞，我随着蒋进去躲避。敌机共五六十架，九架一批，分批来袭，集中投弹，前后左右，落弹数百颗，洞内泥土滚翻，我和蒋坐在里面，躺在地下的随从人员，一个个都被泥土掩蔽了。我判断：这一定是因为我们的行止，被敌谍探听到了，等我们一下火车，敌谍就用无线电打出去。假使敌机不先在柳州城内兜一个圈子，那更危险。我听到随从副官说：这一次，比起从前在武昌省政府防空洞所受的敌机的威胁更厉害。而我们在大轰炸之后，也不过站起来，拍拍身上的灰，还是参加这天下午四时的军事会议，蒋亲自主持到底。

一般人皆认为我在侍从室肯负责任，也有担当，有好多事情，我代蒋负责，替他做到。这不是我的专权、擅权，在我是想替领袖分忧分劳。处理一切事务，我始终是抱着这一个态度。随便举一两个例子吧。譬如关于军事方面的人事问题，按惯例，凡是在团长以上，特种兵在营长以上的任免，必须经委员长核准；这样，也就太多了。我就和何总长商量，凡是由铨叙厅报上来的，我只把少将以上的呈上候批，此外，概由我批上"奉谕照准"，再签上我的名字。这种处置，对蒋的职权也顾到，同时可以减少他的很多时间。还有一次出去，看到四个人坐一辆军用三轮车，内有一人是穿便服的，蒋即命：“把那个人抓来！”侍从副官奉命去办了，回来报告经过，蒋即批示：“将那个搭三轮车的人枪毙！”副官把那张批示送给我看，问我怎么办。我说：“我负责任，把那张批示交给我吧。”我在原批后面，加上一批：“此人有无死罪，应交军法执行总监部依法审讯。”同时，我电告军法总监，说："这不过委员长认为一辆三轮车不能坐四个人，搭车的又是普通人，一时动了气，并非了不得的事，顶多问问，关几天也就够了。有什么事我负责任。"到第三天，忽然蒋夫人请我去，一见就问："文白兄，听说委员长要枪毙一个人，这个人是遗族学校的学生，并没有犯罪呀！你想想办法，好吗？"我笑着把办理经过告诉了她，她欣然表示同意。

有一天，我陪蒋郊游，乘车往老鹰岩，在半山转弯处突遇四川公路局的一辆卡车冲过来，我同蒋坐在第一辆车，未碰着，而我们的第二辆车和第三辆车，都被撞坏了。马上停车，把司机抓住。蒋说："至少要处以十五年监禁！"就把这闯祸的司机送到军法总监部去了。这司机本来疏忽，转弯不鸣喇叭，以致撞坏我们的车；但是因为只撞坏了车，没有撞伤人，所以只关了几个月，有人来说情，我就批准把他放了，蒋以后也并未查问。

有这么一次：一天，侍从室的一个股长，很慌忙地来见我，说："主任，我要被委员长撤差查办了！"我问："为什么？"他说："委员长觉得黄山的防空洞太开大了，问是何人办的，有人说是我叫军政部办的。委员长说：这还了得！谁叫他开这样大的防空洞？太浪费，非办他不可！——请主任代我在委员长面前求求情！"我答应了，就写了一张条子送上去，大意是说：委员长爱惜人力、物力，是应该的，不过侍从人员对于领袖的安全负有责任，在这点上，似可予以原谅，免予处分。蒋批了一个"阅"字，算是了事。

再举一两件来说说。我很想替蒋在重庆郊外盖一栋房子，以为城中官邸万一被炸的准备。有一天,随便谈起这件事,蒋问:"预备在什么地方盖?同去看看。"于是同车前往,看了还合意,说:"可以。"还说:"多盖几栋小房子,可以请老先生们来住。"并且就在那里举行野餐。过几天,忽然接到一张手条:"老鹰岩房子,不盖可也!"但我与何敬之商量,还是把它盖好了,蒋也并未说什么,不过为着敬老尊贤,以后让给林森主席住了。又如有一次,蒋下手令,要记军令部第二厅厅长杨宣诚的大过。这个手令,我没有交下发表,因为我知道这件事,杨宣诚并没有错误,发表不大合适,所以搁下来。有一天,我向蒋轻描淡写地说:"杨宣诚没有什么错误吧?"蒋不做声,不做声就是默认了。——像这一类的事例,真是不胜枚举。

最后,说到关于我自己的一点小事。我在侍从室任内原先坐的那辆汽车,还是多年以来中央军校的一辆,从南京撤退后,而湘,而渝,放在修械厂里修理,又被炸坏了,我就坐着另一部破车。这时正要替蒋在香港买两辆车,预备多买一辆,归我使用,在侍从室汇报中,一致通过,当时我含糊地默认了。过两天,觉得不对,旁的事未做,却为什么替自己买车?在第二次汇报上,我主张不买我的车。有人说:"合同已订了。"我说:"合同订了,也得取消!"所以终我的任内,并没有买新车。这并非有什么了不得,不过是说明我的一种谨慎自持的态度。

---

①陈诚,在黄埔军校时是少校炮兵教官。

一个武将——陈诚

我在侍从室，和外面将领时有接触，而接触最多的是陈诚[①]。在过去，虽在"黄埔"同事，并没有什么交谊，以后他常在外边，会晤的时间不多。"八一三"那次战役，外面有一种流言，说我和他有什么意见，同时说他对我有什么隔阂；又有人说，他在大本营里，对我作战方面，有不利的指摘和批评。但我对于这些流言，始终不存芥蒂。我到湖南去了以后，尤其是长沙大火，他不大了解我，那时他正住在长沙，以为我瞒了他，曾打电报给蒋，表示消极，其实，这是一个误会，以后他也明白了。

我到侍从室以后，与陈诚的友谊，显然在继续增进。几次战役，他在前方，我在陪都，我们常常打长途电话，一打就是几十分钟。有一次打到七十分钟，拿电话筒的手都酸了。他对我的认识，从此有了转变，一次曾对我说："我认为你是无私心，无野心的。"这样自然而然地滋长了感情，渐能说些内心话了。譬如他从恩施给我的一封长信，使我深表同情，现在节录一段如次：

弟自问一无所长，唯于主义与领袖，窃慕古人所谓忠义耿耿、公诚自矢之义，不避嫌怨，不计毁誉，知无不言，言无不尽，因此开罪各方，负咎多矣！独吾兄能不见责，反以此相勉，真令人衷心感激也！关于个人行止，屡蒙关注逾恒，推许之厚，尤为铭感！

  …………

这是因为我屡次向蒋进言，主张辞修仍回中枢担负重要任务。他接着感慨地说：

……然就过去弟在中央服务之教训而言，不仅对此深有感慨，亦且极为恐惧。近接渝中友人来函，有云："夫以中央机构之多，人言之杂，私人利害之丛脞，一议之兴，众口阻之，一事方举，多方挠之。益以萎靡之人心，模棱之态度，善良者无辅，强梁者得逞，贤者势孤，不肖者比周，积习已深，来头甚大，非一朝一夕一手一足所能挽救。"真所谓慨乎其言之！总之，以今日一般人对于主义认识之不足，遵奉之不诚，实行之不力，正如吾兄所云"观念未能尽同，步趋亦不一致"，殆为必然之结果。吾兄又云："兼之领袖之宽大，总长之持重，以致有应做之事不能做，应解决之问题不能解决。"诚为经验之谈。本来宽大持重，均为吾国吾党一贯之盛德，且亦自有其苦衷，在吾人非不知之；但今日全国人心所仰望于领袖与总长者，已不止此，而为更进一步的必要之措置，换言之，即更须"于宽大中求核实"，"于安定中求改进"，方能收取循名核实计日程功之效。

…………

我的原信中有这样几句话：

……至吾兄所嘱"时时为整个全局着想，向委座及总长多所建议"，阅之深受感动，自愿接受。回忆昔年在渝，吾兄曾以"无私心，无野心"见许，现仍当本此立场与信念，恢宏气度，辅弼领袖，凡遇重大问题，无不本其区区之真知灼见，不辞罪怨，坦直进言。盖所以报领袖报国家者在此，而报知己之期望者亦在此。不过弟每有一种感觉，以为重要干部间，观念未能尽同，步趋亦不一致，兼之领袖之宽大，总长之持重，以致有应做之事不能做，应解决之问题不能解决。弟独自默思：假使昔年在粤，亦如今日之犹豫、审慎，何能统一两广，打倒北洋军阀，完成中国统一耶？又思：今日中央倘多有如兄之坦直、坚强及实干硬干之精神，相与协力同心，勇往迈进，深信对领袖之贡献，必将更多且巨。弟过去曾多次向领袖推崇吾兄，欲请仍回中枢赞襄大计者，似有真切之理由在也。

…………

所以辞修回了我那一封带着几分伤感性的信。我也常同辞修讲笑话，他比我年纪小，我戏称他为"小兄"。一九四三年，他害了一场大病，我写了一封恳切的信，针对他的缺点，劝这位"小兄"：

……此次兄在病榻上时间较多，请将二十年来奋斗经过作一回忆，于将来做事及健康方面，必多裨补。兄一向肯负责，有担当，苦干，硬干，对领袖，对国家，贡献甚大！凡无成见之人，无不表示同情。不过求治太切，不免操之过激；负责太重，往往超过其力量。……以致二十年来瞻前顾后，劳瘁特甚，身体与名望皆蒙受影响。……吾兄今正可利用养息之闲暇，加以检讨省察，改正过去急切而务多之习惯，养成恬淡、和平、专一之性格，则兄未来尚有三十年事业之作为，必可持盈保泰，以辅弼领袖，完成革命建国之大业也。

他把我这封信给许多朋友看，说我真够朋友；而且笑着对我说："大家都认为你骂我，骂得很公道！"

不过，我们私人感情虽然培养得很好，甚而主张内部改革的意见也能接近，但在对中共问题上面，却始终无法一致，我一贯地主张联共主和，他则一贯地反共主战，这是不能不引为遗憾的。

一个文人——陈布雷

我在侍从室期间，得到许多朋友的帮助，大家都能合作，就中最好的一位朋友，便是陈布雷。我管军事，他管党政。我们过去虽认识，但没有深厚的交谊；我们深厚的友谊，是从侍从室同事而来，这可以随便举一两件事来说明。比如，他的身体很坏，用脑过度，面孔上常摆着苦恼的形象，工作又那样繁重，我老是跟在他的后头，逗他的兴趣，以后他就渐渐地减轻了苦恼，笑靥常开。记得有一次在成都，与他同住一个地方，有一天上午，没有什么事，我笑着对他说："带你去调整调整！"他说："大哥（他老是这样称呼我，实则我们是同年，我不过比他大几个月），我们到哪里去？"我说："你跟我走好了。"这一天，我带他吃成都有名的小馆子，逛少城公园，喝了茶，又看了电影，混了大半天，他感觉愉快得很，笑容可掬。我问他："好吧？"

他说:"好!"以后他常希望我带他"调整调整"。后来,他养病成都,还对他的夫人说到当年我"调整"他的乐趣。他向别的同志讲,我是真正爱护他的一人。

这里节录布雷给我的两三封信,以见我们彼此了解之深与关系之切:

文白我哥大鉴:弟病中,承两次枉驾过视,均失迎迓,甚感!甚歉!闻芷町①兄及惟果②兄先后转述劝慰之词,益感兄之待我,真不啻家人骨肉。人海茫茫,知己难得!弟僻陋成性,方自咎过去处世处人,一无是处,而兄乃过爱如此,心非木石,能无感泣乎?承劝以短时期内之休息,本应遵命,但弟之所患,在"此心安放不下"。若事闲而心繁,则于脑神经衰弱,转有害而无益。幸山洞休假两月余,已略有微效,此心已无忧闷急躁之象;并已向委座直陈此四个月来身心日衰之实况,当能蒙其鉴谅,不致有繁重之工作相敦责。现在每天决定,以半日休息、半日做事,暇时即下乡走走。如此调摄,或能有效。知兄关垂至切,谨以报闻。

....

弟布雷谨上

文白吾兄大鉴:昨晚正思作函,告弟近日忧闷之状,请兄为我筹策,乃蒙见赐电话慰问。朋辈中爱护如兄者,洵不多见⋯⋯弟自二十四五年以来,给事于领袖左右,平日谢绝一切酬应,摒绝一切家事,区区愚忠,无非欲腾空此身,俾将全部时间,

---

①陈方,字芷町,时为陈布雷的主要助手。
②李惟果,时任国民党中宣部副部长。

自早至午夜，全归领袖之支配；今若兼职（指国防最高会议秘书长职务），势必顾彼失此，在个人必两无着落，而大事必多所贻误。乃领袖坚不允弟所请，必令兼代。固知安排人事，自有苦心，不能不暂为应命，然如此绝非久计，古人论为学，谓："如人饮水，冷暖自知。"弟以为可能服务之最高限度，亦唯自身知之最切。弟在西安事变以前，或尚有过分消极之处，未将全部精力使用，然二十六年以来，观念一变，已不复顾及自身之劳逸与荣辱，乃至于健康。即如今夏以来，以打针关系，精力稍增，而此所增出之精力，亦敢言毫无保留地贡献出来。今若再责以重担，必至个人则心无空闲，夜无安睡，而公家大事之贻误，又何堪设想？此六七日来，忧虑焦急，已无一息安宁之时，今后一线之希望，唯勉任至年底以后。请各位好友可以向委座进言者，为我婉转陈述，必获解除兼职之请，而此尤有仗于吾兄之竭力相助，为我解脱也！……与兄谊如手足，敢布区区，唯祈心鉴。

弟陈布雷顿首

文白我兄大鉴：弟兹处于彷徨之歧路，敬求我兄指示迷津！侍二处的工作，近来日益繁忙（因委座兼理之事日多，而最近经济案件亦日增），弟已不胜负担，今委座又欲命陈组长芷町兼任经济会议秘书主任之职，是则弟非至丛脞贻误不可。昨夜陈明困难，下情不易上达。……我兄素来爱我，将何以教之？何以助之？切盼指示。即颂晨安。

弟陈布雷顿首

以上随便举出两三封信，足见布雷是怎样的一个人，以及我与布雷友谊之一斑。在公的方面，常常在蒋前，我们的意见是合作的。他是一个文学家，关于文字上，我常常请教他，称他"学老师"。如有一次，对于一个战役，我起草一个电报，以蒋的名义，分致各将领，正写到最后一段，布雷进来了，我说："好，好，正写得为难，请你赶快补完。"他说："写得这样多了，为什么还要补？"我起身拉着他的手，说："非补不可！"他笑了，说："大哥拉伕，敢不遵命！"遂由他的手笔，完成了那一个电报；第二天，呈奉批准，就发出了。原电如次：

电李长官①、孙副长官②，张、王、汤、黄总司令，郭司令，并转各军师长：

总合各方情报，并证以敌方广播，现敌军增调第五战区者，为第六师团之一旅团，第三十九师团之一旅团，及第四十师团之一联队，合原有之第三师团，及第十三师团，共只三师团强，且皆由其他方面拼凑而来，以配备于平汉、信南、襄花、京钟、汉宜各路之广大正面，其每路兵力不过一旅团，最多至一师团，力量至属有限，似无甚大企图，可以推见。但无论其作用如何，我军正宜识透敌情，把握时机，乘长蛇出穴之顷，为铁锤痛击之举。各官兵应不顾一切，奋勇猛进，必予敌以致命之打击，克奏光荣之肤功，以发挥我制人而不制于人之革命战略。反之，若中其谣惑耳目之计，遽存避免决战之心，结果必使敌人得以

---

①李宗仁，时为第五战区司令长官。
②孙连仲，时为第五战区副司令长官。

纵横窜扰,而我军仍不免遭受损失,断非我革命军人所宜出也。务望本此意旨,坚定决心,并逐级晓谕所属,一体遵照,为要!

中正手启歌

从"以发挥……"到末了止,都是布雷的手笔,是他替我补完的。在我五十岁那一年,布雷特地为我作了一篇序,真可以说是"情文并茂"。

我和布雷的友谊虽然这样好,即在内部和日常事务问题上,也能说得来,意见相投。但在政治主张和见解,特别对中共问题,我们就很少甚至简直没有谈过,只有在党的某次全会时,他向蒋坚决表示同意我写的关于中共问题的决议文,认为非常恰当。外面有人说他是CC,其实他同CC毫无关系。记得在抗战胜利第二年的某天,他曾和我谈到CC在各地接收贪赃枉法的情形,表示痛愤。不幸最后他竟吃安眠药自杀。有人说他是"尸谏",这是一个疑问。布雷受旧思想意识的影响很深,政治上缺乏远见,个性又较软弱。他自杀,或是由于他见闻所及,对国民党政权极度悲观失望,加上长期的严重的神经衰弱病和时代大风暴的刺激,痛苦到不得不用死来求解脱。这实在是一种可悲的也是大可惋惜的行为。

抗战期间,张治中和何应钦在重庆。

第二节 抗战中的部队政工

政工纲领

从一九四〇年九月起,我就奉调军事委员会政治部部长。

政治部是一个总管全国部队和军事学校政治工作的机构。这一制度,本来是从苏联红军学来的。黄埔军校在广州成立时,就设置了党代表和政治部——党代表是廖仲恺先生,周恩来先生曾任政治部主任。北伐一开始,就在国民革命军总司令部设置总政治部,主任是邓演达先生。各部队大都设置了政工机构。在两次东征和北伐战争中,部队政治工作收到了显著效果,是政工的黄金时期。这一时期,国共两党合作,政工人员主要是由共产党员充任的。形势发展得很快,部队也扩充得很多,原有政工人员本来已不敷分配,尤其是由于蒋实行所谓"清党",部队中的共产党员被杀的杀,关的关,逃的逃,政治工作乃一落千丈,以后名义也几经变更,面貌日非,最后竟成为名存实亡、虽有若无的一个机构了。

抗日战争开始,两党恢复合作,南京政府撤退到武汉时,大家认为有恢复部队政工权威的必要,于是才在军事委员会下设置政治部。部长是陈诚,副部长之一是周恩来,主管宣传的第三厅厅长是郭沫若,引用了不少共产党员和"左倾"知识分子。政治部成立之初,军事委员会并于一九三八年三月颁布了"政训令",对政工人员的权责有明确的规定。经过一番郑重的程序,又拟订了一个《政治部工作纲领》,经蒋批准执行。

政工典范

政工纲领颁布之后，接着拟订了一个《政工典范》。前者偏重行政的改进，后者着重业务的指导。政工纲领的主要内容，多半属于制度、人事、训练、宣传、经理各方面。业务虽也提到，但只是提纲挈领，没有详细列举。为了使各级政工人员在执行工作中有所依据、有所秉承，就非有一个更为详细、具体的综合性规定不可。于是推定高级干部若干人负责草拟初稿，提交一九四一年的全国政工会议讨论，再由军事委员会各有关部门审查修正，最后由蒋批准以会令颁布实施。草拟讨论审查程序是够郑重的，前后达两年之久。其内容大致为两篇、十章、二百三十条。第一篇是平时工作，以业务为纲领；第二篇是战时工作，以时间空间为纲领。内容篇幅太长，不必多所叙述。这个典范一经公布，对政治工作起了很好的作用，大家认为这是政工人员二十年来心血的结晶。

政工改制

政工制度的改革，主要是部队政工制度的改革，是政治部改组的连续发展，也是政工纲领颁布以后的进一步工作。

在一九四一年三月，本部调集中上级政工干部和中上级军官在中央训练团党政训练班第十四期受训的时候，对于当前政工改制的问题，我曾和部中高级干部及各战区政治部主任做了长时间的彻底检讨。决定了政工改制的办法，呈由军事委员会交最高幕僚会议审议修正通过。最后经蒋委员长批准。

工作重点

政工纲领和政工典范只是指导工作的准则，而不是工作的本身。工作本身是最现实的东西，它应该建立在周密的执行计划上面。而这种计划，必须把握住重心，就时间、空间、人力、物力作正确的估计，密切配合，才能顺利推行，发生效力。

那么，我们工作的重点在哪里呢？就是："一切为了战斗，一切为了胜利！"无论是教育、训练、民众组训、宣传工作，以至行军作战的一切措施，无非为了争取抗战的胜利。

基于这种认识，所以我们第一步的工作，就是健全本身，打定基础。而这种工作，主要的是从部队政工制度的确立、机构的调整、人员的训练选拔着手，进而改进军事学校、军医院的政工机构以及充实和健全各种宣传团队。五年来这一方面的工作用力最多，但效果则未能达到预期的地步。其次，关于各种业务的开展，为了争取时间适应客观情况的需要，当然不能等待基础打牢才开始，所以这几年来我们是不断地权衡需要、估计力量，配合打定基础的工作而逐步开展。

那么，五年来我们究竟做了哪些重点工作呢？

第一是配合作战。包括政工人员与部队共同行动，在战场上鼓舞士气，在后方发动群众，在敌后瓦解敌伪、收拾民心等项工作。

第二是实施政治教育。对士兵则透过识字教育，进行三民主义和政治常识的灌输；对军官则运用共同研究的方式，提高其政治水平；对军校学员生则实践管、教、训合一的原则，从知识的补充和行动的领导达到教育的目的。而最基本的工作，则是统一编订士兵和学员生的政治教材，普遍颁发翻印，完成二十年来所未能完成的一种基本工作。

第三是开展军中文化工作，充实官兵精神食粮。这一工作的主要工具是：书、刊、报纸、电影、戏剧、播音等项。一面进行对原有工具和机构的调整运用，一面着手准备新机构的建立和工具的补充。

第四是宣传工作的推进。在宣传指导方面，对于正确消息的传播，报纸社论的发布，宣传要点的颁发，宣传技术的指导，都特别注意时效，注意反应，随时随地予以适宜的措置；对于打击敌人战志、争取敌后民心、促使伪军觉悟的各项宣传，也透过电波、纸弹，以各种各样的方式进行彻底瓦解敌伪的工作。

第五是配合军事的要求，加强军队的战斗力。侧重对部队的生活、纪律、精神、风气的改进，以全力协助部队长推行，以求达到巩固团结、提高战力的目标。

第六是改进军民关系，对民众则用服务、抚慰等多种方式，对部队则协助严饬纪律、杜绝骚扰等现象，使军队爱护人民，人民协助军队，构成军民合一的共同战斗体。

以上这些工作，在准备反攻争取最后胜利的总目标下，都随着客观需要而力求不断开展。每一年度或每一战役的开始，对各级都有定期的计划与适时的指示，以及关于各种技术的指导小册，不断颁发下去，期使上下一致，运用自如。

但是，这些重点工作的各项计划，经过检查结果，能够完成的是很少，不能完成的则属多数。

活跃在战场上

政工改制之后，由于人事机构的更新，工作是有了新的刺激和发展。在部队来说，政工人员多能和部队官兵共同行动，密切配合；平时进行政治训练并协助军事教育的推进，战时与官兵出入于枪林弹雨，共患难，同生死，当同级部队长不幸负伤或阵亡时，也能当仁不让，代行职务，指挥作战，五年以来，是有了不少可歌可泣的壮烈牺牲的事迹，且举几个实例吧：

一九四一年九月荆宜战役中的一个拂晓，敌人的大炮正在狂吼，我们三六三团的机枪也吐出它的血红的火花，迎接一个未来的恶斗。这对久经战场的战士们是很熟习的，他们抖擞着精神，准备着接受连长的命令。

"前进！"炮声稍为稀疏，连长开始下了命令，上尉指导员胡荣同志跟在他的右边，他们俩都站在队伍的前头。炮声又在隆隆地响，他们冒着弹雨前进。

"呼！"左边山谷里飞来了一颗子弹，穿过指导员的左腿，"糟了！指导员中弹了！"跟着胡指导员后面的上等兵王烈同志跳上去扶住他。

"不！没有关系，你替我绑一绑就行了！"胡指导员把牙一咬，沉着地说。

"指导员怎么啦？王烈同志，快拖指导员下去！"连长用严肃的口吻说。

"不,连长,在敌人面前,一颗子弹算什么!王烈让开,还是干你的要紧!"胡指导员坚持着。

恶斗继续在进行,连长再三劝胡指导员下来,但他没理会,不久又爬到队伍的前头。他咬紧牙关,脸上显得苍白,可是血液在他的身上奔腾,他冲,他勇敢地向前冲。

胡指导员的勇敢行动,对全连弟兄们起了极大的鼓舞作用,他们的鲜血在沸腾着,他们在枪林弹雨中跃进。

在人们崇高的敬仰下,冷永刚同志是大家记忆里不可磨灭的名字。他是士兵们的密友,一个模范的政治工作者。

在一个朦胧的夜里,展开……火线构成……射击运动……冲锋准备——一切在战斗的推移中,他和连长一起领导着弟兄们果敢前进。

原野上正进行着激烈的战斗,鬼子凭藉着坚固的工事顽强抵抗,我军却抱着必胜的信念,要歼灭当面的敌人,弟兄们喊出"凤凰台就是鬼子的坟墓"的口号。

大炮弹一颗颗地爆裂,机关枪咯咯地叫着,战场上被这一片激烈的枪声、炮声、指示目标声交织着,弟兄们巧妙地利用地形和地物,躲避炮弹,沉着射击,灵活跃进,敏捷卧倒,一段又一段,接近了敌人的铁丝网。冷永刚同志身先士卒,跃过一层一层的障碍物,一声"杀……"首先冲进敌人的阵地,弟兄们跟着一齐涌入。

经过一夜的苦斗,凤凰台敌人的阵地被摧毁了,但冷永刚同志却离开了大家,他的鲜血洒在凤凰台鬼子践踏过的大地上。

战争是惨烈的，我们多少忠勇的指挥官光荣地受伤或壮烈地牺牲了，但他们的职务立刻被同级的政工人员担负起来。

"是时候了！"华侨出身的连指导员罗斯丹当我军攻击茶店子战斗最惨烈、连长壮烈殉国的时候，他马上代理了连长的职务。

"弟兄们！勇敢地冲啊！替连长复仇啊！"他大声呼吼着，勇敢地率领着全连官兵在敌人浓密的火网下，勇敢地运动，勇敢地射击，勇敢地突破铁丝网，勇敢地进行冲锋白刃战。在急剧的前进中，弟兄们都兴奋地称赞着罗斯丹同志的勇敢善战。

茶店子终被我们克复了，敌人大部被歼灭，拼命逃窜，当部队发起追击时，罗斯丹同志却躺在丛林下，他已用他的最后一滴血维护了祖国的永生。

以上所举，只是战场上千百个壮烈事例之一二，这里有一个"五年来政工人员参战伤亡统计表"。

五年来政工人员参战伤亡统计表 （1940—1944）

战役 数量 类别	湘北战役	中条山战役	浙赣战役	鄂西战役	常德战役	中原战役	衡阳战役	桂林战役	合计
阵亡	195	35	93	25	52	18	5	1	434
负伤	236	60	22	38	88	8	36	4	492
失踪	244	71	12	51	63	109	7	3	560

从这个表中，可以反映出政工人员的一部分战绩，其中尤以鲁苏战区政治部中将主任周复同志的殉国特别值得一提。

周复同志是黄埔军官学校的学生。他是抗战以来阵亡的政工同志阶级最高、死事最烈的一位。他从一九三九年就开始担任了指挥山东敌后的全部政工的艰巨任务,他虽然是战区政治部主任,却每一次战役都身临前线,出生入死,和艰苦的环境、顽强的敌人相搏斗。不幸在一九四三年二月二十一日,于山东安邱县境被大队的敌寇包围,经过了一整天的苦斗,终于在白刃战里光荣牺牲,蒋委员长为此曾通电全军予以表扬。

为了总结参加作战成绩并鼓励全体政工人员,我并于一九四三年七月鄂西会战之后发出一个电报,全文如下:

此次鄂西战役,敌人以十万之众,向西窜犯,企图窥伺陪都门户。幸我将士用命,军民合作,卒使敌人悉数被歼,造成一历史性之伟大胜利,此役不仅关系中国之前途,亦且影响盟国之观感,其重要自不待言。在此次会战中,政工人员工作之表现,可得而言者:

(一)蒋委员长于本月一日亲临恩施,主持会战检讨会议中,根据各将领之事实报告,认为此次政工人员,战地则发动民众,服务军队,如防谍、救护、运输等工作,极著成效,充分表现军民合作之精神;在前线则与官兵共进退,同生死,于部队长伤亡之际,均能立即代理指挥作战,勇敢果决,克敌致果,关系于战局者至大。此种表现,为十余年来所未有,因于引为欣慰之余,备致勖勉。

(二)本月十二日中枢联合纪念周中,蒋委员长主席报告关于鄂西战役之经过,首先言及政工成绩表现之良好,为此次会战特色之一,并列举若干事实,加以称许,认为军队政治工作,如再努力,必能恢复北伐之功能与信誉。其于我政工人员工作成绩与牺牲精神之赞扬，固溢于言表，而对吾辈之期望，自愈为殷切。

（三）陪都及各地报社、通讯社、中外记者，于鄂西前线归来之报道，对我政工人员均有好评。综括言之，不外下列数点：（甲）对政工人员刻苦耐劳、勇敢牺牲之精神，表示赞佩；（乙）认为政工人员发动民众协助作战，获有最大之成就，为军民合作高度发展之表现；（丙）各部队平时教育普遍深入，故能激发将士敌忾同仇之精神，以收制敌之宏效；（丁）政工人员与部队协同一致，共进退，同生死，且能于部队长伤亡之后，代理指挥作战，使部队不致失去重心，而官兵精神亦由是愈为奋发；（戊）平时协助部队生产工作，改善官兵待遇，普遍推行部队之保健运动，使一般官兵精神体力均大有增进。

综上所述，具见我政工人员，不但战时能身先士卒，英勇奋发；而平时之政治教育，亦显有进步。举凡领袖所嘉许，部队长所称道，与舆论所赞扬之各项工作，均在政工典范与各年度中心计划所指示之各项工作，已能切实遵行，达成任务，本部长对于各级人员之奉行命令，贯彻始终，践履笃实之精神，实深欣慰。唯领袖所期望吾等者，为恢复北伐时期之政工功能与信誉，此次战役政工之表现，虽有如上所述之成绩，但如详加检讨，则尚有许多缺点，亟待吾人加倍之努力始能克服者。其距离北伐时期之政工水准，尚甚遥远。吾人绝不可有丝毫自足自满之心理，而应益加惕励谨慎，亟思如何更求改进之方，冀有以自效于国家，争取最后之胜利，此其一。

抗战事业，为一极艰巨伟大之事业，愈近最后胜利关头，则环境愈加困苦，敌寇于其末日行将到临之顷刻，仍将作最后之挣扎，求获一逞。此时军事之情势，万不可以为严重时期业已过去，而稍为骄惰，缘是政工人员之任务，愈为重大。平时如何加强革命教育，整饬军纪风纪，使部队切实与民众打成一片；战时如何激励军心，协同作战，以提高战斗精神与力量。凡此种种均须不断力求精进，即令业已到达北伐时期政工之水准，犹将力谋超越之表现，此其二。

此次战役中，虽大多数政工人员均能恪尽职责，但据报尚有少数单位主官与所属工作人员，不能振作精神，达成任务者，虽因大多数表现良好之关系，领袖未加谴责，但此项人员，必须痛自儆悟，力求补过，勿掠他人之成功，引为己身之侥幸。本部对于人员之奖惩，迭经令饬战区政治部查明事实，详细具报，以凭核办，自当仍本信赏必罚之旨，严正执行，用昭激劝，此其三。

总之，此次鄂西战役，由于政工人员勇敢牺牲之精神与血汗之结晶，已为政工改制后奠定光荣正确之基石，亦即为近年来军队政治工作向上转变之一大关键。吾人应知此种荣誉之获得，绝非幸致，则我全体政工同志此后所自期者为如何？所以报答国家民族者又如何？本部长愿与全体同志共勉之！张治中谨印。

为了打通国际通路，配合友军作战，加速胜利来临，一九四一年我们曾经派遣远征军入缅甸，以后更到了印度。在一个陌生的环境中，语言、文字、风俗、习惯各不相同，行军作战是很容易引起许多误会和麻烦的，但是在政工人员的艰苦、细致、忍耐、深入的工作下，不但基本上避免了误会和麻烦的发生，且更能密切军民的关系，使行军作战得到当地人民的协助，这也是政工人员成绩表现的另一个方面。

工作的检讨

政治工作在抗日战争期中，虽因制度改革而有一度的振奋，但由于主观上客观上众多的困难，特别是其中若干具有历史性、关键性的困难，纯为政工本身力量所不可能克服者，因而经此一度兴奋之后，即告中落。抗战愈至末期，政工本身力量与客观原因相互激荡，矛盾愈益加深，困难愈益扩大，以致缺点毕露，功用尽失，所以到一九四四年夏又准备变更制度，撤销团、连指导员，改设军中文化服务队，政工的基层工作，以教育与服务为重点。军、师政工主官不限于以部队副主官兼任，还可配用非军官出身的人员充任。这都是在政工改制后所遭遇无法克服的困难，而采取的一种不得已而思其次的办法。

在我视察西北和东南各战区政工之后，于一九四四年五月召开第三次检讨会议，一九四五年二月又召开第四次检讨会议，对政工作全面的检查总结，并且把总结的结论提供最高统帅部审议。这个总结是比较客观的、实在的，每一点都有不少实际的材料作依据，是由上而下的检查与由下而上的反映相结合并从我们五年来实际工作中所体验出来的结果。总结的主要内容分优点、缺点、困难之点三项，如下文：

甲、优点

一、政工人员对部队官兵之思想领导，由于精神教育之实施，使官兵对于主义之信仰、领袖之信仰，及民族意识、国家观念，无形中不断提高，故抗战虽达最艰苦之阶段，而官兵之根本信念极少动摇。足以证明其潜在之效能，实为国军凝结力之一种重要因素。

二、政工人员在作战期间，与官兵同生死、共患难之精神，与其勇敢牺牲之行动，颇能收鼓励士气之效果。其在战地发动群众与部队配合作战，亦不无贡献。过去如第二次长沙会战及鄂西会战，两次作战检讨会议中，各级部队长对政工人员之努力，均曾备加赞许，并蒙领袖迭次嘉奖。此外如去年洛阳与衡阳守城之役，政工人员均与部队长同在围城之中，奋斗不懈，伤亡特多。此实为政工改制以后之最大收获。

三、政工人员对于部队风气之转移、纪律之整饬，虽以若干客观条件之限制，未能收到预期之成效，但由于一部分政工人员态度之严正，甚至不惜牺牲生命，以维持革命之立场与纪律之尊严，在精神上尚能予官兵以相当良好之影响，或因有所畏惮而不敢公开作违法之行动，实具有相当消极监察作用。

四、政工人员，尤其基层工作人员，对于扫除文盲工作，均能积极推进，虽因物质条件极端缺乏与士兵之流动性太大，发生若干困难，但仍能因应时地，不断进行，且常寓精神教育于识字教育之中，对士兵思想行动之领导，裨益甚大。

五、关于宣传工作，尚能把握时效与把握中心，虽受通讯设备之限制，未能普遍深入。但由于数年来不断努力改进之结果，政工人员多能适时获得正确之指导，使官兵对抗战局势与重要问题，均有相当正确之认识，不致动摇信念。

六、改制以后，因连指导员之普遍设置，使基层工作比较深入；由于士兵教育之实施，与共同生活共同行动之结果，获得相当之成效，同时由于连指导员之设置，本部曾于三十年一年之内，裁撤不急需及无直接工作对象之机构，达四百一十八个，以其节余之经费，移用于连指导员，其余各级机构，亦经一再调整紧缩，人力殊少浪费。

七、政工人员之生活，近年来较部队长更为艰苦，甚至本身之最低限度生活，恒不能维持；而工作之环境，又日形困难，但仍有不少政工人员，为神圣之使命与责任心所驱使，忍受一切痛苦，谨守岗位，奋斗到底，现在各级政工人员中，服务政工五年以上十年以下者，少尉以上上尉以下有三六二四人，少校以上有三二零八人，共六八三二人。十年以上者，少校以上人员有四一六人。其对于政工之忠实与坚忍不拔之精神，均堪嘉许。

乙、缺点

一、政工虽有二十年之历史，但迄今制度尚未确立，政工人员在部队中亦无明确之地位，恒有任团、连指导员随军作战多年，因未具备队职之资历，不能取得转任队职之资格，尚不如行伍出身之军官者，以致从事政工愈久，则其个人之前途愈觉黯淡，而一般军官，均视政工为畏途。

二、政工改制之本意，原为谋军政之交流，促进新陈代谢之作用，以排除老大暮气之缺点，但实施以来，因过去积习太深，不唯高级军官多不愿转任政工，即军校出身之初级军官，亦视政工为毫无出路之工作而加以鄙弃。事实上抗战以来军官之升迁甚速，而政工人员则受种种限制，升迁殊感困难。恒有团指导员，其最初之团长已升任军师长，其本团之营连长已升任团长，而团指导员则仍为该团之指导员者。相形之下，自易受歧视。而文校出身之人员，则已不能充任主官，复不能转任其他工作，亦深感出路之狭窄，而不安于位。由于此种事实之影响，干部来源极感缺乏。尤其中下级干部，补充尤感不易。如上午曾请准在补训学生中抽调两千人转任政工，但毕业以后，因种种障碍，只能抽调六百五十四人，实际到差者仅二百七十四人。同时复呈请抽调军分各校每期毕业生百分之十充任连指，但几经波折，迄今仍无法做到。关于干部补充之困难，可以想见。至于连指一级，由副连长或连附及资深排长兼任，固多节约人力，并减少干部补充之困难，但因其本身之职务过繁，多不暇兼顾；且现在各部队中之初级干部，军校出身者实占少数。如由行伍军官兼任，即加以相当训练，恐亦难遂行工作，达成任务。

三、但军政人事交流之结果，尚有与上项发生极矛盾之现象。盖一方面则一般军官固多不愿转任政工，但以政工主官为升迁之阶梯，则又属例外。如师政治部主任一级，部队长即有因为调剂某一官长而加以保荐，甚至有排斥原有之主任，或拒绝本部派遣之主任而冀达到目的者，由是师政治部主任一职，即常为部队调节人事之尾闾。且其保荐之人员，其性能又未必适任政工；即令其本身尚能胜任，而一经委派之后，复不以政工为本务；甚至对政工根本毫无兴趣，仅视为一种升迁之过渡者。其尤甚者，则身居政工主官之任，而倡言鄙视政工、破坏政工之信誉者，亦复有之。故军官转任之政工主官，一部分固能表现相当良好之成绩；然亦有一部分与原有政工干部比较，其能力与成绩相差甚远者。而另一方面，则原有之优秀政工主官，虽具备相当之能力、功绩与资历，仍不易获得升迁部队长之机会，出路之狭窄如故。至于初级干部，则现在部队之一般初级干部，水准较低，部队长往往借人事交流之名义，将若干连指导员吸收于部队之内，而以水准较低之人员派充连指导员。此在原有连指导员之本身，似属多一出路，未始非对于政工人员之一种兴奋剂，但其结果，因继任者之非人，工作即大受影响。凡此事实上所演成之矛盾，实为造成今日政工干部无法健全之主要因素。同时一般政工人员，对于政工改制初期之兴奋与希望，亦渐感动摇。

四、现在一般政工人员，无论其本身为原由军官转任或属久任政工者，均少有比较长期训练之机会，且无专门训练政工知识与技术之机关，而短期训练则收效甚微，结果其军事知识固不易保持与一般部队长同等之水准，即在政治常识方面，亦未能高于一般部队长，故在思想领导方面，亦殊不易发生积极作用。

五、最近部队风气，由于生活条件与社会环境之影响，日趋败坏。政工人员生息于此种环境之中，其洁身自好者，感于事实与理想之背驰,工作无法开展,精神大受打击,情绪渐趋低落;其意志不坚者,则易为环境所转移,以致不能坚守立场,甚至同流合污,影响信誉。夫政工人员虽负有维持军纪转移风气之职责,但究非人皆圣贤,其少数感受习染,似所难免,因而往往以少数人行为之不检,使整个政工蒙受耻辱,转使洁身自好者流于消极。

六、由于一般风气之败坏,为维护政工之尊严,唯有加紧执行纪律制裁之一法,不仅对于违法渎职之人员,应从严惩处;即消极怠工之分子,亦必须予以甄别,本部对于政工纪律之执行,固一贯采取严格态度,然而各级主官,往往因大环境之趋向,未免略迹原情,且以人员补充之困难,对人事亦多弃瑕取节,因而执行纪律,未能悉符加等惩治之本意。

七、由于人员补充之困难,素质之低落,各级政工机构,多缺乏主动领导之精神,尤不能因应时地机动开展其工作。一般工作,往往因工具之缺乏与方法之落后,形成无活力、无精神之呆板动作;且以通讯设备之限于财力,无法扩充,至今不但不能达到每师一个电台之目标,即一军一个电台,尚未能普遍设置,以致纵横联系,极难确实,工作效率,无法提高。

八、就一般工作情况而言,其能普遍深入与着重实际之精神,则尚感欠缺。其中固由于部队之流动性甚大,无论对士兵与民众工作,均不易按程计功,一循预定之进度,然一部分人员不能确实把握官兵与群众之心理,充分利用教育说服之机会,以锲而不舍之精神,争取实际之成效,自亦为当前部队政工最大缺点之一。

丙、困难之点

一、部队政工人员所处之地位，始终为部队长之属员，然以客观需要之殷切，举凡部队之弱点，渐有责成政工人员担任排除或克服责任之趋势，但此类属于检举稽察性质之工作，虽在原则上系为协助同级部队长对其次级主官执行之任务，而在事实上容易引起部队长之猜嫌。现在各级部队长，能运用政工人员或支助政工人员执行此种任务以巩固其本身之统率力者，固所见不鲜，但亦有因此歧视政工甚至排斥政工者，故目前政工之地位与职责，往往不能与其工作相称，致发生若干矛盾与困难，影响其一般业务之推进。

二、政工人员在部队中应负之责任与应开展之工作，范围极为广泛，以现在政工机构之人力，在平时整训期间，工作比较单纯，人力尚勉可敷用；如在行军作战时期，则政工人员一方面须与部队长共同行动，一方面复须兼顾军民合作之工作；而部队方面，对政工之要求亦特别加重，故人力即发生问题（查现行编制师政治部共十三人，团共四人，连指通常有缺额，每营常有一或二连无连指者）。例如行军之际，政工人员与士兵同时步行百数十里，其疲劳已可想见，但宿营时之若干问题，如营舍给养等项，尤其与当地机关民众发生关联之事件，如仍需政工人员办理，实难做到。又如在作战时期，政工人员有时被派往监督民伕，构筑工事，有时被派往押运弹药给养，有时被派往输送负伤官兵，有时被派往监送新兵，虽此类工作，政工人员分所应为，但其主要之任务，则在协同维持纪律，鼓励士气，必须与官兵同在第一线担负作战之任务，顾此失彼，实事势所使然。

三、政工人员为部队与地方党政机关及民众关系之中介人，一方面负有维持军队纪律，发动军队为民众服务，以增进军民情感之意义；另一方面更有发动党政与民众力量、协助军队作战之责任，此在抗战初期，确曾发挥若干之效果。然当时之主要条件，即在部队政工之职权较为广泛，部队素质亦较优良，地方党政机构亦能不分彼此，通力合作，故一切工作之进行，比较顺利。但在第二期抗战开始，各地方关于动员及民众组训机构渐次成立，在职权上，民众之掌握运用，已有专设之地方机关主持其事。而实际上，则地方机关对于此类工作，每多忽略，甚至若干举措，不能顺应舆情，一旦战事发生，对民众失其领导能力，军民关系，更完全脱节。平时政工人员已须避免干涉地方党政之嫌疑，虽法令上有规定向地方建议或随时策动之权，究竟事权不操之于我，及战时暴露弱点，则政工人员复不能规避责任。至于军队对民众之关系，政工人员虽负有促进军民合作之责任，而多数部队，亦向能取得民众之信仰，然以素质不齐，往往因少数部队纪律之不严，致影响多数信誉。如部队长对部属不能执行严格之纪律，政工人员自亦无可如何。加以部队生活条件与补给条件之困难，部队长对地方机关与民众，每有不能不就地谋得解决之苦衷，一旦失去民众之同情，政工人员对军民合作之工作，即根本发生扞格。此胥为政工对民众工作之障碍，且绝非政工本身之力量所能解决者。

四、过去政工经费数字虽逐年增加，但所占军费之比例，则迄未提高，且逐年增加之经费，几全为人员薪饷给予一般规定之增加，而工作费用，如事业费、办公费等，一方面增加之数字极少，复时时受物价高涨之影响，表面上增加，实际上减少。至去年上半年，各级单位之工作，均感只能维持，故不得已大量裁减机构及人员，计一次裁去三千八百七十九人之多。以节余之经费勉维现状，因而财力、人力左右支绌，其予工作之打击，自极重大。直至黄山会议，决定将各级政工经费列入配属单位预算，并指定部队临时费以十分之一作为政训事业费之后，情况当较好转。至于政工人员之待遇，在表面上虽与部队官长一律，但实际上则显有轩轾。例如过去主官加给、眷粮代金等，以经理系统之不同，办事手续之迟缓，往往有一部分政工人员，经年累月尚未领到。又如武器、马匹、车辆等项，均未配给政工人员，致行军作战时，又必须随部队行动，即常有无力工作之感。

五、现在各级政工人员，对于工作之开展最感困难者，即为物质条件之不能具备。例如在教育方面，士兵读本，本部已将高、中、初三级共二十一册全部编竣。中、初两级且已印成样本颁发各部队，并依据南岳会议，以会令通饬各部队翻印，分发士兵使用，而各部队则复以节余经费不敷支配为词，极少奉行者。以致现在士兵教育，除沙盘木笔以外，别无工具。又如在中山室方面，本部曾遵照黄山会议领袖之指示，就原有法令之规定，以连为基本对象，拟具最低限度之设备基准表，但奉批示，以为不切实际，现尚在改订中。然以今日部队之需要而言，则一般设备，如以团为单位，则官兵所能利用之机会，似不甚多，此点拟仍请赐予考虑。又如电影方面，本部现有放映队仅十个，且机件大都损坏，影片亦无法补充。从前系普遍分配于各战区，最近始抽调三个队，先后派往青年军工作。然以其本身设备之不完全，自难满足官兵之需要。而对于军中电影之充实，本部远在两年半以前，即提出申请于租借法案中拨用一百万美金之制片及放映器材，但迄今制片器材运到者仅及百分之十。放映器材，则最近始有四部十六毫米放映机到达印度，现尚待机内运中，因而美国所赠之军教影片，至今尚无法在各部队放映（因军教影片系十六毫米，而国内此种放映机仅有一两部，且非本部所有）。此种器材均仰给于国外，不但本部无此财力可以购备，即有此财力，亦甚难办到。此外各军中之简报书刊，以至无线电台、收音机等，或则限于财力，或则限于器材，或则受现在机关办事手续之影响，人员、编制及经费预算，往往经年累月不获解决，或则领袖虽已指示，甚至用手令交办，而会令则不予核准，此种情形，实使本部有"巧妇难为无米之炊"之叹，故现在政工人员所恃以为工作之工具，除"空口说白话"之外，几一无所有，所谓提高士兵情绪，调剂士兵生活也者，无非徒托空言而已。

六、现在少数部队，以政治关系，一切尚未纳诸正轨。由于部队历史与乡土观念之存在，使代表中央立场之政工人员处处遭受歧视，甚至经常不能与官兵发生接触者，因而工作之进行，无法着手。而一般部队官兵，近年来以生活日趋痛苦，部队长往往借口就地解决困难，而发生经商、走私、吃空等不良现象。此种现象，使军队纪律与声誉蒙受莫大之影响。政工人员对于部队此种状态，如欲加以纠正，势必与部队发生摩擦。如隐忍不言，则在其革命立场上，实有若干难言之隐痛。尤其在士兵当中，不易取得同情，因而一切工作，不但不易推动，甚至发生相反之结果。

七、我国部队政工制度，虽仿自苏联，而其作用，则殊不一致。苏联政工建立于革命之初期，其军队素质复杂，故设置政工人员之本意，实着重于控制部队。我国政工，建立于黄埔军校创办之时，其对象均为基本之革命武力、军事人员与政工人员同出一源，彼此思想一致，信仰相同，初不假政工人员加以控制，故其主要之工作，厥为教育与服务两种。政工人员与部队长，大致均为一体，只有分工之关系，而无控制之作用，因此政工过去虽对少数特殊部队曾发挥相当之效能，而在中央部队中，则政工人员之人事关系，大半出于同一源流；且部队长对党之关系，较之政工人员有过之而无不及，则政工在部队之作用与需要，自亦无从阐明，因而部队政工亦不易引起重视。

八、军队政治工作以党为基础，而党之力量之表现，在其组织之健全与运用之灵活。查苏联红军中，党团组织系全由政工人员掌握领导，虽党员团员占部队成员之少数，但均为官兵中之优秀分子。在消极方面，足以构成严密之监察网，与部队种种不良倾向做有效之斗争。积极方面，可以特别服从奋斗之精神，发挥领导示范之作用。其政工基础，深植于各级部队之内，力量自能普遍深入，其作用亦远驾于有形之政工机构之上。我国现行制度，部队中无团务活动，而党部则仅具形式，并无权威。现在军队中部队长一律为党部之委员或特派员，全体官兵均为党员,党部之组织,极为松懈,官兵对党之意识,亦极为淡薄,因而党对部队消极积极之作用,均无由发挥;政工人员更不能运用党之组织关系,加强其权力与效能。且在组织上,党之各级组织,只有横的联系,而纵的系统,则常感脱节。在工作上,亦有若干与政工重复矛盾之点,步趋殊不一致,运用尤感困难,故一般工作,由于党的基础之脆弱,使政工无所凭借。此种困难,似非政工本身之力量所能克服者。

总而言之,政治工作到了这一阶段,困难愈来愈多,条件愈来愈差,如部队风气的败坏,各级干部的缺乏,经费的支绌,设备的空虚简陋等等,都成为不可克服的因素,使我们徒具主观热情而痛感无用武之地。在今天来看,根本的主要的因素当然是政权本质与整个领导的关系,上述诸多缺点和困难之点,都不过是这两大因素所规定与反映的一些现象而已。

星期六聚餐晚会

在重庆的几年,每年也有一次或两次招待盟友,主要是苏、美、英的驻华武官。地点常是北温泉,每次是星期六聚餐晚会,星期天登缙云山野餐或在温泉游泳,或在嘉陵江上划船,下午五时吃过晚茶回城。当时美英军官和苏联军官不怎样融洽,把他们约在一起,言语之间常易引起误会。有一次在席间讲话中,美国武官的说话就曾为苏联武官所不满,当场予以驳正。在我这种集会一方面是联系感情,另一方面也具政治上的作用。如在一九四四年九月二十三日盟友招待会上,我有过如下的一篇讲话：

今天在这样山川明媚风景佳丽的北温泉，和敬爱的盟友们作周末的游憩，暂时忘却了工作的辛劳，同时又听到在欧洲在太平洋上接连不断的捷音，这是使我们感觉愉快的。今天愿意把个人肺腑之言，表达于盟友之前。

我们的国父孙中山先生，领导国民革命，推翻二百六十余年的腐败清廷的专制统治，建立了中华民国，我们民族才获有生机了。到民国十五年，我们的领袖蒋委员长，由广东誓师北伐，扫除腐败的北京政府和专横的北洋军阀，完成了国家统一，巩固了民国基础。

到民国二十六年七月七日，日本军阀继"九一八"侵略之后，向我发动全面的侵略。当初敌人认为只要几个月的时间，便可以征服中国。可是由于我们的浴血苦斗，一直支持到太平洋战争的发生，中国由单独作战而转为与各盟邦并肩作战，由此奠定了胜利基础。

从以上奋斗过程的成就中，我们最初总觉得自己很不错。但是自从和盟友并肩作战以来，我们的感想不同了。我们心理上自然而然地发生两种不同的状态：一方面对于盟友们军事组织的严密，各种人才的健全，各部门配合的确实，与工作效率的强大，使我们感到衷心钦佩；另一方面又反省到自己的落后，不禁惭愧不已。我们真惭愧！我们惭愧自己一切落后。我常常这样在想着：现在人家都说美、英、苏、中是世界四大强国，各盟友对我们都刮目相看，而我们自己也自以为是世界四大强国之一,可是,实在说起来,我们还不够资格!我们还不配称为世界四大强国之一!我们一切落后,我们什么都比不上人家,我们凭什么去和人家并驾齐驱?

当然,上面这一段话,是我们自我反省的结论,但是我们绝不会因此而丧失了自信,我们认为我们的民族基础还是不错:我们有五千年悠久深厚的历史文化,有广大的土地,有丰富的物产,有众多的人民,有优良的三民主义的民主政制。——我们所欠缺的只是现代化的各项建设,如果在这个良好的基础上面,假以相当时日,我们一定可以建设一个现代化的中国。我们相信战争胜利结束之后,由于全民族的努力,再加上盟友们的同情与帮助,我们一定可以在十年之内得到小成,二三十年之内得到大成,四五十年的光阴,中国便可以真正成为一个现代化的国家。

在这次伟大的反侵略战争中,我们很感谢盟友们对我们的同情,更感谢盟友们对我们的帮助。尤其感谢的是,盟友们同情中国,并没有轻视中国;帮助中国,并没有要求中国。我们在未来建国途程中,当然更需要盟国人才、技术、机器、资本的协助,我们都相信各盟国都会以现在同情中国抗战、帮助中国抗战的热忱来同情我们建国、帮助我们建国。我们也都相信由于盟国的同情与帮助,使中国能迅速成为现代化的国家。我们一定能提高中国人民生活水准和文化水准,共同促进世界人类的繁荣与幸福,并且竭诚和美、英、苏及联合国共同维持世界人类的永久和平。

今天在这个难得的聚会上,承蒙各位敬爱的盟友们翩然莅止，感到无限的荣幸和欣慰，谨举杯致谢，并祝盟军胜利，各位健康！

这篇讲话，事后得到相当良好的反映，他们认为这是在说老实话，并没有半点儿夸大和掩饰。

第三节 抗战中的青年组训

工作纲领

一九四〇年九月我调任政治部部长时,还兼任三民主义青年团中央临时干事会书记长。

三民主义青年团是一九三八年三月二十九日中国国民党在武昌举行临时全国代表大会决议组设的,由蒋以总裁名义兼任团长。这个团的意义和作用,据蒋当时发表的《告全国青年书》所指出,一是求国民革命新的力量的集中,二是求抗战建国的成功,三是为求三民主义的具体实现。到同年七月九日中央团部宣布成立,并设置中央临时干事会,选派干事三十一人,其中有陈立夫、朱家骅、张厉生、张道藩、贺衷寒、康泽等人,由陈诚任书记长。不久,该团由武昌迁至重庆,又增设中央临时监察会,由王世杰担任书记长。

我在一九四〇年九月一日接任书记长的时候,对这一工作感到很陌生,对这一组织的作用和过去的情况向来没有研究过,而当时团的工作情况,则如中央党部考核委员会所提出的评语:

该会工作,以组织之发展,训练宣传之改善,较上年度固见进步,唯战地青年未能招致,社会服务仍欠实在,对于学生与职业青年,时有不切实情,不能与个人生活发生关系,以提高团员之兴趣。训练与组织,缺乏密切联系,干部人才极不健全,不能于实际工作中训练团员。分队会议又不按期举行,各地团部尚少迅速统一之指导，故不能使全国青年对于各种实际问题及时事之发展，发生良好之反应。而团员发展，未克深入青年群众，生产界团员及女团员为数甚少。

我到团以后，曾和好些人反复研究，经过两个多月的工夫，拟出来一个工作纲领。这个纲领内分总则、组织、训练、宣传、社会服务各章，对于各项工作的具体方针都有规定，借以统一各级团部和团员工作的步调，共同向着明确的目标前进。

团与党关系的确定

团的工作纲领是决定下来了，但是还有一个同等重要的问题亟待解决，就是团与党的关系问题。《中国国民党党章》第九条规定："本党为训练青年设青年团，其办法另定之。"这个规定，已经指出了团的设置的任务，也可反映出团与党的关系，但是从未订出明确的办法，所以在工作进行中，发现团与党重复抵触之处甚多，因而力量抵消，摩擦丛生。加以党内日益发展的派系、人事的纠纷（当时团与党的摩擦事实上是黄埔系与CC的摩擦，更具体地说，是贺衷寒、康泽与陈立夫、陈果夫的摩擦），更使团与党的关系日趋复杂。两者是互为因果的。团与党的关系越不明确，越增加了国民党内部派系、人事的纠纷；国民党内部派系、人事纠纷越大，团与党的关系越坏。我分析这种情况后，就和各有关方面进行协商，特别是和党的负责方面多次商谈，拟订了一个《确定党与团之关系办法》，提经中国国民党第五届中央常务委员会通过。

为了贯彻这个办法，还订出一个《确定党与团关系办法实施细则》，这里不再征引。为了保证这个办法和细则的贯彻，又拟订了一个《查察党与团之关系及考核办法》，目的在彻底消灭党团摩擦，使工作顺利推进。这个办法由蒋以总裁兼团长的名义通电各级党部团部发布。

这些书面办法是颁布了，但是事实上并没有收到多少的效果。这是由于黄埔（复兴社、力行社）系和 CC 的斗争摩擦无法消除的关系，使我感到疾首痛心！在这两派的多年纠纷中，我的态度是比较超然而稍偏于黄埔，但是对于黄埔也不是持袒护包庇的做法，在某些问题上，我对黄埔系是常给以严厉的批评的。至于 CC 系，本来就是个自私自利、腐化党政、压制民主、阻碍进步的小集团，是为一切具有正义感的人们所深恶痛绝的。当然，事实上也没有哪一方面完全对，所以我后来就由厌恶而至于放任，认为是党内无可救药的不治之症。曾有CC负责人向我说："蒋先生既要我们搞这个组织，为什么又要黄埔学生搞那个组织？"蒋的初意以为两个组织可以并行不悖，没料到适成为摩擦纠纷的根源。他所以培植这两个组织，一方面是为了对付党内异己（如对汪精卫、胡汉民）争夺领导权，同时也是为了加强力量和共产党进行斗争。最初也许起了一些作用，但是以后完全出乎他意料，两派的摩擦纠纷，抵消了组织力量，涣散了组织纪律，终于不能利用这些小组织来巩固他的统治。当然，蒋的失败，根本症结在于他丧失了革命立场，背弃了孙中山先生的三大政策，但他在党内自搞从拥护个人权位出发的小组织，以致涣散了党,腐化了党,造成无纪律无力量名存实亡的党,也是失败原因之一。

一个指示

到一九四一年六月,由于战事的节节败退,由于国际形势的不利(如英国封锁缅甸,德、意、日同盟,美国照常供应日本以生铁、石油、军火等),由于国内经济情势的困难,使得许多青年对当前局势发生疑虑不安的心理。但是在抗战初期,战事的失利,是以弱敌强、以劣势对优势所难免的过程。至于经济的困难,更是从事于战争的国家所常有的现象,如果我们在这些困难面前屈服,不但不利于神圣抗战,且将使国家民族陷入不可挽救的境地,所以为了唤起大家排除万难、坚定必胜信心起见,曾发出一个给全体团员的指示,列举当前六项任务,希望一致遵行。

这个指示发布后,在团的成立三周年纪念日我又发表了一篇告青年书,对上述指示的六点加以说明:

三民主义青年团自从民国二十七年七月九日创立于武汉,现在已经整整三年了。在这三年中,已经有了将近三十万的革命青年团结在青年团的组织之下,为力行主义、捍卫国家、复兴民族而努力,虽然这三年来的精神表现和工作成绩表现,还不能如所预期,可是至少是已经打下了一个良好的基础。我们在今天来检讨过去,审度现状,策励将来,实在感觉到无限的警惕和兴奋!

……………

这可以拿最近青年团对全体团员所颁布的一项文件——《为克服当前之困难与争取最后之胜利对全体团员之指示》——来作一个说明。这一重要的文件有着它的划时期的历史意义，这说明随着时代的进展，适应革命的需要，现在已经到了需要参加青年团乃至没有参加青年团的所有的青年放开眼光恢宏对国家民族贡献的时候了！今天，就趁这个机会将这一件重要的文书所含的意义加以阐明，希望唤起所有青年同志的共信力行，争取光辉的战果！

这一个指示有六点。所有这六点都是为了"克服当前之困难与争取最后之胜利"的两个目标，也可以说，只是为"争取最后胜利"的一个目标。因为"克服当前困难"只是"争取最后胜利"的张本，所以全部指示的重心就在这一点，那就是要运用一切力量，克服一切困难，用最大的努力，使最后胜利早日实现，革命建国早日完成。在这一个基本前提之下，我们必须做到原指示中所说的六个项目：

第一，指示上说：

抗战胜利的基础虽已奠定，艰难困苦的增加，为革命必有的过程。今后无论国际形势如何演变与国内经济情形如何困难，均应认为革命成功之前必有之现象，本团团员，应本健全本身与自力更生之主旨，以坚苦卓绝的精神，坚定信心，立稳脚跟，咬紧牙关，领导全国民众，克服一切困难，以争取抗战的最后胜利。

我们不必讳言，自从抗战以来，尤其是最近一年以来，我们国民的经济生活是部分的感受到困难。同时，因为世界风云的变化，在我们精神的感受上有时也几乎不能适应。这些内在的困难和外来的剧变，真是对于我们个人乃至中华民族的一种最深刻的试炼！如果我们个人乃至我们全民族都是经不起风浪受不了艰苦的一些意志薄弱或神经衰弱的人，那我们将凭什么来生存于这一个伟大的斗争时代？在世界上哪一个国家革命的成功，对外战争的胜利，不是费了多少血汗，多少牺牲？不是历尽多少艰难、熬过多少痛苦？如果我们把革命成功后的苏联在战争中所遭遇的困难和我们现在所受到的比较一下，那我们现在所受到的真能算得什么？我们抗战持续四年，今天可以说，我们已经有了绝对胜利的把握。不论看敌我情势，看世界大局，在目前和今后没有任何一件事足以使我们担忧，而唯一可以担忧的就只怕我们国民心理上的错觉，只怕我们自己没有忍受无限艰苦的决心，没有准备牺牲一切的精神，没有克服一切困难的勇气，因而动摇、彷徨、畏缩，或者不幸可能要走上失败的悲惨道路。现实的教训也是太多，而这些现实的教训是够我们十分警惕的。我们要大声疾呼：所有失败情绪、脆弱心理、苟安观念的暗流，必须加以强力地阻遏，彻底地消弭！我们生活在这一个动乱的时代，苦难的国家，我们国家优秀的青年，不但要有深远的眼光来了解战争，达观大局，更要有充分的勇气来坚定自我，战胜环境！我们要向失败主义者作战！我们要向享乐主义者作战！我们要认定：国家民族存亡是第一件大事，争取最后胜利是第一件大事，吃苦受难是应该的，为了争取国家民族千万代的生存、自由与幸福，牺牲我们一己乃至我们这一代的生活幸福更是应该，其他什么都不打紧！我们要记着领袖的训言："唯有能战斗能胜利之国家，始能保其独立生存；否则必被征服而为奴隶！"四年的抗战已经充分证明我们是能战斗能胜利的国家，我们坚持战斗，只有胜利，只有成功！

第二，指示上说：

我们抗战的最大目的，在争取国家民族的独立生存，所以国家民族高于一切，凡是违反此种原则，在言论行动上如有影响社会治安，破坏经济法令，与动摇抗战信心，直接间接足以削弱国家民族意识，分散国家民族力量，出卖国家民族利益者，本团团员应视为全国公敌，予以驳斥、纠正、揭发而彻底肃清之。

这一条的主旨是建立思想国防。就是说，要使全体国民都确认国家民族至上、国防第一的真理，放弃一切不合时代、不符合抗战建国要求、不符合国家民族利益的思想行动，而使全国成为一个统一强固的战斗体！为什么呢？假使思想国防没有确立，武力国防也无所用。法兰西的失败，可以说基本原因不是由于马其诺防线之不够坚固，也不是由于武力装备之不够充实，而最大的原因还是在于思想分歧，人心颓丧，国本动摇，所以一旦强邻压境，败不旋踵！这个教训真是太惨厉了！我们鉴往思来，不能不肃然警觉！在今日这一个战斗的世界，特别是在我们这一个正作生死存亡大战的国家，我们要使全国国民适于战斗，勇于战斗，我们必须齐一意志，齐一行动，确实维护"国家民族高于一切"这一总原则的绝对尊严，不容有陈腐落伍的观念，不容有分歧错杂的思想，不容高唱自由的滥调，不容存有派系的私心，更不容有封建集团的利益。所以凡是在言论行动上，如有影响社会治安，破坏经济法令，动摇抗战信心，直接或间接足以削弱国家民族意识，分散国家民族力量，出卖国家民族利益的，都是全国的公敌，也就是民族的败类与叛徒，我们革命先锋队的青年同志必须随时随地予以有力的驳斥、纠正，堂堂正正地揭发，以求合理地彻底肃清，一致向保卫国家民族拥护国家中心的唯一目标来共同奋斗！

第三，指示上说：

我们在此伟大民族斗争中，一面抗战，一面建国；建国的首要，在完成民生主义的经济建设；对于经济割据的趋势，与各地把持粮食，操纵物价、营私牟利的行为，及借抗战以发国难财者，本团团员均应坚决反对之；同时我们应提倡国防科学运动与实行劳动服务，并协助战时经济管制的推行，以达成民生与国防经济建设。

这一条的意义是什么呢？三民主义的精神不只是民族至上，更要发达民权，发展民生。"战争的胜负决于经济"的意义不仅说明国防力量充实与否是决定战争胜负的枢纽，且更说明人民生活安定与否同样是决定战争胜负的一个因素。到今天，我们尤其感觉到后一意义的重要。自从抗战以来，我们没有担心粮食会成问题，也不曾想到物价会像这样的高涨，而现在足以影响民心士气，足以影响前方军事、后方建设的，正是粮食问题和物价问题。中心的症结所在，实在由于人事之未尽。把这一个严重的责任单纯委之于治政是不够的。因此我们必须展开一个群众的社会运动。凡是有害于国计民生的，我们必须率先反对；凡是有利于国计民生的，我们必须切实促成。我们全国青年站在为天下先、为全国劝的立场，一定要造成一种新的风气，一种重公益弃私欲的风气，一种重节约习勤劳的风气，拿这种风气来培养经济建设的根芽，使它有长足而迅速的发展。

第四，指示上说：

> 我们建国必须着重政治的刷新，俾完成革命民权的政治建设，也就是树立一种真正的民主政治，本团团员应切实扶植社会舆论，提高民众知识，协助地方自治，凡有假借"民主"名词而作违反军事第一原则以破坏抗战者，此种假民主之言行，应一律排除之，以奠定真正民主政治的基础。

我们知道，近来有些高唱民主政治的口号，甚至每一个口号都会触到"民主化"，究竟我们是不是民主化呢？关于这一个问题，我们可以从几方面来了解。一、从民主政治的原理说，我们立国的主义——三民主义中的民权主义，其根本精神就是要达到真正的民主政治，就是要造成一个纯粹以人民为主的近代国家。二、从建国的程序说，以党建国、以党治国都是到达民主政治的过程，而不是一个终点，为的是要顺利完成革命民权的政治建设的必要程序，如果说一个时期的一党执政，便不是民主政治，那不是理解错误，便是别有居心。三、从当前的政治环境说，现在是抗战时期，为了保证抗战的胜利，一切应该服从军事第一的原则，不容有任何违反破坏的企图。凡是真心信仰民主政治的人，他一定能诚心了解并拥护国家在战时所必须采取的诸般措施。可是政治的完全刷新，基层组织的积极完成，真正民主政治基础的确实奠定，尤为重要。因此，消极的我们要做反假民主言行的斗争，积极的我们要为树立真正民主政治而充分努力。譬如扶植社会舆论，提高民众知识，协助地方自治，这些基层工作的努力，绝对不能一步蹈空。凡是中华民族优秀的青年，必须要下最大决心，置身最下层的工作，接近最苦痛的同胞，从事最艰难的事业，要为保卫民族利益而奋斗，要为实现真正民主政治而奋斗！

第五，指示上说：

官僚恶习，实是政治腐化无能的最大原因，凡是不负责任、因循敷衍、欺骗虚伪其生活腐败者，皆为官僚恶习，本团团员应以身作则，树立一种革命新风气，痛切矫正之！

革命到了今天，抗战到了今天，我们检讨革命阵营抗战阵营的内部，还有若干余毒未尽的官僚恶习，而有使政治腐化无能的倾向。有时发现若干方面，特别是近时以来，受着战时心理与战时生活的影响，一般的政治风气工作效率，渐渐有些向下的不良趋势。有的敷衍因循，有的虚伪欺骗，一种失去了革命精神、高尚情操的消沉风气，正如同毒气一样向低暗处奔流，形成可怕的战时低气压。我们各位青年同志也定要细细检查，我们是不是也在无形中感染了这严重的病毒呢？我们的思想、生活、习惯、作风，是不是也不自觉地或者竟是自觉地被笼罩在这可怕势力的恶劣影响之中？首先，我们青年要有严重的警觉。领袖说过："我们青年团是革命的新力量，一定要有新的精神和新的风气，而最要紧的就是绝对不容有官僚政客的习气！"所以涤除官僚习气，扫荡官僚恶习，提高革命的警觉性，树立革命的新风气，这一个前驱先导的责任，必须由我们革命青年担负起来。现在更是到了我们必须切实负起这一庄严任务的时候了！我们所有青年同志们必要充分发挥我们饱满丰富的革命力量，高扬我们蓬勃奋发的革命精神，随时随地作反官僚主义的斗争，随时随地致力培植建设社会的基础。我们一定要把这一个历史上的传统积习和社会上的腐败渣滓所构成的恶习惯、恶制度、恶风气彻底澄清，来完成改造精神的伟大使命！

第六，指示上说：

贪官污吏、土豪劣绅以及流痞奸商为政治建设与经济建设的最大障碍，本团团员应本不畏强御的精神，以公民资格向合法机关检举惩治之。

前一条痛切说明"官僚恶习是政治腐化无能的最大原因"，接着这一条严重指出"贪官污吏、土豪劣绅以及流痞奸商为政治建设成功经济建设的最大障碍"。铲除这个"最大的原因"，是使政治强化、政治万能的具体准备，消灭这个"最大的障碍"，则是促进政治建设成功经济建设成功的必要步骤。更简捷地说，前者是使政治有能，后者是使政治能廉，能够做到廉、能两字，是已经消极地达成战时政治的要求了。可是这在目前看来，似乎还不是一件容易的事。我们既看见官僚恶习的作祟，更看见贪污土劣以及流痞奸商的活跃，这可以说已经成为一个社会改造的问题。这真需要我们身为改革社会的中坚主干的青年付出很高的代价。我们要树立起革命法律与社会舆论的权威，要致力完成一个彻头彻尾的改造国家建设社会的革命，绝不能容许贪污土劣之流侵蚀国脉，敲剥民生！怎样去进行这一个革命呢？我们不要忘记青年团员的本色，不要忘记青年团员特有的作风：我们是讲理的，不是盲目的；是用劳力的，不是用暴力的；是公开的，不是秘密的；是建设的，不是破坏的；是说服的，不是胁迫的；是以身作则，不是空口叫嚣；是守正持平，是光明磊落，是守纪爱群。我们要特别注意精神和方式，"本不畏强御的精神，以公民资格向合法机关检举惩治"。我们要本诸先驱前导的精神，来尽到救国救民救人救世的天职。我们有了最好的主义正当的组织，只要能发挥革命的权威，能在社会上树立一个广大深厚的基础，鼓动起革命的高潮，什么恶势力恶习惯都会在真理正义之前发抖的！让我们为真理正义而负起清除障碍物的光荣责任吧！

各位青年同志们！以上是我们对于环绕着青年团成立三周年纪念时诸般形势的检讨，是青年团对于全体团员所界予的时代使命的说明。时至今日，我们不仅希望所有青年团的优秀团员矢勤矢勇接受并执行团的指示，成为三民主义的先锋队，为拥护民族革命战争，力行抗战建国纲领，实行三民主义，完成国民革命而从事艰苦的奋斗，不愧为三民主义的战士与信徒。我们更希望所有中华民族优秀的青年儿女亲爱精诚团结在青年团组织的周围，为坚定信心支持抗战而奋斗，为建设国家改造社会而奋斗，为廓清旧染创造新生命而奋斗！我们深信全国优秀青年的朝气、热情和毅力，必然汇合为一个新时代的主流，这一个主流要迸出光芒万丈的革命之花，象征着一个理想的光明时代！

我们全国青年应该真诚团结，携手偕行，争取我们民族最高的精神表现！争取我们全民族优秀青年更高的工作成绩表现！

这是一个具有重大政治意义的文件，是对全国青年的一个新的号召，不过这里还包含了针对共产党对其他民主党派的言语和意思，这是在起草时中央常务干事会讨论时许多人的主张，如果少了这一部分，这个文件就不可能被通过。当然，文件本身的主要意义还是在：要求健全本身、自力更生、坚苦卓绝、坚定信心、立稳脚跟、咬紧牙关，领导全国民众克服一切困难，以争取最后胜利；要求刷新政治、反对官僚恶习、反对贪官污吏、土豪劣绅、流痞奸商。以后在团的领导下，曾经发起倒孔（祥熙）的运动，就是这种思想的实践。但是，这只是一个号召，事实上受了主观客观种种条件的限制，是没有做到多少的。

团员总考核与干部政策

到一九四一年，团员人数已发展到三十万人以上了。在我接事的时候，就已经发现过去虽表面上标榜质量并重，而事实上则是重量不重质。同时也发现有脱离组织背离组织的现象。为了纠正这种倾向，我主张重质不重量，举行团员总考核，予以甄别，并订颁团员总考核的实施办法。办理的程序规定初核、复核、总评三级，考核的项目是：思想、品行、精神、体格、学识、能力、对团工作七项。凡经过考核合格的团员，由主办团部在登记证上加盖合格或优秀的印章。超龄的团员，按照规定分别介绍入党。至于不合格的团员，则分别停止或开除团籍。在一九四一年七月的第一次全国干部工作会议上，我曾就总考核事讲过一次话：

　　此次会议中所讨论比较重要的议案，第一件是"举行团员总考核案"。这个案子，我要郑重唤起各位的注意。团员总考核，换句话说，就是举行团员总甄别。青年团的组织三年来，团员发展到三十万人，已经不可谓少，但是任何一个组织，一定要发生淘汰作用，发生新陈代谢作用，这个组织方才可以健全。我们现在只知道吸收进来，不知道排泄出去，好的坏的拉在一堆，这样只有一天天腐化我们的组织，一天天松懈我们的组织，这种现象是最坏的现象。要知道我们的组织是一个有机体的组织，正如一个人一样，需要营养，也需要排泄。一个人没有排泄，在他的体内没有新陈代谢的作用，这个人还怎样生活？所以团员甄别这一重大步骤，并不是只在成立三年以后才举行一次，我们以后是要经常地每年举行一次的。凡不配做青年团团员的，我们要毅然决然地淘汰出去，能够这样，好的自然都愿意来参加了。我想我们三十万团员之中，甄别一半，并不为多，甚至甄别三分之二也不为多。排去一半还有十五万；排去三分之二，还有十万人。如果这十万人个个都健全，都是优秀分子，这十万团员的力量，一定超过三十万人的力量不知多少倍。所以这一案子执行的时候，要请各位注意，不要姑息，不要因循敷衍。我们负有革命的使命，建国的责任，绝不能存有丝毫的私意，更不能讲人情，一定要拿出革命的精神来实施这个神圣的决议。我很希望中央各位干事和各位负责同志，能把这一案子认作这次会议中第一个重要的案子；假使说通过后依然等于官样文章，不能切切实实甄别淘汰，还是有所顾虑，怕坏的分子排出后会来捣乱，那就完全失去了作用。我们是革命的团体，这种不革命的腐败分子，绝不容许存在于我们团体之内！

这次团员总考核的结果，只发现有百分之三的团员不合格。综合当时的具体情况说，这个结果是不确实的，各级团部在执行政策中显然有了问题，所以并没有达到提高团员素质、严密基层组织的目的。到一九四四年十二月，团员人数更发展到八十八万多人，可见主管组织的干部和各级团部根本无视团中央重质不重量的决定。这是造成团组织松懈、力量薄弱的一个主要的原因。

我除发现吸收团员重量不重质的毛病外，还特别看到各级干部的缺乏与不健全。绝大多数干部把团的工作作为一种职业看待，本身并没有独立的生活技能，甚至视办团如办党，办党如做官，从上到下到处表现了官僚习气，所以就无法领导团员领导群众，而团员和群众也不会愿意接受他们的领导。为了健全组织、加强领导，就必须大力选拔和培养干部。我主张确定一个干部政策，经过郑重的研商，拟订了一个《干部政策纲要》。它把干部区分为领导干部、工作干部和社会干部三种，规定工作干部服务满一定期限后，仍然回到原来的职业岗位上去，使团员都明了为团服务是自己的荣誉和义务。同时对干部的选拔、培养、考核，都有了明确的原则规定。

以后，又根据这些原则性的规定，拟颁了一些有关人事法规和实施细则来分别付诸实施。但是事实上大多没有做到，所以没有做到的原因，大概是由于客观、主观上的种种条件不够的关系吧。

一个改进的意见

到团一年多，从实地观察中，发现了许多缺点，归纳起来有如下十二点：

一、团之中心任务与组织活动之基本精神尚在模糊动荡之中，不但团员尚无正确认识，即各级干部亦多缺乏理解。

二、团之工作发展尚嫌迟缓，且不切实，而在团员素质方面，更不能悉数健全，以致吸引优秀青年之力量不够，充分反映团在青年群众间未能建立坚确之信仰，尤其在学校团务方面，表现此种缺点甚多，影响团之领导力极大。

三、由于干部之缺乏，基层组织不甚健全，对团员之组织、训练、掌握、领导，均不能充分达到理想，致形成松懈空虚之状态。

四、由于经费之困难（例如甲级分团部每月经费只有五百三十六元,而有工作人员九人),各级工作不能积极推进,尤其干部受生活之影响,不能专心工作,渐至视团务为副业,工作之开展至为迟滞。

五、大多数团员入团之初具有极大热忱,然以掌握不确实,工作难开展,与对团认识不足之关系,情绪逐渐冷淡,甚至表现悲观消极之态度。

六、纪律精神未能充分发扬,甚至团员之转移登记,尚未能确实办到,行动过度自由,损害组织之尊严紧密性,掌握管理愈感困难。

七、负组训责任之干部,往往重视组织工作,对于训练工作多未顾及,如中央规定之干部训练与团员训练之各种集会,多未能按期实施;即令实施,亦多偏重形式,而内容殊不充实,致影响干部与团员对团之一般认识,组织方面大受影响。

八、宣传工作未能普遍深入,即对各级团部之指示,亦多未能适应时效与环境需要,甚至在团员思想之领导上,亦嫌不足;各级团部对中央颁发之书刊,保管登记均不甚注意;尤其宣传与组训工作之配合,不能按预期计划发展,对内影响团员之心理建设,对外妨碍社会信仰之建立。

九、社会服务,以经费与人才之缺乏,一般业务不能积极发展,且多偏重形式,不能充分提高团员之服务观念,致热烈之精神有不能维持之虞。

十、人事制度与一般行政,均尚未建立合理之基础,干部之选拔困难,各级之联系不足,工作与人员考核未尽正确适当,距离综覈名实、信赏必罚之标准尚远。

十一、团与各方面工作之联系尚嫌不足,在党与团间,团与学校间,团员与群众间,均尚难免隔阂甚至摩擦之弊病,不能充分取得多方之助力。

十二、干部与团员对工作技术尚少研究,在实际行动方面,中央所指示之工作原则,下级不能适机运用,切实执行,往往用力多而成效少。

我认为应针对这些缺点来求改进,但是这个改进必须先得到中央干事会的通过,特别是蒋兼团长的同意,因此我就毫无保留地提出了一个改进的意见:

一、青年团目前之根本问题,厥为团之组织性质问题。现在不唯党外人士对此点有所误解,即党内同志亦多未能正确体认。有认为团之组织系属政治性者,主张团应以政治活动为主要工作;有认为系教育性者,主张团应以教育青年训练青年为主要工作;有认为系社会性者,主张团应以领导青年服务社会为主要工作。由于见解不一,观念模糊,使团之工作动向不定,始终不能集中于一定方针之下共谋发展,影响团之工作效果殊大。窃谓今后团之组织性质,似应予以根本确定,就团之任务与客观之要求观察,拟以教育性及社会性为主,政治性为从。

二、党内外人士对青年团另有一种误解,即认青年团为一种特务组织。一般青年受此种观感之影响,亦因而发生疏远之心理。此种误会如不能排除,对于团之工作发展与信誉,妨碍甚大。细考此种误会发生之原因,一为团之现在工作,尚有若干含有消极性的成分；一为团之工作者，间或过去带有特工或别动工作之色彩。此后关于团之工作，似应着重于建设性方面，竭力避免消极性之工作；同时在人事上酌予调整，以祛除一般对团视为特务机关之疑虑。

三、当青年团成立之时，一般青年即怀有一种不正确之意识。对于党与团之关系，不但视党与团为并立之组织，甚至对党存轻视之心理，且以团为将来代替党的组织。此种意识影响于党与团之关系者甚大。一年以来，职始终秉承钧座之指示，以团为党之新生命与预备军，团之行动，自应绝对受党之领导，对于团员之此种错误认识，极力予以纠正，并于确定党与团关系办法中，明白标示此种精神，以妨止此种不良之倾向。然迄今党与团之关系仍未达到圆满之理想，甚至不时仍有摩擦情事，良用疚心！窃谓此后除在工作方面应确立重心避免矛盾重复以外，而在党与团之组织关联方面，似应从制度上予以根本之调整。此后拟请规定党部除有特殊情形者外，应停止吸收新党员，凡党员于入党之前，必须先行经过入团之阶段，经过团之严格训练以后，由团部考核选择其优秀及年龄条件适合者，每年分两期介绍入党。如是则团与党之组织如军校之与入伍生团然，发生密切关联，即以团充实党之力量，其意义与以党充实政治力量完全相同。

四、团之组织倾向，有须根本纠正者，厥为团之各级组织渐失革命集团之精神，几成为一般行政机关，因而各级干部常自视为普通公务人员，而忘其为革命集团之组织员与工作者，团员亦多不能确认其为革命的战斗员之身份，思想行动与一般群众无甚差别。结果团对三民主义之国民革命事业所肩负之中心任务，将受组织精神缺乏革命的实践性之影响而不能充分达成。此种危机似必须迅速予以克服，故团之组织内容与形式，均有重新加以检讨改进之必要。

五、在各级干部缺乏、一般活动呆滞与经费困难状况之下，支团以下之各级组织，似应采取专责制，遴选优秀干部负责领导，在筹备时间为组织员，在正式成立以后，为支、区、分团长或书记，可收责任专而组织严之效。

六、团之发展路线，仍应以学校青年为主，尤其须以主要力量争取大学生。过去对大学生之吸收，未能达到预期之理想，毋庸讳言。此后团在学校中之活动，必须注意：（甲）领导人物确能得到青年学生之信仰，（乙）吸收之分子必为学生中之优秀分子，（丙）一切活动必须适应青年之心理要求，与促进学校及学生一般急切需要之进步措施，亦即以行动配合组织之发展。

七、学校团务之发展，为巩固团的组织基础之重要关键，似应重新考虑健全有效之办法（当与教育部及有关方面详商），并先充实团在学校内之三民主义的文化、宣传与康乐种种设备，积极吸引青年，教育青年。

八、一般团员之素质，均应特别予以提高。今后吸收团员时，须确定最低限度之标准，本重质不重量之原则实施。对于现在青年群众中业已取得相当领导地位之青年，尤应注意吸收。

九、团员之总考核（总甄别）计划业已实施。三十年度之考核结果，虽尚未发表，然实施之始，职即以重质不重量之原则提示主管人员，即将现有团员三十余万之数额减少至十万亦在所不惜，务期每一团员均为优秀分子。嗣后拟每年彻底执行总考核（总甄别）一次，对于素质较差之团员，务采淘汰方式予以甄别。

十、提高团员对纪律之观念，严厉制裁团员违反纪律之行动。如团员对团之一般约束不能遵守者，尤应切实予以纠正或淘汰，以免自由行动，相习成风，破坏团的纪律与组织精神。各级干部对团员应经常严格予以指导及掌握。

十一、对于团之组织方面，应否（一）彻底公开或（二）绝对秘密，抑（三）采取部分公开部分秘密方式，似应详加考虑。如彻底公开，则不仅各级团部之活动公开，即全体团员亦应规定统一之服制标识，在任何时间地点，令人一望而知其为团员。其利益在使团员对自身行动不敢不特加检束，在群众中可随处显出示范作用。如绝对秘密，则自分团以下，各级组织与团员均采取秘密活动方式。其利益在能发挥党团之领导作用。如采取部分公开部分秘密方式，则以团员之素质或团部所处之环境为标准，依工作情况之需要，由上级团部规定其公开及秘密之范围，俾能适应环境，加强工作之效能。以上各项办法，为今后团之活动方式之基本问题，拟请钧座指示一种原则，以便遵行。

十二、团之组织精神与性质，与党均有差别，则团对团员之训练方式与党对党员之训练方式，自不能完全相同。除关于主义与思想之训练，党团应同样注重以外，嗣后党员训练，似应以政治为中心，侧重于党员对党的政策之推行，而团员训练，似宜采取教育方法，使团员对做人做事尤其做人之道理，具有正确之认识与修养，以提高服务之精神，培养健全之身心为主旨。因团之训练对象为未成熟之青年，自应从根本之培养着手。现在一般团员多喜作政治活动，而领导稍一失当，流弊尤大，亟应予以适宜之诱导，俾克端其趋向。

十三、对学校团员与社会团员之优秀分子，将来堪任各部门事业领导人选者，中央团部应筹设专门训练机关，或特设一大学，予以各种高级技能之培养，此外并由中央规定对优秀团员之保送或奖助办法，送入国内外各种学校深造。

十四、此后团的主要活动，应积极发展各项社会事业，以配合团之宣传与服务要求，并加强团之活动效果。拟将各级编制减缩，尽量节省行政费用，以充实团之各项事业设备，在各地设置青年馆服务社等，进行文化、体育、娱乐与一般生活之辅导，国防科学之提倡，以至青年之婚姻职业等问题之指导等业务。使一般团员，得在此项组合之内，接受各种做人服务之训练，并予以实地参加各项社会活动之机会，就中随时选拔优秀团员介绍入党或充任团之干部。

十五、团之干部政策，亟宜重新检讨，彻底更张。现在党与团之干部同感缺乏，实为党团发展之最大危机。就中原因虽不一，然以职愚见所及，窃谓现在党团干部多以在党团工作为一种职业，此外并无独立生活之技能，无怪外人讥诮党工人员为"党官""吃党饭"者。如是则党团之精神，实有日趋老大之虞。故嗣后对于团之各级干部之选拔，似应以其本身具有生产技能而在社会上确有就业能力者为标准。其在团服务，为一种义务性质，并规定其对团服务之期限为两年或三年，期满之后，仍回其原来之职业岗位，如是则团之干部同时即为社会上之生产分子，以之配合团之各部门事业之发展，十年二十年之后，全国之生产事业，将普遍散布团之组织细胞，其发展当无限量；而另一方面，则团之干部随时发生新陈代谢之功能，团之工作自可日臻上进。

十六、关于上项干部政策之实施，拟请率先规定中央团部书记长、各处处长及各级团部之负责者之限期。除钧座认为最少数应比较长期为团服务之人员之外，余均以两年或三年为适当之任期。确立定期调动之制度，此为防杜一般人事上流弊之良好办法，拟请钧座裁决施行。

十七、团之创立已历三载，但各级仍在筹备阶段，未完成组织程序。钧座前有训示，召集全国团员代表大会，拟在本年冬季举行，并提前结束各级筹备处，成立正式团部。

在这个建议末尾，我还特别强调：

以现在一般情况而论，倘不改弦更张，另行确定团之动向与工作方针，则团之性质，已非政党，复非行政机关，又非社会团体，上不在天，下不在田，团之地位与立场，始终在模糊动荡之间，而一般工作，复受干部与经费之影响，绝无表现，在人力财力均成一种浪费，距离钧座之期望与理想不知几千万里，结果只有日形消沉以至于彻底失败，瞻顾前途，不寒而栗！

最后又说：

职自惭浅薄，倘前途无法改善，绝不敢负兹重责，有辜钧座之期许也。

这个意见是一九四二年一月二十日提出去的，这时候，正好昆明发生"倒孔"（孔祥熙，当时的行政院长）运动，有人报告蒋，说这是青年团发动的。蒋非常气愤，只在我的意见上打了许多圈、点、杠和问号，不加批复，但另写一张手条，大发脾气，指责青年团干的是反革命工作。其实，当时的"倒孔"运动虽然是青年团首先发起，但团中央并未对各级有过指示。我看了这张手条也动了感情，认为"倒孔"是全国人民的一致要求，以反动透顶的买办官僚主持全国政务，就是一种反革命的措施，而蒋到头还要庇护他、纵容他，我实难索解，并感到灰心，所以当即向蒋提请辞职。这是我请辞的第一次。本来当初我主观上就不愿意兼这个书记长，以后每年提出辞职一两次，总未得准，一直到一九四六年我调到西北才算脱身了。

夏令营

青年团在训练工作方面做的不少，如举办干部训练班、中央干部学校、团员讲习班、团员大露营、团员总集合、青年劳动服务营。这些定期的或不定期的训练教育机构很多，是收到一些效果的。而青年夏令营，则是在学青年训练中最活跃最收效的一种形式。实在说，我对青年团的其他工作并不感觉兴趣，但是对夏令营就不一样。由团中央直接领导的夏令营，几乎每年我都亲自主持和参加。夏令营的训练,是以精神训练、生活训练为主,技术训练和服务训练为辅,全部课程可分下列六项:一、精神讲话——注重时代使命及做人为学处世诸要领的启示;二、一般课程——注重有关革命建国理论与方策的阐述;三、分组课程——注重受训人员对于专门业务认识的增进;四、军事课程——注重军事基础知识的习练;五、体育课程——注重体育基本知识及健身技能的习练;六、训育课程——注重民权训练与康乐活动的实施。

夏令营的训练期限一般都是四周。在这短短的四周中,在精神表现上是那样的紧张、严肃、活泼、愉快,在生活方面是简单、朴素、整齐、清洁。比方一九四一年夏在重庆北碚北温泉举行的夏令营。北温泉在重庆的西北,距重庆约八十公里,在缙云山麓嘉陵江畔,有山有水有温泉,树木葱茏,风景秀丽,确是夏令营的理想地点。那次参加的大部分是大学生,一小部分高中生,共一千五百人。每天课程分三段:上午是用脑子的理智训练,如有关求学、处世、待人的修养,国内外形势与国家政策等。下午是体力活动,如游泳、爬山、骑马、射击、划船等。晚上是训育活动,如小组讨论、座谈、晚会(包括话剧、电影、歌咏等)。自始至终充分表现出紧张、严肃、活泼、愉快。开营的一天,我曾经有过一篇讲话,期望大家身体要吃苦(为了锻炼),行动要谨慎(为了避免危险),思想要前进,精神要愉快。

特别是一九四二年夏在四川灌县办的夏令营,比北温泉夏令营更有进步、更收效。地点是灌县离堆公园。灌县是川西的山水名区,在岷江南岸。那里地势高寒,炎夏中午也不过摄氏二十七八度，早晚还须盖被。也是到处树木葱茏，风景宜人，不过山更多些大些，水更窄些急些。那里有中国历史上有名的水利建设——都江堰，是秦太守李冰父子主持修建的。他们毕生从事这一工作，父死子继，深入现场，结合实际，栉风沐雨，不畏艰苦，完成这一伟大的创造，使两千多年来岷江流域十四个县二百四十万亩良田和人民不但避免了水灾，而且世世代代安居乐业，使成都坝子成为天府之国。这是中国历史最悠久、规划最完整、岁费最节省的一个水利工程，看去平平无奇，它并没有雄伟的钢筋混凝土的分水堤、束水闸、拦河坝等现代工程。这是中华民族劳动人民崇高智慧的具体表现，是古今中外所少有的。李冰父子的丰功伟绩永远为后人所乐道，他们的治水总结"深淘滩，低作堰"永远成为后人继承余业的圭臬，后人为了纪念这两位不朽的人民勤务员，在离堆对岸上修了一座二郎庙，一年到头，香火不绝，岷江十四县人民敬奉如神。

此外，离堆还有一个艰巨的工程，就是安澜桥。桥在二郎庙下，全长约一里许，纯以竹索构成。竹索上铺以稀疏的木板，两旁无栏杆、无把手，仅可行一人，两人迎面时须慢步相避。行时桥身左右摇摆，下视湍流如箭，初过时心中忐忑不安，但如昂首平视，稳步前进，又能如履平地。此桥工程也是国内外少见的。

灌县附近还有青城山，"青城天下幽，峨眉天下秀"，不是虚构。所以名青城，是因为树木青葱，密密层层，远望如城，无有空隙。山上风景秀绝、幽绝。

在这种大自然条件下办夏令营，是一件理想的事。青年们不但可借这个机会得到身心的休养和锻炼，并且更可体会到祖国的伟大和引起对科学研究的兴趣。在开营典礼中，我还是强调要求大家在四周中保持紧张、严肃、活泼、愉快的精神，不容许有丝毫的松懈、散漫、呆板、烦闷的东西存在我们脑子里。一进营门，在古树上迎面竖立一幅长可五丈的大字标语："奋起吧！中国的青年！"

礼堂两边挂着孙中山先生亲题的遗训（原刻在广州中山大学，即他讲三民主义的地方）：把世界文明迎头赶上去，把中华民族从根救起来！

在夏令营里，每天都有讲话（或者全营集合，或者分组），每周有一次总结性的讲评，我讲的次数最多。每次都是以轻松、愉快、幽默的语调，表达具有意义的思想，特别偏重修养和爱国精神。讲题如《立志与有恒》《什么是青年精神》等。在《立志与有恒》中，说明立志要远大，要专一，要坚定，要多读贤哲传记；有恒就是要养成对学问事业的宗教性，对生活的规律性，对行为的革命性（或创造性和建设性），养成不怕困难、不怕危险失败的钢铁性（坚强性），养成循序渐进不急于求成的忍耐性。说明青年只怕没有志，立志就可以成功；只怕没有恒，有恒就可以成功。立志与有恒是一切之母。在《什么是青年精神》中，说明青年精神就是战斗的精神，民族的生命活力。第一是品德。要有崇高的理想，坚强的意志，热烈的情感。没有崇高的理想就没有伟大的目标，没有坚强的意志就不能克服困难，没有热烈的情感就不会在学问上事业上感到兴趣和有所成就。第二是体魄。说明强国强种必先强身，所以必须经常地、顽强地锻炼体格。第三是技能。说明中国民族本来是个具有高度智慧的民族，我们的祖先有过许多辉煌灿烂的发明创造，走在欧美各国前头，但是近代科学落后，事事仰赖别人，不会创造发明，遂使国家地位一落千丈，备受帝国主义侵略压迫，今后须提高技能，学习科学，迎头赶上。第四是合群。合群就是同心协力，互相合作。这是衡量一个民族文化程度的高低与组织力量的大小的一个尺度，我们必须养成、巩固和扩大这种精神，表现高度的组织性、纪律性。总之，一个具有高尚的品质、健强的体格、丰富的技能、合群的精神的青年，就是现代的青年，我们每个人都应该检查一下，看自己是不是都具备了或缺少了哪一条。

此外，在每天升旗或降旗的时候，还讲一些简短精悍的有趣故事，如"蔺相如与廉颇""意大利建国三杰"等，以唤起大家的爱国精神。每周的讲评中，对青年们学习的态度，行动的表现、生活的情况等，都一一给予分析评判。在夏令营结束出营典礼中我作了一次"临别赠言"，指出从多数学生中看到的优点：有真诚，有热情，有勇气，肯受教，肯吃苦。但从少数学生中却看见了一些缺点：缺乏自我教育律己唯严的修养，缺乏好学深思追求真理的修养，缺乏控制感情善用理智的修养，缺乏健全的体格，缺乏振奋的精神，缺乏贤师教导，缺乏良友切磋。因而希望他们：一、熟读三次《告青年书》；二、别忘了我所讲的《什么是青年精神》和《立志与有恒》的分析与各师长的教导；三、誓对国家民族负责任，争取自由平等，实现三民主义，完成革命建国的大业；四、在学校须勤学立志，严守纪律，以期表率同学，严肃学风；五、如是既爱国家，又勤学问,又有志气,再加以修养锻炼,必可走上成功创业的大道,取得胜利的人生。

这次夏令营是比较成功的一次,在每一个参加训练的学生和参与工作的干部脑海中,似都留下良好的印象。到今天,虽然时代不同了,但偶一回忆,仍觉得津津有味——他们是多么可爱的青年啊!这是多么有意义的生活啊!

夏令营是结束了,但是我还负下一笔债。就是离营之前,每个青年都要求我在他们的手册上写几个字,除了少数人当场写了之外,实在没有这个时间,我只能答应以后有时间再为他们题字寄去,所以到一九四三年春,我就写了一封信并附题词一纸分寄给他们,题词是:

适应时代,创造时代,一切忍耐,一切乐观。

原信如下:

亲爱的灌县青年夏令营同学们:

(一)

民国三十二年的春光,又照到你们青春可爱的面庞了!回想去年,我们灌县夏令营的生龙活虎般的生活,真是多么值得纪念!多么值得兴奋!

你们从夏令营受训出来,回到自己的学校,回到自己的家庭。这半年中间,你们的身体、精神都好吗?你们的父母、师长、兄弟、姊妹、朋友，都好吗？你们觉得：在夏令营受训，是不是得到了益处？在进德修业上，是不是得到了帮助？你们的兴趣，像你们的体重一样，比在夏令营增加了几磅？你们的勇敢，有比在夏令营爬山、远征、探险更有趣的故事吗？这些，我都是非常挂念你们的。

你们骑马、游泳、打枪、射箭的技艺，进步了没有？球类、田径的功夫，加强了没有？读了些什么书？画了些什么画？出不出壁报？总做了几篇得意的文章吧？歌，唱得怎样？嗓子好吗？生活方面情形如何？米，稗子不多吧？一餐吃几碗"帽儿头"？衣服够不够？冷不冷？睡午觉没有？不会再睡漏雨的屋子吧？应该没有"轰炸机"（指蚊子）、"坦克车"（指臭虫）了吧？课余怎样消遣的？星期日上哪座名山去玩？这些，我都是非常挂念你们的！

（二）

如同我关心你们一样，我想：你们有时也许会挂念着我。

我告诉你们吧：我现在，身体、精神都好！去年夏令营结业后，我从灌县到成都，接着就飞往西北，参加一个重要的军事会议。开完会，又接着视察部队和政工，差不多到十月初才飞回陪都的。回陪都后，参加国民参政会，中央十中全会及各种重要的集会，清理三个月的"积债"——等着我处理的公事，以致迟迟到今天才写信给你们，真是抱歉得很！但，我的一颗心，实在地，时时刻刻都拴在你们身上，时时刻刻都好像我还在夏令营，时时刻刻都浮着你们的青春活泼而可爱的欢笑。

我对你们也有一个"积债",那就是你们要我题的字。哈哈!我是以不会写字著名的,小时候三个格子写两个字。这一个差事怎么办?因为你们太可爱了,太亲切了,我现在,不得不勉强地写了一份,人多,只好把它印了出来,分送你们,作为一个纪念品,表达我对你们的高远的期望与挚爱的情感。可是有一点要声明的,如果你们嫌我的字不好,就请扔在字纸篓里;如果觉得它意思好,就请挂在你们的壁上,或放在你们的座右。好不好呢?

(三)

民国三十二年的春天是一个最可歌颂的——普天同庆、百鸟和鸣的春天!因为有一道顶大的光明射来,就是我们的美、英两盟邦自动地废止不平等条约,和我国订立平等新约了!这是一件多么可喜的事!

你们读过了最近几件重要的文告没有?《国民政府告全国人民书》《领袖告全国军民书》《三民主义青年团中央团部告全国青年书》和我对全国青年播讲的《中国命运与中国青年》,你们都读过了没有?在这些重要的文告里,指示国家民族的伟大的前途,是不能单靠着条约上的自由平等,而是要我们更奋力地去追求实际上的自由平等。实际上的自由平等是什么呢?就是,自立!自强!

只有自立与自强才能够保障国家的真实的自由平等与民族

的永恒的独立。所以，我们一方面固要感谢盟邦的友谊，一方面更要鼓励自己奋斗。青年是国家民族的至宝！每一个中国青年，要把这个绝大的幸运和这一个绝大的努力，影响到全校、全家庭、全社会，来共同建设一个自立自强的三民主义的新中国！

我想：你们一定会热烈地接受上面的意思吧。你们的感想怎样？如果有感想愿意告诉我，也是我所希望的。

好，就此祝你们的春日康乐！

张治中

民国三十二年三月三日于重庆

第一次全国代表大会

团从一九三八年七月成立起，一直是在筹备阶段。到一九四三年，团员人数已经发展到五十四万余人。为了完成团的组织程序，规定各级团部筹备处召开团员大会或代表大会，正式成立各级团部，中央方面则召开全国代表大会。

团的全国代表大会是一九四三年三月二十九日在重庆召开的。出席的除了中央干事、候补干事、中央监察、候补监察八十二人外，各级代表计三百二十人。提案五百七十三件，经过十五日缜密讨论，依性质归纳，共制成决议十九案，主要的如："发展团务十年计划总纲案""统一全国青年组训纲领案""发动青年建设新中国案""建立青年工作管理机构案""增进青年福利案""检举贪污舞弊以转移社会风气严肃战时生活案""规定团员生活限制干部资产以巩固本团革命基础案"。

大会在闭幕前一天举行选举，依照新修正的团章选出中央干事七十二人、候补干事二十四人、中央监察四十九人、候补监察十九人。我对中央干事会书记长一职，最初就不愿意兼任，到团一年后，更深深感觉到自己不宜于担任这种党团性质的职务，所以从一九四二年起，每年都辞过一两次，这次大会前我更坚决地表示去意，但是总辞不掉，这次选举，我仍然被选上了。选出的干事中，有陈诚、陈立夫、朱家骅、张厉生、蒋经国、贺衷寒、康泽、谷正纲、袁守谦、梁寒操等人。

这次大会还有一个特点，就是所有的代表都住在大会所在地——团中央干部学校。过的是有组织、有规律的生活，有一定的作息时间，早晨升旗，黄昏降旗，都参加，也都有讲话。大家精神表现得很好，开会的秩序也很好。

最后一次大会通过了一个宣言。这个宣言极力避免中国国民党历次会议宣言的八股形式，内容较真实，形式较活泼，颇能表现青年的时代使命与主观要求，兹摘录数段如下：

我们相信真理的基础在科学，唯有从科学方可求得真理，唯有从真理方可得到信仰，亦唯有从信仰方可决定行动。根据科学的方法，分析人、事、时、地、物的各种客观条件，此时此地没有比求得民族的独立自由进而谋全人类崇高幸福更重要的事情，没有比从完成个人人格进而谋全人类平等发展的更圆满的境界，也没有比从困苦穷乏凌乱失调的社会中改造而成为三民主义富强康乐的国家更重大的使命。我们用科学的方法与精神寻求真理，从真理决定我们的信仰，使我们成为生死不渝的三民主义的信徒。

　　我们是和平的民族，我们中国历史上只有存亡继绝的义战，没有为穷兵黩武的侵略，我们反侵略、反黩武，但我们也不畏强暴，也绝不让民族国家的生存受任何的威胁。因此我们必竭全力于国防建设。现代国防为科学与技术的结晶，无科学即无国防。我们青年要在全中国的疆土中，用现代的方法，效法祖先坚毅的气魄，伟大的规范，建造一座不可侵犯的科学的万里长城，来保障我绵延的文化，与世代子孙的生命，这是我们的重责大任。我们一定要从每一门类的科学中，每一精巧的技术中，锻炼出成千成万的工作者，做矿工、做机匠、做科学家、做发明家、做国防工人、做国防军士，以奠定民族万世独立的基础。我们现在以赤手空拳抵抗敌人优势武力的强暴袭击，我们将来必须以坚甲利兵迅速完成我们的金汤壁垒。我们是中国国民，是中国青年，经历这一分艰难也一定要有这一分成就。我们中国是生产落后的国家，缺乏铁路，缺乏公路，缺乏机械，缺乏工具，缺乏电力水力。我们有资源而没有开发。我们要煤、要铁、要钢、要石油，我们缺乏得太多，需要得太多，总之我们缺乏工业，要生产。战前我们受不平等条约的束缚，战时也不免发生若干不自然不合理的现象，但我们一定要工业化。我们是中国青年，我们不忍见国家贫穷，也不希图自身富足。我们要发展国家资本，而不愿自身做资本家。我们能做工，而且必须做工，我们要为国家做工，而不为个人做工。若干人以为战时偶有的现象，即财富分配得不均，会在经济进展的过程中发生分歧，我们则认为几百万前方节衣缩食的将士，与几千万后方生活艰苦的工作同胞，当然是为国家牺牲，以争取胜利，同时亦即为民生主义的经济建设奠定基础。中国是三民主义的国家，以民生主义建国为必然之事实，少数缺乏国家民族观念的战时暴利者，以及当前社会上生产偏枯、分配失调的现象，终将为民生主义工业化运动所淘汰所涤除。我们必须从生产的道路上竭我们的力，流我们的汗，绞我们的脑汁，锄地、拿锤、管机械、入矿山，在科学的万里长城中，一草一木地来培植我们富强康乐的园地。我们要一面从生产落后的现状中，依照国父实业计划跃进而为现代化的工业国家，一面以民生主义的领导，避免资本主义的覆辙。我们是中国国民，是中国青年，就有这一分使命，也就有这一分自信。

我们是青年，我们要写出我们国家未来光明的历史，更必须认识我们过去的光荣的历史。我们回顾中华民族五千年立国的光荣历史，我们有雍穆庄严万古不灭的文明，有凿山辟险硕大坚贞的工程，有蕴蓄丰富造诣精微的学术，有抵抗侵略屹立不摇的精神。我们认为这五千年来民族祖先遗留的光荣历史，必须有人继承，而继承之者，应为我们全国的青年。我们更回顾五十年来国民革命的光荣历史，这其间有国父与先烈多少的心血，有志士仁人牺牲了多少宝贵的生命，更有多少惊天地、泣鬼神的艰难奋斗。我们认为这革命的伟业，更必须有人继承，而继承之者，应为我们全国的青年。我们更要知道国父与先烈们含辛茹苦、冒险犯难、不惜牺牲一切来致力于国民革命，其目的就在于发扬光大我们民族光荣的历史。然而在国民革命奋斗的过程中，曾经遭遇了多少的艰危挫折，忍受了多少的讥讪毁谤、阻挠和耻辱，这种孤臣孽子忍辱负重的苦辛，不是通常的言词所能记述。革命建国的伟业一日未完成，便是我们后继者一日未尽其天职。怎样达成前人未竟的志业，湔雪前人所忍受的耻辱，其责任又在于我们全国有志革命的青年。

我们要继承民族的光荣历史和革命的光荣历史，来发扬先烈的遗绪，开辟未来的光明。我们必须认清自身所处的时代。我们要知道现在时代和从前完全不同，世界上产业革命的结果，早已使个人本位进而为团体本位，而当前的民族战争，更不是个人的斗争，而为全民的斗争。我们中国青年，此时如仍以个人为本位而孤立奋斗，即有豪情壮志，亦不能对国家作有价值的贡献。如不幸而恃才恣肆，踏入落伍的英雄思想，则将妨碍国家的进展，而成为民族的罪人。所以今日的青年，断不能再沉溺于气息恹恹的病态生活，断不可再苟安于冷酷自私的散漫状态，应该发扬爱国热情，认识革命意义，确立革命的人生观，过有组织有训练的生活，以贡献于有价值有意义的事业。我们是现代的青年，我们要鄙弃过去那些愤世嫉俗的观念和名士高蹈的习气。我们要以组织代散漫，以团体代个人，以整齐一致互助合作的集体奋斗，来代替游离孤立一盘散沙的现象，然后我们青年才能有力量有前途。

....

我们认为民众如散沙，青年如水泥，国家如大厦。我们应该深入民间，凝结我们全国同胞为坚实的基石，以支持此民族生命所托庇的大厦。我们认为国家如机器，青年如燃料、如零件。我们愿意做煤，粉身碎骨，拿我们的热力来发动此机器。我们愿意为最小的零件，终年劳动，不锈不腐，发挥力量，以成就此机器之伟大的工作。我们更认为今日中国如在惊涛骇浪中鼓棹向万里长途的一只巨船，而我们青年应该做千辛万苦推拽前进的舵工和纤手。我们要用血洗清我们国家的耻辱，要用汗来建造我们民族的前途。我们要尽责任而不争事权，我们要创事业而不争名利。我们要认识我们革命环境还有许多障碍，我们更承认我们建国事业，必会遇到重重的荆棘。我们不但不怕危险，而且要迎接危险，不特不怕困难，而且决心克服一切的困难。我们的工作愈是危险，要愈能戒惧，愈是艰难，要愈能谨慎，唯有以戒慎恐惧的态度，矢坚定不移的决心，才能保证我们的成功。

....

这次大会算是完成了组织程序，同时也确定了发展团务十年计划纲要，对组织、训练、宣传、社会服务等工作的改进也有了新的决定，似已奠定了振作前进的可能基础，但是在事实上也不过一度兴奋罢了。

建议与提案

三民主义青年团固然是保守反动的集团，但是从它的部分成员看，他们还是具有一种革命精神和正义感的。他们不满现状，反对党政腐化，不实行革命政策。我们可以从许许多多事例中略举几件加以说明：

在一九四三年秋，团的中央干事会第二次会议闭幕后，我邀集各地来的负责干部到北温泉开了三天秘密会。会议重点在检讨时局，大家一致认为环境很恶劣，局面很严重，得出六点结论：

（一）由于财政金融措施之失当，贪污贿赂之公行，官商勾结，囤积居奇，以致物价高涨，使国民经济陷于困境，国家预算无法控制，民生凋敝，民气消沉，人心思乱，匪盗渐起，社会治安，岌岌可虑。

（二）由于各级党政人员之日益官僚化，少数主官之卑鄙贪污，多数公务员之困苦怠弛，以致战时政令无法推动，而县以下之乡镇保甲长，更大多为土豪劣绅所把持，利用征兵、征工、征粮、储蓄及其他机会，横征暴敛，勒诈苛索，草菅人命之事，时有所闻。纲纪废弛，赏罚不明，人民敢怒而不敢言。一遇煽惑，铤而走险，势所不免。

（三）社会风气败坏至极，少数官吏，与奸商互相勾结，骄奢淫逸，影响所及，国民道德，日趋堕落，人心败坏，不堪设想。

（四）军队官兵，生活艰苦，新兵素质恶劣，部队缺额过多，士气渐衰，实力日减，精神纪律，废弛松懈。万一社会发生变乱，或在反攻初期中遭受顿挫，军队不能克尽保卫之责，必将影响大局。

（五）公教人员受物价高涨之压迫，洁身自好者，朝不保夕，意志不坚者，同流合污，甚至满腹牢骚，企图做种种自私自利非法之活动。以致行政效率日减，教育效果日低。青年不满现状，烦闷失望，或流于偏激，或意志消沉，对党团之号召，响应并不热烈。

（六）党团革命同志干部，以革命理想难于实现，且目睹奸商土豪以及不肖官吏利用国难发财，穷奢极欲。而不革命、假革命与反革命之人物及事实，亦复所在多有。以致灰心消极，情绪低落。

根据这些结论，我们特向蒋提出四项建议：

（一）为谋巩固革命政权，确立政府威信，彻底执行政策，应付非常起见，请速改组政府，将违背领袖意旨，不执行领袖所决定之政策，且已失众望之大员，立即罢免。拔擢革命有为之干部，担负责任。期于最短期内，造成廉能之中央政府及地方政府。

（二）为求三民主义之具体实现，对于抗战以来所定之各种政策，拟请作彻底之检讨。其窒碍难行者，应予改订。其未执行者，限期实施。使政策鲜明，政令简单。尤其对于三民主义之平均地权、节制资本，及稳定物价、改善民生诸要端，应速定切实可行之办法，加紧实施。

（三）为振奋人心，鼓舞士气，除澄清吏治外，拟请严整纪纲，信赏必罚。对官吏之贪污腐败，利用其地位与困难之机会得致巨富者，应予严厉之处置，以期重振革命之精神，转移社会之风气。

（四）为充实革命中心力量，对于党团与革命军之干部，拟请重加考核，严予甄别。其精神、思想、生活、行为均已落伍者，应予淘汰。其忠贞自矢刻苦自励者，应加重其权责，保障其生活，登记其财产，责勉其团结。由健全革命干部进而健全党团与军队。限期半年，完成改革党团军队之工作，以为改造政治改革社会应付非常之根本要图。

这个建议第一项就是倒孔（祥熙），是要打倒官僚买办，改造行政院。这是推行政策、澄清吏治、转移社会风气的第一个步骤和前提。不过当时大家判断，蒋是缺乏这个果断的。所以这个建议也还是个主观的幻想，虽给了蒋，但没有下文，他仅在中央党部纪念周上说了一句"现在青年同志们是有他们的热情和见解，我们要予以重视的"，作为唯一的答复。

在一九四五年中国国民党召开第六次全国代表大会时，青年团有六十个代表参加，各地党代表与青年团有关系的也不少。在会议期间，我们曾经提出来一个改革政治方案，主张政治民主化、经济社会化，实行耕者有其田，把城市土地和大工业都收归国有。这个案子提出后，得到许多青年代表和各地代表的赞成，官僚买办分子和CC分子也不敢公开反对。后者是善于玩弄两面派手法的，他们一面摆出赞成的态度，一面说恐不易实行。经过分组会议一再修改后提出来，在大会上自然也就通过了。记得当时在重庆的共产党朋友还和我说笑话："你们的案子要能实行的话，那么国民党在政治上就变成左派了！"当然，这种案子是绝对不会被执行的。国民党党员常说以党治国，以党建国。这完全是个空话。党的中常会从来很少讨论到政策问题，党对党员从政干部从来就没有约束的力量，无组织、无纪律，使得党丧失了一切力量。中全会和代表大会是有政策性的讨论和决定的，但皆类成具文，一到行政院，相应置之不理，所谓"会而不议，议而不决，决而不行，行而不通"，最后更变成"好话说尽，坏事做尽"，党只剩了一块招牌，名存而实亡了。

在青年团最明显而突出的一项主张，就是限制党员、团员财产的数字并举行登记的决议和建议。最初有人主张党员、团员财产不得超过战前价值的五万元，有人主张增至十万元，超过的捐献出来，拒绝登记或捐献的，一律开除党籍、团籍。这个建议向党提过，这种与虎谋皮的主张，当然是不会被接受的。

又在党务改进上，我们提过很多意见，譬如曾提出下列四点：

组织方面：

一、真正以农工为本党组织之社会基础。

二、彻底实行民主集权制。

三、根绝党内任何小组织。

领导方面：

一、根据本党政纲政策就目前政治、军事、经济各方面急须实行之工作制订当前政治中心纲领，以为本党目前奋斗目标。

二、制订党员行动纲领，以为党员力行之准则。

三、以主义政策与工作，团结党员，领导群众。

纪律方面：

一、党内纪律绝对平等，不得因人而异，执行尤须严格公正。

二、注重自我批判，自我检讨与相互批判，相互检讨。

作风方面：

一、扫除官僚作风，树立切实诚笃的风气。

二、打倒形式主义，注重工作效能与效率。

三、打破地位观念，发扬同志亲爱与互助精神。

四、实行以身作则，言行一致。

从以上事实看，青年团有些成员是不乏有理想有眼光追求革命的分子。只是在反动政权控制之下，一切主张得不着支持，所以在党内在政治上起不了怎样影响和作用罢了。

知识青年从军运动

国防科学技术运动、文化建设运动、新生活运动，这些都是青年团号召或协助的运动，但都没什么表现，只有知识青年从军运动做得比较可以。抗战末期一九四四年八月二十四日，蒋不知根据何人建议，曾给吴铁城和我一个手条，要我们发动党员、团员十万人从军。我们和党、军事委员会及有关方面研究的结果，认为不如改为知识青年从军运动，由党员、团员来推动的好，蒋同意了。至于名称，有人主张用"青年志愿军"，有人主张用"青年远征军"，最后决定是"青年军"。

为什么当时要把这件事提出来作为一件突出的主要的任务来做呢？原来当时的征兵法规定，凡是在学青年，皆在免役之列。这种规定，当然是不合理的，对外作战，抵抗侵略，是全体国民的责任，但当兵打仗，则只由穷苦不识字的农工大众去干，知识分子则站在一旁，绝不参加。这种不合理现象，是被大家提出来了。其次，抗战到了末期，由于政治腐败，经济枯竭和推行兵役法的种种弊病，如强拉壮丁甚至绳捆索绑待之如囚犯，加之在营士兵生活困苦，营养不良，前后都是大批逃亡，兵源已感匮乏，各部队缺额很大，有一个师在一次战役之后只能编四个连，而每个连只有三五十人。有些军官反映："不要说打仗，就是行军时连枪支都没人背！"这也是发动知识青年从军的一个原因。

发动知识青年从军十万人中，规定党团各占半数，我们召集团的各级负责干部会商，把任务分配下去。一般青年都热烈响应了这个号召，自觉自愿地来应征，结果团应担负的五万人竟将近到了十万人之数。加上党方的五万，约达十五万人。原定十万人编八个师，以后扩充为十二个师。这些知识青年，包括学校学生、机关干部、社会青年，都是具有爱国热情、民族立场，为拥护抗战、参加抗战而来，这是大可赞扬的青年精神的具体表现。

不过，在国民党内部有人表示特别顾虑，甚至在公开的场合中说："我们政治是那样腐败，这里面一定有共党分子参加，现在要把这些知识青年集合起来，给以武装，是很危险的！不看满清末年创建新军，最后就为新军所覆没的教训吗？"这种话正恰当地反映出顽固反动派的不安情绪，我们是不会那样想的。只要有利抗战，任何顾虑都是多余的。青年军终于成立了，分散在后方各地集中训练。但并没有使用上，不久日本投降，青年军也就逐渐复员了。

工作总检讨

在青年团负责已逾三年，越到后来我的精神负荷越大，情绪越不安。这一方面是由于国内局势特别是国共两党摩擦的严重，另一方面是由于团务无法推进。坚辞多次，但没有得到许可。怎么办呢？辞既不能，干亦不可，就这样不死不活地拖下去吗？我还是抱万一的希望的，所以在一九四四年一月召集在重庆的中央干事和各处室负责人，做了一次坦白、彻底、详尽的检讨，开会八次，结果认为过去的团务具有优点六、缺点七、困难之点七，并提出改进意见九项。其全文如下：

一、优点

（一）本团经五年来奋斗之结果，已使全国青年在思想上对于主义由漠视而渐趋于信仰，意志上由浮动而渐趋于稳定，组织上由庞杂而渐趋于统一。

（二）本团组织之发展，尚属普遍，团员素质，大体优良，各级干部，亦多能刻苦努力，富有蓬勃向上之精神。

（三）干部与团员之训练，渐能配合组织之发展，循序进行，尤以历年各地夏令营之举办，成效甚著。

（四）各地团部之服务工作，多能适应环境，努力推进，一部分团队并能发动社会力量，自筹经费，建立青年福利机构，在社会与青年群众中，均有良好之影响。

（五）中央对各级团队之领导，逐渐加强，如举办团员总考核，确立干部政策，召集各级代表大会，选举各级干部，确定十年团务计划等，使团之基础日益巩固。

（六）一般行政管理，已能适用科学精神，随时改进，渐上轨道，效率日有增加。各级对工作之督导考核，均尚认真，尤其勇于检讨工作之缺点，尚无讳疾忌医之通病。

二、缺点

（一）团之中心任务与组织活动之目标，尚在模糊动荡之中。团员对于组织意识，尚嫌薄弱，其一切工作人事，亦未能通过组织，信赖组织，因而组织遂失去尊严性与严密性，组织之力量，亦无由表现，无由发挥。

（二）各地基层组织，尚欠健全，对团员之掌握领导，不够确实，尤以纪律精神未能充分发扬，如转移登记多未按照规定办理，团员行动自由，以致组织训练不免形成松懈空虚状态。

（三）团务工作之进展，尚嫌迟缓，且不切实际。即以团员素质而论，虽大体优良，仍未能悉数健全，往往因少数劣等分子混迹其间，未能尽加淘汰，以致团在青年群众中间不能建立坚确之信仰，而团员在青年群众中，亦常缺乏自信心与公开活动之勇气，每有隐晦不能出头之感。

（四）各级团部之工作，多系干部之工作，而无团员之工作，而干部中又多系工作干部之工作，而无领导干部与社会干部之工作，即工作干部中又多偏重于公文形式之工作，而乏实际行动领导之工作。此种情形，虽逐渐有所改进，但尚无显著之成效。

（五）团之各项工作，第一，未能充分与群众需要相适应，第二，未能充分与政府工作相配合。故团之工作，往往一方与群众脱节，一方与政府脱节，尽力虽大，收效不著。

（六）团之组织工作，未能普遍深入于各学校各乡村；宣传工作，不能为组织工作之先驱；训练工作未能充实组织，健全组织；服务工作亦未能充分提高团员之服务精神，使之持久有恒，蔚为风气。凡此皆各级团部普遍之缺点。

（七）各级团部与团员，对工作技术尚欠研究，在实际行动方面，中央所指示之工作原则，下级往往不能掌握实效，审度环境，争取主动，适机运用，往往用力多而成就少。

三、困难之点

（一）吾国民族性，因受数千年农业社会之影响，习于安静保守之生活，骤使参加现在工业社会之组织，当为极大之转变，亦自有极大之困难。

（二）本团之组织，以军事化为目标，力求严密，然究与一般军队集中组织之性质殊异。团之组成分子，散布于社会各阶层与国家各事业部门，此种分子，已含有自然散漫气质；至于一般人民之生活习惯，积重难返，一时未易尽加改革，组织训练均不能达到预期之理想，如团员之转移登记，不易举办，以致团员失联络者为数尚多；每周规定之分队会议，未能普遍有效举行，其他各种训练，亦不易集中举办。凡此种种，似皆为客观条件之困难。

（三）吾国教育不发达，社会各项人才，均感缺乏，因之本团干部之选拔，亦无形受其限制，现在各级干部中，虽不乏优秀努力之分子，然不健全者，为数亦多，加以环境关系，无论上级选派与下级选举，间亦不免出于迁就未能尽如理想，因之干部成分，遂不整齐，则领导力量，自然削弱，对于团员之掌握，自难确实。

（四）团之唯一任务，在实现三民主义，工作至为艰巨，然团之性质与地位，始终未能与其艰巨之任务相称，则其任务自不易达成。团之性质如何，地位如何，至今似犹在不确实不明显之状态中，与本党在过去秘密革命时代之性质与地位，殊不能相提并论，由是影响至团之作风亦不能确切明朗。就团之性质而论，有认为团为社会性之组织，应以服务社会为工作之重心；有认为团为教育性之组织，应以训练青年为唯一之任务；有认为团为政治性之组织，应参加政治之活动；甚至有认团为特工之组织，对团采"敬而远之"之态度者。是以一般人对团之概念，常感模糊动荡，因不能把握确实之作风，甚至引起若干之误解，使青年徘徊观望，不能踊跃加入。此由于团之性质地位不明确，而影响青年意志之集中，以致不能发生积极之领导作用，关系于团之前途发展者殊大。

（五）团有其革命之使命，事实上自为革命之集团，但一方面则团之地位，不能以在野之地位自居，因而团对于政府之政策与一切措施，有绝对拥护之义务，且负有协助推行政令之责任。

然现在政令之不能贯彻执行，政府之措施，由于官吏素质之复杂，未能尽如人意，复为不可讳言之事实。例如本党之经济政策，自应以民生主义为依归，而现行之经济政策，难免不无与民生主义不相符合之处。又如修明政治，为全国人民所希望，但吏治之澄清，尚未能一一符合理想。在此种情况之下，团一方面受拥护政府巩固政权之义务所约束，一方面又不能使现状一一符合革命青年之理想与希望，往往革命性无从表现，号召力因而削弱。

（六）一般理想，皆以学校团务方面以学生为集体生活之群众，比较易于开展，但事实上亦有特殊之困难。其一，学校教职员之热心团务担任团之工作者，究属少数，且以本身职务繁冗，未必能专心于团之工作，而大多数教职员之思想态度、生活习惯，直接影响于学生者甚大，团务为一般不负责任之理论所阻挠，常有事倍而功不能半之苦；其二，学生一般功课极忙，又苦于生活之压迫，尤其近三年来学生在生活上所受之痛苦，如夜间自修无灯火、营养不足、设备不周，甚至清晨抢粥，晚间抢灯，因此学生对学校不满，适足增长其苦闷，团既不能解除学生生活之困难，又不能解除其苦闷，因而学生对团务活动与组织生活之冷淡，自为必然之结果。以上两因，学校团务之推动，亦殊难如理想之顺利。

（七）关于干部选拔之困难，已略如第三点所述。由于此种困难而连带发生之现象，为吾人所痛感者，首为各级领导机构之不健全。例如各级干事会，因迁就环境关系，人事配备往往不能尽符理想，因而不能获得广大青年之拥护。即就中央干事会而论，常务干事大抵均有其本职，往往两周一次之常会，尚有不能经常出席者；即令每次出席，而对于团务之规划推进，亦无法善尽其责。职凛于所负责任之重大，常惧一人之智力有所不逮，数年来，切盼常务干事皆能共同负责，充分发挥民主领导之精神。窃谓团务之开展，不宜以书记长一人为重心，亦不宜以任何一人为重心，最高权力应属于中央干事会，然迄今此种理想仍未能见诸事实，此固由职之本身智力有所欠缺，但中央与地方之领导机构之不甚健全，则为不可讳言之事实，团之若干困难，未必不导源于此，或即为团之最大弱点所在也。

四、意见具申

（一）本团第一次全国代表大会宣言，已揭橥建设三民主义之新中国，为本团工作之总目标，今后一切工作，自应遵循此项建国之理想，领导全国青年努力迈进，求其实现。关于团务发展十年计划总纲（包括组织、训练、宣传、服务与童子军等各项工作），与发动青年参加新中国五项建设方案（包括国防科学技术运动、三民主义文化建设运动、国防经济建设运动、新生活运动、地方自治建设运动），即所以实现此种理想，而为今后团务发展之总途径，应请特拨经费，以培养人才，充实设备，并与政府之工作配合进行，以求逐步实现。发展团务十年计划总纲第一期实施计划及发动青年参加新中国建设案，刻已审查竣事，容另呈核定。

（二）今后团务工作之开展，似应与党务工作更求密切联系，配合进行。如征求党员与团员虽有年龄之区别，但在各种职业上则不易划分。如各校学生规定入团，而学校党部则仍征求学生入党。至各地工厂与交通部门虽不设立团部，而青年员工则仍志愿请求入团。即以实际工作而论，若干地区或工厂团部之领导，较党部为有力量，唯受种种之限制，往往不易发挥，甚且有牵掣之感。领袖曾明确指示团员为党之新血轮，应充实党、健全党以开创党之新生命。如欲达成此项任务，窃以为党员之征收，似应由团员中选拔，除特殊情形外，不再直接向外征求党员；而本团则扩大征求青年入团，严格予以训练。每年举行考核，其成绩优良者，分期介绍入党。则党员之素质，必可更为提高，团员亦真正成为党的新血轮。如此一切工作显然可分，各有努力之目标，不但不致重复，且使党团之关系更趋密切。无论为党、为团设想，似均为切要之图；但如党内或有窒碍难行之处，则请以中央组织部部长兼任本团书记长为宜。

（三）今后团的组织之健全发展，必须先强固组织精神之建立与运用，因此团的民主集权制之贯彻执行，实为当务之急。因民主集权制之贯彻执行，一则可以加强各级干部之责任心，一则可以提高全团团员之积极性。如各级干事会必须健全，一切权力必须集中于干事会，各级会议应按期召集，绝对遵守民权初步之规定。各级领导干部，均须由选举产生，并规定罢免法。更厉行工作检讨与自我批评，以免除干部之不负责任。如此，团之作风必可彻底改变。团纲草案正在审查进行中，行将竣事，容另呈请核定。

（四）本团干部政策前奉批准实施，今后自应遵照切实执行，并严格选拔干部,依照规定,实行任期制,为团服务至少两年。如服务期满,其工作成绩优异者,似宜资助深造,或予以从事行政与各项事业之机会。今后似可每年由团就各级干部中严加考核,依其学识、品格、能力、经验与志趣等,择优报呈钧座核派政府各机关工作,或送国外求学。如此,一则可以鼓励干部努力团务,一则可以使人才辈出,为国效力,此关系团之前途与干部政策之推行者实为重大。

（五）今后团之组织发展,拟以农村、工厂、学校、沦陷区四者为主要对象。在后方省区各县应普遍设立分团。战地与沦陷区,亦择要建立组织。全国各中等学校、各工厂,均必须设立团队。对于乡村自治人员及小学教师,应大量征求入团。至于训练、宣传、服务等工作,均须密切配合组织工作而进行,并提高团员之素质,加强干部与团员之掌握与管理,充分运用组织,以发挥组织之效能。

（六）今后加强团部之政治性,本协助并拥护政府之精神与决心,一面与政府之工作密切配合,一面对不良之政治现象,如腐败贪污土劣之类,应授权各级团部尽量检举,并予以保障,以求政治之彻底澄清,期符全国革命青年之殷切希望。

（七）今后并应加强团之教育性,全国各学校各训练机关之训导工作,应由团选派干部负责。此种训导人员,由中央干部学校培育,交由各级组织分配任用,严予督导,以求团与各学校与训练机关之工作融成一片。

（八）本团以建国工作为总目标,已如第一节所陈。就目前环境而论,反三民主义之势力,仍潜伏滋长,影响甚大。本团虽一面努力从事建设，然革命斗争之工作，仍为主要任务之一。唯斗争之方式，必须公开坦白正大光明，而以理论与事实为依据，以社会服务解除人民痛苦为倡导，俾反对派无法与本团争取青年，而社会观感亦可为之转移也。

（九）纪律之废弛，为组织松懈主因之一。今后一面在提拔优秀、奖励忠勇，以极力鼓舞团员之荣誉心，而各级监察会，对团员之违反纪律，应建立检查制度，其过犯重大者，除开除团籍外，并应予以必要之处分，庶可树立团员之纪律观念，以强固组织之基础。

这个总检讨提出之后，蒋有一个批答：

所陈工作检讨报告书，所举优点、缺点与困难之点，尚属切实详尽，具见虚心研究，良堪嘉许。唯意见具申第二项，党不直接征收党员一节，目前尚有窒碍，不能即予规定。第五项拟在工厂建立团队一节，查工厂方面，业已设有党部，应仍遵照前批，毋庸设立团部。第六项检举腐败贪污土劣，应依照现行法令规定办理，毋庸正式授权于各级团部。第七项各学校之训导人员，应仍由教育部选派。至整个团务进行方针，应从吸收优秀青年入团及尽量培养与选拔干部入手，使分子健全，力量自可发展。希即遵照此旨办理为要。

关于意见具申第二、五、六、七这四项都没有得到许可，我们是如同上次请求限制并登记党员、团员财产一案没有得到

20世纪40年代张治中与夫人洪希厚合影。

批准一样的失望。从此以后,我对团的态度更趋消极了。我觉得在整个的错误领导和党的腐败情况下,任何人也是无法把工作做好的。但是,想摆脱既不可能,还有什么办法,只好拖下去了。

　　青年团是在抗战初期,也是国共两党重新合作时开始建立起来的,是为了发动和组训全国青年,一如团章所规定"捍卫国家,复兴民族",当初似没有和共产党斗争的意思。但从中央干事的人选来看,大多数是反共的人物,这又怎样解释呢?而我接任之初一直到后来,始终把它看成是个为青年组织、训练、服务的机构，一切为了抗战，所有一切措施，主观上总是从这些地方出发，从没有意识到把力量放在和共产党斗争上面，也就是根本不愿意把它变成和共产党斗争的工具。不过，我的态度尽管如此，但是在这种环境下，要想完全避免牵入两党斗争的漩涡，也是不可能的，不符合事实的。像前面提到的给团员的六项指示的第二项和总检讨中意见具申第八项，就是针对共产党而发的。特别是在学校团务方面，负组织责任的人常常发布对共产党斗争的直接指示。抗战愈到末期，顽固派反共愈露骨，以青年团当时的地位说，不可能不提和共产党斗争的话。但在总检讨中意见具申第八项特别说："斗争之方式必须公开坦白正大光明，而以理论与事实为根据，以社会服务解除人民痛苦为倡导"，这也就是要削弱对共产党斗争的意识和责任的一种用意。虽然我始终认为青年团最主要的任务，是在抗战中发动青年组训青年来争取抗战的胜利，但在事实上也做了反动统治所利用的一个工具，当然也造了不少罪恶，这是不容否认的。

第四节　逆耳之言

零星回忆

在蒋的面前肯说话和敢说话的人很少，而在军人当中，我算是最肯也是最敢说话的一个了。在我和蒋二十五年的关系中，为了某一个问题，或政治、军事、经济各方面的问题，向他提出的意见或和他发生的争论，甚至因此和他顶撞的次数是很多的，除了关于对中共问题、对苏联问题的意见已具见《我与共产党》一章外，现就记忆所及，略举数事。

一九四一年夏天，蒋住在重庆南岸的黄山，请我和几个高级干部去住了几天。其中有陈立夫、张厉生等人。目的是为了检讨工作。我于陈述当前党政军的种种严重情况之后，指出所以构成此种严重情况的原因，各主管负责人固然不能辞其咎，而他的错误的领导作风实为主要的因素，并列举具体事实为证。措辞率直，没有丝毫掩饰。蒋听了虽作了一些解释，但他的态度是表示承认的。

有一次，是黄山军事汇报。我已记不清楚是为了什么问题，自己感情激动，不能控制，痛切地指出当前各方面的高级干部思想保守，惮于改革，不求进步，充满了畏难苟安的习气，毫无创造进取的精神，一天天老大腐败下去，并指出当前党内外到处充塞的不满呼声，认为如继续这样每况愈下，前途是不堪设想的。话说得很长很激切，在座的人都为之注目。蒋听了皱着眉头感慨地说："大家都是这样，我有什么办法？我只有一个人决心累死算了！"散会出门时何应钦对我说："文白先生，你何必说这样多？……"我说："我实在忍不住了，不能不说！"

另一次，在重庆蒋的官邸汇报吃饭时，谈到物价飞涨，政府无法制止，当时我的想法，应该是行政院负主要责任，所以在述说人民和公教人员的痛苦之后，指出主管的无能，认为应速设法。蒋听了不知怎样联想到另外一个问题，转过头来质问在座的重庆市长贺贵严①是不是市政府下令不许人民养猪养鸡，大发了一顿脾气。这次汇报竟因此不欢而散。

是一九四二年吧？蒋不知听了谁的建议，要去访问印度。本来他是已经决定了的，但仍把我们十几个高级干部请去征询意见。我首先表示反对说："你是一国的元首，要是罗斯福或丘吉尔请你到华盛顿或伦敦去访问，那是可以的，现在你自动访问印度，接受英国殖民地总督的招待，是不合适的，不但看不出有什么意义，反而引起英国的猜疑，还是不去的好。"他听了脸上显得不耐烦地说："你的想法不对！"究竟我的想法如何不对和他如何想法则没说。后来事实证明，他是从印度带了一肚子闷气回来。

在重庆时空袭是经常的，某次空袭中我和他在防空洞里坐着闲谈，我说到现在有一种不好的现象，就是大家不肯讲话也不敢讲话，显得消沉衰老，这不是一个革命党内应有的气氛，希望他多多鼓励大家说话，发扬自我批评与相互批评。他连连点头："是的，为什么大家不讲话？"我说："不讲话是因为

---

①贺贵严，即贺耀祖，湖南人，曾在赵恒惕手下任旅长，北伐时任师长、军长，新中国成立后任政协全国委员。

不敢讲，也是不愿意讲，如果你能多多鼓励大家讲话，大家是会愿意讲和多讲的。"当时蒋夫人宋美龄在旁插了一句："讲话是可以，但是不能乱讲！"（当时参政会正有人纠举孔、宋，她的话是指此而发。）

我因为看到当时党的政纲政策成为具文，一切工作无效率无成绩，因此一切措施不能适应抗战的需要，也不能满足人民的要求，提议应该对党政军一切工作做全面的彻底的检讨，并且把检讨结果公诸人民面前，表示纠正改进的决心。蒋表示同意说："好，你去做一个计划。"但是我把计划拟好送去以后就毫无消息，不知他放在抽屉里抑或交给别人审查就搁下了。

有一天晚上，他请我和陈诚、熊式辉去谈话，偶尔谈到行政院改组问题，他说："没有人能做，只有我兼。"我说："在我想，现在能做行政院长的人一打半打都能找出来，不知你用什么标准衡量说是没有人能做？"他大声失笑说："有那么多的人能当行政院长吗？"也不知他是如何想法。他常爱兼职，如曾兼行政院长，兼各军事学校校长，兼四川省主席，兼教育部长，甚至兼四行①联合办事处主任，中央大学校长等等。我对此问题曾提出书面意见，指出这种做法之不当。

抗战到武汉撤退以后，军队的败坏愈甚，到后来几乎完全丧失战斗力了。要说原因，当然很多，如政治的、经济的、军事行政的，特别是兵役的弊病，教育训练的缺欠，经理保育的恶劣，以致部队风气恶化，纪律废弛，战志低落，都是直接促

---

① 四行即中央银行、中国银行、交通银行、中国农民银行。

成的重要因素。关于整顿部队、改善保育、振奋士气、加强战斗力的话，我对蒋说的最多，蒋虽同意，但总是说："等等看"，"慢慢来"。后来部队情况愈趋严重，蒋始召集军事检讨会议，亲自主持，费了两三个月的时间，并且给军政部以极严厉的批评和责备。但是颓势已成，积重难返，纵有改革之心，已经无能为力了。

政治、军事及党内风气问题

我对蒋提的意见，除了口头的外，书面也很多，前后总计不下十数万言，其中有万言的、几千字的乃至几百字的，不能一一抄录，现在略举数件如后。

一九四一年三月二日，是南京政府迁重庆后的第三年，这时敌人的气焰并未稍杀，而党政内部的颓势日益不已，瞻顾大局，实不胜焦虑之至。并我曾就政治、军事与党内风气等问题向蒋率直陈词：

窃以现在我国家民族，已临最后危急存亡关头，而政治、军事各方面，均陷于停滞状态之中，形成难治之痼疾。职详审当前环境，深觉危机环伏，如厝火于积薪之上，彷徨绕室，寝馈难安。然群僚百工，中于明哲保位之毒，只求禄位之保持，不图事业之推展，即或黾勉从公，亦绝少为革命鞠躬尽瘁之意识，徒为争取其本身一部门业务之便利，不计及整个革命之前途。举目环顾，已无謇谔公忠之风，转长唯诺因循之习。以革命政党所主持之艰苦革命大业，内部充满腐败官僚之习气，偷惰苟安。至于所谓革命精神，在党中已杳不可求，则吾人所肩负抗战建国之伟大任务，自无任何基础与根据，能使其步入成功之途径。迄今则虽临以全力，已常有无法推动之情形，痼疾日深，振作几成绝望。推究原因，实以一般干部，曾无分工合作之观念，尤乏勇敢任事之精神，往往如隔岸观火，袖手旁观，遇有重大问题，唯以听候钧座裁决为唯一之解决方式，否即诿过他人，以自卸责任为得计。推诿之方法愈工，则合作之精神愈失。所谓自我省察，相互批评，痛痒相关，安危与仗，大都无此意识，表面上似可掠取相忍为国之美名，与老成持重之令誉，实际上则惮于革新，怯于负责，徒见其奋斗牺牲决心之缺乏。窃谓气象之败坏，无过今日，同时局势之艰危，亦无过今日。辕辙相背，忧患愈深。此种情形，绝不宜任其延续滋长，故转变此种趋势，实为吾党当前严重之课题，而当务之急，实无过于振奋人心，转移风气。当前一切政治、军事种种情形，必须断然予以新的整饬，俾在精神、行动与人事各方面，均以此种新的作风，形成新的气象，予全国国民、全军将士以新的希望，期共同获得革命成功之坚确保证，以唤起其朝气，坚定其信心。否则一般革命精神，已日趋堕落，消极悲观之空气，弥漫于朝野，时不我予，即能勉为补苴之图，结果仍于事无济，此职所期期以为不可者。谨贡其一得之愚，就当前各项重要问题，分别缕陈察核：

（一）政治问题——中央政府，虽采五院制度，唯政治之重心，实在行政院。现一般有识之士，对行政院之观察，多认为积重难返。钧座虽兼主院事，而环境梗阻，事实乖违。例如物价问题、米粮问题，钧座苦心孤诣，筹划周匝，倘执行者能切实遵循，绝无不能改进之理。乃迁延已久，迄无效果。甚至如平价处农本局事件之发生，当事者为其本身之利害，多方袒庇，为少数人之自私自利，不惜损害领袖，损害政府，兴言及此，至足痛心！又如七中全会议决设置之经济作战部，数月以来，一变而为物资统制部，再变而为某某局，又一变而为今日之经济会议，转折阻碍，莫可究诘。准此类推，举凡一周两周可以解决之问题，往往拖延至一年半年尚未能得到结论。中枢之政治如此，人心之惶惑可知。倘执行干部，均能体念国家前途，以充分革命之精神，坚决执行革命之措置，自绝无此种状态。故反对方面之人士，日肆其刻毒之讥评。然平心自反，当亦自觉贻人口实之缺点正多也。窃以此时一般人士，对国家政治之观感，类成麻痹状态，失望愈甚，怨讟愈多。此种气象精神，一切老大之机构与人事，非出以断然之调整与改组，排除旧有积习，灌输新鲜血液，殆无一新耳目之可能，更无以副国民喁喁望治之期望。夫中枢政治，固不宜轻言更张，然在此局势严重之秋，权衡利害，似不能再有所顾虑，甚愿钧座运机独断，毅然择行。

（二）军事问题——现在国军战斗力之日趋低落，事实上已无可讳言，举凡部队之教育，纪律与精神，殆均呈江河日下之颓势。敌人广播上之批评，虽不无过甚其词，然其就我军作战之抵抗力与作战精神作事实之观察，因而确认我军素质之低落，此实足使吾人警惕自反者。然敌人对我之认识愈清，而下层则对统帅仍尽其隐瞒掩饰之能事，军队之情形如是，则所谓军事上之胜利，究有何种凭借可以切实把握？就目前之形势而论，敌人稳定其占领区之计划，似已着着占先，始终未受任何之阻碍，而伪组织之扩军计划，亦正着着进行，所谓以华制华之阴谋，殆将成为事实。此种以逸待劳、以寡制众之形势已成，则我军反攻进取之把握将日形减少。而我之以军事力量摧毁敌人之根本方策，实不能不加紧进行。目前之要图，似应首先着重于我军战斗力之保持，务使其向上发展，必能自立于不败之地，然后可以把握时机，获得胜利。故凡足以削弱我军战斗力量之因素，必须彻底排除，而足以加强我军战斗力量之方法，必须尽量采用，如是我抗战建国所最倚重之军事力量，始克发挥尽致。职自抗战以来，对军事局势，从未发生悲观与失败之观念，胜利之确信，绝不丝毫动摇。但军事制胜之关捩，在乎日夕自强不息，实为一般之公例，未有本身力量不充实而可以侥幸制敌者。故当前除加紧补充整顿及加强军事训练政治教育以外，尚有两点最值得考虑者：第一，整军方案，前此已历多时之研究，大体妥当，但延搁至今，尚未实施。为求战斗力之加强，减少非战斗人员，增加战斗人员，已为不易之原则。倘照整军方案实施，每军由三师并为两师，或每集团由三军并为两军，并无多大困难，而非战斗人员，即可大量减少。且一经整编之后，官兵精神为之一振，干部方面亦因慎重选择而益臻健全。窃谓国军自黄埔教导两团不断发展，以迄今兹，经过多次整编，用能保持朝气，战斗精神所以持久不敝者，多由于此。而其他若干部队如川、晋等军，大部一成不变，所以日趋老大，作战能力乃愈趋削弱，可为例证。整军方案实施以后，虽裁减六十个师，战斗力绝无减少之虞，兼可收耳目一新之效，平时饷糈，亦将节省不少，实为弊少利多之办法，若仍蹈袭故常，惮于整饬，诚恐历时愈久，暮气愈深，驯至影响革命之前途，深违整军之本旨，似非得计。第二，人事异动问题，职于去秋参加人事评判会时，即赞同任职三年或两年以上之军师长，必须实行调动之主张，然因多方顾虑，踌躇未决，迄今又成悬案。一般不主张调动之理由，大都以对部队历史较深之将领，情形熟悉，易收指挥如意之效，调动之后，难免不影响作战力量。此种顾虑，固不无见地，但此只为一面之理由，而未见其他多面之利害，且其理由之本身，实缺乏充分之积极性。夫部队长在一个部队工作两年以上，惰性易生，即其平时之教育、纪律种种问题，亦将由顶点而逐渐低落，所谓技穷力绌，势成弩末。盖环境相习已久，发生惰性，固为人情之常，其部属亦因日久玩生，缺少刺激，绝少奋发新兴之气。抑其弊尤有甚者，部队长与其部属相处日久，虽未必自存私见，而无形中易于构成感情上之一种体系，易于启发自私自利之错觉，因而于整个国军之中，无形中树立若干以人为中心之集团，似非国家前途之福。虽稽古名将，类以此种体系见长，所谓岳家军、戚家将之流，往往得力于其特殊之体系。然此种时代，业已过去。在全军听令于最高统帅，构成统一军事力量之今日，此种体系一日存在，即各就其范围，竞思所以维持发展之方，渐次引起门户分歧之见，得失利害，理至昭然。如敌军之军师长，自作战以来，绝少在同一部队任职至两年以上者，虽敌军之组织与精神，或与我军不尽相同，唯其调动之本旨，似有可取。且现在我军之所谓调动，当尽其可能仅由甲军改调乙军丙军，甲师改调乙师丙师而已，非与学校机关间互调,人事上困难更少。此项异动办法如能实施,其利灼然可见者:使将领与官兵同具国家军队之意识,益增统帅之威严,向心力可日趋巩固,此其一;各将领之环境改变,必竞思振作,期迈前修,日虑相形见绌,部队之整饬必较紧张,此其二;一般部属与长官之间,即不能以历史感情曲求涵煦,则赏罚黜陟,均无顾虑,自必兢业自持,不敢怠忽,立将形成一种新兴气象,此其三;流水不腐,户枢不蠹,古有名训,军中所最忌者为停滞,为老大,将领调动之后,则停滞者一变而为活跃,老大者一变而为奋发,整军之精神,实寄托于斯。若谓人事相习日久,新旧之间,恐生隔阂,此种顾虑如确具理由,则定期异动之举,尤为急切之需要;否则时间愈长,即愈无办法,终必使统帅处处受人事之牵掣,凡百措施,均须以各个体系为转移,建军之目的,其何能达?且严格而论,各战区各集团军之将领,均宜有相互的或前后方之调动,唯以此事顾虑尤多,暂可不论,而军师长之调动,似可提前实行。

近年来,对于军事问题,盱衡至三,以职所见所闻,觉当前之改革刷新,实已不容再缓,而改革刷新之要图,莫急于前述两点。

(三)党内问题——近来党内气象,备极消沉,中央同志,胥以少言为得计。或则谓有总裁在,毋庸我辈喋喋也;或则谓负责者自有其人,功罪均与我无涉,何必发言也;或则谓说话仍无结果,无为开罪于人也。一般同志均噤若寒蝉,颓唐暮气充塞于中央,革命空气已由淡薄而趋于消失,是诚吾党之忧。故七中全会开会以前,职曾向钧座贡献意见,请尽量鼓励出席同志发言。然七中全会之气象，以一般人之观察批评，以为党的革命精神，长此将无由振拔。今八中全会瞬将开幕，乞钧座注意及之。党内之辩论愈激切，则党的政策之认识愈深刻。凡百案件，出席者若均唯唯诺诺，草率通过，一则见其无彻底执行之真诚，一则议案之真义无由发挥尽致，均失会议之本意。民主国家之议会，恒能发挥此种效能。如美国最近之军火租借法案，讨论时间之久，会场辩论之烈，无非欲使国民对此案认识更深，而政策之执行即更顺利而已，否则多数党原可通过之案，何必多所讨论，以浪费时间口舌？况本党为革命政党，如失其互相检讨批判之精神，即自堕其革命之志气，此问题料为钧座所关切也。

至关于党务一般情形，职以见闻较少，不敢轻表意见。唯最近参加重庆市党部招待中委之茶话会，席间陈访先同志作报告时，曾有极沉痛之自白，以为本党现在已成"名存实亡"之状态，其态度之诚挚与心境之焦灼，职深予同情。可否于此次八中全会时，令其再作一次报告，俾中央同志，均知所警惕；抑由钧座召见陈同志面询，俾有陈述机会之处？敬乞钧裁。

政府、政策、制度和作风问题

一九四三年十一月八日，抗日战争虽已步入末期，而国内军事、政治、经济、社会各方面，腐败糜烂，已至顶点，人心由望治而至于思变。但是一般党政军领导人物，类多掩蔽事实，粉饰太平，或则箝口结舌，明哲保身。我看到这种情形，实在不能缄默，所以又就改组政府、检讨政策、调整制度、确定作风四者痛陈所见，希冀万一。现在择录数段：

今日之事势，在在令人焦虑，因而忧国之念不能自已。此时如尚不特别提高革命之警觉性，则尔后之演变诚所难言。逆料当前军事、政治、经济种种败坏之现象，钧座固已知之甚详。但所知者未必即其全貌，一般向钧座报告者，对事实之真相，大都减轻其分量与程度。甚至主管人员，怵于个人之利害，故意隐蔽事实，粉饰内容，亦所难免。则今日最大危机之所在，诚不能不为钧座坦直言之。窃谓今日可忧之事，莫过于人心思变，士气荡然。说者多以为此种现象，皆由于共产党、反对派宣传煽惑之所致，此或为原因之一，但绝非其主因。所谓"物必先腐而后虫生"，物理显然，无可讳饰。任何窳败之事态，似均不能不先从主观方面追寻其必然演化之迹象，必先克服本身之弱点，然后始能间执反对派之口舌。何况今日之不满现状者，宁只反对派而已乎？谨举数例言之：今年三月间，青年团举行第二次全体干事会议，各地干部对其平时接触之各方情况，莫不痛切陈词，以为大局至此，非改弦更张，必将陷军事、政治、经济于绝境，曾具体建议四项，此一事也。十二中全会开会前后，在渝中委，曾举行多次谈话会，多数同志，无论青年与老者，均发出牢骚怨望之呼声，充分表现党中干部心情之愤懑，此又一事也。最近钧座号召知识青年从军，党团干部集会于中央，开会期间，群情昂奋，佥以遵循钧座之意旨，发动知识青年从军，实为关系国家民族生死存亡之大计，自当悉力以赴，唯政治现状如此，倘无刷新之措施，则十万知识青年，应号召而成为有组织之武力集团，日后横决，恐将无以善其后。甚至有以满清末季创办新军，终颠覆于新军之革命为例证者（中委谈话会中，亦有作此论调者）。当时有提出"请刷新政治以利发动知识青年从军运动之推行"一案者，领衔人为一七十余高龄之老党员曹叔实先生，签名者则均为现在党团之负责干部，此又一事也。夫共产党之反对宣传，纵不足注意，但党内信仰领袖、追随革命之同志，无间老少，均有如此之呼声，目为事态严重之反映，不容忽视。

兹更纵观党外一般无党派色彩人士之心理：日前职与王雪艇先生招待国民参政会推举赴延安视察之五参政员，渠等在谈话间表示，对于坚决拥护钧座之立场，始终如一，但以当前政府之措施，无以餍足国人之愿望，深感无法为政府回护，因认为延安之行，无裨于问题之解决。此为党外人士爱护本党所表示之真率态度，深足资吾人之反省与警惕。推而至于友邦人士之批评，以与吾国邦交最亲切之美国而论，其朝野对我之讥弹，已达于令人不堪忍受之地步。

现在有识之士，莫不痛感当前之人心，已越过"望治"之界限转而"思变"，此种心理之形成，实由于对现实过度之失望。当辛亥革命之时，国人以推翻满清之后，国家即可兴盛，咸抱无穷之乐观与希望，所以全国奋起；十五年誓师北伐之际，国人均以扫除军阀之后，革命即可成功，所以欢欣鼓舞，望风景从。然至今日，则党中同志，国内人士，均怀抱无限彷徨之情绪，以为抗战胜利之后，揆诸当前之政局，前途正复渺茫，失望之余，转以打破现状为理想之出路，于是思变之心生，重以反对派利用机会为之推波助澜，人心愈不可收拾。职非敢为危词以耸听也，倘非观察错误则已，否则对于当前革命最大危机之所在，能不竭其忠诚，为钧座一言乎？

抑今日之思变，其故可得而推论者，窃谓莫过于政策、制度与人事之失当。以言政策，则本党之革命，固以实现三民主义为其终极之目的，革命之成败，胥视吾党能否确守三民主义之立场。现在抗战之最高指导方针，厥为民族主义，自不待言。但民权主义之表现为何？民生主义之表现又为何？说者尝谓自本党十七年统一全国以来，一切措施，往往主义自主义，政策自政策，行为自行为，不唯不相侔而反相悖，正所谓"其所令反其所好"，此革命风尚之颓败堕落，人心之失望怨怼所由来乎？以言制度，则现在政府机构，重复、冲突，乃至叠床架屋，拖累牵掣种种不合理之现象，不胜枚举。用致权责不专，号令不一，任何重要措施，势必牵涉若干主管部门，几无一不以开会为折冲问题之方式，各部主官，亦无一不因开会耗其日常工作时间之大半。且开会之际，往往发言盈庭，莫知所属，幸而表面上获得相当之结论，但执行决议，复多牵扯，步调不齐，避责诿过，尤为常事。行政效率之低落，无以复加，此种制度，实不容不亟加彻底之检讨。以言人事，所最引为痛心者，莫过于反对派今日对本党之批评，其言曰"国民党只有奴才而无人才"。反对派之为此言，其论据何在？职以为此非本党之无人，实由于人事运用太不活泼之故也。本党执政十七八年以来，对于重要政治干部之培养、拔擢似不无忽视。今日所表现于事实者，如若干院部主官，几无适当之第二人可资接替。已乏推陈出新之机能，即无改弦易辙之希望。甚至四行联处、中大校长，亦谓无适当之人选，不得不由钧座自兼，如此人事运用，欲使人才辈出，取之不尽，难矣。目前人事之呆滞，已成牢不可破之痼疾，老大者永久老大，幼稚者永远幼稚，于是反对派则嚣然曰"国民党无人"，外人不明内在之原因，亦从而嚣然和之曰"中国无人"，此非吾党吾国之奇耻大辱乎？以吾国之大，吾党革命历史之悠久，而不知培养人才，不能培养人才，更不善运用人才，乃至表现如此凋零老大之情状，唯一可以解释之理由，不外国步方艰，用人不能不慎重，尤虑易一主要干部，继任者未必优于前任，则尤足偾事。但如人事运用活泼，则一易之不当，仍可以再易。以现在情况而论，易人之后，即未必远胜于现在，但绝不能较现在更坏，万一而并现在之不如，则再起用前任，固犹未晚，如是则过去集矢于前任者，当亦可释然失其攻讦之论据。若缘是慎重而无所举措，则反对派即以为攻击中央之口实，徒损政府之威信，徒拂内外之舆情，于计未为得也。

　　以上所陈，不过就当前革命之环境与局势，特举一二例说明其严重之程度而已。革命者对于一时之成败得失，固无所容心，一次失败之后，仍可再举，必达到最终革命之目的然后已。苟无战胜环境、不为环境屈服之精神与信念，即丧其所守，不能成为革命者。但再蹶再兴之因素，必赖颠扑不破之人心，人心向我，则一时之失败，无宁视为接近一步之成功，本党五十年来革命之史实，可为明证。现在人心背离，情绪低落至此，窃不能不引为深忧。况今日之局势诚然严重，但决非无可挽回，似无听其自然失败然后徐图再举之理。由是则目前为振奋人心，提高情绪，亟须采取必要之措置，理至显明。职尝辗转深思，以为今日之转危为安、转败为胜之关键，只在钧座一念之转移。现在举国上下，莫不殷切仰望钧座英明果断之措置。钧座所日夕筹维之变革大计，兹已临必须见诸事实之时矣！易曰："穷则变，变则通。"鲁论曰："齐一变，至于鲁；鲁一变，至于道。"方事势之未穷，犹得日谋兴革以追求进步。吾人尤不应稍存保守之心理，唯有不断前进，始能保证革命基础之巩固与发展。况当前之局势，可谓穷矣，如尚欲一成不变，不立作彻底整个改革之图，不从政策、制度与人事作全面之更新，将何以收拾人心振作士气乎？

　　于此，职尤有不能已于言者：在今日而言革命，首在把握重心，若网在纲，挈而立起。故就革新之途径而论，虽不外健党（健全党务）、新政（刷新政治）、整军（整饬军事）三途，然健党在表面上固为根本之问题。而十余年来之党务，组织弛懈，意见分歧，已成积重难返之势，非短时间内所能彻底更新，亦非任何枝节方法所能补救。且虑更张之始，易启纠纷；即令无此顾虑，亦将旷日持久，成效如何，殊无把握。至于整军大计，尚无端绪，而亟待解决之问题尤多，急需政治方面之助力尤大。且军事在受政治之牵掣与影响，故当前之急务，宜莫过于政治之刷新，而政治之刷新，则首在人事之调整，此为当前一切问题重心之所在，不能不恳祈钧座特加注意者。盖过去一般人士对于政府某一部门措施之失当与弱点之暴露，不过归咎于某一部门直接负责之主官，而今日则均认为某一部门主官之渎职，仅为次要之目标，而对于中央何以任用非人，则引为责难之焦点，于是触及于钧座领导之权威，影响于整个中央之威信。故及今如不从政府之人事彻底调整着手，势将无以取信于国人，更无以一新中外之观感。必须如是，乃能予国人以极大之希望，唤起国人极大之信心。钧座高瞻远瞩，成竹在胸，当已筹虑綦详，不烦职一一言也。

抗战以来，因犹豫等待以误事者，例证至多。例如今日军事之败坏，积渐已久，亦非一朝一夕之故。回忆二十七年在长沙容园，职曾有所建议，钧座谓到重庆后再说；二十九年在南岳第二次会议时，职会后有所条陈；三十一年夏间，陪从钧座赴陆大车中又有所建议，钧座复谓过两三个月再看，其时西安会议尚未召集，及西安会议以后，仍无影响。又如职曾因兵役署长问题，自三十年冬，一再向钧座及何总长进言，如此重要役政，委之于如此糊涂无能之程泽润，必定败事，并建议应由现任军长以上将领中遴员继任一事，此仅一小例耳。倘在三五年前，钧座即下决心，对于军政为不断的纠正与改革，似不致如今日败坏之甚。职所以不避烦渎者，特欲提起钧座过去犹豫失策之回忆而已。

夫今日刷新政治，必以调整人事为前提，其理由已具如上述。如钧座决心已定，实现有期，则具体问题，当已在钧座详筹熟虑之中，无烦喋喋。而职窃欲于原则方面建议数项，仅供参考：

一、主席如不兼行政院长，不独保持领袖之尊严与威权，使政治有缓冲余地，且可培植次级领导干部为最佳。

二、政府之改组，应以促成党内团结为目标，人事似不宜偏重偏废。

三、人选方面，应建立人才阵容，为国内外一般人士所信任，兼收内外耳目一新之效。

四、不仅选拔党内之优秀，更应进一步谋国内人才之集中，对党外人士，似亦不妨尽量网罗。

五、运用内外互调方法，俾能解决凡暂不适用于中央之人员安置问题。

六、党内之耆老，精神体力不能胜任日常琐细工作者，似可采用元老制，予以崇高之待遇。

七、各院再增副院长一人，使各部年高望重之主官得调为副院长。

八、似可于行政院设置若干不管部之政务委员，位置党内外人士，参预政务。

如是则一方面可提拔新的干部，一方面使老成耆硕居于督导之地位而不负执行之责任，则人事运用，较为活泼，朝气蓬勃，观感一新，人心之振奋，可以立致。至于政策与制度诸问题，尽可留待政府改组之后，彻底检讨，逐步修正。在人事上已无保守之习性，则在革新之一切措施上当亦可顺利推行，缓急轻重之间不容不慎为抉择，职之管见，固不仅就目前治标之观点立论而已也。

归纳以上所陈，不外：(一)改组政府(二)检讨政策(三)调整制度(四)确定作风四点。而由于基本心理上之问题，形诸整个作风者，钧座或未考虑及此，但问题至为重要，谨再补充一二。夫革新之彻底与否，固系于措施之方法，而尤系于今后之作风,所谓基本观念之转移,宜莫重于此事。例如过去如含有若干保守之成分,今后必谋勇往之进取;过去如含有若干与旧势力妥协之成分,今后必须强化革命之手腕;过去如偏重于个人之运用,今后必须善于运用制度。如是则观念之丕变,一切自易臻于条理,内在之弱点,庶能逐一排除,而健全之基础,予以确立。总而言之,现在一切事态之演变,其途迹至属显著,局势之黯淡至此,实已无顾虑枝节之余地。

根本错误、领导缺点和补正之道

一九四八年夏,抗日战争胜利后的第三年,国内局面已成风雨飘摇之势,国共关系已成僵局,无法和平解决。军事败坏,并不因抗战胜利而有所改变;政治腐化,已至病入膏肓;特别是财政、经济,已濒于崩溃之境。凡此种种,真是江河日下,局面全非!我从南京回到兰州,退居兴隆山上,静坐深思,彻底检讨,已经肯定蒋所领导的政权必然失败,自己并考虑作脱身出国之计。不过基于个人责任感所驱使,明知其不可为,仍然作最后的进言,寄希望于万一。这篇东西是我经过长时间考虑的结果,言语露骨,毫不隐讳,已超出党员干部对党魁应有的态度。内容首先说明根本上的错误,是本党不革命,不实行三民主义。再说到蒋在领导上的缺点,对党务、政治、军事、外交、中共、干部政策、个人修养各方面,都提出了严格的批评。最后说补正之道,着重制度、政策、人事和领导作风四者,指出当前的局势,一定要作全面的彻底的改革,或许可以挽回颓势,如不翻然改弦更张，唯有彻底失败！在这个建议之后，我还针对蒋的思想，附抄一些格言成语，供他参悟，兹并抄录：

对当前国是之检讨与建议

一、前言

　　当前大局已达最严重阶段，凡具有革命警觉性之党员，应无不怵于党国前途之黯淡，认为必须彻底检讨，谋所以匡救之道。吾人首须反省从北伐成功以来，本党掌握全国政权已二十年，而在八年艰苦抗战获得胜利之后，何以形成今日日趋严重之局面？回忆北伐期间与抗战初期，军队战斗力之坚强，人民向心力之坚定，信仰钧座，拥护钧座，莫不出自忠诚，蔚为风气。虽中经九一八事变，举国震动，但人民了然于敌寇之谋我，由来已久，初非吾党之责。故在各次讨逆，本党在人民拥护之下，均能获得预期之胜利。及西安事变发生，全国人民无间遐迩，咸奔走呼号，惶惶无措，及闻钧座出险，无不喜极而涕，此种爱戴之真诚，足以充分说明人民对政府与领袖信仰之深切。但今日之情势，士气不振，人心不孚，军队不能作战，政治毫无效能，江河日下，局面全非，其故安在？此不能不追本溯源，从头探讨者。谨就管见所及，坦率为钧座陈之。

二、根本上之错误

吾党今日如平心静气，痛切反省，似不能不坦白承认，自本党执政迄今，二十年来实犯两种最严重之错误：

第一，为本党不革命——本党之所以获得群众拥护，由于本党之革命号召，在两次东征、统一两广以至北伐成功，凡本党势力所至，人民咸响应本党之号召，与本党凝为一体，当时扫除反动军阀，若摧枯拉朽。但北伐将告完成，即形成所谓"军事北伐、政治南伐"之趋势，本党革命政权，渐次丧失革命之意志。盖革命之目的，在乎除旧布新，而社会之封建残余及腐旧势力，凡足以为实行三民主义之障碍者，均在根本铲除之列。然本党取得政权之后，不特对此种落伍势力未予排除，反而与之妥协，使政治成为官僚政治，经济成为官僚资本。本党在二十年来被此种势力毒化、腐化之结果，遂形成今日之内溃局面。

第二，为本党不实行三民主义——本党为奉行三民主义之革命政党，党之一切政策，自应以总理所创造之三民主义为最高准则。但本党取得政权之后，并未实行三民主义。虽本党之政纲政策悉以三民主义为内容，然一切未付实施，如同废纸。此二十年来，除对日抗战为遵循民族主义之行动以外，所谓民权，实际上则为官权绅权与土劣之权。基层农村直接领导人民以至代表民权之分子，悉为土豪劣绅、流氓地痞。君子道消，小人道长，善良侧目，道路嗟怨。人民对本党政权之失望，已达极点。此为职在家乡身历其境所得之印象，绝非过甚其词。至于民生主义，首重平均地权，主要之目的在解决土地问题亦即农民问题,而使耕者有其田。直至今日,不但对此一目标杳不可即,甚至最初步之办法——二五减租,亦碍难实行。而豪强兼并,变本加厉,贫农之痛苦日深,思乱日甚。以言节制资本,姑勿论有人中伤本党,认为本党仅一意培养官僚资本与豪门资本,即以最切近事实之看法而论,亦不能不承认本党之经济措施,实始终为买办阶层意识所支配,距离现代之资本主义尚隔天渊,其与民生主义自根本背道而驰。

吾人痛切反省之余,深觉此种严重错误之造成——标榜革命而实不革命,标榜三民主义而不实行三民主义之政策,实无任何理由可以自解。此之谓数典忘祖,根本失其立场,已无以取信于人民,更无以对流血牺牲之先烈。今日本党之地位,由革命集团变为革命对象,夫岂无因而致者?

三、领导上之缺点

窃谓处今日艰危之局,每一党之干部唯有引咎自责,绝无归过于领袖之理由。但我国在往昔专制时期,君臣相与之间,犹以犯颜强谏为美德,传之史册,垂为彝训。矧在现代之革命集团,干部对领袖应无不可进之直言,领袖对干部亦有无不可容之雅量。过去职对钧座领导之缺点,固已尽其管窥所及,随时进言。犹忆三十年夏间在黄山时,曾提出若干具体事实,请求钧座省察。往日已历荷优容,今日尤应设身处地,就多方面作自反之检讨,期为钧座改善领导之一助。

(一)对党务,本党在十三年之改组,毋庸讳言,为仿照苏联之组织，由于当时组织力量之发挥，精神为之一度振奋，用能奠定统一全国之基础。及底定南京以后，党之内部意见渐次分歧，党之团结渐次分散。但在抗战以前，内在之原因复杂，钧座有时亦无能为力，在全党全国，莫不具有深切之同情与谅解。然而此一时期之主观缺点，厥为民主集权精神之未尽发挥，各级党部未能培养民主领导之作风，因而丧失党与政治之防腐作用。至二十七年总裁制确立以后，党之民主空气，益见消沉，一切唯总裁是赖。而总裁又集万几于一身，对党之最高权力会议——中央常会，恒不能亲临主持，致失以党治国之领导权威，直等事务汇报；且各事辄由秘书长、组织部长司上下传达之责，浸假而形成"公文领导"制度。于是实际负责之同志，克以因缘时会，卖弄技巧，以派系意识代替党之组织关系，使以主义为中心、以革命为任务之党，变为以派系甚至以个人为中心之党。党员不为革命入党，而以私人权力入党，使有志气有革命性之人士，咸望望焉去之。此类事例，不胜枚举。直至现在，由中央以至地方，党之内部仍为政治奔竞角逐之场所，党部衙门化，党员官僚化，为社会有识人士所不齿，为一般人民所厌恶。今日党之黯淡与无力，此实为最大之原因。

（二）对政治，执政之政党其唯一任务在执行党之主义，本党执政二十年来，政治措施，虽有若干成就，但一切均走上失败之路，实足痛心。诚然从本党统一全国以来，外忧内患，交相煎迫，实无从容进行政治建设之充裕时间；或者由于本党执政之初期，缺乏政治经验，而社会经长期之落后，人才复不能适应需求，坐是无由多所建树，举国当能谅解。但令人不能理解之点，亦所在多有：例如对全国人口百分之八十五以上之农民问题，亦即土地问题，在此二十年间，理应加以解决，但非不能为而根本忽略而不为，致坐失最大多数之群众基础。又如抗战期间之物价管制政策、金融政策种种执行失败经过，尤其友邦助我巨额外汇之浪费虚掷情形，钧座固已对主管大员，痛加谴责矣，而政治败坏之主因，当然由于负责干部之无革命意识与主义意识，但社会心理咸以为某人固不足齿，但任用器使其人者则权在钧座。由少数贻误政治之党徒，使领袖之威信蒙受损失，关系太大。职往昔曾为此一再切直陈词，及今思之，实不胜其痛惋也。

（三）对军事，军事之败坏，由来已久，非一朝一夕之故。现在军事所表现之败坏现象，不外将领之怠惰气馁或低能，将领间之不和，官兵间之脱节，与官兵保育太差，久战之疲劳太甚，以致军心不固，士气不振。至于教育训练、经理、卫生诸般之缺欠，尚在其次。此种败坏观象之酿成，过去主持军政者自应负其责，但主要问题，至今日仍不能不归咎于军事政策之失败，尤其人事观点与保育方法实为军事败坏之主因。就人事观点而论，过去在有意无意之中，造成若干支配人事之中心。中央根本未统一掌管人事之权衡，反听任某某数将领意见为决定，以致人事制度无法健全，不免太阿倒持，造成离心离德，群怀不平之状态。以言保育方法，从国难饷章实施以来，已使官兵意志消沉。抗战军兴以后，官兵益饱受不合情理之待遇，中央所规定之给予，完全不顾事实，例如草鞋三双之费不足购一双之价，埋葬费不足购一张草席。种种苦况，一言难尽，如何能严明纪律，提高士气，令其甘于效死？而军队一切弊端皆由此而生。当三十年在黄山开会时，钧座固已痛加训诫，但已积重难返，收效甚少。

（四）对外交，关于外交问题，职曾屡为钧座进言。例如在抗战期间之对英态度与钧座之访问印度，均为增加中英关系不愉快之因素。当时政府对英美关系之一致性，殊为忽略，实未顾及亲美反英之基本矛盾，此犹其小焉者。

（五）对中共。（见第六章，兹从略）

（六）对干部，人事政策亦即干部政策，本有其一定之标准，此一标准，主要为人事必须与政策一致，不仅因才器使，尤须深察其是否适宜于执行政策。例如令充满保守思想的人，执行革命措施；令主张自由贸易之人管制物价；甚至令买办阶级主持民生主义之经济政策，不唯思想背谬，且与其本身利害发生矛盾，结果必至支离灭裂，与基本政策背道而驰。钧座若干年来，对于干部之任使，只注意其人之主观才能，而未计及人事与政策之一致配合，在用人方针上似属严重错误。至关于干部使用之方法，任何国家之用人，必先注意调任制度之确立，尤其新兴国家之人事制度，特别应着重新陈代谢，活泼运用，俾能收人才辈出之效。而本党对于干部之使用，则完全不合此种原则。例如主持军政者十余年，必待军事坏尽而后去；主持党务者十余年，虽已党务坏尽而仍留；主持行政与财政者亦莫不类是，以致神经中枢衰弱而麻木，弊病百出。一般人对钧座用人心理之奥妙，无从索解，常有"善善虽尚能用，但恶恶而不能速去"之批评，实由于人事运用呆滞之故。又对干部之态度，钧座只着重干部个人而不着重机构，往往因干部不能悉如理想，则不惜躬亲代庖。如是不但干部力量不能致其用，即机构组织之力量亦无由充分发挥。久而久之，形成只重事务而不重政策，只重个人而不重机构之弊端，与钧座平时所提倡之科学方法绝不符合。例如从去年六月起，国防部之人事与作战，均经钧座公开宣示，躬亲处理。此种办法，实不无值得考虑之余地。如钧座认为参谋总长不能称职，则随时可以更换，否则徒令坐拥虚位，仰赖尊裁，权责未专，威信尽失，下无以分忧劳之精神，上无以寄股肱之作用。如此使用干部，岂复能谓为正常之态度耶？

（七）对个人修养，关于钧座在个人修养方面，以职之愚，岂能仰赞万一。如钧座理学研究之精到，伦理观念之着重，与自律之谨严，均非常人所能几及。然职在平时追随左右，尝承亲炙之余，深感钧座于自律谨严之中，仍不无受外物影响而有缺欠之处，不惮烦渎，谨为钧座一一道之。

其一，钧座之思想，自底定全国以还，即渐有保守倾向，以致若干亟应改革之要政，受钧座惮于改革之态度影响，往往因循不决，故本党革命政策，始终不能表现于政治现实。职尝谓钧座之态度为儒家态度而非法家态度，但钧座为国家元首、革命党魁，仅持儒家态度以谋治理，似不足完全适应今日之时代。例如钧座若干年来对国民对干部所发表之文告与训示，多偏重于抽象之说教，绝少关于具体之现实政策，与其他国家元首对国民宣示政见之态度迥异。历时愈久，此类抽象之道德观点，一般人民尤其知识分子，甚至党内之若干同志，咸认为老生常谈，不能得到预期之政治效果与良好反应。又如《中国之命运》一书，在发表以前，不仅外国友人，即干部中亦多持不必发表之意见，及今检查此书发表以后之影响，当了然当时认为期期不可者实非无见。一般人认为此书充分流露钧座保守思想之所在，而钧座只注意当时对国民教育之意义，未注意其可能引起之政治反响。此为儒家思想与时代思潮不尽能融会贯通之症结所在，似不容忽略者。

其二，一般人咸认为钧座重视谋略与技巧而忽略基本政策与方针，甚至有察察为明之嫌。故一切问题，往往因谋略与技巧之过分重视，基本政策方针转居次要地位，本末倒置，渐次变质，负责执行之干部，恒感手足无措，此在钧座之最高领导地位，似非所宜。如对共党问题，以钧座极端侧重防制之技术，因而基本方针即无法把握，试看马歇尔八上庐山未获结果，其内心之感想如何？以职在新疆所闻，当时在政策与方针上，本无多大距离，仅以若干细节问题之争持难决，竟致摇动既定之方针。收复张家口一役，前后之方针转变，深信非出自钧座之本意，而实犹豫迁延当断不断所造成之错误。如此因小失大，殊不值得。此皆由钧座之心思过于细致，过于深刻，以致顾虑愈多则思路愈狭，实非主持大计者应有之态度。

其三，钧座性情急躁，动以盛气斥责干部，此不但不能使工作推动有效，徒使干部养成掩饰蒙蔽之风气。对于钧座之领导作风，只有极坏影响。现在一般干部，均不敢以逆耳之言相进，唯恐激怒于钧座。因而真正之下情不能上达，一切军事政治败坏之真相，均无法适时透彻了解。及败象毕呈，无可掩饰，钧座纵欲挽回而时机已晚。此种壅塞之象，最足寒心。且以钧座善怒之故，往往使一般干部对钧座之信仰发生影响。兹述一事他人向不敢为钧座告者：在本党六全大会中，钧座训话时辞气过于严峻，若干同志认为党魁对于党员，不应辱及人格，每以不伦不类之联语、打油诗作荒谬无稽之讥评。如有人戏改"万方有罪罪在朕躬"为"朕躬有罪罪在万方"，传观场内，毫无忌惮者。此在本党党内之集会尚发生如此反响，至足深思。至于国际间之流言，恒以钧座为世界各国领袖中脾气最坏之一人。甚至如史迪威之不能合作，美国方面亦以钧座与渠两人性情不能相处为论者，亦足见旁观者之感想。窃谓钧座以一身系国家之安危，即对个人精神身体之修养，亦不宜有此急躁善怒之性情，致影响身心之健康。关于此点，职昔年曾以详函劝谏，似曾邀钧座一时之注意，今钧座年事日高，涵养性情，温煦万类，所关者大，不敢不再申其说也。

四、补正之道

吾党今日面对此严重艰危之局面，绝不能不承认此一现象之造成，必有其若干重大之错误与缺点，而发现错误与缺点之所在，必须以最大决心与最大勇气亟谋补救与改正之方。同时吾人必须承认目前之局势实一非常之时期，处非常之时期不能不采取非常之方针，以谋非常之改革。如仍因袭传统，一切仍循错误之故辙而往复循环，或只从技术上方法上作枝枝节节之打算，则问题愈拖愈大，愈拖愈坏，亦即危机愈大，以至于无可匡救。现在而言补正之道，问题实多，兹谨归纳其最切要之点，分为制度、政策、人事与领导作风四项，简要说明如次：

（一）制度。过去政治制度之缺点，最重要者为中央过于集权，因而地方之力量过于削弱。由于此种强干弱枝之观点，对地方控制过严，徒然阻碍地方之发展。现在宪法上虽已规定中央地方关系，但条文富于弹性，同时积习太深，恐过去观念一时不易转变，亟宜痛下决心，加以改革。今后务必彻底解除中央法令中所予地方之种种无理束缚，使地方力量克以充分发挥，人才克以向地方展布，以消除今日中央"脑充血"、地方"贫血"之病态。又如军事制度，现在国防部之组织，集中军政、军令之大权于参谋总长一身，而出席政务会议之国防部长根本不问军政。此种矛盾情形，绝不适合中国国情，事实上军事因此已蒙受极大之影响。其他如财政制度、经济制度、教育制度等，似均有彻底检讨改革之必要。

（二）政策。现在最重要而必须急切决定改变之政策，莫过于关系全国人口百分之八十五农民切身生活之土地政策。过去以本党之无担当无勇气贯彻执行，坐失广大之群众基础，致演成今日严重之局势，具如上述。今日虽嫌时机较晚，但纵令万一本党领导之政权不能避免挫折，而在广大农民群众中留一最后去思，亦具有重大之政治意义。又如过去经济政策，徒然培养官僚资本与买办阶级，与民生主义之革命政策，背道而驰，在若辈操纵把持之下，一切有关经济之改革，无异与虎谋皮，二十年来本党坐是大失人心，足为鉴戒。现在本党所执行之经济政策，根本尚不足以言资本主义，而世界潮流所趋，即根深蒂固之资本主义国家如英国者，亦早已改弦易辙，采取社会政策，借以防止因资本主义发展而必然产生之社会革命。在号称实行三民主义之本党，岂可背其所信，丧其所守，而听任社会经济之崩溃，以加速本党政权之失败？及今而不彻底改革，尚何所待乎？（以下论到对苏联政策、对中共政策，详说主张亲苏和共的理由，已见第六章，兹从略。）

（三）人事。任何政策需人而行，亦需人而成。过去人事之不能配合政策，造成严重错误，已为钧座痛切陈之。今后如不从用人之心理观念以至用人之标准，作彻底之改革，则政治颓势，殆无挽回之望。夫本党执政二十年来，究曾培养若干人才？在一般人心目中，认为二十年来之中央政府，不外如"走马灯式"之转换，党政军各方面之人事重心，始终在少数人轮流掌握之内。乃至钧座以一国元首之尊，兼职及于四联总处与大学校长，造成"中国无人"之印象，对钧座之声誉亦大有损害。故职认为今日不仅制度与政策需要彻底改革，而人事尤宜彻底更张。即以国家现状如此败坏，过去负责方面之干部，无一不应引咎自责。为表示本党对国家之负责态度，现在负责之高级大员，当然职亦为其中之一人，应即大部或全部调换，而尽量拔用优秀有为富于改革精神之人才，如是可以使国人耳目一新，中外观感一新，国事乃大有可为，争取转机。今后政府是否能获得人民之拥护，此实为一大关键也。

（四）领导作风。此点对钧座之主观方面关系较大，职自未敢多所哓舌。唯职意今后钧座应特致力者：

其一，钧座于万几之余，每日能摘阅有关修养之中外格言三数条，在读经祈祷时特别注意性情之省察，从心灵上、涵养上多下功夫。

其二，对一般出版刊物，不论其属于左倾右倾或中间人士之言论，每日能浏览数篇，唯其逆耳之言，愈足供钧座之参考。昔人闻有过则喜，闻善言则拜，他山之石，可以攻玉，接纳善言、忠告，实为贤明领袖不可缺少之修养。同时于此可以了解真心之舆论，增进对新思潮、新时代之认识，裨益不鲜。职年来曾嘱人每日摘剪各方面之报刊言论，名之曰《逆耳之言》，初拟呈阅，但终踌躇未果。今后钧座似可指定秘书一人，专司选择粘呈之责，兼收并蓄，务广见闻。职信钧座之度量无所不容，所谓"兼听则聪，偏听则蔽"，如耳目无壅塞之虞，斯政事有澄清之效，所关非细。

其三，对干部之领导，职以为最切要者厥在改变儒家之态度，而转向具体的、切实的政治领导。教育之启发，其效远不如政治之表现。倘能减少抽象之教条理论，而着重实际政治问题之解决，以正确之政策态度昭示于中外，则任何错觉与误解自不致发生。

其四，对人事之运用，应改变过去"凡受大多数舆论所反对的人而偏为中央所最重用的人"之态度，而应重视舆论，洽顺民情，以加强中央之威信。

其五，对事权之管理，应改变过去"一切作最初的决定，作技术的直接干涉"之态度，而只保持最高决定最后裁可之大权，以加强领导之效用。

总而言之，当前局势必须作彻底与全面之改革，始能有效地挽回颓势。及今痛下决心，放手做去，为时已嫌过晚。倘再因循不决，继续拖延下去，则瞻念革命前途，诚有不堪想像者！

盖今日如不彻底改革，即无以唤起人心，如不唤起人心，即无以挽回颓势，此理势所必然也。

谨附录成语数则，借供参证：

你们要谨慎，无论是谁都不可以恶报恶；或是彼此相待，或是待众人，常常追求良善。（帖撒罗片迦前书五章）

那疑惑的人，就像海中的波浪，被风吹动翻腾。心怀二意的人，在他一切所行的路上，都没有定见。（雅各一章）

我另外有羊，不是这圈里的；我必须领它们来，它们也要听我的声音；并且要合成一群，归一个牧人了。（约翰十章）

因为所赐给我们的圣灵，将上帝的爱浇灌在我们心里。（罗马书五章）

凡人言语正到快意时，便截然忍默得；意气正到发扬时，便翕然能收敛得；愤然嗜欲正到腾沸时，便廓然能消化得，此非天下之大勇不能也。（王阳明）

经一蹶者长一智，今日之失未必不为后日之得；但已落第二义，须从第一义上着力，一真一切真。（王阳明）

今日所当讲求尤在用人一端，人才有转移之道，有培养之方，有考察之法；人才以陶冶而成，不可眼孔太高，动谓无人可用。（曾文正）

知己之过失即自为承认之地，改去毫无吝惜之心，此最难之事！豪杰之所以为豪杰，圣贤之所以为圣贤，便是此等处磊落过人。能透过此关，寸心便异常安乐。（曾文正）

侥幸以图难成之功，不如坚忍而规远大之策。（胡文忠）

长官之于僚属，须扬善公庭，规过私室。（胡文忠）

兄自问近年得力唯有悔字诀。兄昔年自负本领甚大，可屈可伸，可行可藏，又每见得人家不是；自从丁巳戊午大悔大悟之后，乃知自己全无本领，凡事都见得人家有几分是处。(曾文正)

古人办事掣肘之处，拂逆之端，世世有之，人人不免；恐其拂逆而必欲顺从，设法以诛锄异己者，权奸之行径也。听其拂逆，而动心忍性，委曲求全，且以无敌国外患而亡为虑者，圣贤之用心也。借人之拂逆，以磨砺我之德性，其庶几乎。(曾文正)

这个建议是我在兰州特别派人坐飞机送到南京去的。我当时的估计，时机是晚了，蒋无力或也无心来打破那种环境，从事全面的彻底的转变。果然，过了一周，蒋复一电，大意是建议已阅过，待详细研究后再答复，以后就杳无消息了。

在过去，我对蒋所作口头的或书面的建议和争论，无非为的国家，为的革命，所以知无不言，言无不尽，不避嫌怨，不计个人得失利害的。从旧关系说，作为一个党的干部对党魁，我的责任是尽到了。而我二十五年来对蒋的竭智尽忠，皆成白费。要是蒋能够坚持孙中山先生的三大政策，以后局面是会有不同的，是有可能和共产党同心协力由革命的三民主义过渡到社会主义的道路上去的。当然，以现在中国共产党所领导的政权成绩来说，蒋所领导的国民党愈早垮台愈好。人民解放事业的迅速完成，真是国家和人民的最大幸运！我能目睹并亲身参与伟大祖国天翻地覆、日新月异的变化，也是我自己毕生的最大幸运。这样，我过去一贯站在国民党立场错误的主观愿望，今天是得到明白清算了。我过去老是忧虑着国家这样坏下去怎么办，现在已放下多年来这样沉重的精神负担,也就精神上得到解放,我的心境是无比的愉快了。

20世纪40年代张治中与夫人洪希厚在重庆桂圆楼上。

求民族生存而战

张治中 题

第五章 新疆问题：从迪化会谈到和平解放

第一节　迪化会谈

　　新疆是祖国西北的一块广大的领土，南北二千二百余公里，东西二千五百余公里，面积达一百六十多万平方公里，约占全国总面积六分之一弱。天山横亘其中，昆仑山雄峙于南，沙漠戈壁占地甚广。与蒙古、苏联、阿富汗、印度相接壤。矿产异常丰富，如阿尔泰山的金子，乌苏的石油，和阗①的玉，都是有名的；此外，煤、铁、铜、银、铅、钨等也很多。还有很多的原始森林，畜牧业发达，瓜果特鲜美。

　　全省人口五百余万，包含民族十三个：维吾尔、哈萨克、汉、回、满、蒙、柯尔克孜、塔塔尔、乌兹别克、俄罗斯、锡伯、索伦等。其中维、哈、柯、塔、乌、塔都是突厥语系民族，都信奉伊斯兰教，回族亦信奉伊斯兰教。锡伯、索伦是满族的分支。以维吾尔族人数为最多，约占全省人口的百分之七十五。

　　新疆在汉代张骞、班超通西域前后，那里民族矛盾尖锐，此征彼伐，互相砍杀，曾无已时。汉唐以后，蒙族占多数，也有其他民族，但大都信奉佛教，现在的突厥语系各族是以后才迁移进去的。新疆和祖国的关系虽时断时续，但已有两千年的历史了。

　　新疆建省是在清朝光绪十年，就是左宗棠入新之后奏请清廷设置的。自清朝至民国年间盛世才黑暗统治结束为止，无不以殖民政策统治这块地方。每当新省人民因不堪压迫剥削起来

---

①一九五九年改为和田县。

反抗时，统治者总是以武力戡平，戡平之后，又继之以高压剥削。高压剥削过度了，人民又起来反抗。如此循环不已，便构成了新疆的历史——民族压迫和反抗民族压迫的历史。各民族一向在政治上、经济上毫无地位，也谈不到什么民主自由，因此造成了民族间的仇恨。

初飞新疆

在恶魔盛世才被迫不得不离开新疆之后，吴忠信接任才一个月，就是一九四四年十一月，伊宁发生了革命暴动，消灭了国民党驻军，先后占领了伊犁、塔城、阿山①三个专区，组成了一个"东土耳其斯坦共和国"。到一九四五年八月第二次世界大战结束，日本无条件投降，伊宁方面的民族军队又发动进攻，突破精河、乌苏，一直推进到绥来的玛纳斯河西岸，距省会迪化②仅一百四十多公里。同时对南疆更分路进攻，全省已陷动荡混乱情况中。

这时候驻在迪化的国民党第八战区司令长官朱绍良迭电向重庆告急，内有"事态严重""前途不测""只有一死殉国"等语。蒋接电甚为焦虑，即派我到迪化去。他给我的任务是"振奋士气，安定人心，考察这次事变的实在情况，提出报告，作为解决问题的参考"。我是在一九四五年九月十三日由重庆飞到迪化的，当天朱绍良向我汇报了以下情况：

---

① 原名阿尔泰，一九一九年改为阿山道，相当今阿勒泰地区。
② 迪化，乌鲁木齐旧称。

一、伊犁军队已至绥来附近，距迪化仅有两日路程，随时有进攻迪化可能；

二、现在守备迪化兵力只有六个营（连中央军校第九分校的一营学生在内），正赶调骑兵第五军和四十六师一部增援，但最快亦需八至十日后始能陆续到达；

三、粮食弹药储备情况，如交通无意外变化，每天继续运输，可以支持。

当时我一面叮嘱朱绍良和集团军总司令李铁军注意激励部属，振奋士气，确保迪化安全；另方面就请外交特派员刘泽荣先生转约苏联驻迪化代总领事叶谢也夫见面，征询意见，希望他能够出面调停。因为当时我已经考虑到，这件事情要想从军事上解决是毫无希望的，只有用政治方式来解决；而政治解决必须有中间人，最好的中间人是苏联。

在九月十四日我和叶谢也夫见了面，问到他的意见，他表示：这是中国内部的事情，苏联不便干涉中国内政。就他个人的看法，这件事最好是设法和平解决。我当时表示同意他的看法，并问他愿不愿代为疏通阻塞和平解决的道路，首先是使伊宁方面停止军事行动，以便双方派代表商谈。他答应把我的意思转达莫斯科，并表示他个人愿意从旁帮忙，但是在没有得到政府指示前，他不能有所行动。还说：最好由中国政府向苏联政府提出，较易有效。

当时我认为他的话是具有诚意的。所以当天我就打电报向蒋提出建议说：此间情况万分紧迫，除非伊宁军队中止前进。迪化殊无把握确保，目前只有通过外交一途从事和平解决，否则迪化一失，则局势全非，今后即能恢复，亦需费极大力量与极长时间，夜长梦多，变化难测，恐影响中央威信太大，应请当机立断，不要拘于外交常轨，可否即电驻苏大使傅秉常向苏联政府提出和平解决新疆局势并今后中苏在新疆经济合作意见，请苏联方面出来调停。

电报发出之后，我和朱绍良、吴忠信都认为局势已经看得很清楚，除用这个办法解决之外别无他途，我没有再停留迪化的必要，于是在九月十六日飞回重庆向蒋汇报。

在迪化时，吴忠信曾和我口头多次谈到他到新后一年来的情况，怕我记不详细，还写了书面材料交给我。在他到新只一个多月就发生了伊宁事变，据他自己说和我们事后所知，他是没有做坏事，而且天天想做好事，例如释放盛世才关在监狱里的许多人，其中就有包尔汉先生。在国民党集团中，他是个老好人，但是他的底下特别是不归他指挥的特务分子究竟干了些什么，他当时是管不了，甚至是不知道的。

对解决新疆问题的研究与决定

我回到重庆不久，苏联驻华大使彼得洛夫就向国民党政府外交部提出了一个备忘录，全文如下：

据苏联伊宁领事转报苏联政府称：有回民数人，自称新疆暴动之人民代表，向该领事声请，并暗示希望俄人出面为中间人，担任调停彼等与中国当局所发生之冲突。并声称暴动人民原无意脱离中国,其宗旨在使回民在新疆占多数各地如伊宁、塔尔巴哈台①、阿尔泰②、喀什各区,达到自治之目的,该代表并列述过去新省当局对彼等之种种压迫。苏联政府因关切其与新疆接壤地区之安宁与秩序,如中国政府愿意,则准备委派驻伊宁领事,试对中国政府提供可能之协助,以便调停新疆已造成之局势。

外交部向蒋请示后,作了以下的答复:

(一)关于新疆回民暴动事,苏联政府愿意协助,我政府甚为感谢。

(二)关于边疆人民待遇之改善,蒋主席早曾宣示:政府对新疆人民甚为关切。此次事变,我政府已派张部长治中赴新调查实情,即为改良待遇之张本。

(三)我政府甚望此次事变分子派代表至迪化,向张部长陈述意见,以便商洽解决,政府必根据既定政策,使新疆全体人民在政治经济上,与内地人民获得同等待遇。

(四)苏联驻伊宁领事愿意协助,请即代为通知并介绍彼等到迪化晋谒张部长,商洽进行和平解决办法。至该代表等之安全,我将力为保障。

就这样,国民党政府就派我为中央代表到迪化去和伊宁代

---

① 旧政区名,今为塔城。
② 旧政区名,今为阿勒泰。

表会谈。到这时候,我就不能不对如何认识和解决新局问题作较详细深入的研究了。我的研究结果,肯定了以下各点:

(一)新疆问题是民族问题。新疆人民在历史上是备受反动统治的高压和剥削。这种高压和剥削的结果,就是人民奋起反抗。因此要想解决新疆问题,首先要改变过去的态度和做法,并且本着民族平等的原则给他们以政治上、经济上的平等权利,首先是政治上的平等权利。

(二)新疆问题又是外交问题。新疆和苏联向来就有历史的、地理的、民族的、经济的种种密切的关系,可以肯定,苏联对新疆绝无领土企图,但它也不能容忍在新疆出现反苏局面,所以新疆绝不能反苏,一定要和苏联保持亲善的关系。

(三)根据以上的认识,我考虑到对新疆人民采取宽大的政策和做法,给新疆人民以自由、平等的权利这一点,在国民党内是很难得到多数人的支持的;特别是亲苏一节,阻力更大。我是一向主张亲苏的,蒋派我到新疆去时当然想到这一点。当时国民党政府是反苏的,而我在新疆要亲苏,这就是极大的矛盾。怎样才能克服这个矛盾呢?怎样才能使国民党政府不反对我的主张并且支持我的主张呢?这是我当时最感困难最费踌躇的所在。

会谈的第一阶段

我在飞新疆之前,向蒋陈述了我对新疆问题的看法和意见,表示有极大困难之处。当时我说的困难是指来自国民党政府的，至于和伊宁商谈的困难，我当时还没想到。蒋听了用很肯定的语气表示："新疆问题你可以全权处理，有什么问题你随时可以打电报来！"我听了这话后，才觉得有一些保证，于是在同年十月十四日由重庆飞到迪化。同行者：梁寒操、彭昭贤、屈武、张静愚、邓文仪、刘孟纯、王曾善等。

伊宁方面代表三人，就是赖希木江、阿不都哈依尔·吐烈、阿合买提江，他们是先两天到迪化的。他们来时都佩带"东土耳其斯坦共和国"的证章，并且对招待人员说：他们是代表东土耳其斯坦共和国政府来和中国政府代表进行谈判的，届时将出示证明文件，中国政府代表方面也应交验证件。

我知道这种情况之后，在十五日就约请苏联驻迪化代总领事叶谢也夫谈话。我说：彼得洛夫大使给政府的备忘录，只说是新疆暴动人民代表请苏方出面调停，并声言没有脱离中国的意图，而政府给苏方的答复，也说准许这一次事变的分子派代表到迪化来陈述意见，以便商洽解决的办法，因此我只能以中央政府代表的地位接见事变分子的代表，不能接见所谓东土耳其斯坦共和国的代表。请苏领把我的意思转告伊方。苏领开始表示最好由我于第一次接见时当面和他们说。我说：苏联政府已表示愿意协助我政府解决事变问题，您就负有转达的责任。叶领事随即答应为我转达。

伊方代表经苏领的劝告，就没有坚持他们原来的态度，于是我在同月十七日接见了他们。

我首先说了一番话，全文如下：

恢复弟兄间的和气与家庭间的团结
（三十四年十月十七日）

中华民国是汉、满、蒙、回、藏五大族和若干少数民族所构成的一个国家。这几个民族都是很亲爱的，如同兄弟手足，处于平等的地位。我今天以中央政府代表的地位来接见各位，心里感觉很高兴；我们就如同兄弟手足见面一样。我们各民族都是亲爱的兄弟，由这些弟兄构成了中华民国这个大家庭，今天这次会面，等于一家人坐在一起，心里当然感到无限的愉快。

不过，我们并不否认，同在一个家庭的弟兄，对于有些问题，大家意见不一致，甚至因此吵吵闹闹也是难免的。可是吵闹是吵闹，但不会损伤弟兄的和气和破坏家庭的团结。所以我们相信过去弟兄们虽然也曾发生过意见，但都是一时的，偶然的，不会影响到弟兄间的和气与家庭间的团结。本人这次代表中央政府到这里来，为的就是恢复弟兄间的和气与家庭间的团结。

在过去，新疆也曾发生过民族间的问题。我们相信这当然是一时的，偶然的。本人今天奉到中央政府和蒋主席的命令和大家见面，听取各位的意见，以便商量一个解决的办法。本人很希望能够很恰当的，很顺利的，使得弟兄间的和气与家庭间的团结得到恢复。我们并不否认，在过去省府当局有些措施，颇有对不起全省同胞的地方。但是各位可以了解中央的情形，中央实在也有照顾不到的地方。去年秋季以来，中央虽然也想调整改善新省的局面，但是抗战工作正在紧张进行中，中央事实上不能以很大的力量，费很多的精神来顾及新省。同时在新疆省府刚刚改组的时候,接着就发生了伊宁事变。所以到今天为止,中央对改善新疆局面和爱护新疆人民的意思,还没有方法能够表达出来。这是中央感到非常遗憾的地方。但是今后情形就不同了,现在抗战业已胜利,中央已经可以拿较多的力量和精神来顾及新省;中央今后必然本着培植新疆爱护同胞的精神,来改善全省人民的生活,提高全省人民的文化水准;从经济、政治、教育各方面来努力,力求符合全省人民的要求,达成全省人民的愿望。这一点,我可以告诉各位,中央是具有充分的诚意的。

因此本人这次代表中央到这里来,很希望弟兄间的感情很快能够恢复,新省的问题很快能够得到解决,使一切都恢复正常状态,以便积极地开始我们各项的建设工作。我可以重复地、郑重地告诉各位,在新疆问题迅速而又圆满解决之后,在弟兄间感情迅速恢复、家庭间团结迅速巩固之后,中央一定尽力把新疆按程计功地建设起来,把人民生活循序渐进地改善起来。

各位这次到迪化来,使命重大。相信各位一定和本人的希望相同,和中央的希望相同,和全省人民的希望亦复相同。各位如有意见,请尽量地提出来,我们愿意详加研究,求得共同一致的解决。

我相信我这番话是出自真诚的,他们听了之后态度显得相当和缓。我这番短短的开场白是为和平解决新疆问题奠定了初步的基础。

话说完后,我就问他们对问题解决的意见,当时他们表示愿意先听听我的意见。我就说，你们要想先听我的意见也可以，等我研究之后再向你们提出来。

会后我和同去的人研究为什么伊方不先提要求？我们原来设想，他们来时是一定带了条件来的，其中一定有在承认"东土耳其斯坦共和国"的基础上所拟出的若干点要求，只因为我严加拒绝接见"东土耳其斯坦共和国"代表之故，所以他们就感到需要有所改变，但时间仓促，来不及向伊宁方面请示，所以就希望我先提意见了。

我们在详加研究之后，就写出一个《中央对解决新疆局部事变之提示案》。这个提示案是依据民族平等、政治民主、地方自治的基本原则拟订的，是初步符合新疆人民的愿望和要求的。其全文如下：

中央对解决新疆局部事变之提示案

"中国各民族一律平等"，为国父在三民主义之民族主义中所昭示之原则，中央秉承国父遗教，对于边疆各族，常以扶助其政治、经济、文化之平衡发展，为达成民族平等之一贯政策，蒋主席业有剀切之昭示。唯在抗战期间，不得不着重于击溃暴敌以争取国家民族之自由独立为前提；故对于边疆人民虽备极关切，但事实上容有不暇兼顾之情况。现敌人日本已无条件投降，建国之伟大工程即将开始，全国人民永享自由平等之福利，人民对于国家，同时负有维护其统一团结之义务。此次新疆发生局部事变问题，中央深感遗憾，唯不可因此而影响各族之感情与国家之统一。爰一本宽大之怀,遵循国父遗教与蒋主席之宣示,以扶植边疆人民自治、解除其痛苦、促进其发展,为解决事变之方针,特提示如左①:

(一)扶助新疆人民政治、经济、文化之平衡发展,俾与内地人民获得同等待遇。

(二)尊重各族之宗教信仰,对各宗教之教堂寺院妥加保护。

(三)尊重各族固有之文化与风俗、习惯、语言、文字。

(四)依法保障各族人民之身体、财产、言论、行动、居住、出版、集会、结社之自由。

(五)实施地方自治,其办法如左:

  (甲)现在变乱中之县份,在恢复秩序后三个月内完成乡镇保甲之选举,六个月内完成县参议会之选举,实行民主政治。

  (乙)县参议会成立之后,依县参议会组织法之规定,对于地方人民福利事项有条陈建议之权;对于地方行政人员违法行为有检举监察之权。

  (丙)县参议会成立六个月后,得就当地人民德望素孚、学能兼优者选举二人,由政府择委一人为县长。

  (丁)为辅助县长处理公务,由政府委派副县长。

  (戊)各区行政专员由省府保荐,中央任命,并得选用地方人士,其他行政人员亦以多数选用地方人士为原则。

(六)以后政府应切实考虑减轻赋税,严禁摊派,并积极扶

---

① 原文为竖排本。

助其发展农工商业，以提高人民之生活水准。

（七）普设各级学校，推广社会教育，以提高人民文化水准；小学校并一律分别使用各族语言文字。

（八）变乱区域内所有军事行动，应即停止，并限于一个月内恢复事变以前一切状态与秩序，并取消事变期内一切不合法之组织。

（九）参加事变之武装组织应即妥为资遣返回原籍各安生业。

（十）参加事变之分子一律免究，并保护其生命及居住之安全。

（十一）因事变而被拘押者，相互查明释放，其财产被没收者亦应查明发还。

（十二）参加不合法组织之人员愿返回原籍者，一律给资遣还，余由政府考核分别任用，俾有充分为国家服务之机会。

同月二十日我第二次接见伊方代表，把上述提示案交给他们。他们当场表示要带回伊宁详细研究之后才能提出答复。还说，他们来时所负的使命，是要求准许伊犁、塔城、阿山和喀什四区的独立。我就追问他们所谓"独立"是何含义，这与苏方备忘录所说你们表示无意脱离中国的话显然前后不符。他们当即作了许多解释，说明所谓"独立"，是指地方政治、经济、军事等应由人民自由管理，至于外交、交通、币制，自应由中央主持。他们的原意还不外是要求自治，但是对"民族自决""民族自治"和"民族独立"等似没有明确的概念，就不免有所含混。我就向他们剀切开导，告诉他们关于抗战胜利后的国内外形势和中苏邦交的亲睦,最后说明中央关怀边疆人民、扶助边疆发展的政策,中央只要求他们拥护国家统一,服从政府法令而已,此外别无他求;并且列举提示案的各点来说明中央的真意。

他们听了之后,似乎有所感动,态度更见好转,说过去并不知中央情形,亦未闻有此政策,只因长期以来身受高压剥削,忍无可忍,所以被迫出之以反抗的革命行动,表示回到伊宁之后一定向他们的政府和群众详加解释等语。

当天晚上我又约苏领面谈。由于往来较多,彼此已较熟,态度上都较为坦白直率,愈趋融洽了。我问叶领事对此事的意见,他表示伊方当然不能脱离中国,这是基本原则,但是据他的观察,中央提示案恐怕还不能满足伊方人民的愿望,可以让代表们先回伊宁一行,十天八天就可以回来继续商谈的。

在伊方代表回伊宁之前,我在同月二十日又接见了他们,再次和他们说了一番话。一方面分析新疆历史的演变,同时又检讨历代统治者对待新疆的政策。从历史演变分析看出过去惨痛教训的根源,指出以后不但绝对不容许历史重演,使新疆人民蒙受极大的痛苦,还应该采取种种合理措施,为新疆人民奠定千万年自由、和平、幸福的基础,使新疆人民享受到永远自由幸福的生活。这个责任由谁来负呢?我说:责任在你们的肩膀上,现在就请你们切实担负起来,检讨过去历代统治者对新疆的错误政策时,申明今后中央对新疆的态度,向他们提出保证,保证中央今后绝对不会采取和过去反动统治同样的错误政策,绝对不会再有什么征服、高压与歧视,一定要遵循着三民主义,为新疆人民谋幸福。

我说完这番话之后,他们也有了相当诚恳的反应。他们说:他们在到迪化之前,由于有鉴于过去地方当局(指盛世才)的凶暴态度,心里很惶恐,现在明白了中央的意旨之后,才明白不但和过去不一样,而且对新疆的政策正符合新疆人民的愿望,在说话中再三用"中华民国"和"中央政府"字眼,态度较上两次显然有所不同。最后我表示希望他们迅速回来,接受中央的提示案,使事件得以圆满解决。他们也表示愿尽最大的努力去说服伊宁政府和群众,采取和平方式解决。还说少则十天多则两周就会回到迪化来。

第二天(十月二十一日)清早我就派人护送他们过绥来前线。

伊方代表在同年十一月十三日再来迪化,我在十四日接见他们,他们即出示伊方提出的书面答案。全文如下:

伊宁方面对中央提示案之意见及所提要求

——对于和平方式解决与新疆穆斯里曼(回教徒)武力冲突事件

中国政府代表所予之提示案新疆回教人民代表之意见

(一)中央对于解决新疆局部事变之提示案,吾人研讨之后,认为毫未注意回教人民之愿望,并亦未能满足吾人之要求。提示案所谓:"'中国各民族一律平等',为国父在三民主义中所昭示之原则,中央秉承国父遗教,对于边疆各族,素以扶助其政治、经济、文化之平衡发展,为达成民族平等之一贯政策"

之宣示，此类词句，早为新疆回教人民所熟知，但迄未实现，且更进而成为一种形式之宣传。此种昭示与宣传，丝毫未能阻止汉人对于回教徒之宗教、习惯与民族文化之压迫、轻视及侮辱。

以前所实行之暴虐政治，绝不能谓为民主政治。例如：公安机关（指警务处及其前身——译者注）不根据法律行使其职权；公务机关不任用回教徒，因事前来接洽之回教徒，常遇汉族公务人员之轻侮；所有公文，均用人民所不谙之汉文办理；人民因事接洽，除受公务人员之骄傲与自作威福外，所欲接洽之事件，亦多不得解决；对于无辜人民，尤其对于回教徒人民中之上等人物，并不经过法律手续，唯凭暴虐之私意，与公安机关之侦察，即加以逮捕下狱。

我回教人民代表谨郑重声明：我回教人民，自东土耳其斯坦归入汉族政权以来，即遭受此种暴虐政治之待遇。

吾人曾恭读蒋委员长统帅于一九四五年八月二十四日，在国防最高委员会与国民党中央常会临时联席会议之训示："目前国际间之民族主义，业经获得解决，吾人现应解决国内之民族主义。吾人之政策为：国内各民族中之未具有自治能力者，应予以协助，使其获得自治之能力；对生活于边疆之民族，于其具有自治能力之时，即可予以自治。"此项训示，使吾人深感满意。

（二）新疆回教徒根据上述训示，并自信已有相当之自治经验，因此认为所有新疆回教人民占大多数之地区，要求真正的高度自治权为合法之行为。

根据以上原则，吾人要求下列各项：

(1) 在上述高度自治（按直译为完全自治）范围以内，请给予回教人民选举彼等相信之地方人士为行政官吏之选举权。

武装冲突解决之后，在两个月期限内，应完成行政官吏之选举。

(2) 请取缔对于宗教之歧视，并予以信仰宗教的完全自由。

(3) 国家行政机关与司法机关之文书，均用回教人民固有之文字。

(4) 在小学、中学及大学中，均用回教人民固有之文字施教，并广泛地发展民众教育。

(5) 请确定民族文化与艺术之自由发展。

(6) 请确定出版、集会、言论之自由。

(7) 请按照每一人民之实际生产力，并视其力量，规定税率。吾人经明了人民对于政府经济上应负之义务，自当量力负担，但此项负担之数额，应以不妨碍新疆回教人民及其他人民之生活与经济发展为标准。

(8) 请给予商民以对国内外贸易之自由。

(9) 请准予在各区组织民族军队。

参加此次事变之军队，按照国军之编制，予以改编，但应保持其民族形式。部队之缺额并应由回教人民中补充；军队之教练与命令，应用维哈语文行之。

(10) 新疆省政府之组织中，应按照回教人民人口之数目，准予参加回教徒代表。

(11) 为争取自由而参加事变之回教人士，应予一概免究，并确实保证嗣后不以任何借口，加以危害。

武装冲突事件解决以后，在三天之内，所有为争取自由而参加事变的人，一律予以释放。

全文共分十一项，其中(2)(5)(6)(7)(11)各项关于尊重宗教信仰、文化、言论自由，减轻税率，免于追究参加事变人士等项与中央提示案尚无出入，不同之点计有：（甲）要求于事件解决后两个月内举行行政官吏选举，给人民以民主政治的权利；（乙）要求国家行政机关及司法机关内行文用回教徒固有文字；（丙）要求小、中、大学用其固有文字施教；（丁）要求商民与国内外自由贸易；（戊）要求在各区组织"民族军队"，参加事变的部队照国军编制改编，唯保持其民族性，以后缺额由当地回教徒补充，训练及命令以维哈文为准；（己）要求在新疆省府组织内按各族人数比例参加回教徒。

我们在研究之后，第二天就提出来一个答复，全文如下：

（一）政府给予新疆人民选举彼等相信之地方人士为行政官吏之选举，其实行程序为：于事件解决后三个月内，由各县人民选举县参议员，成立县参议会，然后由县参议会选举县长。县政府各级人员，除副县长应由省政府委派外，其余均由县长保荐任用之。在县长尚未实施民选以前，现在事变区域内，得由人民代表就当地德望素孚、资历学识及能力适合之人士，提出名单，向省政府保荐，由省政府予以审查任用。

各区行政督察专员，系对省政府负责，应由省政府向中央保用。

各县参议会成立之后,并依法选举省参议员,参加省参议会,以代表人民公意,监督并协助省政府推行政令。

至于省政府主席是否由人民选举,应俟中央召集国民大会,制颁宪法之后,遵照宪法之规定办理。

(二)政府取缔对于宗教之歧视,并予以信仰宗教之完全自由。

(三)国家行政机关与司法机关之文书,国文与回文并用,唯人民上呈政府机关之文书,准予单独使用其本族文字。

(四)在小学,用其本族文字施教;中学以国文为必修科;大学则依照教学需要,并用国文与回文施教。

(五)政府确定民族文化与艺术之自由发展。

(六)政府确定出版、集会、言论之自由。

(七)政府按照人民之实际生产力,并视其力量,规定税率,人民经明了对于经济上所负之义务,自当量力负担,但此项负担之数额,应以不妨碍新疆人民之生活与经济发展为标准。

(八)政府给予商民以对内贸易之自由,并准予商民对外自由贸易,但应遵照国家对外所订商约之规定。

(九)政府准将参加此次事变之部队,除年龄体格不合标准及不愿继续从军者应予遣归外,其余按现有人马武器实数,依照各县定额,尽先改编为保安团队;如有多余时,再依国军编制,编为国军,其建制以团为最大单位,但应保存其民族形式,嗣后遇有缺额时,应以本族人民补充之,其教练及命令,以用本族文为原则。

其各级军官,仍用其原有之军官,但应分期带职调送军官学校，补习其应受之军官教育，期满回任原职，该部队应由政府派遣教练人员，协助训练。

编为国军后，应随时听候调遣。

关于上述部队之集合地点与点验，改编之实施办法，另行规定。

（十）新疆省政府之组织中，准予参加回教徒代表。

政府对参加事变之人士，一概免究，凡因此次事变而被拘捕之双方人士，应相互查明释放，发还财产，并相互切实保证，嗣后不得以任何借口，加以危害。

答复的要点是：（甲）县长可由民选，但副县长应由中央委派；（乙）官厅文书汉文回文并用，人民向官厅的陈诉文件，可以单独用其固有文字；（丙）小学用固有文字，中学以汉文为必修科，大学汉文回文并用；（丁）在国内准予自由贸易，对外贸易须候外商约及经济合作办法商订后才能确定；（戊）改编军队必先报明其现有人马武器实数，在汰弱留强和志愿退役者应予遣归的原则下，由中央派员点验，按实有人马大部编为地方团队，其余编为国军，以团为最大单位。

十七、十八两日继续商谈，每次都达四小时以上。十七日我就他们所提答案第一点强调中央所倡导中国各民族一律平等的昭示，丝毫未能阻止汉人对回教徒之宗教、习惯与民族文化之压迫、轻视及侮辱，认为是汉人压迫回族一节，又作了长篇的开导。

在这两天商谈中，大部分条款都获得了协议，但是伊方代表还坚持下列各点：（一）要求给予完全自治，自省主席以至县长各级行政官吏都由人民选举；（二）政府机关官文书均用回文，大中小学均用回文施教；（三）商民得对外自由贸易；（四）组织民族军队并保持民族形式，并且以过去地方官吏对回教人民的种种压迫为借口，不肯让步。还说他们这次再来的态度已经和上次有天渊之别了，意思是现在已经放弃了独立的要求，不提"东土耳其斯坦共和国"，只要得到高度自治了。他们认为这是最大限度的让步，但是和中央提示案还有相当的距离。当时我们一方面和苏领保持接触，希望以侧面说服的方式给他们一个考虑的机会，另方面连日和他们恳切交谈，动以感情，析以法理，晓以利害，反复再三，真是到了舌敝唇焦的程度了，但是他们到此仍然少有让步。

我们在详加考虑之后，再作一次让步，逐点给他们答复：（一）关于省府组织问题：（甲）省主席是否由人民选举，应俟国民大会制颁宪法之后遵照宪法规定办理；（乙）省政府仍须由中央任命的主席执行命令；（丙）中央任命省府人员当给各族贤达以充分参与省政的机会。根据上述原则提出具体办法如下：（甲）省委名额由现在的十三人增到二十五人；（乙）二十五人中中央直接任命十人，各区保荐呈经中央任命十五人；（丙）中央直接任命的包括主席、秘书长、民财两厅长、社会处长、教建两厅副厅长、卫生处副处长及专任委员二人；（丁）各区保荐中央任命的十五人包括副主席、教建两厅长、卫生处长、副秘书长、民财两副厅长、社会处副处长及专任委员七人；（戊）事变三区得保荐省委六人，包括厅长、副厅长各一人，处长或副处长一人；其他七区共保荐省委九人，包括副主席、副秘书长、厅长、副厅长、处长或副处长各一人，均由中央任命。（二）关于官厅文书问题，各级机关都属于国家，来往公文不能不用国文，故应并用两种文字，但人民对官厅行文得专用本族文字，大学则依需要并用各种文字。（三）关于自由贸易问题，政府准许商民对外贸易，但须遵照中外通商办法办理。（四）关于编组部队问题，准将参加事变部队编为保安团队，愿编为国军亦可，但须听候调遣，并允许出缺由本民族补充，教练及命令用固有文字。

这个答复经过详加解释之后，他们表示无权决定，要求回伊宁请示研究，预计一周就可以回来，并表示对此已有深切了解，并获得良好的印象。

会后我又把这个答案征询苏领意见，他认为这个答案已经显示了极大的进步，即使不能完全满意，但预料已可得到解决的基础了。

在他们未行之前，我觉得余言未尽，又约他们来见，作了一次讲话。

我和他们先后谈话五次：第一次讲话中，主旨在指明中央对解决新疆局部事变的态度，希望在短时间能够恢复弟兄感情，巩固家庭团结。在第二次讲话中，是说明国内外大势，指出新疆同胞应走的道路和中央对新疆的态度与希望。第三次讲话，是检讨新疆历史演变和历代统治者对新疆的政策，检讨的结果，认为历史的演变是一个惨痛的教训，今后不能重蹈历史的覆辙，对历代统治者对待新疆的政策我认为是错误的，保证今后不会再有这种错误的政策。第四次讲话，则更进一步说明新疆问题的症结，从历史的观察说明新疆固然也有民族问题，但是主要的是政治问题。在以上四次谈的都是属于情感问题、理智问题、历史问题、事实与是非问题的范围，还有一个利害问题没有谈到，所以这一次我特别以《当前新疆局部事变之利害的分析》为题详加分析。从历史方面看，从民族方面看，从名分方面看，逐一分析，无论从这三个方面的任何一方面看，都可以看出和平解决是新疆人民应该走的唯一幸福大道。

伊方代表回伊宁后，直到十二月二十五日才再到迪化来。二十六日来见，提出了答复，对我给他们的修正文件表示原则接受，但在原提十一项之外又新增了三条，要求：(1) 撤销政治警察；(2) 为应付一九四五年事变而调来新疆的军队于协议签订一个月后一律撤回；(3) 当地警察由回教徒充任。我当时认为这是节外生枝，没有商谈的余地，即席坚决拒绝，要求他们全部撤回去。

我随即约晤苏领，请为疏解，苏领也答应了。经过两日多方说服，最后伊方代表表示他们无权撤回，要向伊宁请示，同意暂时把这新增的三条搁下，先就修正的十一条作具体的研究。

到二十九日，会谈的焦点已集中在省府组织和部队改编两项，经过多次的反复会商、研究、折衷，才把这十一条正文初步肯定下来，关于省府组织和部队改编则另作两个附文，于是在一九四六年一月二日正式就正文和附文（一）签字，附文（二）关于部队改编则有待于再行会商。

（正文）中央政府代表与新疆暴动区域人民代表之间
以和平方式解决武装冲突之条款

一、政府给予新疆人民选举彼等相信之当地人士为行政官吏之选举权。

为实行此种权利，其程序规定如左①：

事件解决后三个月内，由各县人民选举县参议员，成立县参议会；由县参议会选举县长。副县长及县政府科长以上人员，则由县长委用。

尚未实施上项选举以前，事变区域内，区及县之现有行政官吏予以保留。

区行政督察专员及副专员，由当地人民保荐，呈请省政府核定。

专员公署职员由专员任用。

各县参议会成立以后，依法选举省参议员，成立省参议会，代表人民之公意，监督并协助省政府。

在宪法未颁布，普选未确定以前，省政府之改组办法，如第九条所定。

二、政府取缔对于宗教之歧视，并予人民以信仰宗教之完全自由。

三、国家行政机关与司法机关之文书，国文与回文并用。人民上呈政府机关之文书，准予单独使用其本族文字。

---

①原文为竖排本。

四、在小学与中学，用其本族文字施教，但中学应以国文为必修科；大学则依照教学需要，并用国文与回文施教。

五、政府确定民族文化与艺术之自由发展。

六、政府确定出版、集会、言论之自由。

七、政府按照人民实际之生产力，并视其力量，规定税率。

人民经明了对于政府经济上所负之义务，自当负担，但此项负担之数额，应以不妨碍人民之生活与经济发展为标准。

八、政府给予商民以国内外贸易之自由，但对外贸易商民，应遵照中央政府与外国商定商约之规定。

九、新疆省政府之组织，应由中央予以扩充，委员名额为二十五人。

二十五名省政府委员中，十名由中央直接派定，其余十五名，由各区人民代表保荐中央任命之。

中央直接派定之十名委员中，包括主席、秘书长、民政厅长、财政厅长、社会处长、教育厅副厅长、建设厅副厅长、卫生处副处长及专任委员二人。

由各区人民代表保荐中央任命之十五名委员中，包括副主席二人、副秘书长二人、教育厅长、建设厅长、卫生处长、民政厅副厅长、财政厅副厅长、社会处副处长各一人及专任委员五人。

余见附文（一）。

十、准予组织民族军队，此项人员之补充，应以回教徒人民为原则。

此项军队由参加此次事变之军队，参照国军编制，重新改编。

此项军队之数额及驻地，另行讨论，作成附文（二）俟签订后，始发生效力。

此项军队之教练及命令，以用维哈语文为原则。

此项军队之各级军官，以保留原级职之方式，分期调送军官学校，补习其应受之军官教育。

此项部队应由政府派遣教练人员协助训练。

驻新中央部队，不与此项军队同驻一处，并应相互间保持友好关系，不得有互相仇视情事。

余见附文（二）。

十一、事变迄至现在，双方拘捕之人士，于事件解决十天以内，相互开释；并保证今后不以任何借口，加以歧视。

中央政府代表 张治中
人民代表 拉合木江·沙比尔哈吉①
阿不都哈依尔·吐烈
阿合买提江喀司莫夫
中华民国三十五年一月二日于迪化

附文（一）

关于中央政府代表与新疆暴动区域人民代表所签订"以和平方式解决武装冲突之条款"第九条规定新疆省政府组织办法一节，经双方同意，补充规定如下：

---

① 《新疆五十年》（文史资料出版社）中翻译为赖希木江·沙比里。

一、在各区人民代表保荐中央任命之省府委员十五人中，事变区内之三区，可保荐委员六人。

二、上项之委员六人中，包括副主席一人，副秘书长一人，教育厅长或建设厅长一人，民政厅副厅长或财政厅副厅长一人，卫生处长或社会处副处长一人及专任委员一人。

三、其他七区共保荐委员九人，包括副主席一人，及除中央直接派定与上述三区所保荐以外之其余厅长、处长或副处长、副秘书长、副厅长各一人及专任委员四人。

中央政府代表 张治中
人民代表 拉合木江・沙比尔哈吉
阿不都哈依尔・吐烈
阿合买提江喀司莫夫
中华民国三十五年一月二日于迪化

在十二月二十日左右，正好蒋经国路经迪化去莫斯科会见斯大林，他告诉我，蒋（介石）希望我先回重庆去，我因为想先把事情搞得初步协议，没有同意，一直延至协议正文签字后，在十二月三十日又接到蒋的特急电，说"此间有事待理，希即暂时回渝为要"，我才于一九四六年元月三日飞离迪化，沿途略有耽搁，六日回到重庆。

在一月三日上飞机之前，我又和伊方三位代表切实地谈了一番话，大意是说：由于中国是苏、美、英、法的盟邦，由于抗日战争和世界反法西斯战争获得了伟大的胜利，中国已经成为世界五大强国之一；我们全国有四亿五千万的人口，有五千多年的历史文化,有丰富的宝藏资源,在抗日胜利后快要开始伟大的建国工程,一定可以更快地迎头赶上美、英、苏各国,建成世界上统一、团结、民主、富强的中国,你们作为中国人民的一分子,是最光荣的,相信你们一定会站在中国人民的立场拥护祖国,这是时代给你们的责任。

他们听了之后,诚恳地说:我们是中国人民,我们一定要拥护祖国,请张部长回去之后把我们的意思向中央报告,并向中央领导人致崇高的敬意。"我们是中国人民"这话第一次出于他们代表之口,这真不容易呀!他们的态度是诚恳的,他们的话语是真实的,我此时才真正体认到新疆问题是可以和平解决了。

一个报告

一九四六年一月六日我回到重庆,即把签字的正文和附文(一)送给蒋看,他看了表示同意,第二天还特别约了党政高级人员吃饭,席间对我表示慰劳之意。

这时候,正是国共双方停战获得协议之后,两党的军队整编问题开始商谈,蒋要我代表国民党政府出席军事三人小组。当时共产党方面是周恩来先生,美国方面以顾问名义参加的是马歇尔。当时既是为了国内和平,我是义不容辞,也是乐于接受的。

在军事三人小组会商期间,国民党举行六届二中全会,要我就新疆问题作报告。我的报告首先把签订正文和附文(一)的商谈经过作了扼要的叙述,然后说明在商谈中所始终掌握的两个原则，就是：（一）坚持三民主义尤其扶助弱小民族的精神；（二）不损害国家统一和主权，指出这个文件就是在这两大原则之下签订的，目的是在求新疆问题的和平解决。最后说到个人的一些感想。

我认为要解决新疆问题，首先要对新疆问题具有正确的认识。新疆和别的省份不同，应该从历史、地理、民族、经济、教育、文化、外交各方面来观察，决策才不致陷于错误。

第一，先从历史上看，新疆和中国发生关系远在两千年以前，在汉武帝时候，张骞奉命通西域，以至清朝末年左宗棠进兵新疆，这一部历史实在是一部惨痛的黑暗历史，对新疆同胞所受的压迫，我们应该给他们以莫大的同情，伸出亲爱的手来援助他们。

第二，从地理上看，新疆距离中国内地太远，是一个孤悬塞外面积几占全国六分之一的地方，而与苏联比邻，又向来有密切的关系。以目前交通情况来看，从兰州到迪化坐飞机需八个小时，坐汽车需一两个星期，经过三个十八站，其中有一个十八站要经过沙漠地带，连人烟都没有的，这样长的路线，只靠一条破烂的公路维持交通，怎能不使中央和新疆脱节。

第三，就民族方面看，有人说新疆民族是落后的，我可以告诉大家：我所看到的新疆各族人民，绝不像大家所想像的那么落后。新疆的人民实在太可爱了，我们在迪化街上看到的男女同胞，他们是多么漂亮俊秀，他们伊斯兰教的精神，他们那种吃苦耐劳、健康活泼的民族特点是多么吸引人呀！老实说，我们在新疆的汉人和他们比起来是惭愧的。他们各族人民不打牌，不抽大烟，天天洗澡，清洁卫生，这些好习惯都是汉人所不及的。

我们今天要各民族团结，就应该把新疆各族人民看成是最亲爱的兄弟姊妹一样，他们是构成中国各民族之一的最优秀的民族。

第四，从经济方面看，新疆的宝藏实在太多，单就石油一项，北疆乌苏到奇台，南疆焉耆一带，遍地都是。至于其他矿藏，如煤、铁、金、银、钨等，无一不备。有些未经科学勘测，有些迄未开发，货弃于地，非常可惜。但是在另一方面，由于新疆和内地距离太远，交通不便，内地物资就极少到新疆去，一切日常用品无一不取给于苏联。我们看当地人民吃的是苏联的糖，穿的是苏联的布，抽的是苏联的纸烟，用的是苏联的家具，大至现代设备，小至一个玻璃茶杯，无一不和苏联发生关系。

第五，从教育文化看，有人也以为新疆是很落后的，但是就人口占多数的维吾尔族来说，在古代历史中，它的文化不但不落后，而且有极其光辉的表现，不过因为千百年来受了反动统治的压迫和其他条件的限制，没有得到充分的发展。比方过去新疆的统治者不准他们使用本族的文字，这就必然妨碍他们文化的发展，这是与三民主义的民族主义精神大相违背的。所以，可见新疆现在教育文化的落后不是先天的问题，是历代反动统治者应该负责的。如果我们能够帮助他们发扬其固有的文化，一定会有极灿烂的前程，这是毫无疑问的。

第六，从外交方面看，新疆问题和外交问题的关系是非常密切，无论就民族、经济、地理来说，新疆和苏联都是有极其密切的关系。就地理说，疆界毗邻。就民族说，我们新疆有乌孜别克民族，苏联有乌孜别克共和国；新疆有哈萨克民族，苏联有哈萨克共和国，阿拉木图就是它的首都。苏联在中亚细亚的五个加盟共和国，我们新疆都有同样的民族，而且都是邻近。这些民族的国籍虽不同，但他们的生活、习惯、语言、文字、宗教、信仰无一不同。就经济说，刚才已说过，新疆人民的生活用品多半靠苏联供给，苏联与新疆构成不可分的经济关系。新疆和苏联的关系如此，我们能够不在外交上和苏联友好吗？所以我曾说：就全国说，应该保持中苏的友好关系；在新疆来说，尤其应该保持中苏最友好的关系。

从以上的简单分析，已经很可以使我们明白，中央究竟应该采取怎样的态度和方针才能达到安定新疆保障新疆的目的。我觉得，我们对新疆所负的责任，就是要维持国家领土主权的完整，也就是维持领土主权的统一。但是所谓统一，对新疆问题来说，应该有一个正确的概念。我们在新疆不管你讲地方自治也好，民族自治也好，都应该本着三民主义的精神来帮助少数民族，充分帮助他们的发展，满足他们合理的需要；我们所谓统一，主要的是指下列五项由国家来统一，就是：国防、外交、币制、交通与司法。除此以外，其他一切尽可以扶植他们去自办，逐渐使他们能够自己管理自己的事情，不必样样都要中央集权，像中央对内地各省一样，那是不可以的。

要从根本上解决新疆问题就得要建设新疆，就是要以充分的力量去建设新疆。我恳切地希望政府主管部门不要在财政上打小算盘，因为新疆对国家的安危和民族的团结实在关系太大了。如果只从财政上打小算盘，新疆建设的前途就非常黯淡，就不容易把新疆建设起来，而对安定新疆保障新疆的工作就必然发生极大的阻碍。举一个例来说，新疆原来是自己发行新疆货币来维持财政支出的。这是最不合理的状态。去年新疆政府造了预算请求中央补助，同时把新币收回，另发行法币，使币制统一。这个预算是民国三十四年度的预算，可是一直到年底都未批下去，这是不是重视新疆？

还有，要安定新疆保障新疆，最重要的是交通问题。新疆是西北的重要地区，但是一条铁路都没有，我们要修筑铁路的话，是不是就会有人出来说，西北人烟稀少，修筑铁路赚不到钱呢？我认为，如果纯从商业观点出发，这条铁路就永远不要修筑了。但是我必须说，你要想保障西北建设西北，就一定要修筑这条路，而且要迅速完成。稍有远见的人，都将具有同感。我们要想新疆人民巩固内向，拥护祖国，就必须把他们从贫困之中拯救出来，满足他们的生活需要，提高他们的生活水平。这样，我相信他们一定不会离开祖国的。但是我们中央一定要以全力支持新疆，帮助新疆，建设新疆，才能达到这一目的。

最后，我提出一个结论，三句话：以三民主义的力量来保障新疆，以健全修明的政治力量来安定新疆，以充分的经济力量来建设新疆。以三民主义的力量来领导新疆，新疆一定接受我们的领导；以修明的政治力量来安定新疆，新疆一定得到安定；以充分的经济力量来建设新疆，新疆一定可以建设成功。能够这样做，新疆当然永远是中国的领土，新疆的各族人民当然永远是中国的人民。

那一天的报告，不断博得全场鼓掌，报告完毕后更得到全场极其热烈的鼓掌，但是也有一些话是有人不愿意听的。比如说我要求以大力支援新疆建设，管财政的人肯同意拿钱出来吗？

又如我主张在新疆要和苏联保持"最友好"的关系,那些一贯反苏反共的死硬派愿意听吗?我当时想:等待事实证明吧。

会谈的第二阶段

同年三月初,我和周恩来先生、马歇尔将军,在整军方案签订之后,坐飞机视察各地双方军队。途经北平,接到外交部急电,说苏联驻华大使馆米参事在二月二十八日到该部声称,接到伊宁苏联领事报告,伊宁人民代表问张部长何时能来迪化,如最近期间不能来迪化,他们将认为谈判已陷破裂,所有业已签字的条款一概无效。从此电看,伊方是在发急了,但是当时国内和平问题尚未告一段落,我怎能又去新疆?可是踌躇再三,又不能不急其所急,终于四月四日飞到迪化。

在飞迪化前,我已被任命为国民政府主席西北行辕主任[①](直辖甘、宁、青、新四省)兼理新疆省主席。这其中还有一个经过,就是在抗战胜利后我原定派往东北组织东北行辕,当时国共两党关系紧张,国内和平是中心关键,我只想为国内和平尽一点力量,而东北可以兼顾全局,又是当时国共两党、中苏两国问题的一个症结所在,我是愿意去的,连人选部署都作了初步考虑,忽然因伊宁问题又改派我往西北,我就不能不答应。但是我只愿充行辕主任不想兼理新疆省主席,并且还提出邵力子先生和蒋经国二人请蒋考虑选择。蒋未允,我最后不得不同意兼理。

---

① 《民国大事日志》(台湾传记文学出版社)记载,一九四六年七月十七日,国防最高委员会本日会议决议,各地军事委员会委员长行营改称国民政府主席行辕。

所以这次到新疆,不仅是中央的代表,又是地方负责的军政长官。

四月四日到迪化,五日即接见伊方代表。他们首先对我奉派兼理新疆省主席表示欢迎,并对中央表示感谢。然后商谈附文(二)军队改编问题,他们要求一份国军兵团和步兵团的编制,再提具体数字和材料。我答应了。谈到省府组织问题时,他们表示来迪化不知我已兼任省主席,预定名单需加改动,过几天才能提出来。最后又说,伊宁群众要求把上次暂时搁置的第十二、十三、十四条再提出来商谈,经过我恳切说明和郑重拒绝之后,他们才表示不愿为这三条而影响整个问题的解决,没有再坚持下去。

四月七日第二次接见他们,商谈附文(二)问题。他们提出具体要求为:喀什和伊宁两地都是骑步兵各一团,阿克苏、库车、焉耆、迪化、乌苏、承化①、塔城兵各一团,绥定、惠远②两县骑兵共一团,额敏步兵一团,合计骑兵十团,步兵三团,共约两万一千人。其中喀什、阿克苏、库车、焉耆、迪化等处,都不是事变区域,而且数字超过附文(二)所规定的骑兵两团、保安大队三队之数甚大。我和他们反复说明,指出不但人民对此庞大军队不堪负担,而且事实上也无此需要,何况国军正大量裁减,你们怎能大事扩充?我郑重表示对此过分要求殊出意外,未便考虑。他们说,这是伊宁群众交给他们的,他们须得向伊宁请示始能答复,又问我能不能提示可能准许之具体数字。我说,最大限度把三个保安大队改为三个团,或三个尽属骑兵团,

---

①旧县名,一九五三年改名阿尔泰县。
②惠远城,清代九城之一。在今新疆霍城县东南红旗公社驻地,有新城、旧城。

或两骑一步，改编后只分驻事变之三区。他们又问其他各区能否准许组织民族部队？我说：如地方治安确实需要，将来省府改组后再提出研究。

由于他们所提要求数字太大，距离太远，一时是谈不下去的，所以先作了好多次的侧面商谈，到十三日才再接见他们。他们说最多只能负责减少三个团，再多减群众就不答应了。十三团减三团还有十个团。最后他们说了实话，如果在新国军和民族军数字对等的话，那即使减少者到三个团以下也未尝不可。当时我认为这是有损国家主权的要求，我说我绝对不能考虑。

我看这种情况问题会僵持下去，于是要找中间人出来疏通。同月十五日我约苏联领事谈话，我表示最多只能给他们四个团。苏领表示四个团少些，希望能进一步，他愿意以折衷的数字劝他们接受。还说为中国政府着想，即使增加少数部队也没有多大关系，如果因此争持不下以致影响全盘问题，就未免可惜。我当时还是表面坚持四个团为最大限度，但内心已在考虑可否再予增加一两个团。

这几天内我多次派人从侧面和苏代总领事叶谢也夫谈话（新任总领事萨维列也夫也到迪化来了），叶领表示对方的要求绝不能少于六个团。我心里就想：如准编六个团，也只能三团是国军，另三团是省保安队，而且要在一年之后裁减为国军两个团和三个保安大队，以符合政府所规定的数字。我把这意见告诉苏领。他表示同意，但须与伊方商量才能答复。苏领还说伊方一再要求把驻地扩张到三区以外，这是我不能考虑的。

到同月二十日我接见伊方代表，谈了几个小时无结果。

二十一日他们说伊宁来电，叫他们的首席代表拉合木江回伊宁汇报。我同意了在拉合木江起飞之前又接见他们，并坚决表示改编为国军三团、保安三团是最大最后的让步，还要求他：(1)希望迅速回到迪化签字；(2)提出省委名单以便着手改组省府。

拉合木江很快就从伊宁回来，同月二十六日我又接见了他们。他们仍然坚持十个团，并且把已经被打消的喀什、阿克苏组织民族部队问题也重新提了出来，表示一定要在南疆回教徒占多数的地区组织民族军队。至此我严词加以拒绝，并且动了一点感情。当时三位代表中阿合买提江最年轻，约三十一二岁，但他是历次会议中的发言人，是实际负责者。我对他说：我是快六十岁的人了，和你的年龄几乎相差一倍，如再这样长期争论下去，很不适宜，我想建议中央另派年轻的人来和你谈吧。还说，我是负了和平的使命来的，自信对和平已尽了最大的努力，负责到最大限度，如果和平不能获得，我只有引咎辞职，离开迪化了！我的语气相当重，他们一再表示，伊宁人民对张部长是充分拥护，但是人民的要求如果得不到相当的满足，问题也不容易解决。这样，问题就僵下来了，正面商谈已成为无此必要，只好从事侧面活动了。

一直拖延到五月一日晚上，我约叶领事见面，他说可以减为七个团，但迪化、喀什须各驻一团，并声言这是最后的办法，如果不能接受，他就无能为力了，不便再居调停人地位了。这样，局势有愈趋困难复杂的情势，是否由于受到其他问题的影响呢？

我怀疑苏领的态度是受了南京亲美反苏反共高潮的影响，因为当时东北和中共两大问题显示出尖锐的现象，这是否也牵涉到新疆问题的解决呢？因此我向蒋建议专派一人到莫斯科作一次商谈。斯大林曾表示过新疆并没有不能解决的问题。我的判断认为苏联是愿意调停新疆局面使能和平解决的，如果能够得到苏联最高当局的助力，相信一定有利于新疆问题的解决。我的电报是发了，但蒋始终无答复。

五月三日，伊方代表又提出：(1) 编军为步三团骑四团共七个团，其中喀什、阿克苏、迪化各驻一团；(2) 设置指挥官，由伊方保荐，并兼任本省最高军事指挥机关的副主官；(3) 国军不开驻事变之三区；(4) 以前提出的（十三）（十四）两条"取消政治警察"及"各地警察由当地人民充任之"作成记录，至要求国军撤回的（十三）条，则改为应缩减至一九四四年一月以前在新军队的数额。至此，问题越来越多，条件越来越苛刻，真不知何日方得协议，而内地烽火频传，情势紧张，全面和平已受到威胁，我当时的心境是陷于极度的苦恼、焦急与忧虑状态中。

在这几天内，我和新到任的苏领萨维列也夫曾两度会见，对伊方代表亦多次派人和他们谈话，比较上周有所进步，僵局似有打开的征象，我订出一个对案，其要点是：(甲) 军队数字仍以六团为限，步骑各半，内国军和保安部队各三个团，但附带两条件：其一，保留一年内仍须缩编的提议；其二，编成国军的三个团，一年后须听从调遣。(乙) 以上六团驻地以事变三区为限，但 (1) 油田矿区须由中央军负责保护；(2) 国境守备须由中央军负责办理。(丙) 准予设置伊、塔、阿三区部队指挥官，秉承新疆警备总司令和省保安司令的命令指挥节制六个团，并给予省保安副司令的头衔。这个对案的主旨在于：(1)

军队数字不增加;(2)坚决拒绝驻兵迪化、喀什、阿克苏的要求;(3)设指挥官是让步。

这个对案提出来后,通过侧面疏通,在五月十一日接见伊方代表,他们表示大体接受,但仍有若干细节问题需待协商,希望在几天内整理文字后即可签字。不过在他们所谓"若干细节"和"文字整理"当中,仍然陆续发生许多新问题,真是波澜迭起,枝节丛生,例如:(1)编为国军的三个团一年后听候调遣一节坚不接受;(2)保留一年后六团缩编一节不肯列入条文,亦拒绝作成记录;(3)同意驻地限于三区,但须规定中央军亦不能进驻三区,几经争论才打消;(4)反对三区的油田矿区由中央军保护,对由政府组设矿警保护一节亦仅允作口头声明;(5)国境守备由中央军负责,最后始勉表同意;(6)伊方要求指挥官名义为:伊塔阿"民族"部队指挥官,我允称为三区"新编"部队指挥官,几经争持,同意将"民族""新编"字样同时删去,改为伊塔阿三区部队指挥官;(7)要求指挥官兼新疆警备副总司令,后同意兼省保安副司令,但不要"头衔"字样;(8)编为国军的三团我已同意照驻新国军待遇,但又要求武器装备须与驻新国军一律由中央补给,此点争执甚力,最后表示无立即要求之意,加"将来"二字。

以上是较大的争执,其他细节和文字整理,尚不胜列举,甚至一字一句的争持,亦费了大量的时间。在十多天中不仅舌敝唇焦,并且常陷僵局,一直到五月二十二日深夜才算将附文(二)的文字整理完毕,由双方派人签订草案,全文如下:

附文（二）

中央政府代表与新疆局部事变人民代表依据本年一月二日所签订之《以和平方式解决武装冲突之条款》第十条关于事变区域内之参加部队重新改编问题，双方商得同意，补充规定如左：

（一）参加事变之各民族部队，参照国军编制，编成骑兵三个团、步兵三个团，总人数以一万一千名至一万二千名为限。此六个团中，两个骑兵团、一个步兵团为国军，两个步兵团、一个骑兵团为本省保安部队。

（二）政府准伊宁方面就当地回教徒中保荐一人派为伊宁、塔城、阿山三区部队指挥官，指挥节制以上六个团，该指挥官应遵照西北行营核定之编制，组织指挥部。该指挥官应服从新疆警备总司令及全省保安司令之命令，并由政府派该指挥官兼任全省保安副司令。

（三）以上六个团之驻扎地点，以伊宁、塔城、阿山三区为限。该三区之治安，由政府责成只准由该指挥官所受辖之六个团负责维持。国境之守备，由中央担任边防之军队负责，其办法参照事变以前之办法办理。

（四）自该指挥官派定之后，政府准其协商会同迅将阿克苏、喀什两区之保安部队改编，其补充办法，均由当地回教徒人民补充之。

（五）该六团之待遇、供应及其将来之武器装备，其三个国军团，准按照驻新国军之规章及标准办理，由中央补给之；其三个保安团，按照本省保安部队之规章及标准办理，由省政府拨交保安司令部补给之。

（六）参加事变之各民族部队之改编事宜，由该指挥官对政府负责办理，此项部队编成六个团以后之驻扎地点，应分别呈请新疆警备总司令及全省保安司令核定之。该六个团之人马武器实数分别呈报警备总司令及全省保安司令备查。

中央政府代表　张治中
人民代表　拉合木江・沙比尔哈吉
阿不都哈依尔・吐烈
阿合买提江喀司莫夫

在附文（二）之外，并附两项谈话记录：（一）政府将自动撤销警务处（伊方称政治警察）问题；（二）全省警察选用当地人民充任问题。至伊方原要求撤驻新国军一点，已允完全打消。

在附文（二）草案签订之后，他们表示还要回伊宁请示，两三天内就可以回来正式签字。同时在五月二十一日他们就已经把参加省府的八个人的名单提出，但对厅处长的分配，说要回伊宁请示才能决定。

他们在六月四日回到迪化来，正式提出了省委名单。七区方面的名单亦略有更动，例如：(1) 七区产生的副主席原预定在喀什的阿不都克立木买合素木，但他因年老，曾被盛世才拘禁迪化七年，深具戒心，不愿到迪化，仅允以省委名义仍住喀什，我们不便相强，于是在当地人士中选拔学识优良，思想进步，比较富有祖国观念而又为各族所推重的人物，就是包尔汉来兼任副主席；(2) 穆罕默德・伊敏原定任教育厅长，后因伊方提赛福鼎为教育厅长，所以伊敏改为建设厅长；(3)原定艾沙兼副秘书长，现在以粗通汉文，又与包尔汉有关系的哈萨克青年萨力士充任，艾沙专任委员。

到六月六日，附文（二）正式签字，就是和平解决伊宁事变问题的工作全部告成。这是商谈的第二阶段。从四月五日起，历时两个月，会谈达九次，非正式交谈不计其数，其间屡濒破裂，由于双方的努力和苏联方面的居间调停，才终于使历时一年又八个月的伊宁事件获得和平解决。这个影响和作用似甚远大，乃至也为新疆在一九四九年的和平解放打下了初步的基础吧？

这时，我向蒋提出一个会谈经过报告，最后曾有一段话，大意是这样的：我在国民党中央六届二中全会中曾郑重提出三点：(1)以三民主义之力量保障新疆；(2)以修明政治之力量安定新疆；(3)以充分之经济力量建设新疆，我认为这是争取新疆人民内向拥护祖国的准绳。而实施的步骤，在外交方面，要从新疆对苏联的历史、地理、经济、政治等方面的密切关系出发，不能不执行对苏经常保持最友好关系的政策。尤其对苏联有密切关系的经济问题，应该采取合作的方式，并加强双方的联系。过去中苏在新疆经济合作的悬案，应该在此时机由外交方面继续商谈，迅速求得解决。此其一。在内政方面，新疆人民多年在黑暗高压的统治下，痛苦甚深，望治心切。而近年以来，因地方不靖，人心浮动，各级官吏多存五日京兆之心，贪污风气，变本加厉，今后政府如果不能代表新疆人民的利益，不能彻底解除其切身的痛苦，将恐望治之心转为思乱，则类如伊宁事变，随时随地都可能再度爆发，所以修明政治，收拾人心，实为刻不容缓的急务。此其二。在经济方面，现在新疆交通困难，物资缺乏，物价高涨，今后由于中苏贸易的恢复，可能逐渐好转，但永远依赖邻邦，实非长策。今后交通的改善，物资的供应，财政的补贴，和建设资金器材的接济，都有赖中央大力支持，如果始终把新疆看成一个普通省份，遇事囿于常规，就无法改善人民生活、收揽人心内向。此其三。以上仅举其主要方针，至于文化、教育、民族、宗教各项问题，无一不需要重新检讨，彻底整顿，待研究成熟，再提出具体意见。

　　谈判告成，新疆省政府组织名单亦由南京行政院于六月十八日①公布，于是新的新疆省政府在七月一日正式宣告成立，国内出现了一个史无前例的民族联合的民主省政府。

---

　　①《民国大事日志》记载：一九四六年六月十九日，国民政府任命包尔汉、阿合买提江为新疆省政府副主席。

第二节 几项重要措施

在会谈的第二阶段,我已经以国民政府主席西北行辕主任兼理新疆省政府主席的职务了。从四月初到六月底这两个多月当中,我一方面和伊方代表进行紧张的商谈,屡次陷于僵持;另方面新疆省府虽然还没有实行改组,但是不能不先采取一些必需的措施,做一些重要的准备工作。

迪化"五五"纪念会上的讲话

为了建设新疆,必须有建设的精神基础,要使全体军政人员和全省人民知道新疆应该做些什么,怎样做法。我在迪化市"五五"纪念会上讲了一次话,题目是《建立三民主义新新疆的精神基础》。主要内容是:首先做到和平、统一、民主、团结这四句话,其次一定要戒除贪污、赌博、鸦片这三件事。

我讲到和平时说,当世界反侵略战争胜利之后,世界任何一个国家都需要和平,至于我们中国,更需要和平,更希望和平;新疆是中国的一个省份,当然更不必说,也一样需要和平,希望和平。

讲到统一时说,就全国来说,一切统一于中央政府;就新疆来说,一切统一于省政府。因为统一,才能使意志集中,力量集中,才能促进一切建设和进步。

讲到民主时说,我们在政治上一定要民主。我们所谓政治民主,就是一切让人民做主,一切以人民公意为标准,一切措施都要符合人民的公意。

讲到团结时说，对全国来说，各民族团结实在太重要，对新疆来说，团结尤其重要；我们各民族间要互相尊重，互相亲善，互相帮助，大家相安相处，精诚团结。我特别强调：我是一个汉人，但是我从来没有存过半点民族优越感，我看到各族同胞，都和兄弟姊妹一样。我看到各族同胞，总觉得他（她）们个个又强健又俊秀，都令我欢喜，令我可爱。我们对少数民族同胞一定要当成兄弟姊妹看待。

我详细分析了这四句话后，认为这就是建设新新疆的精神基础或叫原则，凡是违背这四句话的事情就不能做不能说，凡是合乎这四句话的事情就一定尽可能去做去宣传。大家有了这个共同的认识，就具备建设的精神基础了。

我讲到戒除贪污、赌博和大烟时说，问题很简单，大烟有害身体，赌博有损志气，而这两者都有害工作，有害社会风气，所以必须戒除。至于贪污，简直是害国家，害人民，害尽政治风气，害尽许多建设。我认为犯了贪污罪的人就是丧失人格的人，我们就不能把他当人看待，要以绝对严厉的方法惩办，不能有丝毫的姑息！

最后我提出十几个口号，就是全省人民行动的指南，例如：世界、中国连新疆在内都需要和平！中国必须是统一的国家！新疆必须是统一的省份！政治必须是民主的政治！各民族必须互相尊重、互相亲善、互相帮助！各民族必须团结起来！我们要建设和平的、统一的、民主的、团结的新新疆！

释放被盛世才拘禁的中共党员

一九四六年我第三次由重庆飞迪化时,周恩来先生一再嘱托我把中共在新疆被盛世才囚禁的人员全部释放,我答应了。

我回到迪化之后,一方面先后派屈武同志等到监狱里去看望他(她)们,并交代主管方面改善他们的生活待遇;另方面打电报给蒋,说明这是盛世才做的事,为了增进两党友好,表示和平意愿,应该全部释放。蒋初表示犹豫,几经电报往返说明,才同意了。随即通知被囚中共人员,他们派了六位代表来见我(其中有杨之华、高登榜等。杨当时化名杜宁,她是瞿秋白先生的夫人,也是我在上海大学的同学),我招待他们吃饭谈话,温言安慰,并说一定派员护送大家回延安。

经过一个月的准备,我派了新疆警备总部交通处长刘亚哲负责护送,还派医务人员随行,同时先后分电甘肃省主席谷正伦、西安胡宗南、祝绍周等沿途妥善招待,并且电告周恩来先生。他们一百三十一人才在六月十日由迪化分坐八辆大汽车出发。据反映,沿途照料得不错。但是这件事情国民党特务是不甘心的,中途还是想多方阻挠,到了咸阳还想阻止前进,到了西安之后还是想加扣留,所以杜宁等到西安时又给我来电报,除表示感谢外,还说:"宁等在此休息已五天,唯因手续关系,故尚未能起程赴延,暂寄宿十八集团军驻陕办事处,等待胡长官与钧座之命令"等语,我又去电胡宗南催促;他们才能在七月七日离开西安,十一日到达陕甘宁边区的鸡加村,由延安方面派人接去。事后接朱德总司令七月十二日来电致谢。几个月后我回到南京，董必武先生还特别来看望我，备致谢意。

释放新疆全省政治犯

在盛世才黑暗统治下，新疆是个大监狱。他随时无中生有地制造案件，捕杀拘囚一大批人。吴忠信接任新疆省主席后曾做了一些清理工作，也释放了一些被关禁的人，但在我到新疆时，全省监牢里关禁的人还是很多很多的。究竟关禁的有多少人，主要是些什么人，由于档案不知下落，未能提出具体数字，但我考虑至再，其中都属政治性的，应一律予以释放。经过三个月的调查准备工作，遂于一九四六年七月十九日明令宣布，不问案情如何，凡属政治性被囚人员一律释放，要各专署、县、市遵照办理。当然，决定释放前与命令下达后都是有人反对的，也有人怀疑来请示的，经过解释和指示后，据事后各方汇报，基本上都已照办。

清还被没收的人民财产

盛世才制造的许多残害人民的案件，不仅是为了维持他的反动统治，满足他内心的虐杀狂，而且也是他和他手下人发财致富的手段。他不仅拘禁残杀了人的身体，而且没收了人的财产，在新疆稍为有点地位和财产的人，早晚逃不出他的毒手。被没收的财产包括动产和不动产，具体数字和案情是搞不清的，总之，省内任何一个城镇，没有不被没收财产的人，特别是较大的城市如迪化、伊宁、喀什、阿克苏等。在我决定清理和发还无辜人民的财产时，也有人提出不同的意见，认为动产固无法追查，不动产亦因年代已久，清查不易，容易引起纠纷。但是我还是坚持这样办，主要应从政治意义着眼，不能因技术上有困难而不办，查多少还多少，必须做到。记得省府还特别组织了一个清查委员会来主持其事。

免除捐税

新疆很久以来，都在反动统治者高压剥削、大肆搜刮之下，农村破产，工商凋敝，新疆人民生活实在困苦已极。我当时的考虑是这样的：要想从根本上改变新疆人民的贫苦面貌，需要长时期的建设和开发，需要从经济和文化两方面同时着手，但此时为表示政府对人民的一点心意，决定首先豁免一切捐税，减轻人民负担，就在一九四六年六月一日电令各专署、县府和征收局，从七月一日起全省一律免除所有税收半年，农牧税则免除一年。同时全省各征收局一律撤销，全部征收人员调到迪化训练甄别。此项明令在《新疆日报》上正式宣布。

我当时所知道的情况是，在过去新疆几乎成了无官不贪，尤其主管财政、金融、税收的单位，贪污已成风气，这次突然免除捐税，撤销征收局，希望可以使全省人民耳目一新吧！

免税在新疆各族人民来说，当然大大欢迎。但是既不征税，又要维持各项经费的支出，又要求得许多物资的供应，我是费了很大的力量，向中央政府取得财政的补助，同时利用公路从内地大量运输物资,主要是粮食、茶、糖、布匹和日用品到新疆去。

新疆在这半年一年之内成为全国唯一的无税省份,在抗战八年之后的经济财政情况来说,这件事情是不容易的。

告全省同胞书

在会谈的第二阶段,尚未获得协议,省府亦未能改组,我为了安慰人心,发表了《告全省同胞书》,把未来的大政方针作了一个简单的预告,指出伊宁事件和平解决之日,即为全省建设开始之时。我们的施政纲领正在研究起草之中,但是主要内容可以为大家预告。例如增进中苏亲善,树立民主楷模,整饬社会风气,严惩贪官污吏,加强民族团结,尊重宗教信仰,普及国民教育,发展民族文化,培养建设人才,注意医药卫生,改善交通通讯,促进农田水利畜牧,开发各种矿产,建设民生工业,发展国内外贸易等等,都将有详明具体的计划。凡是有利于新疆人民的,政府无不尽力推行;凡是有害于新疆人民的,政府无不尽力排除,一切以人民利益为依归,使改组后的省政府成为真正代表新疆人民利益、符合新疆人民愿望的省政府。我拿这几点向全省人民作保证,亦同时指出今后全省人民共同努力的方向,这些项目也就是未来制定的施政纲领的要点。

告全体将士书

我为了向全疆驻军有所勉励和指示,发表了《告全体将士书》。先就新疆军事作了检讨,然后说到各级干部应有的认识与努力,并提出五件事要他们切实做到,其中第一件就是爱护人民。

我说:爱护人民就是爱惜人民、保护人民,这是最容易明白的,可能新疆情形和内地各省颇有不同,因此也颇不容易完全做到。在内地省份,待老百姓稍为差一点,他们也不觉得怎么样,因为彼此语言相通,风俗习惯都差不多,新疆大多数人民和我们语言、文字、风俗、习惯、宗教都不相同,而且他们是弱小的民族,格外容易生疑心,起误会,如果我们的态度行为稍有不慎,便很容易发生误会,甚至引起他们的反感,比方在行军的时候,向老百姓借锅子做菜,在内地是极其平常的事,但是在此地如果你借锅烧猪肉,他们便会产生反感。又比方你们宿营在一个村庄,借住老百姓房子,在内地是没有问题的,他们老老少少男男女女都欢迎你们,甚至连儿媳妇房间都可以腾出来给你们住,也是很平常的事,但是在此地,你若随便和他们妇女讲一句话,他们就要产生反感。此地妇女地位较低,男女界限很严,我们是要特别当心的。古人所谓"入乡随俗",我们无论到什么地方,必须尊重人家的风俗习惯,才能获得人民的感情。最近有人告诉我一个故事,本地的老百姓经常举行礼拜,进清真寺是要脱鞋子的,你要进去参观,便要把鞋子脱下,否则违反他们的教规,便容易使他们产生反感。吴主席每逢回教节日必亲到他们清真寺致贺,进去时也把鞋子脱下,他们就非常欢喜,说是以主席之尊尚且尊重他们的教规。这虽然是很小的事,但是关系很大。倘使再有更大的事情,如强借人民的牲畜，毁损人民的产业，调戏妇女，等等，当然令人民产生更大的反感，更不待言的了。我们到这里来为的是拯救新疆人民，要达成这个任务，便非先取得人民的信仰不可。如果失掉人民的信仰，甚至使人民厌恶军队、仇视军队，这就不仅是一种错误，而且实在是一种危险——一种最大的危险了！因此我们到这里来，一定要以同情和善的态度看待人民，尊重人民，爱护人民，绝对不能说他们知识低、风习差和文化落后等的话，更不能因为他们语言、文字、风俗、习惯和我们不同，而生歧视轻视之心。相反的，我们要以大民族的风度，以平等的观念来看待他们，尊重他们，爱护他们，扶助他们，然后才能取得他们的信仰，才能使他们相信我们确实是为拯救他们而来的。爱护人民本来是我们北伐时的口号，所谓"不贪财，不怕死，爱国家，爱百姓"，在今天的新疆，爱护人民比在任何时、任何地还重要。我们要恢复过去的荣誉，提高国军的声威，便要先从这里着手。

一次讲话

吴忠信接任新疆省主席后，国民党在迪化设置了一个中央训练团党政分团，专门调训当地党政干部。在该团第十期开学典礼会上，我以《拥护国家利益，拥护人民利益》为题特别讲了一次话。

首先我指出，大家不管是做哪一类的工作，都是国家的干部，应该遵守一个最高的信条，就是"拥护国家利益，拥护人民利益"。每个国家干部的一言一行，都要符合国家利益、人民利益。

如果违反国家利益或人民利益，就是丧失国家立场，我们就不能承认他是国家的干部。

其次我说到国家的利益是什么。我想在新疆人民当中，没有人愿意放弃祖国的观念，违反国家的利益的。大家要知道，要是有这样的人、有这种想法做法的话，那就对公对私都有极大的害处。所谓祖国观念，就是维护领土完整、主权统一和法令的尊严。这是立国最重要的条件。我们要在行动上、思想上、言论上绝对维护祖国领土完整、主权统一和法令的尊严。作为一个国家的干部，无论哪一个民族的干部，一定要时时刻刻以身作则地遵守这个最高的信条，才能维持新疆的团结统一，完成全国的团结统一。

怎样拥护人民的利益呢？我们只要看人民的愿望是什么，人民所厌恶的是什么，就知道人民的利益是什么了。人民所希望的我们要尽量去做、人民所厌恶的我们要尽量不做和制止去做，这样才能符合人民的希望，才算拥护人民的利益。这是很简单、很普通的道理。我们要知道，我们做国家的干部，就是人民的公仆，人民是国家的主人，我们就要尊重主人的意愿，如果违反人民的意愿，就是违反人民公仆的立场。

我们是到了运用革命的手段来铲除违反人民利益、违反国家利益的一切现象的时候了，希望大家在受训以后，接受三民主义的熏陶，毅然决然地行动起来，把过去一切违反国家利益、人民利益的事情彻底铲除。能够明确这点并且在今后行动中做到，就是这次受训最大最好的收获。

第三节 合 作

新的省政府成立

一九四六年六月六日有关军事条款的附文（二）签订后，历时一年又八个月的伊宁事件算是和平解决了，接着就进行省政府的改组。省府名单已由南京政府明令公布，并定七月一日正式成立新的新疆省政府。为了唤起国内的重视和加强新省人民对祖国的观念，我还电请南京政府派监察院院长于右任到迪化来监誓。这是内地各省从来所没有的。

省府委员二十五人，新任主要人员如下：

兼主席：张治中
委员兼副主席：阿合买提江
委员兼副主席：包尔汉
委员兼民政厅长：王曾善
副厅长：赖合木江
委员兼财政厅长：卢郁文
副厅长：马廷骧
委员兼教育厅长：赛福鼎
副厅长：蔡宗贤
委员兼建设厅长：穆罕默德·伊敏
副厅长：顾谦吉
委员兼秘书长：刘孟纯

副秘书长：阿巴索夫、萨力士

委员兼社会处长：赵剑锋

副处长：尔德尼

委员兼卫生处长：达里力汗

委员：屈武、管泽良（未到任）、伊斯哈克江、艾里汗·吐烈、乌斯满、艾沙、阿不都克日木·买合苏木、钟棣华

在上述二十五名省府委员中，本地各族人士占绝对多数：计伊犁、塔城、阿山三区推荐八人，其余迪化、喀什、焉耆、哈密、阿克苏、莎车、和阗七个区推荐八人，由南京政府直接派任的九人，而九人中又仅我和刘孟纯、屈武、王曾善、卢郁文五人是由内地去的。当然，属于本地的二十人中，还可以依其政治倾向分成几派：第一是激进派，如以阿合买提江为首的伊宁推荐的委员。第二是保守派，如以伊敏、艾沙等为首的和七区推荐的委员。第三是中间派，如包尔汉是经常采取中间偏左的态度，但其中也有中间偏右的。

当时我认为这样组成的新的省政机构，就是各民族联合的民主政府。当我分析省府的组织成分时，认为能把不同民族、不同地区、不同政治倾向和通过民主方式产生的包括激进、保守和中间分子在内的，各有一定代表性的人物，结为一体，共同负责，一定可以加强民族团结，可以建设一个新新疆。尽管往后的事实证明，我这种愿望，在两派的激烈斗争下，只能成为一个空想。但是在解决复杂的新疆问题上，与旧的传统政策比较起来，毕竟是一种新的探索，所以它成立之后，在国内和

国外都引起了评论，得到了人们的注意。有人认为这样的省政府是不易控制的，少数民族一抬头就会引起他们的骄傲，诱发他们自治和自决的要求。抱这种看法的人是少数。多数的人则认为很好，各种派别、各民族、各方面的人都包括在内，特别是本地人占绝对多数，是合乎三民主义的民族主义精神的。在国际上，甚至有人这样评论：假使中央政府也能照这样的精神来改组的话，国内问题就可以完全解决了。意思是国共两党和其他党派平等地联合起来，组织中央政府、共同负责，就不会发生流血斗争了。也有一些外国报刊对我估计很高，恭维一番的。说我是怎样的高明，也煞费了苦心，然后才能使新疆事件和平解决，使民族民主的联合政府成立，使新疆人民归向祖国，这是很不容易的，等等。

七月一日新政府成立，举行了迪化各族庆祝和平大会，会上我有一篇简短的讲话，强调和平，说明现在和平已经获得了，我们必须好好地保持它、爱惜它、发展它，使和平成为全面的永久的和平。怎样才能保持全面的、永久的和平呢？主要靠四句话：增进中苏亲善，拥护国家统一，实行民主政治，加强民族团结。全文如下：

为伊宁事件和平解决告全省同胞书

——我们应共同努力求得永久的和平

（民国三十五年七月一日在迪化市庆祝和平大会上讲话）

敬爱的各族同胞们：

伊宁事件现在已经和平解决了。大家知道，从事件发生到现在，已达一年又八个月之久，双方军民生命牺牲不下数万人，国家和人民的损失，也不下数千万万元；多少人流离失所，多少人骨肉分离。这些还是直接的损失，至于因为变乱而遭受的间接损失，就更不可以数字计了。所以无论就国家来说，或就新疆来说，都是不容我们否认的一件重大的事件。

中央政府为希望事件的和平解决，特派本人来迪化主持商谈。这次商谈，从去年十月中旬开始，到现在将近八个月了。其中虽然经过了许多顿挫，遭遇了许多困难，但是我们终于克服了这些顿挫困难，获得了和平解决。

这次事件的和平解决，当然主要的是由于中央体念人民痛苦，执行和平政策的德意，和全省人民心理上、意志上的一致期望与要求所促成，但是我们首先要对我们伟大的友邦——苏联——致其诚挚的感谢。因为在商谈过程中，苏联政府愿意从中斡旋，先后由苏联驻迪代理总领事叶谢也夫和新任总领事萨维列也夫从旁帮忙，给我们很厚的友情，很大的助力。其次应该是伊宁代表拉合木江、阿不都哈依尔·吐烈和阿合买提江三位。他们为了事件的和平解决，往返奔走，实在尽了很大的努力，很多的贡献，我站在中央立场，也要向他们三位表示感谢。此外，各民族、各界人士对事件的和平解决，间接方面也出了不少的力，也是值得我们感谢的。

本人在五月六日发表了一篇演说，曾说世界反侵略战争胜利之后，世界任何一个国家都需要和平，希望和平。至于我们中国连新疆在内，更是需要和平，希望和平。现在新疆和平是获得了，我们必须好好地保持它、爱护它、发展它；必使新疆和平是全面的和平，永久的和平。怎样才能保持全面的、永久的和平？我想没有别的，还是如我最近发表的讲演和文告所说的，一定要做到增进中苏亲善、拥护国家统一、实行民主政治、加强民族团结这四句话。我们要做到增进中苏亲善，凡是反对苏联的言论和事实，我们是坚决不能容许的。我们要做到拥护国家统一，凡是足以分裂国家的言论和事实，我们是坚决不能容许的。我们要做到实行民主政治，凡是违反民主政治的言论和事实，任何一个人都可加以检举和弹劾。我们要做到加强民族团结，凡是足以挑拨民族是非，制造民族纠纷，甚至煽动民族仇恨的言论和事实，任何一个人都可加以检举和弹劾。

不过，今天我要郑重地告诉大家，要实现上述这四句话，不能单靠省政府，一定需要全省人民的精诚拥护和协力。这四句话不是某一个人或某一民族的要求，而是全省人民、各民族所共同一致的要求，我们相信，这四句话在各民族各同胞一致拥护和协力之下，一定可以完全实现，来保障新疆全面的、永久的和平！

本人今天站在省府主席的立场，可以郑重向大家提出保证，就是我一定以全省人民的公仆地位来忠实地为全省人民服务。今后如何解决人民痛苦，如何增进幸福，无不竭智尽忠，悉力以赴！大家说过去新疆是一个大监狱，我们今后要使新疆成为自由平等的乐园。大家说过去人民都是在动乱中、恐怖中生活，动辄得咎，朝不保夕，我们今后要使每一个人都可以过着平安的、愉快的、安居乐业的生活。大家说过去新疆各级官吏大多是贪污腐败的官吏,我们今后要使每一个官吏都成为廉洁的、纯正的、勤俭的且能为人民忠实服务的官吏。大家说过去新疆人民是被压迫者、被剥削者,我们今后要使每一个人都得到自由幸福,永远不受任何方式的压迫剥削。总而言之,新疆今后一切的一切,必定将过去所有的坏现象、坏习气扫除净尽,而必须做到划时代的新气象、新作风,来创造全省人民的新生活、新生命。我不敢说个人的能力便可以达成这样的希望,但是我有这个诚意、这个信心,尤其在全省人民拥护和协力之下,在改组之后民主的新疆省政府努力之下,一定可以做到的!

各位敬爱的同胞们,紧跟着伊宁事件和平解决之后,我们将要开始进入一个划时代的建设阶段,我们要创造三民主义新新疆的新历史,创造我们新疆和平、统一、民主、团结的新历史!永久的和平、统一、民主团结的新历史!这新的历史,我们现在就应该开始从第一章第一句写起。最后我们高呼:

增进中苏亲善!拥护国家统一!

实行民主政治!加强民族团结!

开始建设新疆!中华民国万岁!

三民主义万岁!新疆各民族同胞万岁!

施政纲领

在和平商谈的第二阶段,我就推定人员研究草拟新疆省政府的施政纲领,目的在确定新疆今后建设的方针,统一步骤,共同建设。经过三个多月的研究,多方听取各方意见,才提出一个草案。在新的省政府成立后,连续开了五次委员会议,逐字逐句详细而热烈地讨论,经过修正之后一致通过。其内容分政治、民族、外交、经济、财政、交通、教育、文化、卫生等九章,其主旨是在中央政府领导之下,保障全省和平,拥护国家统一,实行民主政治,加强民族团结,共同努力,完成三民主义新新疆的建设。在外交一章特别提出三条:(一)切实增进中苏亲善;(二)促进中苏经济合作;(三)发展中苏文化与学术关系。

纲领通过了,我感到相当满意,认为按照纲领实行就一定可以争取各族人心内向,拥护国家统一,维护领土主权的完整,改善人民的生活,为新疆人民的千万年繁荣幸福打下基础。当然,要使纲领能够贯彻,还需要中央政府大力支持援助才行。特别是经济建设和文化建设两方面,如不投下大量的人力、财力、物力是不可能的。

施政纲领全文如下:

新疆省政府纲领
(民国三十五年七月十八日省政府委员会第二次会议通过)

新疆省政府在中央政府领导之下,保障全省和平,拥护国家统一,实行民主政治,加强民族团结,并切实严禁贪污、严禁烟毒、严禁赌博,领导全省人民,共同努力三民主义新新疆之建设,俾使全省人民永享和平、自由、繁荣、康乐之幸福,特制定施政纲领如左:

甲、政 治

一、实行民主政治，使人民有充分参与政治之权利。

二、由法律保障人民之思想、言论、出版、集会、结社、居住、迁徙、身体、财产之充分自由。

三、人民非依法不得加以逮捕、羁押或处罚，非有权机关依法定程序不得逮捕、羁押、审讯或处罚。

禁止任何机关及宗教团体对人民施以体罚。

四、保障妇女在政治上、经济上、法律上、教育上、社会上地位之平等。

五、厉行法治，培养人民守法习惯。

为适应本省风习，得由本省参议会草拟特种民刑法规草案，呈请中央核定之。

司法机关内，得任用当地优秀干部，其机构必须保持完整。

六、各级民意机关之选举，应以普遍、平等、秘密方式行之，绝对禁止操纵舞弊。

省政府改组后三个月内，应完成县以下各级民意机关之普选，及保甲乡镇自治人员与县长之选举，其程序以省政府命令定之。

七、各级参议会，应具有监督协助同级政府之职权。

八、各级行政干部，应就当地各族优秀人士加以选拔、培养及任用。

各县县长及自治人员，应分期调省或调区讲习。

九、国家行政机关与司法机关之文书，国文与回文并用，人民上呈政府机关之文书，准予单独使用其本族文字。

十、严禁贪污渎职及违反人民利益之官吏，并准许人民检举。

十一、严禁赌博、鸦片、麻烟、毒品。

乙、民 族

一、各民族在政治上、经济上、法律上、教育上一律平等。

二、促进各民族互相尊重，互相亲善，互相扶助，实现精诚团结。

三、发扬各民族固有之语言、文字、音乐、戏剧、艺术及一切文化。

四、尊重各民族之宗教信仰，并取缔对于宗教之歧视。

五、严格纠正及制裁挑拨民族感情，破坏民族团结，及民族相互间之侮辱、轻视、仇视等言论行动。

六、防止民族间之同化，取缔破坏各民族风俗习惯、宗教信仰之行为，并特别扶助少数民族。

丙、外 交

一、切实增进中苏亲善。

二、促进中苏经济合作。

三、发展中苏文化与学术关系。

四、发展与各国之贸易友好及学术关系。

五、对各回教国家（包括苏联之中亚细亚各共和国）基于人民宗教文化之共同点，力谋彼此关系之亲善。

丁、经 济

一、扶植自耕农，保护佃权，防止土地集中，以期达到耕者有其田之目的。

二、促进劳资协调，改善劳动条件，并保护童工、女工。

三、采取必要措施，使失业问题得到适当解决。

四、增进农工及游牧人民之生产技能，提高其生活水准。

五、严禁重利盘剥及一切不合理之重租。

六、依本省农田开垦之需要，对于水利工程，作有计划之开发与整理。

七、大量增垦农田，改良农业技术，实施仓储制度，并治蝗除虫，预防灾荒。

八、增加棉花桑麻及各种农业副产品之生产，并改良其品种。

九、大量造林，并切实保护现有森林。

十、改良畜种，防止兽疫，并奖励畜产之增殖。

十一、建设纤维、皮毛及制造各种日用必需品之民生工业。

十二、改良固有手工业，提高蚕丝、纺织、制革及其他土产品之品质。

十三、分期计划创办水泥、电气、钢铁、机器等基本工业。

十四、积极开发各种矿产。

十五、对内贸易，绝对自由，政府除运输物资调节市场外，不采取任何干涉政策，或与民争利，并尽量简化检查手续，蠲免不合理之捐税。

各级行政机关及公务人员，不得经营商业。

十六、对外贸易，依中央政府与外国所定商约之规定，予人民以自由经营之权利。

十七、积极提倡生产、消费、运输等合作事业。

十八、运用中央及本省金融机构，办理农牧工商业各种贷款及合作贷款。

十九、各种工业，除依照中央规定应由政府经营者外，均应奖励民营，或采取官商合办方式，但不得垄断或独占。

戊、财 政

一、发展经济，提高生产，以达到财政自给自足之目的。

二、各项赋税之征收，应符合中央法令，并以不妨碍人民之生活与经济发展为原则。

三、统一币制，在一定期限内，停止省币发行，并按现行比率收回。（附注：本条保留，交第二小组研究后，再提省政府委员会决定。）

四、改组新疆商业银行为省银行，并准许人民依法经营农牧工商等性质之银行。

五、本省财政未达到自给以前应请中央继续予以补助。关于各项建设必需之经费，尤应请中央尽量补助。

六、本省各机关应厉行紧缩，其不必要之机构及人员，应尽量裁减。

七、严禁各种非法摊派与一切变相征收。

己、交 通

一、发展省内外交通,以促进本省经济文化之发达。

二、请中央尽速将陇海铁路延伸至本省,并计划修筑省内铁道。

三、请中央迅速按照标准整理修筑本省境内之国道。

四、省道、县道及乡村道路之修筑、沟通,应分期迅速办理。

五、发展省外航空交通,并计划开辟省内航线。

六、疏浚河流,开辟内河航线。

七、增加各种交通工具,及加强兽力运输。

八、充实邮政,电讯,并完成全省广播网。

九、大量培养交通技术及管理人员。

庚、教 育

一、培养具有国家观念、民族意识、人格健全之国民。

二、实行国民强迫教育,以期教育普及。

三、设立省立大学于迪化(内设农牧学院、理工学院、医学院、交通学院、师范学院、文法学院等),培养高级建设人才。

四、适应本省建设需要,设立各种专科学校或职业学校,培养中级及基层人才。

五、整理充实现有中等学校,并分区分期增设之。

六、增设师范学校,大量培养各族青年,充实小学师资,并设教师讲习所,分期召集现任小学教师,施以讲习。

七、普遍设立国民学校、中心小学及幼稚园。

八、推行成年补习教育，以期扫除文盲。

九、在小学与中学用其本族文字施教，但中学应以国文为必修科，大学则依照教学需要，并用国文或回文施教。

十、各种私立学校之课程标准与师资，应参照一般学校规定办理。

十一、分期普设民众教育馆、图书馆、阅览室、公共体育场等，发展社会教育。

十二、分期选送学生赴内地及国外求学。

辛、文　化

一、保障学术自由，奖励科学研究。

二、发扬各民族固有文化，提倡民族文艺、音乐、舞蹈、绘画及各种艺术。

三、促进本省文化与内地文化及各国文化之交流。

四、设立大规模之编译机构，编译及出版各民族文字之字典、辞典、文法、教材，及各种自然科学、社会科学、文字典、辞典、文法、教材，及各种自然科学、社会科学、文艺等名著。

五、分区设立博物馆、陈列所，对于本省各种物产与历史古物，应作有系统之发掘、整理、研究。

六、分期建筑各种民族艺术馆、歌剧院、音乐院。

七、发展新闻事业与电影事业。

壬、卫 生

一、加强保健措施，提倡国民体育，注重儿童保育。

二、切实注意公共卫生，加强防疫工作，大规模防治流行病与传染病。

三、彻底实行公医制度，扩充并充实各级公立医院。

四、扩充制药设备与机构。

五、大量培养医药人才。

六、训练助产士，设置助产所。

七、设立公共疗养所、休养所，并整理各地温泉。

八、鼓励人民出资协办各地医院。

九、禁止早婚等不良风习。

十、甄别土医。

在通过纲领时我说了一番话：

各位委员：

新疆省政府施政纲领，经过了前星期本府委员会三天四次会议的热烈讨论之后，即交付六位委员之小组将国维文字整理，并于今（十八）日提出报告，现在各位委员都已表示完全同意，即是正式通过了。

这一个施政纲领，是经过极其郑重的程序才通过的，每一字每一句都经过大家详细的考虑和热烈的讨论，可以说在新疆是一个划时代的历史性的文件。我们政府二十五位委员今后必须诚心诚意地去执行，一举一动，一言一行，都不能违背这施政纲领，因为这个文件，我们将要把它公布——不但要公布于省，且要公布于国，而且世界人士都会知道的。我想，在全国宪政未实行以前，我们有这样一个施政纲领，可说是各省的一个示范。换句话说，这个文件公布之后，我们不独要对全省人民负责，而且要对全国人士负责。所以我们将来无论遭遇到若何困难，必须要使它百分之百的做到，因为我们不徒托空言来欺骗新疆人民，欺骗全国人士。我个人从事革命三十多年了，年纪也快到六十岁了，生平未尝做过假事，说过假话，这是我三十年来革命历史和人格可以证明的。所以我自信一定能够忠实去履行这施政纲领的！从各位委员在此次会议中对这个纲领态度的郑重和注意，我相信各位也一定能够忠实去履行的！

　　关于实现这个纲领必须的条件，属于中央方面的，我一定尽力去做，譬如经费方面，需要中央补助的，我必尽力去请求。属于地方方面的，必须人民热诚的拥护与协助，各位委员就要多做些宣扬劝导的工作。这个纲领全部的精神，不外乎省府委员就职誓词上面说的保障全省和平，拥护国家统一，实行民主政治，加强民族团结。在这四句话里，第一句是一个总的目标。我们最主要的是保障全省永久的和平。怎样才能达到保障永久和平的目的？我在七月一日《告全省同胞书》里提出四句话，就是增进中苏亲善，拥护国家统一，实行民主政治，加强民族团结。今后如何贯彻这个纲领的每一条文，当然我们全体委员都要共同负责；但同时要有分工合作的精神。举例来说，比方在上述四句话里，中央直接任命的十位委员，对增进中苏亲善，实行民主政治两句话所负的责任特别要大些；而地方保荐的十五位委员，对于拥护国家统一，加强民族团结两句话所负的责任特别要大些。更重复地说，比方我和两位副主席的地位比较来说，我对于增进中苏亲善，实行民主政治要多负责任。而阿合买提江、包尔汉两位副主席对于拥护国家统一，加强民族团结两句话要多负责任。但我要郑重申明的，这所谓分工合作，只是各人所处的地位不同，而所负的责任有相当轻重之别，丝毫没有其他的意思。施政纲领是整个的，省政府是整个的，我们二十五位委员当然要全体一致地共同负责。

我今天对于这个纲领的正式通过，觉得非常愉快，非常乐观，因为我认为一切足以促进本省人民走上繁荣、自由、康乐、幸福之大道亦即三民主义新新疆之建设的基础，现已具体奠定了。我记得上次省府会议时，阿合买提江副主席曾说过："我想这个施政纲领能够做到，新疆必定成为一个乐园。"我对这话是完全同意的。在我们二十五位委员共同努力之下，在全省人民热诚拥护和协助之下，一定可以使新疆变成为中国的乐园，世界的乐园。

目前施政纲领虽然公布了，但在省参议会成立以后，还要送请追认，同时还要送呈中央核定备案。不过，这只是程序问题，因为中央一定赞成我们这样做，参议会是人民的代表机关，亦必然希望我们这样做的。

今天大家都因为这一要案之通过而愉快，而兴奋，我想请今天出席列席的全体委员和各位先生都一致起立把这个划时代的历史性的文件，付诸表决！并对全省人民表示我们省政府全

体委员愿意忠实地把执行施政纲领的责任共同担负起来！（全场起立热烈鼓掌）

阿合买提江副主席和包尔汉副主席都有简短的致辞，全文如下：

（阿合买提江副主席致辞）

施政纲领的执行，也就是和平条款的实行，其目的在把本省变为乐园。现在我们面前摆下伟大的革命——就是文化革命，教育革命，科学或技术革命；这些革命比任何地方任何社会革命都困难，因为本省将由中世纪过渡到新的阶段的时期。我们共同的和平执行的文化革命就是我们通过的施政纲领，因此我要求各委员很快地切切实实地来执行我们的施政纲领。这就是我的希望。

（包尔汉副主席致辞）

在第一、二次省务会议中，张兼主席提出施政纲领，并推心置腹地说明施政纲领的重要性。我想：这个纲领，确确实实是对新疆历年所患病态而施的一种药剂，从此药到病除，新的命运，新的幸福，已显露在我们眼前。但是这种任务非常艰巨，特别繁重，全靠群策群力，一心一德，努力争取，方能将数十年黑暗的政治，革故鼎新，而进于民治、民享、民有的大道。

我们全体委员，必须诚心诚意，善始善终，把这个施政纲领不折不扣地付诸实现，逐步推行，以符人民殷殷望治之心。

更希望各级干部,亦要负荷这种新的大任务,忠实地执行,方不愧划时代的新干部。总之,我们必须以为人群服务为目的,为国家尽忠为职志,那么,这个纲领就必能很快地顺利完成,民有、民治、民享的新新疆,马上就可实现了。

纲领通过后还呈报南京政府备案,并得到复电同意。

颁布选举法

根据施政纲领政治部分第五、六、七条的规定,人民有选举县参议员,组成县参议会,产生县长,监督和协助县政府的权利,有选举省参议员,组织省参议会,监督和协助省政府的权利。根据这个规定,我们为迅速实现全省人民这一项民主的权利,亦即满足全省人民多少年来所奋斗渴望得到的权利,很快就拟定了选举法,提经第二次省府会议通过,九月一日就正式公布。其要点如下:

(一)主持及监督选举之机构:(甲)省设省选举委员会,人员由省府会议推定。(乙)县设县选举委员会,置委员长一人,副委员长一人,委员三人,并由委员中推定一人为秘书。此项人选均由当地士绅中推选,报由省选委会聘任。(丙)每一乡、镇设选举分会,置委员三人,互推一人为委员长,其人选由县选委会就当地士绅及知识分子中选定之。(丁)省选举委员会应分派选举监督小组前往各行政区,轮次到各县监督选举,各项选举均于小组到达之后在其监督之下举行。

（二）县参议员之选举：（甲）县参议员名额，以人口多寡及民族成分为比例，另表规定之。（乙）县参议员之选举，由各县选举分会分别召集民众大会提名选举，各分会应选出之名额，由县选举委员会定之，民众大会召集办法，由省政府另令规定之。（丙）县参议员选举人及被选举人均须有本国国籍。

（三）县长之选举：（甲）县长由各县参议会选举成立之第一次大会选举之，设治局长之选举办法，由省政府另定之。（乙）选举县长时，采取秘密单记名票选，以得票最多者当选，次多者为候补；如票数相同，以抽签决定之。（丙）选举县长时，现任县长选举委员会正副委员长及省派之监督小组必须在场。（丁）县长之被选资格为：有中国国籍，通晓一种文字，忠实拥护施政纲领，年龄在二十五岁以上四十五岁以下，不分民族，不分宗教，不分籍贯，不分男女，均有被选举权。（戊）县长选举之选举票，由省选委会制定，交监督小组携县使用，选举后由小组携返核验之。

（四）省参议员之选举：（甲）省参议员由各县参议会于选举县长时同时举行，其办法与选举县长同。（乙）各县应选省参议员名额，以人口及民族成分为比例，另表规定之。（丙）为使少数民族有代表参加省参议会起见，得由省政府会议就各少数民族团体介绍之名单推选十二人为省参议员。（丁）省参议员被选资格与县长同，但年龄仅限于二十五岁以上，不再加限制。

（五）规律及通则：（甲）各项选举自办法公布日起，限两个月内（即本年十月底）完成。（乙）县参议会限于监督小组到达后三日内选举成立。（丙）各项选举务须平等普遍，任何人不得加以干涉、操纵或舞弊，违者除宣布其选举无效外，并依法予以严惩。（丁）选举之省县参议会成立后，原有参议会即行取消。

以上各项为办法之要点，一切以公布之全文为准。

这个选举法一面公布，一面分电专署、各县、各设治局照办，并且指示下列四点：（一）各县选举委员会及分会，限于电到一周以内成立具报，并着手筹备。（二）各项选举，均候省派之监督小组到达时举行。（三）此次选举为本省第一次之普选，本府为贯彻民主政治之精神与实现本府施政纲领，决于短期内完成此项工作，以奠定新疆永久和平幸福之基础，希广为宣扬，务使人民普遍了解。（四）各级行政官吏，绝对不许对选举加以干涉、操纵，地方人士应按民主常规公开竞选，不得有违法舞弊之行为。

通电以后，我会同两位副主席于一九四六年九月十八日发表了一篇《为省县参议员、县长实施选举告全省民众书》。全文如下：

敬爱的各族同胞们！

根据七月二十日颁布的新疆省政府施政纲领政治章第五、六、七条的规定，人民有权选举县参议员，组织县参议会，产生县长，监督和协助县政；选举省参议员，组织省参议会，监督和协助省政。这就是"实行民主政治，使人民有充分参与政治之权利"（政治章第一条）的实行。关于这种权利的实施，省政府曾经在九月一日订颁了一个省县参议员及县长选举办法，现在就要根据这个办法来实施选举，本主席与两位副主席、全体委员特别要和大家说几句话。

首先我们要告诉大家，这种权利是不容易得来的，是全省人民经过千百年来奋斗的结果，我们要宝贵它，要珍重它，凭个人的良心，凭社会的公道，选举大家所最信任的足以代表人民利益的人来当省县参议员和县长。这是最重要的一点。在施政纲领政治章第五条规定："各级民意机关之选举，应以普遍、平等、秘密方式之行，绝对禁止操纵舞弊。"大家应该注意这回选举是不是有人舞弊，是不是被人操纵。如果有的话，那就是破坏民主政治的实施，也就是违反人民的意思，你们应该拒绝他，检举他，不能接受他的操纵，不能听任他的舞弊。能够这样，大家才不愧为民主政治下进步的国民。在内地，省县参议员虽已经有许多省份实行选举，但是县长还没有实行民选，现在新疆可谓得风气之先。这次选举如果圆满完成，就可以成为全国各省的模范，这就是全省人民的光荣。相信大家一定要获得这种光荣，一定要使新疆成为各省的模范。

其次，自省政府成立两个多月来，我们不容讳言的，还有少数人不明民主自由的真谛，发生逾越民主自由范围的言论和行为。但是大家要知道，民主是政治制度，自由是人民权利，但是两者的存在，都不能离开法律的范围，也就是都应该以法律作依据。假使政治制度不依法律而建立，专权独裁，那就不是民主的；人民的自由不依法律而取得，胡作盲动，那就不是真正的自由。所以我们可以说，没有法治，就没有民主政治；

没有法治,就没有人民自由。我们为了争取民主政治,必要遵守法治;为了争取各种自由,更必要遵守法治。施政纲领是人民自由的一种保障,而它的本身就是一种法,人民靠了这种法,他们的自由才有保障。在政治章里第二条:"由法律保障人民的思想、言论、出版、集会、结社、居住、迁徙、身体、财产之充分自由。"第三条:"人民非依法不得加以逮捕、羁押或处罚。"第四条:"厉行法治,培养人民守法习惯。"

每条都有守法依法的字样,其理由也是在此。懂得这个道理,才能了解民主自由的真谛;守着这个道理,才能得到民主自由的享受。总括一句,政府要守法,人民要守法,政府与人民共守一个法,治理国事,推动建设,这就是法治,这就是民主政治!

在我们看,这次选举,关系非常重大,它的成败得失,将是全省人民的试金石。就是说,新疆人民够不够资格做现代的民主政治的国家的人民,从这次选举可以测验出来。我们相信大家一定能够做一个现代的民主国家的人民,走上民主政治的正轨,向光明的、繁荣的、幸福的前途迈进!

以后,各县县参议会相继成立,县长也先后选出,结果全省各县——不仅伊、塔、阿三区县长全部是本地民族的人士当选,就民族成分言,民选县参议员中,维族占59.31%。当时我认为推行民主政治的基层组织建立了,但是省参议员的选举和省参议会的建立,却受到很大的挫折,发生很大的波澜。以后再加叙述。

访问伊宁

在新疆省政府组成和通过施政纲领之后，我就决定访问伊宁。这是具有政治意义的一件事情，因为伊宁事变发动于伊犁、塔城、阿山三区，而三区又以伊宁为中心，现在全省重新趋于和平统一，一切将按照施政纲领进行恢复和建设工作。我以兼理主席的身份去进行访问观察，对表示双方重新合作，希望三区人士改变旧观念建立新认识方面，都是有其必要的。

我向阿合买提江副主席提出访问伊宁的动议时，他当时就同意了，但表示要先回去做一个准备。他的意思我是理解的，因为事变前后以至和平条款的签订，他们的内部并不是完全一致的。他对我的访问当然不能拒绝，可是他不能不考虑到我的安全问题和内部的意见一致问题。事后我知道，当他回到伊宁宣布我去访问的消息时，就有人表示反对，据说后来经过说服不了时，还把反对的激烈分子加以临时管制，以免闯祸。这一些，我对他和伊宁朋友是深深感谢的。

在八月二十八日我由迪化飞往伊宁，同行者有迪化市长屈武，外交特派员刘泽荣，民政厅长王曾善，西北行辕副参谋长刘任，新疆省监察使麦斯武德等人。另一些随行人员坐汽车已先两三天到达。我们被招待住在伊宁专署内。门外悬挂青天白日满地红国旗，据说街上某个别地方还有悬挂"东土耳其斯坦"国旗的，可见他们事前也曾煞费苦心，才能把全城的"东土耳其斯坦"的旗子收起来。

以阿合买提江为首的伊方对我们的招待非常殷勤。日程排得很紧，每天都有宴会，宴会都是在大的花园果林里举行，菜色一道一道慢慢地上来，花样也多。席间还设有鼓吹音乐歌舞等娱乐节目，吃吃停停，停停吃吃，有时可以从早上九点一直吃到下午四五点，是竟日的游宴。据说这是款待上宾的礼节，对一般客人是不适用的。

在伊宁访问的一周间，我们到过中苏国境交界的霍尔果斯，到过盛产鱼类流经苏联的伊犁河，到过三台五台的风景区萨里木斯，到过绥定、巩留、巩哈①等县。到各地访问时，受到当地人民的热情欢迎，在我们到达前就排队在道路两旁，并准备了酒果茶点和帐篷休息的地方，殷勤接待，态度诚挚，盛意可感。

在沿途访问中，我都对群众讲了话和个别交谈，从他们的谈话里，都流露出内向祖国的诚挚感情，而在我的讲话中，则特别强调民族团结、和平建设、中苏亲善和拥护祖国。在伊宁我还访问了汉族文化协会，并且约集当地汉族负责人谈了话。

新疆在历史上有人说几乎是"十年一大乱，五年一小乱"的地方。民族仇恨至深，每次变乱都是各族主要是汉族和突厥语系民族互相残杀的时候，这次伊宁事变也未能例外，三区汉人被杀的很多。有些地方只剩了老弱妇孺数十人，在伊宁残留的汉人中，也是老弱妇孺占大多数，青壮年都被杀光了。

对于汉人被杀一事，阿合买提江副主席和我谈过，说革命起来时有人主张大杀汉人，他是反对的。还说如果听任这些极端分子去干的话，恐怕一个汉人也剩不下来。我当时就对他说，

---

① 旧县名，一九五四年改名尼勒克县。

过去的让它过去吧，从现在起民族仇恨已成历史陈迹，现在不必再追究了。希望新疆从此得到永久的和平，各民族永久的团结，不会再有过去历史罪恶的重演，这是我们大家共同应负的责任。事实上确是如此，远的不说，从年羹尧"平回"起，汉人统治新疆曾经不断屠杀各族人民。特别是盛世才，不管你是各少数民族还是汉人，都是大杀特杀，各少数民族只看到统治者是汉人，就认为汉人要杀他们，就种下长久的民族仇恨，所以一旦暴动起来，就必然采取报复手段，也大杀特杀一番。我们对于这种由于历史反动统治者种下的恶因所产生的惨酷事实，还有什么说的呢？

在访问伊宁期间，九月二日我在伊宁最大的公园——西公园邀请了一千五百多名各族的代表人物举行公宴，和他们讲了话。当时在四周聚集看热闹的群众也有几千人之多。我的讲话措辞很严正，但态度极诚恳，得到相当良好的反应。

我首先指出这次伊宁事件的和平解决，主要是由于中央和平政策的坚决执行和伟大盟邦苏联的从旁赞助，同时也是全省人民一致要求和平的结果。因此我们可以说，和平的成功是人民的成功，也是新疆人民在历史上前所未有的胜利。

其次才说到我和阿合买提江、包尔汉两位副主席在新的省政府成立后开诚合作的情形，如施政纲领的顺利通过，省县参议员和县长选举办法的颁布，教育制度的修订，企业公司的裁撤，被盛世才没收的人民财产的清理发还等等，都证明彼此开诚合作，目标一致。

再次，把施政纲领的内容作了扼要的介绍，对民主政治的推行，中苏亲善的促进，中苏经济合作的恢复，除扼要说明外，还强调这不是一种口号或期望，而是即将逐渐见诸实行的事实，今后不但在省政府方面要全心全意地坚决执行，全省人民也应该拥护和监督这个纲领的实施，三区是全省的一个部分，当然也不能例外。

最后，我引用在迪化庆祝大会上说的几段话作结束：新疆和平是获得了，必须好好地保持它，爱护它，发展它，使新疆的和平成为永久的全面的和平。怎样才能使新疆的和平成为永久的全面的和平呢？就必须做到四句话：增进中苏亲善，拥护国家统一，实行民主政治，加强民族团结。

这篇讲话后来发表在《新疆日报》。

在访问伊宁期间，我曾和伊宁领事达巴森谈了几次话。他也请我吃饭，在各种集会中他也多半被邀参加。但是初见面时他的态度似乎有点儿生硬，言语之间表现得很矜持。后来我们都反复表示了促进中苏亲善的意愿后，他的态度就有了显著的改变，表现得很恳切，大家都谈得来。以后听说他曾表示很佩服我的态度，大概是对我的政治主张有所了解了。我的亲苏主张几十年来是一贯的，有诸内必形诸外，他未了解我以前态度所以有些生硬矜持，这是可以理解的。

在伊宁住了一个星期，我看阿合买提江副主席是尽了很大的力量，随时都显示出紧张慎重的样子。首先对我的安全煞费苦心，像在西公园举行的盛大公宴中，来宾这样多，四周群众又更多，在三区事变的中心地区，又在事件刚刚平息、人们思想感情尚未恢复常态的情况下，而我挺身出现于这样的广大群众之中，和他们见面讲话，许多人都担心会发生问题，也有人说我胆子太大了。我看阿副主席是够担心的，事前的布置，当时秩序的维持，都很费力的吧？

此行收效不小，政治上产生不少的良好影响，也算是不虚此行了。

国大代表

一九四六年南京政府召开国民大会，新疆产生代表十八人，伊犁三区占七名，他们推出：阿合买提江副主席，阿巴索夫副秘书长，安尼瓦尔沙里江、哈密德、阿不拉哈特买合苏木、凯力木哈吉、孜牙等七人为代表。另十一人由其他七区产生，记得有哈德万、爱美娜、艾沙、乌静彬、乔加甫、穆罕默德·伊敏、赵剑锋等人。

我回到新疆已经半年多了，对内地情形有些隔膜。国大片面召开，据说中共方面是反对的。南京政府的通令到新疆，我本无成见，和阿合买提江副主席商量后，他表示愿意去参加，我认为这是内向祖国的表示，也就加以同意。这是个所谓制宪大会，还不是行宪大会。行前我曾问阿副主席有无准备提案，并暗示即有提案，也不好作过分之想，例如和平商谈时业已撤回的东土耳其斯坦独立问题，高度自治问题等。他表示此时没准备提案，待到南京后还要看情况再说。

他们到南京以后，我听说新疆一部分代表向国大的提案，其中有请在中华民国内将新疆改为"东土耳其斯坦共和国"给予高度自治的案子。电讯简略，其具体内容如何尚未得知。但我顾虑内地人士对新疆问题向来隔膜，讨论时容易一笔抹杀，完全否决，以致引起不良的后果，所以我特别去电给于右任、孙科、张群、邵力子、吴铁城、王世杰、陈立夫、白崇禧、陈诚、洪兰友等人，说明我的意见，并作事前疏解。

我说，他们提出民族自治，在总理遗教中是有理论根据的，不过他们对民族自治与高度自治之间，就没有一定的界说，与一般所谓地方自治的距离如何，仍难肯定，如果从纯理论的观点推断，对国内一些少数民族给予尺度较宽的自治权利，是符合民族主义的主旨的。但现在国内的少数民族问题各地殊不一样，比方内蒙就没有什么外国关系，西藏在英国承认印度独立以后，似乎没有再觊觎西藏的可能，今后西藏对祖国的关系可能好转。现在新疆对祖国的关系，是在一种若即若离的状态之中，国家对争取新疆内向的工作还是做得不够。省内少数民族中的民族主义分子，现在虽然表面上不再要求，但是内心仍然蕴藏着独立的企图。他们所谓民族高度自治，虽然没有明确、具体的说明，但一般理解，则大都由于憧憬苏联自治共和国的制度为出发点。如果国民大会接受这一原则，在宪法上作一个含糊概括的规定，则容易被人曲解，助长过分的要求，因而使新疆与祖国逐渐发生疏远的现象。所以在这个问题上，已经产生了理论与事实上不可统一的矛盾，处理是很困难的。但如果国民大会对他们的要求根本不加理会，或者通过多数加以否决，可能执行上轻而易举，但在后果上必将助长激进分子以反汉族反祖国的宣传，借口汉人歧视少数民族而进行煽动。现在民族自决是世界潮流所趋,这种做法,对国际观感和国内团结都是不利的。

根据以上看法,我认为应该对他们多加说服开导和保持多方接触,沟通感情,讲明道理,使他们不再坚持要求,消除矛盾于无形。

关于新疆省名称问题。新疆人民认为,新疆顾名思义是中国新开辟的疆土,因而具有强烈的反感。我认为省名可以改,但是从新疆的地理沿革来说,北疆各区原属蒙疆,现在多处山川城市仍然沿用蒙古语的称号,如乌鲁木齐、呼图壁、博格达山等,都是蒙古语,如果新疆改为东土耳其斯坦省,只能包括南疆,不能概括全省,那就违背历史、地理、民族的真实性。我国各省,多以山川作为命名的依据,如新疆改为天山省,最为恰当,因为天山横亘全省中部,在中外地理上称呼很出名,既可概括全省,也很明朗贴切。

关于民族自治问题,新疆是中国的一个省,所以有关地方自治的规定,自然也适用于新疆。同时维、哈各族在省内占大多数,选举的结果,各民意机关代表和各级官吏中,各族人士自必占大多数,所以名为地方自治,实际亦即民族自治。但这只是一方面的理由,他们根据高度自治的观点,当然不会认为满意的。他们还会以民族、宗教、风俗、语言、文字和汉族不同为理由,作为要求高度自治的依据,我们必须斟酌事实与理论,作妥当合理的解释。比如:

第一,如果承认以民族为本位的自治,那么新疆拥有多种民族就应该依照各族人口的分布而划定省内的各个民族自治区,例如伊犁、塔城哈族占多数，迪化区汉族、回族占多数，塔城区和焉耆区有的县蒙族占多数，伊犁区有的县锡伯、索伦、满族占多数，亦应该给他们以自治权利才算合理。苏联少数民族地区实行自治时，也是采取此种办法。照这样说，省内民族自治，必须包含若干地区的别种少数民族的自治区域，才能符合民族自治的真义。

第二，关于民族自治程度与范围，应该采取列举的方式，在宪法内加以规定，特别是国防、外交、经济、交通、司法是具有全国性质的，必须明文规定在中央政府职权之内。至于在宪法内规定民族一章，甚为必要，这不但适应时代的潮流，表现民族主义的各民族一律平等的精神，亦可以减除各少数民族作分离运动的借口。

末后，我还强调说，新疆各民族的历史是很复杂的，民族意识也很发达，目前处境也甚特殊，如不在宪法中予以民族地位，会使他们误以为中央歧视少数民族，连一个民族名称和自治地位都不给他们，因而产生反感，影响民族团结，妨害国家统一，这是很不好的。

在这个电报发出之后，南京方面采纳了我的建议，派人和阿合买提江及其他代表交谈多次，最后他们把已提出的提案都自动收回去了。

这时我接到邵力子先生来信说："新省代表抵京后，弟遵教多与周旋。除酬酢不计外，曾与阿副主席长谈三次。第一次在国大截至提案之日，结果彼等允将所提之案撤回。第二、三次在国大闭幕之后，彼等初似不慊于未得具体答复，经婉为解释，结果献旗并面呈总裁一节略,所说八项,均尚合情理,当奉温言安慰,益表满意。阿副主席对弟颇有好感,盖知弟与兄交深而道合。弟经此数度长谈,益知兄治新之不易,而亦益信兄之必能克服困难也。"

阿副主席回到迪化后对许多人说,他们这次到内地去很受欢迎,也得到中央的重视,优礼有加。特别是蒋几次接见了他,蒋经国还多次去看望他,提出来的问题也得到了满意的答复,大家对他们的同情与欢迎,认为是未去南京前所意料不到的,所以他回来后心情愉快,印象很好,并以为收获不少。

1946年,张治中等与三区领导人合影。
前排右起为刘孟纯、赖希木江,中排右起第一人为屈武、第三人为艾肯木拜克和加、第四人为张治中、第五人为阿合买提江、第七人为刘泽荣。

访问南疆

我早就想访问南疆，此行自一九四七年四月十六日动身，五月八日回迪化，来回二十三天。同行者有监察使麦斯武德、阿合买提江副主席、艾沙委员、赖合木江副厅长、王曾善厅长、屈武委员、外交特派员刘泽荣等人。预定路程是由迪化飞阿克苏、喀什，到莎车、和阗各区，然后回程经喀什到库车、焉耆，要走遍南疆的五个专区。每到一区都先约集各县县长、省参议员、县参议员半数、议长或副议长。先期到达专署所在地，我和大家见面。每到一地，还预定召开各界人士座谈会一次，个别会客一次，民众大会一次，对驻军官长讲话一次，其余时间都用在视察访问。为节约起见，还规定各地不必举行宴会，或只由我和阿副主席邀请聚餐。到各地时预定都住到专署，是为了不想增加地方特为设备住所的负担。

这次访问大致能按照计划路线进行，但莎车、和阗、焉耆飞机场都不能降落 C47 型飞机，所以仅由迪化经阿克苏到喀什来回坐飞机，其余都坐汽车。

在这次访问中，给我最鲜明突出的印象是：无论到任何专区和县，都看到存在激进派和保守派的斗争。往往在座谈会上针锋相对，各走极端，言语之间，尖锐激烈，使我感到很为难。在同行诸人中，阿副主席是倾向激进方面的，而麦监察使则倾向保守方面。当时正是各县选举参议员之后，在选举中已经展开的两派斗争，余波未尽，有些县选举县长两三次都未有结果，造成僵局悬案，其斗争的情况可以想见。

为了加强民族团结和开始和平建设，我一贯经常地注意保持超然的地位，希望他们和好共事，但是在这种极端激烈的斗争中，我的超然地位就很不容易维持。我说的话，有时为激进派所不满，有时又为保守派所不满。我总觉得我是代表中央的，应该站在公正的立场来说话和处理问题，但是在座谈会上听到一些反汉族反国家的言论，我就不能不加以严正地驳斥。这种时候虽然是偶然的，但事实上是偏于保守方面。特别是在喀什举行的各界人士座谈会中，激进派发动群众提出来好多不合理的要求，例如要求成立民族军队，把国军调到边境地区去，要求撤换驻军长官，再由人民另选；要求严惩保守派中他们认为是反动的地方领袖人物，甚至喊出驱逐汉人出境的口号，这完全是反汉人反祖国的破坏和平条款的言论行动，不能不引起我的愤慨，所以我在座谈会上发表了一篇长篇讲话，名为《大家要消除种种矛盾方可巩固和平开始建设》。

这篇讲话分成三部分：

首先阐明拥护国家统一与增进中苏亲善的相联关系，二者并行不悖。我们要拥护国家统一，也要增进中苏亲善；要增进中苏亲善，更要拥护国家统一。可是，有人主张只要拥护国家统一而反对中苏亲善；另有人主张增进中苏亲善但反对拥护国家统一，因此形成两个派别。主张只要中苏亲善反对国家统一的人，骂主张拥护国家统一不要增进中苏亲善的人是"汉人的走狗"，主张拥护国家统一反对增进中苏亲善的人，则反骂只要增进中苏亲善不要拥护国家统一的人是"外国的尾巴"，互相攻讦，彼此对骂，这都犯了绝大的错误！应该强调：要拥护国家统一，也要增进中苏亲善，不要有所偏废，才是我们新疆人民必须采取的正确方针。

其次说明国家观念与民族意识的关联。指出现在社会上存在一种矛盾的现象，就是有人只要国家观念而轻视民族意识，甚至反对具有民族意识的人；而有些具有民族意识的人又反对国家观念，认为既有民族意识就不必再有国家观念，这都是错误的想法说法，是矛盾的现象。我奉劝大家，凡是有头脑有眼光的人，既要提高民族意识，也要加强国家观念，然后才是新疆人民应走的光明正确的道路。

最后说到民主政治与专制政治的区别。现在社会上也有人互相攻击，你说他是专制你才是民主，他又说他才是民主你是专制，究竟谁在推行民主谁在推行专制，我认为大家要平心静气地作一个客观的考察，要在事实上表示自己真正在推行民主政治，不是在控制操纵，不是在以民主之名行专制之实，一定要诚心诚意地尊重人民权利实行民主。

我这次讲话非常率直，自信是站在超然、公正的地位在说话的。

回到迪化之后，综合在南疆各地所见所闻，我深深以两派斗争引为新疆前途的隐忧，苦心焦思想办法扭转这种倾向，消灭派别斗争，于是邀集阿、包两副主席、伊敏厅长、赛福鼎厅长、赖合木江副厅长、艾沙委员、屈武委员、刘孟纯秘书长、王曾善厅长、刘泽荣特派员等，会谈了三天。先由大家各就所见所闻发了言，最后我恳切地长谈了一次，指出当前新疆问题的症结所在。这篇发言叫《正本清源》，后来公开印发全省。

全文主要分四部分：

第一，是观念论与法治论。这是当前存在的两种不同的认识论，也是两种不同的衡量客观事物的标准。观念论者只凭主观成见出发，怀疑客观存在的真实性，为感情支配，流于武断，目前两派斗争中许多问题的产生，就是受了观念论的支配。法治论者主张客观态度科学分析，从事实出发，以法律为标准，分析是非、曲直、真伪。前者是错误的，后者是正确的。新疆已和平统一，既有了国家的法律，又有和平条款和施政纲领，一切自有轨道遵循，不应受主观观念所左右。

第二，谈到派别利益与国家民族利益。指出新省内有不少以个人为中心构成的派别，他们只看见本身的利益，看不到国家民族的利益，这是最不好的。在南疆访问所见，如有人说亲汉的是汉人走狗，另一些人又说亲苏的是外国尾巴，其实亲汉与亲苏都对国家民族利益有利而无害，不从国家民族利益出发，只看到派别的利益，所以就发生了错误。还有人借口军队纪律不好，要"再流血""再革命"，喀什游行中，不喊国家民族万岁，而喊"革命万岁"，这是荒谬的，今天新疆省府对人民没有政治压迫经济剥削，何必革命？人民要求的是水利、卫生、教育和经济建设，而不是革命，这是别有用心的少数人搞的。希望大家放弃派别私见，提高国家民族意识，以国家民族利益代替派别的利益。

第三，谈到民主领导与政治斗争。在今天就新疆情况说，民主领导是非常需要的，而政治斗争则是多余的。新的省政府成立以后，一切都是民主领导，从来尊重少数，不使用多数的表决权，凡事协商忍让来解决。外间许多人因此说我软弱，其实这是倡导民主领导的作风。又有人说和平条款签订后是由军事斗争转为政治斗争，目前是共同负责，目标一致，除执行和平条款施政纲领外就没有别的政治企图，何必斗争？今后大家必须团结一致，加强民主领导，才是我们应有的态度和立场。

第四，谈到矛盾与一致。新省和平条款虽签订，而动荡不安的暗流仍然存在，这就因为省内仍有许多矛盾的存在。就中央对新疆来说，已经给予民族平等、民主政治和财经的大力支援，而要求的仅仅是国家的统一，可以说并无矛盾。但新疆对中央，特别是三区对中央，则心理上的矛盾普遍存在。比如对本省最有利的几件事情，像和平条款的执行，新疆学院改为国立大学的建议，省币的统一，甘新铁路的修建，专员的选举，等等，三区都表示着疑虑的态度。又如三区特殊化的保持，亦因民族部队的拒绝点验，使三区人民负担太重，影响人民的生活，自身矛盾重重，无法解决。这些都是矛盾，我们必须消除一切矛盾，说话和行动一致，内心和外表一致，领导者和群众一致，然后一切问题方可迎刃而解。

最后，指出新疆虽然存在许多矛盾，但是一切都可以用政治方式、和平方式解决，不必"再革命""再暴动"，人民不需要战争，把战争强加在人民头上是一定要失败的。我们一定要正本清源：着重法治，放弃主观；着重国家民族利益，放弃派别私见；尊重民主领导，放弃政治斗争和一派控制；消除矛盾，使言行、内外、上下归于一致，这才是光明远大的前途。

这次南疆之行，在座谈会上、民众大会上、在住地、在路途中，收到大量的人民信件、申诉书、请愿书,因行程仓猝,又乏人译成汉文,只有带回迪化处理。这些书信不下数千件,内容包括很多问题,翻译好了,指定几位同志做分析、归纳、研究、处理的工作,其中除了个别的、次要的问题交给省政府认真处理外,把重大的问题归纳为田赋、税收、水利、教育、朝汗、发还财产六项,作一次总的答复:《告南疆群众书》——对巡视南疆时民众所提意见与要求的总答复。这篇《告南疆群众书》是以国民政府主席西北行辕主任名义发出的。

这次访问,一方面看到两派的激烈斗争,另方面也看到群众的热烈欢迎。每到一地,都看到人民扶老携幼,郊迎十里乃至数十里以外,备办了茶水果点,殷勤接待。他们朴实的态度,恳挚的表情,使人铭感难忘。谁能说新疆各族人民抱有反汉人反祖国的意念呢?

同时也看到南疆的天然条件比北疆还好。那里气候温和,不如北疆寒冷。南面是昆仑山,西面是帕米尔高原,北面是天山,东面是塔克拉玛干大沙漠,风景幽美壮丽,景象万千。库车、阿克苏、温宿、疏勒、疏附、英吉沙、莎车、泽普、叶城、皮山、和阗……都是沙漠边缘的绿洲,凡有水之处,都是绿荫匝地,土地肥沃,物产富饶,人烟密集。

我们还看到南疆人民诚笃的个性,刚健的体格。长寿的很多,到处看到大胡子的老者,长髯飘拂过胸。当然也看到南疆人民生活的困苦,即在县城之内,穿着齐整的亦只少数,大多破绽旧衣。妇女还有罩面纱的风俗,不敢抛头露面。

如此美丽的山川,又如彼困苦的人民,这是非常不调和的。

我认为在政治问题解决之后，经济建设和文化建设是新疆严重的课题。

我还发现，在南疆各地的驻军和当地人民关系是没搞好的。驻军受到人民欢迎的是少数，多数军人干预政治，站到保守派方面压迫激进派，在卫生建设上又不能帮助人民，因而普遍引起不满。我认为这是很不好的现象，所以每到一地，都谆谆告诫他们：要对地方事情绝不宜干预，对人民纠纷绝不宜参加，完全采取超然态度，才能保持军民感情，得到人民的信仰。因为现在是民主时代，地方事情应由官吏负责，用不着我们军人过问，如果军人干政，就是不合法、不合理的行为，结果一定会发生败坏军纪，懈怠训练，伤害军民情感的种种流弊，务须切实警惕禁止。希望他们做到：爱护人民，亲善友军，服从上官，管教部下，修养自己。其实，这些话我早就反复对驻新官兵剀切说过，并印成小册发给学习，但是南疆部队并没有做到，这是我深引为痛憾的。

几个文告

在新疆省政府成立施政纲领颁布之后，各地还是接连不断地发生问题，主要的是民族间特别是维汉两族间的问题，在迪化和外地各县市都发生了不幸的事件。比如过去讨了维族妇女做妻子的人被侮辱、被捆打，甚至有被暗杀的事件。同时省府改组时，曾经尽量容纳各族优秀分子参加各级政府的工作，省（市）、专区、县三级都有不少原汉族干部被编余，他们也很多表示不平，说维族气焰太高，我的态度太软弱，今后生活和生命都没有保障，到处都听到怨恨不满的呼声，所以我在一些重要文告上首先对汉族干部和同胞作一些切实的解释。

第一个文告是一九四六年八月二十五日发表的《告全省各族同胞书》。

首先我对汉族同胞说，我们应该反省，从过去历史看，新疆同胞所受的压迫太大，痛苦太深，而过去在新疆负实际责任的是汉人，虽然他们不是汉族的代表，而且更不是现在中央政府所容许和支持的，但是各少数民族同胞是不容易理解这一点的。他们把统治者所加于他们的痛苦，总认为是汉族的罪恶，所以有过去的不断流血惨剧和今日的纷扰。这两个月来所发生的不幸事件，是过去少数民族败类所造的孽，使大家无形中担负了这个罪责。所以与其埋怨各族同胞，不如埋怨本族败类，与其说是他族同胞给大家的难堪，不如说是本族败类给大家种下的恶因。如果大家能从这里看，也就可以心平气和了。

然后奉劝他们，礼让不是屈服，容忍不是示弱。中国人有一种恕道，恕道的真正精神就是利他、容忍、礼让、肯对历史负责、甘于替人受过、牺牲小我、成全大我的志愿，一切暂时委屈，一切以替历史负责、为他人受过的崇高精神去容忍，对各族的仇恨心理要用友爱去感动他们。这样才能彻底消灭仇恨心理，才能使新疆开创千年万世的和平，才能为子子孙孙带来永恒的幸福。

然后对汉族以外的各族同胞特别是占人口多数的维族同胞提出劝告：今后新疆最要紧的是本着施政纲领来努力建设，要建设就先得要人心安定社会安定，要人心安定社会安定就首先要大家忘记过去的仇恨，着重现在的建设，开展未来的幸福。比如说，所谓忘记过去的仇恨，最要紧的是忘记过去民族间的仇恨。过去在新疆执政的汉人是有许多对不起各族人民的地方，上面已经说到了，但这是过去的历史，我们相信今后绝对不会再有这一类事情发生。现在的省政府是各民族组成的省政府，是民主的省政府，当然永远不会再有专制政治、高压政治、殖民政策、帝国主义的产生。

接着我又说，目前还有若干不好的现象，比方有些部队纪律不好，有些官吏腐败贪污，还有压迫、剥削、侮辱人民的事实。当然，这仅仅是由旧时代转变成新时代的过渡时期的未尽余波，我可以向大家保证，像这类事情今后一定可以消灭，军队纪律一定可以严明起来，行政官吏的不良作风一定可以转变过来，使他们完全按照民主政治的精神来为人民忠实服务。

然后又指出，现在外面流行着一种不正确的煽动，就是反国家、反汉族、反三民主义的煽动，在不断地、秘密地、广泛地传播着，无异于种下了不可思议的祸因，值得郑重注意。

同时还就所谓东土耳其斯坦问题作了一个彻底的解释。最后劝大家要在祖国怀抱里，在民主政治下，各民族好比兄弟姊妹一样共存共荣，相安相处，在民族平等民族团结的原则下共同享受繁荣、自由、幸福的生活，绝不可以闹意见，生是非，使各民族陷于分崩离析和猜忌纷争的境地。我们作一个强大的、民主的大中华民国的国民，只有光荣，没有耻辱；只有自由，没有压迫；只有幸福，没有痛苦，为什么还有人从事民族仇恨的挑拨，分裂国家的煽动，不惜把各民族引导到仇恨自杀的道路上去呢？

我最后还说，我们要保障永久的和平，一定要做到增进中苏亲善、拥护国家统一，实行民主政治，加强民族团结这四句话，所以凡是反对中苏亲善、反对国家统一、反对民主政治、反对民族团结的人，我们就认为他是反动，是破坏和平。我是一个忠于国家民族利益的信徒，我是全省四百万人民的公仆，我说的都是忠肝赤胆的话。我为当前情势所迫，不能不表示严正的态度与立场。如果社会风气因此澄清，全省人心为之安定，政府和人民共同一致向和平、自由、康乐、繁荣的新新疆建设大道迈进，那就是我最恳切、最虔诚的祷告和希望。

第二个文告是一九四六年十月十日发表的《国庆感言》。

在这个文告里，我希望全省人民诚心诚意地拥护中华民国，拥护中央政府，拥护省政府。

我首先指出，国庆是全国人民的，连新疆各族都在内。没有孙中山先生领导的辛亥革命，国家就不能由专制过渡到民主，就没有抗战的胜利，就不能取消一百年来的不平等条约，就不能成为世界五大强国之一。

然后说到国家的强大和新疆人民的幸福息息相关。在过去反动统治下，特别是最近十多年来，中央鞭长莫及，对新疆人民的痛苦力不从心，在盛世才走后才把国军开来，以保障新疆人民的幸福，被关在监狱的许许多多进步人士才能被释放出来，今后也才能开始新新疆的建设。新疆人民既没有参加抗战，又误把国军入新误为恶意，发动袭击，中央亦不追究，今后应该承认事实,认识新疆是中国的一部分,生死荣辱与共。

最后说到,新疆人民最需要的是民主政治,是自由平等。自新的省政府成立以来,这些权利新疆人民都获得了,今后应该珍视它、保护它。末尾还引证阿副主席的发言,说明民族平等已经获得,并且号召大家拥护中华民国,拥护中央政府,拥护新疆省政府。

第三个文告是一九四六年十一月二十五日发表在《新疆日报》的《我的真实的解答和严正的劝告》。

由于外间还存在着许多分歧的意见,我在十月二十六日曾经和麦斯武德监察使、阿合买提江副主席联名邀请迪化各族代表一千多人,举行盛大的座谈会,历时八个多小时,发言的人非常踊跃。同月三十日我再邀请参加者开会,就他们上次所提问题择要答解,分为八个问题:

第一,关于省币票面问题。有人认为票面加大,影响物价,又说中央拿了盛世才捐送的五万两黄金、五十万两白银是从新疆人民搜刮去的,应该归还。我告诉他们,这些黄金白银充其量只值得当时新币一百二十五亿元,而中央今年补助的要达一千亿元。从今年七月起半年内一切捐税全免,赋税收税还免一年,不发行钞票怎能维持开支和从事建设?新疆和内地各省相比,现在新疆人民的负担是最轻的。

第二,关于失业问题,我说有办法解决。现在第一步先在各级行政机关让出百分之五十职位给各族人士,以后汉族干部出缺即由各族人士补充,以达到汉人占百分之三十、各族占百分之七十为止。再加上建设事业逐步开展,失业问题自可解决。

第三，贪污问题。我说这是存在的，大家应协助检举，我们一定严办，并且已严办不少。如英吉沙征收局长胡俊臣贪污，用飞机押到迪化枪毙；迪化工务委员会主任王士熹贪污，被判无期徒刑；某部队两军需贩卖鸦片被枪毙……都是交军法审判立即执行的。

第四，关于军队纪律问题，已在严格整顿。例如焉耆某部连长打死一个维族兵，经审判处以死刑；凡是骚扰陷害人民的都得到应有的惩罚。但是关于贪污与军队纪律两问题，都是过去高压黑暗政治下的余毒，彻底肃清须假以时日。

第五，关于国民大会代表问题，有些人指出某某和某某人不该当选。意见是可以提的，但省府还不能变更。因为首先他们都是有民族代表性的，更换会影响民族团结。其次，推选是经过郑重程序的，是阿副主席主持提名委员会，由麦监察使和阿副主席两人提名，又经过省府会议审查讨论通过的。

第六，关于阿山区代表问题，有人怀疑乌斯满派代表来的用意和背景。我告诉大家：其一，乌斯满是省府委员，又是阿山区专员，有权利派代表来。其二，我接见乌的代表时，阿、包两位副主席在座。后来我还把这位代表提的问题交给阿副主席亲自处理，一切是为了从加强民族团结着眼啊！

第七，关于和平条款履行问题，有人说没有实行。这不是事实。如条款规定的实行选举，公文书汉维文并用，出版、集社、言论自由，省府改组，释放事变期间被押人士，等等，业已实行。至于军事方面属于中央的都已履行，其余亦规定在施政纲领逐步施行，不应抹杀事实。

第八，关于所谓东土耳其斯坦独立问题。座谈会上有一老一小站起来慷慨激昂地煽动大家，要求独立自由，我针对这点作了详细恳切的分析开导。首先指出东土耳其斯坦是历史上的地理名词，早成过去，不应作为分裂祖国的号召。其次详细分析新疆人民可能走的三条路。第一条是维持省的地位，将来成为地方自治的一个省份；第二条是脱离祖国，组织东土耳其斯坦国家；第三条是合并到苏联。从第三条路说，苏联不同意。从第二条路说，条件不具备。第二、三条全国人民也不会同意。剩下只有第一条路可走。中央是诚意帮助新疆建设的，我是忠心耿耿为新疆人民服务的，阿副主席是和我合作的，苏联是愿意增进中苏亲善的，大家不要误信谣言，不要道听途说，不要误入歧途！

第四个文告是一九四六年十一月一日印发全省国军的扼要讲话。

这几个月来所发生的维汉两族间的事情，军队自然也不免牵涉在内，也确实发生过一些军人干政的事实，影响民族团结，受到人民攻击，我历次对汉族军政人员讲话都谈到这个问题，现在特别写成一篇明白、通俗的文告，印发各部队。主要内容是：

现在新疆还处在一个时代转变的过程中。这个转变，是由于我们中央实行三民主义的结果。我们是三民主义的革命军人，在新疆应该坚决地执行民族主义，扶助弱小民族。我们要爱护人民，在新疆说，这就是扶助弱小民族政策的实行。这是非常重要的。但是，怎样才能够做到爱护人民呢？首先就要严明纪律，从不扰民、不欺民做起，先要从不贱买人民牲畜、不借用人民物品做起。我们要在精神上和人民和睦，但在生活上要和人民隔离。特别是各级干部，对地方事情绝不宜干预，对人民纠纷绝不宜参加，完全采取超然态度，才能保持军民感情，得到人民的信仰。因为现在是民主时代，地方事情应由行政官吏负责，用不着我们军人过问。如果军人干政，就是不合法、不合理的行为，结果一定会发生败坏军纪、懈怠训练、伤害军民情感的种种流弊，务须切实地警惕禁止。

第五个文告是一九四七年三月二十五日发表在《新疆日报》的关于《阐明省府基本态度及坚定立场》的重要文告，是以行辕主任兼主席和全体省府委员联名发表的。

二月间我正在南京有事时，迪化发生了游行示威大冲突事件，是激进保守两派斗争的白热化高峰，是对民族团结极为有害的，为此我不能缄默。这个文告分十点：

第一，省政府是民族民主的联合政府，是人民自己的，是得到中央大力支持的，是为全省各族人民服务的，应该一致拥护。

第二，全省人民要永远保证和平条款的彻底实行，才能保障全省和平，拥护国家统一，实行民主政治，加强民族团结，以建设三民主义的新新疆。如有人破坏和平条款和施政纲领，就是人民的公敌。

第三，中央政府对新疆人民一切合理合法的要求和权利如同和平条款施政纲领所规定的，中央一定给予支持帮助，毫不吝惜，不会变更这一政策的。

第四，指出八九个月来对和平条款和施政纲领的实施是尽了力量，但由于人力、财力、物力的限制和反动分子的破坏，发生一些缺点，民族间还不免有摩擦，和平条款的军事部门多未执行，甚至有些地方禁止宣传和平条款和施政纲领，这是要加以纠正的。

第五，一定要维护和平，并且以增进中苏亲善、拥护国家统一、实行民主政治、加强民族团结作为衡量标准，谁违反这标准谁就是破坏和平。

第六，民主是大家渴望的，但社会上有反民主的落后分子，机关中有反民主的顽固分子，此外还有违背民主潮流的干涉者。他们是没有出路的，我们应唤起他们的觉悟，如再坚持下去，我们会解决这一问题的。

第七，民主不容误解，自由应有范围。民主的真正精神在法治，人民意志的表达，有各级法定民意机关。自由权利明确规定于和平条款、施政纲领中，得到法律的保障。但人民没有反对国家的自由，没有破坏和平的自由，没有侵害他人自由的自由，没有造成恐怖的自由，这是违法的行为，要加以制裁的！如二月二十一日激进派所发动的敌视和胁迫政府的行为，二十五日保守派所发动的游行中发生的惨案，三月五日检查户口时刺激了民族感情，等等，都是必须加以纠正的。

第八，各级行政机关应具备执行政策所需要的权力，不受任何干涉，驻新国军应避免干政和侵犯人民的合法自由，但人民也应当敬爱国军，不能敌视。

第九，民族团结是保持永久和平所必需，现在执行的是民族平等的政策，过去民族不平等的现象和心理或未尽消除，但我们的民族政策不容怀疑，少数破坏分子的挑拨离间行为应给予排斥打击。

第十，我们既要积极地实施和平条款和施政纲领，同时也要消极地采用严厉有效的办法以制裁破坏分子。

第六个文告是一九四七年四月印给军政高级干部看的秘密文件，名为《当前新疆问题和我们的根本看法与态度》。

从二月迪化游行示威事件爆发后，就有人说，在保守派方面背后是有人支持的，而且是迪化的军政高级干部特别有高级将领在内，所以我特别在三月三十一日在迪化集合全体党政军负责高级干部作了一次长达四小时许的秘密讲话。

首先，我概括而明确地指出，新疆问题是外交问题和民族问题交织而成的一个画面。只看到任何一面都不对，只看表面也不对。有时民族问题主要，有时外交问题主要，但一般说，民族问题是根本的，没有民族问题就没有外交问题。

其次，指出正确的处理原则是解决民族问题以影响外交问题的好转，解决外交问题以影响民族问题的好转，但是首先要着重民族问题的解决。而解决民族问题只有和平一途，任何诉诸武力的冲动都是极端错误的。

然后再指出，根据上述原则就可以决定解决新疆民族问题的方针，必然是三民主义的民族主义，无论从是非看、从利害看、从环境看、从主义立场看，都说明除民族主义外无他途可循。一定要以自反自信的精神明辨是非利害所在，看清环境，坚定立场，坚定信守。如因坚持三民主义而失掉新疆，也是心安理得；如采用帝国主义而保全了新疆，也是错误，何况保全不了？

然后分析我们所遭遇到的矛盾，包括军事策略和革命主张的矛盾，军人心理与政治作风的矛盾。人家说我软弱，会失败，我认为如失败，不在软弱二字，而在这些矛盾解决不了。

最后，以异常恳切、严肃的态度指出军人心理与行为对新疆问题所发生的不利影响，并一再阐明我的态度和决心。军人干政是绝对错误的，是落伍的违反潮流的作风，如选举中南疆某些高级军官幼稚荒唐的行为，不是爱国而是捣乱。军事一定要服从政治，与政治配合。政治上失掉新疆，不是军人的责任；军事上失掉新疆，才是军人的责任。无论军事政治都有我负责，成功是大家的，失败我个人担当。我的政策和态度是正确，是宽大，并不是软弱，已经发生了一定的作用，不用怀疑。

这篇讲话很坦直、很彻底、很清楚，应该能解决问题，但是仍然有人想不通，不相信，如新疆警备总司令宋希濂，背后仍说我软弱，会送掉新疆。这是我后来调换他离开新疆的原因。

第四节　建设计划

多次建议

我曾经提出过一个口号：以三民主义的力量保障新疆，以修明政治的力量安定新疆，以充分经济的力量建设新疆。对于这三句话，在南京政府方面，没有人能提出反对的意见。在和平条款签字之后，我多次向蒋建议，建设新疆的意义，经济超过军事和政治。因为新疆经济落后，如果中央能够大力开发，建立工业基础，使新疆人民生活得到改善，才能使新疆对祖国发生依存的关系，使新疆人民和祖国产生不可分离的关系。这是对新疆前途具有决定性意义的一着。

同时，除了经济建设之外，我还建议着重文化建设。我认为，为了争取新疆人民的内向，启发他们的祖国观念，文化建设不啻是一个精神国防，有时与经济建设同等重要。其具体做法为：文化服务机构的设置，图书刊物的编印、发行，电影事业的推广，各族文字印刷厂的创办，音乐戏剧团体的扶植，各族学术团体的支持，奖励各族优秀学生到内地就学，组织各族有代表性人士到内地观光，以及其他宣传工作，等等。

在文化建设中，包括教育建设。过去新疆统治者，都是采取愚民政策、同化政策，这是我们要绝对避免的。我们一定要实行普及教育，一定要发展和提高各族固有文化学术，来培养大量的民族干部，使他们逐渐能够担负管理和建设的责任。

我还向蒋说明：建设新疆的一切经费，应该由中央全部拨给，不可能依靠地方自筹。因为新疆向来贫苦，无力负担；同时为了争取人心，必须大力支援。从远大处着眼，不能打小算盘，才能使新疆建设有所凭借，才能使新疆对祖国产生依存不可分的关系。我还着重地说：我知道目前中央财政情况，要求中央以过多力量投资新疆建设是有困难的，但是鉴于对新疆的争取已到最后关头，如果中央不下最大决心，投入最大的力量以解决新疆人民生活问题的话，将来必处于完全被动的地位，其后果是不堪设想的。

两个机构的设置

我们首先组设了两个机构：一个是西北民生实业公司，另一个是西北文化建设协会。

新疆在盛世才时代原设有新疆土产公司，是盛世才剥削新疆人民的特有机构和盛氏集团发财致富的据点，为各族人民所极力反对，我们就把它裁撤了。

西北民生实业公司的设立，是以西北区为范围但重点在新疆的一个经济机构。总机构设在兰州，上海、南京、迪化都设有分机构，记得资金是五十亿元法币，全由中央拨给。这时期，新疆对外贸易几乎停滞，内地运输亦很困难，造成省内物资奇缺、物价日涨、人民生活更苦的现象，所以该公司第一期工作，集中在赶运日用必需品，如茶、糖、布匹等到新疆，以成本价格出售。开始还采用记账分期付款办法，物资虽然不是太多，但源源不绝，对迫切需要的新疆人民还是有一些帮助的。不过以后限于资金的周转、运输的困难，再加上内地物资的缺乏，并没有能够达到预期的目的，就逐渐陷于时断时续的状态了。

西北文化建设协会的设立，是采取社会文化团体的形式，理监事人选罗致了国内文化知名之士，制订了规模宏远的计划，摊子摆了不少，工作也做了一些。虽然限于人力、物力、财力和国内局势的影响，未能全盘开展，但在当时的西北特别是新疆来说，是起了一些影响的。这个总机构设在兰州，迪化、上海、南京还有不少附属组织，其主要工作有以下几个方面：

编译工作方面，在迪化成立了编译馆，出版了维文汉文两版的《天山画报》和以维族青年为对象的《文摘》《少年知识》《天山文艺小丛书》等。还特别出版了包尔汉先生的《维汉俄辞典》。

在兰州设置了一所规模较大的印刷厂，设备新，机件全，人员齐，技术有一定水平，在西北算是一等的，生产力也不小。在迪化，亦筹设了一个中型的以维、哈文为主的印刷厂，对日报印行亦有帮助。

在电影方面，设置了一个"西北影业公司"和几个巡回放映队，曾拍制过故事片和一些纪录片。巡回放映队先后到过南疆、北疆，在当时新疆情况下，能够有国产的影片、纪录片等放映，也算是难得的一件事。

在文化服务方面做得比较多，如组织巡回文化工作队，每队两辆车七个人，携带了影片、图片、汉维文书报刊物到各地放映展览，口头宣传，随行还有少量医疗人员推行卫生医疗工作，成立了西北文化供应社，迪化、兰州都设有发行所，大量供应内地和各族新版书刊，颇受欢迎，每月来购买和在附设的阅览室阅读的人很多。还组织了新疆歌舞团到南京、上海、北平、台湾各地演出，服饰新，内容富，演员也优秀，博得许多好评。同时又从内地邀请音乐团体和知名的钢琴家、小提琴家、歌唱家到迪化、兰州演出，和广大群众见面，盛况是过去没有的。

新疆建设技术辅导团

要建设新疆，首先要解决技术人才问题。当时新疆各族人民中连一个工程师都找不到，我就建议南京政府组织派遣一个新疆建设技术辅导团，利用内地技术人才以建设新疆。

我在建议中首先指出，苏联中亚细亚各共和国的民族成分、地理环境和革命前的生活状况，和新疆都大致相同，但是他们经过三个五年计划之后，经济建设突飞猛进，人民生活显著提高。这些共和国和新疆各民族望衡对宇，往来频繁，相形之下，对新疆各民族具有莫大的刺激。而这些共和国的经济建设，其技术人才和资金最初都是苏联中央供给的。

然后说到新疆人民的需要。人类的正当愿望无非是自由与幸福，现在的新疆，和平获得了，民主政治开始了，人民一定会进一步要求生活的改善，要求逐渐进入幸福康乐的境地。新疆由于自然环境、历史、政治、交通等关系，生产落后远较内地各省为甚，一般人民生活至为艰苦，所以今天全省人民所殷切期待于中央的，就是经济建设，增加生产，改善生活。中央要确保新疆，要争取人心向内，就必须满足新疆人民的正当愿望。但是在目前新疆情况说，推行经济建设最感困难的，一是交通困难，二是财力短绌，三是技术人才缺乏，现在特就这一问题提出建议，请由行政院派遣一个新疆建设技术辅导团。

这个辅导团设置办法如下：

（甲）由行政院组织派驻新疆建设技术辅导团（以下简称"本团"），常驻新疆，协同新疆省政府厘定了各项建设计划，造就各项建设人才，执行各项建设工作。

（乙）本团设团长副团长各一人，统筹全团业务，并分设农林、水利、畜牧、交通、工矿、财政、卫生各组，每组配备专业技术人员。

（丙）本团驻在迪化，视事业需要，派遣技术人员分赴各必要地区域建设机关工作。

（丁）本团以新省各项建设技术人才经培养后克以自给时为止。

（戊）本团工作人员驻新工作，以二年为期，期满更番调返内地。

（己）团长副团长之遴选，应不仅具有精深之学识能力，尤须具有服务边疆之热忱，如对新疆情形相当熟悉者为最佳。

（庚）本团工作人员之遴选，除注意其技术条件外，并应具有刻苦耐劳、实心任事之品德（过去内地来新之医师，技术已不佳，而服务精神尤为低落，致启各族人士之轻视，至今贻人口实）。

（辛）本团工作人员之待遇与资格铨叙，必须破格从优，不宜拘以常例；尤其待遇方面，须能使其仰事俯畜，无所顾虑。

（壬）本团为推行新疆建设事业所需之经费及团内经费，

均须由中央全部负担，丝毫不取给于地方（但新疆地方行政经费，今后应由新省力谋自给自足，中央不予补助）。

（癸）本团组织规程及编制预算，由行政院制定颁行。

这个建议不久得到蒋的批复，已交行政院切实核议。后来行政院指派当时国内知名的原任经济部兰州工业试验所所长戈福祥先生充任团长。我即邀请戈团长和一批专家到迪化来，多方研究，考虑当时中央财政情况，拟具了一个第一期建设计划纲要，内容包括农林、水利、畜牧、工业、矿冶、交通运输和医药卫生七个部分，内容具体完备。

行政院派驻新疆建设技术辅导团第一期（民国三十七年下半年至四十年年底）建设计划纲要引言

引言

新疆省为吾国西北之屏藩，地域广袤，人口稀少，虽然生产落后，而资源蕴藏甚为丰富，其先天条件至为优越。倘能积极开发，以适应人民生活，使其改善，期可日进于康乐优裕之境，坚定边民内向之心，当收实惠民生，巩固边围之宏大效果；尤其对国防资源关系特大，实非亟谋经济建设之积极推进不可。中央有鉴于此，乃有行政院组设新疆省建设技术辅导团之举，决定派遣各项技术专才，常驻该省，从事辅导经济建设工作，以餍边民之望，而树国家威信于人心，诚一艰巨之重任也。爰就该团组织办法草案，拟订新疆第一期建设计划纲要如左：①

---

① 原文为竖排版。

本计划依据组织法草案之规定，将建设事项分组编列如次，计分农林、水利、畜牧、工业、矿冶、交通运输、医药卫生七个部门，其内容着平实易行，绝对避免浮泛铺张，并以在民国四十年年底以前可以完成者为限。

若能宽予经费，依照本计划切实执行，使该省其他各区人民之生活大为改善，日臻康乐优裕，自必欣然来归，坚心内向，即张主任治中所提出之"和平解决"之主张，亦可贯彻，实现边防之巩固，邦交因而敦睦，民国前途实利赖之。

（一）农林部门

一、作物生产

1. 农事试验场（迪化设总场，伊宁、哈密、吐鲁番、喀什、阿克苏设分场）——引种优良作物品种如小麦、稻、胡麻、苎麻、烟草、玉蜀黍、马铃薯、桑、牧草，举办地方适应试验，培育各种作物优良品种，并办理繁殖与推广。

2. 棉产改良场（设于南疆主要棉产所在地吐鲁番或喀什）——培育优良棉种，主办繁殖推广。

3. 甜菜繁殖场（设于迪化）——辟地三百亩，大量培育优良种子，普行推广。惟办理初年，乃在自供制糖原料以资宣传。以后逐年推广农家种植，甜菜繁殖场即可专注于育种工作。

4. 机械化示范农场（迪化设总场，喀什设分场）——垦殖荒地，增加粮食生产。

5. 作物病虫调查防治工作队——注意灭蝗、除病及预防作物之其他敌害,并调查新疆省各地之病虫害,研究防治方法,以增加生产。

二、繁殖优良果树、发扬地方特产

1. 示范果园(设迪化、伊宁、吐鲁番、喀什、和阗五处)——迪化、伊宁两地,宜培植良种之苹果、葡萄、桃等种,供应市售鲜果。在吐鲁番、喀什、和阗三地,除大量种植葡萄、杏、无花果、甜瓜,以配合加工(科学方法制干)运销外,并引种枣、梨、茶、柿、栗、柑橘、落花生及甘薯等新疆罕见或不良之果树及蔬果,办理试种有成效时,普遍推广。

三、森林保护及造林

1. 设林区管理机构(迪化、哈密、焉耆、阿克苏、喀什、和阗、伊犁、塔城及阿山)——保护原有天然森林,预防火灾,禁止滥伐,计划更新,并扩大山麓林场。

2. 择适当地区设立县苗圃——播种当地优良树种,并引种外来优良树种,如胡桃、栗、槲、法国梧桐、泡桐、扁柏、槭、桑、乌桕等树种。

四、蚕丝改良

蚕丝改良场(设和阗)——办理蚕桑育种及推广。

五、农具改良

迪化农具制造厂(由迪化铁工厂制造)——办理调查、设计、制图、监督制造、机械修装及指导推广。

六、人才训练

农林工作人员训练班——农林行政、作物改良、农业推广及农业机械技术人员之训练。

（二）水利部门

一、引言：新疆地处高原，天山及昆仑山脉绵横北部及南部，雨量稀少，不足供应农作物生殖，不得不利用山巅雪水，收贮水库，再引入耕田，以作灌溉之用，并可附带作为动力力源，借以发电及其他小型工业之用。

二、水源：查新疆雨量普遍稀少，而在南疆为尤甚。独在山巅之北坡，其雨量较稍低之峰岭为多。降雨时期为阳历十一月至明年四月，在此期间内，雪多于雨。冬季雪积山巅，夏季盛暑时，峰上积雪溶化，大量雪水由坡下流，以致河流满床甚至泛滥。除上述之雨期外，在夏期降落者甚少。

照上述情形，新疆之水源集中在天山及昆仑山之北坡。苟不加以控制，则尽流入沙漠，损失于无用之地。

三、水库：在新疆省内，水库之已在进行工作者，为乌鲁木齐河右岸红雁池。然在天山及昆仑山北坡应建设水库之处甚多，尤以南疆且末、婼羌、于阗等地，雨量过低，须建立水库，调节水源，以利灌溉。各该确实地点，须经调查工作，再行决定。

四、沟渠：为由水库引水至耕田之用。

五、坎儿井：将山岭雪水，用暗渠方式，做灌溉工作，名为坎儿井。坎儿井现为灌溉上唯一重要工具，多为人民之私有物，以限于经济力量，不能普遍设置，故应以政府力量，在适宜地点，大量增辟，以佐水库之不足。

六、飞槽：用木板作槽，架在木架之上，接引山巅雪水至耕种地区，作为灌溉之用是曰飞槽。

飞槽与坎儿井同为辅佐水库之不足，其实施地点及数量，须实际查勘后再行决定。

七、水库之附带利用：

1. 发电厂——利用水位之高压导下发电。

2. 动力力源——如磨粉、纺织等小工业之原动力。

八、调查计划：调查现有坎儿井、飞槽情况，勘测可资设立水库地点，同时设立水文站，其地点再行决定。

九、实施工程：在南北疆各开始建筑水库一处及其附带沟渠，并在适宜地点增设坎儿井、飞槽。

（三）畜牧部门

一、充实原有种马场。

二、在主要牧畜区域成立羊种改良场。

三、充实原有兽医机构，并成立巡回家畜医疗队。

四、充实迪化血清疫苗制造厂，并推广家畜防疫。

（四）工业部门

一、动力工业

1. 调查迪化及焉耆最高水力发电量，完成土木电机设计工作。

2. 扩大迪化电厂发电量至五千千瓦。

3. 筹设喀什、奇台、和阗及库车等地500千瓦以上之发电厂。

二、基本工业

1. 在迪化筹设机器厂一处，以装有一百部工作机为标准；在喀什筹设机器厂一处，以装有三十部工作机为标准；在库车筹设装有十部工作机之机械修配所一处。

2. 筹设以油母页岩试提液体燃料之工厂一处或二处。

3. 调查水泥原料，在南北疆适当地点各筹设水泥厂一处。

4. 在迪化及库车或喀什各筹设化学厂一处，制造酸盐碱及化学肥料等。

三、民生工业

1. 纺织工业

A. 棉纺织

(1) 地点：迪化、喀什。

(2) 棉纺锭数10,000枚，织机共350台。

(3) 产额：年产纱（每日工作12小时）1,500,000磅（折3,500件），合布110,000匹（十磅宽面布）。

B. 毛纺织

(1) 地点：迪化、喀什、伊犁，先就迪化、喀什筹建。

(2) 毛纺锭数共4,000枚，机织共60台。

(3) 产额：年产纱（每日工作12小时）600,000磅，合中等毛呢（制服呢）300,000码。

C. 丝纺织

(1) 地点：和阗。

(2) 机器数量：干茧机18台，煮茧机2台，弹丝车250部，复弹车200台，印染设备一套（照全年丝绸产量三分之一计算）。

(3) 产额：干产丝绸600,000码。

2. 制革硝皮工业——在迪化及库车各设厂一处，前者以制革为主，后者以硝皮为主。

3. 造纸工业——推广及改良各地手工业造纸，并在迪化设机器造纸厂一处。

4. 制糖工业——推广已在甘、宁、绥各省业已推行有效之简法甜菜制糖工业于全疆各地。

5. 火柴工业——整理迪化火柴厂，并在南疆适当地区筹设火柴厂一处。

6. 面粉工业——在迪化、奇台、库车、喀什及和阗，各筹设日产五百袋之面粉厂一处。

7. 油脂工业——在奇台筹设榨油厂一处，在迪化筹设烛皂厂一处，并在南疆适当地区筹设榨油烛皂厂一处。

8. 陶瓷玻璃工业——辅导改良迪化原设之陶瓷玻璃厂，并调查其他地区之原料情形。

9. 纸烟工业——在迪化及其他适当地区各设纸烟厂一处。

（五）矿冶部门

一、煤矿

1. 调查钻探各地煤田之情形，并择要开采之。

2. 改善已开采之煤矿，并增加其产量。

3. 在迪化筹设新式煤矿厂一处。

二、铁矿及其冶炼

1. 调查各地铁矿储藏量及其品质。

2. 继续促成迪化金属冶制厂，其在重庆渝鑫钢铁厂承制机件未到部分应设法运到，于本期内，装置完后开工出货。

三、其他矿产及金属矿物

调查各地矿产分布之情形及其储藏量，并择要开采冶制之。

四、石油

调查各主要地区之石油蕴藏情形，并择要钻探之。

五、金矿

辅导改良各地采金之方法，以求产量之增加。

（六）交通运输部门

一、铁路

完成下列各点间之勘查工作：

1. 兰州——迪化

2. 吐鲁番——焉耆——阿克苏——疏附

二、公路

1. 改善已成之公路。

2. 勘测重要之路线其地点，容后再行酌定。

三、水运

1. 伊犁河下游至霍尔果斯航线之改善，使输出便利。

2. 塔里木河上游阿瓦提、阿克苏至库尔勒间之筏运。

四、运输

1. 成立省公路局，统办省道运输。

2. 在迪化设总修理厂，并于重要地点设修养站。

3. 普遍设置养路道班房，附带供给往来车辆用水，并备普通修理工具，以资救急。

4. 工具方面

A. 卡车二百辆

B. 客车五十辆

C. 胶轮车五百辆

五、电讯

1. 设备十五瓦话报两用机三十台。

2. 设备五十瓦话报两用机两台。

（七）医药卫生部门

一、在人口较多之城市，各设立医院一所，其已设立者设法充实之。

二、各区设立巡回卫生医疗队，至各市镇及游牧区施行卫生宣传疾病预防及治疗工作。

三、筹设血清疫苗及普通药物制造厂所，以谋自给。

（八）迪化市政部门

一、测绘全市详图完成市区设计。

二、改善道路及下水道。

三、改善及增设公用事业。

纲要拟定后也得到行政院的核定，并已派了一批人员来到迪化开始设计，我们也是满腔热情地抱着幻想，但是国内局势日紧，败象已露，南京方面已无余力兼顾及此了。

几件小工程

第一件是修建红雁池水库，开辟和平渠。

迪化是新疆的省会，人口日增，军民粮食一向靠外地供应，时时紧张；伊宁革命起来后，已无调剂，南疆路远，又缺乏交通工具；如从兰州和河西运来，运费非常高昂，往往运一担粮需付出值五担粮的运费，所以如何解决迪化粮食问题是一件迫切的事情。于是我们就从迪化本身打主意。原来迪化附近青格达湖一带还有十万亩可耕地，只是缺水，迪化郊区又有一小小的红雁池可蓄水，只是没有设备，所以就由水利局研究，修建红雁池为一水库，在水库的下端开辟一条和平渠（他们建议命名张公渠，我未同意，命名和平，表示我的意愿）。同时设一军垦处从事开荒。其用意是在提倡水利建设，推广军垦事业，号召新疆军民努力去征服自然。这些都不过是些试点罢了。

第二件是塔里木河试航。

新疆以天山为界，划分为南疆和北疆，而南疆面积大于北疆。而在广袤的南疆中，塔克拉玛干大沙漠却占了大部分面积，构成塔里木盆地。在这个盆地的中间，流过一条长达两千公里的塔里木河。它是南疆各大河流的总汇。其主要水源是叶尔羌、阿克苏、和阗、孔雀（即焉耆开都河的下游）等河。西起莎车区的麦盖提县，东至罗布泊（约当东经90～91度之间，东距甘肃的敦煌县城约4度），都可以通航。阿克苏河北通阿克苏与温宿等县，和阗河南连和阗诸县（每年可通航两个月），孔雀河可通库尔勒，如果以麦盖提县为起点，则喀什、莎车两专区的运输都得到便利。如再由罗布泊经陆路通敦煌，则塔里木河就可以连接整个南疆和敦煌，在经济上具有重大的价值。

在一九四四年八月间用木船三只试航第一次，由阿克苏到尉犁，航行了二十一天。一九四六年三月试航第二次，用船五只，参加者三十五人，航行了三十五天。经过这两次试航后，负责人张宗寅拟了一个初步的治河计划书，我原交新疆建设技术辅导团办理，后来也没有来得及实现了。估计将来要把塔里木盆地沙漠进行开发，化沙漠为绿洲时，塔里木河和它的上游诸河的治理和开航，或是一个重要的问题吧？

第三件是阿克苏区昆阿立克河的帕什塔什防洪工程。

阿克苏专区有一条昆阿立克河，源出苏联尔斯特克山南麓，经喀克沙拉山岭流入国境，到温宿县西北二十余公里处的帕什塔什（维语：零散的石子）地方，河身散漫，河道凌乱，新河床因历年淤积，河身竟高出旧河床十多米，而旧河道是肥沃的冲积平原，是阿克苏、温宿两县的主要耕地，如果河堤崩决，则阿、温两县势成重灾。而该河下游的阿瓦提县又因河干缺水，常闹旱灾。所以这个防洪工程关系阿、温、阿三县二十万人的生命财产，至为重大，非赶修不可。当即一面由水利局拟具计划，会计处核定预算，一面由当地军民组织工程委员会负责办理。这个工程是部队协同民众修的，我在访问南疆时曾亲去看过。

部队官兵和当地民众的积极合作，得到地方人士的好评，要说驻新部队亦曾为人民办点好事的话，这算是一个小小的例子吧？

此外，为招待外宾和专家而修建的天山大厦，为便利群众集会而修建的南梁大礼堂，虽招致许多反对的论调——有些人以为大局如此严重，何必花费这些经费做这样并不急需的工程，我们仍坚持去做，不过中间因材料供应不及，直到解放时尚未完全竣工。

这一节所说建设计划，实际上徒托空言，并未能见诸实施，那又何必多说呢？不过当初拟订计划时，确费了一番心血和力量，现在写出来，也仅仅表示我们对新疆人民的一点心意和愿望罢了。

第五节　实行亲苏政策

我在处理新疆问题之初，就决定以对内和平和对外亲苏两大政策作一切措施的基础。

在对内和平问题上，南京政府方面凡是了解新疆情形的人都是同意的，只有极少数人抱着怀疑的态度。而在新疆的党政军首脑人物当中，开始他们对我的和平政策都是赞同的，但是在和平条款签订后，他们看到三区的傲慢态度，看到各地激进派人士的操切行动，看到各地发生这许多民族纠纷，有的就沉不住气了，对我的和平政策发生怀疑了，动摇了，认为我是软弱，会断送新疆了，最后甚至发展到反对我的和平政策的地步。

当然，和平的大权是掌握在我的手上，没有我的命令不可能发动战争，所以虽有反对和平政策的人，我还能控制得住。但是在执行对外亲苏这一政策方面，就矛盾太大，困难太多了！

先说南京政府方面。我首先和蒋说通。我坚决表示，我在新疆绝对不能采取反苏的政策，相反的，一定要奉行亲苏的政策，才有可能和平解决新疆问题和安定新疆，保障新疆。我把我的理由详细地向他陈述，他在派我到新疆之初，当然也已经考虑到我是一个一贯主张联共亲苏的人这一点，所以在听取了我的陈述后，不止一次对我说："由你全权办理。"他在新疆问题上是放任我的，但这是不容易得来的，更不能因此就消灭了我和各方面的矛盾。因为国民党政府是一向反苏的，大多数人对我的亲苏主张不仅怀疑，甚至是大加反对。特别是外交部方面，这一关我没法打通，说服不了他们。

举个例子说，在苏联驻迪化总领事萨维列也夫回国时，我写了一封信给斯大林托他带去。信的主要内容，是对苏联为新疆问题的和平解决站在中间人的地位所给予的帮助表示感谢，附带说出新疆现在尚存在的问题，就是三区方面始终维持特殊化状态，暗示希望苏联仍从中疏通解决。在当时新疆的地位来说，我认为写这封信是有必要的，但是外交部知道后就来电报要原信稿看，看了又来电，说以后不能再直接通信，同时也不要再说苏联是中间人，使得苏联有借口来干涉我们内政等语。电报措辞是很不客气的，我只有置之不理。他们看我不表示态度，又用蒋的名义来电报，重申前电的话。这个电报我估计是得到蒋的同意发的。

这件事情使我感到非常烦恼。记得后来我回到南京，王世杰（他当时是外交部长）到我家来谈新疆问题，没说几句，话不投机就冲突起来，他拿起帽子愤愤而去。我以一个边疆负责人的地位，新疆问题又与苏联息息相关，但是在对外方针上和南京政府不一致，得不到主管部门的支持，这是最难解决的矛盾。

以上是说在南京政府方面所遭遇到的阻力，至于在新疆省内也是困难很多，在少数民族激进保守两派的斗争中，这个问题也是斗争的焦点。保守派当中很多人是反苏的，而激进派则主张亲苏。我为此曾对保守派人士做了不少说服疏通的工作，但是并不能解决问题。而驻军的将领，也有人在这个问题上是和保守派站在一起的，随时都在制造纠纷，掀起反苏的波浪。在迪化、喀什等地，都发生过许多反苏的行为，例如阻止喀什苏领馆购买日用品和副食，殴辱在外购物的苏领馆人员，阻挠各族人民为苏领馆服务，等等。

无论在南京中央和新疆省内，在亲苏政策的执行上实在矛盾太大，但是我的决心还是坚定的。我总觉得，我们应该有定见有远见，不应随俗浮沉。联共亲苏是我的一贯主张，我不能轻易放弃。我决定，只要我在新疆一日，就一日不变更亲苏政策，如果万一有一天我被迫不能执行亲苏政策时，那我只有敬谢不敏，离开当时的地位。

至于苏联朋友方面，他们对我的处境是看到的，也是谅解的，我对他们给我的友谊和支持表示深深的感谢。

我坚定地执行"增进中苏亲善"的既定政策，做了一些具体的工作，举其大者：

协助苏联运回存放猩猩峡和哈密的物资

在抗日战争期间，苏联以大力支援中国许多军用物资器材，还派空军志愿队参加作战，迭次给日本空军以打击，这种友谊是值得感谢的。当时中国政府曾酬答苏联几批物资如钨、锡、茶、羊毛之类，后来由于盛世才忽然变脸反苏，致有约三千一百吨物资停留猩猩峡和哈密两地，不能继续运走，抗战结束仍然摆在那里。在新疆和平条款签订后，苏方就正式提出要求运走，我当即欣然同意，并答应给以最大友谊的协助。在沿公路各站派员恢复汽车队人员的住食设置，妥为招待。这批物资一直连续运到一九四七年六月底才完毕。我们对此事协助还不错，事后苏领表示甚为满意。

中苏航空协定的签订问题

在抗日战争期间，曾由中苏双方协商开辟了一条中苏航线，由苏联的阿拉木图经伊宁、迪化至哈密。当时大家认为是沟通欧亚的重要航线，事实上也起过很好的作用。但到一九四八年四月间，我突然接到外交部和交通部的来电，说中苏航约今年九月期满，主张废除，不再延长，国防部对此主张最力，认为这个航约是"开门揖盗"！他们表面上是借口赔钱和用人权不平等，实际上则是反苏心理所驱使。

我在反复考虑之下，认为从大处着眼，亦即从中苏关系和新疆局面考虑，该约不该废除，只能在原约基础上加以调整。如果坚持解约，对苏联刺激甚大，后果是不好的。在需要合作时请人家来，不需要时把人家一脚踢开，这是说不过去的。而且战后南京政府也曾和别国订立航约，开辟航线，单独对苏联废约，这也是不友好的行为，我站在新疆负责人的地位，是不能同意的。我当即将此意电复南京，经过多次电报往返，他们让步说，先废旧约，再另订新约——这是南京政府考虑了我的意见而采取的折衷办法。随又经多次磋商，终于得到南京政府的同意，由外交特派员刘泽荣和苏联代表以互换信函方式将中苏航空协定延长五年。

迪化中苏文化协会的恢复和经常活动

迪化过去也有中苏文化协会的组织，后来由于盛世才反苏陷于停顿。在和平条款签订后，我就建议恢复组织和活动。我亲自担任会长，并且推苏联总领事萨维列也夫做副会长。在和萨总领事谈话时我提出来了，他开始觉得有点愕然，似乎感到出乎意外，但稍停之后就表示可以考虑。过了一个时期，大概莫斯科指示到了，他欣然表示同意，并且在领馆工作人员中推出几位担任协会工作。我特别将业已撤销的新疆土产公司房舍拨为会址，又在各族人士中推举多人为理监事，并推屈武同志为秘书长，苏联副领事吴里马索夫和省府副秘书长阿巴索夫为副秘书长。不久，正式成立，开始文化活动，这个组织交流了两国文化，丰富了各族人士的文化生活，增进了中苏两国人民的友谊，作用是很大的。在那里，常放映苏联电影，摆设许多书报，举行各种展览会、讲演会，设置了俄文班，有时也由西北文化建设协会运来好些国产影片、内地新版书报刊物等。这些文化活动，是得到各族人士特别是青年知识分子的欢迎的。

"归文会"的撤销

"归文会"是归化族文化促进会的简称。所谓归化族，就是俄国十月革命时逃到新疆的俄罗斯人及其后裔。这种命名，充分暴露大民族主义的态度，就是不承认他们是俄罗斯民族，只说是归化于我们的民族。苏领方面对这个命名和"归文会"的存在感到非常不满，我也认为不好，所以他们一提出撤销这个组织的要求，我就同意了。"归文会"一撤销，紧跟着就组织苏侨会，我也是赞同的。

关于中苏在新疆贸易和经济合作问题

这是载在施政纲领的一件重要事情。我始终认为要圆满地解决新疆问题就不能不增进中苏亲善，要增进中苏亲善就不能光靠口号，一定要有具体的措施，其中主要的是恢复中苏在新贸易和经济合作。新疆中苏贸易来源已久，可惜一度中断，应该全面恢复。这对人民生活需要，有百利而无一害，同时也是苏联所欢迎的。

至于经济建设方面，在盛世才时代，苏联也曾帮助开发乌苏独山子油矿，协助资源勘察等工作，盛氏反苏后，苏联人员和设备都搬走了。我认为，新疆要进行经济建设，也非得到苏联人才技术和设备的支援不可。因此我在和平条款签订后就着手研究，拟订条约初稿，并建议南京政府，得到同意，过了许久才由我向苏方提出。萨总领事和布商务委员表示可以考虑，但须向莫斯科请示。我也认为，南京政府修正的条约初稿本身大有考虑的余地。后经多次谈判（我方首席代表为外交特派员刘泽荣同志），中苏在新疆贸易与经济合作协定（内包括贸易问题，开采有色、稀有金属问题，采油问题）终于达成协议。但此时南京政府忽又犹豫起来，不肯签字。直到中华人民共和国诞生，和苏联所签订的经济合作协定，就是用这个草案作基础的。

美国军用机飞新"游览"问题

在一九四六年夏某一天，我忽然接到南京国防部电报，说有美军官数人乘坐军用运输机来迪化游览,请我派人接待。我对于这个突如其来和对新局含有不利影响的行动,决定立刻去电阻止,说明新疆没有什么可供游览的地方,美军用机不宜于飞到新疆来。但是复电才发出,据报美机已到,只好予以接待。他们在迪化住了两三天就回去了。

这件事情引起苏领方面的怀疑。他们曾当面问我:美机来干什么?言词之间,怀疑美机是来做侦查工作或另有秘密企图的,这显然看出苏方对美机之来是发生了微妙的刺激,所以我当时就说:我准备去电国防部,不能容许美军飞机再到新疆来,并保证以后不会再发生这样事情,苏方才表示释然。记得南京国防部也有复电,说以后不会再答应美军飞机去了。

北塔山事件问题

到一九四七年夏,又发生了所谓"北塔山事件"。

事情是这样引起的:阿山专员乌斯满是个反复无常的人,最初参加了伊宁革命,和平条款签订后忽又反对伊宁,伊宁方面派兵驱逐他,乌节节后退,从阿山一直退到迪化专区的奇台县境的北塔山附近。不知怎样他曾一度侵入蒙古境内,并捕去蒙兵八名。当时骑五军马呈祥部的一个旅(旅长韩有文)驻在奇台,派了一个连驻在北塔山,曾据报在北塔山旁的松树沟发现可疑马迹。驻军连长马希珍派兵四处搜索,与蒙兵发生遭遇战,旋即接到蒙古边防军科布多中校队长班子尔克沁的通牒,说五月十二日有汉哈部队非法越过蒙境白特色同山,并捕去蒙兵八名。这是破坏蒙古边防和中蒙友好的行为,限于四十八小时内把驻在刀塔头尔特山东北对山胡芝尔特河上的野营撤退,并交还失踪的士兵马匹,否则应由该连长负责等语。韩旅长据报,即令将蒙兵放回。但是马连长在六月六日来电,说五日中午有"苏联标志"飞机四架飞来轰炸,马连猝不及防,颇受损失。马连后奉令后撤十里的库仆地方,蒙兵亦后退,以后飞机虽数来侦察,未有轰炸,双方部队亦无接触,事态逐渐趋平息了。

这里应予说明两点,其一,马希珍连长是行伍出身,他分不清苏联和蒙古标志,所称"苏联标志"的飞机并不可靠。其二,中蒙边境本来就没划分清楚,科不多和阿山在清朝原来同属一个地区,外蒙独立后划界迄未定案,一向未设置边卡岗哨,边境问题此时亦很难说。

但是国民党的中央社迪化分社却发出了一个夸大其词的荒谬消息:"顷由军事方面证实,苏联飞机四架,于五日中午轰炸我北塔山驻防国军,并掩护外蒙军队向该地驻军进攻,飞机低飞轰炸扫射,投弹甚多,我军民死伤颇重。现外蒙骑兵两营已侵入新疆境内六百余华里,正与我守军激战中。"

当时的中苏关系,正由于国共两党关系的日趋恶化而陷于微妙状态中,国民党的宣传机构不断宣传反苏,寻求反苏资料,这个消息拍到内地后,各报争相转载,甚有发表社论,煽动反苏情绪。南京政府的行政院长张群、外交部长王世杰一再来电查询,不由分说就电令驻苏大使傅秉常向苏联并通过苏联向蒙古提出了严重抗议。

我为了澄清事实和安定新局,曾将事件经过分电蒋介石、张群和王世杰，说明中央社所发消息并不真实，不仅蒙兵没有"侵入新疆境内六百余华里，使我军民死伤颇重"，亦不能证明轰炸的是"苏联标志"的飞机。我认为这是局部一时的冲突，只能向蒙古或请苏联转达对蒙古提出抗议，不应该向苏联提出抗议，此时以国内及新疆情势论，都不宜使事态扩大。在给王世杰的复电中，还要求他"请速再电傅大使改正"，但是南京政府并没有同意我的建议和看法，坚持向苏蒙两国提出严重抗议，以至引起苏联塔斯社及各报社和蒙古方面的严厉驳斥。

这件事情对苏联当然是一个刺激，特别是我忽然收到电报，说国防部部长白崇禧要为北塔山事件专程到新疆来视察。电报是六月十二日深夜二时收到的，我在长途电话叫不通之后，立刻发了一个限两小时到的电报给白，告诉他万不可来，来了会对新疆局势极为不利。因为白向以反苏反共出名，上次美军用飞机到迪化已经引起苏方怀疑，现在再来一个反苏反共的国防部长，岂不是火上加油？并同时电蒋说明白万不可来新的理由。电发后，我彻夜不眠地等待南京消息。事后据说，去电正在白崇禧上飞机前几分钟看到，他不得已才取消了新疆之行。这件事在我来说，也是为了增进中苏亲善。要增进中苏亲善，就不能不坚决反对在新疆制造反苏局势。白被我拒绝，取消了新疆之行，也许是阻止了进一步的反苏策动吧？我对他的那一点不礼貌也就算不得什么了。

以上几项，仅是实行亲苏政策的一些事实。在新疆这几年中，我和苏方的关系是好的，和苏领萨维列也夫、叶谢也夫等的友谊也不错。我常邀请他们来参加宴会、舞会，看电影，听音乐，他们也常请我到领馆吃饭，看电影，跳舞，彼此往来是很密切的。记得一九四九年年底新疆解放不久，我陪同彭德怀将军到迪化去，萨总领事请我们吃饭，席间萨郑重地站起来说了一番话。他先引用斯大林说的一句话，大意是"一个人要有远见就不会犯错误，我认为张治中将军是有远见的一个人"。还说了一些赞扬的话。他这番话我实在不敢当，但是也反映了我过去所执行的亲苏政策是正确的，是为苏联朋友所信任的。

我在新疆执行亲苏政策，尽力最多的在政治方面有外交特派员刘泽荣同志、行辕兼省府秘书长刘孟纯同志、省府委员兼迪化市长屈武同志，在军事方面有西北军政副长官兼新疆警备总司令陶峙岳同志、警备总部参谋长陶晋初同志：他们和我志同道合，为坚持对内和平对外亲苏的政策，赞助不遗余力，作了很多的贡献，这是应该特别一提的。

第六节　分裂

伊宁方面参加省政府的阿合买提江副主席、赛福鼎厅长、赖合木江副厅长、阿巴索夫副秘书长和其他的委员，于一九四七年八月先后撤退伊宁。这是新疆趋于分裂的开始。从一年多来的合作情况观察，伊方撤退是有其远因和近因的。

伊方撤退的远因

(1) 伊、塔、阿三区特殊化问题

在和平条款签字之后，我们就依照条款内容分成几个小组来商定实施细则。比方三区军队的改编与补给问题，国军开入三区守备国境问题，三区行政机关改组问题，在三区中央机关的恢复与政令、币制的统一问题，三区交通恢复问题，等等。其中也有获得协议的，比如三区供应分局的恢复与国军开往国境守备两事，虽然得到全部协议，但是伊方一再托词拖延，始终没有实行。而伊方军队仍然穿着原来服装，戴星月帽徽，旗帜仍还用绿底的星月旗。伊方对一般机关如司法、邮政、电报、海关等机关也是托词拖延，没有让中央方面派人前往恢复工作，虽然他们口头答应可以办，可以恢复事变前的状态，也和主管部门订了合约。三区的各县也始终不和省政府发生关系，政令无法推行。伊方用意是很明显的，就是想继续保持三区的特殊化状态，但碍于条款，又说不出口，只好多方托词拖延。我们不断地催促，自然使他们感到压力，感到处境很矛盾。

(2) 国内局势的影响

南京政府的反共战争日趋扩大，我在新疆虽然坚持和平政策，但是伊宁方面怎能放心？他们看到我是代表国民党中央的人物，在全国反共的气氛下，新疆一隅之地的和平政策仅仅是一时应付罢了，是不能持久的，靠不住的。他们既然担心、怀疑，所以就不肯放弃三区特殊化，不肯改编军队，不肯让国军开进三区，不肯让中央机关进去行使职权，这是可以理解的。

(3) 新疆军警对地方事务的干涉

军人不许干政，这是我在口头上书面上再三告诫的事。我认为军人干预地方派别的纠纷，流弊极多，对军队本身亦大为不利。我们一定要本着扶助弱小民族的精神，即使他们有越轨的言行，也应该采取劝导说服的方式，不能采用高压手段，激起愤慨。虽然我是这样言之谆谆，但由于保守激进两派的剧烈斗争，形势激荡，他们就常常左袒保守派，打击激进派。军官如此，警官亦然，所以各地经常发生纠纷。比如一九四七年迪化发生"二二五"群众游行示威，拥至省府胁迫阿副主席，又在街上打死人的事件，此时我在南京，伊方就认为是由高级军官所支持的。而南疆各县纠纷更多，伊方曾经要求由西北行辕和省政府组成调查团，前往库车、阿克苏、喀什、莎车、和阗各地进行调查处理。这是伊方最受刺激最为愤慨的一件事。

(4) 乌斯满问题

阿山属三区范围，乌斯满是省府委员兼阿山专员。乌的省府委员是伊方所提八个委员之一。我一向认为乌和伊宁是一气的，但是他忽然派代表来了，带来信件，要求见我。我当时感到很为难，也摸不清这是怎么回事。我认为乌既是阿山专员，是伊方的一部分，所以我邀约了阿、包两位副主席一起接见乌的代表。这位代表当面拿出信件来。信中首先表示和平条款签订之后阿山区并没有和省政府发生关系，所以派人来晋谒。其次要求哈族在迪化有名望的人士如艾林郡王、贾尼木汗、苏来满等回阿山去。第三，希望对和平条款的内容得到充分的解释。第四，地方各项困难请求救济。最可诧异的是第五，边防重要，请派国军进驻。这显然和伊方大有分歧了。会见后这位代表又间接秘密向我表示还有两点：一说苏联借口条约，派人到富蕴县开采钨矿，乌反对，想用武力驱逐；二是速以边卡部队名义派部队支援，并接济枪械。我答复如下：第一，关于苏联派人开采富蕴钨矿问题，我可以向苏联方面提出，但须在中苏经济合作谈判成功后再提。乌切不可采取武力行动，以免引起意外纠纷。第二，关于边卡部队问题，根据和平条款，属于三区问题的一部分，须与三区军队改编问题同时解决，边卡部队一时不能派遣。

乌的代表得到答复之后，在八月二十八日离迪化回阿山，但是九月三日乌又派第二个代表来，名叫玉素甫，说是第一位代表出发后久无消息，所以再派他来，路上也没有遇到回程的代表。

这位玉素甫代表带来的函件比上次代表带来的函件更具体，其主要内容有：第一，请政府即派国军开入阿山；第二，请政府接济枪支一至二千支；第三，请派代表和电台常驻阿山。我们对别的要求没有答应，只派了一个电台去。这个电台经常传来乌的要求，如军队援助、国军进驻、接济弹药、派飞机去飞行等。

这两次代表来意很明显，是反对苏联、反对伊方的。据我们事后知道的情况，乌斯满怀疑伊方要去掉他，怀疑另一哈族领袖达里力汗要来代替他，所以想脱离三区另找出路。这件事情使我感到很为难，因为我一向认为阿山是三区的一个部分，为了争取三区整个归向，不能由于乌个人而变更决策；同时调查到，乌不过是一个封建部落式酋长人物，他的政治立场思想情况都是落后的，亦不能轻易相信他。但他还是省府委员兼阿山专员，不能不善为开导，于是我就一再向乌的代表委婉解释，并且供给他一部分粮食、日用品等，希望他接受伊宁方面的领导，维护全省各族的团结。

在阿副主席方面，对这件事既感到难堪，因为暴露了三区内部的弱点，同时又引起了怀疑，怀疑我们和乌斯满有了勾结，要分化三区。虽然接见代表时阿、包两位副主席都在座，但乌斯满求助之心越切，我的处理就越困难，而伊方的怀疑也就越大。我为了顾全大局，只好一再向阿副主席表示：这是三区范围以内的事，应该由他来负责作合理的解决，但是仍然不能使阿副主席的疑心冰释。事实上在新疆的军事负责人中，也确有主张利用这机会来做分化瓦解的工作，以促成伊方的归向的，我是坚决拒绝了。此事给伊方的难堪和刺激是很大的。

(5) 塔城和额敏案件

在三区革命起来时，塔城专员平戎等所率领的军警人民一千四百余人退入苏联的阿牙固斯，和平条款签订之后，当由外交部通知苏联政府准备遣送回国的手续，并由省府组织善后事宜的小组商定运回办法，遂于一九四六年九月二日分批起程返国。第一批是群众，第二、三批是职员和一部分员警，第四批是士兵，第五批是平戎和军警高级官佐。在一至四批进入塔城的沿途已备受凌辱殴打，第五批刚进入塔城，即被有组织有计划的暴徒进行屠杀，前骑三团团长李振声、塔城区警察局长孙绍康、副局长克富齐、塔城保安司令部参谋主任沙开慈等以下官佐三十五人同被杀害。

惨案发生后，因为这件事是由阿副主席承办的，就向他提出质问，要他赶快办理善后，他匆匆到塔城去了一天，就回来说：这是当地民众对过去虐待人民的军警的报复行为，尤其对警察仇恨至深，报复最惨，他已经殷切告诫群众，查出主要行凶人犯三名，预备处决。当时我认为这种行为不是无组织的群众所能做出来的，当地行政军警人员不能辞其责，他亦低头无话可说。我还请外交特派员刘泽荣把此事经过详细告诉苏领萨维列也夫，他们也认为这是极端野蛮的行为，大大不以为然。省政府当即就此事作出决议，组织一个调查团去塔城进行调查，阿副主席也同意了。

当然，这个惨案他事前并不知道，也不会愿意发生此事使自己陷于被动，不过由此也可以看出，他对塔城一区并没有完全掌握控制的权力。调查团组成后，由于伊方多方拖延，始终未能执行任务，我们也不断催促，使他感到很受压力。

在塔城惨案之后，还发生过额敏惨案。省府根据和平条款和施政纲领举行县参议会和县长民选，决定在十个行政专区各派一个监选小组前往监选，各小组人选都经省府郑重研究，各方同意，阿山专区列入第六监选区，由该区副专员、哈族青年涂禹则充任小组长，随行有省府秘书哈族克斌全。在十月六日路经塔城区的额敏县时，他们两个和汽车司机同被杀害。阿副主席得到报告后就向我说：这个案子是由于涂的随员在额敏俱乐部放映电影时，散发从迪化带去的反动宣传品，激起群众愤怒，拥进涂的住所把他们打死。我当即指出，涂带去的是和平条款、施政纲领、选举文件和省府主席、副主席签署的文件，在群众中散发是合法合理的行为，绝非反动宣传品。暴徒此种行动显然是有目的有计划的行动，政府不能容忍。阿副主席表示可与塔城惨案合并进行调查。此事也是对伊方出于意料之外的压力之一。

伊方撤退的近因

(1) 麦斯武德充任省政府主席问题

我到新疆本来是以国民政府主席西北行辕主任兼理新疆省主席，在明令未发表以前，我本来不愿兼理主席职务，曾向蒋提出邵力子先生和蒋经国请选择其一，但未得许可，并从伊方的态度来看，也希望我来充任，所以我不能不暂时兼理。兼理一年之后，我还是坚决地把这个兼职辞掉。为什么呢？

第一，我始终认为，我是汉人，汉族在新疆省内是少数民族，只占百分之五，以汉人来充当主席是不合适的。以汉人充当主席，将意味着这是殖民统治的做法——总督地位，是与民族主义中民族自治的原则相违背的。

第二，一年来的经验证明，民族内部的斗争，由于我兼理省主席，使自己往往处于首当其冲的地位，变成左右为人难。有时激进派责备我左袒保守派，有时保守派又责备我左袒激进派。这两派由于主张不同，势相水火。保守派拥护祖国拥护中央，我是支持的，但是他们大多具有反苏的情绪，和我的主张完全相反，我是不能同意的。激进派刚好相反，他们的亲苏态度我是赞同的，但是他们的祖国观念和内向心不强，这又与我的拥护国家统一的主张不相符，我也是不能同意的。这两派人在各种场合下互相对骂：激进派骂保守派是汉人走狗，保守派骂激进派是外国尾巴，斗争愈演愈烈。他们相互间形成这样一种错误的概念：亲汉就必反苏，亲苏就必反汉。而在我的主张，既要拥护国家统一，又要增进中苏亲善，两者不可偏废；亲汉又亲苏，亲苏又亲汉，才能使民族内部团结，使新疆各族人民永久幸福。我对这两派的斗争，虽做过许许多多的疏解、说服工作，却很不容易使他们调和。像我访问南疆时沿途所见到的，特别是在喀什所见到两派那样剧烈斗争的情形，真使我无限感慨，我何必陷身于民族内部的纠纷之中，又何必以这样公正的态度——双方有我所赞同的因素，双方又有我所不赞同的因素，以至引起双方的不满？不如退出兼主席地位，对今后民族内部问题可以从旁照料，就显得凌空些，方便些吧？

第三，还有一个原因，就是我为新疆一隅所束缚，对全国性的问题由于离开中央而不能过问。关于国共两党问题，国内和平问题，这是我所一向关怀的，我的亲苏联共主张不仅希望在新疆一地推行，同时更重要的是希望能在全国范围内实现。而当时国共两党关系搞得很坏，国内局势很紧张，我则鞭长莫及，万分焦灼。如上所说，新疆问题也是受国内情况所影响，受南京政府的反共反苏政策所影响的，如果全国性的问题不能解决，新疆问题也不可能得到解决的，因此我亦不愿长期留在新疆，失去自己对国内和平努力的机会。如果辞去兼理主席职务，仅留行辕主任一职，就可以较自由地往返于南京和西北之间，可以有较多的时间留在中央。

基于以上各点，我终于带着一种遗憾与负咎的心情决心摆脱兼理新疆省主席的职务。

至于继任人选，我是作了长期郑重的考虑。首先从阿合买提江和包尔汉两位研究。阿合买提江是年轻有为的，具有很强的号召力和群众基础，但是他同时又是三区革命的领导人，又是省内激进派的领导人物，如果提为继任人，不仅南京政府通不过，在三区以外的七区也有问题，特别会为保守一派人物所激烈反对。至于包尔汉，他受过反动统治的迫害、监禁多年，容易得到人们的同情，再加上他在维哈族中素有声望，他的态度也比较中和，在激进和保守两派中容易通过。同时他具有祖国观念，也是亲苏的，应该是比较合理的人选，但是他从来没到过中央，没和蒋见过一面，中央各方面的人对他都不熟悉，如提他为继任主席，也是无法得到通过的。

除阿、包二人外，只有麦斯武德。他当时充任新疆监察使，是维族中负有声望的人。因反对盛世才逃亡内地，在中央十多年，历任国民政府委员、国民党中央监察委员。他常在中央会议上大胆直言，抨击盛世才，并极力为新疆人民诉苦，代表新疆人民利益说话，大家都认为他是新疆的领袖人物。年初我在南京向蒋报告新疆问题时，蒋曾提到他，并问我：让他当新疆主席怎样？我想，如提他为继任主席，中央一定容易通过。他家在伊宁，伊方和谈时三位代表中的赖合木江，就是他的胞侄，在伊宁有众多的人事关系。我推想提他继任，可能得到三区同意。至于其余七区从没听说过有反对他的人。维族在新疆人口中占百分之七十五以上，由维族中提出主席人选，是符合民族自治的精神，也迎合新疆人民的意愿。

当然，当时我也考虑到，麦十多年离开新疆，和地方关系少，也没有参加伊宁革命的行列，在三区也许有问题，不过也没有估计到三区会那样坚决、激烈地反对。开始我也想到先和伊方协商，但又想到如果提出来伊方表示不同意反而不好，而且按照和平条款，主席是由中央直接委派的，并没有一定要和他们商量的规定，他们要反对也缺乏法律根据，所以就向南京政府直接提出来了。

提出时还附带要求将包尔汉调到中央，特任国府委员。这是一着准备的工作。我在给蒋电报中，就说包尔汉是大可培植的人才，现在先使他和中央熟悉，发生关系，作为将来新疆领导人物的准备。

我的建议提出来不久，南京政府就同意了，在一九四七年五月十九日正式明令发表，二十日迪化市街上就发现了反对麦斯武德的传单标语。我在二十一日约见阿合买提江副主席，把中央的决定告诉他，他立即表示不同意，并且举出许多理由，要求我继续担任主席职务，一直到省长民选时为止。我当即表示明令已经发表，无法改变，并反复说明我不能再充任兼理主席的理由，他听了说要回伊宁会商之后才能决定态度。

这次谈话长达五个小时，阿副主席始终没有同意，我亦不能对此作任何变更的让步表示。到五月二十八日，麦斯武德举行就职典礼，和省参议会成立大会同时合并举行，伊方省府委员都没有参加。在典礼会上，喀什的省参议员乌斯满以代表的资格发言。大意说：过去新疆没有执行三民主义，所以发生了多次的革命，自从张主席到新疆以后，才真正代表中央实行三民主义，造成和平局面，为全省人民所信任和拥护，因此不希望变更省主席，一定要求中央把张主席留下来，使张主席亲手签订的和平条款与施政纲领能够彻底执行等语。用意很明显，就是不赞成麦斯武德来当主席。

典礼结束之后，就有省参议员乌斯满大毛拉等四十余人联名给我一封信，认为和平条款尚未贯彻，省政府的任务尚未完成，省府不该改组；又说事前省府委员不知道，省参议员亦未同意，更换领导是不适当的，坚决请求不要变更。来信全文如下：

新疆省政府张兼主席钧鉴：

敬禀者。本年五月二十八日在西大楼举行之会议上，见到省政府领导者之更换，议员等对此次改换之意见，当场经参议员致辞代表宣布，为坚持该项意见，特呈此请求书。其目的去年根据和平条款改组之省政府，在一年过程中虽采取一些新的措施与计划进行工作，但迄今在和平条款与施政纲领之实行上，尚未能做到满足人心之工作，人民所祈望之此项责任尚负在省政府之肩上。议员等认为根据和平条款改组之省政府，在尚未能实践上项任务前，不必更变，而应照旧存在；又认为不顾此点未经省政府委员们之知悉与参议会之同意更换省政府领导者为不适宜，故参议员等坚决请求根据和平条款改组之省政府，要坚持和平条款中对人民所负担之责任，并在未实现依宪法民选主席前省政府不加任何变更。专此谨上此项请求。除呈递钧座外，已送报社发表。

省参议员乌斯满大毛拉等

我看到他们的来信后，很率直地答复他们：和平条款不因主席更换而不能贯彻；根据和平条款，中央有权更换所任命的委员；任命维族年望俱高的麦斯武德先生为主席，正是尊重新疆人民愿望的合理措施，要求中央变更明令绝不可能。我的复信全文如下：

乌斯满大毛拉省参议员先生，并请转艾买提哈孜诸先生大鉴：

诸先生联署大函敬悉。谨以最坦白之态度，对所提问题致答如下：

（一）和平条款为保证本省全面和平之文件，省内任何地区、任何人民均应受其约束，不能有所例外。省政府之改组，对和平条款之执行绝不发生影响。

（二）和平条款对省政府组织仅有名额上之比例分配，并无人选之限制。在中央任命之省委名额之内，中央自可随时调动；如在伊宁方面推举之省委名额之内，伊方自可随时调动。

（三）中央今以新疆人主持新疆省政，特任德望俱高之麦斯武德先生任省政府主席，实为尊重少数民族之政治权利之合理措施。倘竟要求中央变更已经发表之命令，则为绝对不可能之事。

（四）本人虽不兼理主席，但仍当以国民政府主席代表之资格继续负责，使和平条款圆满执行，并愿从旁赞助施政纲领之逐步实现。此可向诸位先生提出保证者。

（五）对诸位先生关心和平条款之执行至表谢意。惟自去年六月六日签订和平条款以来，尚有未尽履行之点，自应注意做到，尤其伊、塔、阿三区之特殊化迄未消除，三区部队之改编点验与国境守备部队之进驻等项全未执行。诸位身为人民代表和平条款之执行关切者，希望多加劝导，并予督促，俾和平条款将早日全部实现,毋任企盼。

（六）最后希望省参议会顺利开会,奠定民主政治与和平建设之基础。

并向诸位先生致敬意。

张治中谨启
六月九日

同时,我还接到阿克苏等七区方面的几十位省参议员给我的一封联名信,表示拥护中央决定,欢迎麦斯武德充当省主席。还指出:（一）应尊重中央政府命令；（二）应审查已报到的省参议员资格,审查完竣前不能开会；（三）须俟各地的省参议员都到齐才能开会。

伊方反对麦任主席的理由,据说他们认为麦是"大土耳其主义"者,是反苏的。这一点,我事前毫无所知,也没有注意到。我只觉得麦拥护中央,也没有表示过反苏的态度——这也许是我最疏忽之处了。

双方争执的焦点,集中在麦斯武德充当省主席这一问题上,伊方坚持反对,我则坚持不能变更明令,这是促成伊方撤退的主要近因。

(2) 省参议会流产

根据选举法,各区选出省参议员后,即成立省参议会筹备处,筹备成立和开会事宜。经过几个月的筹备,业已大致就绪,到五月二十五日报到的省参议员已有一百二十一人,已足法定人数,于是在五月二十八日举行开幕典礼。在会上我特别发表了一篇致辞。

我首先指出这次会议的重大意义,认为是新省具有历史意义的一个盛会,是奠定民主政治基础,巩固全省和平的工作。"人民有了自己的代表,政府有了监督的机构,就可以以议场作战场,以口笔代枪炮,一切问题都可以民主的会议求得合理的解决。我们相信,本省从今以后不会再有战场的出现,不会再有枪炮的声音。"

接着说明新省一切措施,虽然已有和平条款与施政纲领作根据,但是这些原则的规定有待进一步地具体实施,然后才能从经济、交通、教育、财政各方面改变新省的落后面貌,提高新省人民的生活。希望大家"把一切时间与精力,用在巩固和平、增加建设的研究、设计、建议上面",并在建设过程中,对省政府尽到监督与协助的责任。

最后,重申我的意愿:"本人到新疆来,早经一再宣布过,是为全省人民服务而来,是为全省人民'铺路'而来。我铺的是什么路?是和平之路,统一之路,民主之路,团结之路,也就是建设之路。在过去一年中,这种工作可以说已经具有一个雏形,以后只要按程计功,始终不懈地做去,一定可以完全达到'保障永久和平、拥护国家统一、实行民主政治、加强民族团结、完成三民主义新新疆的建设'的目的。现在代表全省民意的省参议会成立了,我的铺路工作也算初步完成了,我就应该交代了。"并表示"今后我愿以国民政府主席的代表地位，一本爱护新疆同胞的心情，竭诚赞助本省的和平建设事业，而乐观其成"。

典礼完毕之后，省参议员按区各推一人共同组织主席团来主持会议。会议应该开始了，但由于省参议员的名额和资格发生了问题，如伊犁区规定应选参议员十四人，而报到者十八人，多了四人；塔城区应选六人，而报到者八人，多了二人，且有五名与原选姓名不符；喀什应选二十人，报到二十二人，其中七人姓名不符。而且伊方选出的参议员多数是现任官吏和军警官佐，不合选举法的规定。纠纷发生了。经过特别组设由阿副主席主持的七人小组反复研商，两次提出解决办法，本来是可以解决的，但会议仍然未能开成，主要是由于：首先是参议员中已分成两派，形成两个对立的阵营，彼此都不能相让。再则由于当时有人准备提出东土耳其斯坦问题，要求国军撤退和反对麦斯武德当主席问题的议案，所以经过主席团的多数委员建议，凡参议员提出的议案，应该：（甲）不能变更新疆省和国家的关系；（乙）不得要求国军撤退，损害国家主权；（丙）不得反对中央改组省政府的命令。

这三点都是针对当时省参议会内部的激荡空气提出来的。伊方一派的参议员对一、二两项表示原则上可以接受，但对第三项则坚持反对。这说明他们正想运用省参议会来反对麦斯武德充当主席的意图没有打消。由于主席团意见不一致，大会也就一次都开不成。从六月一日到七月三日经过不少努力，僵局仍然打不开，情势很不好。我在七月三日召集主席团和七人小组开联合座谈会,劝告双方让步,挽回僵局,连续三次协商,都没有结果。而伊斯兰教的封斋节又快到来了,喀什的参议员提议,经过多数参议员的同意,主席团的决定,从七月七日起宣告暂时休会,何时召开,由省政府决定。

在省参议会内双方相持期间,伊方的一些参议员曾经给我两封信,主要是反对麦斯武德充任省主席一类的话。我在六月二十五日给他们一个公开的答复,题为《愿双方互相尊重互相让步》,全文曾登一九四七年七月四日《新疆日报》。

我虽然那样详细恳切地解答,还是说服不了他们。省参议会没能开成,对我来说是一大遗憾,对伊方来说则是一大刺激,因为伊方一派参议员的势力未能控制会议,他们的一切计划也就未能实现了。

(3) 吐鲁番、鄯善、托克逊地区的暴动

吐、鄯、托三县自从民选县长以来,这几个月不断发生问题,据报告有"东土耳其斯坦革命青年团"和"东土耳其斯坦游击队"的组织,拦截公路军车,夺取粮食,阻挠运输,威胁人民拒卖粮食给政府,企图破坏供应,经常造谣生事,毁谤政府,毁谤驻军。驻军一再要求以武力制止,我一再阻止,不许使用武力,一定先采取和平容忍说理感动的做法。

自麦斯武德就任省主席之后,这三县地区情况更趋于激烈,省府派人去进行说服宣慰,不但不接受,还提出许多要求,如不要麦当主席等。继且围攻各地警察所,杀死员警,打开县仓库,把存粮夺取一空。虽然他们气焰如此高涨，我还是告诫驻军一定要着重和平解决，加以极端容忍。

到七月十日，他们在托克逊县袭击库米什的驻军，十三日又袭击吐鲁番县胜金口驻军，规模更大。打着三面东土耳其斯坦的大旗，聚众一千余人，自称"东土耳其斯坦游击队"，驻军伤亡很大。至此忍无可忍，不能不予以反击，经过一番战斗，暴徒溃散，还俘虏一些首脑，并检获若干文件。

据驻军报告，暴徒所以在吐、鄯、托三县策动暴动，是认为三县是南北疆交通枢纽，是新疆的中心地带；暴动如得逞，可以影响南疆、东疆同时起来，可以威胁迪化，可以与伊、塔、阿三区成夹攻之势。他们是以"东土耳其斯坦独立运动"作号召，以武装组织游行武力赶走国军，夺取政权，包含着重大的阴谋在内。同时根据驻军报告，从所搜集的许多证据看，这次暴动是伊方背后支持的，从被俘参加袭击吐鲁番胜金口驻军的首脑那里，知道他是由伊宁方面去的，但是我处理这一问题时决定一项方针，就是绝对避免牵涉到伊方，只作为一件偶发的事件来处理，免得事态扩大，引起严重纠纷，招致破裂的结果。所以我仅仅轻描淡写地和阿副主席谈到，并没有提出诘问，不过他们不免流露出不安的情绪。这也是促成伊方撤退的一个直接原因。

在吐、鄯、托暴动前后，据军方报告，喀什方面也有暗中组织企图响应的行动。喀什是南疆重镇，为了有备无患，特令当地驻军注意防止，对查明有重大嫌疑的分子十余人加以逮捕管制，使其不能自由活动，但须加以优待，不许杀害，亦不能用刑审问，以表示政府的宽大。这一点，驻军是照办了的，不过这当然也给伊方一个不小的刺激。

在这次事件中，我最感到痛心和内疚的是，据报在吐鲁番暴动之后，特务系统曾在这一地方大肆逮捕，残酷地杀害了许多人。特务向来有他们的系统，不受当地军政长官控制。我得到这个消息，非常愤慨，曾加以严厉谴责，但是事情已经做出来了，我的谴责又于事何补呢？

一篇谈话

省参议会流产与吐、鄯、托事件后，省内和国内都议论纷纷，谣诼甚多，连外国报章也有夸大渲染，牵涉到我的地方，有许多与事实不符的报道。例如竟有认为新疆所发生的一连串事件，特别是省参议会流产和吐、鄯、托事件，不仅是伊方所策动，而且还暗示与苏联有关。还有认为我的一贯和平做法是软弱的表现，没有及时采取断然的措施，所以才引起这许多纠纷。甚至有人说，如果这种做法继续下去，就会断送新疆，所以主张用武力解决问题。这种想法在新疆的军事负责人中常常流露出来。外间还有谣言，说伊方已经准备大举进攻。我看到这种情况，不能再事缄默，所以发表了一篇谈话，澄清一切谣言，申明我的一贯态度，是为了保障新疆和平，促进中苏亲善。这是坚定不移的政策。这篇谈话于一九四七年七月二十一日在国内外同时发表。全文如下：

新疆局面，诚有严重甚至破裂之趋势，惟无论从任何一方面之立场言，解决新省问题，并无定须诉诸战争之必要。余正尽最大忍耐与努力，冀能和缓当前僵化之情势，而新省最大多数人民对中央在新执行之和平统一民主团结之政策无不充满诚心内向拥护祖国之热忱。如有人别有存心企图掀起战端，则不啻背弃人民之愿望，绝无成功之理，此点可能为新局转捩之一大关键也。至国内外人士对新省问题之注意与重视，系一好现象，余以国府主席代表之地位，对于关切新疆现状之人士，自至表感奋。惟国内外报纸对此一问题发表之意见，符合事实者固多，而涉于夸张甚至与事实完全不符者，亦所常见，此类报道，极易引起不必要之误会，使新省局面愈向不利方向发展，此当非报道者之私意。同时此类报道，常引起国内外关心新局与余个人者之纷纷查询与慰问，余虽无暇一一置答，但余愿本个人所信作一概括的答复。第一，就对外关系而论，新省问题固不能不视为世界问题与国内问题之一环，惟苏联已曾声明在新疆无干涉中国内政之意，而中国亦无由新疆威胁苏联安全之可能，以吾人理智判断，两国之在新疆保持和平亲善关系，实非不可能之事。余奉命来新之主要任务，即为执行保障新省和平与促进中苏亲善两大政策，此项政策年来似已显著实效，直至现在，并未有丝毫变更政策之意图，余自当继续贯彻执行。第二，就新省内部问题而论，余之处理新疆政治问题，完全遵循国父遗教与中央决策，所有措施虽未敢说有多大成就，但已为新疆与祖国关系辟一统一团结之大道。任何人不能否认新疆之政治问题与民族问题已不复为动乱之因素，最少亦不能作动乱之口实。

假使万一受其他事态之激荡，和平之局遭受破坏，余深信政府在新疆最大多数人民拥护之下，必能遏止变乱，保障和平，但中央在新所已推行之政策，绝不受任何影响有所变更也。

来往函件

阿合买提江副主席在一九四七年八月十二日离开迪化，走前留一函告诉我几句简单的话，说他要回伊宁去过肉孜节，不久就回来。以后，其余的委员也陆续不告而去。我在九月一日给阿副主席和拉合木江副厅长一封长信，内容分几部分：

(1) 我的退让和容忍。列举和平条款签订后的许多重大事件，如条款中关于军事和政治的重要条款，伊方迄未履行；塔城惨案、额敏惨案的发生；对亲汉分子的攻讦、殴打、污蔑为"汉人走狗""民族败类"；进行秘密组织，从事"东土耳其斯坦"的宣传；组织吐、鄯、托暴动；发起反政府、反汉人、反中央的示威游行和宣传……以证明伊方一贯企图一派控制，而我则随时随地极度容忍。

(2) 我们应有的共同认识。指出伊方对新疆问题缺乏正确的认识，主要在于：（甲）伊方无论口头上、文字上乃至心理上，都只有"东土耳其斯坦"，而无中华民国；（乙）伊方只许人反汉亲苏；不许人亲汉又亲苏；因此（丙）认为亲苏反汉是"革命同志"，而亲汉反苏就是"反动分子"；我指出（丁）中国是新疆各族人民的祖国，而苏联是新疆各族人民的友邦，一定要做到亲苏又亲汉，亲汉又亲苏，才能在和谐的空气中发展，永享和平、民主、自由的幸福。

(3) 我们今后应有的共同做法，提出：（甲）共同检讨过去得失，彻底贯彻和平条款；（乙）以施政纲领规定的保障全省和平、拥护国家统一、实行民主政治、加强民族团结四原则为基础推动新新疆的建设；（丙）放弃一派控制的做法，实行民主领导；（丁）放弃斗争，专重建设；（戊）至诚地拥护国家统一、增进中苏亲善。

(4) 我的质问和最后希望：（甲）全体撤退是否要片面撕毁和平条款？（乙）如片面宣告撕毁，是否要再行一次武装变乱破坏和平？（丙）如无上述含意，是否愿重返迪化，推诚商谈合理合法的解决办法？

到一九四七年十月十六日阿、赖两位回了我一封信，是对我的去信的解答与回驳。他们对我去信所列各点，都指为是"毫无根据""不符事实"的指责，而且还列举一些片面看法，说明他们是履行和平条款的，而汉人方面则是破坏和平条款的，其中特别强调地方军警对各族人民进步分子的迫害。

最后提出四项要求：（甲）从速禁止压制与虐待新疆人民中进步分子的行为；（乙）请开释被押之回教团体的所有人员，并请惩办拘押该等之人员；（丙）免去麦斯武德先生的省政府主席之职；（丁）要充分遵守在一九四六年六月间所签订的条款之一切条文。

在信末还说："我们这种要求若能实现，则代表回教人民的我等省政府委员，愿从速返回迪化在您领导下的省政府组织内继续工作。"

我接到他们十月十六日复函后，反复研究，到同年十二月九日又再给他们一封信。我首先说，你们来信表示伊宁方面没有放弃和平合作的希望，尤其郑重表示尊重和平条款施政纲领，绝无使新疆脱离祖国的企图，这是我们感觉到很安慰的，我相信新疆问题在取得共同一致的基本认识之下找到解决的途径，即使现在还有不少枝节问题存在，但都不足以影响我们的根本信念，自然也不会妨碍问题的解决，因此我以诚挚的态度给你们再度去信。

这封信分三部分：(1)对来函列举各项"事实"的分析，并逐一加以驳正。(2)对所提四项所谓先决条件的答复。(3)最后我再提两点建议：（甲）希望他们回迪化或到南京来，双方根据和平条款作一次彻底的检讨和解决，并研究省长民选的办法。（乙）为了澄清当前局势，请先做到以下各点：①采取取消三区特殊化的措施；②停止征兵和缩减军队；③停止"东土耳其斯坦"的宣传，停止反国家、反汉人、反国军的言论；④恢复玛纳斯河交通，停止检查，放回被扣公商车辆；⑤制止三区对汉、回、哈族（亲汉）人士的压迫和歧视。

末后以充满希望的心情等候他们的圆满答复，期待愉快的把晤。

伊方到一九四八年二月十七日对我的第二次去信再度答复。他们仅仅综合地提出四个问题：

其一，认为我们确实支持了乌斯满和哈里伯克，指出宋希濂是乌、哈两人行为的倡导者、组织者。

其二，认为南疆、迪化、哈密确实有很多为了发展文化推行民主的进步人士被拘押。

其三，认为从短期内的表现，麦斯武德已不配做省主席。

其四，坚决否认与吐、鄯、托暴动有关。

最后表示充分赞成我去函所提建议，即双方在迪化根据和平条款检讨过去，解决问题，但须先做到：停止排斥进步分子的行为；免去麦斯武德省主席职务；释放被拘押进步人士并惩办拘捕人员。还比前加了一条：将人所共知的土匪强盗乌斯满及其伙伴交人民公审，希望我主动地去做。如果不能满足人民的要求，即使在迪化会晤，也是不会使他们所希望得到的结果加以实现的。

看到他们一九四八年二月十七日的复信，我在同年四月一日给他们一个简单的复信。指出他们根本不考虑事实，不考虑我的诚意，不考虑我去函所提五项具体办法，而只片面要求做到他们的四个先决条件，这是不对的。我不想进行做不完的辩论，质问他们是否准备履行我所提的五项办法？是否有根据和平条款遵循合理合法途径来解决问题的诚意？

他们对我四月一日的去函迟迟未复，直到同年四月三日才给我第三次复信。除了对我所提五项具体办法进行推诿辩论外，没有新的内容，最后只说："如果张将军您有改变本省情势的愿望，我们希望您注重我们人民合法的、正确的要求，并且给予我们圆满的答复。您的公正与民主的威望，于最近的将来定能给予我们解决一切争执问题的希望。"

从以上来往信件看，我们对伊方所提的要求，主要是要求他们取消三区特殊化，不要再从事"东土耳其斯坦"的宣传；而伊方对我们的要求，主要在免除麦斯武德的职务，停止军警机关的非法行为。在和平条款问题上则各执一词，你说我没履行，我说你没履行。不过从伊方三次复信来看，他们还是有和平解决的愿望。虽然局面陷于僵持，但还不至于诉诸战争。在国民党方面，虽然也有人主张军事解决，但我坚决不同意，务必贯彻和平到底。

在这时期，我感到欣慰的，就是苏联方面还是给我很多的帮助，来调和双方的观点。萨维列也夫总领事一九四八年十月间从莫斯科述职回到迪化时，我正在兰州，萨就和陶峙岳、刘孟纯、屈武、刘泽荣等同志表示几点，据刘孟纯同志来电报告如下：

(1) 此次余向苏联政府述职时，曾详陈张将军处理新疆问题眼光之远大，政策之正确，深信新省目前之若干问题，在张将军努力之下，均可获得解决，仅时间之迟早未能断定而已。苏联政府对此项观点表示同意。

(2) 新省问题如张将军云，主要为外交问题及民族问题。外交方面，在中苏亲善政策之下，并无多大问题；但民族方面，确应特加注意，他绝不同情现在之大土耳其主义者脱离中国的运动，任何国家之少数民族，绝不能离开其祖国而获得光明之出路。此种脱离祖国之运动，对少数民族只有害处，但国家对少数民族应取合理之政策，使其与国家联为不可分之一体，苏联之民族政策足资参政。

(3) 现在新疆内部之各项问题，实亟待解决，深信张将军具有解决问题之决心，但时间似不宜延迟，否则将续有第三者（究何所指，渠未具体说明——发电人注）乘机进行挑拨，使问题之解决愈益困难。

（4）伊宁问题，苏方在前年和平条款签订后，即已结束中间人之关系，苏联深盼双方直接商谈，迅速改变现在双方相持之局面。万一双方意见相差悬殊，无法谋求接近时，如双方提请苏方出面调停，余将报告苏联政府请示。至他个人，则甚愿效劳。

（5）余返国以前，刘秘书长（孟纯）对余曾有具体坦白之谈话。其内容已立即转告伊方，惜迄今尚未得任何反应。故余此次经过伊宁时（按渠此次未在伊宁逗留，亦未与伊方人员见面——发电人注），曾嘱驻伊苏领对于刘特派员返经伊宁之时，促成刘与阿合买提江晤面，现刘一二日内即可返迪，渠对伊方之意向如何，必能获得正确之资料。余甚愿乐闻其此一会晤结果很圆满，届时吾人可以再作详谈。

刘泽荣特派员去阿拉木图开中苏航空公司董事会，回程时在伊宁机场和阿合买提江副主席谈了话。据刘孟纯同志来电，阿合买提江对刘特派员说，详细具体的意见已经见给我的来信中，但另表示三点：(1)伊方绝无脱离中国之意，在有条件之下，可以取消特殊化；(2)伊方愿以和平方式解决一切问题；(3)请我于洽商解决新疆问题时应特别注意外交关系。

从以上情形看，更可证明新疆不会有战争，不过僵持局面将要继续拖下去。但我不能不开始郑重地考虑如何采取有效措施作最大的让步，以满足伊方的愿望，使他们重回迪化，恢复合作。

第七节　兰州小住

自从伊方委员撤回伊宁,何时才会回来没有把握,同时麦斯武德当了主席以后,外间又有了一种谣言,说麦不过是傀儡,我仍是太上主席。这样,我没有再停留迪化的必要,所以就向南京政府提出,请求暂时回南京小住。

在提出请求时,我并且声明:我对新疆问题没有躲避的意思,仍旧积极负责。如果伊方愿回迪化继续合作,我还回新疆。现在他们走了又没有回来的日期,我就不如离开迪化回到南京来较为适宜,并且和行政院接洽新疆建设问题。我还说:我担任西北行辕主任是为了解决新疆问题来的,当我对新疆的作用将要消失之日,即我应该离开新疆之时,不过现在新疆问题还没到最后阶段,我还不敢轻言辞职,只是看到时机渐迫,早为陈明而已。这是我出处应有之义,也是实践对新疆人民执行和平政策而来的诺言。

我得到南京政府的许可,在一九四七年九月回到南京。

求去

我到南京以后,新疆局面即陷于僵持,内地国共两党问题又复回天乏术,心中郁积,苦闷达于极点,于是想到从事旅行,借以排遣舒散。先到无锡、苏州、上海、杭州,然后到达台湾。我知道张学良被关禁在台湾的新竹,我就专诚去访问他,畅谈盘桓了一天。这次是他在关禁期中我对他的第三次访问了。

1947年10月,张治中去台湾新竹井上温泉访问张学良时合影,
左为张学良,右为张治中。

在南京期间,我也曾为国内和平问题和有关各方人士,特别和苏联方面作了多次的接触谈话。

这次在南京住了五个多月,已进入一九四八年了,蒋不断催促我回西北去。我想,留在南京既没有什么作用,回迪化又没有意义,只好先到兰州小住吧。此时国共两党问题、新疆问题、国民党内部问题,都无法解决,心中非常苦闷,情不自禁地说了好些愤慨的话。总说一句:国民党不革命,不实行三民主义,我们的敌人不是别人,正是我们自己,正是国民党本身。

我从南京回到兰州,心里就潜伏下求去的念头。适蒋将任总统,国民政府主席不存在,主席行辕将改为绥靖公署,此事给我莫大的刺激。我是一向反对以武力方式解决中共问题的，二十年来历次反共战争我都极力避免，我现在怎能担任以对共军作战为目标的绥靖公署主任？此时，我在兰州虽然不过问反共军事问题，行辕另有副主任郭寄峤负责，但是下达命令仍然用我的名义，比如陇东对共军作战一役就是这样，这在我心中究竟是一块疙瘩。再加上宁青两马的军阀作风，胡作非为，反动到极点，我坐视无法，处境矛盾，内心痛苦。我反复考虑，认为根据以下理由我必须求去：

第一，我到西北是为解决新疆问题来的，不是为对中共军队作战而来的，目前新疆问题虽然还没有得到根本的解决，但是已成僵持而又相对安定的局面（它的根本解决和南京政府的政策息息相关，如南京政府继续反苏反共，两党问题继续紧张，新疆问题是不可能从根本上得到解决的）；我即留，亦不过维持现状；我虽去，亦不致有若何影响。

第二，我既不宜于到迪化去，只有住在兰州。但住在兰州的话，我的任务又将会由解决新疆问题转移到对共军作战，由于名义上甚至行为上的矛盾所造成的内心痛苦，日益加深，我已感到发生信仰上、人格上的问题。

第三，行辕已奉到命令改为西北绥靖公署，我的地位即将由中央代表一变而为地方负责绥靖的长官，任务不同，面目全非，即对新疆亦难发挥领导的作用，在责任上和道义上我都应该离去。

第四，我继续住在兰州，既不能改变历史、环境与时局的牵掣，就无法不被迫放弃革命的主张，而与封建势力妥协。因为从西北特别是甘肃情势说，既然军事反共，就不能不借助封建的马家军力量，一切措施过于迁就，不啻助长封建势力，违反广大人民利益，实更加深我内心的矛盾与痛苦。

第五，南京政府执行反苏政策，而我在新疆则实行亲苏政策，这是一个最大的矛盾。这个矛盾在当前情况下，只有与日俱增而无法消除，这也是促成我决心求去的一个因素。

我经过郑重考虑之后，在五月十六日给南京政府去电，请求解除现有职务。我还想到，在当时情况下，单纯请求辞职，不但不合适，而且还会引起别的误解，所以我提出请求调充驻联合国代表团团长（团长何应钦已调回国内任国防部长）。还说，如果代表团人选业已另定，亦请准予出洋考察一年。

电报发出后，二十九日接到蒋的复电："前接兄电，愿赴美工作一节，因今后党、政、军主要人事均须更改，故稽延未复，决稍缓当约兄来京面商再定。"从此电口气看，似有准许调动之意。但到六月十二日忽接国防部长何应钦已真电："奉谕，西北关系重要，目下非兄坐镇不可，仍祈勉为其难。代表团首席人选已由毛邦初担任。"到六月二十三日我又给蒋去电，除重申前请外，并说明不一定想担任代表团团长，只要求出国一行。还说：我现在情绪不安，心中苦闷，已达极点，即使继续留任，亦深感无补时艰，但求短期离开西北出国一行，俾得变更环境，以资调节，并借此考察世界形势，增益见闻；至于继任人选，如认为一时难得适当，亦可暂不开缺，我仍负名义，由专职副主任陶峙岳负责代理。但蒋仍即来电慰留，同时南京政府来电撤回西北绥靖公署的命令，改为西北军政长官公署。这是对我最大的迁就。各地都是绥靖公署，当时特设军政长官公署的只有西北。我至此再无法作脱身之计，只好带着苦闷的心情常常待在离兰州六十公里外的兴隆山上从长考虑吧。

组织各种座谈会

为了唤起大家对时局和西北经济文化建设问题的重视，并推动大家深入研究，我曾经在兰州组织过几种座谈会。如政治、经济、文化、教育、社会问题等，每种座谈会推出两位召集人主持。同时还通过西北文化协会，组织一些学术讲演会，请一些专家学者作专题讲演。有些座谈会我亲自主持，有些讲演会我也去听讲。同时还拟订了一个计划，邀请国内文化学术界知名之士，到兰州、迪化来讲学，但这件事因时局关系未能实现。

座谈会中比较着重时局问题。当时国内情势日趋紧张，时局问题是大家所关怀的。我有意识地但又不太露痕迹地诱导大家讨论如何保全西北的问题，预作退后地步。因为我已经胸有成竹，认为国民党失败是肯定的，但是我为西北人民着想，应该如何作和平交代，使西北人民的生命财产得以保全，地方元气不受损失，我才能对得起西北人民。当然，在当时，这些话我不能毫无保留地畅所欲言。

文化座谈也是我所感兴趣的：我一向对文艺活动有兴趣，如戏剧、音乐、歌咏等，因为它对人民生活可以起调节的作用，对人民的政治情绪可以起鼓舞的作用，当时我下意识里也包含苦闷中找些排遣的因素在内。在戏剧节的一天，我特别在西北大厦邀请兰州的文艺界人士几百人举行庆祝、聚餐，馈送礼品，我还讲了话，对他们的艺术活动和创造表示敬意。在国民党统治下，尤其在偏远的西北，作为一个高级负责人对文艺界如此推重，礼遇，他们认为是第一次，大家很兴奋。以后，我特从西安邀请常香玉剧团到兰州演出，大受兰州市民的欢迎。又邀请国内著名女高音管喻宜萱教授先后到兰州、迪化举行多次独唱会。她还特在五泉山谷内举行大规模的独唱会，参加者达二三万人之多，盛况空前。内地如上海、南京报纸都大事宣扬，报上甚至用《管夫人的歌唱疯迷了西北人》这样的标题。像这样规模的音乐活动在国内是少有的，而向来作为一位著名歌咏家是从来不肯在露天表演的。

此外，又曾邀请上海的青年音乐团体到兰州，主要到迪化演出，如钢琴家吴乐懿、小提琴家马思宏、男高音黄源尹等，每次演出都大受欢迎。这样较高水平的音乐团体在边疆是很难听到的，苏联朋友也大为赞赏，曾两次请他们到总领事馆演出，给予很高的评价。

对新疆和内地的文化交流工作我也注意到。曾组织了天山歌舞团到南京、上海、杭州、天津、北平、台湾等地演出，团员包括有名的舞蹈家康巴尔汉、米娜娃等人。内地人民对新疆歌舞本来就很少见过，尤其像这样人才众多、节目丰富的歌舞团，不禁大为欣赏，各地为之轰动。

记得我还特别邀请素有交往的田汉先生到兰州来领导西北的文艺工作，他答应了，我很高兴，已经为他准备了住宅，想好好接待他。但他屡次更改由上海起飞日期，终于未能成行。我也没问他是什么原因，或许是时局的关系吧？

视察河西

老在兴隆山独居也是苦闷，就想去河西走廊各县走一趟。从兰州到迪化来回多少次，但都是飞来飞去，看不到实际情况，河西早有金张掖、银武威之称，又有敦煌、玉门之胜，我是早就想去一游的。

这次走了永登、山丹、武威、张掖、酒泉、玉门、安西、敦煌等十几个县份，沿途见闻很多，印象也很复杂。

比较好的一个印象是教育。所经过的县份我都注意看教育，中学都看了，小学也看了不少。除了鼎新[①]和古浪两县正在筹办中学外，每县都有一所中学，规模也不差，教职员的教学和服务精神都不错。尤其学生们个个健康、俊秀、活泼可爱。我和同行的同志说："有了这样俊秀的后一代，我们是没有理由悲观的。"

但是给我以坏印象的地方就很多了。比如党务方面，我所看到各县的党部，工作几乎陷于完全停顿状态，每月办公费仅折合金圆券一元，连一份报纸都订不起。党部的工作人员，不是在县政府就是在县中学挂名兼差，维持生活。这样的党组织能起什么作用？成了什么党？

最使我感到不安的是人民生活之坏。许多老百姓过着非人的生活，山丹、安西、民乐等县特别苦，有些甚至一家人连一床被子都没有，吃的是洋芋杂粮，有时还和上观音土。住的固

[①] 旧县名，一九五六年撤销，并入金塔县。

然差，卫生情况也差。我曾聘请兰州大学和西北师范学院的两位教授李化方、谷苞两先生在山丹进行社会调查，他们对我说了很多农民的困苦情形，真叫人不能想像这就是人的生活，就是作为一个现代国家的人民的生活！

为什么会这样？不外是由于人祸天灾，而人祸尤重于天灾。比如除了苛捐杂税外，还有凶狠的高利贷。有春放五斗、秋收一石（甚至一石五）的所谓折粮，有春季作价、秋节还钱的所谓折钱，有春季作价、秋工还工的所谓折工，重利盘剥，滚来滚去，农民粮食一登场，几乎全数还完了。据调查，一个村庄有一百三十多户，高利贷者仅百分之五六，而百分之九十几的人备受剥削，过着非人的痛苦生活。这是人与人之间的剥削，是

1948年5月23日在兰州黄河中屡野餐留影。

富户对穷人的剥削。人民承受灾难，真是一言难尽。据山丹县志，山丹在乾隆时人口二十四万，到同治剩了九万，现在只剩三万，乾隆至今不到三百年，同治算起也不过七八十年，从人口的锐减，就可以想像到人祸天灾所加于人民的灾难了。

这次视察还到了玉门油矿，看到职工们辛勤劳动的情形。他们那样辛勤，待遇很低。不过福利办得还好，我看到他们组织的福利委员会，由职工推举代表组成，开会时，人人都有发言权，人人都有要求福利的权利。还看到职工的宿舍，虽然比较简陋，但是职员和工人的住宅宿舍距离不大，表现了待遇的平等，而且能在生活上打成一片。他们自办的中小学校却相当完全，工人的子女占学生人数的百分之七八十，这使我很兴奋。过去穷人子弟是没有机会读书的，而这个学校的工人子弟学生占的百分比这样大，在别的地方是很少看到的。

我在矿上参观了两天，在油井旁、在炼油厂和工人们合照了相，也访问了工人和家属，和他们进行了谈话。最后，他们请我在礼堂对职工讲话。我着重谈一谈政治自由与经济民主的重要性，提出今日玉门油矿的好些优点，值得发扬，提出现存的许多困难，不久可以解决，矿的规模、设备和作用将大大增加。他们的辛苦没有白费，是有贡献的，也是有希望的，要把希望寄托在将来，寄托在儿女身上。

这篇讲话他们派人记录了，并在矿上自办的《塞上日报》印出了，又寄了一份给我，虽然记录不十分完全和正确，但大意如此。这可以看出当时我对国家企业和对工人群众的基本态度。原文如下：

张文白将军对玉门油矿全体员工训词全文
（民国三十七年九月十七日上午九时）

各位工程师，各位职员先生，各位工友们！

这一次兄弟到玉门油矿来参观，同时也是来看望诸位的，在抗战期间，玉门油矿的各位员工共同努力之下，出了很大的力量，对国家尽了很大的贡献。在抗战期间，至少关于西北军事方面，各位员工们尽了很大的力量。抗战胜利以后，近几年来，我们西北和京沪间的交通非常困难，唯一的陇海铁路，也已中断，而西北的一切交通运输，无论是一般的经济的，特别在军事交通运输方面，完全仰赖玉门油矿供应油料，就是说，完全仰赖玉门油矿各位员工们这一个宝贵的贡献。所以在今天，我愿意借此机会，向各位表示诚恳的敬意和感谢。

这两天在各处参观了一个概要。我们这次同来的诸位都有同样的感觉，首先感到的是矿厂各位员工们创造力、开发力的具体表现。石油河在历史上是有这样的名词，但只是一片荒凉，经过各位不断地创造、开发，现在已成了我们西北的油矿大城，这一个油城的建立，都是由各位实干苦干所成功的。

其次，我们感到这一个油矿大城的建立创造，还是在不断地继续努力进行中。我们看到矿场、炼厂，都在紧张认真地切实工作着，使我们看到这一幅伟大的图画，益觉非常感动。我们也参观了福利部门，听到关于矿厂员工享受福利的办法，感到很大的兴趣。这说明了玉门油矿的一个民主精神，这是一个接近社会政策的，也是民主主义政策的民主精神。兄弟对国内各种事业、各种建设部门，时常发表个人的意见，就是：我认为一种事业要使它扩大永远不会动摇，不会遭到挫折，真正的事业成长和发展，能成为千万人事业的基础，最主要的条件，当推民主制度和民主精神。民主制度和民主精神说的是什么呢？它的含义，就是：自由平等。要是从生活方面说，就是平等；从政治方面说，就是自由。我们看到你们福利部分的配给办法，职员和工友的住宅，设备方面显然地不够条件，很简单不够标准，但是职员和工友们的生活距离很为接近。能使大家在平等基础上共同生活共同工作的是什么力量呢？那就是民主精神。

我们是三民主义的国家，我们不能走上资本主义的道路，使劳资阶级对立，而要按照民生主义政策实施，应当首先打破劳资对立的界限。大家都是一个建立者、创造者，不过每人的学历技术以及工作的不同，成为各种不同的名称，若干不同的部门与需要，这种待遇和需要上的不同，就是世界上的各先进国家，像正在执行社会政策的英国与苏联也不能免。这次我们听说玉门油矿能在员工待遇生活以及民主精神上面，不断地求进步，不断地改良。矿上的福利委员会，是由职员和工友中推选代表组成，大家在会议时都有发言的权利和要求福利的权利。假使说，我们今后还要在福利方面加以进步和充实，我们玉门油矿，可说是全国建国事业的模范。我们认为像这样的建设事业，对福利部门，对民主精神——就是大家的民主精神——共同生活，共同工作的方法，不特可为国内其他事业的模范，且也为民生主义政策作一良好基础。我们还感到现在一切规模虽然没有完全具备，因现在交通困难以及经费的限制，所以现在要怎样扩充,要怎样按照我们的理想去做,当然受到客观条件的限制。但各位不必愁,我们已有今天良好的基础,前途是很远大的。我们的陇海路已通至天水,如二年不战争,一定可修到兰州或酒泉。我在南京曾为此事要求中央,三年内修到哈密,五年修到迪化,总统已答应在民国三十七年年底修到兰州,民国四十年时,可到达安西,交通部负责人也答应修到酒泉。如能修到玉门油矿,则油矿的发展,当然没有问题。玉门油矿的油料在抗战时期和现在都充分地供给了西北几省。但是玉门油矿是中国大规模出产丰富的油矿,我们希望这唯一的大矿把机器设备完全以后,加以充实,能把玉门油矿的产品推广到东南、华北以及全国,由此我们可看到玉门油矿的前途是多么的远大。我说这话的缘故,因在我所接触到的各位工程师们,都为许多困难不易解决的问题发愁发急,这种精神是值得钦佩的,不过中国的战争是不会持续多么久的,和平以后的发展就可以突飞猛进,各位工程师们便不愁英雄无用武之地了。

再次,参观学校,见中学及小学设备都很完善,学生百分之七十到八十为工友们的子弟,个人听到以后特别兴奋。在过去封建时代,读书只是有钱人的事情,穷人的儿女读书的机会很少,也可说没有读书的条件。但矿上的学校,讲堂里有职员的儿女,也有工人的儿女,各位工友们不要看到这个问题是很平常,在过去的封建时代里,工人和农人读书机会少,而做官的有钱的读书的机会多,这实在是封建时代的坏风气,以致影响到国家民族文化的衰落。所谓"读书就是做官"的时代,已成为过去了。今天是二十世纪的人民世纪时代,我们认为国家民族文化的发展主要的是每人应有自己的知识和能力，拿来贡献国家和民族，这一个国家民族才能有进步、有发展，才能一代胜似一代。就各位工友的家庭说，也是一个重要的问题。今天我们是一个普通的技工，但我们国家要建设起来成为三民主义的现代国家，惟有我们工人容易造就，工程师是不容易造就的。现在做一个工友和技工，应希望自己的儿子都能做一个工程师，自己虽已年高没有机会到学校去求高深学问和技能，但一定希望自己的儿子在将来有机会求高深学问和高深的技能，做一个青出于蓝而胜于蓝的儿女，这是做父母对儿女应有的希望。我们今天在这里，各位看到我是一个大官，地位也相当高的军人，但诚恳地告诉各位，我的家庭是农工家庭，我的父亲是工人，祖父是农民，父母经年辛苦让我读书，希望儿子做官，那时我的父亲和祖父都是这种思想，现在已经不合时代了，这只能代表那个时代的思想。当时个人曾身受其苦，我在私塾读书时也很聪明，读得很好，但因科举废除，即不能入当时洋学堂读书，只有自己出来从军，参加辛亥革命与革命党，进入了陆军学校，这样才学过了一点科学知识和常识。拿我个人来说实在是不足为训的一个人，不过是因缘时会，在几千年来的专制打倒以后，陶冶出来的革命军人和革命党人。今后我们的国家不同了，时代也不同了，一定要从国家科学工业上和世界上的先进国家竞争，要和现代先进国家竞争，使中国不再是大时代的落伍者，那么，今天就是要建设国家复兴民族。

要建设国家复兴民族就是要希望我们的后一代。我们这一代，已奠定了建国的基础；真正复兴国家民族，完成建国最后目的的，这是希望我们的后一代。我们希望后一代儿女，个个成为工程师，都能在工厂里面，矿山里面，实验室里，做教授和工程师，为革命建国努力工作。这不是很应该的吗？所以我们劝告各位亲爱的工友们，不要以为现在生活苦。做一个工人是有希望的，而且希望很大。

今天玉门油矿是哪个的呢？从法律上说是属于国家的，而实际上说是你们的，是工程师工友们共同有的油矿，任何一工友都有一份。今后玉门油矿的发展，我想国家不会在矿上面赚钱，只为开发地利及国防资源，但所有利益应由各位工程师与工友们享受，同时可有这个机会，把自己的儿女培养成功。外国工厂都是这样的，自己是做一个工友而希望儿女做工程师，所以在矿上的各位，忍受种种辛苦和困难，不是没有希望的，只是希望不在眼前，而是将来，希望不是今年，也许在明年，也许在后辈。我们这一个国家，相信这次抗战胜利以后，我们国家民族的危机已经成为过去，从今以后世界上再没有像日本帝国主义那样再来侵略我们中国了。问题就是怎样把我们的国家建设起来，把地下的宝藏开发出来，使人民生活水准提高，整个国家民族文化发展起来，使现在人家所说的五强之一的中华民国而名副其实。这一个责任，主要的是由我们担负，希望各位员工诸君，要担负起来这伟大的责任，这是我参观后所产生的几点感想向大家报告，当然我是外行，对专门技术和专门知识是不了解，大体上说，愿意将参观后的感想，愿意贡献给各位亲爱的员工们。

至于在这两天，听到戈代经理所说的若干问题，譬如现在兵役问题、粮食问题、房屋购料问题、提运油料和付款手续问题，我都很注意。我可以同各位说，长官公署权力可达到的地方，一定尽力帮助，相信各位在西北对交通运输上面，以及经济、军事已经有了如此贡献，就是西北几省政府和各省的专员公署，都应当予以帮助。我们很希望这次参观以后，能同各位员工常见面，我们愿意经常地保持接触与合作。以后西北的军民时时欢迎各位，仰赖各位对交通、经济、文化等方面尽力的，相信我们这一次亲切的联系和合作，一切出于真诚，今后一定一天一天地有进步，这也是我的一点感想。总之，各位给我的印象太好了。

最后代表同来的各位向诸位表示感谢。预祝玉门油矿成功和伟大的发展。

据后来有人反映，我这次在矿上的访问和讲话，很得到职工的好评。他们说："国民党中有对我们工人这样客气的将军！"当时玉门油矿是个边远偏僻的地方，少人去，尤其高级军政负责人员是更没人去，而我去了，还和他们一起照相，亲切谈话，关怀他们的生活和前途，他们自然表示高兴了。

调换麦斯武德

我在兰州接到伊方二月十七日回信之后，认为问题的症结所在已经很明显：第一是麦斯武德的去留问题，第二是新疆军警机关的非法行为问题。伊方对麦斯武德是公开反对的，对新疆警备总司令宋希濂最初虽不便公开反对,但却多次非正式表示,军警机关的非法行为宋应首负责任。而现在,他们对宋是公然指责了。在伊方看来,宋是我的"亲近的帮手",殊不知宋对我的和平政策却是一个严重的抵触者和反对者。他的一些错误行为使得我在处理问题时非常棘手。症结不去,局面是不可能好转的。所以我认为要解决新疆问题,使双方重新合作的话,非先由我主动让步,采取断然行动,调换这两个人不可。

但是我也考虑到,在南京政府中极力支持麦斯武德的大有人在,同时他就任才几个月,又要提请调换,恐难通过,所以我第一步先请调宋希濂。我向蒋建议,得到同意,宋不久即调回内地带兵,由陶峙岳以西北行辕副主任来兼任新疆警备总司令。

第一步实现后,接到伊方一九四八年十月三日的来信,我曾约刘孟纯、屈武、刘泽荣到兰州来研商,作了全面的分析,决定撤换麦斯武德。但是我又考虑到只用文电往返,诸多不便,我就到了南京,先和蒋说明为解决新疆问题必须换麦的理由,然后向有关方面同样说明,大家才了解不得不这样做的真相原因。当时还有人主张由我再行兼任省主席,我坚决拒绝,力保包尔汉继任。包自调南京充当国府委员一年多了,他会说汉话,待人态度也和蔼可亲,南京政府中知道他的人也不少,此时提出他来继任新疆省主席,就比较容易通过。不过,虽然这样,这件事情还是一再拖延,到一九四八年底才正式明令发表。①

关于麦斯武德,我还想在这里补叙一笔。他在盛世才时代

---

① 《民国大事日志》记载:一九四九年一月十日,蒋总统明令,任命包尔汉为新疆省政府主席。

因躲避迫害而逃到中央,已有十多年,我和他向无来往,仅仅在某些会议上听过他的发言。我在一九四六年去新疆前,他给蒋提出三个建议,同时写了一封信给我,并附送一份给蒋的建议,表示拥护中央决策,并希望我这次到新疆去能够满足当地人民的愿望,给人民以合理的政治地位。他给蒋的建议计十五条,主要是要求中央承认边疆的自治权,要用本地人来办本地的事情,对无故被拘留的人予以释放,被没收的财产一律清理发还,要求减轻人民赋税负担,等等。从字里行间看出他还是一个爱祖国爱民族的人,所以我到新疆时就保举他充任新疆监察使。到我请辞兼理主席时,就考虑到由他来继任。

但是当他充当主席之后,他的弱点就逐渐暴露出来了。首先他表现得顽固而低能,完全受少数人包围。他不但反苏,而且逐渐反汉,反中央了,甚至提出"高度自治"的论调来了。我曾给他和艾沙等写了一封私信,可以说明麦、艾的错误做法。原信如下:

我离开新疆已经一年多了。在这一年多的时间内,我所听到和知道的,新疆有很多值得注意的事情。我为了保障全省和平,拥护国家统一,实行民主政治,加强民族团结的既定政策不致破坏,也为了保证我和你们三位①之间的公谊私情不受损失起见,我很想把我所认为比较重大的问题,提出来和你们研究研究,现在分条写在下面:

---

①三位是指麦斯武德、艾沙和穆罕默德·伊敏。

一、反汉问题。关于这一问题的利害得失，我过去讲得太多了，你们也当然听得很熟悉明白，现在不必再多说了。现在所要研究的是：艾沙先生领导下的维文报上所发表的言论里面所表示的态度，例如说地方政府的工作受了牵掣，并捏造了许多事实来离间人民对国军的观感，这些言论是不是有着反汉的意识？对于各地各级的指示有没有反汉的意思？我很愿意大家平心静气地作一个反省。同时我希望大家对于这个问题有一个深切的觉悟，因为如果听任反汉意识继续发展下去，可以断定不但对于新疆的前途危险太大，就是对于你们几位领导的政权，恐怕也有极大的影响！你们在维文报上所说"拿反汉故意构成了一种罪名"，你们认为这是公平的批评吗？我愿意凡是认为艾沙先生在领导反汉这句话是冤枉的，不过我又要重复一句：大家应该有一个深切的反省和觉悟！

二、不满中央政府问题。不错，现在中央有些地方不能按照我们的要求给予我们有力的支持和充分的帮助，我也常常感到焦急引为遗憾的。不过大家要知道，现在的中央政府是怎样的困难情形，中央对于新疆，不是不肯帮助，而是心有余而力不足。这种情形，大家稍微能够设身处地想一想，就可以明了的。如果是在平时正常的状态下，中央一定拿极大的力量来帮助新疆，建设新疆，是绝无问题的，你们应该有这种体谅才好。现在还有人尽量在群众当中表示对中央的种种不满，这是何所取义？

三、高度自治问题。这一问题我也讲过很多，在三民主义的民族主义说，不但"高度自治"是许可的，将来就是"独立"

都赞成的。然而是不是今天新疆就可以高度自治呢？假如马上就让新疆高度自治，国军就撤退，乃至中央在新疆的一切机关都撤退，这在我们革命政府的立场是做得到的，但是在新疆的本身说，说军事吧，即使你们马上可以成立军队，就能有把握实行高度自治吗？这姑且不说，单就经济方面来说，照今天新疆的生产和一切经济建设情形，就是在中央的竭力支持和帮助之下，进行建设也得要十年乃至三十年的时间，才能建设成一个像样的省份，才能生存在现代的世界上，如果没有中央的支助，不能进行建设，像今天新疆这样生产落后，交通困难，大多数人民生活极其困苦，税收根本谈不到，怎样能够维持呢？虽然现在新疆可以自己发行钞票，但是这又要提到你们说中央给新疆补助太少的问题，如果中央不给过去新币与法币的比值，和现在新币与金圆券之比值，准予流通汇兑，照新疆现在的情形，怎样能够发行钞票呢？这也即是中央对于新疆的一种有力支持。同时谈到中央对新疆的经济建设，我们所请求中央成立的新疆建设技术辅导团，中央已经通过了，团长也已经发表了，这个方案的成立，就是说明中央将用技术人才和财力来建设新疆，来改善新疆人民的生活，提高新疆人民的生活，这是不是中央专心致志的在扶植新疆，使新疆将来可以"独立"，可以"高度自治"吗？要知道，所谓高度自治，所谓独立，不是一句空话，而是要有它的条件，有它的能力。话再说明白一点，如果在新疆的国军撤退了，中央银行停业了，则新疆立刻就会陷入混乱状态，无法收拾，还谈什么高度自治！至于中华民国——就是新疆的祖国在国际上的地位，对于新疆的好处，那更不用再讲了。

四、民主政治和民族团结问题。民主政治在新疆所具体表现的是：成立省县参议会，各区行政专员和各县县长都由人民选举。这种民主制度之成立，是一个奠定千万年永久和平的基础，最关重要。当然，在民主制度试行之初，难免表现出若干缺点，不过行之日久，人民自然能够熟悉，自然能够参与政治，以人民的力量，使推行民主政治历程中的缺点和弊病，渐渐减少，以至廓清。目前最重要而必须把握住的，是领导民主政治的省政府应该至诚地尊重民主制度，尊重人民意志，绝不可因为试行的初期发生了人事上的缺点，我们就不择手段地先行违反民主制度的措施。因为如果这种例端一开，那么我们辛辛苦苦所建立的一种制度，一定会立即破坏，甚至要造成内部的纠纷。须知这种民主制度，一定会进步的，人民的自由意志终是要抬头的，不可用高压力量来作主观的变更人事，违反民主制度的精神。例如县长由县参议会选举，县警察局以下人员都由县长提请县参议会同意任免，报请省政府备案，这是已有明文规定，成为一种法案的。但现在居然有人并不通过县长，直接任意调换警察局长和县内的其他首长，这种恶例一开，将来是会不可收拾的。要知道，我们对于当前的问题，不能只看到一面，不顾虑到将来，否则将会是得不偿失、有百害而无一利的一种举动。假如你们认为民主制度的推行，削弱了省政府的行政权力，那是一种违反潮流的思想和主观的成见，不能作为根本否认民主制度的理由。也许你们现在对某一方面的干预，权力不能充分发挥，所以连带怀疑到制度问题。在第一点上，只要省政府能够把握正确的政策，一切问题以公正的态度来处理，自然会消除地方上的种种不良现象。关于第二点，我可以相信这不是普遍的现状，即或偶尔某些地方有了这种事实，也不是不可能纠正过来的。最值得注意的现象是，如果任何一方企图凭人事关系来制造地方纠纷，那就完全离开民主制度的本题，动摇了本身的立场和政策。至于民主政治的主要内容，我们还要有进一步的认识，就是要能包容反对党，能够容忍异己。就是说，新疆不应该由一派人来控制，而应是民主方式的领导。今天的中国是民主政治的国家，一切问题要唤起人民的正确了解，诉诸公意民意，不能拿政权的威力来排除异己。在这里，我希望大家的脑筋要换一换。在今天不要一方面在说反封建，行民主，一方面脑子里却听任新封建意识蔓生滋长。这是需要改正的。至于民族团结问题，假使能够真正地推行真正的民主政治，那么民族平等可以做到，当然也就可以使民族团结的。今天如果民族内部或各民族间还有不团结的地方，省政府方面应该加以反省，是不是在政治上还有不民主之处，更希望大家拿远大的眼光和坦白的态度来认识这一个问题。

以上几个问题，我认为都很重大，应该提出来同你们研究。至于行政效率问题，官吏贪污问题，我不必多说，我所要说的，只是一切要从省政府领导做起，一切要从省政府的高级人员做起，做模范，一切以身作则，能够这样，效率当然可以提高，贪污当然可以肃清。现在再要郑重声明，我写这封信的动机，完全是为着我们的友谊，因为你们几位在新疆的领导，本是由我推举的，我和你们不但是道义上的关系，而且是共同荣辱的关系。我只有殷切地希望你们成功，希望你们领导新疆走上和平、统一、民主、团结的大道,绝不愿你们失败。所以我说这些话,虽然率直一点,但是纯然是一种好意。倘使你们对于我这些话,能够作一个深切地省察,而且在事实上、行动上有点表现的话,这不但是我个人最恳切的希望,也将是新疆全省人民所共同期待的。

现在把上面所说的话重复撮要地说一说。

(1) 反汉的意识乃至秘密行动如果继续发展下去的话,对于新疆的前途是很危险的,需要加以慎重的考虑和注意。

(2) 不满意中央政府的话,一方面要对中央政府目前的困难加以体谅,另一方面要从你们现在新疆的政权同中央政府有着最密切的关系上着想。

(3) 高度自治问题,中央并非不能许可,但不是一句空话,而要彻底了解今天新疆本身的条件和能力,有没有能够维持高度自治的把握?

(4) 新疆民主政治的基础初经奠定,不好轻易破坏,尤其省政府要至诚地尊重民主制度,领导人民推行民主政治,不好先有违法越权破坏民主的措施。

最后,我恳切地希望你们对于下面几点表示真实的意见:

(1) 你们现在所不满于中央政府和驻新国军的究竟有哪些事实?请一件件举出来,以便建议中央改善和加以纠正。

(2) 你们所希望的高度自治,究竟希望在何时实现?同时为了实现高度自治,所希望于中央的是些什么条件?请你们真实地毫不保留地写出来,我对你们的意见一定加以郑重地考虑,转达给中央。

(3)你们如果实行高度自治,将采取什么方式?对于政治、经济、外交以及军事的计划怎样?保证高度自治的把握怎样?内部各民族间统一团结不致发生混乱的把握何在?这些,都是关系新疆前途非常重要的问题,是我应该关心,应该明了的,也是你们应该预先考虑到的,希望你们真实地告诉我。

(4)你们所希望的高度自治,在中央政府并不是不能做到,是可以考虑的,因为一个少数民族的正当要求和愿望,我是一向寄予同情,并且愿意转达中央考虑的。但是我希望,一切的愿望和要求,都不要以反汉意识(如艾沙先生及其他人士)和不满中央政府的宣传来作手段和号召,因为这种意识和宣传绝对不是达到目的的有效方法,而且很容易引起阻碍,遭遇危险。不知大家是否有此了解,是否可以放弃这种意识和宣传?我现在诚实地向你们提出,也希望你们拿真意来答复我。

以上所说的话,也许有些过于率直的地方,但我是本着一片至诚和善意说的,希望你们谅解。祝
各位健康!

张治中
民国卅七年十月于兰州

又如麦斯武德的儿子麦焕新以南疆宣慰视察团的名义,在南疆做出许多非法擅权的行为。根据南疆地方军警负责人员的报告,麦焕新擅自更换地方官吏,藐视地方民意机关,凌辱地方知名之士,干涉地方司法行政,挑拨军民间和军政间感情,传播狭隘的民族意识,公开排斥外国侨民,这就使新疆局面更

加陷入动荡不安的状态。在这种情况下，即使没有伊方反对，也应该予以撤换，我也不能不承认当初有失知人之明了。

中央撤换明令下达之后，我还给麦斯武德去了一个电报。我说：这次省府改组，完全为新疆大局与前途着想，回忆一九四五年在兰州和您论交伊始，我热诚地希望您能负起领导新疆人民贯彻中央民族主义政策的责任，在您亲任省主席以后，更随时注意巩固您的领导地位和威信，使新疆人民得享和平、统一、民主、团结的幸福生活。无奈这两年来您的事实表现与作风，不是我当初所料到的，中道变迁，殊深感慨。现在中央鉴于事实需要，不能不采取必要的措施，希望您放远眼光，坦然接受，不要心存芥蒂，以免引起无谓纠纷。

这是对他忠告并希望他检讨之意。

包尔汉先生这时已由南京回到迪化，我在明令发表时，即去电告知他改组省府已经发表，以他继任主席，这对新省实现和平、统一、民主、团结政策的前途具有重大的意义，希望他一切和陶峙岳副长官密切联系，他的安全当由陶加意保护。事前我已先电陶副长官一切由他缜密办理。另又分电新疆各地驻军首脑和各区专员，说明改组省府的理由，希望他们安心工作，维护地方，和谐各族。作了许多必要的措置，因此事情进行顺利，没有发生什么问题。

下决心调换宋、麦两人一事，是一个重要的措施。当时这样做，主要是为扭转新疆的分裂局面铺平道路；以后形势发展，更为新疆的和平解放准备了一个前提。如果不调走宋希濂，陶峙岳不能到新疆，则在顽固反动力量的控制下，策动起义是很困难的。如果不撤换麦斯武德，包尔汉就不能接任主席，麦也不会同意起义的。而且在动荡的形势中，新疆内部保守派特别是一些大土耳其主义者，一定更会起推波助澜的坏作用。自然，宋、麦两人的最后挣扎必然会失败，但新疆和新疆军民不免遭受破坏与流血牺牲，我几年来在新疆力图保持的和平局面，以及久已蓄积在心的和平交代的愿望，也不免付诸流水了。所以，以陶代替宋，以包代替麦，这个措施，不论就当时的打算或后来的作用说，都是必需的，正确的。

包尔汉的报告

包尔汉就任主席之后，就很积极地负起了责任，推行和平、统一、民主、团结的政策。特别表示今后施政方针：先求全省统一，铲除和平障碍，必须亲苏亲汉。他在一九四九年二月二日给我提出了一个报告，并附来一些文件，报告全文如下：

谨将职奉命到任视事后之重要政治措施简呈钧鉴：

（一）职于到任之日，曾发表《告全疆民众书》，以钧座所昭示之和平、民主、统一、团结四大政治主张相号召。此种文告以国、维、哈、蒙四种文字印发全疆各县及伊、塔、阿三区。

（二）为彻底执行钧座所订颁之施政纲领，特拟具民国三十八年施政方针，于元月二十日第二次省委会议通过施行。

（三）职视事之第二周，曾召集本省各级公教人员及保安部队官兵训话，以钧座之四大政治主张、三项禁令及公教保警人员应有之认识相训勉。并曾招待新闻记者，阐明今后施政方针，先求全省统一，铲除和平障碍，必须亲苏亲汉。

（四）本省公教人员因受物价影响，待遇微薄，复以本省财力支绌，不能按中央规定之标准按时调整，故生活甚为艰苦。职到任之后，即研讨改善办法，经第二次省委会决议，在不超过预算范围内，为公教人员配发实物，由省府向重庆以西地区购运物资，并加速本省各项日用必需品之生产，以求供应品之逐步自给。

（五）为提高行政效率，职到任后，即通令各级机关切实整顿，对于公文之处理、人事之调整，均应革除积习，力求合理，在待遇上既设法改善，在工作上当不能有所荒废。

（六）为供应公教人员实物待遇之筹备及预算之变更，提经省委会决议，推定秘书处、会计处、财政厅、建设厅、田粮处、社会处、省银行、市政府、合作社各单位主官，组织一财经小组，经常研议筹划，并请在迪中央机关代表刘特派员泽荣参加。

（七）为减轻人民痛苦，树立民主政治之基础，彻底革除社会之腐恶势力，以求易于推行政令起见，职与各省委研讨，拟将现有之乡镇保甲加以整理，并准备废除保甲制度，以各乡镇之小学校长、教师负责兼管乡政。此种计划，已由省委会推定小组，现正详加研议，俟有具体方案，再呈钧座核示（附一、二、三次省委会记录各一份）。

从这个报告和附来的一些文件看，包对我的政策是了解的，拥护的，真诚执行的。他为人和作风也是厚重的，灵活的，精明强干的。真是一个好领导。我为新疆人民得人庆，我是感到安慰和放心了。

20 世纪 50 年代在兰州十里店桃花园里的张治中。

第八节 和平解放

来往电文

一九四九年九月八日毛主席约我去,告诉我解放大军已经决定由兰州和青海分两路向新疆进军,希望我去电给新疆军政负责人起义最好。还说,他从新疆得到的情况,只要我去电,他们是一定照办的。我听了毛主席的吩咐,立刻兴奋地说:我早有此意,不过我在五月间曾接陶峙岳、包尔汉来电问候我的情况以后,音讯就断绝了,现在我还不知道怎样和他们取得联系。毛主席说:我们已经在伊宁建立电台,你的电报可以先拍到伊宁再转迪化,我可以告知在伊宁负责的邓力群同志。我说那很好。我就在九月十日给陶峙岳将军、包尔汉主席一电,电文如下:

迪化陶副长官岷毓兄、包主席尔汉兄:自接辰真电后,以西北人事更动,又因时机未至,故未再通讯。治于六月二十六日发表声明,由北平新华社播出,谅已接悉。今全局演进至此,大势已定;且兰州解放,新省孤悬,兄等为革命大义,为新省和平计,亦即为全省人民及全体官兵利害计,亟应及时表明态度,正式宣布与广州政府断绝关系,归向人民民主阵营。在中央人民政府未成立前,接受人民革命军事委员会之领导。治深知毛主席对新省各族人民、全体官兵、军政干部,常表关切,必有妥善与满意之处理。治已应邀参加即将召开之新政协会议,并承毛主席面商希望治能返新一行。当允如有必要,愿听吩咐。

甚望兄等当机立断，排除一切困难与顾虑，采取严密部署、果敢行动，则所保全者多，所贡献者亦大。至对各军师长或有关军政干部，如有必要，盼用治名义代拟文电，使皆了解接受。绍周、孟纯、经文①诸同志均致意。兄意如何？盼即电复。张治中申灰平。

到九月十一日，又想起许多问题，再给陶峙岳一电：

迪化陶副长官岷毓兄：申灰电计达。兹治思及下列各点，特再电商：（一）马子香父子②及其残余部队现在何处？其与黄祖勋、周嘉彬两军之关系位置如何？（二）马呈祥态度如何？子香对其有所揭示否？如其形迹可疑，兄将如何应付？治意能予以开导说服最好，否则可调移该部驻焉耆、轮台，而以钟祖荫师调吐、鄯、托一带，令其安心以待，从长计议，不使其违命反抗为宜。（三）现知黄、周两军在河西，王治岐军是否亦西撤？兄已否派员前往联络？必要时可以治名义代拟电文，即令该三军今后行动应悉听兄之命令。如其已与青海马部隔离，最好以掩护东疆、阻止马部入新之目的控置于张掖、酒泉、玉门一带如何？（四）在驻新将领中，过去受片面宣传之蒙蔽，难免有不明大势，执迷不悟或囿于派系感情作用者，兄曾加考察并予开导否？盼告以治与大家患难相共，如能接受命令，治愿负道义上责任，绝不使大家再走错路，蒙受牺牲。但倘有一二顽固到底、

---

① 刘泽荣，字绍周；屈武，字经文。
② 马子香父子，即马步芳父子。

无法挽救者，似宜先予调换，以免优容偾事。(五)省内保守一派，数年来虽多方控制，并加教育疏导，但其潜在势力，仍不可忽视。尤其维、哈两族中，惧苏惧共之心理时有流露，可否以治与兄名义发表文告，说明中共现所奉行者，既非共产主义，亦非社会主义，而为新民主主义，亦即与三民主义之基本要旨相符合。特别对少数民族采取平等团结并保障宗教信仰自由之政策，新省对中央关系虽转变，而新省施政纲领所揭和平、民主、统一、团结之既定政策，绝无改变，以祛其疑惧之心。并盼与包主席邀约色以提、乌迈尔、尧乐博士、麦斯武德、伊敏、贾里木汉①等到迪，分别予以开导，期共了解，借免障碍。(六)对伊方之联络，此时似不可少，不知已进行否？最好仍请苏领居间保持接触。(七)此事对英、美外交人员，事先应极端秘密，事后可予以保护，维持适当国际惯例之待遇。(八)军粮冬服及饷项经费筹备如何？为念！盼与包主席洽商，暂时只有在省内设法，一俟东西交通恢复，必有解决之方。在过渡期间，困难自所难免，此当时予关注者。(九)据悉中苏在新省贸易及经济协定双方业已同意，但广州政府不允签订，固可遗憾，不过新的中央政府在下月即可成立，预料苏联将首先承认，而此项协定，当可继续商谈签订，经济状况，将必改观。以上各项，均治思虑所及，举以商询。深信兄对此一适应时代保全军民之革命行动，必已考虑周到，部署严密，使能稳健地顺利地完成也。临电驰系，伫候佳音。张治中申真平。

---

① 色以提，省参议员；乌迈尔，喀什区专员；尧乐博士，哈密区专员；麦斯武德，原省主席；伊敏，原建设厅长；贾里木汉，财政厅长。

不久，接到陶、包九月十七日复电，表示已对和平转变审慎筹议，在保障国家领土、维护全省和平、避免无谓牺牲的原则下，采取行动，即与广州政府断绝关系，接受人民革命军事委员会的领导，全文如下：

文白将军钧鉴：九月十日戌平电奉悉。新局前途，承详切指示，至深感激。自全国和局未成，钧座留平不返，职等在此，半年来，与绍周、孟纯、经文诸兄，无时不审慎筹议，在保障国家领土、维护本省和平及避免军队无谓牺牲之三项原则下，选择时机，和平转变。经长时间之努力，此项主张，业已获得全疆人士及全军将士之拥护。除少数法西斯，如马呈祥、叶成、罗恕人①等，基于个人之立场，决定率少数干部，最近趁机飞离迪化外；其余南北疆全数部队，均将就原驻地，继续维持地方秩序。于马等离开后，即由峙岳领导，宣布与广州政府脱离关系，依照国内和平协定，接受人民革命军事委员会之领导。至政府方面，在策略转变时，即同时根据钧座与三区代表所订之和平条款，邀请三区原有参加省府委员返迪，恢复合作，遵循已定之和平、统一、民主、团结政策，及本省施政纲领，在中央人民政府尚未成立以前，暂行维持地方政务，听候中央命令，组织本省临时人民政府。预计上项工作，在本月内，可以全部圆满完成。职等自信，深明革命大义与本身职责，个人对政治上绝无企求，只期全省和平获得保障，人民不受涂炭，军队不致

---

① 马呈祥是骑五军军长，叶成是整编师师长，罗恕人是旅长兼迪化警备司令。

牺牲，则对国家、对各族人民应尽之责任，即已达成，亦即有以副毛主席及钧座之期望也。除将和平解决新疆问题意见，书面交邓力群先生转陈主席外，谨电奉闻，乞释廑注。此间人民，殷盼钧座早日莅临领导。何时命驾，恳先电示为祷。职陶峙岳、包尔汉（九月十七日）。

同时又接到陶峙岳将军复我的申真电各项：

文白将军钧鉴：申真电奉悉。此间基本决策，已与包主席联衔电呈，祈赐指示。兹谨就电询各项，分报如次：

一、马子香父子，现已携眷出国朝汗。其残部，在青海大部溃散，消灭。各级将领，均向人民解放军投诚。在甘省河西境内，已无青海军队。黄周两军，与马部早无联系。

二、马子香，自西宁逃亡后，对马呈祥迄无指示。马呈祥经予说服，其个人，将率少数干部，离迪出国朝汗。所部，并交职领导转变。

三、王治岐军，并未西撤。关于河西方面，现由曾震五兄①来迪面商，已有部署。决于新省问题解决后，随即由职领导转变。希望最近能与兰州当局发生联系。乞设法转知与周直洽。

四、驻新将领，除马呈祥、叶成、罗恕人，将率领少数干部，离开部队东返外，其余均无问题。俟渠等离迪后，职当妥为晓喻。

五、伊敏、艾沙等，决定率少数民族派，赴巴基斯坦。保

---

① 曾震五，西北军政长官公署副参谋长。

守派头目,如贾里木汉、哈德万①、乌斯满等,亦决定离新。职已与包主席详商,准许渠等个人安全离开,不加阻挠。至各族民众,则妥为宣慰,俾安居就范。

六、对伊方联络,已由包主席办理。拟依据和平条款,施政纲领,恢复合作。但在军事方面,似应各守原防,听候中央处理,避免任何不必要的误会。

七、美领馆已撤退,只留副领事一人。英领事,在此无甚作用,必要时,当予以保护。

八、此间最感困难者,为军费问题。从七月份后,军饷即未发放,军心殊不安定。经数月来向广州极力交涉,以全军东调为理由,催索各项费用。最近包机运款前来。如全数(约一百八十万银元)能运抵迪化,则目前勉可维持。数月来所以始终未敢明朗表示态度者,此实为主要原因之一。至省府方面,亦复库空如洗,包主席实无能为力也。

九、中苏亲善关系,在新日有增进。贸易及经济合作协定之迄未签订,并非新省负责人员问题。此点苏方已完全谅解。深信新政府成立后,自可顺利解决。总之,新省情形特殊,一切不能与内地等量齐观,此为钧座所深悉。现在问题,除将来补给方面,应请中央妥为筹济外,暂仍旧可以度过严冬。职可负完全责任,绝无任何顾虑。今后新省问题,似仍宜着眼于民族、经济、政治各方面,顺应人心,执行钧座已定之政策,由毛主席审慎考虑,加以领导。为国家奠定边疆百年大计,实为当前

---

① 哈德万,迪化区专员。

急务也。谨电奉陈，敬乞随时指示。职陶峙岳九月十七。

从这两个电报中，和平起义已无问题，我在九月二十二日回包一电：对他们的态度正确，措施适当，表示欣慰。至于我何时去迪化，当秉承毛主席意旨，决定行期后再行电告，电文如下：

迪化陶副长官岷毓兄并转包主席尔汉兄，九月十七日两电均悉。兄等态度正确，措置适当，至为欣慰。毛主席阅电亦表嘉许。但不悉马、叶、罗等已否离迪？又兄与黄、周两军已否取得联络？即盼以治名义电渠两人接受兄之命令，并径派人与解放军前线将领接洽，表示诚意，此时殊不应再有所犹豫顾虑，自贻伊戚也。又兄能即派员与彭德怀司令员接洽联系最好。新政协昨已开幕，预定会期八日，治候会毕当秉承毛主席指示再定赴迪问题。各情盼随时电告。张治中申养平。

新疆驻军在九月二十五日宣布起义，由陶峙岳总司令领衔，各师旅长联名给毛主席和人民革命军事委员会来电，表示和广州政府断绝关系，接受命令。

电文如次：

毛主席、朱总司令、彭副总司令，人民革命军事委员会，并请转人民解放军各野战军司令员、副司令员、政委，及中国人民政治协商会议第一届大会诸代表钧鉴：我驻新将士三四年来秉承张治中将军之领导，拥护对内和平对外亲苏之政策。自张将军离开西北，关内局势改观。而张将军复备致关垂，责以革命大义，嘱全军将士迅速转向人民民主阵营，俾对国家有所贡献。峙岳等分属军人，苟有利于国家人民，对个人之毁誉荣辱，早置度外。现值中国人民政治协商会议第一届大会正举行集会，举国人民所殷切期望之中华人民共和国即将诞生，新中国已步入和平建设之光明大道。新疆为中国之一行省，驻新部队为国家戍边之武力，对国家独立、自由、繁荣、昌盛之前途，自必致其热烈之期望，深愿为人民革命事业之彻底完成，尽其应尽之努力。峙岳等谨率全军将士郑重宣布：自即日起，与广州政府断绝关系，竭诚接受毛主席之八项和平声明与国内和平协定，全军驻守原防，维持地方秩序，听候人民革命军事委员会及人民解放军总部之命令。谨此电闻，敬候指示。新疆省警备总司令陶峙岳，副总司令兼整编四十二师师长赵锡光，暂编骑一师师长韩有文，整编七十八师师长莫我若，旅长钟祖荫、李祖唐、田子梅、韩荣福、郭全梁、朱鸣刚、罗汝正、刘抡才、杨廷英、马平林同叩。九月二十五日。

　　我从毛主席那里看到上述电文后，心里顿时感到万分愉快。因为我一贯保全新疆、保障和平的目的直到今天算是如愿以偿了，对国家、对新疆人民在责任上、道义上也算是有所交代了。今后的新疆将永远是中国的新疆，新疆人民亦将永远享受祖国大家庭的和平、自由、幸福了。这个和平转变，我相信伊方也一定赞成的，他们一定愿意回到祖国怀抱，重新合作，在共产党毛主席的领导下进行新疆社会主义建设，这是毫无疑问的。回顾从一九四五年到一九四九年间，特别是一九四六到一九四八这三年，新疆局面是如此紧张，人民心理是如此动荡，多少次数濒于决裂，濒于战争，真使人惊心动魄，寝食不安。好了！现在一切问题都将迎刃而解，一切问题都成为过去了！

起义经过

新疆宣布起义是有一番困难曲折的过程的。顽固分子如驻在迪化的军队首脑叶成、罗恕人、马呈祥诸人，几经动摇，心存反复，随时都有发生流血事件的可能。幸得陶峙岳将军善为肆应，措置适当，用心良苦，用力最大。刘孟纯、屈武、刘泽荣诸位同志也是多方筹划，全力以赴，乃至险遭罗、马、叶诸人的暗算，这是应该特别指出的。

我先后问过陶峙岳将军和刘孟纯同志关于新疆部队起义，亦即和平解放的经过，他们的答复大致是这样的：

一九四九年初，南京来电命令驻在迪化的西北军政长官公署副长官兼新疆警备总司令陶峙岳将军，只留一个旅在新疆担任防务，其余部队全数调进关内参加内战。陶是反对进关的，驻在南疆喀什的警备副总司令兼整编师长赵锡光也是反对进关的。但驻在迪化的骑五军军长马呈祥、旅长罗恕人是力主进关的，师长叶成则不十分坚决。

南京随又来电，要陶将军到南京去。陶和刘孟纯、屈武、刘泽荣三位同志商量，都不主张陶去。李宗仁从南京到广州，又来电叫陶去,陶仍不愿去。不去,总得有所借口,军队不开进关,亦得有所借口,于是陶将军由迪化飞兰州,拟订了一个军队内开的计划,索取大量的汽车、汽油和现洋,都是当时国民党政府办不到的。当时马步芳已以副长官名义到兰州,常驻兰州的郭寄峤副长官不能和马合作,要到广州去,陶即将计划交他带去。

陶回迪化后,就和正在暗中积极进行和平运动工作的刘孟纯、刘泽荣(屈武当时参加和谈代表团在北平)两位同志商谈对新疆局势的看法,陶认为这不是政治问题,而是军事问题。就是军队如何能转变过来,是个大问题。并告诉他们,已开了全军进关的庞大计划交郭寄峤带去,就是推拖的意思。

七月间,包尔汉主席邀陶、刘、屈、刘诸人,也邀了苏联友人去南山住了几天,就新疆局势非正式地交换了意见。随后陶、刘等又邀包主席、苏联友人去郊外湖边住了几天,也是交换意见,谈话虽未涉及具体,但却比较明朗了。

到八月中旬,陶将军特约南疆的赵锡光到焉耆会面,和陶同去的有军需供应局局长郝家骏,当地驻军旅长钟祖荫,但谈话时仅陶、赵二人,郝、钟都不在座。陶、赵研究结果,当时同意南疆由赵负责,北疆由陶负责,做了初步准备工作,并且决定了两点:(一)待与解放军部队靠近时才接头,陶、赵两人站开,将部队交出来;(二)部队由解放军无条件改编。

陶向广州提出的要求太高,广州政府无法答复。陶要求八百万银元,广州方面只给一百万元,马步芳扣下二十万,新疆实收八十万,交赵锡光二十万,余六十万即存在哈密,以后就支持了七、八两月的军饷开支。

西安解放，兰州紧张，新疆军队内开问题尚在拖延中，在迪化的军事人员天天在研究怎么办。当时仍分两派：旅长罗恕人和骑五军军长马呈祥要进关，师长叶成没有意见。叶想向胡宗南靠拢，马的家眷在青海，想向马步芳靠拢。罗是直接受广州操纵的人，据说是军统的新疆实际负责人，和马呈祥感情很好。陶没有坚持不许进关，但提出事实问题：没有车辆、汽油、现款怎能开动？陶还说："你们坚持要进关，我不反对，但我是不能走的，还有这许多军政部属，不下十万人，我不能把他们扔在戈壁滩上。"双方争持不决者月余。

到兰州、西宁解放，罗、马、叶对陶起了怀疑。他们三个人在马家开会，认为陶所以迟疑不决，是受了刘孟纯、屈武（屈已由北平经南京回到迪化）和刘泽荣的包围，决定把刘、屈、刘三人扣起来，企图干掉他们。叶成也同意，但说须先得陶的同意。罗、马就推叶去见陶。叶到陶处说："你平常一切都有感情，但近来你对罗、马就仿佛没有感情了，这都是刘、屈、刘三人搞的，我们现在决定把他们扣起来！"陶对叶说："我没有阻拦你们进关，但是我不能不为你们分析利害。你们既然决定要扣留他们，扣了以后怎么办？怎样圆场？""现在是大家的生死关头，有什么话不能说的？我是为你们大家好，不要收不得场。我打电话把罗、马找来大家当面谈一谈。"罗、马接了陶的电话就来了，他们谈了几个钟头。陶一开口就说："我们今天不能做楚囚对泣，唉声叹气，一定要把事情谈清楚。""你们说我没有感情，感情还是有的，丢开长官部属的关系不说，我们还是多少年的朋友，这是大家的生死关头，怎会没有感情？""今天的事情可以从爱憎、是非和利害三方面看的，爱憎和是非不必说了，但是利害不能不谈。你们既要进关，我从来没有阻拦过你们，而且愿意尽可能筹措车辆、汽油和现款，但是人还多呢，连军政人员总不下十万，你们想，我怎能把他们扔在戈壁滩上不管？我怎能忍心！""你们不能这样干的。今天不是你们和我几个人的问题，是十万人的生死问题，不能轻举妄动。如果处置不当，事情怎样圆场？对十万人如何交代？"

就这样，反复谈了几个钟头，罗、马、叶才打消了扣留刘、屈、刘三人的计划。

这一关算是过去了，第二天，陶又去看马呈祥，给他疏解："你们要走我怎么办？你们叫我怎么办我就怎么办，但有一点，我不能跟你们走！""仗是不能打的，一定要和三区妥协，我只能生死置之度外，以性命担保大家，绝不是我有什么政治作用！"马没有话说。

为什么马呈祥一定要走？原来西宁解放时，马的家眷没有下落，他要进关，说是要到青海和婼羌、敦煌一带打游击去。于是陶又去单独找罗恕人："马是青海人，本乡本土，到时化整为零，也许能打一阵游击，你又不是青海人，你现在和马的感情虽然很好，到那时候就不是个人感情所能维系的，应该很好地考虑。"

经过这几个险恶的风波，局面仍未可乐观。有一天，马呈祥突然接到他父亲来电，说家人已平安到了香港，马才松了一口气。这是一个转机。原来当时在迪化区一带的部队就是马呈祥的两个骑兵旅和罗恕人的步兵旅，马已动摇，叶无定见，罗如能打通，问题就可以解决。当时警察局长刘汉东和罗、马都很要好，刘孟纯他们就通过刘汉东向罗、马做工作，有时又直接和他们恳谈。有一天，刘汉东去看陶将军说："马呈祥想把军队交出来，愿意走，罗恕人也大致同意了。"陶就对罗、马说："你们要走我同意，希望好来好去，把一切事情安排好吧。"马、罗都同意了。

这时中共邓力群同志由伊宁到了迪化，传达了党和毛主席的意见，并出示我给陶、包的电报，陶和刘孟纯、屈武等所做的工作，大体上是符合我的要求的。

到九月二十二日，胡宗南分别来电给陶和叶、罗。给陶的电报说：据报，兄已率河西新疆部队投降共匪，真太糊涂！究竟情形如何？应速来电报告！给叶、罗的电报是叫他们"肃清迪化叛乱分子，将部队撤往南疆"，并说以后可以空援接济。叶、罗接电后，又踌躇了一番。但马呈祥见大势已去，对此表示不感兴趣，叶、罗意见也不一致。

陶接电后即复胡宗南，大意是：我所以留在新疆，实因现在情况是部队不能战，又不能动，这里有十万以上人的生命，非同儿戏。我无别意，就是不能把十万人扔在戈壁滩上置之不顾。陶又劝罗、叶、马：你们要走就不要迟疑，并把复胡电给他们看，他们才决定走。马呈祥、罗恕人于九月二十四日，叶成于二十五日清晨先后离开了迪化，经南疆去了巴基斯坦。

就这样，他们费尽了许多心力和周折，才把新疆驻军起义最大障碍除去了。

在这段和平酝酿时期，陶将军已派了曾震五同志从迪化通过酒泉到达兰州，见到彭德怀司令员，取得了联系和指示。

局势至此，已经水到渠成，陶峙岳将军遂于九月二十五日领衔宣布了起义通电。

二十六日上午包尔汉主席通过省府紧急会议，也立即宣布了起义的电报。

总的说来，新疆所以能够和平解放，首先是全国解放特别是解放大军沿河西走廊向新疆挺进所造成的形势。其次是我们一九四六至一九四八年所执行的和平民主政策，缓和了民族仇恨，奠定了新疆和平的基础。再次是军心民意都倾向和平，大家为和平而努力，少数人想孤注一掷也不能不有所顾虑的。最后是在新的军政负责同志的共同努力下，使动荡不安、几度濒于危险的局势安定下来。军事方面如陶峙岳、赵锡光、曾震五、陶晋初诸同志，特别是陶峙岳将军，老成沉着，善谋能断，苦心焦虑地运用对叶成、罗恕人、马呈祥的威望和感情，讲情说理，终于使他们未敢乱动，帖服出走，铺平了新疆部队起义的道路。政治方面如刘孟纯、屈武、刘泽荣诸同志出力最多，也蒙受不少的风险。这里仍需特别一提的，就是一九四八年底省政府改组，包尔汉接任主席，缓和了新疆局势，为新疆和平解放准备政治条件，起了重要的作用。

和毛主席谈新疆问题

在新疆和平解放后，我和毛主席谈起新疆的几个主要问题

（和周总理也谈过）：

第一是关于民族自治问题。我认为最好先组设民族自治筹委会，至于筹备工作需要的时日和具备什么成熟条件就实行自治，可由改组后的新疆省政府妥商呈请中央人民政府核定。毛主席表示可以这样做，原则上一切根据共同纲领的民族政策去处理。

第二是关于改组省政府问题。我建议由陶峙岳、包尔汉和伊宁三方面会商提出新名单，由中央核定发表。毛主席表示这件事由彭德怀副总司令和我到新疆去研究再提名单，现在不必着急。又说，新疆要设置军政委员会，综理军政事务。我说似可不必。关于省主席一职，毛主席、周总理已和我谈过几次，仍定以包尔汉继任，我说很好，很妥当。

第三是关于军队改编问题。我建议，驻新官兵服役多年，大多思归心切，最好资遣返乡从事生产。毛主席不同意，他笑着说：最好由政府把他们的家眷送去或多动员些妇女去，就使他们在新疆成家，从事生产，永远扎根下去。

第四是关于财政问题。我陈述了新省财政、军队粮饷、被服、经费的困难，建议由人民革命军事委员会会同政务院迅即派员前往实地调查，分别处理。毛主席表示就是请彭副总司令和我到那边去解决。

第五是关于经济建设问题。我建议还是由中央派遣建设辅导团到新疆去，大量供应人才和经费，至于西北民生实业公司和西北文化建设协会是否继续存在，还请考虑。毛主席对这一点没有明白具体的表示。这是要等待稍后一步来决定吧？

第六是关于对苏条约问题。我先提问：中苏在新疆贸易和经济合作协定是否继续商谈签订？中苏航约是否可以修订把航线延长到兰州或西安或至北京？抑或等将来整个中苏新的条约中包括进去？毛主席表示也许包括在整个中苏条约里头，现在还不能作决定。

此外，我为了对新疆问题处理经过作一交代，并作了自我检讨，同时对当前几个问题提出意见，写成一篇书面报告《新疆概要的问题》，送给毛主席，就"新疆的地理、历史与政治沿革""伊宁事变与和平协定""省府改组与伊方撤退""对新疆问题的自我检讨""几个问题和意见"几个题目加以扼要叙述，现在把"几个问题和意见"这一部分抄录如下：

在中国共产党领导的新政权成立和中国人民政协共同纲领中民族政策与外交政策确定之后，新疆过去问题所有主要的基本的矛盾已不存在了，其他一切当然就没有多大的问题了，不过目前还有若干现实性或事务性的问题，亟待中央人民政府的指示解决，特分述管见如下：

（1）民族自治问题。新省民族以维吾尔族最大，占全省人口百分之七十，约三百万。哈萨克族占百分之十，约四十万，性强悍，尚在游牧时代。汉人及汉回合占百分之十，约四十一万，以农民、商人、公务人员占最大部分。其余满、蒙、锡、索、塔、塔、柯、乌各族，人数均不多，约合占百分之十。过去伊方激进派和大土耳其主义的保守派，都主张自治，并且主张改新疆省为"东土耳其斯坦""中国土耳其斯坦"或"突厥地方"，两派立场和思想虽不同，但其主张自治和对新疆省名的嫌恶情绪，则并无差别。我曾经公开对他们说过："我所举行的是三民主义的扶助少数民族政策，你们将来不但可以自治，等到条件具备——几十年或几百年后，独立也可以。"现在，中央政权转移了，新疆也解放了，不过今后新省的主要的问题，仍然是民族自治问题。在原则上，根据我们共同纲领的民族政策，应该无疑地让他们自治（不过这次伊方代表并未提出自治问题），但以新省民族之多和情形之复杂来说，似乎应该有一个相当时间的筹备。如果他们仍要求自治的话，最好在省政府改组之后，先组设一个民族自治筹备委员会，由各族代表参加。至于经过多少时间和具备什么成熟条件才实行自治，最好由改组后的省政府从长计议后呈请中央决定。

(2) 省政府改组问题。过去的省政府，虽然是民族的联合政府，不过内部还容纳了若干保守分子。在这次解放后，其中一部分已出走，其余的也要有淘汰。不过改组时对委员名额、人选等项，可否事先征询伊方代表和陶峙岳、包尔汉的意见，由中央人民政府斟酌批准。当然中央人民政府也必须派人参加。

(3) 军队改编问题。政府驻新军队，在今年三月前，原有两个整编师，每师三个旅，每旅两个步兵团一个骑兵团。一个整骑兵师，下辖两旅，连师直属部队共五个团。另有两个骑兵旅，每旅二团。又四个独立骑兵团（蒙、哈、回、汉）及炮、工、辎重、通信等部队若干。但各部队都有缺额。伊方三区的民族部队原规定六个团，但现在确数不详。新疆解放后，改编工作亟待进行。我看，对政府驻新部队方面：（甲）原属本地民族组成，改为地方公安部队。(乙)其余由内地调去的,改编为人民解放军。至改编办法、部队数额的如何改造思想和技术,由陶峙岳秉承彭德怀副总司令指示妥商办理。但(丙)官兵中有戍边多年的,思归心切,情绪不安,如其家乡已经解放,准予志愿退役,并资遣回家,分给田地,从事生产工作。(丁)改编后的部队,由中央资助,就地从事水利开垦,增加生产,以减少军粮筹运的困难。(戊)今后戍边部队,应规定一种轮调的办法,以免日久思归,影响士气。至对三区的民族部队,原则上仍应依照解放军的制度加以改编,或改为地方公安部队,似可一询伊方代表的意见。

(4)财政(包括军队粮服经费)问题。这是一个目前亟待解决的问题。新疆是一个贫瘠的省份,清代就由内地十八行省省协饷,过去均赖独立的发行制度(自发省币)维持,目前财政似已到山穷水尽的境地了。至于军队粮饷、被服、经费等项,一向完全由中央政府筹给,省政府和地方例不负担。最近据报,自七月份起,即未领到薪饷。塞上早寒,冬服也急需筹发。军粮方面,每年例由中央政府拨款在新疆、甘肃采购接济,现秋收已毕,亦应早日着手进行。可否由人民革命军事委员会会同政务院迅即派员前往作实地调查,就近分别处理,使这些问题都得到切实的、顺利的解决。

(5)经济建设问题。新疆是一个落后的省份,广大人民所迫切需要解决的是生活的改善。新疆资源虽然丰富,物资却极缺乏。例如有广大的土地而缺乏水利交通,有丰富的羊毛(也有相当产量的棉花)而缺乏纺织业,有兴盛的畜牧而缺乏皮革工业……省内粮食(特别是北疆)既不够吃,轻重工业毫无基础,日用品和一切工业用品，几乎完全靠苏联和内地供应。物价既高，人民生活之苦，自不难想像。如何加紧进行经济建设，改善人民生活，确是当前之急务。不过，本省的人才、技术、设备、经费都办不到，连一个普通的工程师可以说都没有，最好由中央政务院组织一个建设辅导团，大量指拨专家和经费，到新疆去辅助促进经济建设。这一切当然要配合全国性的经济建设计划，不过在新疆现在来说，首要的是水利、交通（特别是铁路）、农林、畜牧、医药卫生、民生工业、市政等。这个辅导团也可以聘苏联专家工程师参加，不过仍应以做老大哥的汉人专家工程师为主，因为这对少数民族的观感来说，是具有恒久的政治意义的。（我过去曾向南京政府建议，全案也通过，一部分专家和主持人也到迪化了，可惜由于经费关系，工作还没有开始，这是政府对新省人民一件失信用的事。）

至于文化教育的建设，当然也和经济建设一样的迫切需要。单就教育来说，省内文盲恐怕要占全人口百分之八十五以上，其他的文教设备都极其缺乏。不过那是应由省政府负责的事，中央只宜于从旁指导协助而已。

我们到新疆之初，为了协助省内的经济与文化事业，曾组织了五部合办国营的"西北民生实业公司"和社会团体性的"西北文化建设协会"，分别负责。虽然对新省与内地物资交流和书报编辑供应等做了一些工作，但限于经费、交通、人才种种主客观条件，成效不多。今后是否还需要继续去做，重新改组，静候中央决定。

(6) 对苏条约问题。新疆和苏联具有极密切的关系。在历史上，一八七一年（同治十年）帝俄曾在伊犁驻兵十年，并且有过伊犁条约。在地理上，苏新接壤达三千公里，而且从新省到内地的交通，远不如到苏境的方便。在民族上，新省的七个突厥语系民族，苏联都有，而且有五个组成了共和国。在经济上，新省的日用品和工业品，大多来自苏联。在文化上，省内各民族尝受苏联文化的影响，受过苏联教育的也较多。这种种因素构成了新疆和苏联的特殊关系，我们对新疆问题的处理，如果忽略了这点，那是很不妥当的。在过去，中苏有关新省的条约里，第一个是中苏航空条约，航线由苏境阿拉木图经迪化到哈密。到去年九月期满，经双方协议延长五年，现在是不是可以把航线延长到兰州或西安，或径达北京，要请中央决定。另外一个重要的条约，是中苏在新省的贸易与经济合作协定，双方代表今春在迪化已获协议，惟最后广州政府忽然不肯签订，这是很可遗憾的一件事。不过今后中苏贸易与经济合作问题，中央人民政府是不是准备作全盘的整个的协议，抑或先把中苏在新疆局部的合作问题先行谈判订约，也请核定。

怎样改造

一九四九年九月举行的中国人民政治协商会议选举我为中央人民政府委员会委员，接着我又被派为西北军政委员会副主席。彭德怀将军是主席，他预备到新疆视察，邀我同行。事前毛主席、周总理也一再和我说，要我和彭将军去一趟，今后并多在西北做事，往来于西安北京之间。同年十一月二十二日，我由北京坐专机直飞兰州，起飞前周总理还亲到机场送行，殷勤嘱咐，使我衷心感激。到达兰州，复承彭将军、贺龙将军、习仲勋政委和许多高级将领到机场迎接（他们正在开会），这是党对我的优遇，我是铭刻在心的。

在兰州住了几天，就偕同彭将军飞迪化。彭将军此行是以西北最高领导者身份前来视察，并筹备改组新疆省人民政府，拟订新疆省的施政方针。曾召集了大大小小一系列的会议，我都被邀参加，有时我也讲一些话，提一些意见。

最主要的是召集起义军官和机关干部作了详细恳切的讲话，历时四小时。这篇讲话标题是《怎样改造？》，内容是：第一部分：我留平八月的经过；第二部分：国内外大势概略；第三部分：新疆和平解放的感想；第四部分：提几点意见。现在把全文录在下面：

怎样改造？

（一九四九年十二月六日对驻迪化起义部队机关干部讲话）

陶峙岳将军、各位官长同志们：

今天我来到迪化，和驻新疆的在陶将军领导下参加起义的部队同志们有见面的机会，这是很愉快的一件事。

这次我陪同彭副总司令到迪化来，不过是来看望同志们的。我知道，同志们常常在关怀着我，而我也同样地常常在关怀同志们，今天有这个机会见面，尤其在这个时代转变之后来和大家见面，这真是一个很难得的幸运的机会，所以我今天首先要向同志们表示慰问之意。

一、我留平八月的经过

今天和大家见面,话从哪里说起呢?我想,首先把我这几个月来的经过,就是今年四月一日从南京飞到北平和中共举行和谈,至和谈破裂后留在北平的将近八个月来的经过报告大家。当然,从报纸上,从广州、台湾中央社发出的消息里,他们都报道了不少说我留在北平这样那样的话,大家大概都看到,这都是一派的胡言诳语。今天在大家面前,我应该作一个真实扼要的报告。这当然是大家所最关怀的问题之一。

大家知道,我从今年一月底回到兰州以后,就决心不再到南京去,并且决心不参加国内和平商谈的问题了。但是:南京方面两次派飞机来接我,天天来电报和长途电话,非要我到南京去不可,而且非要我参加和平商谈不可。到南京后,经过相当时间的研商,我以和平商谈代表团首席代表的名义于四月一日由南京飞到了北平。经过二十天的商谈,最后终于破裂了。其中经过,大家从报章上、传说上已经看到听到一些。我可以告诉大家,那个时候,南京方面负责人对代表团所表示的态度,对全国人民所表示的态度是什么?就是真正的谋取和平,并且正式发表了给毛主席的信件,承认以毛主席所提八项为商谈基础;但是反复折冲的结果,我们所争持的很多,中共方面所让步的也很多,代表团经过多次郑重的研讨之后,决定接受中共最后所提的《国内和平协定》八条二十四款,派黄绍竑代表和屈武顾问回到南京，建议政府接受。可是他们回到南京后，南京政府方面的态度和从前对我们所表示的真诚谋取和平的态度完全两样，他们拒绝接受。同时有些顽固派对代表团，特别是对我个人大肆攻击。因此我才看出来，他们过去要我们到北平来参加和谈不是真诚的，根本是一种欺骗——不但对代表团是一种欺骗，对全国人民更是欺骗。今天，人民解放军全国性的胜利事实，已经证明了我们代表团的意见是完全符合全国人民所希望和要求的；就拿这次新疆和平解放的事实来看，也可以证明我们主张和平，主张接受《国内和平协定》的意见是正确的。

和谈破裂以后，代表团当然要回到南京复命，南京方面也派飞机来接我们回去，但是，我们又接到南京的指示，要我们飞到上海——那时候他们已经决定放弃南京了。当时中共朋友对我们说："代表团不必回去，请你们还是留在北平。现在南京政府虽然没有接受和平协定，不过随着情势的推移，等到解放军渡过长江以后，只要他们愿意签订协定的话，我们还是随时可以签订。"同时还有些朋友另有一种看法，就是代表团不管回到上海或者广州，国民党的特务和反动分子，不见得不加害于我们，危险性很大。对于这一点，在代表团，特别是我个人方面没有这个计较，但是如果真的随着情势的推移，还能恢复和谈签订和平协定的话，当然是我们代表团同人所愿意的。这样，我们就在北平留下来了。

在留平期间，我自己常常在想，在考虑一些问题。当然，和谈一停止，我就变得很悠闲了。最少三十年来我没有这样休息过。家里的人还和我说笑话："老天爷看你这许多年来太辛苦了，所以才特别给你这一个休息的机会。"不久，中共统一战线工作部为我准备了一所在北平是相当讲究的西式平房，有花园，有草地，有新式设备，比这里的新大楼还要好。这房子过去是一个德国人盖的，后来给一个当交通总裁的日本人住，抗战以后成为孙连仲的公馆。在那里，我住了六个多月，直到上月二十二日我方由北京飞到兰州。二十六日陪同彭副总司令由兰州飞酒泉，二十七日飞到这里。

在留平几个月的生活，本来不足报告。大致地说，在最初三个月里，北平的风景名胜都一一逛过，北平的大鼓，我是常听，京剧的四大名旦——梅兰芳、程砚秋、尚小云、荀慧生我也领教过。有一段时期，差不多每天晚上去听大鼓。（在这时候，驻新的同志们正在用心思，考虑问题，研究做法了吧？）中共朋友们也常常到我家里谈天，像周恩来先生，林伯渠先生诸位，特别像毛主席和朱总司令在他们百忙之中，还要亲自来看望我。他们常常表示，惟恐我在北平有什么不方便，有什么招待不到之处。这种友谊，这种热情，实在令我感动！

往后的两三个月，就不是那么悠闲了。中国人民政协开会以后，中央人民政府跟着成立，各方面来的朋友也多了。会议多了，应酬也多了，那几个月里大鼓就很少听到，只有偶尔在中南海怀仁堂参加两三回晚会罢了。

以上这些生活片段的报告是没有什么价值的。我现在要特别报告的，就是我留平的四、五、六三个月内，心情陷于极度的苦闷中，脑海里有很多很多的问题没法解答，思想上找不到出路，很自然想到的问题。比方第一个问题，我是为和谈来的，而且是代表团的首席代表,和谈既然破裂,为什么不回去?留在北平干什么?算怎么一回事?难道在北平天天听大鼓就可以解决问题不成吗?这些问题天天在想。在中共朋友中,像周恩来先生,我们是二十多年的朋友,无话不谈,我的苦闷他当然也早看出来。我们两个人常常抬起杠来。他批评我说:"你是封建道德,你为什么只对某些人心存幻想,而不为全中国人民着想?你为什么不为革命事业着想?"像这类话他说得很多,我们抬杠也很多。我说:"革命道理我也知道,不过革命也要做人的。"后来我多次向周先生提出:"我久住北平觉得没有什么意思,到苏联去吧?伟大的社会主义苏联,我早就多次想去都没有去成,现在机会正好。"他说:现在苏联和我们还没有建立邦交,你以什么立场去?人家不便接待你的,你又不是一个普通的人。此外,他还说了好些理由,说明一时还不能让我去苏联的原因。好吧,既然去不成就住下去吧!想下去吧!吃饭在想,睡觉在想,一天到晚都在想,非常的苦闷!

经过整整三个月之久的苦闷,光是想,光是苦闷不是办法。一天到晚想也不是办法,于是看看书吧。《毛泽东选集》看了,《联共(布)党史简明教程》也看了,干部必读的书也看了几本了,但是脑子里的具体问题并不见得解决。直到六月十五日广州中央社发出一个电讯,标题是《张治中在平被扣详情》,二十、二十二两日又发出两个电讯,说是我在平又策动和平,受了中共的"唆使",离开北平行踪不明,对我开始攻击了。不久在广州的国民党党部把这个问题提出来讨论,他们分成两派:一派说张某人是叛党,应该予以开除党籍的处分。一派说张某人在北平已失掉自由，可以暂时等一等再说（直到十月初正式宣布开除我的党籍并通缉）。这些地方，给我的启发不少。我在中央社发出了三个电讯之后，不得已于六月二十六日发表了一个对时局的声明，原文大概大家在报上都看到了。当然，这篇声明主要部分的意思，我不是在北平才讲的，在南京很早就讲过，在重庆抗战时也讲过，而且不仅随便和朋友们讲，更是多次和国民党的领导人讲，和政府的负责人讲，是我多年来对时局的看法和主张：国民党这样的一个党，还不应该失败吗？国民党是孙中山先生创立的，是为革命的，是为实行三民主义的，远在一九二四年的第一次全国代表大会里就通过了联俄、联共和扶助农工三大政策，可是国民党执政以后怎样？执行革命政策了吗？不，不革命！反革命！实行了三民主义了吗？政府哪一个部门是在实行三民主义的政策？完全违反了三民主义！抛弃了三民主义！一个以革命作号召的党，后来变成不革命反革命，"挂羊头卖狗肉"，不失败还有天理吗？他们说张某人叛了党，究竟谁在叛党？谁在背叛革命？谁在背叛孙中山先生的革命政策、革命主义？这些话过去我很少机会和一般同志们说过，对高级干部同志们是说过的，今天在座的同志也不少听过了。在南京重庆的党的会议上，我也曾率直而委婉地说过，并且很多次数地用书面提供给党的领导人，将来有机会，我预备把这些文件摘要发表出来。

我在北平所看到的中共的作风和干部、党员的精神，再回头看看我们国民党的作风和干部、党员的精神，不能不使我们感到惭愧！我是国民党的一个负责干部，看到人家是怎样地为国家为人民而艰苦奋斗,而我们过去是在干的什么?还不够我们由反省而深深地感到惭愧吗?大家知道,我一贯地主张和平,对国共两党问题主张以政治方式解决,反对打内仗,但是我的主张不是站在中共立场提出来的,我是站在国民党的立场提出来的。我很早就认为国民党这样腐化下去,反革命下去,这不仅是对国家对人民的利害问题,也是国民党本身的利害问题,都值得我们注意了。所以我的很早的意见,是主张恢复联共政策,由国共两党的合作来刺激国民党本身的改造,来影响国民党的进步;在两党合作之下,来把国家搞好,把革命完成。到了今天,我们彻底地失败了,但是仍然有人看做只是国民党军事的失败所造成的。他们只看到问题的一面或者半面,而没有理解问题的症结。其实,国民党的失败,表面上看是军事的失败,实在骨子里是政治的失败;没有政治的失败,哪有军事的失败!国民党自广东和中共合作誓师北伐,取得全国政权,假使贯彻革命推行三民主义的话,假使坚持第一次全代大会所通过的政策的话,中苏两国的亲善,国共两党的合作,不是很自然的吗?国家的进步不是很自然的吗?中国革命事业的完成不是很自然的吗?到了今天我们国民党的失败,绝不能怨天尤人!这是我们自取之咎,自食其果!一个以革命为号召的党,而变成不革命,假革命,当然要被人民所唾弃,当然要被历史所淘汰!这是很自然的道理。

在北平虽然有三个月的极度苦闷,幸而我最后能以自我批评的精神,严格地反省检讨之后,终于在思想上初步搞通,在精神上得到解放。最初,中共朋友们希望我能够参加政协和中央人民政府的工作，毛主席和周恩来先生都多次对我说过。对于他们的好意，我心里当然很感谢。不过我自己一再在想，在过去的阶段，我是负责人之一，这一阶段已经过去了，当然我这个人也就成为过去了；过去的责任是我们负的，我们失败了，今后的责任是他们负的，我希望他们成功，拥护他们成功；但是要我再来做事负责，我没有这个志趣了。有一天，我在毛主席那边，有朱总司令和几位中共高级干部在座，毛主席又提到这个问题，我把上面的话回答了他。他笑着说："过去的阶段等于过了年三十，以后还要从大年初一过起！"他的话很幽默，他的态度很使我感动。以一个伟大的中国人民领袖的毛主席，把我这个渺小的张治中看得这样重，这样开导我，安慰我，鼓励我，我实在没有话说。还有其他朋友也来劝我："张某人是不是革命的？"我当然不能说不革命！别的可以放弃，革命是不能放弃的。他又问："好吧，中共是不是革命的？"我能说中共领导的政权是不革命的吗？不能，我当然承认他们是革命的，他又说："好了，你承认是革命的，也承认中共是革命的，承认新政权是革命的，你为什么不参加？"对于这一类的话，我当然没有什么可说，最后我接受了。好，参加吧！以后被选举为政协全国委员，又被选举为中央人民政府委员，最后并被推为中国人民革命军事委员会委员。这三个委员会都是毛主席直接领导的。我以过去国民党政府干部之一的地位，应该对国家、对人民负责引咎告休的，而中共和毛主席执行民主统一战线的政策，加以推重，还要使我参加新中国建设的事业。这使我感到惭愧，也使我感到荣幸！

新疆和平解放之后，我知道有若干同志将和我过去具有同样的思想，同样的苦闷，所以特别把我过去如何作自我思想斗争的经过告诉大家，作为大家的参考。大家不会说我这样想这样做是错误的吧？告诉大家，这是正确的，完全正确的！这是我思想斗争的结论。

在中国人民政协开会之前，毛主席表示将来还要我到西北去"和彭德怀合作"，做彭副总司令的"副手"。他对他的干部很亲切，一点没有虚文，而且常常流露出他的幽默感。他对高级干部常常当面喊名字。他当时很客气而幽默地说：我们再来一次国共合作吧！我说："今天是你的领导，说不上什么国共合作？不过西北人民和部队袍泽常常怀念我，我也常常怀念他们，你如认为我有到西北去一趟的必要的话，我愿意去做彭老总的顾问。"他说：你去做彭德怀的副手，委屈了吧？你过去是西北四省的军政长官，现在是副手，委屈了吧？他这么一说，弄得我很窘。我们革命者是向来不会也不应该计较地位的。他还说：我已邀请程颂云先生来做林彪的副手，我是觉得他有点委屈。林彪这样年轻，程颂云先生资格那么老，怎能做他的副手？但是你知道，林彪现在指挥一百万大军，程颂云先生能够指挥吗？但是程先生已经满口答应了。他这样一说，我还有什么话可说呢？只有诚意接受，表示听命令，听吩咐。我这次陪同彭副总司令到新疆来看望大家，算是了却了我在道义上的心愿，不久就回兰州去。今后我们虽然天各一方，希望大家好好地努力，奔向远大的革命前程吧！

二、国内外大势概略

其次,我要说一说国际国内的情势。在国内,现在人民解放军全国范围的胜利是必然的,肯定了的。继贵阳、重庆、南宁解放之后,整个西南是没有问题的。在兰州我送贺龙将军上飞机的时候,问他什么时候到成都,他说:"到成都过年吧!"成都解放以后,昆明连西康都是不成问题的。至于西藏和台湾,今后解决的方式,我们还不必作过早的估计,不过都是时间的问题,不管是用军事的或者政治的方式去解决。所以全国范围的胜利是绝对没有问题的了。这就等于说,今天中国的问题,军事上已经没有问题。

至于政治上,也是没有什么问题的。今天谁不拥护中央人民政府的领导?谁不拥护毛主席的领导?谁不拥护新民主主义?新民主主义是什么?就是革命的三民主义,两者的基本要点是相符合的。关于这点,毛主席在《新民主主义论》里说得很清楚,不过他认为这是中共的最低纲领。今后新中国实行的是新民主主义,拿我们的眼光看,也就是革命的三民主义。至于今后新民主主义推行到什么时候才到社会主义,现在还很难估计。毛主席有一天和我们说:我们五十多岁的人,也许看不见社会主义的中国了。意思就是说,也许是几十年,是三十年?还是二十年?不敢说。在北京时,有人说是预定十五年。到兰州,彭副总司令说:"也许二十年,还要中间不发生错误。"当然啦,像我个人今年六十岁了,要再过二十年,就是八十岁了,我能活到八十岁?我的一生,前期约四十年是奉行三民主义的,今后的二十年，奉行新民主主义，对于我的革命思想和信仰也并没有多大差别吧？今天全中国人民所信仰的、所拥护的是新民主主义，这是没有问题的。老实说，中共所倡导的所推行的政策，就我看来，实在是很稳健、很温和，甚至带有妥协性的地方。(国民党六全大会在重庆召开的时候，我曾经提了一个政治纲领的案子，当时中共在重庆的朋友问我："通过了没有？"我说："修正通过了。"他又问："是不是兑现的？"我说："希望能兑现。"他说："假使真能兑现，那国民党就是左派，而共产党反变成右派了！"虽然提案是修正通过了，结果我们提的政治纲领，又等于对人民说了一次谎话了！)但是，今日新政权所推行的政策，是完全正确的，完全适合现阶段中国国情和需要的，所以从政治上说，也是没有问题的。

军事没有问题，政治没有问题，还有什么问题？财政经济问题。在目前，我们并不讳言，财政经济是有问题的。现在全国物价都有波动。拿迪化来说，过去银元券一元换现洋一元，现在要二三十元换一元，人民生活当然受到影响，部队也是一样。怎么办？我从北京来的时候，政府正在缜密地研究这个问题。在明年这一年，也许还是一个不能完全解决的困难。但是大家要知道，这种困难和过去国民党政府时代的困难本质上是不同的。过去的法币、金圆券把人民拖苦了，这种困难是走下坡路的困难，失败的困难；今天的困难是胜利的困难，是多年内战所遗留下来的不可避免的困难。失败的困难就没有办法，胜利的困难是可以解决的。当前的困难，明年度也许还不能完全克服，后年开始相信就没有问题了。在中央的财经负责人也说：

没有什么,还是有办法解决的。譬如交通方面,几条大铁路津浦、陇海、京汉、粤汉都通了,南北东西的物资都可以交流无阻,生产工作,不管是工厂或农村,都在推行民主管理,工农生产的情绪都大大地提高。再加上明年的军队生产,更可补助军队本身的消耗了。所以说,财经也是没有什么了不起的问题的。

此外就是国际问题。中央人民政府宣布成立,首先得到伟大友邦苏联的承认。跟着东欧各新民主主义国家也相继承认。美英等资本主义国家还在观望中,还暂时抱着一种讨价还价的态度。有人说过:"他们要承认就要无条件地承认,要不承认就拉倒!"在目前看,英国可能先承认,其余跟在英国后面的各国是没有问题的。当然,英国的承认与否,对我们是没有多大关系的;如果他们愿意无条件地承认,我们当然也并不拒绝。当前的国际问题还不在此,是在现在世界上分成两大阵营:一个是以美、英为首的资本帝国主义的集团,一个是以苏联为首的和平民主的集团。这两大集团的对立,在世界人类中造成一种印象,就是战争,以美、苏为首的两大集团终不免出之一战。反动派方面就持这种看法,认为第三次世界大战快要爆发,中国问题等到那时候就会解决,把所有希望寄托在世界战争上面,以为到那时还可以获得便宜,还可以卷土重来。这种看法不仅是幻想,并且是含有罪恶性的幻想,也是愚妄的、欺骗人民的拙劣宣传!对于第三次世界大战问题,当有人问我的时候,我一贯的答复是:靠不住,我们希望也许永远不会有;即使有,亦不是最近期间的事。现在国际的大势,不但不是趋向战争的道路,相反的,是走向和平的道路。换言之,世界情势的发展不是主张走向战争之路的人的胜利,而是主张和平的人的胜利。尤其是现在增加了一个强有力的因素,就是中华人民共和国的成立,使四万万七千五百万人民的巨大无比的力量投到和平民主阵营来了。这一因素,足以促进和保障世界的和平,是值得全世界和平民主人士重视的,亦是当人们估计世界大战问题所不能忽略的一个重要因素。

综合以上的分析,我们军事没有问题,政治没有问题,财经没有多大问题,国际问题也是没有什么严重和破裂动向的。所以就国内外情势来看,我们都是乐观的。但是不管情势如何,我们最要紧的是要有准备,要有充分的准备,就是和平建设。我们太落后了,我们要经由新民主主义过渡到社会主义,必须先使中国从农业的国家推进到工业化的国家。今后在全国来说,就是在西北、在新疆来说,我们都需要和平建设,长时期的和平建设:把新疆和整个西北变成大工业区,把全中国变成大工业国,我们一切才有办法,才能使中国由新民主主义推进入社会主义的阶段。我们相信,我们新中国是具有这样各种基本条件的,一定可以稳步地有计划地达到我们全国人民所共同希望的目的。

三、新疆和平解放的感想

再次,讲到新疆和平解放的感想。这次新疆所以能够避免流血牺牲和平解放,原因很多。首先当然是人民解放军全国性胜利的影响。这是一种不可否认的事实。以新疆部队的情形和解放前后的某些文武高级干部以及地方或民族领袖的人们的思想与观点来说，如果没有解放军全国性的胜利，具体地说，要不是解放大军解放兰州后直逼张掖、酒泉，要说是靠了陶峙岳将军及少数高级干部的策动就可以得到和平解放，当然是不可能的。其次是全省人民一致要求和平渴望和平的普遍心理。我到迪化后，听到各族的朋友尤其是听了苏联朋友们的意见，认为我们过去所推行的和平政策，也种下了这次新疆和平解放的原因，因为它这几年来深深地造成了一般人民需要和平的普遍心理状态，也就是促成了今天和平解放的成熟条件。这倒不是我们的自负或武断的话，而是一般人士客观的评论。

除了上述两个原因之外，还有一个原因。就是我们驻新部队中，除了极少数思想顽固的分子不明是非，不明革命大义，不顾人民利益，不顾部属生死者外，最大多数的官长们，都认识和平的利益，都需要和平的保障。所以这次新疆和平解放，仍不能不归功于驻在新疆的袍泽们，在陶峙岳将军领导下，还有一班得力的文武干部，如赵锡光、刘孟纯、屈武、刘泽荣、曾震五、陶晋初诸同志和其他各级同志们，都是对和平解放尽了心力冒了危险而有功的。在我个人的立场，我应该向陶峙岳将军和文武干部全体官兵同志们，对于他们的领导和平解放、促成和平解放表示诚恳的敬意与祝贺！

新疆的和平解放，原因已如上述，现在我要分析它的利害，亦即它的意义和价值。这是大家都清楚的，本来用不着多说。新疆的和平解放，不但对国家对人民都是有百利而无一害，就对我们全体官兵也是有百利而无一害，也就等于从黑暗的深渊走向了光明的大道，从苦恼的环境走向了幸福的前途。再现实地说，解放军是预备开两个兵团到新疆来的，共六个军由东向西，玛纳斯河西岸的民族军自西向东。我们内部怎样？这是大家知道的。在两面作战之下，要死伤多少官兵？牺牲多少人民？毁灭多少财产？糜烂多少地方？就解放军说，从兰州到迪化，二千二百多公里的行军战斗，很快就是冰天雪地，胜利是没有问题的，但是恐怕少不了流血牺牲。在这种情形下，我们几万官兵往哪里跑？钻进沙漠吗？上天山吗？当然不可能，不可能就是同归于尽。至于人民，更不用说，这次已经和平解放了，还有许多地方发生了不幸事件；如果不是和平解放，牺牲就一定大得多了。我看军队和人民最少避免不了五万至十万的死伤，这是多么重大的代价，所以这次和平解放，是具有异常重大的意义和价值的。比方北平的解放，事前双方都集中了大量的兵力，傅作义将军准备二十万发炮弹来守城，中共军队也准备二十万发炮弹来攻城。大家试想这四十万发炮弹发出去可能招致多少生命的毁灭，多少财产的损失，连北平几百年的文化古物也恐怕保全不了。所以，和平解放不但为地方、为人民打算应如此，为自己、为部属打算亦应如此！难道到了今天还有人在懊悔吗？还有人认为和平解放是不应该的吗？认为应该痛痛快快打一仗的吗？当然不会有这种丧心病狂的人。

这次和平解放，其意义和价值诚如以上所说，不过竟有不幸事件使我们感到美中不足，令人痛心疾首的，就是哈密、焉耆、鄯善、吐鲁番、轮台、库车的烧、杀、抢、奸事件。有人说，这次事件，是少数人想发洋财，是看到局面纷乱，打算混水摸鱼,这是不正确的。这些纯良的士兵,如果没有特务分子、顽固反动的分子从中煽动,怎会有计划地做出这件事情来?当我听到这一事件后,我真痛心万状!如同我自己做出来的一样!我们对不起新疆人民!人家都说这是起义部队干出来的,少数人的罪行,玷污了大多数人的声誉。当然,解放军方面是很客观的,对做了坏事的部队、单位都有详确的调查,区别得清清楚楚,并没有笼统说是起义部队干的。但是我们就不能这样看,他们都是我们的部队,都是驻新部队系统下的单位。分不开的啊!

对于这一事件我看到过一个报告,谁做的我不便说,是解放军党委给他们上级的。他们对这次事件有很详确客观的分析。他们把起义部队分成两种:一种是完全没有危害人民的,另一种是严重地危害了人民的。后者指出了哈密178B之538R,鄯善65B194R之第三营(第七连除外)、吐鲁番65B之194R,焉耆128B直属及骑兵团,轮台128B382R之第一营,库车65B之骑兵团和供应局的挽马团。这些部队做些什么罪行?抢劫、杀人、放火、奸淫!大家想想看,我们是革命军人,驻在新疆这些年,新疆人民没有对不起我们的地方,为什么干出这样惨无人道的勾当?这个报告里还特别指出:128B382R直及第一营的行为为最残酷,该县被杀死的达三十多人,受伤的近一百人。有被杀死的,有被烧死的,有被活埋的,有被用刑死的。从十月五日到二十八日整整抢了二十三天,不休不停,人民损失,无法计算。全城妇女不分老少一律被奸淫,甚至十一二岁的女孩,都被奸污!大家听到了这个报告,不会承认这些人是革命军人吧?不会承认他们是人吧?这不是人的行为!而是兽的行为!讲什么革命！讲什么人道！讲什么主义！简直是禽兽！是禽兽！我们能把他们当人看待吗？还能把他们当同志看待吗？

从这个报告里，这件事不是士兵干起来的，是部队里反动分子和特务分子策动主使干起来的。从这个事件看，使我们确认现在虽然和平解放了，但是部队里还是不免存在着反动顽固分子、特务分子，我们要赶快从事肃清，不要让这些少数的害群之马危害人民，拖累我们的信誉。这是丢脸出丑的事件，你们再不能优容姑息了！你们要勇敢地把他们清查出来检举出来，要紧密地依靠官兵群众来一个本身清洗运动！为了恢复人民的感情，为了巩固和解放军的团结，也为了自己的前途，一定要把部队的本身健全起来！大家要知道，我们很快就要改编为人民解放军了，原驻新疆的部队共改编为五个师，三个步兵师编一军，两个独立骑兵师，合成一个兵团，还是由陶将军负责。据彭副总司令的表示，只派政委和政工人员，军官一律不动，军师长人选事前当然有协商，不过多数还是从原有将领中挑选。原来纪律好训练好，对人民有功的，一定予以重用。像这次迪化和平解放，能够平安度过，未发生任何事件，就是韩有文师长和全师官兵接受了陶将军命令，维持了迪化秩序的功劳。人民的眼光是公道的，解放军的看法也是客观的，他们对骑一师特别看重，省政府改组时，彭德怀将军还特别推荐韩有文师长当委员。这是骑一师的光荣，也是韩师长的光荣。军队改编为兵团以后，便同王震司令员领导的兵团一样，都是人民解放军。不过，光是改为解放军的名义是不够的，我们要名实相符，在实质上不愧为人民解放军，从制度上、思想上、教育上、经济方面，纪律方面，一切的一切，都要彻底加以改造，都要向人民解放军学习，向人民解放军看齐。一切的一切，都要不愧为人民解放军这一光荣胜利的旗帜。这是要全体官兵同志负责来做的，这个责任是无可推卸的。大家应该不分部队、级别，共同努力，来达成这一光荣的任务！

四、提几点意见

最后还要说到我对驻新全体袍泽同志的希望，就是对大家提出几点意见，或者说应该注意的事项。我常常说，我们要有勇气承认错误，有诚意改正错误。我们难道没有错误吗？过去军队的情形错误太多了。比如像罗恕人这一类人，他平时的生活怎样，你们在座的很多是他的部属，当然会知道。这种人怎配做一个革命军人，怎样做一个革命军队的将领！他这次为什么出走？主要的是因为平时贪污腐化，怕和平解放后部下找他来算账。大家试想，他还是一个旅长，一个领导一万多人的将领，而行为这样腐败，思想这样顽固，真是出乎我们意料之外。现在在起义部队里面，像罗恕人这样的大大小小的人是不是一个没有呢？不是没有，不过是少数中的少数。大家今后一定要觉悟，我们部队中有很多缺点，有很多不健全不正常的状态。我们要想真正成为名副其实的人民解放军，自己就一定要反省，要检讨，要彻底改造！这都不是困难的事。以我们过去的基础，再加上诚心诚意的改造，很快可以做到的。

刚才所说的报告里就有这样一段话：起义部队中，有许多人羡慕解放军，要求参加解放军。有许多人说：我们是一家人，你们不要把我们当作外人看待；我们必须向人民解放军学习，并表示了学习精神。起义部队在总的方面上看来是向进步的路上走的，依据我们的工作经验，改造起义部队困难是有的，但并不那样困难。

这是他们对我们很客观的看法和批评，认为我们是向进步的路上走的，是可以改造的，他们已经表示了对我们的初步信任了。主观上我们是可以改造的。而客观上人家愿意帮助我们改造，所以我说绝不是一件困难的事，很快就可以做到的。现在的问题就剩了我们本身，就是说在我们如何首先去搞通思想。

这个报告里还有一段很客观的话：起义部队的内部，确有不少进步分子和积极分子，这些人都认为起义部队要彻底改造才能成为人民解放军。这是很对的。

他们是不轻易承认别人是进步分子和积极分子的，现在他们不但认为我们可以改造，而且承认我们内部确有不少进步积极的分子，而我们的同志们也看到必须彻底改造才能成为人民解放军，我觉得这个机会太好了，今天的确是我们走上光明远大的前途的开始。解放军的优点很多，特别是他们的优点刚好是我们过去的缺点，只要我们能够虚心学习，我想只要有半年到一年的光景，大家就可以成为名副其实的人民解放军，大家不分彼此，如同兄弟手足一样的亲密了。

至于怎样改造，自和平解放后，大家就所见所闻的，也一定有了若干的理解或者初步的认识；还有最近陶峙岳将军发表的两篇文告，我都详细看过，我表示完全同意。大家对这两篇文告如果能够诚恳地接受并且付之实行的话，就很好了。但是我现在还想说几句话，作为给大家的临别赠言。因为我在这里不会停留多日，不久便要回到兰州去了。不过还要声明，我所说的还不过是大家习闻熟知的常谈，只是加以归纳提出而已。我的话是四句：改造思想，改变领导方式，改变工作作风，改变生活习惯。现在简单地解释如下：

　　第一，改造思想。我在上面所说的自我思想斗争，就是一种改造思想的过程。我要说一句自负的话，基本上我的思想和新民主主义就是到社会主义的思想是没有多大距离的，无须乎说到怎样改造的话，但是到底有很多具体的问题是想不通的，所以就发生苦恼。比方说：我是一个国民党党员，虽然我是革命的国民党党员，但现在站到共产党这边来了，人家会不会说我是投机呢？这一问题在我的脑海里盘旋了很久，始终没有想出一个答案。如果单从这一点去想是没法想得通的，但是后来我往外想，从另外一点想起就想通了。我先自问：国民党是一个什么的党？是为党员而有的还是为国家民族而有的？是为了革命、为了实行三民主义而有的还是为了那班封建地主阶级官僚买办阶级（如孔、宋）或者把持操纵自私自利的反动派系（如CC）而有的？这个问题很要紧。再追问下去：我们做一个革命党员为的什么？那当然很清楚的，国民党原来是一个为了革命为了实行三民主义的党，是为国家为人民而存在的，我们做党员的任务是革命，是实行三民主义。但是，现在的国民党不但不革命，而且反革命了；不但不实行三民主义，而且和三民主义背道而驰了。国民党所领导的政府所有政策措施，都是背弃了三民主义，背弃了人民，背叛了孙中山先生；国民党再不是为人民、为革命、为实行三民主义的政党，我们对它还有什么可以留恋的？在他们那种法西斯反动控制下，做党员的事实上就不知不觉地做了国家民族的罪人！做了历史的罪人！做了人民的罪人！这还有什么可留恋的？从反革命的环境转移到革命的环境，从反人民的集团转移到为人民的集团，这还不是心安理得吗？还有什么踌躇不安的呢？谁会怀疑我是"投机"呢？（要说是投机想做官，南京政府时代一再要我组阁，我还表示愿为和平奔走而坚辞；过去也是西北四省的军政长官，而现在很高兴来做彭将军的副手，当然不会有人怀疑我是做官。到底为的什么，那是很明白的。）我以前就常对很多同志们说：我真不愿做一个国民党员，愧对人民，愧对国家。最近国民党民主派在北京举行会议，我就坚决主张更换党名。国民党这个名字实在臭得很，鸭屎臭！人民听见这个名字就头痛！就发生厌恶。大家想想，这个名字放在我们头上是光荣还是耻辱？真是一个耻辱！现在我们觉悟了，我们要毅然决然地由祸国回到爱国，由反革命回到革命，由反人民回到为人民，这是一个革命党员应有的坦白的态度，真诚的信仰。我们信仰的是革命，是主义，我们应该坚持革命的立场，主义的立场。大家都知道，国民党多少年已经变成反动派系CC的党，被他们少数人所把持操纵，稍为民主进步一点的人都遭受到排挤，像这样的一个党，我们对它还能有任何的留恋吗？基于以上的分析，所以我就想通了，我今天站到共产党领导的政权这边来，仍然为的是革命，仍然坚持一贯的革命党员的立场，绝不是"投机"！

再举一个例子：拿我和蒋介石的关系来说，他是国民党的总裁，我是党的干部，而且在一般人看来，我还是他的重要干部，他在反共，而我则一贯地主张联共，主张和平，四月一日以后更跑到共产党这边来，一来就不回去了，这不是变成干部背叛领袖了吗？这一个问题和上面的问题同时在我的脑海盘旋了很久。我自信是一个革命党人，但是我又是具有中国伦理观念的一个人，遇到这个问题就觉得非常苦恼。可是后来我也终于豁然想通了。不错，他是一个党魁，我是一个党员干部，但是我和他的关系，只是党员和党魁的关系，干部和党的领导者的关系。这种关系应该是革命的关系，革命组织的关系。既然是革命的关系，革命组织的关系，就不是私人的关系，更绝不是封建的君臣主仆的关系。君臣主仆的关系在过去封建时代是要誓死效忠的，大家当然不会认为我们连大家在内和蒋介石的关系，是君臣主仆的关系吧？我和蒋介石的关系，既然不是封建的关系，不是君臣主仆的关系，而是革命的关系，革命组织的关系，那么，答案就出来了，问题就解决了。今天的国民党早已解体了，早已反革命了，蒋介石的领导也早已走上反革命的道路了！（这种话我不是今天才说的，去年他就任总统时，我曾经写了一封一万字的信给他，就率直地提出：我们已经走到反革命、反三民主义的道路上来了，即使没有人来革我们的命，我们也要失败的，并建议赶快采取和共联苏的政策。）我们自信是一个革命党人，党魁不革命，我们如何能够为一些私人情谊的原因，而盲目地跟着走，抛弃了自己的革命立场呢？到了今天，我们如果还看不清是非，看不出民心向背，看不到世界潮流，我们还能算是一个革命党人吗？我为什么要特别举出这两个例子？因为在座的和我具有同样情形的也许还大有人在，我愿意把自己搞通思想的经验告诉大家，虽然程度有深浅之别，但是这答案似乎是普遍适用的吧？还有，现在部队存在着一个旧观念，就是黄埔军校。今天在座就有很多是黄埔军校出身的。黄埔观念是不是一个笼统的团体观念呢？不是的。我们说发扬黄埔精神，是因为黄埔军校是孙中山先生创办的，蒋介石是校长，那时这个学校从事的是革命教育，蒋介石也说是教育大家参加革命，以革命教育者自命，哪料到他后来会这样的演变，就是我们预料所不及的了。陈明仁将军是黄埔一期的学生，这次在程颂云先生领导下起义，到北京参加中国人民政协时发表讲话，其中有这样几句话："蒋介石，你过去和我们讲过，大家都要来革命，假使我蒋某人不革命，任何人都可以打倒我。那你现在不能怨我了。你现在既不革命，反革命，我就要打倒你了！你只能怪自己了！"（大意如此）这段话当时引得哄堂大笑。黄埔这一观念应该建基在哪里？当然是要建基在革命上面。过去黄埔是教育革命军干部的地方，我们是革命干部，如果丧失了革命立场，还有什么黄埔观念？

我们要想改造思想，在消极方面，对上述三个例子就要特别注意。在积极方面，我们首先要认清楚今天中共的领导是最正确的。毛主席在《论人民民主专政》里指出："资产阶级的民主主义让位给工人阶级领导的人民民主主义，资产阶级共和国让位给人民共和国。这样就造成了一种可能性：经过人民共和国到达社会主义和共产主义，到达阶级的消灭和世界的大同。"

这就是说，中国历史的发展，必然地是先经过新民主主义的阶段，然后进到社会主义的阶段，再进到共产主义的阶段，最后到世界大同。这种说法和我们三民主义的过程有没有距离？据我的看法，我认为三民主义是有它的时代发展性的，应该随着时代的前进而发展。这一发展路线，孙先生虽然没有具体指出来，但是他已经指出世界大同作为人类最高理想的目的。从三民主义到世界大同，当然还有若干阶段的过程，如果孙先生还健在，他当然会指给我们的。我们认为三民主义的时代发展性是有的，最后一定同样要走到世界大同。为什么今天我要这样说呢？就是想给大家一个认识：你要是承认自己是一个革命信徒，孙先生革命主义的忠实信徒，你就没有理由不能不承认、不能不拥护由新民主主义到社会主义到共产主义到世界大同这一真理，这一正确的革命过程！

总括一句，今天要说到改造思想，在起码的标准上，消极方面应该把我们过去一切陈旧的、封建的、落伍的思想意识排除净尽；在积极方面，应该毫不犹豫地遵行由新民主主义到社会主义到共产主义到世界大同这一革命的路线，自己思想上的一切都要能够和这一路线发展相适合。

第二，改变领导方式。你是一个连长，就领导一连人，是一个团长就领导一团人，各位都是各级干部，也都负了一部分领导的责任。过去我们的领导方式实在太不行了！今年初我多次从中共新华社广播看到关于军队民主制问题说得详细切实。对于这篇东西，我内心完全同意，认为是一个很好的创作，值得我们来做的，我就把这些广播交给前政工处长上官业佑，要他赶快邀集各部队官长研究，并命令西北四省各部队实行。我们过去是一种首长制，是一种独裁的方式，不能启发群众，不能鼓舞群众，不能把群众的力量意志发挥出来，团结起来。中共现在实行的是民主制，是民主基础上的集中，集中指导下的民主，部队里一切都用民主方式来处理，所谓三查四评，三大纪律，八项注意，所有人事、经济、教育、纪律等，都经过大家的讨论，每个人意见都有尽量发表的机会，然后才形成了部队的铁的纪律与铁的团结。人家打胜仗不是偶然的。今天全国性的胜利是有其根据的。在二万五千里的长征中，他们经过了无数的艰难险阻，人为的、天然的灾难，由出发前的三十多万人到陕北后只剩了三万五千多人（彭副总司令对我说，他带的一支军出发时是八万三千人，到陕北后只剩了七千二百人），以后陆续发展到现在的四百多万人，以至解放了全国。这里面固然有其他的种种原因，但是单就军事来说，他们的军队中的军事民主、政治民主、经济民主的制度是有主要的最大的关系的。过去大家都很怀疑，军队里怎样能谈民主！但是解放军里确是实行民主，而且实行得特别有效，这还不值得我们佩服、学习吗？各位军官同志们，我们即使不做一个先知先觉者，也应该做一个后知后觉者。如果我们已经知道有这样好的制度还是故步自封，墨守过去那一套，那就完了，等于自暴自弃没有办法了。大家看看，我们过去的那一套，上下脱节，官兵脱节，像罗恕人这种人，在解放军里就不会有。在民主制度下，谁敢腐化？谁敢贪污？稍微坏一点，你的部属就会批评你，检举你！但是在我们军队里，上下脱节，谁也管不了谁，所谓瞒上不瞒下，甚至上下都瞒。

军民也脱节。在新疆来说，讲公道话，最近几年的军民关系还是相当好的，但是内地就不然了，不但是军民脱节，而且军队所到之处，很多反人民贻害人民的行为，为人民所切齿痛恨！大家想：为人民所痛恨的军队，能得人民的爱护帮助吗？再加上军队里的人事问题、派别问题、经理问题，总是搞不清楚，我们都是身受其苦的。今天解放军里就没有这些情形。他们有严格的批评制度，实行批评与自我批评，谁也不敢为非作恶。我们过去军队里也有小组，也有所谓批评与自我批评，但是完全是形式，甚至连形式都没有，根本就没有去做。好了，我们现在已得到了改变领导方式的机会了！

第三，改变工作作风。不必多讲，过去军队里的毛病都是大家有目共睹的，像推诿、拖延、虚伪、贪污、散漫等。推诿就是不负责任。拖延就是不讲效率，今天应该了的事情拖到明天，明天拖到后天，这周拖到下周，这月拖到下一月。虚伪就是说假话、做假事，这是一种普遍的现象。贪污更不必说，固然部队里也有不少廉洁自律的人，但是贪污风气相当普遍，据说高级军官常常一起赌钱，打麻将，推牌九，拿袋子装了钞票去赌。这些钱从哪里来的？还不是吃空额、做生意，拿公家的车子到外面走私贩货，假公济私，一切非法的行为都做得出来，否则他的钱从哪里来？散漫就是没有组织、没有纪律，就如上面所说，形成上下脱节、官兵脱节、军民脱节的结果，军队不复成为军队了。以上这种种的坏现象，当然都是工作作风的错误。而错误的工作作风的形成，在西北说，当然首先我要负领导无方的责任。我们现在应该承认过去的错误，以后就不能再重蹈覆辙了。

我们要讲责任，讲效率，讲纪律，讲公德，讲人格，一反过去的旧作风、旧行为、旧观念，诚诚恳恳地切实纠正，努力学习，养成负责的、勤敏的、真实的、廉洁的、有组织的和有纪律的工作作风。

第四，改变生活习惯。现在时代转变了，社会风气也要转变了，我们的生活习惯也应该随着它而转变。你们看看，中共方面的生活习惯，他们是何等的刻苦，何等的简朴，何等的严肃！他们是农村里打游击出来的，向来就养成了这种生活习惯。他们懒惰腐化是不会有的，赌博是不会有的，浪漫是不会有的。我们在南京的时候，曾听到一种离奇的传说很普遍，说共产党实行公妻，实行妇女配给制，很多人害怕。后来一个上海六十多岁的老朋友对我说："共产党来了，我别的都不怕，就怕他们的妇女配给。我六十多岁了，要是配给一个青年的女人，我可受不了！"（哄笑）这固然是一句笑话，但也可以看出这类反动宣传的影响。大家当然都明白，中共是尊重妇女的，并着重妇女运动，譬如在北京方面，他们正准备取消"八大胡同"，对妓女进行教育转业的工作。他们对男女的关系也是够严肃的，哪会像那些恶意宣传者所说的那样离奇。我在北京时，毛主席和我说：驻在新疆的二十万军队，今年明年不要说，即便后年开始退役了也不必回到内地来。我们把他们的家眷送去；没有家眷的也从内地号召十万五万妇女去，她们也可以参加新疆的各种建设工作，同时也可以经过自由选择的方式，让他们成家立业。新疆面积广大，大家都可以开垦生产，或者开发矿藏，参加工业，这几十万人的生活没有什么问题。这次到兰州，彭副总司令也同样地和我说过。我们知道,这不是一个预言,将来一定可以有计划地去做的。现在各位是一个军人,是一个军事干部,将来也许是一个矿厂的领工,集体农庄的庄员,工厂的管理者……你现在是一个连长,领导一百多人,这一百多人变成屯垦员时,你就是一部分农业生产的领导者。但是不管是现在或将来,你站在领导的地位,就应该具有领导者的条件,一定要把过去的生活习惯如赌博、散漫、懒惰、腐化等完全改正过来,养成刻苦的、勤劳的、简朴的、严肃的生活习惯。我们一切生活习惯,不但要对国家对人民对部属负责任,而且还要对自己负责任。

以上列举的几点,本来是平淡无奇,想也是大家所已了解的,问题是没有去做,或者没有切实去做。我们大家同志都是多年的师生或袍泽关系,所以我愿意满腔热忱,希望大家不要放过这个良好的机会来改造自己,改造部队,以便将来参加伟大的新中国的建设。我们到了今天,不应该有丝毫的悲观,更不应该有任何的幻想。过去的让它过去吧。我们要重新来做人,重新来做事,重新把握我们革命的立场,恢复我们革命的精神、革命的热情和勇气。中共所倡导的民主统一战线,目的就是要集中每一个人民的力量。他们说,每个人都是有用的,对国家有用的人力,我们为什么要放弃?为什么不争取?这样伟大的建国工程,我们中国共产党是绝不想来包办,是要大家来团结合作的。我们一定要接受共产党这一正确而伟大的方针,参加民主统一战线,不分彼此,共同一致地为中国人民解放事业而奋斗!为新中国建设而奋斗!我们以世界上最大的国家和人力来从事新中国的建国工程，还会不胜利成功吗？这就是每一个人民，特别是每一个革命军人义不容辞的责任——神圣庄严的责任！

我们要从远处大处着眼，从近处小处着手，首先是改造自己，改造部队，虚心地不断向人民解放军第一兵团学习、看齐！

这次讲话一星期之后，在十二月十三日彭将军召集人民解放军第一兵团的官长和起义部队机关干部一起，邀我再讲一次话，彭先讲，我后讲，我讲的是《再谈怎样改造》。全文如下：

再谈怎样改造

（一九四九年十二月十三日对驻迪化人民解放军
第一兵团与起义部队机关干部讲话）

彭副总司令，王、陶两将军，各位同志：

刚才听了彭副总司令的讲话，既庄严又幽默，又有理论根据，并且提出许多具体的事实，反复譬喻，实在说得太好了，大家听得很高兴、很满意。我想同志们，尤其是起义部队的官长同志们，一定都能够诚心诚意地接受和拥护彭副总司令的正确的宝贵指示。

现在要我来说话，说什么呢？我是从北京来的，说一说北京的故事吧？现在又到了迪化，也愿意顺便说说新疆的故事。

我从本年四月一日到北平，十一月二十二日离开，在那里住了将近八个月,在这当中,北京最重大的一件事,当然是中国人民政治协商会议的召开,跟着中华人民共和国宣布成立,并且组成了中央人民政府。这是一件大事,中国历史上的一件大事,是改变历史创造历史的一件大事!中国人民政协最重要的几件决议,就是通过了中国人民政协组织法,中央人民政府组织法,中国人民政协共同纲领和国旗的制定。这三大文件,是中华人民共和国开国史上最重要的文献,大家想必看到过,研究过,用不着我再报告了。

在十天开会当中,当然经过很长,不必详细地琐屑地叙述,最值得注意的一点,是这几个月来我所看到的,在毛主席和中国共产党领导下的民主统一战线的方针。这一伟大的方针,首先可以从这次中国人民政协所构成的分子已经充分地表现出来。它包括了各民主党派、各民主人士、各少数民族、海外华侨等,东南西北连海外,包罗殆尽,乃至宗教界也有代表参加。在六百六十多位代表中,充分表现了民主统一战线的实质与内容,这是值得大书特书的。再从中央人民政府委员和中国人民政协全国委员的成分看,名单是大家在报上看到的,都经过各方面多次周详的协商,获得一致的协议后推选出来的,也是包括各方面代表性的人物。特别是中央人民政府委员会,除了中共党员外,各党派、各方面民主人士、国民党民主派、起义将领,都参加了。像我这样渺小的人物,也被推为委员。推选名单内每个人的名字下都有一个注记,像我的名字下,就注了"国民党民主派",程潜、傅作义两将军名字下注"起义将领",其他如民革、民联、民促、民盟、民建等一一加注清楚。这两项人选，在国内外都获得了一致的好评。这些地方说明了中共的民主统一战线的方针是成功的，而国内对毛主席伟大的领导更表现了空前的拥护与崇敬。

在民主统一战线方针下所产生的事实很多，比方在湖南，程潜、陈明仁两将军起义后，陈兵团马上改编为中国人民解放军二十一兵团，编成八个师。我们新疆起义部队，刚才彭副总司令宣布了，编为中国人民解放军二十二兵团，五个师。三个步兵师，番号是第二十五师、二十六师、二十七师，成为一个军——第九军。另外两个独立骑兵师，就是骑七师骑八师——这是王震将军和陶峙岳将军推诚协商的结果。此外还有许多事实，都说明了中共的民主统一战线不是口头上的宣传，而是有众多事实证明的。

在研讨中央人民政府政务院各部会名单的时候，毛主席亲自主持座谈会，征询大家的意见。在座谈会上，我曾经向毛主席提出一个问题，使大家感到很突兀。原来在政协召开前，毛主席有一天问我："外面传说我们共产党内有几句口头语你听到没有？"我问："说什么话？"他说："有人说'早革命不如迟革命，迟革命不如不革命，不革命不如反革命'！"我说："呵！这话我听到了。"他同时还告诉我一个故事，刘少奇先生到天津主持各工厂职工会议时，刘先生对职工们说："你们将来都是我们的干部，都是建设新中国的好干部。"就有些共产党员不服气说："他们原来在官僚资本主义下工作的人，现在才到我们这边来，马上就变成了我们的好干部了。那我们呢，都让他们搞好了！"毛主席说："要照我们这样小器的党员的心理大概是要把人家当作俘虏看待才好！"在这座谈会上，我就拿上面的三句话问毛主席："你对'早革命不如迟革命，迟革命不如不革命，不革命不如反革命'这一种党内呼声，采取怎样的态度？"毛主席说："我们党内正在进行教育说服的工作。"我说："说服了没有？"他说："唔，还要慢慢说服，慢慢教育，没有那么容易吧。"他这话确是真的，但是，我们可以知道，民主统一战线政策是早就确定了的，而且有很多事实可以证明是完全兑现了的。特别是在中央人民政府委员和政务院各单位的人事配备上。中央人民政府委员里，中共党员只占半数，在政务院三十个单位负责人中，中共党员也不到五分之三（中共占十七个单位，其他占十三个单位）。毛主席有一天当许多人面前说："现在还有人主张共产党包办，我们包办得了吗？"大家听了都笑了。他又说："不能包办的，大家来合作，应该我们大家合作来包办！"他这种态度使得任何一个民主党派和民主人士没有不心悦诚服的，没有不为这一伟大的方针而感动的，没有不诚心诚意地接受他的领导的！

在这里，我们又看到了中国人民政协的民主精神，中央人民政府的民主精神，换言之，就是新民主主义的民主精神。中共对待一切民主党派、民主人士的民主精神，这不是偶然的。首先是毛主席的民主领导，他不是今天在北京才这样做，他是经过二十八年来的革命奋斗经验，一向在党内就是这样做法。某天在中央政府会议席上，他说：我们无论在哪里都要发挥民主精神。我在党内曾提出两句话："知无不言，言无不尽"；但是还不够，再提两句话："言者无罪，闻者足戒"，要说就说，说错了也没有关系。这是何等充分的民主精神！即使在军队里，刚才彭副总司令说过，就早已实行了民主制度。他们不但把民主制度在党内推行，在政治上推行，也推行到军队里。这是一个特有的创作，是人民解放军胜利的最大保证。上次我对起义部队干部讲话已经特别提出了。

再举几个例子，说明毛主席的民主精神。关于国家名号，原来中共主张为"中华人民民主共和国"，但是有些人认为"民主"和"共和"意义相同，是重复了，念起来也有点拗口，所以经过大家研考后，便把"民主"两字省掉了。又如关于国旗的选定，筹备会在几个月前就登报征求图案，据说应征的有二千多种。在大会里单独为国旗国徽国歌成立了审查组，事先从二千多种图案中选了三十多种，印发大家参考。小组审查后，提出他们认为最合选的三幅。旗左上方一颗大星，下方一横杠，或二或三横杠。据说明，大星是象征中国共产党的领导，一横杠代表黄河，二横杠代表长江黄河，三横杠是加上珠江，都是象征中国文化发源地。在分组开会时，我曾经列举很多理由表示反对，但是没有结果。过几天便要提大会讨论决定了，刚好有一晚，毛主席请了五六桌客，大都是军方代表。席间我对毛主席说："有一件事我想请问你，不过你如不便公开使人知道你的意见，我当守秘密。"他说："你说吧。"我说："你同意哪一个国旗图案？"他说："我同意一颗星一条黄河的，你怎样？"我说："我反对这个图案，红底国旗是代表国家和革命的，中间这一杠，不变成分裂了国家分裂了革命吗？同时以一杠代表黄河也不科学，老百姓会联想到是一根棍子，像孙猴子的金箍棒。"

此外，我还列举了许多理由来支持我的论据。"这倒是一个问题，有些人很主张采用这一图案。并且也举了很多的理由，我再约大家来研究吧。"过两天，他约了四五十人，我也到了，一看，尽是文化人、画家、艺术家，丘八就只我一人。毛主席首先把问题提出来，说明这个图案的缺点后说："我知道反对这黄河的，在大会里恐怕只占四分之一到三分之一，以四分之三或者三分之二的赞成人数，通过是没有问题的，但是这样不够圆满，我们一定选一幅让全场一致通过才好。大家想想吧。"说到这里，他把发的参考材料翻出第三十六号给大家看，就是现在的五星红旗问："这个怎样？"我首先表示赞成，大家同时都说："好。"只有二三人提出异议："这四颗小星是代表工、农、小资产、民族资产四个阶级，假如将来进入社会主义，就没有后面两个阶级了，国旗不是又要改吗？"我正在想，这也是一个问题，毛主席很敏捷地说：把说明改一改好不好？不说四小星代表四个阶级，就是五星红旗象征中国人民革命大团结。这样一说，大家很高兴报以热烈的鼓掌，到大会里便顺利通过了。照说，有三分之二或四分之三的人赞成便是多数，为什么连少数人的意见也要照顾到？这就是民主精神！

十月一日上午召开中央人民政府委员会第一次会议，决定对中外发表公告，里面有几句话："选举了毛泽东为主席，朱德、刘少奇、宋庆龄、李济深、张澜、高岗为副主席，暨委员五十六人。"原文已经印好，一会到天安门庆祝成立大会便宣布发表了。刚好李立三先生坐在我右边，我问他："这样措辞可有问题？"他说："什么问题？"我说："委员五十六人一语太简单了吧？

是正式公告,何不把全体委员名字都写上?"他说:"对。"我说:"请你说吧。"他说:"你说好。"我站起来一说,毛主席马上表示同意:好,把五十六个委员名字都写上去,可以表示我们中央人民政府强大的阵容。大家听了都鼓掌。

我不过随便举一两个例子,其他事实还多。这些地方完全看出来毛主席和中共领导的民主精神。在中共朋友们也许觉得很平常,但在我们起义部队中就应该充分领会到,认识到,一切就可安心了。

在北京看到的事实很多,不能一一列举,现在简单地说说我到迪化后的见闻。

在六日,我曾经和起义部队、机关的干部们讲过了一次话,彭副总司令和王司令员认为还得体,应该发表。我也预备整理在报上发表或印成小册子,供大家参考,特别是请中共朋友们批评指正。上次已经说过的今天不说,今天特别提出来的是关于大家的若干旧意识、旧思想、旧观念方面。

首先,我特别提出来的,对于今天国家政权的转移,在国民党系统党员或干部,一定要有一个共同的认识,就是我们并没有失败。就主义和革命来说,我们还是成功的。比方现在有人在想在说:"当前的两党斗争,共产党胜利了,国民党失败了。"这种看法错了!绝对地错了!在上次讲话我已经约略地说了。如果从国民党本身的利害来说,国民党确实早已失败了;但是要就革命观点来说,我们没有失败,而且是胜利了。为什么?我们要先问:国民党是为什么的?为革命,为实现革命的三民主义。但是国民党自取得政权以后,反革命了,反三民主义了,这样我们应该说革命是失败了。今天的转变，我们应该承认中共的领导是革命的，是为人民的，新民主主义和三民主义的基本要点相符合的。我们很显然的，已从反革命的道路进入到革命的道路，由反三民主义的阵营移转到等于实现三民主义的阵营，为什么是失败？我们应该觉悟！这正是我们革命的胜利！也如同三民主义的胜利！

关于中苏两国的关系，还有人有些错误的看法，如认为："假使新疆战争，苏联援助伊犁，新疆就要被苏联占领了，变为苏联的了；人民解放军到新疆，新疆还是中国的，所以愿意和平解放。"这种看法错了！完全错了！苏联对中国绝无领土的意图，而中苏两大国家两大民族的关系是应该密切的，尤其今后两国的利害是完全一致的，特别是在新疆，在民族、历史、地理、经济、文化方面，都是构成一种不可分的关系。我们主张中苏亲善不自今日起，是远从俄国十月革命就开始了的。我们伟大的革命导师孙中山先生当时说：中国虽然革命在前，但是仍应"以俄为师"。在一九二四年国民党第一次全国代表大会后，通过联俄、联共、扶助农工三大政策，孙先生临去世时致苏联遗书更郑重地申言：

"……我遗下的是国民党。我希望国民党，在完成其由帝国主义制度解放中国及其他被侵略国之历史的工作中，与你们合力共作。命运使我必须放下我未竟之业，移交与彼谨守国民党主义与教训而组织我真正同志之人。故我已嘱咐国民党进行民族革命运动之工作，俾中国可免帝国主义加诸中国的半殖民地状况之羁缚。为达此项目的起见，我已命国民党长此继续与你们提携。我深信,你们政府亦必继续前此予我国之援助。

亲爱的同志,当此与你们诀别之际,我愿表示我热烈的希望,希望不久即将破晓,斯时苏联以良友及盟国而欢迎强盛独立之中国……"

这是何等强烈而诚挚的愿望!在遗嘱上更谆谆嘱咐我们:"必须唤起民众及联合世界上以平等待我之民族共同奋斗!"当时的中国,正在帝国主义环伺中,除了苏联外,再没有第二个国家肯"以平等待我",大家一定要深切认识,中苏的亲善是必然的,应该的,绝不能戴了有色眼镜去观察事物,致有毫厘千里之差!我们和苏联主义相同,利害一致,两大国家应该亲切地共同携手为世界民主和平而奋斗。再退一步说,苏联过去对国民党政府是怀疑应付的态度,今天对共产党领导的政权,是诚恳帮助的态度,这就国家立场来说,我们孙先生所遗留的联苏政策,今天已完全实现收到效果了,我们还有什么不满足的呢?

对于国内少数民族特别是新疆的民族问题,有些人始终没有建立正确的观点。就如最近看到三区民族军开到迪化来了,有人说:"他们抖起来了,威风起来了!"心里显出很不舒服。这种观点是错误的!完全错误的!在过去几年我所发表的言论,就特别指出:历代中央政府的治新政策都是错误的,他们完全以征服者姿态出现,一切出之以高压剥削,所以弄到变乱相寻,民不聊生。我们到新疆来,应该毫不犹豫地纠正历史的错误,偿还历史的罪债!这是我们的责任,我们还能以帝国主义对殖民地的态度来看待新疆各民族吗?时代到了今天,少数民族还不应该站起来吗?还是要被压迫吗?要是这样想法,那你就是百分之百的大民族主义者和帝国主义者！我们应该扶助他们，使他们站起来，这是站在大哥哥地位的汉族对待他们应有的态度。那种自尊自大看不起少数民族的心理是绝对错误的。但是，另一方面，我们还听到一类说话："我们革命了这些年，还是把黑大爷革来了！""去了一些伤脑筋，来的还是些伤脑筋！"这种狭隘的民族主义观点也是错误的。但是这种错误主要的还是过去的历史错误所构成的，我们做大哥哥的应该原谅他们！过去和平条款规定国军要开到伊、塔、阿三区国境去，以后开去没有？现在彭副总司令、王司令员说要把解放军开进去，他们就无条件地接受了。三区的民族部队也开到迪化来了，还要开到别的区域去，都是没有问题。现在政权本质改变了，过去的基本矛盾不复存在了，新疆各民族都是兄弟手足一样，应该平等团结友好合作。过去一切的误会、隔阂都应该消释净尽，大民族主义和狭隘民族主义的思想都是不应该再有的！

这是从一方面看。再从另一方面看，我们对自己的旧意识应该有一番检讨。比方就国民党这个名字说，臭了！鸭屎臭了！已经被历史所否定，为人民所抛弃！我们对它不应再有所留恋，据说现在还有人在部队作反宣传说：我们还是国民党，还是国民党员，还是国民党军队。这种思想不但是错误，而且是反动！我们要觉悟，要防止这类反动的宣传。我昨天还和王司令员说到，希望起义部队的官兵好好学习，好好改造，来造成种种条件，将来可能做一个中国共产党党员。我为你们预祝，为你们远大的前途预祝。现在解放军里指战员都是共产党党员，战斗员也有百分之三十是党员，你们改编后应该从本质上成为真正的人民解放军，只要肯努力学习进步，做共产党党员是可能的。做一个共产党党员是一件光荣的事情，大家都是有这个光明远大的前途的！

现在起义部队中，黄埔军校的同学很多。黄埔军校为什么设立的？是孙中山先生为了造就革命干部，为了建立革命武力而设立的。它代表了什么？代表了革命，代表了人民革命的武力。但是现在很多人对它笼统看待，看作是一个团体，甚至一个派系。这是一种封建意识的残遗。我们今天站到一块来，不是为哪一个团体或系统，而是为了革命，为了人民。我们只能有革命的关系，革命的感情，绝不是同学的关系和感情。譬如最近哈密、焉耆、吐鲁番、轮台、库车等地发生可耻的烧、杀、抢、奸事件，这里头指使的就难保没有黄埔军校的同学，你们还能承认他们是同学而宽容他们吗？

再就我个人来说，我和大家有两种关系：一种是师生同学，一种是长官部属。但是我今天要郑重声明：过去的关系是旧的关系，从此不复存在了；当然今后在新的革命环境里，只有新的革命关系的。

我这次陪同彭副总司令来看望大家。没有别的意思，是因为这次新疆和平解放总多少受我一点影响，大家在转变的前后，心理上免不掉有些彷徨，我来是了却我在道义上的心愿。希望大家加紧学习，努力改造，使部队在实质上成为真正的人民解放军，使个人有足够资格当一个中国共产党党员。

在消极方面，我诚恳地希望起义部队的同志们能够排除一切旧意识、旧思想和旧观念；在积极方面，我却希望人民解放军朋友们一视同仁负起改造起义部队的责任。

起义部队的改造与进步是可能的,并不那么困难。这是解放军党委同志从他由东疆开到南疆去沿途对起义部队工作的总结报告。在这里,提供了很多问题,引证很多事实,建议很多意见,都是以客观而真切的态度提出来的。对起义部队有好的也有不好的评语,但是分得很清楚,绝不是胡子眉毛一把抓,我念几段在下面:

"起义部队中,有许多人羡慕解放军,要求参加解放军。有许多人说:我们是一家人,你们不要把我们当外人看待。我们必须向人民解放军学习,并表现了学习的精神。"

"起义部队在总的方面上看来,是向进步的道路上走。依据我们的工作经验,改造起义部队困难是有的,但并不那么困难。"

"起义部队中极大多数的军官表示惭愧说:对不住人民,要坚决改过,保证今后再不发生这样的事件!"

"起义部队的内部,确有不少进步分子和积极分子,他们认为起义部队的烧、杀、抢、奸,要彻底改造,才能成为人民解放军。"

这报告里又提出建设性的具体意见:

依据我们的工作经验,改造起义部队困难是有的,但并不那样困难。在团结工作中,根据我们的经验,并应注意这样几个问题:

一、要首长负责,亲自领导和参加向起义部队的宣传,并发动部队人人向起义部队作宣传的运动,要克服那一种不愿意接近起义部队和接近没有话说的现象。

二、我们主要的当然是团结广大的士兵，但同时不可忽略的也应该团结军官。我们部队中个别的同志看到起义军官开会的时候，仍然坐在上座和讲话，心里则不舒服地说：我们革命那么多年，不过如此，他们一下就抖起来了！这种狭隘的妄自尊大的倾向是必须克服的。

三、带有刺激性的词句，有的是必须讲的，有的是应该避免的。有人说，你们不要说蒋介石，国民党反动派，说了有刺激，但是我们还是坚持要说，因为刺激反动派是必需的。但是第四师剧团在拜城给一九三团演剧，唱了一个向新疆进军的歌，有一段：上起刺刀，勇猛前进，消灭残暴的胡、马匪军！当时一九三团的团长龚名瑾及部分的官兵听了之后，低头掩面，状甚难受。这种刺激的词句是应该避免的。因为这个歌子已经过时，拿到现在来唱，刺激了整个起义部队是要不得的！

四、与起义部队相处，那一种不必要的客气是可以取消的。但一般的人情世故礼貌是应该要懂得的。有的同志不会称呼，如不懂府上、台甫是什么，人家发问，不知回答。人来了，不叫请坐；人走了，亦不送行。十二团有一副营长，到饭馆吃东西，遇到了起义部队两个军官先在馆子里，人家让座让吃，吃完后主动全部会账，该副营长说：你会你的，我会我的。大家说：我们很欢迎你们来到，他说："你们既很欢迎，为什么不派汽车来接？"

上面这些话，是起义部队已经向解放军同志们提出诚恳的呼吁了："我们是一家人，你们不要把我们当外人看待，我们必须向人民解放军学习。"解放军同志也开始对起义部队发出信任的表示了:"起义部队在总的方面看来是向进步的路上走的。依照我们的工作经验,改造起义部队困难是有的,但并不那么困难。"王震将军在军事小组报告中,也特别表示对于起义部队的改造的信心。一方面愿意改造,一方面认为可以改造,所以团结合作是不成问题的。起义部队对少数反动分子的烧、杀、抢、奸表示极度愤慨,认为对不住人民,非彻底改造,不能成为真正的人民解放军,这是一种良心话,说明极大多数的军官是觉悟的。这些进步分子积极分子正是解放军认为是起义部队可能改造的一种重要因素。现在解放军是第一兵团,起义军快要编为第二十二兵团,不久就并肩成为人民解放军了,都是"一家人"了,我热切地希望解放军同志们能够以先知先觉的地位给起义部队官兵以全力帮助。至于帮助的方法,上面的报告已经叙述了四个问题,并且引证了若干事实,这都是报告人亲身经历的经验,是值得大家参考的。此外,他还提了很多宝贵的意见,因时间关系,我不多介绍了。

今后的新疆没有什么了不起的问题,因为基本矛盾已经消除了。这次彭副总司令到迪化后,很多问题都获得解决了。新疆军区马上就要成立,由彭副总司令统一领导,由王、陶两将军,赛福鼎先生三位分任副司令员。当然,王震将军是要起带头作用,也应该负起带头责任的。在三个原来不同系统的部队中,民族部队和起义部队都应该向第一兵团学习、看齐,大家如兄如弟如手如足般团结起来!团结在人民领袖毛主席和人民解放军朱总司令领导之下,团结在西北五省最高长官彭德怀主席领导之下,加紧学习,努力改造!这次在迪停留不久,很快就要和各位分别了,下次彭主席再来而我又有机会陪同一起来的话,相信一切的一切都已经大大改观了,大家都成为名副其实的人民解放军了,将来更能在此基础上进一步成为中华人民共和国的强大的现代的国防军!再会!

彭将军说我这两次讲话很好,认为对起义部队将会产生作用,对全国的起义部队也能起到作用,主张整理后在报上发表。我接受了他的意见,整理后先在《新疆日报》发表,以后国内各地报刊,如兰州的《甘肃日报》、西安的《群众日报》、北京的《光明日报》等,都相继转载,有些教育起义人员的单位也印成小册子,作为学习的参考资料。

我的这两次讲话,不过是从内心里说些老实话,表达我对曾经共同患难的起义部队的真诚愿望罢了。我希望他们好好地改造,向人民解放军第一兵团学习、看齐。而以后,他们在党的领导和新疆军区的指挥下,已经由国防战士进而成为生产建设战线上的能手,在农牧业、水利、交通、工业、基建等方面作出了巨大的贡献。每当我从报纸上或从新疆来人中,看到听到有关他们生产建设的报道时,我的内心就感到无比的喜悦!

庆祝大会上

彭将军和大家经过两星期的研究、讨论、协商,拟出了改组后新疆省人民政府领导人的名单,得到政务院的批准,并在提请中央人民政府委员会批准前先行到职视事。主席还是包尔汉,副主席是高锦纯、赛福鼎,委员中有王恩茂、王震、陶峙岳、列斯肯、阿不都克力木汉买合苏木、禹占林、邓力群、韩有文等三十三人,秘书长仍由刘孟纯兼任。就在十二月十七日那一天,新的省人民政府正式宣布成立。

在新的省人民政府成立之后,继续研讨施政方针。在研究讨论中,大家还翻阅了过去我们拟的施政纲领,写出了很重要的十条。其中包括:确保本省和平,肃清特务土匪和暗藏的反革命分子;人民爱护解放军,解放军爱护人民,并协助建立人民地方武装;坚决执行共同纲领中的民族政策,民族平等,团结互助,反对大民族主义和狭隘民族主义、大土耳其主义,禁止一切民族间的歧视、压迫、报复、仇杀、分裂的行为;建立各族人民民主统一战线;依照民主原则改造政权,废除保甲,实行土改,准备召开各级人民会议;保证人民的思想、言论、出版、集会、结社、婚姻等自由,宗教不得干涉司法;根据共同纲领中经济政策的方针和公私兼顾、劳资两利、城乡互助、内外交流的政策,以进行新疆经济建设;统一币制,管理贸易,整理税收、稳定金融,减轻人民负担,促进生产建设;经过肃匪、反霸、减租减息等步骤后,坚决实行土地改革,达到耕者有其田,合理支配水利;组织工人、农民、青年、妇女等团体,使成为协助各项建设的支柱;改革教育制度,提倡民族文化,发展卫生保健,杜绝烟赌恶习,树立新的国民公德;发展中苏友谊,学习苏联革命和建设的经验。

在通过这个施政方针时,包尔汉主席有一个致辞,大意是说:新疆省人民政府的成立和省府第一次通过的施政方针为全疆人民期待已久的福音，这是新疆有史以来空前的人民胜利。中央人民政府和全疆人民把这个光荣的任务交给我们，是我们的最大荣幸。相信在执行这个施政纲领的里程上，在中央政府毛泽东主席，西北军政领导者彭德怀主席、张治中副主席的正确领导下，全体同志能百分之百地克服一切困难，能圆满地、胜利地使中国人民政治协商的共同纲领和新疆省的施政纲领全部实施。

赛福鼎副主席也致辞说：从今天开始新疆要走上新的光明的道路，摆在我们面前的任务是重大而艰巨的，但有共产党的正确领导、照耀与鼓舞我们，把落后的新疆建成先进的新疆，我们大家是有着充分胜利的信心的。

在新的省政府和新疆军区成立和施政方针通过后，一系列的筹备工作都已经完成，迪化市各族各界举行庆祝新疆省人民政府暨新疆军区成立，欢迎彭德怀、张治中两将军的大会。这一大会，标志着新疆人民旧时代的结束与新时代的开始，真正进入和平建设新新疆这一历史性的阶段。像我们这样和新疆人民过去具有相当关系的人，看到这种情形是多么的兴奋！

我在庆祝大会上有一个热烈而诚恳的讲话，表示我对新疆和平解放和新疆人民的胜利的祝贺，并且对未来的建设事业寄予殷切的期望。讲话全文如下：

主席团各位先生，各族各界同胞们：

今天是迪化市各族各界庆祝新疆省人民政府，新疆省军区成立及欢迎彭副总司令军民大会，本人得有这个机会参加，实在感到荣幸与愉快。要说也对我欢迎,当然我是不敢当的,只有向各界同胞们表示感谢!

新疆这次的和平解放,首先应该归功于人民解放军全国性胜利的影响,其次应该归功于全省人民(当然包括伊、塔、阿三区人民和部队在内)希望和平要求和平的普遍心理的影响;同时,驻在新疆的军事负责当局领导全体官兵能够克服困难,排除障碍,毅然决然地归向人民民主阵营,当然其功也是不可埋没的。还有伟大的苏联友邦驻在新疆的外交代表们给新疆军政当局的勖励和帮助,也应该特别提出的。总之,新疆这次的避免流血牺牲,和平解放,是符合了国家的利益,也符合了全省人民的利益的。所以,我今天愿以中央人民政府委员的地位,首先向人民解放军,向全省人民,向驻新起义部队表示祝贺和敬意!向苏联外交代表先生们表示感谢和敬意!

但是,在和平解放之后,竟有许多地方如哈密、鄯善、吐鲁番、焉耆、轮台、库车等处的驻军,受了反动分子和特务分子的策动主使,发生了严重地危害了人民的不幸事件,真是罪恶万状!除已由陶峙岳将军及赵锡光将军详切调查,从严处办外,我以过去的旧日长官地位,今天也应该向全省人民尤其被灾难的人民家属们,表示最大的歉疚和恳切的慰问!

过去三年多,我主持西北四省的军政,特别是对于新疆的和平统一、民主、团结的事业,固然也曾尽了一些心力,但是无可讳言的,有很多地方没有完全做到,也有很多地方没有完全做好,而各族同胞们据说很少责备我(我想当然不会没有人责备我的),而且时常表示怀念我,这实在使我觉得既感谢而又惭愧。

新疆的和平解放，在全国范围的人民革命事业中，特别是对新疆人民前途，是具有重大意义的。从此以后，新疆进入了新民主主义的阶段，成为伟大中华人民共和国强有力的一环，并且由于政权本质的变更，所以过去的基本矛盾已经不存在了，所有一切政治的、军事的、民族的、外交的问题，都可以迎刃而解了，这就是人民的福利获得了永久的保证了。今后的问题是建设，是如何有计划地积极地开展我们政治的、经济的、文化的、社会的建设，特别是经济建设和文化建设，尤其是经济建设，如兴修水利、发展农林畜牧、兴修铁道公路、开采所有矿产、举办各种工厂、改良土产手工业，等等，以增进一切生产，来减除人民的痛苦，来改善人民的生活，来造成繁荣的、康乐的、幸福的新新疆。我坚决地相信，在伟大的人民领袖毛主席领导之下，在卓越的统一西北五省责任的彭德怀将军领导之下，再加上有组织的驻新各部队二十万人的劳动力量，再加上勤劳的全省各族人民的努力奋斗，再加上伟大的友邦苏联的协助合作，新疆一定可以迅速地顺利地进入到和平建设的大道上，而开辟了远大光明的前途！

　　新疆是一个多民族的省份，我们这次中国人民政治协商会议通过的共同纲领，在民族政策一章中，像第五十条："中华人民共和国境内各民族一律平等，实行团结互助，反对帝国主义和各民族内部的人民公敌，使中华人民共和国成为各民族友爱合作的大家庭。反对大民族主义和狭隘民族主义，禁止民族间的歧视、压迫和分裂各民族团结的行为。"这是异常正确的。特别是在新省，我们应该坚决地、真诚地拥护它，贯彻它。这样才可以做到"团结互助""友爱合作",为建设新民主主义的新新疆而共同一致地努力奋斗!各族同胞和领导者们,必须认识这一真理,就是任何人怀着大民族主义的思想,任何人怀着狭隘民族主义的思想,都是错误的、不正确的思想。如果把这种思想反映到行为上去就是错误的反动的行为,我们一定要坚决反对的。

由于中国人民革命事业的胜利使得中苏两大国家的友好亲善更加奠定了长久不拔的基础,毛主席告诉我们:中国一定要参加以苏联为首的国际和平民主的阵营,才能保障世界持久的和平。在新疆,中苏两国无论在历史的、地理的、民族的、文化的、经济的各方面,都有异常密切的关系,也都需要苏联的帮助,我们更加需要和苏联保持永久的友好亲善。在省内,也许还有极少数人没有认识这个道理,仍然还存有恐惧、怀疑、观望的心理,希望他们能够冷静地而又理智地想一想,来接受这一新时代的客观的历史的发展的教训,摒弃过去一切顽固的旧观念、旧意识。过去我在新疆所至诚至敬地执行的政策,不外两句话:"和平!亲苏!"当然,由于种种关系,有很多地方还没能够完全做到,这是我所最感遗憾的。现在和平已完全实现了,今后的新疆省人民政府更要保持亲苏的政策。我极诚恳地希望全省同胞们不分民族、宗教、派别,必须一起来认识、来拥护、来推行这完全正确的亲苏政策!

这次陪同彭德怀将军来迪化看大家,很快要和大家告别了。我是热爱新疆各族人民的一个人,今天说了这一番话,虽嫌直率,实出至诚,不过聊以答谢新疆人民对我的厚意,并且今后随时随地凡是有利于新疆各族同胞的事业，我一定竭诚从旁赞助的。

最后我们高呼：

新疆和平解放就是人民的永久胜利！

新疆各民族必须平等地团结互助、友爱合作！

新疆各族人民应该为建设新民主主义的新新疆而共同努力奋斗！

中苏两国永久的友好亲善万岁！

中国人民伟大的领袖毛泽东主席万岁！

中华人民共和国万岁！

新疆人民和平民主幸福万岁！

这一次新疆之行，我感到十分轻松愉快。新疆人民能够有今天，对我来说是如愿以偿了。就是说，我过去未能实现的愿望——安定新疆、建设新疆，现在在中国共产党的领导下一定能够顺利进行逐步实现了！我感到对祖国、对新疆人民在心理上、情意上算是有了交代，我怎能不感到十分轻松愉快呢！

在十二月二十八日又同彭将军飞回兰州，随即去西安，成立西北军政委员会，协助彭主席开始陕、甘、宁、青、新五省的新的领导工作。对我个人说，是为反动统治服务的旧的史页终结，而为人民服务的新的一页开始。这是我一生历史的转折点。今后有生之年，都是为人民服务之日，这就应该深深感谢共产党和毛主席的赐与！

函谢王震将军

驻新疆国民党军队起义之后,在党和毛主席对起义部队的宽大政策的培育下,在西北彭德怀主席、习仲勋副主席的领导下,在新疆军区王震司令员的直接指挥下,所受的益处太多了。王震将军对起义部队的鼓励、帮助、爱护、照顾,真是无微不至。我在迪化曾和他作过两次长谈,他要我放心,他表示今后一定能帮助起义部队改造进步。经过一年来的事实证明,王将军对起义部队的深情厚意,不能不使我由衷地感谢,所以情不自禁地于一九五〇年十月写下一封充满感谢心情的信:

敬重的王震将军:

一别数月,您一切都好吧?

前几天在十月四日的西安《群众日报》看到您那篇《新疆军队生产简短总结》,我兴奋极了!我觉得需要写一封信给您来诉述我的意见和感想。

您那篇文章是很朴实的,但又是极其生动的;几乎可以说不是用笔墨写的,而是用驻在新疆的人民解放军全军将士的血汗所写成的。如您所说,"在新疆的三个不同的历史条件的军队,在中国共产党和毛泽东主席的领导下,都以奋不顾身的爱国主义、英雄主义的气概出现在劳动战线上",这样春秋两季垦荒共超过一百万亩,已收庄稼折合麦子超过一亿斤,修建水渠共长一百二十余万公尺;在积累财富方面,也从每一官兵十元的预计提高到二十银元左右,其他手工劳动生产方面也都有了极显著的成果。应该说，在这一年中，驻新战士所表现的忘我的献身精神，发挥的高度的军队的爱国主义和英雄主义，所鼓舞起的漫溢天山南北的生产热潮，在新疆的现实里已经创造了惊人的变革。这变革几乎是以奇迹的姿态出现的——至少在我是这样想。

本年国庆日我曾应北京《光明日报》和西安《群众日报》之请，撰文纪念，我就曾提到这一难忘的印象。只根据不完全的材料，我把新疆生产战线上的惊人的成果和全国财经工作上伟大的胜利，并举为现实里的奇迹之两大证明。就全国规模的成就来说，那是与中国共产党和毛主席的领导分不开的；而就新疆局部的奇迹来说，显然那是与彭主席和您的领导也是分不开的。您把南泥湾大生产运动中披荆斩棘的英雄及其光辉的生产传统带到了天山南北，因而才创造了这些奇迹，并使"荒野变为良田""戈壁变为绿洲"有了可能。一想到这里，我真不知如何的兴奋！我在北京和朋友们常常谈起的是这一件事，这次彭主席来京，我和他谈起的也还有这一件事。而这一件事应该首先归功于您的直接领导的。我相信这不是我个人在兴奋中的见解，而确确实实是新疆人民乃至全国人民所公认的。为了您这一伟大初步的成功，我应该向您和更美丽的将来致诚挚的祝贺与期望。

此外，有一个问题始终放在我的心里，我相信那也同样是放在彭主席和您和陶峙岳将军和新疆军区各位主管同志的心里，那就是指战员的安家问题。我以为这一问题是应该开始好好研究，逐步求其实现。这次在京曾和彭主席谈起，他说您今年已在湖南招聘了妇女几百人前往，并且继续在做；对于官兵眷属也准备由公家供给交通工具，无偿输送。同时，他又说，他分发干部去新疆也尽先多派女同志，这都是很好的。我说目前能计划每年输送几千妇女去为好，彭主席还说希望至少每年能号召一万妇女去参加新新疆建设工作最好。当然，要做好这工作是需要有步骤、有计划，最好是等到新疆工业经济已经建立之后，那时生活资料和劳动都绝对没有了问题，才不至于使这一工作仅仅只有消极的意义。但我以为尽速布置这一工作，发动并组织妇女前往边疆，在现在就可以而且也应该着手了。在三五年以后，现在的指战员都将转为工农业的基干人员，而且都可以成家立业，在我们那广阔的处女地上进行自然的改革，而将他们现在所担负的保卫人民祖国边防的任务交给第二批新征的战士，这无论对国家来说，对战士生活来说，都是有利的。我想您和大家一定已经计划到了，我着重说明这一愿望的原因也可以说是体谅那些远戍边疆的"单身汉"指战员们心理上和生理上的要求吧？一笑。

　　由于您一年来的直接领导，已经以极大的规模部分地填充了新疆的地图，初步地改造了新疆的地理，再有十年、二十年的努力，新疆无疑将成为工农业、牧畜业高度发展的高度现代化的乐园，这美丽的远景实在令人羡慕。我回想起我在新疆的那些日子，我也曾有若干的理想的，但一切理想终究只是一种空想。我的心里永是眺望着西方，眺望着那和我们新疆地壤相接、在斯大林旗帜下的几个原先和新疆一样落后的共和国，它们经过二十年的建设，工业到了草原上，野性河流的旁边有着"沙漠荷兰"和无数的棉花岛，文化也到了帕米尔高原，我是全心向往着,但我今天可不须越过国境看西方了!在我们的国境以内,就是在您领导下的新疆,就将给我们以活泼生动的蓝图。苏联最近土尔克曼大运河的开掘,古比雪夫和斯大林格勒大水电工程的建设,以及伴随而来的征服自然的大计雄图,更提供了我们最新鲜和最具体的范例——在未来的新疆也一定有此可能。整个塔里木大沙漠都将如您所说成为良田沃野。对于您,我衷心希望您和诸位负责同志决心为新新疆建设的伟大事业,贡献毕生心血,将作三五十年的长期努力,使天山南北全面现代化美化起来——从猩猩峡到帕米尔高原,从阿尔泰山区到昆仑山麓,那样的广阔无边,那样的雄奇瑰丽。

若干年来蓄积在我心头的宿愿,今天已看到具体实现的萌芽,心情的喜悦实在是无言可喻,就写下这封信来,祝贺您的努力,您的成功。并致
革命的敬礼!

张治中
一九五〇年十月

不久,我就接到王将军情意亲切的复信:

文白副主席:

来示敬悉。我公手示,充满对于人民解放军的热爱及对我个人的奖誉,谨受并转达新疆全体军人。您的关怀和慰忱,定会使全军同志在得到您的鼓励安慰之余,更高度发扬爱国主义与人民英雄主义的精神,奋发地去完成人民祖国和毛主席所交

给的一切任务。您对于我的赞誉，当兢兢业业，归功于群众。自己当虚心学习，把今后工作做得更好一些。谨表谢忱！

最近我曾去焉耆、库尔勒一次。那里的第六师及第二十七师，相居一地垦屯。紧接着秋收后，全体动员兴修水渠，补修公路。全体官兵由于得到劳动成果，一切生活资料——饭菜肉食瓜果，均称满意，如每兵士每月可吃三斤牛、羊、猪肉，一二斤鱼，蔬菜极为丰富，西瓜、哈密瓜每人平均吃到六十个以上，加上愉快的劳作，同志们都又红又黑，显得结实健壮。

当我告诉他们，祖国受到美帝极大侵略战争的威胁时，战士们愤怒巨吼——"歼灭美国匪军！"伟大中国人民和伟大中国军队是一定能够击败任何侵略军队的。远戍边疆的军人，对于祖国安全，极其机警——这是全军的主导情绪。现在紧张局势下，新疆军队当集中力量，在三年内完成兴修五百万亩水利灌溉工程，组织建筑工程队，援助国家在新疆的工业建设（工厂建筑），同时集中年壮力强的军官专攻军事文化，准备献身爱国战争。

我与各领导同志共事将逾一年，已趋互相熟悉，分工、合作、专责，将入新的和谐阶段，故拟将主要精力集中办军官教育，力争自己学习、整理战争经验，学习新的军事科学，为此拟将军队生产建设交由陶将军主持。我虽无术，但尚年壮力健。新疆军区准备万余军官，此意已向张宗逊将军陈述，请您便中代陈公任主席。尔后新疆军政，尚祈多费精力，不时教导。

新疆中苏合股公司及经济援助各厂均正开办，急需建筑、土木、机械、电气、化工、地质等科学人员，军队尤需农艺、水利人员，请中央各部委及西北军政委员会从速遣送。

草书不恭，谨请恕之！此祝

健康！

王震

十一月二日

函贺陶峙岳将军

原国民党驻新疆部队早已改编为人民解放军第二十二兵团，一九五〇年起义一周年，并举行授旗典礼，这是标志着官兵同志们的觉悟与新生，标志着走向为人民服务的成功与胜利，我自然引为极大的欣慰，不可不贺。

当然，起义部队能够有今日的改造和进步，实由于党的领导，彭德怀、王震诸位将军的扶植，而陶峙岳将军的为人诚笃、作风严正、办事勤谨和具有其他许多优点，所以能取得党和彭、王将军的信任，能取得全军官兵的爱戴，能使十万袍泽有这样良好的结果，而我在道义上、责任上也算有了交代，我对陶将军实是衷心感谢的！

我的贺词全文如下：

陶峙岳将军、赵锡光将军、第二十二兵团全体指战员同志们！

我首先向你们致诚恳的祝贺。去年今日，你们举行了庄严的起义，保全了新疆，促成新疆的和平解放，加速了中国人民革命的胜利，今天刚刚满了一周年。在这一年中，你们投入了生产，进行了改造，全心全意接受了中国共产党、人民解放军的新的教育，走完了改造过程的第一步。今天举行的授旗典礼，是我们同志们应该引为无上光荣的。

去年十二月我在迪化的时候，也就是在你们起义后的三个月，我曾和驻迪化部队、机关同志们作过两次长时间的讲话。总结我的第一次讲话，我曾对同志们讲到："我们要从远处大处着眼，从近处小处着手，首先是改造自己，改造部队，虚心地不断向人民解放军第一兵团学习、看齐。"总结我的第二次讲话，我更进一步说出了我的期望："在三个原来不同系统的部队中，民族部队和起义部队都应该向第一兵团学习、看齐，大家如兄如弟如手如足般团结起来！团结在人民领袖毛主席和人民解放军朱总司令领导之下，团结在西北五省最高长官彭德怀主席领导之下，加紧学习，努力改造！"我并且说道："下次彭主席再来而我又有机会陪同一起来的话，相信一切的一切已经大大地改观了，大家都成为名实相符的人民解放军了。"这些话，今天似已一一应验了。

事实证明：各位同志在这一时期内的进步是很快的，改造自己、改造部队的努力是有显著成绩的。也许有个别同志还跟不上大家的进步，而且也还有极少的一部分发生了不幸的事故。不过，从总的方面说，团结、学习与改造都是有了很好的表现。彭主席第二次来迪化，我虽然没有陪同一起来，但是六月初我和他在北京见面了，也和王震将军、陶峙岳将军见面了。彭主席、王震将军对你们的进步是表示极大满意，而且时加称赞的。陶峙岳将军更把你们的努力通过他在人民政协全国委员会第二次会议的发言，告诉了全国人民。全国人民都知道二十二兵团是面向了生产，面向了人民，而且面向着名副其实的人民解放军的光辉旗帜前进，面向着进一步成为强大的、现代的国防军的伟大目标前进。这进步的一页是各位同志们生命史中最可纪念的一页。

事实也证明：王震将军和第一兵团全体指战员同志们看待你们，帮助你们，是特别优厚的。而同时同志们也能虚心地向他们学习，决心向他们看齐，所以同志们的进步是更加快速的。

事实更证明：人民领袖毛主席和朱总司令对我们二十二兵团也是特别关心的。我和他们见面时，常要谈到二十二兵团，欣慰于你们的进步，并寄予亲切的希望。这是给了我们二十二兵团同志们的巨大的鼓舞！

各位同志们！这一年的改造不免是痛苦的，因为凡是诚心的改造都一定要通过痛苦的斗争。但是，因为这样，我们才能够脱胎换骨，重新做人；因为这样，我们才能够吸取新的教育，在思想上掌握了新的武器，认识了新的事物；因为这样，我们才能够在具体实践上有了可观的成绩。也正因为这样，同志们今天才能够有资格有条件接受光辉的人民解放军的旗帜。

今天我们新中国的情况也和我们在迪化见面时大不相同了。中苏友好同盟互助条约的缔结，把伟大的社会主义国家——苏联的人民，和新生的新民主主义的中华人民共和国人民的力量坚固地、永久地团结起来了。中苏经济合作协定的制定，把新疆在经济建设上的辉煌远景确立起来了。这都是我们分别以后，在我们热爱的新疆，在我们热爱的国家里所发生的历史事件。这说明了什么呢？这告诉我们：在我们伟大的盟邦——苏联帮助之下，新中国的事业将要一步一步地开头，而且将从我们的新疆做起。在已经创设的条件之下，新疆将是我们未来高度工业化的地区，也无疑将是我们的国防基地。驻在新疆的人民战士将为了建立新中国的工业基地和国防基地的双重使命而奋斗。这是一份光荣的任务。我希望同志们今后不断提高自己，不断向前进步，耐心学习生产技能，发挥高度英雄气概，和先进部队第一兵团团结一致，和民族部队第五军团结一致，和新疆人民团结一致，共同地把建设新新疆的重大任务负担起来。

今天的典礼是一个伟大的标志——标志着同志们的觉悟与新生，标志着走向为人民服务更大的成功和更大的胜利。

敬祝全体同志们健康进步！

张治中
一九五〇年

第九节　自我检查

我在一九四九年九月二十九日为新疆起义再给陶峙岳将军、包尔汉主席的复电中，曾就我在新疆的行为作了自我检查，发表于北京《人民日报》。其全文如下：

迪化陶峙岳将军、包尔汉先生：

有电诵悉。你们已于本月二十五、二十六日先后宣布和广州反动政府断绝关系，愿意接受中国人民革命军事委员会和人民解放军总部的领导，我很感欣慰。毛主席、朱总司令已有复电赞许。我想，全国人民特别是新疆各族人民，对你们毅然率部起义这一光荣的行动，必表示热烈欢迎。不过你们来电说到由于我的"贤明领导"的话，"贤明"两字我受之有愧，已经删去了。其他类似性质的词句，也酌予删节。

这几个月来，我完全在闭门思过——过去三十年来的种种错误，我深切感到最近三年在主持西北四省军政，尤其在新疆军政这一历程中，实在是过多于功，最多功过相抵。就如在好的方面，似乎有：

（一）在历代中央政府对新疆的错误的统治政策——征服、压迫、剥削下面，新疆各族人民完全丧失了自由平等的权利，政治上毫无地位。我到新疆以后，一本民族平等的原则，根据和平条款，改组省政府，成立各民族代表的民主联合政府；实行省、县参议员、专员、县长民选；省县各级公务人员一律改由本地各族人士接充，所有过去"大汉族主义""一切由汉人包办"的现象,均已逐渐消除。各少数民族的政治地位和民主权利,确已得到空前的转变。

(二)中苏亲善是我生平一贯的主张,可是南京政府是反苏的,省内保守力量是反苏的,在内外夹攻的矛盾中,我还是力排万难坚持亲苏政策。这是新省和平安定的主要保证,关系最大。

(三)新疆原是一个贫瘠的省份,再加过去统治阶级的多方剥削,人民生活甚苦。我到新以后,首先着眼在减轻人民负担,免捐减税,不遗余力;征兵征粮,迄未举办;军队粮饷被服,大部中央配给,即有必需取给地方时,一定按值付款。这一政策是内地任何省份所办不到的。

(四)根据历史的分析,我深深地体认到历代对新省政策的错误,和少数汉人在新省种下的罪恶,省内各少数民族的反抗和革命活动是应该的,所以我抱定"我到新疆来是为纠正历史的错误,偿还历史的罪债"的宗旨。基于此种我认为是正确的、纯洁的认识,所以始终采取忍耐和宽大的态度,对于一切纠纷,无不大事化小,小事化无。虽然我因此备受在新汉人,特别是在南京和在新许多党政军干部的责难,被认为"太软弱""这样下去,必送掉新疆",而我还是坚持这一和平政策,不稍动摇。这是似乎需要相当的容量和定见的。

至于缺点方面,说来甚多,最少有如下各点:

(一)对保守分子的优容。为了"加强民族团结",我曾经企图使急进分子和保守分子携手。我劝告急进分子,特别是伊方的前进分子,认为所谓民主政治,主要的特征是能容许反对派的存在,看不清前进力量与落后力量的分野,反而增加省内情况的不安。这固然也是受了资产阶级民主主义思想的影响和国民党政权本质这一基本矛盾的限制，而现在看来，完全是错误的。

（二）在我坚辞省主席兼职推举维族的麦斯武德继任时，我的理由是：第一，汉人在省内是少数民族，我不应久兼主席。第二，维吾尔族是省内多数民族，应由维族中能得到中央通过的人当主席，而当时只有麦斯武德氏才合选。此外，我还存着一种近于负气的心理，我认为省内两派斗争，我常被两方尤其是伊方所误解，转而拿我作攻击目标，我厌倦了，只有断然退出，让他们自己去干吧！这一念之差，使保守一派的力量格外抬头，也加深了维族内部的矛盾。

（三）对于新省人民的疾苦，虽然如上所述从消极方面予以减轻，但是对积极方面促进经济建设的工作，从基本上改善并提高人民生活的工作，显然做得不够，甚至虽有计划而根本没有做，这固然是有许多客观的原因，但不能不承认主观上的努力不够。

（四）促进中苏亲善固然是既定政策，而且已经尽力在做，但是各族中的保守分子，仍然存在着惧苏反苏的意识，而且常常反映于言论行动上，我们虽随时予以纠正，但反苏事件层出不穷，尤其在喀什方面，这是我深引为遗憾的。

以上是我主持新省军政三年的自我批评，你们过去和我具有同一的立场和观点，所以特别提供你们参证和反省。今后对于我们的缺点如何彻底地改正过来，特别是过去对民族内部纷争所采取自以为公正超然的态度，其实包括着一种偏向，在今天看来，显然走的是中间路线，和人民民主专政的观点是不能符合的，应该予以抛弃。其他一切的旧意识、旧观点、旧作风，都应该同时抛弃，坚决地诚挚地在中央人民政府和毛主席的正确领导下，加紧学习，努力改造，改造自己，并改造部队全体官兵和全省公教人员，搞通思想，争取新生。我对于你们这一次光荣起义，无以为贺，特以互勉之意，作为你们新生的敬礼！

这一自我批评到今天已有十年了，我再检查一番，觉得我的看法还没有什么改变，不过现在只想就对激进保守两派的看法补充几句话。

从具体情况来说，激进派是有其革命的、进步的地方。比如亲苏的主张是进步的，但是其中一部分人反汉的主张就需要加以分析。如果反汉是只反对国民党反动统治的话，那当然是革命的；但如果反汉是企图脱离祖国、成立一个所谓"东土耳其斯坦共和国"运动的话，那就不能认为是革命的，乃至可以说是反动的。事实说明，"东土耳其斯坦共和国"运动在新疆是个具有长远历史根源的运动，是个要脱离祖国的运动。在伊宁事变起来后，伊、塔、阿三区成立了所谓"东土耳其斯坦共和国"的政府。一九四五年十月他们的代表由伊宁到迪化来谈判和平时，就以"东土耳其斯坦共和国"政府的代表自居，声称带来证件，并要我也出具中国政府代表的证件，才开始谈判。甚至在解放以后，新疆内部仍然酝酿着分离运动。前年整风运动当中，还对地方民族主义作了一场尖锐的斗争。这些众多的事实，都充分说明了激进派的脱离祖国运动是铁一般的事实，而我向来是个具有强烈的祖国观念的人，当然是不能同意的——这是我和激进派最大的分歧，也是我为什么在新疆那几年和激进派的矛盾超过了我和保守派的矛盾的根本原因所在。

至于在保守派方面，当然落后和反动的事实就很多。他们的反苏主张是极端反动和落后的。他们的亲汉主张，也应该加以分析。如果亲汉是为了拥护国家统一，拥护汉族老大哥在国内各民族中间的领导地位，这似乎还是无可厚非的，是和我的主张相一致的。但是从事实证明，他们中间也有一部分人如麦斯武德、艾沙等的亲汉主张，是由于自己长期在内地受到国民党反动统治的保护照顾，所以处处表示亲汉。但由于他们向来有"大土耳其主义"的思想，也是要最终脱离祖国成为一个独立的国家的，所以当麦氏登台之后，就逐渐由亲汉而若隐若现地来反汉了。从整个过程看，他们亲汉是一时的利害关系，而反汉则是未来的趋向，仅在当时还未到完全暴露的时候罢了。

总的来说，我对于激进保守两派的主张，有赞成之处也有反对之处。在亲苏问题上，我是站在激进派方面；在亲汉问题上，我又不期然而然地站到保守派方面。既然有时站到激进派方面，当然就会被保守派所不满；既然有时站在保守派方面，当然就会被激进派所不满。但是，我应该说老实话，两派对我都表示相当敬佩和好感，不过我还是站在保守派方面的时候较多，因而和激进派的矛盾也就较大。这是因为我始终逃不出本身所处的政治立场，受了政权本质的左右。施政纲领并没有能够完全付诸实施；相反的，由于侧重了"拥护国家统一"的要求，发生了"加强民族团结"的偏向，一切为巩固国民党中央在新疆所领导的政权着眼，自然地趋于保守方面的做法，而以我坚辞省主席保荐麦斯武德一举，终于演成与伊宁方面再度分裂的开端，更是一个失策。

当然，在今天来说，我当时付出的心血、力量和精神上的痛苦代价是够大的，但是今天眼看新疆这块占全国六分之一广袤富饶的土地仍然构成为中华人民共和国的一个重要组成部分——新疆维吾尔自治区，我又感觉到万分愉快而安慰了！

不过还有令人遗憾的事，就是和我一度合作的朋友阿合买提江（还有伊斯哈克江、达里力汉、阿巴索夫诸位），在全国人民和新疆人民胜利以后，于一九四九年九月由新疆飞北平参加中国人民政协的途中，不幸因飞机失事殉难。我们没有能在新的人民政权下握手言欢，共同努力，这是使我甚为惋惜，并对他们致以深切的悼念的。

一九五五年国庆节，毛泽东主席举行授勋典礼，我和陶峙岳将军都光荣地接受了一级解放勋章。我们很感谢党和人民政府对我们为和平解放新疆仅仅做了一点微末的贡献加以奖励的厚意。

求民族生存而战

张治中 题

第六章 我与共产党

第一节　北伐前后

两党合作

一九二四年春，中国国民党在孙中山先生领导下，于广州召开第一次全国代表大会。这时候，孙先生已决定遂行其"联俄、联共、扶助农工"的三大政策，当时选出的中央委员和候补委员中，如毛泽东、谭平山、李守常、瞿秋白、林祖涵、张国焘、于树德等都是中共党员。这是中国国民党联共政策的具体表现，也是国共两党合作的开始。

黄埔斗争

同年夏，黄埔军官学校成立，我遂进了黄埔，便认识了周恩来先生。他是政治部主任①，我们一见如故。他为人很热情，谈吐、风度、学养，都具有很大吸引力。此外如恽代英、高语罕、熊雄等人，也是过从较多的。

不久，校内国共两党的斗争展开，在学生中分成两派，一是"青年军人联合会"，属于中共方面领导的；一是"孙文主义学会"，是国民党右派领导的。至于我，实在说，是站在中间偏左，因此遂为双方所不满，特别是右派的孙文主义学会，对我常加攻击。中共方面，在事实上对我表示不满的只有一次，

---

①周恩来到黄埔军校，初任政治部副主任，一九二四年十一月任主任。

就是一九二五年春天,戴季陶、沈定一到校召开座谈会,中共对他们很过不去,使其下不了台,最后是我出来解围。我当时所以这样做,只是基于一种感情作用,绝没其他含意。因为我觉得他们是客人,我们是主人,主人不应使客人太难堪(当然,我当时的立场是不明确的)。事后,在我领导下的中共干部许继慎①曾告诉我,中共方面对此表示不满。此外便没有听过他们对我有其他任何的抨击了。

斗争越来越尖锐,以后遂演成了廖仲恺的被刺,"三二〇中山舰事件"(事后听说,当时广州方面逮捕恽代英、邓演达、高语罕和我四人的手令已下,后因我们不肯应约登舰谈话,蒋又恐强行逮捕,激起学生的抵抗,遂作罢论),周恩来的辞去政治部主任等事件。随着时间的推移,到一九二五年夏,我已经完全同情共产党这一边,我的言论和态度,都大为右派所看不惯,因被目为"红色教官""红色团长",并把邓演达、恽代英、高语罕和我喊作"黄埔四凶"。就在这时候,我动了参加共产党的念头,首先向周恩来先生提出。他当时表示很高兴,但说要请示组织后才能给我回话。过了一些时候,周回复说:中共当然欢迎你入党,不过你的目标较大,两党曾有约,中共不吸收国民党高级干部入党,此时恐有不便,不如稍待适当时机为宜。但中共保证今后一定暗中支持你,使你的工作好做。(大意如此,倘使我的记忆不错的话,这件事当然经过中共的讨论的。)

---

① 许继慎在黄埔军校时期,曾任过连长、连党代表。

蒋、周关系的恶化

蒋介石和周恩来的关系日趋恶化，我虽常常从中调解，终鲜效果，一九二六年，决定了北伐大计，蒋组织国民革命军总司令部，派我充任副官处处长，主管编制、人事和事务，并对我说："你先权充任副官处长，负责组织总司令部，等总司令部组成后，还是派你去带兵，副官处就交由张岳军接替。"这时我就建议，总司令部政治部主任一职最好由周恩来充任，以便两党合作如初。蒋说他准备要邓演达充任。我说邓可以带兵或者干其他工作，政治部主任以周担任最为适宜。但蒋终不同意，最后表示周可以担任财经委员会主任。我又转过头来劝周，但为周所拒绝。我认为周是很好合作的人，而蒋偏偏拒绝，当时极不以蒋的态度为然。同时我始终认为北伐的统帅部没有周参加，是一个大损失，而且也是促成两党破裂的主要因素之一。解放后周恩来先生曾和我谈起这一段故事。

北伐到了武汉的分裂

北伐大军浩浩荡荡向北进展，不久就到了衡阳。有一天晚上，我送蒋往长沙，在船上和他说："我们到武汉会师是不成问题的，但是会师以后对两党问题要请你特别注意，我们一定要想办法来保持两党的合作，不能使它破裂！"我记得很清楚，当时蒋的答复是接连"嗯"了几声，没有具体答复。到武汉后，两党的斗争不但没有缓和，而且更趋激烈。有一天，蒋在汉口公宴大家，李立三在席上有一篇措辞极其委婉而含意很锋利的讲话，更增加了我对两党合作前途的极大焦虑。而总政治部主任邓演达的态度言论也是日趋激烈，比中共有过之而无不及，给蒋的刺激至大。这时，蒋已派邓兼总部武汉行营主任，驻在武汉，并发表我为武汉军分校教育长兼新成立的学兵团团长。

随着军事形势的发展，蒋率领大军进驻南昌。记得是一九二七年元月，蒋第一次叫我到南昌去，一见面就首先指斥邓演达的不对，说："他的言论完全是在骂我。"我当时还没有体会到他将会对我提出处理邓的办法，即急急为邓申辩，说这是邓的一时冲动，只要他能约邓一谈，自可冰释，力主他约邓来见，并且还劝了蒋很多的话。蒋问我："你真的主张我约邓来吗？他肯来吗？"我连答是。

回到武汉，邓已揣测到我去南昌的经过，就到我家里说："我预备辞掉一切职务，请你来接替！"我很坦白地说："你不要持这种态度，总司令对你虽有不满，但尚无别意，你能到南昌和他谈一谈，一切都可以冰释。"他说："我去？他会不扣留我吗？"他的话一出口，我便知道问题是僵了。当时在武汉军分校任政治总教官的是恽代英，他曾多次在我面前说蒋的不是，意思是要我公开表示反蒋。我告诉他："我可以打电报劝蒋，但要我反蒋是做不到的"，并且把拟好的电报给他们看。他们看了说："你的电报可以发，但没有多大的作用。"那时候，他们认为我是站在国民党立场而劝蒋的。当然，这也是事实，我自己也并不否认。我是坚决主张实施联共政策反对两党分裂的，而眼看两党关系日趋恶化，无法挽救，自己既不愿站在国民党立场来反共，也不愿站在共产党立场来反蒋，徘徊于两者之间，挤在夹缝里。这一段时间，其痛苦真难以言语形容。

同年三月中旬，蒋第二次叫我到南昌去，一见面，劈头就对我说："你要不愿意做俘虏的话，应该听我的话，赶快把学兵团带到江西来！分校一千多学生中已有共党分子混在里头，你能一同带来最好，否则就只带学兵团来，我拨船给你们使用。"我看他的态度很坚决，知道抗辩无用，便姑且答应他："我去想想办法看，但是这一着是不是会得到邓演达同意我不敢说。"我打了一个电报给邓，便随即回到武汉。一见面，邓演达即和我说："政治会议的意思，要你辞去本兼各职！"（武汉克复后，便成立了武汉政治会议①。）我觉得他的态度有点咄咄逼人，便也动了点感情答复他："我不能向政治会议辞职，我不是它管的！我愿意辞，但应该向蒋总司令提出！"他说："好吧，你写电报。"我当时就起草了一个电报交给他，事后知道他并没有替我拍发。我既决心辞职不干，便召集全体学生告别。这是我最难忘记的一幕。在我把辞意告诉他们后，他们苦苦挽留，群情激越，其中多有痛哭失声者。但我还是坚决要走，并且用许多话说服了他们。

出国游历

告别后，便坐船一直到了上海，记得是四月中旬的光景。先看到了蒋，有很多人在座，陈铭枢是其中之一。蒋说："陈真如②回来了！你也回来了！"我当时满腔苦闷，未置一词。当

---

① 政治会议指中国国民党中央政治会议，是国民党全国代表大会和中央全会闭幕期间的最高决策机构。
② 陈铭枢，字真如。

我离开武汉后,我就决心摆脱国内政治生活,到国外去学习。到上海时,我把这意思向蒋说了,他坚决不许,要我到南京去负责筹备一个掌管全军训练事宜的训练处。等我刚把这个训练处组织完成,蒋下野了。我就抓住这个机会,赶办结束,积极准备出国。

在出国前,我到溪口去过一次,住了一星期,我对蒋检讨了他过去种种的缺陷,如对共产党问题,对第七军①问题。我的看法还是和北伐时在湘江轮船上和他谈的一样。

在出国之初,我本来预定了一个考察和学习的五年计划,但是还不到五个月,便接到南京政府的电报,说是要我回国参加北伐军事②。我没办法,只好匆促地从欧美兜了一个圈子就回来了。那是一九二八年的夏天。

回到南京时,北伐大军已经克复北京,奉军被迫退出关外。局面发展是迅速的,但是两党的僵局始终没法打开。这种情况对于我仍然是一个沉重的负担。这次游历也受了一些刺激,它使我的思想起了若干的变化。一方面看到人家科学与工业及种种现代化的建设,羡慕不已;同时也看到白种人对有色人种,特别是中国人的歧视,而愤愤不平,并慨叹于中国国际地位的低落。因而认为当前最迫切的问题,是如何团结统一,埋头建设,达到富国强兵的境地,使国家重新扬眉吐气于国际坛坫之上。这种思想根源,似是一种以民族本位为出发点的国家主义思想。只看到国内外问题的各种现象,并没有真正认识到它的症结所

---

① 第七军为桂军。
② 指一九二八年由南京出发的北伐军事。

在。这在我的思想发展过程中,显然是开了一次倒车!

军校十年

由于这种富国强兵的思想的影响,一面加深了我对两党摩擦的厌恶,一面也决定了我今后半生的路向。当时我想,我是个军人,富国谈不到,强兵应该是义不容辞的责任,所以回国后除了担任短短三个月的军事委员会军政厅厅长外,即主动请调到中央军官学校服务。这一转变,使我度过了漫长的十年(一九二八年秋——一九三七年春)军事教育生活,并且以它作为躲避两党斗争风暴的安静地带。因为我在军校的十年,恰好是两党打得头破血流难解难分的所谓"十年剿共"期间,而我总是毅然决然地置身事外。不过这一时期,我也曾五度出绾兵符,就是以武汉行营主任参加平汉之役;以教导第二师师长参加陇海之役;以第四路军总指挥参加福建之役;以第五军军长参加上海"一·二八"之役;以第九集团军总司令参加上海"八一三"之役。除后两次是对日抗战外,前三次还是内战(我当时的看法是共不应剿,逆则当讨,现在看,当然是一种矛盾而又幼稚得可笑的糊涂观点),不过都与中共无关,而且每次战事告终,就立刻缴"令"回校,避免参与反共战争。

西安事件

一九三六年冬,西安事件以突发的姿态出现,同时也以意想不到的结果收场。谁都知道，蒋之所以能够安然回到南京，与中共当时的决策有重大关系。因为中共当时鉴于日本帝国主义侵略日迫，大敌当前，内部不容分裂，为了坚持抗日民族统一战线政策，所以力劝张学良、杨虎城放蒋回去。在今天看，这一着实是中共伟大英明的决策，也是以后中共步步胜利的重要关键之一。试想，假使当时张、杨真置蒋于死地，国内势必陷于群龙无首、土崩瓦解的混乱局面；日本帝国主义也势必趁火打劫，大举来犯，那么国家的前途还能设想吗？

事变发生之日，我正在苏州部署抗日军事。何应钦在电话上告诉我，并约我回南京商议所谓"讨逆"军事。我当夜回到南京。当时他们打算分三路向西安进攻，其中一路希望由我指挥，但是我反对，我认为这件事只应该用政治解决，不必采用军事方式。因为当时唯一着眼点是救蒋，为了达到这一目的，应该不惜以任何条件求得解决。但是当时同意我的意见的仅少数几个人，大多数人都不以为然。

这次事变，是国内情势的一个重要转折点，因为它促进了国内抗日民族统一战线的完成。仅仅过了半年，当七七卢沟桥事变一起，国共两党就马上恢复了合作的关系。当时我正在宁沪一带继续部署抗日军事。

第二节 抗战期间

初度和谈

为了恢复合作,国共双方曾派出代表商谈,共产党方面是周恩来、林祖涵、秦邦宪,国民党代表是蒋自己、邵力子、张冲。商谈结果,中共草拟了《中共中央为公布国共合作宣言》,于一九三七年七月十五日交给国民党代表,并对外公布。宣言提出中共奋斗的总目标三点:

(一)争取中华民族之独立自由与解放。首先须切实地迅速地准备与发动民族革命抗战,以收复失地和恢复领土主权之完整。

(二)实现民权政治,召开国民大会,以制定宪法与规定救国方针。

(三)实现中国人民之幸福与愉快的生活。首先须切实救济灾荒,安定民生,发展国防经济,解除人民痛苦,与改善人民生活。

并在和平统一团结御侮的基础上提供四项保证:

(一)孙中山先生的三民主义为今日中国之必需,本党愿为其彻底的实现而奋斗。

(二)取消一切推翻国民党政权的暴动政策,及赤化运动,停止以暴力没收地主土地的政策。

(三)取消现在的苏维埃政府,实行民权政治,以期全国政权之统一。

(四)取消红军名义及番号,改编为国民革命军,受国民政府军事委员会之统辖,并待命出动,担任抗日前线之职责。

"八一三"到来,正式揭开了全面抗战的序幕,中共公布《抗日救国十大纲领》,要旨是:

(一)打倒日本帝国主义。
(二)全国军事的总动员。
(三)全国人民的总动员。
(四)改革政治机构。
(五)抗日的外交政策。
(六)战时的财政经济政策。
(七)改善人民生活。
(八)抗日的教育政策。
(九)肃清汉奸卖国贼亲日派,巩固后方。
(十)抗日的民族团结。

上项合作宣言,国民党中央社到九月二十二日正式发表,而蒋亦于次日发表谈话,对中共所提四项保证,认为系"救亡御侮之必要条件",亦即"民族意识胜过一切之例证",表示"在存亡危急之秋,更不应计较过去之一切","今日凡为中国国民,但能信守三民主义而努力救国者,政府当不问其过去如何,而咸使有效忠国家之机会。对于国内任何派别,只要诚意救国,愿在国民革命抗敌御侮之旗帜下共同奋斗者,政府自无不开诚接纳,咸使集中于本党领导之下,而一致努力。"

自此以后，两党关系确实一度表现出相当的融洽，而中苏关系也大为增进。苏联在人力、物力、财力各方面对我大力支助，例如空军志愿队的参战，军事顾问团的设立，西北交通线的开辟，军火和各项物资的供应等。对中共、苏联两种新关系的出现，在当时是最令人兴奋的两件大事。它不但说明了国家内部的团结，也成为抗日战争最后胜利的最大保证。至于就国民党本身来说，等于打了一剂强心针。

主政湖南

一九三七年十一月（我已由淞沪前线调充大本营管理部部长），南京政府已准备撤退武汉。在此情势下，湖南省政府不得不加以改组，我遂被调为该省主席。到湖南后，和中共隔绝了十年的友谊关系又告恢复。当时中共派在湖南的代表是徐特立先生，此外中共朋友中如周恩来、叶剑英等也常到长沙来，我们处得很好。湖南过去是中共的发源地之一，在何键的十年反共政策下，中共方面所受到的打击迫害特别严重，不过我在湖南任内的一年又两个月期间，却能相当融洽地相安无事。既有小事故，我们也能开诚布公，求得公平合理的解决。例如浏阳县逮捕了一个中共干部，那个县长竟捏造刑事犯罪名，把他枪决，事后徐特老来和我说，我一经查明属实，马上予以撤职从严惩办的处分。解放后徐特老还提到这件事，并说我坦白。当时我交给他的文件和中共中央所发的文件对这件案子的实情说法是一致的。

概括地说起来，这一段时间，国共两党的关系还是相当好的，诚如毛泽东先生在《论联合政府》一书中所说：

从一九三七年七月七日卢沟桥事变到一九三八年十月武汉失守这一个时期内，国民党政府的对日作战是比较努力的。在这个时期内，日本侵略者的大举进攻和全国人民民族义愤的高涨，使得国民党政府政策的重点还放在反对日本侵略者身上，这样就比较顺利地形成了全国军民抗日战争的高潮，一时出现了生气蓬勃的新气象。当时全国人民，我们共产党人，其他民主党派，都对国民党政府寄予极大的希望，就是说，希望它乘此民族艰危、人心振奋的时机，厉行民主改革，将孙中山先生的革命三民主义付诸实施。

不过各地的摩擦事件仍属难免，而且从全面看来，这种关系颇有酝酿变化的征象。见微知著，自应防微杜渐，在一九三八年九月四日，我大胆地向蒋提出一项建议，由长沙用电报发到汉口。大意是主张：承认中共合法地位，允许中共公开活动，以减少无谓摩擦，加强两党团结，必有利于抗战大业。蒋默不置答，但党内顽固分子则对我大肆攻讦。在今天看起来，亦徒见出他们目光的短浅与胸襟的狭隘而已。

不久，长沙发生大火，各方面尤其党内平日不满意我在湖南倡导社会改革运动的顽固分子对我的攻击更甚，我总不置一词，而中共朋友反为我解释，给我以慰藉。在武汉撤守之后，我曾和叶剑英谈话，我表示，万一长沙不守，省府将迁沅陵，我则驻在宝庆，指挥保安部队和人民武装，协助国军作敌后游击战，并请他任省府高级顾问，来指导游击战，他慨然答应。

大火后，我草拟预定在报端发表的谈话给周恩来看，周当时还为我字斟句酌地亲笔修改。在各方纷纷落井下石使我感到四面楚歌的情形下，他们对我亲切的同情，也是我毕生难忘的一件事。

入川后——两党斗争的风雨

一九三九年二月，我从湖南到了重庆。三月，接任军事委员会委员长侍从室第一处主任（当时分三处，一处管军事，二处管党政，三处管人事。二处主任是陈布雷，三处主任是陈果夫），主管军事，对内联系会内各部会，对外联系各战区，他们的重要文电都先经过一处，是一个机要的地位。由于职务上的关系，对国共两党的军事和一切关系问题都一一参与。这时，中共部队已由第八路军改为第十八集团军，朱德、彭德怀分任总司令、副总司令，叶剑英任参谋长。下辖三个师，由林彪、贺龙、刘伯承分任师长。至于江南红军，则于一九三八年一月改编为新四军，以叶挺、项英分任正副军长。

从这一年开始，两党的摩擦纠纷，在各地不断发生，乃至有些地区发生武装冲突。是年三月，国民党更颁发了《防止异党活动办法》，决定"共党活动最烈之区域应实行联保连坐法"，密令各地执行。七月抗战两周年纪念日，中共中央发表宣言，指出妥协与分裂是当前两个最大的危险，号召全国人民起来，坚持抗战、团结、进步，反对投降、分裂、倒退。八路军将领也通电全国，恳请国民党严惩妥协投降分子，取缔反共反八路军的活动，实施抗战法令，以团结进步的原则，击破敌人汉奸的阴谋。到十月，国民党又秘密颁布《共党问题处置办法》，在西北、华北、华中三区又有所谓《对于处理异党问题实施方案》的订颁。十二月，胡宗南部又进驻陕甘宁边区的五个县，更加剧了两党关系的恶化形势。

一九四〇年，各地摩擦更多，纠纷益甚。陈诚在韶关演说，指责"八路军游而不击"。朱、彭总副司令电蒋请派陈诚到敌后八路军战地考察，以息谣言，雪冤枉，杜摩擦。苏北韩德勤部和新四军发生激烈的冲突。事态是一天天严重起来了。从总的情况说，两党关系的严重恶化，已到了危险阶段，这是应由国民党蓄意反共负责的。

文化工作委员会

是年九月，我奉调为军事委员会政治部部长兼三民主义青年团中央干事会书记长。

政治部这个机构是在南京政府撤退到武汉时恢复设置的。当时还具有两党合作的一些形式和作用：部长是陈诚，副部长之一是周恩来，主管宣传的第三厅厅长是郭沫若，在第三厅内有不少共产党员和左派文化人。我一向对左派文化人采取同情和维护的态度。一九四〇年在我接任政治部部长之后，当时就有人主张把郭沫若这一派排挤出去，但是我并不以为然。我以充分的理由说服了建议的人，并且主张在政治部设置一个文化工作委员会，请郭沫若主持，以安置这些左派朋友。当时我还曾和郭沫若先生说了一句笑话："我特意为我们左派文化人建立了一个租界!"这虽是笑话,但也可以反映出我的心意。在文化工作委员会成立的时候,我还和他们谈了几个钟头。给他们解释安慰,并还约定和郭沫若两周谈话一次。谈话是在和谐友好的气氛下进行的,大家都觉得满意。

以后据某方报告,说他们"思想大都左倾,时与共产党接近,特别是郭沫若、一部分委员和各组负责人",认为"会内有真正共产党分子在活动"。其事实是:"会内常发现共党刊物,刊载攻击三民主义青年团文字;新四军事件发生,言论多同情共产党;用辩证唯物论分析各种问题;用共党思想写作戏剧诗歌;利用文艺活动吸收群众;宣传苏联制度及马列主义;德苏战争发生前,强调帝国主义战争,竭力抨击英美;向《新华日报》投稿;翻译苏联及美国左倾刊物之理论文字;各种座谈会均有共产党参加",等等。我觉得这些事并没有什么关系,这是左倾文化人的"租界"所在,一切听之罢了。

不过,后来却发生了一件不愉快的事。到抗日战争中期,在重庆的左倾文化人都有特务的恐惧,昨天说某人失踪,今天又说某人被捕,他们时刻提防会被逮捕,纷纷向香港、南洋转移。为此我曾招待文化界人士,发表谈话,表示态度,保证他们在重庆不会有危险;同时指出香港、南洋也不是个安全地带,希望大家勿为谣言所动摇。我的话是从爱护的心理出发的,但是不久香港寄来一份剪报,上有郭沫若写的一篇通讯,对我的谈话大加嘲讽,中有"最好每人送飞机票一张,庶使近者悦而远者来"等语。我看了感到难以索解,所以当时写信质问他:"为什么把我的好意当成坏意?你有意见为什么不和我面谈,反而在香港报纸公开讽刺我？我觉得似乎不是友谊的行为！"后来他客气地复我一信，加以解释，我也就不再和他争辩，不过从此以后我们的关系是渐渐疏远了。今天想起来，为这件小事而疏远朋友，是一件遗憾的事。

这个委员会内包括了不少知名之士，如沈雁冰、阳翰笙、冯乃超、舒舍予、沈志远、田汉、洪深、胡风、杜国庠、吕霞光、姚蓬子、郑伯奇、张志让、孙伏园、熊佛西、王昆仑、吕振羽等都是委员。会内还分设三个组：第一组中心工作是编辑国际丛刊，第二组中心工作是文艺写作，第三组中心工作是敌情研究。几年中除了戏剧工作有一度活跃外，其余工作都没能很好地展开；同时由于我和郭沫若关系的逐渐疏远，使反对者更有隙可乘，最后由于某种压力和影响，我是感觉到这个机构在我的精神上成为一个沉重的负担，所以到抗日战争末期——记不清在一九四四年吧？——就把它撤销了。虽然对这些文化人都有了另外的安排，如发表为政治部设计委员等名义，并建议蒋给郭沫若适当地位（如在中央研究院添设古物研究所，由郭主持），但未实现。这在我来说，是件有始鲜终、为德不卒的事，心里至今犹引为遗憾。记得抗日战争胜利后的一九四七年，我到了上海，郭沫若先生也在上海，这时正是国民党反共气焰高涨的时候，我特意请他和在上海的文化界朋友如田汉、洪深诸位在酒馆吃了一顿饭，虽然宴席间没有谈到时局和往事，但我的心意却在表达我过去对他的歉意和当时对他的慰问。

两个聚会

在重庆的几年,我和文化界人士是经常保持接触的,每年总有一两次大规模的集会,参加人数常有四五百之多。聚餐之后,就举行戏剧、音乐或跳舞晚会。

这些集会,主要是联络感情,缓和"左倾"文化人和重庆政府间的对立,争取他们的合作。每次集会,我必说几句话。如在一九四二年"五四"招待会上我曾说:

我们今天纪念"五四"文化运动。今天在座的诸位先生同志,多半是当时亲临前线的健将,即或有一部分未曾参加,也是自抗战以来,或在陪都,或在各地,甚至在沦陷区域,敌人后方受尽种种艰苦,用自己的心血,用自己的笔枪舌剑,赞助抗战,拥护抗战。这都是深深值得我们敬佩的。我们今天应该对诸位先生诸位同志,表示最大的敬意与慰劳。

现在的国际形势,我们可以看得出来,轴心国家的实力,已经日就衰颓。至于太平洋和南洋的战局,我们可以说,还是最初的形势,并不是最后的形势。反侵略国家最后的胜利,也就是我们抗战最后的胜利,是毫无疑义的。

三民主义为现代文化补偏救敝的药石,自具伟大的理想与系统;而且登高自卑,次序井然。希望大家在三民主义旗帜下,共同努力,复兴民族,完成历史的使命。

还有一次聚会也是很有意思的。就是在一九四六年一月政治协商会议闭幕之后,国民党死硬派背后大不满意,正在千方百计企图撕毁政协通过的各项协议。我于二月八日特别邀请各方面人士举行盛大的庆祝联欢晚会。在会上我有一篇简短的讲话:

各位女士、各位先生:

今晚举行这个文化界联欢晚会,承蒙各位莅临参加,觉得十分荣幸,特愿简单地表达我们举行这个联欢晚会的意思。

首先,我愿意和到会的朋友们共同庆贺这次政治协商会议的成功。由于政府和平建国国策的确定,由于全国各党派与社会贤达对和平建国信心的坚定,由于全国人民对和平建国的一致拥护,我们为统一、民主、和平、团结而召集的政治协商会议,已经获得了圆满的成功,从此中国结束了过去以武力从事政争的旧历史,并将步入和平建设的新时代,这真是一个空前的伟大成就。我们相信一个统一、民主、和平、团结的新中国,将因这次政治协商会议的成功而日益成长壮大。让我们大家借今天的晚会来庆祝政协的成功,并对参加政治协商会议的各位代表先生们表示诚挚的敬意!

其次,参加今天晚会的嘉宾中,我们特别要提到舒舍予和万家宝两先生,因为他们业已接受美国国务院的聘约,行将出国讲学。舒先生在小说和一般文艺方面的成就,万先生在戏剧方面的成就,无疑地将是中国文艺界乃至世界文艺界的光辉。这次舒、万两先生出国讲学,我们相信他们两位必能为沟通世界文化而有重大的贡献,我们谨借今天的晚会,欢送这两位文化使节,并祝他们一路平安!

还有，本人要特别表示欢迎的，是今天参加晚会的许多延安方面的朋友，尤其是新近来渝的朋友。如毛先生的夫人江青女士及其他许多朋友们。前此本人奉命邀请毛先生来渝协商国是，曾先后两度赴延安，蒙延安方面各位朋友殷勤款待，高谊盛请，迄未敢忘，谨借这个机会，表达衷心的谢忱。

最后，本人还要特别致意的，今晚在座的各位先生和各位女士，可以说都是为革命建国而奋斗的先进。国父孙中山先生说过："人民的权力是民主政治的动力，群众的意志是民主政治的基础。"中国国民党五十余年①来所领导的国民革命事业，就是要建立一个三民主义的新中国。今天对日抗战已经获得了胜利，和平统一已奠定了基础，我们国家民族的前途是有无限的远大与光明，这一切应该归功于全国人民的共同努力。而各位女士、各位先生过去所已努力的，是已经获得的成功的保证，我们对历史、就是对我们列祖列宗和子孙万代是有了交代，我们愿借今天这个机会热烈表示我们共同的欣慰与祝贺。

今晚还是旧历的新年，我们欢聚一堂，喜气重重，真有说不尽的愉快和高兴，谨祝各位女士、各位先生快乐和健康！

这些话，显然是为在座的共产党朋友和民主进步人士所能听的，当时就有很多位起来讲话，表示热烈的同意。

---

① 中国国民党成立于一八九四年，它最早的前身中国同盟会成立于一九〇五年。

战干团事件

这里我还要讲到在我刚接任时发现的一件暗无天日的事。我刚接任,就接到报告和申诉,说驻在四川綦江的战干一团里杀害了不少在那里受训的青年学生,有些人还被关着,有些人在受非刑拷打后变成残废。我看到这些报告和申诉后,非常震动,非常生气,立刻严令该团后任负责人查明真相。结果证实了这回事。原来是在我接任前不久,该团负责人桂永清根据什么《防止异党活动办法》将一些思想前进的爱国青年加上"异党"或"异党嫌疑"的罪名,惨加迫害,杀的杀(还有活埋的),关的关,拷问的拷问。人死了,就报"逃亡"或"失踪"。我根据查报的结果,将首事人员押送军法机关严办,并令将关禁的学生一律释放。我并亲自到綦江去了一趟,慰问了留团的和释放出来的学生。这真是一件伤天害理的事!国家元气怎能经受得起这样的摧残呢?可是我能知道的只不过是千万件中的一件而已!以后不久,我就把战干各团(共三个团)撤销了。

皖南事件

一九四〇年十月,两党关系严重恶化。核心问题是军事问题。何应钦、白崇禧奉派和周恩来、叶剑英会商办法,未得协议。何、白遂发表了所谓皓(十月十九日)电,指斥中共:"一不守战区范围,自由行动;二不遵编制数量,自由扩充;三不服从中央命令,破坏行政系统;四不打敌人,专事吞并友军。"认为这四者是摩擦事件发生的根源，决定根据所谓《中央提示案》，对党的问题、陕甘宁边区问题、十八集团军及新四军作战地境问题、编制问题等，作硬性片面的规定，限期电到一月内把部队撤至划定的作战地境内。这种规定，当然于事无补，更且治丝益棼。

到一九四一年元月，就发生了皖南事件。新四军所部一万余人在泾县、太平一带被顾祝同、上官云相所部突然围攻，几乎整个被消灭。结果叶挺被俘，项英战死。重庆政府十七日宣布"新四军抗令叛变"，明令撤销番号，把叶挺交付军法审判。中共中央对这事发表谈话，指出皖南事件仅是国民党反动派反共投降大阴谋中的一个步骤，号召全国人民起而制止，并向国民党政府提出：取消一月十七日的反动命令；惩办祸首何应钦、顾祝同、上官云相，恢复新四军番号；恢复叶挺自由，释放被俘干部战士，抚恤死难将士；逮捕各亲日派首领交付国法审判；停止华中几十万大军的"剿"共战争，平毁西北的反共封锁线；严整抗日阵营，坚持抗日到底等条件，作为解决事件的基本方案。

这一抗议，国民党政府相应置之不理，而问题愈闹愈僵，两党的裂痕越来越大了。我对皖南事件事前虽表示反对，终以孤掌难鸣，未能挽回。不过事后在同年三月二日，我曾向蒋上万言书，痛陈对中共问题处理的失策，尤其皖南事件，我认为是招致两党破裂的开始，关系至大。摘录其中重要的几段如后：

现在共党问题解决的棘手，大半由于若干同志不特未具远大之眼光，甚至缺乏体认此问题之常识，始终为一种错误之冲动所支配，以致愈演变而愈出原来之预料。最近对于本问题之经过，谨就所经历者缕陈钧听。当新四军苏北问题发生后，职每次出席会议（按：指军委的有关会议），即感觉有异样之空气。职于一月十日曾密向总长（指何应钦）陈述意见，以为对共党问题，应有冷静之考虑，慎重之措施，勿任有成见而好冲动者为无计划无限制之发展，总长亦以为然。但未数日，皖南新四军问题爆发。记于一月十五日上午十时半总长于其办公室召集临时会报，研究善后处置办法。时军令部提出两案：一为明令撤销新四军番号，一为不撤销其番号，任其渡江北上，以观其动态如何，再作处置。职当赞成第二案，其时健生（白崇禧）则主张以甲案呈请钧座裁决。职力持不可，谓吾辈高级幕僚对统帅陈述意见，不妨同时列举多案，俾统帅有所抉择；并谓如照甲案执行，是否将引起决裂，此时决裂是否为时势所许可，应加考虑。而健生即厉声戟指起而指摘曰："你身为政治部长，如何能说此种话！"职见其感情冲动，已达极点，在彼正欲一逞为快之时，未便再有所论列。是日下午，原约齐晋谒钧座，报告会议结果，适因本部召集之川康政工会议，职须亲自主持；又虑在钧座之前，发生争执，诸多不便，因未参加晋谒。及撤销新四军命令揭晓，职与周恩来之谈话经过，曾经报告察核，兹不赘陈。

然于叶剑英赴延安之后，讵即发生若干毫无取义之动作，如本会办公厅正式以奉谕名义通报，谓此后应改称异党为"奸党"。此种通报，共党方面自不难探悉。又如《新华日报》事件之发生。凡此似皆无关宏旨，徒益增问题解决之困难，实为冲动表现之一斑。尤可骇怪者，某日正开党政军联席会议时，某同志提出报告,谓周恩来将于明日与居里①会见,当时即有人提议,设法将周关闭一日,勿令其与居里会见。杂辞讨论,纷纭一堂。职在会议中本不拟再表示意见,惟见此种情形,不能再忍,因起谓:"此事尚未明了主动者为周抑为居里,但委员长必已闻悉,现委员长并未交付会议讨论;且此种处置,殊不高明,恐徒然引起居里方面之误会",始将此议打消。月前职曾向钧座陈述,吾人今日必须把握此局面,不宜听任其继续作毫无约束的发展,致将来发生非所预期之结果,瞻顾当前局势,此种顾虑,似非杞忧而已。

书后建议:"为保持抗战之有利形势,应派定人员与共党会谈,以让步求得解决","在此朝野彷徨之秋,钧座如能正确指示一般干部以解决共党问题之方针,澄清一切沉闷徘徊之空气,使冲动之感情,无由支配行动,实为当务之急,若犹是听其拖延,其结果将对我无利而有害。"可惜蒋当时不能采纳,一任问题之愈拖愈坏了。

二度和谈

自此以后,顽固派的气焰虽甚嚣张,但双方的商谈仍在不断地进行。当时中共重要干部在重庆的有周恩来、董必武、叶剑英等,彼此都经常保持了接触。特别是一九四二年,中共中

---

①居里是美国罗斯福总统的秘书,以总统私人代表名义来华借名了解中国经济情况,实则策划援蒋。

央又加派林彪将军到重庆来。林是黄埔学生，蒋当时派我代表商谈。记得曾经谈过许多次，每次都是在我家里（重庆曾家岩的一栋旧式小楼房，名桂园是向关家租来的），每次差不多都是周、林一道来。谈谈歇歇，歇歇谈谈，前后经过八个月之久，直到一九四三年春天，才由周恩来先生把他们的最后意见一字一句地念给我听，我也一字一句地抄下来。抄完后再念给他们听，认为无误，就是下面的四项：

（一）党的问题，在抗战建国纲领下取得合法地位，并实行三民主义，中央亦可在中共地区办党办报；

（二）军队问题，希望编四军十二师，请按中央军队待遇；

（三）陕北边区，照原地区改为行政区，其他各区另行改组，实行中央法令；

（四）作战区域，原则上接受中央开往黄河以北之规定，但现在只能作准备布置，战事完毕，保证立即实施；如战时情况可能（如总反攻时），亦可商承移动。

这四项，我当时认为是应该可以接受的条款，而且内心觉得中共确已让步，也确实具有合作抗日的诚意，所以心里很高兴，亲笔誊抄一次送给蒋看。蒋随即召集一次临时的军事会议。会议中蒋先不置一词，只问大家有什么意见。当时发言的大都表示不能接受，甚至有以傲慢态度嗤之以鼻者。他们对第一条，根本就不愿意给共党以合法地位；对第二条，认为一下扩充为四军十二师，办不到！对第三条，倒少表示意见，只说应由政府决定；对第四条，认为措辞含混，应该先遵照皓电规定，把军队撤到黄河以北。总之，充满了偏见与近视。在会议上我虽然一再解说，还是拗不过他们。蒋始终既不表反对，也不说赞同，最后说："好吧，再说吧！"这样就搁下来了。其实，本来应该而且可以接受的条款而不接受，只有使林彪将军徒然虚此一行了。

  在这里，要特别指出一件事。蒋一面不肯接受中共所提四项，一面却酝酿着另一种念头。记得是一九四三年夏季的某一天，蒋约我去说："我想请毛泽东到重庆来，我们当面谈一切问题，你看好不好？"我听了这话很兴奋，即答："很好！很好！我完全同意。"他当时就亲笔写了一封给毛的信交我。蒋何以忽有此动机，是不是由于一九四三年五月第三国际宣告解散，曾引起反动派"招降"共产党的幻想，他也存在此幻想呢？不得而知。这时林彪准备回延安去，我在家里为他饯行，就在那天晚上把信交给他。不过，以后并没有听说中共对蒋的邀请有任何的表示，我也没向周恩来查问。但是，这却为一九四五年抗战胜利后毛泽东先生由延安来重庆伏下一笔。

三度和谈

  到一九四四年五月间，中共中央又派林祖涵先生到重庆继续商谈，国民党政府派王世杰和我为代表。这段商谈经过也是够曲折艰难的。时间是从五月到十月底，地点是从西安到重庆。整个经过，具见我同年九月十五日在有中共参政员参加的国民参政会的口头并附书面报告《关于中共问题商谈经过》中，兹照录如下：

关于中共问题商谈经过
（民国三十三年九月十五日报告）

（一）

  关于中共问题商谈的经过，国民参政会诸位先生要求提出报告，治中奉命代表政府，只把这一次商谈经过，简明扼要报告如下：

  在本年一月间，据军事委员会派在十八集团军之联络参谋郭仲容给军令部子篠电，说："本月十六日，毛泽东先生约谈，表示目前中共拟于周恩来、林祖涵、朱德总司令中，择一或三人同行到渝，晋谒委座请示，并嘱报告请示可否。"二月二日，军令部复郭联络参谋一电："朱、周、林各位来渝，甚表欢迎，来时请先电告。"嗣接郭联络参谋二月十八日电："毛泽东先生谈，中共决先派林祖涵先生赴渝。"至四月间，又接郭联络参谋来电，谓据朱德、周恩来、林祖涵先生说，林定四月二十八日起程。中央据报后，于五月一日派治中和王世杰先生到西安先与林祖涵先生作初步会谈，我们与林先生同于二日先后到达西安。计自五月四日至十一日，在西安共会谈五次，会谈中关于林先生表示的意见，都记录下来，作成一个记录，送给林先生看过以后，经林先生增减修改，当面交给我们，并签字于记录上面。当时林先生询问我们可否亦在上面签字，我们以为这是林先生所提出或同意我们一部分的意见，自只应由林先生签字，至于中央的意见，我们当于返渝请示之后，正式提出。现在将林先生签过字的记录原文录下：

"自五月四日至同月八日的会谈中所表示的各项

甲　关于军事者：

一、第十八集团军暨原属新四军之部队，服从军事委员会之命令；

二、前项部队之编制，最低限度照去年林彪所提出四军十二师之数；

三、前项部队经编定后，仍守原地抗战，但须受其所在地区司令长官之指挥，一俟抗战胜利后，应遵照中央命令移动，以守指定集中之防地；

四、前项军队改编后，其人事准由其长官依照中央人事法规呈报请委；

五、前项军队改编后，其军需照中央所属其他军队同样办法，同等待遇。

乙　关于陕甘宁边区者：

一、名称可改称为陕北行政区；

二、该行政区直隶行政院，不属陕西省政府管辖；

三、区域以原有地区为范围（附地图），并由中央派员会同勘定；

四、该行政区当实行三民主义，实行抗战建国纲领，实行中央法令，其因地方特殊情形而需要之法令，可呈报中央核定施行；

五、该行政区预算，当逐年编呈中央核定；

六、该行政区及第十八集团军等部队，经中央编定发给经费后不得发行钞票，其已发之钞票，由财政部妥定办法处理；

七、该行政区内，国民党可以去办党办报，并在延安设电台，同时国民党也承认中共在全国的合法地位，并允许在重庆设电台，以利两党中央能经常交换意见；

八、陕甘宁边区现行组织，暂不予变更。

丙　关于党的问题者：

依照抗战建国纲领之规定，予中共以合法地位，停捕人，停扣书报，开放言论，推进民治，立即释放因新四军事件而被捕之人员，及一切在狱之共产党员，如廖承志、张文彬等，并通令保护第十八集团军及新四军之军人家属。

丁　其他：

一、中共表示继续忠实实行四项诺言，拥护蒋委员长领导抗战，并领导建国，国民党表示愿由政治途径公平合理地解决两党关系问题；

二、撤除陕甘宁边区之军事封锁，现在对于商业交通，即先予以便利；

三、敌后游击区的军事政治经济问题，服从国民政府及军事委员会的领导，一切按有利抗战的原则去解决。

林祖涵
五月十一日"

（二）

因林祖涵先生已有具体意见表示，我们遂于五月十七日邀同林祖涵先生回重庆，当时中央正要开十二中全会及全国行政会议，虽在百忙之中，仍然将在西安谈话经过及林祖涵先生所表示意见，报告中央，由中央考虑解决此项问题之具体方案，于六月五日约林祖涵先生晤面，即将《中央对中共问题政治解决提示案》文件一种，面交林祖涵先生，其原文如左①：

民国三十三年六月五日中央对中共问题政治解决提示案

兹以林代表祖涵在西安所表示之意见为基础，作以下提示案：

甲　关于军事问题：

一、第十八集团军及其在各地之一切部队，合共编为四个军十个师，其番号以命令定之。

二、该集团军应服从军事委员会命令。

三、该集团军之员额，按照国军通行编制（由军政部颁发），不得在编制外另设纵队、支队或其他名目，以前所有者，应依照中央核定之限期取消。

四、该集团军之人事，准予按照人事法规呈报请委。

五、该集团军之军费，由中央按照国军一般给予规定发给，并须按照经理法规办理，实行军需独立。

---

①原文为竖排本。

六、该集团军之教育，应照中央颁行之教育纲领、教育训令实施，并由中央随时派员校阅。

七、该集团军之各部队，应限期集中使用，其未集中以前，凡其在各战区之内的部队，应归其所在地战区司令长官整训指挥。

乙　关于陕甘宁边区问题：

一、该边区之名称定为陕北行政区，其行政机构称为陕北行政公署。

二、该行政区区域，以其现有地区为范围，但须经中央派员会同勘定。

三、该行政区公署直隶行政院。

四、该行政区须实行中央法令，其因地方特殊情形而需要之法令，应呈报中央核定施行。

五、该行政区之主席由中央任免，其所辖专员县长等，得由该主席提请中央委派。

六、该行政区内之组织与规程，应呈请中央核准。

七、该行政区预算，逐年编呈中央核定。

八、该行政区暨十八集团军所属部队驻在地区，概不得发行钞票，其已发之钞票，应与财政部妥商办法处理。

九、其他各地区所有中共自行设立之行政机构，应一律由各该省政府派员接管处理。

丙　关于党的问题：

一、在抗战期内，依照抗战建国纲领之规定办理。在战争结束后，依照中央决议召开国民大会，制定宪法，实施宪政，中国共产党应与其他政党遵守国家法律，享受同等待遇。

二、中国共产党应再表示忠实实行其四项诺言。

在中央提示案面交林祖涵先生之后,并经声明中共如将以上办法实行后,则中央对于撤去防护地区之守备部队,可予考虑,并可恢复该地区与其邻地之商业交通,及中共人员违法被捕者,亦可从宽酌予保释。林先生随从口袋内取出一函,附有《中国共产党中央委员会向中国国民党中央执行委员会提出关于解决目前若干急切问题的意见》文件一份,交与我们阅看。其原文如左①:

国共两党合作抗战已历七年,中共谋国之忠诚,抗敌之英勇,执行三民主义,实践四项诺言,拥护国民政府及蒋介石先生抗战建国始终如一,均为有目所共见。惟目前抗战形势极为严重,日寇继续进攻,而国内政治情况与国共关系,尚未走上适合抗战需要之轨道,为克服目前困难、击退日寇进攻并认真准备反攻起见,中共方面认为惟有实行民主与增强团结一途。为此目的,中共希望政府方面,解决以下紧急万分的问题。这些问题,有关于全国政治方面者,有关于两党悬案方面者。兹率直胪陈如下:

甲　关于全国政治者:

一、请政府实行民主政治,保证言论、出版、集会、结社及人身之自由。

二、请政府开放党禁,承认中共及各抗日党派的合法地位,释放爱国政治犯。

三、请政府允许实行名副其实的人民地方自治。

---

①原文为竖排。

乙　关于两党悬案者：

一、根据抗日需要，抗战成绩，及现有军队实数，应请政府对中共军队，编十六个军四十七个师，每师一万人，为委曲求全计，目前至少给予五个军十六个师的番号。

二、请政府承认陕甘宁边区及华北根据地民选抗日政府为合法的地方政府，并承认其为抗战所需要的各项设施。

三、中共军队防地，抗战期间维持现状，抗战结束后，另行商定。

四、请政府在物质上充分接济十八集团军及新四军，自一九四〇年以来，政府即无颗弹、片药、分钱、粒米之接济，此种状况，请速改变。

五、同盟国援助中国之武器、弹药、药品，应请政府公平分配于中国各军，十八集团军及新四军应获得其应得之一份。

六、请政府饬令军政机关，取消对于陕甘宁边区及各抗日根据地的军事封锁与经济封锁。

七、请政府饬令军事机关，停止对于华中新四军及广东游击队的军事攻击。

八、请政府饬令党政机关，释放各地被捕人员，例如皖南事变时，被俘的新四军官兵叶挺等，广东的廖承志、张文彬等，新疆的徐杰、徐梦秋、毛泽民、杨之华、潘却等，四川的罗世文、车耀先、李椿、张少明等，湖北的何彬等，浙江的刘英，西安的宣侠父、石作祥、李玉海、陈元英、赵祥等，此等人员均系爱国志士，请予恢复自由，以利抗日。

九、请政府允许中共在全国各地办党办报，中共亦允许国民党在陕甘宁边区及敌后各抗日民主边区办党办报。

　　以上各条仅举其主要者,中共方面诚恳希望我国民政府,予以合理与尽可能迅速之解决,诚以西方反希特勒斗争,今年可胜利,东方反攻日寇,明年必可开展,而且日寇正大举进攻,威胁抗日阵线,若我国共两党不但继续合作,而且能对国内政治予以刷新,党派关系予以改进,则不特于目前时局大有裨益,且于明年配合同盟国举行大规模之反攻,放出坚固之曙光,愿我政府实利图之。

中共中央代表　林祖涵
民国三十三年六月四日

　　此时我们曾对林祖涵先生说:"上次于五月二十二日先生所提出之二十项,因内容与在西安所表示的意见出入甚大,未便接受,当经先生收回。此次所提出之十二项,项目虽较前减少,但内容并未改变,本不能接受,惟不欲过拂先生的意思,仅允留下,但不能转呈。"当时林先生亦说就留在你们两位处参考亦好。

(三)

　　到了六月六日,我们接到林祖涵先生的来信,对于中央提示案,提出两点声明:第一,认为提示案与中共六月四日正式提出的意见,相距甚远,除将提示案报告中共中央请示外,并请将中共提出的十二条,转请中央作合理解决;第二,对于提示案开头所说的"以林代表祖涵在西安表示之意见为基础"一语，认为与经过事实不符，他认为西安的记录，是"最后共同做成的初步意见"，他同意"约定各自向其中央请示，再作最后决定"，因此他还是希望中央考虑中共最近正式提出的意见。我们当即在六月八日，回林先生一封信，就他所声明的两点，提出答复：第一，林先生六月五日交来的函件，因为前后出入太大，曾经声明未便转呈，林先生最后说"就留在你们两位处参考也好"，所以当时仅允留下，但仍声明不能转呈；第二，在西安谈话中记录下来经过林先生增减修改，另自缮清再行签字的意见，我们回来以后，已经转呈中央，所以中央提示案，就以林先生的意见为基础，并且尽量容纳了林先生的意见，希望林先生能够完全接受。

（四）

六月十一日，又接到林先生的来信，他对我们六月八日的回信，认为"有两点甚难理解"：第一，说我们已承认他是中共的代表，就不应该不把中共正式提出的意见转报中央，而只片面要求他个人接受中央提示案，他个人如何能够做主？第二，他承认六月五日面交的中共所提的十二条，诚与西安商谈的意见，"略有"出入，但中央提示案和西安商谈的意见亦有出入，他以为这种谈判过程中的出入，双方都有，不足为异，他现在已经将中央提示案电告中共中央，我们就不应该拒绝将中共正式提出的意见转呈中央请示。

其实林先生说不能理解的两点,事实是很显明的。正因为林先生是中共的代表,所以他所表示的意见,当然可以作数的。至于中共随后所提的十二条,内容与林先生的意见大有出入,而且中共对于服从军令政令的根本观念,并无表示,只是提出片面的要求,所以我们当时郑重声明不能转呈,是不难理解的。但我们因为希望问题早日得到解决,尤不愿大家因此发生误解,所以仍将林先生交来的十二条转呈中央政府,随奉中央指示,以"中央六月五日已以提示案交林代表转达中共,凡中共意见,中央政府所能容纳者,该提示案已尽量容纳,希望中共方面接受"。

六月十五日,我们就将中央的指示,函达林先生,并申述此次商谈之基本精神,须本统一国家军令政令之原则,为改善现状,增强团结的前提。而中共所提十二条的内容,对于如何实行中央政府的军令政令,和改善措施、整编部队各点,均未提及,至于整编部队的数字,在西安时我们说可能的数字是三军八师,现在中央提示案决定为四军十师,比较我们所说的数字还增加了两师,可见中央尽量迁就的意思。

(五)

六月十五日我们回复了林先生的信以后,经过十几天,中共方面,对于中央提示案仍无答复。至七月三日,林先生约我们会面,口头提出,对中央提示案有两点商量:第一,关于政治问题,希望中央将"民主"尺度放宽;第二,关于军队问题,希望按五军十六师扩编,同时又说,延安有电报,欢迎你们两位到延安商谈。当时我们就说明：关于民主问题，政府已在采取各种措施，促进民主政治的实现，例如废止图书事先强制审查办法，严令后方各省完成县参议会之设置，及中央即将公布保障人民身体自由的法令，和其他正在拟议中的很多关于民主的措施，不必列举。至于军队扩编数目的问题，中央现在正在厉行精兵政策，尽量地紧缩单位，对于中共的要求，已经尽最大限度来容纳，如果拿抗战初期国军数额和现在增加数额来做一对比，就可以了解中央委曲求全的苦衷。最后我们认为像这样谈下去，有点像故意拖延，似乎应该将中央提示案作一全面确切的答复，来作具体商讨的基础，不宜再在口头上空言往返，讨价还价，徒增枝节。并表示如在重庆能得到结论之后，我们可以考虑去访问延安的问题。

（六）

至七月十三日，林先生又来会面，当时他又请中央对他们所提的十二项有所"指示"，而对于中央交给他们的提示案如何答复问题，他并未提及。当时我们以林先生所提各项问题过去多已经加以说明，殊不必再加辩驳，仅答林先生来意已明，我们再另订期商谈而散。

（七）

到了七月二十三日，林祖涵先生又来一信，内容仍系问及我们对他所提十二项的意见，是否已请示答复，并请我们到延安去。

七月二十五日，我们再与林先生见面，对于他所提十二项内列各项问题，在口头上曾有较详细之解释，并告以中央所提出之提示案，即系中央具体意见，乃中共久延未予答复，并且我们曾说中共如此态度，很像有意拖延，不愿意来解决这个问题的。

（八）

我们在这个期间，曾继续研究这个问题，并且考虑在上一次口头答复之后，应该再有一个书面答复，才比较具体，又于八月五日同林祖涵先生见面一次，曾说明我们预备将上一次口头答复的意见，作成一个书面答复，同时并等你们对中央提示案有确实答复之后，那时我们再考虑进一步商谈和是否去延安的问题。在此次谈话之后，于八月十日根据前意写成一信，送给林祖涵先生，其要旨如左①：

"从五月三日在西安晤面起，已逾三月，自六月五日面交中央提示案以后，亦两月余，迄未得中共切实答复，殊出初料之外。此次政府提示案之内容，不但对去岁林彪师长所请求各款，几已全部容纳，即对先生在西安表示之意见，亦已大部容纳，中共既表示拥护团结与统一，请即促其接受。

---

① 原文为竖排。

关于中共之十二条意见，第一至第三条，政府提示案中，已剀切申示：在抗战期内厉行中共及一切党派所已接受之抗战建国纲领；在抗战结束后一年内实行宪政，予各党派以同等地位，意义明豁而具体，若干申示以外，标举若干毫无边际之抽象文句，徒为异日增加纠纷。现在中央政府已定之政策，在依抗战进展、胜利接近与夫社会安定，逐渐扩大人民自由范围，促进地方自治，一方面政府希望中共接受提示案后，随时提出关于厉行抗战建国纲领之意见，并积极参加参政会及宪政实施协进会之工作，期彼此观点渐趋一致，国家真正统一团结，可以实现，此为政治解决之根本意义。

十二条中关于军队编制、数额、军队驻地、军饷、军械者四条：十八集团军原来编为三师，现在允许扩编为四军十师，在政府厉行精兵政策裁减单位之时期中，自属委曲求全之至。关于军队驻地，提示案一面指示集中使用之原则，一面规定在集中前整训指挥系统，实已面面兼顾。至于军饷，则已规定与国军享受一律待遇；军械则政府当随时依需要与所负之任务为合理之分配。

十二条中要求政府承认'陕甘宁边区'及'华北根据地民选抗日政府'之一条，在陕北边区问题，政府提示案中已提出十分宽大之办法，至其他任何地区之行政机构，自当依照提示案，由各该管省政府接管，以免分歧。

其他尚有若干要求，或则与事实不符，或则与事理不合，均已向先生口头说明，兹不赘述。"

（九）

以后接到林祖涵先生八月三十日来函,以奉中共之命答复我们八月十日的去信,大意是:

一、认为我们八月十日的信上,含有责备中共无理拖延的意思,系完全不合事实与错误的见解。因为政府提示案与中共所提之书面十二条与口头八条,原则上相距太远,并举出:(一)提示案对于实行民主政治,承认各党合法,释放政治犯等一字未提;(二)编军的数目和编制外军队的取消及军队集中使用;(三)只要求边区政府实行中央法令,而不提实行三民主义,不承认现行各项设施与法令;(四)取消敌后抗日根据地的人民选出之民主政府等,认为距离太远的事实。二、认为根本解决问题的障碍,由于中央政府与中共及"全国广大人民"的观点,有着很大的距离,因为政府始终不愿意立即实行三民主义和民主制度。三、希望中央政府在解决全国政治问题与国共关系问题上,应把整个国家民族的利益放在第一,应从有利于全国团结抗战,有利于促进民主的观点出发。后面又重复提到上面已经列举过的"政治问题""军队问题""边区"及"华中、华南、华北各抗日根据地"等问题,重申第一项各点所持的态度,同时扩大了许多范围。四、申述中共始终忠实执行四项诺言,忠实实行三民主义,坚持民主团结与政治解决的方针,证明中共不愿使谈判破裂。

我们看了林先生八月三十日来信之后,使我们感觉……从去西安到现在,已经把问题愈谈愈远了……我们不能不引为惋

惜。但是我们并不绝望。为了使中共方面能够确实的明了我们的意思,所以随后就复了一信①,大意是:

申述中央政府命我们与先生商谈,在求全国之真正统一,亦即求中共切实履行其四项诺言,切实拥护全国政权的统一,如先生所说中共始终执行四项诺言,则中共对各地国军何致有许多侵犯之事实?中央何致今日尚须命我们与先生商谈服从军令政令等问题?

中央令我们与先生商谈统一,原为未来之宪政与整个三民主义的实施,树立强固的基础。关于民主政治及党派问题,中央提示案已有剀切条文,我们八月十日函内复有详细的申说,何以说是"一字不提"?来函所说的中共在边区及敌后各抗日根据地彻底实行了三民主义,又说在中共的一切地区内,一切人民和抗日团体,均享有一切自由和权利,但有许多事实,迫着我们否认。即如民主与自由,国父遗教欲以五权分立为民主的正轨与人民自由的保障,中共区域内可有司法权监察权独立的事实?中共区域内的人民乃至共产党员,可有言论自由、身体自由的保障?我们前函希望对于民主自由等问题,勿提出毫无边际的抽象要求,并请中共随时与中央政府、国民参政会以及宪政实施协进会等切实商讨各项问题的解决办法,不惟至当,且属必要。

说明来函所提种种问题,早已一一举答,其中一点,即中央提示案对于去岁林彪师长和最近先生在西安所提意见,已经

---

①《中美关系资料汇编》第一辑,《国民政府代表(张治中将军)在国民参政会上的报告》记述此信时间是九月十日。

"大部容纳",确系绝对真实,但先生依然强调"距离太远",可是距离远的原因,不外是因中共的要求与时俱增,先生在西安所提的较去年林师长所提的多,中共所提的十二条又较先生在西安所提的多,此次来函又于十二条以外,加上所谓"口头八条",要求既与时俱增,距离乃不能不远。例如陕北边区和所谓"其他抗日根据地"问题,林师长所提为"陕北边区照原地区改为行政区,其他各地区,另行改组,实行中央法令",先生在西安签字的文件,并未列入"其他抗日根据地";中共所提十二条中,则要求承认"陕甘宁边区及华北根据地民选抗日政府";先生来函则更以"陕甘宁边区政府及华北、华中、华南敌后各抗日根据地民选抗日政府"的承认为言,在此种逐渐变化、逐渐扩大要求的情形下,倘商谈不能接近,其责任究在谁方?

说明中央政府与国民党绝不将一党一派的利益,置于国家、民族利益之上,切望中共能够同守此旨。

最后说到只要于事实有益,我们赴延安一节,亦所乐从,兹问中共能否派负责代表来重庆解决本问题,并派何人代表偕返重庆。

(十)

这一次商谈的经过和来往有关文件的重要内容,一一报告如上。今日中共问题,为了国家统一团结及争取抗战胜利,建国成功,全国的人民,都热切希望早日得到合理的解决,我们受中央政府之命,负着商谈的任务,当然更抱着最大的热忱和希望。中央政府所求的,只为军令与政令的统一,必须如此,乃能有确实的团结,乃能以举国军民一致的力量,打击敌寇,更必须如此,乃能有利于抗战建国。在这一个大前提之下,中央政府无不根据事实,委曲求全,尽量容纳中共的意见,这在中央提示案上,都可以明白看出来的。至于民主自由问题,中央政府一向重在实事求是,实在去做,不欲徒托空言,在抗战建国纲领原则之下,如开放言论、保障人民自由、扩大民意机关职权,都在着手进行,今后自仍本此方针,继续致力,使战争结束之后,能够顺利推行宪政,那时候党的问题,自然可以解决。现在中共方面,虽然还没有接受中央提示案和实行遵守国家军令政令的表示,但是我们希望中共当能本着团结抗战的真义,以事实和行动来践履诺言,实现国家真正的统一。中央政府绝不变更政治解决的方针,而且竭诚期待中共修正其所持的观点,早日解决这一问题,以慰全国同胞的期望。因知诸位先生对这一问题之关切,特来报告关于本问题商谈经过,并郑重说明中央政府的态度和愿望,还请诸位先生赐教。

  从上述报告里,可以看出当时商谈的困难。双方观点既不同,而所提条款又相去太远,当然得不出任何的结果,那是没有疑问的。

  同时中共方面林祖涵先生也向参政会作了一个报告,大意是提出组织联合政府、召开国是会议的建议。在反动派看来,当然是更进一步的要求了。

1944年5月12日，国民党代表张治中、王世杰在西安与中国共产党代表林伯渠会谈。

美方调停

商谈既陷于搁浅，林祖涵先生便返回延安。

同年十一月初，赫尔利作为美国总统罗斯福私人代表到中国来，表示愿调停两党争端，双方即开始继续商谈。国民党政府方面，还是王世杰和我。时宋子文正代行政院院长，也有时参加。中共代表是周恩来先生。这次商谈时间也相当长。从十一月到一九四五年的夏天。有时五个人参加，就是王、宋、周、赫尔利和我，也有时仅三个或四个人。这段时间，军事紧张，我曾奉派到各地视察，不能每次会议都参加，还是由王世杰经常出席。据他在一九四五年三月于国民党中央宣传部的讲演（他

当时是部长,这篇东西曾印成小册分发各有关方面参考,但未在报端发表),有"谈判经过"一项,全文如下:

谈判可分为两个阶段。第一阶段自五月迄十月底,政府方面负责者为张部长治中及本人,中共代表为林祖涵氏。第二阶段自十一月迄现在,政府方面为张部长及本人,此外宋代院长有时亦参加商谈,并由友邦美大使斡旋其间,中共代表为周恩来先生。

(一)第一阶段本人与张部长赴西安,洽商十日,最后将林氏要求条件制成笔录,并送请其校对。此文件经林氏订正,两日后送回,并由其亲自签字。其中虽有若干超过范围之处,但本人当时认为尚可提请政府考虑。其大要内容为:

"军事方面:中共军队接受中央军令,最少改编为十二师,待遇与国军平等,军官暂不变更。军需可以照中央经理法规办理。中共军队在抗战期内,不调动,在原驻地抗战。中央政府认为有问题者在此最后一点。

政治方面:中央承认陕甘宁边区并给予高度自治,该边区任用高级官吏,可经中央备案。须实行国民政府颁行之法律,其有适应地方之单行法规须送请中央备案。边区钞票不再印发,由财政部加以整理。解除所谓边区封锁。释放政治犯与承认中共合法地位。"

本人等携回向中央请示,于六月五日将中央提示案,交与林氏;该提示案大体接纳了中共要求。(军队准编十师,其后蒋委员长在参政会中表示十二师之数亦可考虑。)但彼称六月四日奉有中共电令,将条件扩大了;在此扩增的条件之中,中共军队应编为十六师;中央政府并须承认中共的"华北根据地",以后中共又声明须承认"华北、华中、华南根据地"。

九月间参政会开会时林祖涵氏又突然提出组织"联合政府"召开"国是会议"之要求,当时参政会中本党同志均极冷静忍耐,无片言指责中共,并为不使谈判僵化起见,由大会决定推王云五、傅斯年、胡霖、陶孟和、冷遹等超然人士五人,组织延安视察团,前往视察,然后向政府提出解决办法之报告。彼等原定一个月内起行。但当时因湘桂军事情势不佳,延安态度一天恶化一天,彼等遂屡次延期,直至十月底未克成行。

关于以上第一阶段之谈判,详见三十三年九月十五日张治中在参政会提出之报告及该报告附件。那些文件并见三十三年九月十六日重庆各报。

(二)第二阶段十一月初赫尔利将军(赫氏当时尚为美总统私人代表)来华,表示愿对中国内部团结问题有所致力。中共亦有电邀请其赴延安一行,彼征得我政府同意后,自愿效奔走之劳。其动机不外两项:(1)从旁协助调解,俾中国获得统一因而增进其国际地位,此于中美两国在未来国际舞台上之合作大有裨益;(2)美军不久将在我国海岸登陆,假使当地驻军为国军自无问题,但如为中共游击队,则因中共不受国民政府命令,问题将趋复杂;倘政府与中共之间能先期谋得政治解决,则美军登陆可减少若干困难。

赫尔利将军于十一月初飞延安与毛泽东氏辩论数日,最后携回毛氏亲笔签字之草案,其主要之要求为组织"联合政府及

联合军事委员会"与承认中共之合法地位。该草案原文如下:

"一、中国政府,中国国民党及中国共产党,一致合作,以期统一中国所有军队,迅速击溃日本,并建设中国。

二、改组现在之国民政府为联合国民政府,包括所有抗日政党代表及无党派之政治团体,立即宣布一新民主政策,规定军事政治经济及文化事业之改革,并使其发生实效,军事委员会应同时改组为联合军事委员会,由所有抗日军队之代表组成之。

三、联合国民政府拥护孙逸仙之主义,建立一民治民有民享政府,实施各项政策,以资促成进步及民主并建立正义,及信仰自由,出版自由,言论自由,集会结社自由,向政府诉愿权,保障身体自由权,居住权,并使无所恐惧之自由,不虞匮乏之自由两种权利实行有效。

四、联合国民政府及联合军事委员会,承认所有抗日军队,此项军队应遵守并执行其命令。自外国取得之供应品,应公平分配之。

五、联合国民政府承认中国国民党,中国共产党及一切抗日团体之合法地位。"

赫尔利将军邀同中共代表周恩来氏飞渝带回以上草案交与我政府。此一草案与林祖涵氏在西安签字之文件,乃至六月四日中共提供之文件。显然又扩大了条件,变更了内容。但是政府仍极度忍耐予以考虑。当时政府认为政府可以容纳中共于政府机关之内,亦可承认中共为合法政党;中共之军队政府亦可承认,但必须经过整编。因承认之后,政府中对于中共军队之待遇与武器既须完全负责,自不能听任中共报多少便算多少;

何况中央政府之国军近来亦在依照精兵主义,厉行整编。至于中共所要求之"联合政府"其意义如为立即取消训政或党治,将政府最后决定权,立即移交于各党派,或各党派所共同组织之"联合政府",则在理论上与实际上,政府均认为不能接受。在理论上,国民党之政权,只能移交于国民大会,不能移交于其他团体,否则便要违反孙中山先生之建国大纲。在实际上,在国民大会未召集前,政府便无新的重心。因之各党派如有争执,便无任何法定机关为之解决或裁决。在此种情况之下,各党派间倘有争执不决之情形发生,政府便只有违法而行动;否则政治便要形成僵局或纷乱状态。现值反攻尚未开始,战事前途尚极严重之时,此种情形,何以应战?七八年来,我国以劣势装备,居然能排万难而抗强敌者大半,是因为有一个巩固的中央政府之存在。一个旦夕在摇动中的政府绝不能应付战事。至于中共所提联合军事委员会(即彼等所谓联合统帅部)之议,政府亦认为甚不合理。因为中共军队如只服从中共所参加之联合统帅部,则彼等随时可以退出政府,造成再度破裂,造成内战,其危险性甚大。此种建议,势不能造成真正的统一。但政府为力求满足中共要求起见,仍作如下之提示案:

"一、国民政府为达成中国境内军事力量之集中与统一以期迅速击溃日本,及战后建国之目的,允将中国共产党军队加以整编,列为正规国军,其军费饷项军械及其他补给与其他部队受同等待遇。国民政府并承认中国共产党为合法政党。

二、中国共产党对于国民政府之抗战及战后之建国,应尽全力拥护之,并将其一切军队移交国民政府军事委员会管辖。

国民政府并指派中共将领以委员资格，参加军事委员会。

三、国民政府之目标本为中国共产党所赞同，即为实现孙总理之三民主义，建立民有民治民享之国家，并促进民主化政治之进步及其发展之政策。

除为有效对日作战之安全所必要者外，将依照《抗战建国纲领》之规定，对于言论自由，出版自由，集会结社自由，及其他人民自由，加以保障。"

十一月二十二日本人将此文件当赫尔利大使、宋代院长之面亲交周恩来氏。当时周氏表示谓彼虽不能放弃联合政府之主张而将继续为之奋斗，但同时表示现时可先接受政府方案之意。周氏并谓彼明日将即飞返延安，留延安一二日即返渝，返时即正式解决。因此，当晚赫尔利大使设宴举杯庆祝中国统一，周氏亦举杯答贺，赫尔利大使并拟与本人握手，表示祝贺。予笑答曰"还是等到周先生回渝的时候再说为好"。不幸飞机师生病，兼之气候不好，周氏次日未能飞延安，在渝迟滞了十余日。在此十余日中，桂黔战局日益恶化，十二月初敌军攻占独山，进逼贵阳，周氏于十二月六日始飞延安。在其启行之前数日，即向邵力子先生及他人表示，将不接受政府提案。十二月六日飞返延安后，便正式复电称我政府无诚意，故无法接受政府提示案。嗣经美大使一再电催周氏来渝续谈，周氏复电谓须先请政府解决四问题：一、取消边区封锁；二、释放政治犯；三、取消限制人民自由法令；四、取消特务警察。

中共提出这些要求，在表面上似乎颇有理由，但实际上并不合理。关于第一点，所谓边区封锁究竟是政府压迫中共，还是中共压迫政府所致，外边人往往不明白。我当初也不大明白，后来我本人曾当面询问军政部陈诚部长，我军驻防陕北边区附近之军队究有若干，陈部长答称彼曾亲往西北巡视，政府用以驻防边区附近的军队只有六个师，余外均为担任河防对敌警戒之军队，与敌隔河对峙，毫与边区无关。陈部长对本人谈话绝不致有谎言。但据我派往边区之联络参谋先后告称：中共屯集边区军队有十二万至十五万之多。众寡悬殊之情形如此，受威胁者实为国军。我曾向周恩来氏说过，如中共军肯开赴前线抗日，国军必可同时撤往他处杀敌。关于第二点，本人曾当面对周氏说过，你们一再提出这个问题，也只是作片面的宣传。我们的公务员党员，有许多被中共杀害了，或捉去不知下落了，但是自从谈判开始以来，我便从来没有允许我们的报纸作宣传。至于所谓取消人民自由的限制云云，取消特务警察云云，我也曾对中共代表问过：在中共区域内有国民政府管制下区域内同等的自由吗？有反对政府的报纸吗？反对党可以存在吗？有司法独立吗？国民政府派在延安的一两个军事联络人员是否出入都有暗探紧紧追随呢？

赫尔利将军对于中共这四项要求也认为无理，于是去电要求其放弃，并促其仍就根本合作问题再加考虑。政府当时并打算让宋代院长、张部长和我本人往延安一行，借与毛泽东氏当面一谈。后来周恩来氏来电说，他自己要来重庆。于是政府又决定于去年十一月二十二日所提三项原则之外，再提三项办法，以期充分满足中共之要求：即（一）在政治方面，容纳中共分子于行政院内之战时内阁；（二）组织三人混合委员会以考虑中共军队整编及待遇办法；(三)在抗战期间指派美国军官一人直接指挥中共军队作战。该三项办法系于本年一月二十五日交给周恩来氏，其原文如下：

除政府原提三项原则外，政府并准备实行次列三项办法：

一、在行政院设置战时内阁性之机构(其人数约为七人至九人)，俾为行政院决定政策之机关，并将使中国共产党及其他党派之人士参加其组织。

二、关于中共军队之编制及军械补给等，军事委员会将指派中国军官二人(其中一人为现时中共军队之将领)，暨美国军官一人，随时拟具办法，提请军事委员会委员长核定。

三、在对日作战期间，军事委员会委员长将指派本国军官二人(其中一人为现时中共军队将领)，暨美国将领一人，为原属中共军队之指挥官。并以美国将领为总指挥，中国将领二人副之，该总指挥官等对军事委员会委员长直接负责，在其所属战地之军令政令，皆须统一于中央。

上述苦心孤诣办法，显然为政府方面极重大之让步。当时赫尔利将军一再向我说，政府的提议实际上已完全容纳了中共原提五项要求。但周恩来氏仍然不接受。他说行政院无最后决定权。本人告以行政院对若干问题有最后决定权力，若干问题(如预算案、法律案)则须经国防最高委员会及立法院会议通过。即讲民主，自不能任一个机关对任何事皆有最后决定权。即美总统任用政府各部部长亦须提交参议院通过。周氏亦为语塞。至于委派一个盟邦军官暂任中共军队之指挥，实际上原为周氏前次来渝时自行表示之一种希望，现在则又支吾不肯接受。周氏仅称其来渝目的为提议召开"党派会议"，讨论共同纲领。本人不得已，因复询其"党派会议"的方案。周氏答称：由国民党、中共、民主同盟三党派举行会议，商讨办法，结束党治。本人告以我国现有党派，不只三党，且大多数人民均不在党，此种会议纵可召集，无党无派的独立人士亦应酌量请其参加；因之此项会议势不能名之为"党派会议"，而须采用其他名称。我又告以政府目的在求解决问题，极不愿以谈判为宣传；如果召集此类会议，在会议期间，彼此必须停止互相攻击。当谈话时，周氏对我以上所说各点，亦承认可以接受。于是双方决定，各就商谈结果，分别作成记录，以便次日交换校正。但次日周氏交来者，仍然是彼最初带来之"党派会议"办法四条，并未将彼与我商定之点列入。我所记录的完全是前一日彼此商定的内容；只有"政治咨询会议"名称，是我一人拟议的。至于周氏办法中所称之"国是会议"，我当时曾予以驳斥，彼亦谓可以暂不提出。周氏办法中所谓中共代表来往自由云云，我当时声明决可担保，不必写入办法中，彼亦无异议。现在将周氏办法四条及我所做记录，写在下面：

甲　周恩来四条办法

周恩来先生提出四条，全文如下：

一、党派会议应包括国民党、共产党及民主同盟三方代表。会议由国民政府负责召集，代表由各方自己推出。

二、党派会议有权讨论和决定如何结束党治，如何改组政府，使之成为民主的联合政府，并起草共同施政纲领。

三、党派会议的决定和施政纲领草案，应通过将来国民政府召开的国是会议，方能成为国家的法案。

四、党派会议应公开进行，并保证各代表有平等地位及来往自由。

乙　我的记录

"兹为加强抗战力量，促进全国团结统一起见，请国民政府约集国民党代表与其他党派代表，以及其他若干无党派人士，从事会商：此项会商人数以不超过××人为度。此项会商可称为政治咨询会议。此项会议应研讨：（一）结束训政与实施宪政之步骤；（二）今后施政方针与军事统一之办法；（三）国民党以外党派参加政府之方式。

以上研讨如获一致之结论，当提请国民政府准予施行。在会议期中，各方应避免相互攻击。"

周氏当时询问可否将我所记录的作为政府提案，由彼电达延安请示。本人当谓，这种会议，本系中共提出，并非政府提案，但如可因此解决问题，则作为政府提案亦无不可，于是周氏便将我的记录作为政府提案，电达延安。此为二月一日之事。但一星期后，周氏又谓延安不能接受这个"政府提案"，只允加以考虑，周氏又谓先决条件必须国民党承认立即取消党治，不能将党治之取消延至国民大会召集之时。此后即每以此为借口，延宕谈判之进行。至二月十六日，彼便飞返延安，谓将返延与彼党同志再行考虑上述"政府提案"。赫尔利氏当时提议本人与周氏发表共同声明，宣布谈判经过，亦被周氏拒绝。

周氏离渝后长久未回，至今没有答复。最近中共留渝人员来言，延安近正考虑"政府提案"，即将予我正式答复；但又称，我方须先答复旧金山联合国会议中共是否可派代表参加？本人当答复三点，请其电告周恩来、毛泽东两氏。一、国共谈判久而未决，所以不能获得结果者实由于中共要求不断地增加与变更。二、中共毫无互让精神；双方既不赞同武力解决，并且均主以谈判方式解决，彼此均应准备互让。三、政府以谈判求问题之解决，中共则不免以谈判为宣传。以上三点如不改善，此后商谈必无结果。至于中共要求派代表出席旧金山会议问题，本人实有不便向政府启口之苦衷，因中共已拒绝与政府在行政院内合作故也。

以上为自三十三年五月至三十四年三月一日谈判经过的大概情形。

（原附注）本演讲系于三月六日举行。三月十三日接周恩来氏来信表示，谓中共鉴于蒋主席三月一日在宪政实施协进会所发表之演说[①]，已决定对于"政府提案"拒绝答复。

他这个报告当然含着片面的主观看法，甚至有歪曲之处。

和苏使谈中苏关系

这几年中，在对外关系方面，我和各国外交使节的往来也是常有的，特别和苏联外交人员接触更多，如彼得罗夫大使、罗申武官（后升大使）等。我每年总有两三回宴请他们，他们也

[①] 对这个演说，新华社记者曾发表过评论，载一九四五年三月三日《解放日报》。

常宴请我。如在抗战末期重庆反苏空气日趋浓厚的时候，我很为忧虑，求有以安慰苏联并缓和感情之处，特别宴请苏联外交代表，席间说了一番话：

今天招待我们伟大的盟邦——苏联的外交代表，正是苏联红军在欧洲东线节节胜利、渡过奥得河、直趋纳粹心脏——柏林的时候，我们实在感到十二分的欢欣与兴奋。由于红军的节节胜利，使希特拉（勒）的倒台、法西斯主义的消灭更加加速地实现，使同盟国家的胜利，民主主义的复兴，得到更确实的保证，现在，让我们首先举杯向斯大林大元帅及其所领导的红军致其诚挚的祝贺与崇高的敬意。

今天个人想趁这个机会，向亲爱的苏联盟友们说几句肺腑之言。当然，这个宴会并不是正式的宴会，这里也不是外交的场合，所以我讲的话并不是正式代表政府的意见，不过我是一个军人，说话向来坦白，今天我愿意推开窗子说亮话，率直地和各位谈谈我个人的意见。

我们无可讳言的，目前的中苏邦交似乎还没有达到十分圆和融洽的程度，甚至彼此间还存在着若干不愉快的感觉，但是，我们常常在想：在战时，尤其在战后，中苏关系非亲密不可，中苏邦交非敦睦不可。我们无论从任何角度、从任何观点看，都可以得到这样的结论。那么，我们怎样才能使中苏关系亲密、中苏邦交敦睦呢？当然，要达到这个目的，要做的工作很多，不过我想最重要的首先要扫除过去彼此间的隔阂，发挥两国间的互信，在心理上来一个大的转变。譬如说，苏联方面是不是有人会怀疑：中国将来是不是会成为一个反苏的国家呢？我们可以说，中国不但不应该反苏，也不可能反苏。这种话，我在别的场合里曾经讲过，理由也很简单：

第一，在道义上说，苏联始终希望我们成为一个富强康乐的民主国家，也始终以平等的眼光对待中国。过去的事实历历在目：在国际上首先对中国废除不平等条约的是苏联；在广东时代帮助黄埔建军——建立新中国的革命武力，也是苏联；在抗战之初，首先以实力援助中国的也是苏联；在过去，中国的领袖孙中山先生和苏联的领袖列宁，彼此有着深厚的默契，这点在他们的言论上都有实在的记录；在现在，中苏两国并肩向共同的敌人法西斯主义者进行最艰苦的搏斗，衡诸中国哲学"以直报怨，以德报德"之义，中国怎能反苏呢？

第二，在利害上说，中苏两国国境接壤，蜿蜒数千里，犬牙交错，唇齿相依；同时中国在战事终结之后，亦必一如第一次大战后之苏联，必须从事长期的和平建设，到那时候，无论人力上、技术上乃至科学上、资源上都需要苏联的帮助。我们可以说，没有苏联的帮助，中国绝不能从事长期的和平建设。从这点看，中国也绝无反苏的理由。

第三，就信仰上说，中国人民所信仰的是三民主义，三民主义的终极目的是世界大同——人人各尽其力，各取所需，和苏联的社会主义——共产主义的目的并无二致。虽然在程序上、方式上或有不同之处，但出发点相同，终极点也相同，正是殊途而同归。所以从两国的立国主义来研究，我们找不出有什么差异之点；也就是说，从两国人民的信仰上说，并没有什么冲突的地方。

第四，就中国共产党问题来说，我们过去因中共问题而有一度的反苏，但战后绝不应也不会再犯错误而反苏。因为中共问题现正在和解进行中，虽然还没有得到结果，不过在我看，中国国民党和中国共产党在对国家目的上并没有什么差别。中共对三民主义和我们一样地赞成，抗战以后，他们已经宣言："三民主义为今日中国所必需，愿为其彻底实现而奋斗。"中共对宪政的实施，也和我们一样地热切希望其早日实现。中国国民党中央执行委员会第十一届全体会议，已宣布于抗战结束后一年内召开国民大会，颁布宪法，蒋委员长也在上次参政会中声言将准备提前召集国民大会，目前此项工作正在积极筹备中。中国不是一党专政的国家，一旦国民大会召集，宪法颁布，各党各派(中国共产党当然也在内)都在法律上取得同等的地位。一切政治问题都可用民主方式协商解决，政府绝不能以特殊的态度对待中共，就不会因国共两党问题而影响中苏的关系。

总括一句，无论就道义上、利害上、信仰上、中共问题上分析，中国不但不应该反苏，不可能反苏，而且必然地亲苏，必然地期待苏联今后对中国政治方面经济建设方面的大力帮助。这样才能保证国内的和平、统一、民主、团结，才能建设一个三民主义新中国，才能维持远东的和平，以至促进世界的和平。

以上所述，虽然说是我个人的意见，但是也可以说是全国人民的信念。更重复一句：我们目前以至将来，不但要亲近苏联、敦睦中苏邦交，而且希望苏联给予我们帮助，使我们能够完成战后长期的建设，使我们能够成为一个现代的国家，使我们能够和苏联并肩维持远东乃至世界的和平。我们相信苏联——我们伟大的盟友一定乐于接受我们的见解和要求的。

最后，让我举杯庆祝同盟国家的胜利，反法西斯战争的胜利，同时祝贺斯大林大元帅及其领导下的红军的伟大胜利和在座诸位朋友的健康！

这篇讲话，可以反映我过去对中苏关系，也是对中国外交政策的见解。言语是真实的，态度是诚挚的，在苏联外交代表的答词里也表示了热烈的欢迎与赞同。

但是，事实已证明了，国民党到底是反苏的，我这些话等于在说谎，及今思之，犹感痛心！

1945年8月,张治中等赴延安迎接毛泽东到重庆。
左起周恩来、赫尔利、毛泽东、张治中、朱德。

1945年8月28日,在美军驻延安观察组门前留影。
左起周恩来、赫尔利、毛泽东、张治中。

1945年8月28日，毛泽东和张治中在延安机场。

1945年8月28日，张治中由延安接中国共产党和谈代表团到达重庆机场。

第三节　抗战胜利以后

去延安迎接毛泽东先生到重庆

一九四五年八月十五日，日本宣布无条件投降。消息传到重庆，全市为之轰动，大家都在热烈地庆祝胜利，但是我却一个人闷在家里。不错，抗战算是胜利了，但是国内问题仍然是危机四伏，一触即发，不能不使人有忧虑之感。当时两党商谈早已陷于停顿，为了使国家避免再次陷入内战的漩涡，我正积极活动，企图使和谈恢复。经过各方面的努力促进，终于由蒋电请毛泽东先生到重庆会商国是。就在八月二十五日中共中央发表《对于目前时局的宣言》，确定以和平、民主、团结、统一为全党第一个方针，第一个斗争目标。因此毛泽东先生慨然电复应约。于是由我和赫尔利坐了专机到延安去迎接。记得就在八月二十八日那一天，我们陪同毛先生到了重庆。

这是中国历史上一件大事。毛先生之到重庆，在当时说，是象征着中国内部的团结，是意味着国共两党新关系的开始。胜利与团结，正是双喜临门，不但全国人民为之欢欣鼓舞，而全世界人士亦寄予热切的期望，当时中国的国际地位突然为之提高了许多。

毛先生到重庆后，蒋随即举行欢宴，并会谈了多次，双方分别指派周恩来、王若飞；张群、王世杰、邵力子和我充当代表。在九月三日下午，中共代表周、王两位首先提出《谈话要点》一件，全文如下：

一、确定和平建国方针，以和平、团结、民主为统一的基础，实行三民主义（以民国十三年第一次代表大会之宣言为标准）；

二、拥护蒋主席之领导地位；

三、承认各党各派合法平等地位并长期合作和平建国；

四、承认解放区政权及抗日部队；

五、严惩汉奸，解散伪军；

六、重划受降地区，参加受降工作；

七、停止一切武装冲突，令各部队暂留原地待命；

八、结束党治过程中，迅速采取各项必要措施，实行政治民主化、军队国家化、党派平等合作；

九、政治民主化之必要办法：

（一）政治会议即党派协商会议，以各党派代表及若干无党派人士组织之，由国民政府召集，其讨论事项如下：

1. 和平建国大计；

2. 民主实施纲领；

3. 各党派参加政府问题；

4. 重选国民大会；

5. 复员善后问题。

（二）确定省、县自治，实行普选，其程序应由下而上。

（三）解放区解决办法：

1. 山西、山东、河北、热河、察哈尔五省主席及委员由中共推荐；

2. 绥远、河南、安徽、江苏、湖北、广东六省由中共推荐副主席；

3. 北平、天津、青岛、上海四直辖市由中共推荐副市长；

4. 参加东北行政组织。

（四）实施善后紧急救济。

十、军队国家化之必要办法：

（一）公平合理整编全国军队，分期实施，中共部队改编为十六军四十八个师；

（二）重划军区，实施征补制度，中共军队集中淮河流域（苏北皖北）及陇海路以北地区（即中共现驻地区）；

（三）保障整编后各级官佐；

（四）参加军事委员会及其所属各部工作；

（五）设北平行营及北平政治委员会，由中共推荐人员分任；

（六）安置编余官佐；

（七）解放区民兵由地方编作自卫队；

（八）实行公平合理之补给制度；

（九）确定政治教育计划。

十一、党派平等合作之必要办法：

（一）释放政治犯；

（二）保障各项自由，取消一切不合理的禁令；

（三）取消特务机关（中统、军统等）。

九月四日，蒋把他自拟的《对中共谈判要点》交给我们四个人，其全文如下：

中共代表昨（三）日提出之方案，实无一驳之价值。倘该方案之第一、二两条具有诚意，则其以下各条在内容上与精神上均与此完全相矛盾,即不应提出。我方可根据日前余与毛泽东谈话之要点,作成方案,对中共提出。必要时可将双方所提方案一并发表,随时将两方谈话情形作成记录,通知美国与苏联大使。余日前与毛泽东谈话要点如下:

一、军队问题 关于中共军队之编组,去年张(文白)王(雪艇)两氏与中共代表林伯渠在西安商谈时,已允予整编为八个师至十个师,嗣后余因顾念事实,后于去年冬国民参政会议席上,允予编组为十个至十二个师。现在抗战结束,全国军队均须缩编,情势已不相同,但余之诺言仍为有效,不过此十二师之数,乃中央所能允许之最高限度。

至于军队驻地问题,可由中共方面提出具体方案,经双方商讨决定。

二、解放区问题 中共方面所提解放区,为事实所绝对行不通者。吾人应本革命者精诚坦白之精神与态度来解决这一问题,只要中共对于军令政令之统一能真诚做到,则不仅各县行政人员中央经过考核可酌予留任,即省行政人员,如主席,中央亦必本"用人唯才"之旨,延引中共人士参加。

三、政治问题 日前谈话中,毛泽东询余对此一问题如何解决,余答以现在战事完结,拟改组国防最高委员会为政治会议,由各党各派人士参加,共同参与政治;至于中央政府之组织与人事,刻因国民大会即将召开,拟暂不变动,一俟国民大会集议新政府产生之时,各党派与无党派人士均可依法参加中央政府,但中共方面如现在即欲参加中央政府,中央亦可予以考虑。

四、国民大会问题 毛泽东氏询及国民大会将如何召开,余答以已经当选之国民大会代表仍应有效,中共方面如欲增加代表,则除已当选者外,可以酌量增加名额。

经过多次交换意见,国民党方面对周恩来、王若飞九月三日所提的《谈话要点》写成一个答复交给周、王两位,全文如下:

第一项:
和平建国自为共同不易之方针,实行三民主义亦为共同必遵之目的,至民主与统一必须并重,民主固为统一的基础,统一亦必为民主的基础。

第二项:
拥护蒋主席之领导地位,承明白表示,甚佩。

第三项:
各党派在法律之前平等,本为宪政常轨,今可即行承认。曾承说明"平等非均等"与"长期合作和平建国"之旨,甚佩。

第四项:
"解放区"名词应成过去,雪艇先生曾谓政府至多只能作下列之然诺:"收复区内原任抗战行政工作人员,政府可依其工作能力与成绩,酌量使其继续为地方服务,不因党派关系而有所歧视",余等甚赞同。

第五项:
此在原则上绝无问题,唯惩治汉奸,必依法律行之,解散伪军,亦须用妥慎办法,以免影响当地安宁。

第六项：

参加受降工作，在已接受中央命令之后，自可考虑。

第七项：

一切武装冲突，自须即行停止，惟中央部队不能专赖空运，在必要时，中共军队不应阻止其通过。

第八项：

此条仅举原则，自无问题。

第九项：

（一）政治会议之组织，或如蒋主席与毛先生所谈："现在战事完结，拟将国防最高委员会改组为政治会议，由各党各派选任人员参加，共同参与政治"，或如毛先生与雪艇先生所谈"由蒋主席约集其他党派人士及无党派者若干人（名额及人选可由蒋主席酌定），与政府及中共代表开一会议，以极短时间通过政府与中共所商谈之结果，此一会议即可名之为政治会议，不必常开会，有必要时始召集"，可再商谈决定。至其讨论事项，似可不必预为规定。关于国民大会问题，蒋主席曾谓"已选出之代表应为有效，但其名额可使其合理地增加和合法地解决"，毛先生曾表示"如政府坚持旧代表必须有效，则中共不能与政府成立协议，但可不因是而不出席国民大会"，吾人可再继续商谈，并据以提出于政治会议。

（二）此在原则上甚同意，惟希望不以此影响国民大会。

（三）"解放区"问题，已如第四项所答复。中共对于其抗战卓著勤劳且在政治上有能力之同志，可提请政府决定任用。蒋主席与毛先生谈："只要中共方面对于军令政令之统一能真诚做到，则不仅各县行政人员中央经过考核可以酌予留任，即省行政人员，如主席，亦必本'用人唯才'之旨，延引中共人士参加"，其指示极为明白；倘必指定由中共推荐某某省主席及委员、某某省市副主席等，则即非"真诚做到军令政令之统一"，希望以革命者精诚坦白之精神与态度解决此一问题。

（四）此为政令统一后必然应办之事。

第十项：

（一）关于军队整编问题，蒋主席已与毛先生面谈："现在抗战结束，全国军队均须缩编，情势已与去岁国民参政会时不同，但余当时所作可将中共军队编为十个至十二个师之诺言，仍然有效；必当负责做到"，全国军队缩编情形，亦叠由文白、辞修①诸先生面告，故十二个师在中央实已为可允许之最高限度，务望郑重考虑。

（二）中共军队驻地问题，可由中共提出方案，讨论决定，于依令编组后实施。

（三）（四）（六）（八）（九）均无问题，其详细办法倘中共有意见，均可提出商谈。

（五）北平行营主任，不宜规定由中共推荐，北平政治委员会之设置，更不相宜。

（七）只能视地方情势有必要与可能时酌量编置，不宜作一般之规定。

---

①陈诚，字辞修。

第十一项:

(一)政府准备自动办理,中共可将应释放之人提出名单。

(二)雪艇先生曾提出文字:"抗战终结后,关于身体、信仰、言论、出版、集会、结社等事,当给予人民以一般民主国家人民在平时所享有之自由,现行法令当依此原则分别予以废止或修正",已得毛先生赞同。

(三)此项可赞同恩来先生面谈之意,只办情报,严禁有逮捕拘禁等行为。

1945年8月28日,张治中访问延安。
左起:朱德、张治中、毛泽东、赫尔利一同乘车去延安城。

张治中到延安时,毛泽东到机场欢迎张治中、赫尔利,并同他们一起乘车去延安城。

毛泽东在重庆机场与欢迎者合影。左起:张澜、邵力子、郭沫若(邵力子后)、傅学文、张治中、毛泽东。

《双十协定》

从这个《谈话要点》和《答复》看，显然双方的距离是很远的。例如中共提出：山西、山东、河北、热河、察哈尔五省主席及委员由中共推荐，绥远、河南、安徽、江苏、湖北、广东六省由中共推荐副主席，北平、天津、青岛、上海四直辖市由中共推荐副市长，而国民党是空洞地答复："只要中共方面对于军令政令之统一能真诚做到，则不仅各县行政人员中央经过考核可以酌予留任，即省行政人员，如主席，亦必本'用人唯才'之旨，延用中共人士参加"；又如关于军队数字，中共要求改编为十六个军四十八个师，而国民党方面最多只能同意十二个师；又如中共提议设置北平行营及北平政治委员会，由中共推荐人员分任，而国民党方面完全拒绝。……双方距离如此远，在最初看，很多人认为是根本不会得到协议的。由此亦可见出当时商谈进行的困难。不过，最初料不到的尽管双方距离远，但经过四十天的商谈，日谈、夜谈、集合谈、个别谈，终于获得了一个协议，就是十月十日午后在我家客厅里，毛泽东先生也在场，双方所签订的外间叫做《双十协定》的文件，其全文如下：

政府与中共代表会谈纪要

中国国民政府蒋主席于抗战胜利后，邀请中国共产党中央委员会主席毛泽东先生，商讨国家大计，毛先生于八月二十八日应邀来渝，进见蒋主席，曾作多次会谈，同时双方各派出代表，政府方面为王世杰、张群、张治中、邵力子四先生,中共方面为周恩来、王若飞两先生,迭在友好和谐的空气中进行商谈,已获得左列之结果,并仍将在互信互让之基础上,继续商谈,求得圆满之解决,兹特发表会谈纪要如下:

一、关于和平建国的基本方针,一致认为:中国抗日战争业已胜利结束,和平建国的新阶段即将开始,必须共同努力,以和平、民主、团结、统一为基础,并在蒋主席领导之下,长期合作,坚决避免内战,建设独立、自由和富强的新中国,彻底实行三民主义,双方又同意蒋主席所倡导之政治民主化、军队国家化及党派平等合法,为达到和平建国必由之途径。

二、关于政治民主化问题,一致认为应迅速结束训政,实施宪政,并应先采必要步骤,由国民政府召开政治协商会议,邀集各党派代表及社会贤达协商国是,讨论和平建国方案及召开国民大会各项问题,现双方正与各方洽商政治协商会议名额、组织及其职权等项问题,双方同意,一俟洽商完毕,政治协商会议即应迅速召开。

三、关于国民大会问题,中共方面提出:重选国民大会代表,延缓国民大会召开日期,及修改国民大会组织法、选举法和《五五宪法草案》三项主张。政府方面表示:国民大会已选出之代表,应为有效,其名额可使之合理的增加和合法的解决,《五五宪法草案》原曾发动各界研讨,贡献修改意见,因此,双方未能成立协议。但中共方面声明:中共不愿见因此项问题之争论而破裂团结,同时双方均同意将此项问题提交政治协商会议解决。

四、关于人民自由问题,一致认为政府应保证人民享受一切民主国家人民在平时应享受身体、信仰、言论、出版、集会、结社之自由，现行法令当依此原则，分别予以废止或修正。

五、关于党派合法问题，中共方面提出：政府应承认国民党、共产党及一切党派的平等合法地位。政府方面表示：各党派在法律之前平等，本为宪政常轨，今可即行承认。

六、关于特务机关问题，双方同意政府应严禁司法和警察以外机关有拘捕、审讯和处罚人民之权。

七、关于释放政治犯问题，中共方面提出：除汉奸以外之政治犯，政府应一律释放。政府方面表示：政府准备自动办理，中共可将应释放之人提出名单。

八、关于地方自治问题，双方同意各地应积极推行地方自治，实行由下而上的普选，惟政府希望不以此影响国民大会之召开。

九、关于军队国家化问题，中共方面提出：政府应公平合理地整编全国军队，确定分期实施计划，并重划军区，确定征补制度，以谋军令之统一。在此计划下，中共愿将其所领导的抗日军队由现有数目，缩编至二十四个师至少二十个师的数目，并表示可迅速将其所领导而散布在广东、浙江、苏南、皖南、皖中、湖南、湖北、河南（豫北不在内）八个地区的抗日军队着手复员，并从上述地区逐步撤退应整编的部队至陇海路以北及苏北、皖北的解放区集中。政府方面表示：全国整编计划正在进行，此次提出商谈之各项问题果能全盘解决，则中共所领导的抗日军队缩编为二十个师的数目，可以考虑。关于驻地问题，可由中共方面提出方案，讨论决定。中共方面提出：中共及地方军事人员应参加军事委员会及其各部的工作，政府应保障人事制度，任用原部队人员为整编后的部队的各级官佐，编余官佐，应实行分区训练，设立公平合理的补给制度，并确定政治教育计划。政府方面表示：所提各项，均无问题，亦愿商谈详细办法。中共方面提出：解放区民兵应一律编为地方自卫队。政府方面表示：只能视地方情势有必要与可能时，酌量编置。为具体计划本项所述各问题起见，双方同意组织三人小组（军令部、军政部及第十八集团军各派一人）进行之。

十、关于解放区地方政府问题，中共方面提出：政府应承认解放区各级民选政府的合法地位。政府方面表示：解放区名词在日本无条件投降以后，应成为过去，全国政令必须统一。中共方面开始提出的方案为：依照现有十八个解放区的情形，重划省区和行政区，并即以原由民选之各级地方政府名单呈请中央加委，以谋政令之统一。政府方面表示：依据蒋主席曾向毛先生表示：在全国军令政令统一以后，中央可考虑中共推荐之行政人选。收复区内原任抗战行政工作人员，政府可依其工作能力与成绩，酌量使其继续为地方服务，不因党派关系而有所差别。于是中共方面提出第二种解决方案，请中央于陕甘宁边区及热河、察哈尔、河北、山东、山西五省委任中共推选之人员为省府主席及委员，于绥远、河南、江苏、安徽、湖北、广东六省委任中共推选之人为省府副主席及委员（因以上十一省或有广大解放区或有部分解放区），于北平、天津、青岛、上海四特别市委任中共推选之人为副市长，于东北各省容许中共推选之人参加行政。此事讨论多次，后中共方面对上述提议，有所修改，请委任省府主席及委员者，改为陕甘宁边区及热、察、冀、鲁四省，请委省府副主席及委员者，改为晋、绥两省，请委副市长者，改为北平、天津、青岛三特别市。政府方面对此表示：中共对于其抗战卓著勤劳，且在政治上具有能力之同志，可提请政府决定任用，倘要由中共推荐某某省主席及委员、某某省副主席等，则即非真诚做到军令政令之统一。于是中共方面表示可放弃第二种主张，改提第三种解决方案，由解放区各级民选政府重新举行人民普选，在政治协商会议派员监督之下，欢迎各党派、各界人士还乡参加选举。凡一县有过半数区乡已实行民选者，即举行县级民选，凡一省或一行政区有过半数县已实行民选者，即举行省级或行政区级民选，选出之省区县级政府，一律呈请中央加委，以谋政令之统一。政府方面表示：此种省区加委方式，仍非谋政令之统一，惟县级民选可以考虑，省级民选须待宪法颁布，省的地位确定以后方可实施。目前只能由中央任命之省政府前往各地接管行政，俾即恢复常态。至此，中共方面提出第四种解决方案：各解放区暂维现状不变，留待宪法规定民选省级政府实施后再行解决，而目前则规定临时办法，以保证和平秩序之恢复。同时，中共方面认为：可将此项问题，提交政治协商会议解决。政府方面则以政令统一必须提前实现，此项问题久悬不决，虑为和平建设之障碍，仍亟盼能商得具体解决方案。中共方面亦同意继续商谈。

十一、关于奸伪问题，中共方面提出：严惩汉奸，解散伪军。政府方面表示：此在原则上自无问题，惟惩治汉奸要依法律行之，解散伪军亦须妥慎办理，以免影响当地安宁。

十二、关于受降问题，中共方面提出：重划受降地区、参加受降工作。政府方面表示：参加受降工作，在已接受中央命令之后，自可考虑。

中华民国三十四年国庆纪念日于重庆

王世杰

（此处留有空隙以备张群补签）

张治中

邵力子

周恩来

王若飞

从这个协议里可以看出几点：第一，中共在这个会谈纪要和以前多次所提的条款里，始终表示愿意接受蒋的领导，实行三民主义，这是使国民党内大多数人认为非常满意的。第二，政治协商会议终将召开，就可协商国是讨论和平建国方案了。第三，军队数字始终是最棘手的问题，但也有了结果了，中共愿意由四十八个师减到二十个师，这是很大的让步。第四，解放区问题，在历次商谈中始终没有达成协议，这次虽然没有解决，但双方都表示愿意继续商谈的诚意。实在说起来，凡是具有定见远见的人，对于这个协议应该感到满足；特别是亲身参加商谈的我们，真是几经折中，舌敝唇焦，好不容易才得到这样的结果，自然更感到愉快。

欢宴毛泽东先生

毛先生在留渝四十三天内，蒋固然礼遇隆重，亲到住处访候，而各党派、各阶层人士求见的更是络绎不绝。他那种和蔼、亲切、谦逊、诚恳的态度，给大家印象很深，各方宴请的也很多，即过去反共坚决、思想保守如戴季陶，也对毛先生表示敬重，并对他重庆之行寄予热切的期望。在他要我代约时间宴请毛先生和同行诸位的信中还说："……前日毛先生惠访，未得畅聆教言，深以为歉！……一别二十年，此二十年一切国民所感受之苦难解决，均系于毛先生此次之欣然惠临重庆，不可不一聚也。……"

在十月八日，我曾假军委会大礼堂举行欢宴晚会，邀请参政员和重庆文化界、新闻界、党、政、军各方人士五百余人参加，盛况空前。我当时有一个简短的致辞：

各位先生，各位女士：

今天承参政员、文化界、新闻界暨党、政、军各方各位先生、各位女士光临，极感荣幸。这次举行聚餐晚会，请柬上并没有声明原因，大家也许心里正在猜想。当此嘉宾毕集、盛会开始之际，本人愿宣布今晚之会，主要的是为了欢迎和欢送毛泽东先生。

毛先生以中国共产党中央委员会主席的身份，应国民政府蒋主席的邀请，到重庆来商讨和平建国的大计。此事，不但为重庆人士所关怀，也为全国人士所关怀，也可以说为全世界人士所关怀，因此，大家对于毛先生的惠然莅临，一定感到莫大的欣慰。

毛先生到重庆已经四十天了。他和蒋主席谈了好几次,政府代表邵力子先生、张岳军①先生、王雪艇先生与本人也和周恩来、王若飞两位先生,有时与毛泽东先生谈,也谈了好多次。谈的结果怎样,这是大家所最关怀的。外间有种种传说,今天想趁这个机会向大家很忠实地报告一个概要。我的报告虽然没有事先征得双方的同意,但是我想也许能够代表双方的意见。

首先,值得报告的是,双方商谈的大前提大原则完全一致。例如在民主、和平的基础上建国,在蒋主席领导下实行三民主义,这些大原则是毛先生提出来的,我们的意见完全一致,大家都认为和平、民主、统一、团结是今天中国所必须遵从的大原则。在抗战胜利结束后,我们要向和平建国的途程迈进,要埋头苦干三十年乃至五十年,才能够迎头赶上,才能够使中国不愧为世界上四强或五强之一。大家都知道,和平奋斗救中国是我们国父的遗言,民主是我们革命的目的,我们中国国民党流了五十年的血,我们牺牲了多少生命去推翻满清政府,铲除数千年来的专制政体,抵抗穷凶极恶的日本帝国主义,为的什么?还不是为了建立民主的新中国吗?至于统一、团结,更不必说,今天世界上任何一个富强的国家,没有不团结、不统一的,任何一个政治修明的国家,没有不实行民主政治的。毛先生一再表示愿在蒋主席领导下建设新中国,一再表示愿为彻底实行三民主义而努力,这种地方真值得我们佩服。这四十天来,我

---

① 张群,字岳军。

们就在这些双方同意的大前提、大原则下,在和谐友好的空气中,期谋各种具体问题的解决的。比方说政治要民主化,怎样才能民主化?军队要国家化,怎样才能使军队国家化?各党各派要平等合作,怎样才能平等合作?……这些问题的研讨,始终在极度和谐友好的空气中进行。

在谈判进行中,双方意见不免有若干的距离,但是这个距离已经一天天接近了。到了今天,我们可以告慰大家的,就是谈判的成功已经有了百分之七十的希望,而且这剩余的百分之三十的距离,我们相信也会有方法使它逐渐接近,终于得到圆满的解决的。

关于这次谈判的详细经过,我们准备不久发表一个公告,不仅是已经得到解决的问题要公布,就是双方意见尚未一致的地方,我们也想让大家知道;并且愿意竭尽我们的能力,用尽种种的方法,继续在友好和谐的商谈中求得解决。我们相信,由于双方的互谅互信,这些问题是不难得到圆满解决的。

毛先生到重庆已经有四十天了,延安方面有很多事情亟待料理,所以他准备日内回延安去,所以我刚才说,今天的集会也是为了欢送他。毛先生来重庆,是本人奉蒋主席之命,偕同赫尔利大使迎接来的,现在毛先生回延安去,仍将由本人伴送去延安。我今天请大家到这里来,一方面是为了对毛先生这次惠然莅临重庆表示最崇高的敬意,同时也为了毛先生这四十天的辛苦现在回去了表示欢送之意。

最后我们大家举杯恭祝毛先生健康!

毛先生当时也有一篇简短的讲话(是记录稿,未经毛先生核定):

张文白先生,各位先生、女士:

　　这次应蒋先生的邀请,来到重庆,商谈和平建国大计,承蒙招待周到,非常感谢。尤其今晚承张先生及夫人举行这样盛大的会,说是欢迎和欢送,非常感谢,非常不敢当。

　　这次双方的商谈,全国乃至全世界人士都很关心,因为我们所谈的,不是一两个党派的问题,而是与全国人民利害相关的问题。刚才文白先生说,谈判情形良好,前途乐观,这在我们也有同感。因为在法西斯德国和日本被打倒后,世界是光明的,中国也是光明的,我们在这样的情势下来商谈团结、合作、统一的问题,当然是可乐观而且应该乐观的。

　　从一九一四年八月到一九四五年八月的三十年中,我们经历了两次世界大战。但第二次与第一次不同。这次战争全世界人民获得了光荣的胜利,我们中国尤其获得了空前的胜利,这种胜利把世界和中国都推进到一个新的阶段。在这一个阶段中,我们在一起商量团结、合作、和平建国的问题,具有异常重大的历史意义。商谈的结果,恰如刚才张先生所说,大部分问题得到解决,还有些问题亦正在继续商量解决,而且我们一定要用和平的方法去解决。"和为贵",除了和平的方法以外,其他的打算都是错的!我们在大的方针、大的原则方面都是一致的,这些方针和原则,为全国人民利益所要求,我们一定要共同执行。

　　刚才张先生说,中国需要三十年乃至五十年的和平建设,我们也同样相信。困难是存在的,我们大家不怕困难,在和平、团结、民主、统一的大原则下，在蒋先生的领导下，我们中国人民是可以克服任何困难的。我们这次的商谈，不是暂时的合作，而是长期的合作；不是一时的团结，而是永久的团结。我们要互谅互信，共同一致，克服困难，一定可以建设新中国！

二到延安

到十月十一日，我特送毛先生飞返延安。下飞机时，飞机场黑压压地站满了人。干部、群众、学生，男的、女的、老的、少的，在他们的表情里，充分流露出对党的领袖最大的欢悦与关切。那种情形，真叫人看了感动！以后，我还常常和朋友说起，认为这是解放区一种新兴的气象，而国民党里还有人存着反共的念头，真是其愚不可及了！

当天晚上，中共还举行一个盛大的晚会欢迎我，宾主尽欢。第二天毛先生亲送我到飞机场，在车上还带点幽默地对我说：我在重庆调查过，大家都说你在政治部和青年团能做到民主领导，也不要钱，干部都愿意接受你的领导。又重复在重庆时的话说：你为和平奔走是有诚意的。我说："何以见得？"他举了几个例子，并说：你把《扫荡报》改为《和平日报》就是一个例子。《扫荡报》是在江西围攻我们时办的，你要改名字，一定很有些人不赞成的。这些地方，都充分说明了他的细心和恳挚，给我以不可磨灭的印象。

1945年10月11日,毛泽东和张治中在延安机场。

1945年10月11日,毛泽东在张治中陪同返回延安前,陈诚(右二)、陶行知(右一)到机场送行。

由新疆发寄反对内战万言书

十月十二日由延安飞返重庆。在一九四四年十一月发生而到一九四五年九月更趋严重的新疆"伊宁事件",双方同意举行商谈,以求和平解决,伊宁方面代表已到迪化多日,重庆政府派我为代表赴迪商谈。时间迫促,遂于十三日早乘机飞迪化(这是第二次飞迪化,第一次是同年九月十三日)。这次在迪一谈就是八十多天,经过也是极其曲折、紧张、艰苦。

在这一段时间里,我的心情交织着无限的忧虑与焦急。一面痛感和伊宁代表商谈进行的迟缓,一面焦虑内地局面的多变。因为当时虽然签订了《双十协定》,而各地的摩擦纠纷仍然不断发生。中共方面说是《双十协定》的墨迹未干,而国民党已于十三日又密颁了《剿匪手本》,而国民党反说共产党军队仍然不守原地,袭击国军。从内地传来的消息,尽是这一类不祥之事。

到十一月,我和伊宁代表商谈已步入最紧张的阶段。重庆正筹备举行军事会议,各战区高级将领齐集重庆。所谓军事会议,无疑的就是对共作战的会议。我知道这一消息后,真是寝食难安,曾经写了又一封万言书给蒋,由郭寄峤(当时他是驻迪化第八战区的副长官)带去。信内对国内外情势有详尽的分析,力言对中共问题采取政治方式解决是唯一无二的途径,务请坚持这一方针。现在节录几段如下:

关于中共问题采取政治方式解决,钧座与中央曾一再宣示,此为国人所共同体认与热烈拥护之方针。盱衡当前局势，似仍宜尽量予以最大之容忍。倘问题能适时解决，固所愿望，否则亦不妨暂为等待，以俟时间之转移，不宜遽行变更方针，采取其他解决方针也。倘为一时感情之愤激所冲动，或为任何个人与某一地区目前之利害，而放弃政治解决之方针，使国家蒙受极不利之影响，职殊未敢苟同。

目前国际情形，以常识判断，现在国际关系，虽然复杂，若干问题虽未获得解决，但无论何国，似均不愿于此时发生战争。我国如欲凭借任何一国之力量，企图促使国内问题之解决，自非任何友邦所希望。我国经历八年余之苦斗，始获今日之国际地位，如于抗战甫告胜利结束之今日，内部再有战争，且为一时不易结束之战争，国际友人对我国之观感如何，不难想像。如是则我国现在之国际地位与钧座在国际间之声望，恐均不易保持。

我国经八年之长期抗战，沦陷区人民饱受敌伪之压迫摧残与多方剥削，民穷财尽，无日不在水深火热之中。即大后方民众，亦以物价过高，负担过重，一般生活，备感痛苦，徒以大敌当前，不能不尽最大之坚忍，以期待胜利之来临；今强敌投降，战争结束，举国人民所欢欣仰望日夜蕲求者，厥为迅速恢复秩序，俾在和平状态之下，休养生息，恢复元气；倘战争再度爆发，必益增人民之痛苦，违反人民之愿望。处在革命政府之立场，于心实有所不忍。故今日人民之厌恶战争，渴望和平，将汇为不可遏止之时代巨流，可不待烦言而喻者。

以今日之国军士气与态度而论，亦不能继续作战。各将领在钧座之前，或不敢显然作厌战之表示，甚至有自告奋勇，坚持以武力解决中共者，然以职所接触之若干将领中，其不愿战争之心理，甚为普遍；且今日多数之国军，实亦不能作战。

吾党革命，历五十余年之苦斗，千百万先烈流鲜血，抛头颅，以获取革命之政权，至今日始奠定建国之初基，方冀黾勉从事于亿万斯年基业之缔造，绝不能轻率从事，作孤注之一掷。必推广老成谋国之心，期立于永远不败之地。

马歇尔到了中国

是年十二月二十日马歇尔以杜鲁门特使的身份到中国来（这时赫尔利已调为驻华大使）。他正由美海、陆、空军参谋总长的地位下来，在国内外都负有很高的声望。配合着所谓协助受降的美国军队之登陆，对国民党接收部队的运送，大量美援物资（包括军火）的廉让，美国派遣这样一位重要的人物到中国来，也可以说明他们对调停中国内部争端的特别重视，其用意究竟何在呢？

就在这时候，中苏就东北经济合作问题在进行商谈中。十二月底，蒋经国衔蒋密旨经迪化到莫斯科去，他带来口讯，说是蒋的意思，马歇尔已到重庆，要我赶快回去。我还说："新疆问题始终没有得到协议，我怎能回去？"过了几天，蒋果来电报，催我回去，对新疆问题则一字不提。不过词意迫切，似难久候。我不得不先把伊宁商谈作一个结束，把双方已获协议部分在一九四六年元月二日先行签字，其余（主要为军事部分）

留待以后再谈，于是起程飞重庆，因为气候关系，在酒泉、兰州都有停留，六日才到重庆。

政协前后——整军方案的签订

到重庆时，蒋已等不及，先派张岳军为代表，已和周恩来、马歇尔谈了几次关于停战的问题。张一见我就说："本来你是代表，久候你不回来，才叫我暂代，现在你回来了，我可以交代了。"我说："那不行，你们已谈得一半，我怎能插手？等你先把停战问题谈妥了再说吧。"停战协定于元月十日正式签订，并且随即在北平成立军事调处执行部，由三方面会同组成。国民党代表是郑介民，中共代表是叶剑英，美方代表是罗伯逊。

就在停战协定签订公布的同时，根据《双十协定》所召开的政治协商会议同日开幕，历时二十二日，总算获得了协议，于同月三十一日闭会。这时国民党政府已派我为代表，中共为周恩来，美方为马歇尔，组成最高军事三人小组会议，研究军队整编统编问题。这是根据政协协议《政治协商会议决议案》中的《(三)关于军事问题者》而来的，其全文如下：

壹　建军原则

一、军队属于国家，军人责任在于卫国爱民；

二、军队建置应依国防需要，并按照国家一般教育及科学与工业之进步，改进其素质与装备；

三、军队制度应依我国民主政制与国情实行改革；

四、改善征兵制度，公平普遍实施，并保留一部分募兵制度，加以改善，俾符合高度装备军队之需要；

五、军队教育应依建军原则办理，永远超出于党派系统及个人关系以外。

贰　整军原则

甲　实行军党分立

一、禁止一切党派在军队内有公开的或秘密的党团活动，军队内所有个人派系之组织与地方性质之系统，亦一并禁止；

二、凡军队中已有党籍之现役军人，于其在职期间，不得参加其驻地之党务活动；

三、任何党派及个人不得利用军队为政争之工具；

四、军队内不得有任何特殊组织活动。

乙　实行军政分治

一、凡在军队中任职之现役军人，不得兼任行政官吏；

二、实行划分军区，其区域之范围，应尽量使与行政区不同；

三、严禁军队干涉政治。

叁　实行以政治军办法

一、在初步整军计划完成时，即改组军事委员会为国防部，隶属于行政院；

二、国防部长应不以军人为限；

三、全国军额及军费，应经行政院决议立法院通过；

四、全国军队应受国防部之统一管辖；

五、国防部内设一建军委员会，负建军计划及考核之责（此委员会由各方人士参加）。

肆　实行整编办法

一、军事三人小组应照原定计划尽速商定中共军队整编办法，整编完竣；

二、中央军队应依军政部原定计划，尽速于六个月完成其九十师之整编；

三、上两项整编完竣，应将全国所有军队统一整编为五十师或六十师；

四、军事委员会内应即设置整编计划考核委员会，由各方人士参加组织之。

会议从二月十四日开始到二月二十五日，前后正式会议和会外协商多次，最后签订了《关于军队整编及统编中共部队为国军之基本方案》。

现在，我可以公开一件秘密。在商谈开始之前，马歇尔向蒋提出一个草案。这个草案马歇尔先没有给周恩来看过，因为周对这一草案所提的内容始终没有提到。其中最重要的三点，其原文如下：

中国陆军应编成野战部队及后勤部队。野战部队应包括由三个师组成之各军，再加不超过总兵力百分之二十之直属部队。各军军长应经由军事委员会报告于最高统帅。至各条款所定复员时期结束之时，作战部队应有二十个军，包括六十个师；每师人数不超过一万四千人。六十个师中二十个师应由共产党领导。

中国空军应编于一个司令官之下，经过军事委员会报告于最高统帅。空军将接受来自共产党领导部队之官兵,使受飞行、机械及行政之训练,其比率至少占实力百分之三十。

中国海军应编为一个司令官之下,经过军事委员会报告于最高统帅。中国海军将接受来自共产党领导部队之官兵,其比率至少占总实力百分之三十。

这等于说,改编之后,准予中共陆军和国民党陆军成一与二之比。而海、空军是中共当时所没有的,中共也向未提过这种要求,现在突然取得了百分之三十的兵力。当然为国民党方面所料想不到的。这份草案到蒋手上,蒋当然感到非常诧异,马上请马歇尔来谈话,结果由马再加修正提出,陆军比率改成一比五,其余海、空军两点就没提了。

这个签订了的基本方案全文如下:

兹由政府代表张治中将军及中共代表周恩来将军,并由马歇尔将军充任顾问所组成之军事小组会议,经受权宣布:双方已就"关于军队整编及统编中共部队为国军之基本方案"获致协议。

本军事小组会议,现正根据方案拟具详细实施之办法,并将责成北平之军事调处执行部,向各军传达必要之命令,并监督其实施。

为减少整编期中之种种困难起见,上述各项办法,规定于十八个月内逐步实施完成。

本方案之目的,在于减少军费支出,俾促进国家经济建设,与确立造成足以保卫国家安全之精练国军之基础，并包括若干办法，保障人民权利不受军队干涉。

本方案之各项条款全文如下：

第一条　统帅权

第一节　中华民国国民政府主席为中国陆海空军最高统帅，最高统帅经由国防部（或军事委员会）行使其统帅权，本协定所提及之各集团军总司令，各军军长，各补给区主任，均应经由国防部（或军事委员会）向最高统帅呈送报告。

第二节　最高统帅有任免所属军官之权，但在整编军队过程中，遇必须撤免中共所领导单位之任何一司令官，或有地位之任一共产党军官时，最高统帅应指派政府内资深之共产党代表所提名之军官以补其缺。

第二条　职责与权限

第一节　陆军之主要职责，在战时为保卫国家，在平时则为训练军队，陆军可用以镇压国内骚乱，惟须受下节之限制。

第二节　当国内发生骚乱，经该地省主席向国府委员会确证当地局势已非地方警察及保安部队所能应付时，国民政府主席以最高统帅之资格，经由国府委员会之同意，可以使用陆军，以恢复秩序。

第三条　编组

第一节　陆军包括由三个师所组成之各军，各该军配置直属部队之人数，不得超过其总兵力百分之十五，至十二个月终了，全国陆军应为一零八师，每师人数不得超过一万四千人，在此数内，由中共部队编成者计十八个师。

第二节　全国将划为八个补给区，区设主任一人，向国防部（或军事委员会）负责，在各该区内担任以下职责：

（一）办理驻扎各该区内军队之补给营舍及薪饷事宜；

（二）办理由各该区内被裁并各单位所收聚之武器及装备之贮存修理及分发事宜；

（三）处理供应各该区内之编余官兵并处理供应还乡及其他目的地之过境编余官兵；

（四）处理供应并初步训练在各该区内接收用以补充各部队之新兵；

（五）补给在各该区内之军事学校。

各补给区主任对于驻扎其区内之军队，并无指挥权与管辖权，尤不得干涉或借任何方式影响民政民事。

各军军长应派其个人代表驻于其部队所在地之补给机关内，以保证其所辖部队之需要获得完全而迅速之补给。

各区每两个月应举行会议一次，由区主任主席，该区内各军军长及师长或其指派之代表，均须参加，国防部（或军事委员会）亦应派遣代表参加，以传达国防部（或军事委员会）之指示，所有补给情形及有关事项，均应提出讨论。

第四条　复员

第一节　本协定公布后十二个月内，政府应将九十师以外之各部队复员，中共应将十八师以外之各部队复员，复员应立即开始，并大致每月裁撤总复员人数十二分之一。

本协定公布后三个星期内，政府应拟具所保留九十师之表册，及最初两个月部队复员之次序，在同期内，中共应拟具其部队之详细表册，说明其性质、兵力、武器、旅以上司令官之姓名，及各单位之驻地，此项报告，并须包括所拟保留十八师之表册，及最初两个月部队复员之次序。上项文件表册，均应送交军事小组。

本协定公布后六星期内，中共应向军事小组送交所拟复员各部队单位之全部表册，政府亦应送交同样表册。

军事小组一俟接到上列各项表册文件，应即制成实施计划送双方批准，经批准后，上项文件表册及实施计划，即由该组呈报国防部（或军事委员会）。

第二节　复员各部队之武器及装备，可用以补充所保留之各部队，对于此类转移之详细报告，应由军事调处执行部呈报国防部（或军事委员会），此项剩余物资，依据国防部（或军事委员会）之指示贮存之。

第三节　为避免因复员而引致之普遍困难及不法情事，政府及中共应于初期各自供应其编余人员之补给，并处理其运输及就业之诸项问题，政府应尽速接办以上事宜之统一管理。

第四节　在上述十二个月之时期完毕后之六个月内，政府军应更缩编为五十师，中共军应更缩编为十师，合计六十师，编为二十军。

第五条　统编及配置

第一节　在本协定公布后之十二个月内，应编成四个集团军，每集团军包括政府军一个军，中共军一个军，每军三师。各该集团军编成之次序如下：于第七、第九、第十、第十一个月各编成一个集团军，各集团军之参谋人员，政府与中共军官应约各占半数。

第二节　在十二个月终了时，各军之配置应如下述：

东北——五个军（每军三师）全部属政府军，各军军长由政府军官充任；中共军一个军（三个师），由中共军官充任军长——共计六个军。

西北——五个军（每军三师）全部属政府军，由政府军官充任军长——共计五个军。

华北——三个军（每军三师）全部属政府军，由政府军官充任军长，四个集团军各包含政府军一个军及中共军一个军（每军三师），内中两个集团军总司令由政府军官充任，两个集团军总司令由中共军官充任——共计十一个军。

华中——九个军（每军三师）全部属政府军，由政府军官充任军长，中共军一个军（三个师），由中共军官充任军长——共计十个军。

华南（包括台湾）——四个军（每军三师）全部属政府军，由政府军官充任军长——共计四个军。

第三节　在十二个月以后之六个月内，上节所述之四个集团军，应更改编为独立之六个军，内中四个军各包括政府军一个师，中共军两个师，两个军各包括政府军两个师，中共军一个师，以后集团军即应取消。

第四节　在次六个月即第十八个月终了时，各军之配置应如次述：

东北——一个军包括政府军两个师，中共军一个师，由政府军官充任军长，四个军（每军三师）全部属政府军，由政府军官充任军长——共计五个军。

西北——三个军（每军三师）全部属政府军，由政府军官充任军长——共计三个军。

华北——三个军每军包括政府军一个师，中共军两个师，由中共军官充任军长，一个军包括政府军两个师，中共军一个师，由政府军官充任军长，两个军（每军三师）全部属政府军，由政府军官充任军长——共计六个军。

华中——一个军包括政府军一个师，中共军两个师，由中共军官充任军长，三个军（每军三师）全部属政府军，由政府军官充任军长——共计四个军。

华南（包括台湾）——两个军（每军三师）全部属政府军，由政府军官充任军长——共计两个军。

第六条　保安部队

第一节　各省应有权维持一与其人口比例相当之保安部队，但其数额不得超过一万五千人，当省内普通警察显然无法应付局势时，该省主席即有权使用此项保安部队，以镇压骚乱。

第二节　保安部队之武装，应以手枪、步枪及自动步枪为限。

第七条　特别规定

第一节　军事调处执行部

根据三十五年一月十日三人会议所签协定而设立之军事调处执行部，应为本协定之执行机关。

第二节　统一之制服

整编后之中国军队，应采用显著而划一之制服，以供中华民国陆军官兵之着用。

第三节　人事制度

树立妥善之人事制度，凡陆军军官之姓名、阶级及执掌，均应载入统一之名册内，不得以政治关系而有歧视。

第四节　特殊武力

本协定生效后，政府及任何政党或派系组织，不得保持或以任何方式支持任何秘密性或独立性之武力。

第五节　伪军及非正规军

所有受日本之直接或间接主使而在中国成立之军队，以及政府或中共以外之个人或派系所保持之一切军队，应尽速解除武装并解散之，第八条第一节所述之实施计划内，应规定执行本节之具体办法并限期完成之。

第八条　一般规定

第一节

本协定经蒋委员长及中共毛泽东主席批准后，军事小组应即拟具关于执行本协定所载各种条款之详细计划，包括各种进度表、规章及具体步骤，呈送核夺。

第二节

双方谅解并同意：上述详细计划须规定复员应于最早日期开始，补给区之组织，应逐渐成立，军队之统一编组之详细程序，应根据第五条所规定之办法实施。

双方同时谅解并同意：在最初之过渡期内，政府及中共均应负责维持其军队之良好秩序与补给，并保证各该军队对于军事调处执行部所颁发之命令，立即绝对遵行。

政府代表　张治中

中共代表　周恩来

顾　　问　马歇尔

中华民国三十五年二月二十五日于重庆

签字仪式是一九四六年二月二十五日在重庆上清寺尧庐①举行的，当时我有一段简短的致辞：

今日政府代表与中共代表及马歇尔顾问所组成之军事小组会议，签订《关于军队整编及统编中共部队为国军之基本方案》，意义甚为重大。

众所周知，政府与中共对立达十八年之久。在此期间，为中共问题、内战问题，不知牺牲多少人才，消耗国家多少元气与耽搁多少建设！今日此一方案之签订，可谓结束了十八年之纠纷与对立，吾人今后一定抛弃以武器作为斗争之工具，而进入新的和平时代，我全国人民所期望的和平、统一、民主、团结之国家，将可实现，且在此文件上，已获得保障。

政治协商会议之成功，乃在达成政治民主化之目标，此一文件则将奠定军队国家化之基础。今后我国当可本和平建设之大方针，以建设三民主义之新中国。

本人代表政府签此方案，并百分之百保证其执行，使达成逐步军队国家化之目的。

此次会议，能有如此良好结果，愿郑重提出归功于伟大之友人马歇尔将军。在中国人民心目中，有称马将军为和平、团结、统一之接生婆者，有称为各党派尤其是政府与中共合作之媒人

---

① 即蒋介石侍从室所在地。

者，亦有谓马氏为美国政府与人民派来中国之和平使者，此等说法，马将军均可当之而无愧。盖中国此次和平统一之实现，在今日之局势中，吾人实应归功于此伟大友人，谨致诚恳之感谢与崇高之敬意。

中共代表周恩来也有一段致辞[①]：

张部长、马歇尔将军，各位朋友：

今天是一伟大成功的日子，因为在今天签订了军队整编及统编的基本方案。各位朋友记得，在今年虽然是很短促的时间中，但做了很多的事情。一月十日在马歇尔将军寓所签订了停止军事冲突的协定。一月三十一日在国民政府，政治协商会议通过五项决议。这次在尧庐，又签订了这一方案。这些，又说明了许多重大的事情，在短期内都已奠定了基础。从此有了方案，有了决议，就能够如张部长所说，向政治民主化、军队国家化及党派平等合法的目标上开步走了。

在现在开步走的时候，也就是当一切协定和决议要付诸实行的时候，是会遇到若干困难和阻碍的。但是我敢信，困难是会被克服，阻碍是会被扫除的。只要政府和中共，乃至全国人民都能坚守和拥护此一方案，相信任何困难阻碍都不能妨害此方案之实施的。我代表中国共产党，向诸位，向中国人民，向世界友邦保证：凡我们签订的文件，特别要包括这次签订的整

[①] 此稿是余湛邦的记录，未经本人审阅。

军基本方案,我们都要使它百分之百的实现。

在这一签订的基本方案上,规定了整编军队与统编中共军队为国军的各项条款,这是包括全国范围的,无论任何地域或任何武装力量,都不能除外。所以正如张部长所说,这是中国和平的保障。我们相信这一方案的实施,将使十八年来武装纷争的局面为之改变,将为中国实现和平、民主、团结、统一,将使中国走上近代化工业化国家的道路。

我同样想,这次的成功,正如停止军事冲突协定之成功一样,应感谢马歇尔将军之协助与努力。我个人也很光荣,能与一个世界战略家共同工作,完成此计划。同样,我也感谢二十年来曾经多次合作的张部长,张部长对此方案之努力,有他的很大功劳。

同时,在场的中外新闻界朋友们,把这方案传达到全中国全世界后,希望经过各位的努力,能号召全国人民,全世界友人,为此方案的实施来奋斗,并用来督促我们。

马歇尔的致辞更简短:

此协定为中国之希望。吾相信其将不为少数顽固分子所污损,盖此少数顽固分子,自私自利,即摧毁中国大多数人民所渴望之和平及繁荣生存权利而不顾也。

马氏的致辞虽只寥寥数语,但刺激性甚大。显然地,他所称的"少数顽固分子"是指国民党方面的,大概他当时已经从情报方面得到若干的报道了。

　　为了贯彻停止冲突、恢复交通和整军方案的执行，除了由北平军事调处执行部负责办理派出许多三人小组分赴各地执行外，这时由周恩来、马歇尔和我三人坐专机到各地作了一次检查，先后到了北平、张家口、集宁、归绥、太原、济南、新乡、徐州、武汉、延安，然后再回到重庆，计历时七日。每到一地，有时国共双方将领都在一起开会聚餐。问题当然是有的，但是都经给予适当的解决，全国各地除东北外算是大体完全停止冲突了。据我沿途所见和在延安所接触，我是认为乐观的，停止冲突是没有问题的。

马歇尔与蒋介石。

《双十协定》签订后蒋介石赴桂园访问毛泽东,图为国共两党领袖合影。右起:毛泽东、王世杰、张群、蒋介石、蒋经国、赫尔利。

三到延安

在这里,我特别提起这次在延安的情形。到延安和离延安,毛先生都亲为接送。记得到的那一晚,中共特别举行盛大的欢迎晚会,大家表情上都充分流露对和平的热情。会上我曾说了一番话(有中外记者随行,后来曾在报上发表过),主要的意思是强调整军方案的重要,我们应该百分之百地做到(后来在国

1946年3月4日下午，军事三人组到达延安，收到中共中央负责人和数千群众的欢迎。

1946年3月，军事三人组在延安视察。

民党六届二中全会里曾被CC分子郑亦同所引用,颇有讥讽之意,我当时曾加以驳斥说:"如果郑同志的引用是同意我的见解,我是愿意接受的;但如果是一种讽刺,那么我要反问郑同志一句:我们对于这个方案是不是准备来个七折八扣?"这话引起了哄堂大笑)。末后还说了一句话:"你们将来写历史的时候,不要忘记'张治中三到延安'这一笔!"引起了全场的鼓掌欢笑(这话后来传遍了全国,以后遇到中共朋友,也常和我谈起这件事)。我说完下来,毛先生还和我说:将来也许还要四到延安,怎么只说三到呢?我答:"和平实现了,政府改组了,中共中央就应该搬到南京去,您也应该住到南京去,延安这地方,不会再有第四次来的机会了!"他愉快地说:是的,我们将来当然要到南京去,不过听说南京热得很,我怕热,希望常住在淮安,开会就到南京。以后还有一位中共朋友和我说:"你的话说得很好,我们可以写历史了,就是说我们是成功的,而不是失败的。"我笑说:"我从来就没有意识到共产党会失败!"毛先生说我还可以四到延安,虽然后来蒋有要我四到延安的提议,但未成事实,而第四次却到了人民的首都——北京来了。

东北停战

三月初由延安回到重庆,当时最迫切的一项问题是东北停战,于是再由我、周恩来、马歇尔会商,先由马提出"关于派遣执行小组赴东北授予执行部命令草案"一份,周未同意。马突奉美政府命于十一日晚返美,由吉伦将军代理[①],经过多次商

[①] 吉伦中将是马歇尔的助手,军事三人小组会议开始不久,吉即参与会议。

谈,周把吉伦将军十八日提案带回延安请示,直至二十五日三人继续研商,几经讨论,于二十七日通过了如下的决定:

三人会议关于派遣执行小组前赴东北授予北平军事调处执行部之命令。

由精选人员所组成之执行小组应立即派往东北执行下列诸指示:

一、小组之任务仅限于军事调处之工作;

二、小组应在政府军队及中共军队地区工作,并避免进入仍为苏军驻留之地区;

三、小组应前往冲突地点或政府军与中共军密接地点,使其停止冲突,并作必要及公平的调处。

三人会议同意附入记录之点:

关于东北军事问题,由三人会议继续商谈;

关于东北政治问题,另行商谈,迅求解决。

再回新疆

这个协议,只是解决东北停战的问题,其余军事和政治问题还多,不过我已经不能再亲自参加会议了。因为这时候,伊宁方面已托由苏方转知,催我速回迪化继续商谈未得协议的军事部分。并且说,如果再不回去,那么,元旦签订的条款就完全无效了。三月二十九日我再飞迪化。这一商谈,经过了六十多天的折冲,到六月六日才全部获得协议。跟着七月一日组成了民族民主的联合省政府（主席仍由我兼，两位副主席都是少数民族人士，其余各厅、处、会、局，汉族和少数民族适当地互为正副主官，省府中少数民族占了多数，省府各单位大量延用各少数民族的干部，并订颁了施政纲领。这一措施，在国内尚属创举）。不过还有许多问题需要根据和平条款加以处理，还有许多实施的具体办法需要商定。同时办理选举问题，解决民族纠纷问题，安定社会人心问题，真是百端待理，极为紧张。在这段时间，我虽然时刻系念着国共问题，但已无余力去作考虑，也没法离开新疆。直到一九四七年元月，我才勉强抽空回南京一行。

在我驻留迪化的九个月里，内地的变化很大，两党的关系日益恶化。其间有马歇尔的八上庐山，有各民主党派人士的调停，均未能获得协议，使局面趋于缓和；而国民党军队对中共部队发动全面的进攻，直到张家口安东的攻占，反共军事达到最高峰，全国大打特打起来；再加上国民大会的片面召开，已至完全无法挽回的境地。这当然由于国民党有意制造种种事件（如撕毁停战协定、撕毁政协决议、撕毁整军方案等）所应负的责任。事后南京朋友曾告诉我，在问题最紧张的时候，马歇尔曾向蒋建议要我回来，但蒋很犹豫，没有同意。他这时已受了主战派的影响，认为战有把握，何必一定要谈和。这样，我就回来，又能有什么作用呢？

下"戡乱"令

事态已演变到这一地步，可以说，过去一切的协议是完全无用了，我们所有一切的努力也是完全落空了，懊丧的心情甚至使我悔恨不应该为了新疆一隅的问题滞留迪化九个月之久，而对于整个大局的恶化处在坐视不理的地位。不过事已至此，也是无法。记得我于一九四七年一月三日到了南京，马歇尔便叫皮宗敢（蒋的随从参谋，时任英文翻译）来对我说，马很希望和我会面，请我去吃晚饭。我说："很好，我也想去看望他。"我们见了面，谈了些闲话，吃了饭就看电影。他的表情，在冷静中流露出一些失望，但除闲谈外，没有表示任何的意见。我因为刚回南京，许多事情感到陌生，更不便先开口，只有在他礼貌而和蔼的招待中混了几乎三个多钟头。大概过了三天，他就宣告回国了。他已调任国务卿，行前没有宣布，是上了飞机才发表谈话的。

马歇尔走后，由第三者参加调处的和谈更已近乎尾声，不过司徒雷登仍以大使资格和南京保持接触。马之离华是在八上庐山之后，在失败的、懊丧的、也是极端不满的心情下走的。在他的谈话中，已经露骨地指出对国民党顽固派（他的意思当然蒋也在内）的不满。这时蒋对和的念头又在活动了。一九四七年二月初的一天，他找我去说："现在大家都希望你再到延安去一趟。"在主张上，我当然应该走一趟，不过在情绪上，我是相当消极。我考虑之后说："也可以，不过一个人去不大好，能请邵力子、张岳军两位同行最好。"蒋说："先一个人去也可以,将来到谈的时候再说。"我也同意了,于是托由司徒雷登通知中共。

不久中共以某负责人谈话方式在广播上表示:

……蒋介石对于中共所提两项最低限度要求,取消伪宪及恢复去年一月十三日军事位置既然置之不理,这就证明其所说和谈完全是欺骗。……张治中氏本人即曾于去年三月二十七日代表蒋介石签订了东北停战协定,但是仅仅七天,就被蒋介石撕毁,在东北大打起来。此次再来谈判,试问有何办法证明谈成的任何东西不被蒋介石在几天之后加以撕毁?如果去年一月由蒋介石主持的政治协商会议的决议,可以由蒋介石撕毁干净,敢于召集非法国大,制造伪宪法,保障独裁,试问有何办法证明现在的所谓和谈有一丝一毫的真实?单以此种种,我们对于现在喧嚷的所谓和谈,完全丧失信任。除非蒋介石取消伪宪,恢复去年一月十三日军事位置,便无法证明他不是欺骗。……

在当时情形之下,取消伪宪和恢复一九四六年一月十三日军事位置两点是不会被蒋接受的,所以我的延安之行是不可能了。不过和谈虽然一时不能进行,但我仍然坚决主张不能放弃以政治方式解决的方针。事既不成,而顽固分子对我个人则极尽冷嘲热讽的能事。在碰了一鼻子灰之后,不得不带着无限感伤的心情飞回新疆去。在临走前(二月二十四日)还给蒋一封长信,详细分析政府威信的低落,党政军种种弱点的暴露,请蒋务必改变领导作风,检讨各项政策,特别着重外交政策——对苏联政策与对中共政策的改弦更张。坚决主张对外联苏,对内和共,"觅取各种有效途径,把握时机,争取主动,一心追求和平统一的鹄的","我国今后所采外交政策,应以独立自主的精神,获致邦交平衡的发展,在这一原则之下,中美关系固然应该巩固,而中苏关系更应该增进;更应以中美、中苏的关系,促进美苏两国的关系"。并且特别强调:"如果我们稍微注意现实,或更加警觉,必将发现当前所采取一面倒(亲美)的外交政策,是否能符合国家利益,是否能解决国内问题,殊多疑义。"对于这篇率直而又激烈的建议,蒋并没有什么表示。

在这里,我特别提出一段经过。这时候,宋子文的代行政院长已经做不下去,蒋的意思要自己兼任,要张岳军任副院长,于是亲自召集最高国防会议,征询大家意见。半晌没人作声,还是我先说,我提出两个理由表示不赞成。一是行政院长担负实际责任,而主席是国家元首,站在领导的地位,不宜首当其冲。二是这些年来院长一职,总不外是蒋、孔、宋这几位轮流充任,对中外观感都不好,好像中国再没人了。我这样一说,蒋就站起来带着负气的口吻说:"好,张文白同志不赞成由我兼,我就不兼,请大家推选好了,推选谁就谁做好了!"大家僵住了,后来就有CC分子起来发言,赞成由蒋兼任;还有两位老先生出来赞成先由蒋代理,再行物色适当人选。这样就内定由张岳军担任。在我要离开南京的前一晚,张到我家谈了很久。我向他临别赠言,盼望他:"一定要把握两项方针:一是对外的,改善中苏关系;一是对内的,力谋恢复和平。这两大政策实现了,那么你就成功了,你领导的行政院在历史上也是空前的,否则必失败无疑！"谁知他上台以后，不但没有实行，而且对内下了"戡乱"的命令，对外中苏关系越弄越僵。我在九月回到南京时，他请我吃饭，饭后问我："请问有什么指教？"我说："你失败了！我建议给你的两大政策，你不但没做到，而且更坏，当然失败了！"他说："我有什么办法？党内的空气这样，蒋先生和大家的意见又是这样，我有什么办法？"我说："你应该不干这个院长。"他说："辞不掉有什么办法？"

这一段故事，正是当时中国政局的一幅写照。

在一九四七年三月七日我和邵力子先生到机场送董必武先生率中共南京办事处人员撤回延安（是南京政府勒令撤退的），次日，我便飞回迪化去。在那里一住便是七个月。这一年，国内发生许多事件：（一）一月底，美国宣布退出中国三人军事会议和北平军事调处执行部。（二）二月下旬，中共驻北平军事调处执行部人员叶剑英等被迫全部返回延安。（三）南京政府通知中共驻南京、上海、重庆三地人员，限于三月五日前撤返延安。（四）三月国民党部队在胡宗南指挥下，大举进攻陕甘宁边区，占了延安。（五）国民党三中全会开幕，蒋和陈诚宣称作战到底，陈并在记者招待会上说："余曾有言，如果真正作战，只需三个月即可击破共军主力，但过去因和谈关系，国军多是被动挨打。政府用兵之目的，在于平定叛乱，非至共军全部解除武装不止。"（六）白崇禧迭次在立法院高呼支持政府，消灭中共，反对谈和。（七）物价飞速上涨，经济情况日趋混乱。（八）七月，国民党政府正式颁布"戡乱"令。

内地的悲剧一幕又一幕地继续演出，使我在边疆看了不禁惊心动魄！而当时，新疆的情势，又因种种关系，伊方人员撤回伊宁，新局陷于僵持，我没有继续留在迪化的必要，自己很想回到内地来，对改善中苏关系、恢复国内和平再尽一点力量，于是在九月十一日获得蒋的许可，又回到南京来了。

机密建议

　　回来的第二天早上，见了蒋。他问我对大局的意见，我还是重申前说，特别主张在这时先从改善中苏关系一点做起，分析详尽，他连声说："对"，并说："你去做做看。"

　　这次回南京，前后居留达五个月之久，到苏州、杭州、上海、台湾游览了一回，在台湾还到了张学良的住处——新竹温泉，对他作第三次访问（第一次是西安事变后，他送蒋回南京，在鸡鸣寺宋子文家里；第二次是抗战期间在湖南沅陵）。一别十年了，他面上的皱纹刻画着时光的飞逝，内心尤其蒙上了惨酷的伤痕。那天，我们谈了很多，他还赠了我一首诗："总府远来义气深，山居何敢动佳宾；不堪酒贱酬知己，唯有清茗对此心。"午饭后再谈，最后黯然握别。我看他很难过，只得勉强安慰他："我相信国内总是要和平的，只要有和平的一天，也就是你恢复自由的一天，将来国家还是需要你的！"现在看起来，这话对他实在太残忍了！早知这样，我不应该说这种话！

　　各地的游览，对于我来说，只是一种躲避现实、寻求排遣的方法，虽在旅途中，也不禁时时想起人民和国家的艰难情况，不免万感交集，尤其念念不忘如何恢复和谈一事。十一月回到南京，我经过详细考虑后，认为内战正在激烈进行，恢复和谈此时不复可能，何不先从打开中苏僵局着手。就在十二月十八日写了一个机密建议给蒋，认为过去一面倒（亲美）外交政策，根本丧失独立自主之精神，不符合国家现实利益，建议排除"美国吃醋"的顾虑，径向苏联提出派遣特使赴苏，以谋打开中苏僵局，觅取解决国内问题的途径。并分析利害，至为详尽。这时蒋亦有打开中苏僵局的念头，要我试从侧面进行，我也曾做了一些工作，但是他顾虑太多，摇摆不定，终未能实现这个建议。

会见罗申

对中国问题，苏联这时曾公开表示：承认国民政府和蒋的领导，并本着三国外长会议精神，不干涉中国内政，但希望我们保持和平。这是苏联对中国问题的坚决态度。

一九四八年元月七日，苏联大使馆武官罗申将军回国之前，曾到我家里辞行，有一个谈话。当时由卜道明翻译，事后我把它记录下来，并且译成俄文，在他调升为驻华大使到任后给他看过，他认为大意不错，原文是这样的：

苏联驻华大使馆武官罗申少将奉命回国
特向张治中将军辞行谈话

（罗申武官于三十七年元月七日午后五时到沈举人巷一号向张将军辞行，略致寒暄后，渠突向张将军提出一项相当严肃的问题。下面是问答记录，系由卜道明先生①担任翻译。）

罗：我快要回国了，在回国前，很愿意扼要地明了在中国政府中负了重要责任的张将军对于中国局势前途的看法怎样。

张：我认为要看中国的前途，不能只从中国方面去看，应该从世界的前途来看。比方现在的世界局势，我们都希望世界能够维持永久的和平，绝不愿意发生战争。但是，目前国际情势如此紧张，尤其美苏两国间关系日见紧张，就有些好战的人们，在国际鼓吹战争，准备战争，好像第三次世界大战是不可能避免的了。当然，万一世界战争爆发，这就是美苏之间的战争。那么，中国将怎么样？在我个人的意见，中国应该采取善意的中立。既不联合美国对苏联作战，也不联合苏联对美国作战。

我这种说法是有其充分理由的。因为中国如果能够保持善意的中立，对美国有利，对苏联也有利，对中国当然更有利。为什么？理由很多。即就纯军事观点来说，如果中国不能保持善意的中立，联合美国对苏联作战，美国必须调动大量的海空

---

① 当时任国民党外交部司长。

陆军横渡太平洋来协助中国。这样一来，中国便成为美国的一个沉重的负担；相反的，如果中国联合苏联来对美国作战，苏联也必须从辽远的西伯利亚出动大量的陆空军来协助中国，而且形成两面作战。在战略上说，是顶不合宜的事。所以我说，中国能保持善意的中立，对美有利，对苏也有利，其理由在此。

但是，怎样才能够使中国做到善意的中立？首先要做到中国内部的和平统一，然后才能消除一切足以妨碍中国善意中立的因素。怎样才能使中国内部和平统一？我认为首先要改善目前中苏的关系。就是要多方设法打开目前中苏的僵局，恢复在广东时代和抗战初期中苏间友好合作的关系。因为，如果中国和平统一了，在世界和平时期，我们可以完全推行美苏并重的外交政策——就是亲美也亲苏，不反苏也不反美的外交政策。万一世界战争爆发，我们也一定可以采取善意的中立。我更认为，中国采取美苏并重的外交政策，不但可以保障远东的和平，同时也可以促进世界的和平。

这是我对中国前途的大致看法。

罗：在目前中国对苏联的情形之下，怎样才能推行您所说的美苏并重的外交政策？

张：关于这点，我记得从前曾和您说过，就是中国在东方处于很好的地位。我们应该有一个抱负，善用中国的地位，来促进美苏在国际上的友好关系，最少也可以促进美苏在东方的合作关系。我们绝不愿意因为中国的关系，使美苏关系更趋复杂，乃至拖美苏下水。至于说如何做到美苏并重的外交政策，明白地说，当中国和平统一之后，国民党和共产党两党当然可以商定出一个美苏并重的外交政策,公诸全国和世界,这不是一个最有效的保证吗?

罗:您的话是不错,不过我认为中国内部首先要自己想办法,停止战争。这战争即使再打十年、十五年,也不会有结果的。这不但我个人希望中国和平,我们苏联政府和领袖们也是希望中国能够和平,希望中国成为和平、统一、独立、强盛的一个国家。可是,我认为美国政府是不愿意中国和平的,中国越乱,美国越容易控制中国,所以他们是希望中国继续打仗的。

张:我对于您所说美国希望中国继续战争,不愿意中国和平这一点,不能同意。我认为美国同样地希望中国和平,我有很多理由和事实可以证明。别的不说,只要从军事和经济两方面看便很清楚。就军事上说,刚才已经分析过,中国在战时能够善意中立,就可以减少美国的负担。就经济上说,美国是一个工商业发达的国家,它需要中国广大的市场;如果中国继续战争,美国对中国怎样能做生意和投资赚钱呢?

罗:您这种说法,当然也有理由。但是美国势力,已经从军事、政治、经济、文化各方面侵入中国,企图控制中国。中国越乱,它就越便于控制中国。这是本人数年来研究所得到的结论。

张:对于这一点,因为时间关系,我想不必继续研究,不过我要提出一个问题。假定美国不希望中国和平,而苏联则希望中国和平,中国人正在极力追求和平,那么,倘使苏联能够帮助中国达到和平的目的,就可争取中国人民的感情,改善中苏的关系,这不是极值得考虑的一个问题吗?

同时,我还可以告诉您一个摆在我们面前的事实。中苏现在也有一个共同的利害关系存在，而且这种关系是正在发展中的。美国的世界政策，是欧洲第一、亚洲第二。在亚洲的政策，是培植日本第一，帮助中国第二。这种政策的出发点，当然他们可以说是为了对付苏联。这正如日本在一九三一年"九一八"占领东北后的情形一样。他们说：日本占领东北，不是为了对付中国，而是为了对付苏联。您试想，日本培植强大了之后，首当其冲的当然是中国，但是你们苏联便能安枕无忧吗？这种摆在我们面前而且日趋发展的事实，不是中苏两国共同的利害关系吗？如果苏联看清楚这种利害关系，帮助中国解决内部问题，使中国避免战争，获致和平统一的话，美苏间有了这样伟大的一个缓冲国家，我想美国是可以放弃培植日本以对付苏联的企图。那么，美苏在东方的关系因此得到了缓和，远东的和平因此获得了保障，甚至对世界的和平也是有帮助的。

罗：您的话对我很有帮助。我自问对于中国问题有相当的理解，现在听了您这一番话，使我对中国问题有了更加深一层的认识；同时更充实了我这次回国对中国问题的报告。很感谢您。

这里的情形，很需要彼得罗夫大使回来。我曾经接到他去年十月的信，本来预定十一月回任，但是没有实现；或者因为外长莫洛托夫和外次维辛斯基两位去参加国际会议，他尚有若干问题没有得到解决，所以尚未能来。

张：近日报载彼得罗夫大使调任苏联外交部远东司司长的传说，您有所闻否？

罗：没有这回事，我回国后一定催促彼大使早日回任。

张：我也希望您快快回来。

罗：我希望三月间便回来，而且希望回来的时候，中国的情形已经好转，已经获得和平了。

张：中国的和平实在重要，中苏关系的改善，我认为同样的重要，希望大家为增进中苏友谊、改善中苏关系而努力。

罗：我对张将军所讲的为增进中苏友好关系而努力，很愿意表示热烈的欢迎，并希望获得成功！我这次回莫斯科，也一定愿意多说可以促进中苏友好的话。

张：谢谢您的好意。今天我们谈的话都是原则的，如果苏联政府对打开中苏僵局，促成中国和平，愿意具体地来谈的话，我们是愿意来共同努力的。最后举杯祝斯大林委员长健康！并祝您一路福星！

（附记：此项谈话由下午五时至六时四十分完毕。）

低气压的南京

由于内战越打越激烈，国民党统治区域的政治、军事、经济一切已露出崩溃前的征象，而蒋也始终拿不出决心来采取果断的措施。在那种低气压的环境下，心情的苦闷真是难以形容！找朋友商量商量吧，谈得来的又太少，可以说只有邵力子先生一人。上述"机密建议"在给蒋看之前，我曾先给邵先生看过。他说："你说他（指蒋）一面倒亲美的话太重了，恐怕他生气！"但是我不愿意把这一点修改，照原样抄好了给蒋。过几天邵问我："改了没有？"我说："还是一字未改。"他说："有什么反应？"我说："也没有。他只是表示可以从侧面试试看。"他又问："假如蒋同意了，派谁去？"我答："最好请孙夫人去；假如请不来，就由你去了。孙科要不是以后的反苏态度，倒是可以的。"有一天，我们两人游中山陵，在松林里谈了很多话，总觉得一筹莫展，惟有相与叹息而已。最后我说："我在这里闷得很，要回西北去了，蒋也催我走。"邵说："走了好，留在这里没有什么用处！"还说："蒋即有实行民主的意思，也没有实行民主的习惯，和平问题渺茫得很！"

此外，我也和几个人谈过话。

第一个是黄少谷。他当时是《和平日报》（原《扫荡报》）的社长，做事心思细致，也很谨慎，但相当软弱，魄力不够。我在政治部的几年，他对我直接负责，言论倒相当温和；以后，尤其"戡乱"令下，《和平日报》就显得特别反共，甚至邵先生还和我说："《和平日报》反共的激烈，比《中央日报》有过之而无不及，黄是与你有关系的人，为什么不劝劝他？"有一天，我特别约他到中山陵山坡上谈了几个钟头，说明国民党种种腐化反动，势将招致失败的动向，共产党不是武力所可解决的，尤其不是走下坡路的国民党部队所能解决的，希望他转变态度主张和平。他说："我早已几次辞职，但是上头又不许我辞！"以后，他越陷越深，以至于不可自拔。

第二个是熊式辉。他才从东北失败回来，不过蒋还常常要他研究问题。我也约他到玄武湖八十八师抗日阵亡将士纪念碑下谈了几个钟头。他对蒋的了解相当深刻，认为蒋一切用人行政不外三"缘"（地缘、血缘、学缘），故表示悲观，但是在政治见解上，我们却很难谈得拢。

第三个是白崇禧。在农历元旦那一天，我约他到中山陵谈了几个钟头。我首先对他的反共思想作了一个批判，说明我们都是贫苦农工出身，为什么反而和封建、官僚、买办阶级妥协，助长他们的气焰？并指出他不能接近前进青年，显得保守。最后还说到李品仙在安徽的作风，人家都说是你支持的，有替人受过之处。对于这些，他都表示相当的接受，但也有加以解释之处。最后谈到对蒋和对中共问题，我认为蒋的失败业已注定。他同意我的意见并反问："蒋失败后怎办？对于收拾残局不能不有一个准备。"大家研究了很久，并相约不得把今天谈的让任何人知道。我当时倒没料到他后来有表面主和骨子里倒蒋的一幕。至于南京政府所以拒绝八条二十四款，蒋固然是主要阻力，而白的一贯主张和态度也起了很大的作用，桂系垮了，他自己也就完了！

　　第四个是陈诚。我们是有私人情谊的，但在政治主张上，他是一向和我走极端的。一九四六年冬天，他到我家里，我曾问他："你公开说三个月内击溃关内中共主力，六个月以后全力解决东北，有这个把握吗？"他两手交叉在身后背着壁炉说："如果六个月消灭不了，那就永远消灭不了了！"我笑着说："这不能算是把握吧？"一九四七年决定派我到延安去，他在徐州打电话给白崇禧："前方打得这样紧张，他（指我）还在后方谈和？用不着啰！等我把共匪剿灭了，让他来当参谋总长好了。"当时我就坐在白的旁边。在军事会报上，他常和我针锋相对，常常说："有人天天在谈和，影响士气，现在的情势就是谈和谈坏的！"他是个最倔强也是最刚愎的人，从不肯认输，一直到他从东北回来，病倒了，参谋总长职务也辞掉了，他还是不服输。虽然这样，我还是尽可能地想去影响他，但是这又有什么效果呢？

兰州小住

这时我久住南京，想"和共"既说不上，想"联苏"又办不到，已觉毫无作用，且甚感苦闷万状，于是在一九四八年元月突然飞返兰州去了。那时候，伊宁问题始终僵在那里，回迪化没有必要，就只好驻在兰州。住在兰州的心情也很矛盾，当时西北战事渐渐紧起来，我因常驻新疆对西北行辕的军事指挥一向不过问，完全由陶峙岳（后来由郭寄峤）负责，现在常驻兰州，就碰到许多应问而不愿意问的事情，还是避开吧，于是经常住到离兰州六十多公里的兴隆山上去。

在那里，我对当时的局面作了一个详尽深入的研析，结论更加确定：蒋是一定失败的，他所领导的政权也一定随之同归于尽。这时候，我的心理显得特别变态，每听到中共军队胜利的消息，似乎觉得快慰，但听到国民党军队胜利的消息，反而感到沉默：既然一定失败，便快点失败吧！这是什么样的一种心理？

这时眼看国内两党问题、新疆问题、国民党内部问题都无法解决，满怀愤慨，情不自禁地也就说了好些愤慨的话。

一九四八年三月一日，我在国民党甘肃省党部扩大纪念周中有一篇讲话。

首先我指出，现在我们正面临着困难的局面。这个局面是病的现象,而不是病的根源。我们病的根源在哪里？我们不可以讳疾忌医而不愿加以检查。如果单从现象上着眼,医药乱投,将是自杀的做法。

然后追问：我们的病根在哪里？一句话,病根就在国民党本身,就在国民党离开了三民主义,丧失了革命主张！我们是革命的政党,但是取得政权之后就不革命了,三民主义的党取得政权之后就不要三民主义了。真是咎由自取,罪有应得！

何以见得我们不革命、不实行三民主义？拿民权主义来讲,在许多省份许多地方,民权变成自欺欺人的话,大部分的权柄都落在贪官污吏、土豪劣绅、地痞流氓之手,所谓"民权",变成官权,变成土豪劣绅的权、地痞流氓的权。所谓民生主义,主要应在实行平均地权,节制资本,而外间盛传我们是官僚资本、豪门资本。当然,我们现在还没有很大的资本家,但是外间所指斥的官僚资本、豪门资本,能说是毫无根据吗？至于平均地权,不仅孙总理所念念不忘的"耕者有其田"杳不可迹,连起码的"二五减租"也谈不到,二十年来本来很可以做到的事情,一样也没有做,民生主义在哪里？土地问题是农民问题的核心,而农民人数又占全国人口的百分之八十五以上,问题的重要性可想而知,但是我们虚度了二十多年的光阴,面对着这个核心问题不加解决,这是多么可惜的事情！

最后,我肯定地说,从以上分析,我们的病源很清楚,就是不革命,不实行三民主义。我们的敌人不是别人,正是我们自己,正是国民党本身。

像上述愤慨的话,我讲过好多次。在扩大纪念周上,在各种座谈会上，在甘肃省专员、县长会议上，都痛切地讲到。尤其到一九四八年七月十五日在甘肃省参议会第一届第六次大会开幕典礼上的讲话，除了上述的话都讲到外，还特别强调农民问题和土地问题。我举例说，像湟惠渠地区，百分之四十六的土地操在七个大地主手中，而全体农民只占有百分之五十四的土地，这能说是平等吗？以兰州市言，现在有不少地主在市区内占有一大块一大块地皮，某校为国家造人才，需要地皮修校舍，而地主抬价留难，不肯出让。以甘肃说，在现在的土地制度下，是否多数农民的痛苦都已解除？可以由自己的劳力得到自己的生活需要？一般佃农、贫农、雇农，贫无立锥，家徒四壁，终年不得温饱，我们是不是要为他们解决问题？大家说要增加生产，生产所得是否归于生产者？生产和分配的关系是否正常？如果生产品的大部分被不劳动的人拿去了，那就是最不合理的生产和分配关系。农民问题、土地问题终必成为社会上最严重的问题。

在这篇讲话中，我还集中地攻击了土豪劣绅、地痞流氓。我说，人民和政府几乎不可能直接发生关系，因为其中有中间人的存在。他们上蒙政府，下骗人民。比如拿征兵征实来说，他们不仅是既不出人，又不出粮，而且政府向人民要一个钱，他们就借此向人民要两个钱。他们武断乡曲，为非作恶，任意摆布老百姓，正直人士敢怒而不敢言。这种中间人正是民权主义的障碍物，如不扫除，还谈什么革命？

最后，我认为当前的问题不是技术方法的问题，而是原则政策的问题，必须在原则上、政策上作革命性的转变。首先一定要使善良人民有讲话的地位，有生活的权利，不受任何压迫，不受任何剥削，真正做到民权平等、民生平等的地步。如果大家为了实行民权主义而把这种中间人去掉，为了实行民生主义而根本解决土地问题，万一中央说你们违背了法令，有我承担负责！

这篇讲话引起外间很多批评：有人认为话说错了，有人背后表示不满。其实，这是很自然的，当时的甘肃省参议员，多数是地主阶级和"中间人"，他们不欢迎、不满意我的言论是一点儿不奇怪的。我为了澄清空气，付之公论，索性就把这篇讲话在兰州《和平日报》上正式发表，名为《认清病源，勇敢革命》。

这篇讲话见报后，我收到一封长信，大意是说：我完全同意你的说法。在国民党有地位的人士中，能够公开为人民说这种话，而且把责任引到国民党本身的就只看到你一个人；不过你所寄予希望的人正是革命的对象，那你的话不是变成对牛弹琴白费心思吗？你应该另想别的有效办法才好。这封信不知怎样遗失了，到今天回忆起来，我很感谢这位不知名的先生对我的批评和启发。

正在那个时候，陕西宜川之役发生了，胡宗南的精锐大部被消灭，刘戡战死。胡的弱点完全暴露，南京方面大为震动，蒋接连几个手启电报要我到西安去统一指挥西北五省军事。这一着，我当然不能接受，但也使我感到有点困窘，曾列举理由（偏重胡宗南的个性和部队历史），说明我去西安有害而无利。发电后，我仍然悠闲地住在兴隆山上。后来由于马军在陇东和中共部队打了一仗，中共部队撤退，蒋才不再勉强我，而兰州的紧张空气也为之缓和下来。不过，这时兰州和南京都很有人怀疑到我的态度了。

从三月二十九日起，南京政府召开所谓制宪国大，到五月一日，蒋和李宗仁被选为总统、副总统（上次所谓制宪国大举行时，我在迪化，这次在兰州，都没参加）。我在五月五日，曾经根据在兴隆山这些日子的研究分析，给蒋去了一封长信，认为当前大局已经达到最严重的阶段，目前的形势，士气不振，人心不附，军队不能打仗，政治毫无效能，江河日下，局面全非，力陈必须彻底检讨，设法补救。并首先指出在根本上的错误方面，是不革命与不实行三民主义。其次说到领导上的缺点，列举对党务、对军事、对外交、对中共问题、对干部、对修养各方面的缺点。最后提出补正之道，请求改革制度，放弃中央集权制。变更政策：第一，执行亲苏政策；第二，执行和共政策；第三，执行农民政策、改革土地制度；第四，执行社会政策、改革经济制度。并且在结论中指出，这时急起直追，虽嫌过迟，但仍可有万一的希望。

关于对外交、对共党两个问题，我说：

今日最值得检讨之外交政策，厥为抗战胜利后之对苏外交。关于东北方面之对苏问题，职亦多次向钧座陈述所见，钧座虽始终未同意职之观点，但职仍愿重申其说。今日东北局面之演成，实由于对苏外交之失败，当时外交当局，不知收回东北为政治利益，保全工矿为经济利益，政治利益当然重于经济利益，乃竟着重经济利益忽略政治利益,前提一误,全局皆输。又如现在政府所执行之对美外交,完全表现"一面倒"之倾向,结果必致愈陷愈深,不能自拔。职始终认为我国现阶段之外交政策,仍须彻底检讨。今后世界形势之演变,固不必作过于遥远渺茫之判断,而在第三次世界大战未爆发以前,甚至在第三次世界大战尚未获得解决之时,我国对美苏平时采取两国并重,战时采取善意中立之态度,有百利而无一害,职迭次为钧座所敷陈之此一观点与具体建议,深信此时仍具有正确之价值。惟今日如何挽回业已造成之"一面倒"之倾向,与为戡乱观念所影响而造成之颓势,反复思维,苦无善策!言念及此,不仅为过去之失去时机而惋惜,更为未来之国家前途而忧虑。

对共党此一问题过去职深思苦虑,迭为钧座借箸而筹,尤其抗战胜利之后,职之一切建议,与为党国为领袖的一切努力,尽付东流,曷胜浩叹。窃谓亡羊补牢,虽未为晚,而过去错误之原因,似不能不加以省察。职自信对共党问题认识较深,平日所引以为虑者,事后皆不幸而言中。职认为本党对共党问题一向之态度,主要之错误,在于无定见、无远见,且听任惧怕共党之意识不断发展,一般同志早已造成惧怕共党之普遍心理。故今日本党之失败根源,实由于本党丧失积极斗争之意志,仅基于惧怕之一念而采取消极之防制方式,及至提防乏术,则失其自信而气馁而冲动。至于其他原因,则估计共党太低,完全忽略共党之国际背景。不思此一具有国际性之组织,决非专恃军事力量所能消灭,况我党政及军事方面所表现力量,皆属不够之至,坐是一着之错,全局皆输。此在钧座之地位似不能不亟加反省者也。

蒋当时对这信相当重视，十二日接到他的手启辰真府机电说："来函与意见书今始详阅，应再加研究后另行电告。"但以后便没有下文了。而我这万言书，也不过聊尽心意罢了。

自从拒绝到西安统一指挥五省军事之后，我便深深感觉到自己在兰州的地位对于向来主张是一种不可调和的矛盾。因为我到西北是为解决新疆问题来的，现在一旦形成了站在对中共作战的地位，对于自己的主张和人格都感觉发生了问题。刚好同时，由于蒋的主席改为总统名义，西北行辕（它是国民政府主席西北行辕）也奉令改为"西北绥靖公署"，绥靖者，剿共之别名也，这个名称也是我所不能接受的。这种种因素，更促成了我离去西北的决心。不过我又考虑到，单独提出辞职是不容易甚至不可能通过的，刚好何应钦从驻联合国军事代表团团长的职位调为国防部长，于是我在五月十六日电蒋请辞，并请调任军事代表团团长职务。并说如代表团人选已定，亦请准出洋考察一年。以后又再提出西北继任人选，并电请何应钦从旁促成。二十九日，接到蒋的手启辰俭府机电："前接兄电愿赴美工作一节，因今后党政军主要人事均须更改，故稽延复，决稍缓当约兄来京面商再定。"细察此电语气，似有允许或商量之处，所以我在六月初更密函新疆少数负责人，告诉他们，我准备交代工作。但是何应钦不同意，在六月十二日接到他巳真复电："承示各节，经面报总统，奉谕西北关系重要，目下非兄坐镇不可，仍希兄勉为其难。至代表团首席代表，现已由空军代表毛邦初中将担任。"正是这时,国民党军队在开封吃了一个大败仗,蒋忽然到了西安召开军事会议,并电约我到西安去。六月下旬,我又向他重申前请,并且正式写了一个签呈给他,详陈我所以坚辞的苦衷,并言西北行辕不宜改为绥靖公署的理由。他第一句答复是何应钦不同意,又说实在不容易找到适当的继任人选,至于绥署改称他是可以考虑的(后来很特殊的把西北绥署再改为西北军政长官公署。在南京方面看,对我是够迁就的,因为他们误认我所以辞职完全是为了这一原因)。

西安谈话

在这里,我要补充一件事,就是在兰州到西安前,还接到邵力子先生的一个电报:

弟今日晤司徒大使,承告罗申大使与谈,愿与共同努力,改善美苏关系,并研究协助中国解决问题之办法。司徒称罗申态度甚诚挚。又称据渠所知,苏联使节驻他国者亦向美方表示愿改善美苏关系。司徒因于多日焦虑之余,稍抱乐观。弟又晤罗申,证实司徒所谈。罗申询弟改进中苏关系具体方法,弟答以双方应先停止有妨睦谊之宣传。又促进新疆和平,解决中苏贸易,罗申均同意,谓当尽力,惟以五月初喀什之反苏事件为憾。又谓兄常驻兰州,关于新省事件,不便随时商决。弟询是否欢迎兄来京商谈,渠谓兄有公务,不敢作此邀请,倘兄因公来京,自愿畅谈一切,弟闻兄月内将来京,不知确否?弟今晚赴沪转台湾，拟月底返京，甚盼届时得闻司徒、罗申间之佳讯，并畅聆教益。

这电在我看来，等于漫漫长夜里透露出来的一线曙光，它告诉我运用苏美关系解决国共问题这一主张是具有可能性的。所以对西安之行，怀抱了若干的希望。记得在西安先后停留了七天，每天和蒋都有谈话，最重要的一次是六月二十七日，事后我曾经写成一个记录，全文如下：

蒋"总统"与张主任谈话纪要

三十七年六月二十七日上午九时，奉约到王曲常宁宫行馆。总统邀登小亭上，俯眺一湾流水，两岸碧禾，南山景色，扑人眉宇，如置身美丽的大自然怀抱中。坐对元首，畅谈国家大事，历三小时许之久；且在对话中率直痛陈所见，总统并不以为忤，剀切解答。惟看法悬殊，隐忧莫已，特纪其要，借留回忆。

治中附志

蒋：我们来谈谈时局问题。你先说你的意见。

张：当前局势必须有一绝大的政策转变，而这种转变一定要解脱外来的（指美国）挟持，同时要能够阻止党内的分裂趋势，国内的人心涣散；而且即在共产党方面，也能使之折服。这种转变，必须达到这种目标才好。

蒋：那么，怎样转变呢？

张：我在五月五日送给总统的"对当前国是的检讨与建议"已经分析过，现在我还是这样看法，还是认为先要从对苏联政策和对共产党政策去研究解决办法。对苏外交应该是平时美苏并重、战时善意中立。至于对共产党问题，如果对苏政策能够做到的话，这个问题就可以解决过半。不过我们应该主动地放弃戡乱主张，停止战争（继阐明主动停止战争的利害得失，及目前从事改善中苏关系不必有其他顾虑的理由）。

蒋：对改善苏联关系的办法是可以谈的，我们联苏也用不着怕美国吃醋，不过在开始进行的时候，不要先让美国知道，对共产党问题，现在还不能说停止戡乱。我们即使停战，共产党也不会停战的。同时我们现在站在劣势的地位，自己先主动停战是更不好的。我并没有坚持以军事方式解决共产党问题到底，但是总要等军事形势好转才能谈得到这一着。我们现在要和共产党谈判是谈不上的（中间反复说明并没有坚持以军事方式解决共产党问题，但是必须情势好转才能说得到停战这一点）。

张：（对总统关于共产党问题的看法表示不能同意）目前局势绝不能再拖下去，军事如此，政治亦如此，经济更如此；要继续拖下去，只有愈拖愈坏，我们应该要有果断。如果能承认不能再拖，便应该毅然决然拿出有效的挽救办法来。如果认为目前军事受了顿挫，共产党气焰高了，便谈不到停战，这是并不尽然的。相反的，我们军事虽然受了顿挫，不过因为我们是执政的党，在政府的立场，受到了很多束缚，很多牵累，假使我们和共产党易地而处，我们还保有几百万大兵，集中在南北几个地区，经过休息和整顿之后，我们还是可以再起来再恢复的。

我们纵然不能以军事消灭共产党，难道共产党就可以军事解决我们吗？这一点，共产党中有眼光的人，也是看得很清楚的吧？我们如果停战，就可以这样表示：政府本来一贯地想以政治方式解决问题，不幸解决不了，遂不得已出之戡乱一途，这并非政府所愿意。现在在八年抗战三年内乱之后，国家元气大丧，人民痛苦不堪，政府为了国家，为了人民，愿意以悲天悯人的态度，表示不愿再以战争解决问题，陷国家民族于万劫不复的境地。首先主动停止战争，这样一来，在国际可以获得同情，在国内也可以得到人民的拥护。我想，凡属有识的人士，绝不会因为我们主动停战而发生其他误解的。

蒋：那还行！假使我们一旦宣布停战，内部马上要分裂，士气马上要瓦解！共产党混进来之后，发展它的组织和地下活动，我们还受得了吗！

张：我的看法完全不一样。要是这样拖下去，我们的党是一定完了的。现在已经看不出一点儿力量，因为大家忘掉了斗争的对象，只顾争权夺利，升官发财！党到了这步田地，可以说是已经完了的——其实党的内部分裂也没有什么，已经到了这步田地，分裂就让它分裂好了！我们只要能把忠于主义、忠于革命的同志好好地团结起来，不愿意来的就随他们好了！民国十三年，总理在广州改组本党的时候，不是也有人跑到北京西山去开会，后来还形成了"西山会议派"吗？但是，总理并不在乎，本党也并没有受到多大的影响。至于士气，现在可以说低落到等于没有了。这些部队东征西调，早已经疲于奔命，他们很多人说早已不愿意打仗，不过是为了领袖，为了校长的感情而不能不打仗而已。假使现在要他们停战，他们当然是愿意的。试想领袖要他们打仗去死，他们虽不愿意，尚且不能不服从；现在领袖如果要他们不打仗，不去死，他们哪有不高兴不服从之理？他们常常流露一种呼声：为谁而战？为谁辛苦为谁死？这种现象是极值得顾虑的！现在宣布停战，对士气不但不会瓦解，而且给他们一个喘息的机会，相反的会为之加强的。就现在情形看，没有一年半载的休息整顿，士气是恐无法再振作起来的（继并述"建议"中所言"本党惧怕共产党意识之普遍发展"之为害处）!

蒋：（对上述分析颇为动容）现在党没有什么力量，分裂也没有什么关系，我们要把基本的忠实的党员团结起来，改造这个党。至于共产党的看法，并不会像你说的那样，现在绝不是停战的时机，还是先把局势转好再说。

张：（谈话至此复转移至对美问题）美国现在对我们的态度并不太好，他们最近扶植日本是从一种不好的心理出发的。他们本来最初想利用我们在东方对付苏联，以后看我们力量不行了，不能制服共产党；而且恐怕中国反被共产党所控制，所以转而想利用日本来控制中国，对付苏联。这是很不好的一种心理。

蒋：马歇尔完全持一种反蒋倒蒋的态度，史迪威日记的发表，一定是先得马歇尔同意的，好在美国还有主持公道的人，不然，我早已被他们打倒了。

张：我想，现在应该对马歇尔加以说服。

蒋：不行！说服不了！他完全是意气用事，他对于调处工作的失败，使他的声望和事业受到打击，归咎于我们，怀恨在心，这是说服不了的！

张：要应付马歇尔，我想只有两个人：一是张岳军，一是我，我们是不是可以试试看？

蒋：这是没有希望的，现在美国对中国的态度简直是下命令一样！他要我们怎样做便怎样做（说至此总统气愤形诸词色）！我们今后联苏也用不着对美国有什么顾虑，不怕他们吃醋！

张：我们现在如果和苏联举行谈判，恐怕只有以罗申大使为对手。我是不是可以这样试试看？他到南京后一再托人表示愿意和我谈，并说"和张将军能多谈，也能畅谈"。他并且对司徒雷登大使表示，愿意协助解决中国问题，态度很恳切。我想，现在也许是一个机会，因为苏联将集中力量对付欧洲，不愿在东方发生问题的。

蒋：你想怎样谈法？

张：现在不能预定，只能一步一步地试探，一步一步地谈。谈得拢，才深谈，才具体地谈；谈不拢就不谈。

蒋：这样是可以的。

张：那么，我现在是不是就可以回南京去？

蒋：现在去不好，八月间党要开会，到那时你可以去。

张：（未复谈及国内一般情形，如国民大会的选举，行政院的改组等）重复说一句，现在时局内内外外都在走下坡路，实在太严重了！我们对革命向抱乐观，但不能不提高革命警觉性，来请求挽回颓势旋乾转坤的方法。

蒋：（很感慨地）旋乾转坤？没有那么容易。从四月到现在，是最黑暗的局面。症结就在我当了总统。我在庐山就已经决定不当总统,希望胡适之出来当选。这是一个转机,一个重大的关键,能够照我的愿望做到便好了!但是大家都不赞成我这样做,这是最大的失败!这个失败是一时挽转不过来的,但是将来总有一个机会准许我这样做——不过,现在还不是时机——最好我还是不做总统,才可把大局扭转过来(按:总统此语我未听得十分明白,姑存疑)。不过,时局无论怎么样,我们还是有办法的,国家的事,不是只看一时的现象,其中是有天意的。

张:这次总裁表示不愿当选总统,我在兰州看到报纸也很高兴,觉得这在政治意义上是很高明的一着。但是一般人的看法,认为如果领袖不当选,国家失了重心,恐怕要引起大乱的局面。不过这次行政院的改组做得不好,翁院长是一个学者,是一个好人,可是不能够应付这种局面。各部会主官多是原班人马,报上说多是三朝四朝元老,没有生面孔,没有新人。

蒋:(带点苦笑)有什么人?你想想看,你认为哪些人可以当部长的?谁来我都不怕,只要不是共产党。

张:比方各小党,无党无派的社会贤达,中间分子,大学教授,民主同盟的人士,都可以考虑,何必完全用旧人(说至此,我讲汉高祖听张良之言,封用雍齿的故事,我忽忘此名,总统乃言是雍齿。我并举罗斯福用共和党的人做陆海军部长以为证,虽是反对我们的人,也可以大胆去用)?

(以后又谈到某几省人事问题及将领选拔问题,时已过午,随从来请用饭,与总统及夫人共进午餐毕告辞。)

从这个记录,可以完全看出蒋当时的心境,一方面期待着"局势好转",同时又依赖于"天意"了。

南京谈话

从七月到八月底,国民党部队在各战场都大吃其败仗,经济情况更是愈近于崩溃,各地学潮已如浪涛汹涌,同时国内外又传出了和谣。在这种情况下,适又听到南京苏美两大使会谈的意思,使我又动了奔走和平的念头。本来,蒋在西安曾对我说,八月中央开会时我可以到南京去。果然,到八月十四日便接到蒋在牯岭发来手启未元机电:"兄可来京一叙",并且专机也随即派来了。又接邵力子先生电,知道他也在被邀之列,心里更认为蒋真的要考虑到我们的建议了。我已定于十七日动身,谁知十六日又接到蒋即刻到的手启未铣机牯电:"近日因有他事颇忙,兄不如暂缓起程,待另电再定行期可也。"看了电文觉得很奇怪,何以两三日间变化得如此之快?据后来从南京得到消息,原来是蒋到牯岭后,暂时摆脱了尘嚣,头脑冷静下来,便起了和的念头,但后来陆续上牯岭的人多了,有人力言金圆券发行办法,财政经济就可以没有问题,蒋信以为真,以为这样还可以打下去,所以又来电阻止我去了。从这些地方,都显示出蒋在失败末期心意的摇摆不定。

以后,军事情势更是往下坡路走,整个东北解放了,华北绝大部分解放了,北平和天津吃紧了。蒋在十一月二日来电要我到南京,并说:"行动要保持机密!"我四日到南京,同日到的还有傅作义将军。当天下午在国防部召开军事会议,在座的有何应钦、傅作义、林蔚文、刘斐等，顾祝同到徐州去了。国防部的战况报告显得那么低调，一片悲观失望的情绪充满了会场。会后大家到蒋那里吃晚饭，饭后谈平津问题，主要的是何应钦表示主张撤退平津兵力，全部南下，或部分撤到察绥，部分南下。那晚傅的表情我记得很清楚：紧皱着眉头，露出一副焦虑不安的神情。蒋问他的意见。他连说："很困难，很困难！"此外没有别的话。我是事不关己，更是一声不响。蒋看这情形，只得说："好了，你们今晚回去想想，明天再谈！"（事隔三年了，在北京和傅谈起这件事，他说："我从那天就转变了念头，只想和而不想战，特别是你给我的启示很大。"我说："那天我一言不发，怎么给你启示？"他说："进门的时候，你不是一定要让我走，并说，'你们主战的请先走，我们主和的在后头'吗？"其实，我当时一心在和的上面打主意，对于他们谈的实在有点心不在焉，我对他说过什么话已经忘记了，但是他却记得很清楚。）临散时蒋对我说："你明天上午来谈。"

　　第二天上午十一时蒋请我去谈话。

　　"你看现在的局势怎样？有什么意见？"他开头第一句问。

　　"现在的局势已经比我们六月在西安时差得太多，这个仗绝对不能再打下去了！"我答。

　　"不打怎么办？"他又问。

　　"还是由总统来倡导和平。"我答。跟着从军事、外交、经济、民心、士气加以分析，认为现在应该马上放弃"戡乱"的主张，恢复和谈。

　　"我现在不能讲和，要和我就得下野；但是现在不是我下野的时候。"他对我的分析颇动容,但仍带点感慨地说。

"现在如果不讲和,将来我们一定失败!"我逼一句。

"革命党人是不怕失败的!"他倔强地说。

"革命党人固然不怕失败,但是我们纵然失败,也要能对国家对历史有所交代。"我说。

"你以后不要再提和平的话!"他到底不以我的话为然。

"那么,你这次要我来有什么吩咐?"我问。

"你愿否担任行政院长?"他反问一句。

"如果戡乱政策不变更,在目前情形下,我绝对没法担任!"我毫不犹豫地答。

"那么,你先当副院长兼国防部长好了。"他说。

"我绝不能担当这个任务!"我还是坚决地说。"如果你愿意和平,我愿当一个参军供奔走。"我再补充一句。

"你要好好地考虑一下!"他的脸色显得很严肃,最后说这一句。

这次谈话两小时,没有结果,不过可以看出他还没有和的意思。因为他认为要和,他就非下野不可,而现在还不是时候。所以到八日,蒋在总理纪念周上还痛斥主和者说:"今天这些人抹杀了国家的利益,丧失了国民的立场,响应共匪的谣言攻势,而主张向共匪投降,这不但是他们自己甘做共匪的奴隶,而且要贻害于我们整个中华民族永远做异族的奴隶牛马。""国军戡乱剿匪方针早已确定,必须全力贯彻到底,目前一切和谣只是为共匪宣传攻势张目,绝不影响我们政府和军民同胞为国除害的决心。""我个人平生做事的态度,是一件事不开始则已,一开始就一定要求其成功,任何职责不轻易担任,一经担任就决定负责到底;尤其三十余年来对任何战役在发动以前无不郑重决定,一经发动则无论经过任何挫折困难和失败,必须奋斗到底,以贯彻到底。"他的态度是尤其显明了。

孙科组阁

在这时候,徐海战役①正在酝酿,蒋把他的全盘希望都寄托在这一战役上,所以集中全部精锐在徐淮一带。但从十一月六日开始到二十二日,黄百韬兵团在徐州以东遭遇歼灭性的失败,黄本人阵亡。在这情形下,再加上金圆券的贬值,翁文灏内阁再支持不下去,孙科被蒋提名继任。

孙在接受组阁令后,首先表示要组织"巨头内阁",坚决邀请张岳军、吴铁城、翁文灏、陈立夫、邵力子和我六人参加,并说非我参加不可,否则他就不干。我当时表示敬谢不敏。十二月八日蒋又找我谈话,劝我务必帮孙的忙并任副院长兼国防部长。我还是表示不敢应允。蒋说:"这是第一案,就是孙任院长,你以副院长兼国防部长。第二案是孙不干,由你来组阁。"他又说:"你的态度太明显了,恐怕立法院通不过,因为他们大多数反对和,现在最好先组织一个能战能和的内阁。"我因蒋之劝,只得和孙科作了一次谈话,提出我的和平主张,他表示同意。不过我总觉得军事形势太坏,局面太急,孙科既已反

---

①指淮海战役。

苏在先，此时绝不能发生什么作用，所以我还是拒绝担任实职，而只同意挂一个政务委员的虚衔，自己要求回到西北去。

孙阁组成了，据他说曾先请蒋指示，蒋说："内阁组成之后，由你们去研究，如果大家认为一定要和平的话，我也可以考虑的。"于是孙在内阁名单揭晓后同时发表一篇谈话，主张争取"光荣的和平"。

元旦文告——蒋下野

黄百韬兵团惨败之后，继之以徐海战役中邱清泉兵团、黄维兵团、孙元良兵团的全军覆灭，局面之严重可知。这时白崇禧忽在汉口发出主和的电报。电报是给张岳军和我两人转蒋的。大意是说现在实不能再战，请停战以言和。同时在汉口宣称非蒋下野不能谈和，蒋应该让别人来谈。他意在倒蒋是很明显的，我和张岳军还约了吴礼卿三个人研究之后，认为姑不论白的用意如何，但军事大败，外交失策，内部分裂，财政崩溃，蒋确非下野不可，便拿了白电去和蒋谈，一连谈了十天，每天有谈一次或二三次的，最后蒋同意下野，由李宗仁继任。当时刚好阎锡山应蒋召到南京，阎对蒋下野表示不赞成，但是徐海战役已整个失败，还有什么希望！蒋主张先行表示愿下野谋取和平的态度，于是有一九四九年的元旦文告。

文告虽已发表，各方面的反应都很冷淡，而军事财政诸端，仍是毫无办法，社会和人心的不安，已达极点。一月十九日下午四点，蒋约了我和张群、吴忠信、孙科、邵力子、吴铁城、陈立夫去谈话。开始就说:"我是决定下野的了,现在有两个案子请大家研究:一个是请李德邻出来谈和。谈妥了我再下野;一个是我现在就下野,一切由李德邻主持。"半晌没人说话,蒋就一个个地问,记得吴铁城曾说:"这问题是不是应该召集中常会来讨论一下?"蒋愤然说:"不必,我现在不是被共产党打倒的,是被国民党打倒的!我再不愿意进中央党部的大门了!"(这话一传出去,外面曾有反应:"国民党不是被共产党打倒的,是被蒋某人打倒的!"可见蒋当时众叛亲离的一斑。)最后他说:"好了,我决心采用第二案,下野的文告应该怎样说,大家去研究,不过主要意思要包含'我既不能贯彻戡乱的主张,又何忍再为和平的障碍'这一点。"我提出由邵力子先生起草,邵谦辞,蒋后来找别人写,大概是陶希圣等人吧,由于观点的不同,措辞当然会大有出入。

蒋决定二十一日飞离南京,那天下午他把国民党中常委请到家里,宣布下野,并且把预拟好的宣告"引退",把总统职务交给李宗仁代理的文告宣读一下。当时当然少不了自命"孤臣孽子"如谷正纲之流的痛哭流涕,但是许多事都坏在这些顽固家伙的手里,现在已经没用了。

从蒋的元旦文告发表后,看到各方面反应情形,我认为大局已很少挽救的可能,倒不如退保西北,为和平交代作准备,使地方少受糜烂,人民生命财产少受牺牲,才对得起西北人民多年来对我的厚望。同时我多次接到朋友的警告,说死硬派将不利于我。如谷正纲之流固然在公开场合对我大肆攻击,上海的特务毛森更大骂:"凡是主和的都是秦桧,都要清算,我要准备用手枪对付他!"邵力子先生常常不敢回家去。但是我再三提出返回西北的请求,都没得到蒋的许可。在他宣布下野的那一天,我又重申前请。蒋说:"你一走,李德邻就会多心了。"我说:"你不让我走,李更不会答应我走;我现在心里非常痛苦,请你让我走吧!"他说:"我既然决定下野。以后就要谈和,你怎么能走?你应该听我的话!"在座的诸人也附声劝告:"你现在万万不能走!"我也就没法。

在这之前,孙阁曾要求美、英、法、苏调停中国内战,但被拒绝。而中共方面,则宣布蒋介石等四十三人为第一批战争罪犯。一月十四日更发表了有名的《中共中央毛泽东主席关于时局的声明》,提出:虽然中国人民解放军具有充足的力量和充足的理由,确有把握,在不要很久的时间之内,全部地消灭国民党反动政府的残余军事力量;但是,为了迅速结束战争,实现真正的和平,减少人民的痛苦,中国共产党愿意和南京国民党反动政府及其他任何国民党地方政府和军事集团,在下列条件的基础之上进行和平谈判。这些条件是:(一)惩办战争罪犯;(二)废除伪宪法;(三)废除伪法统;(四)依据民主原则改编一切反动军队;(五)没收官僚资本;(六)改革土地制度;(七)废除卖国条约;(八)召开没有反动分子参加的政治协商会议,成立民主联合政府,接收南京国民党反动政府及其所属各级政府的一切权力。

第四节　北平和谈

忽想退保西北

李宗仁一上台,和谈空气显得更浓厚。先是孙阁在十九日提出"先行无条件停战"的要求,为中共所驳斥。李这时发表宣言说:"中共所提八项条件,政府愿即开始商谈。"但是中共的答复是:等北平解放以后才能决定。我看这情形,和谈一时不得开始,就向李请求先回西北一行,他同意了,但说快去快回。照理说,和是我一贯的主张,到这时候我为什么又萌退志?真是说不出什么理由,不过看到大局情形,深感无能为力;特别是孙阁早已在风雨飘摇之中,李一上台,就想改组内阁,以刷新内政来收拢人心,促成和谈。他多次表示要我来担任行政院长,这是我所不愿接受的。于是我的全局无望不如退保西北的意念更坚决了,回到兰州后便决心不再离开西北,而且打电报连和谈代表也辞去了。

在回兰州前,我曾向李宗仁建议:"最好把孙夫人和李任潮[①]请出来,先行改组政府再谈和。你能请到孙夫人任行政院长,李任潮先生负责党务,一定可以一新耳目,振奋人心。"李以为然,后来也进行过这工作,但没成功。在那种情形下,当然不会成功,在我,也只是一种主观上的幻想罢了。

记得我是元月底回到兰州的,在这时候,对于如何保全西

[①] 李济深,字任潮。

北一事，除了在新疆有相当把握外，宁夏青海两马是棘手的，甘肃也得下功夫。在二月七日甘肃省党部纪念周中，我以《三年来和运的回顾与展望》为题，有长篇的大胆的讲演。除了叙述这三年来的和运经过外，把自己一贯的主张坦白地和盘托出，末后指出我所以主和的三大原因，暗示西北将来也非和不可。这是为将来和平转变的思想准备，对社会人心具有强烈的安定作用，但亦为少数顽固分子所暗中反对。

　　自己很想在兰州安定下来多做些准备工作，但是李宗仁的电话电报不断地来催。在李的方面，当时他确实不会答应我置身事外。好些朋友们也以大义相劝：不管和谈成与不成，你既然一贯地主和，现在双方都愿意谈和，你是不能规避负责任的。我自己也想：此时和的可能性虽然很小，但是如果置身事外，也不是对人民、对国家应有的态度；同时由于自己二十多年来对和平的痴心梦想，使我对当前的和谈仍然有着万一的希望。经过郑重的考虑后，还是接受了李的邀请，在二月二十二日飞回南京去。那一天，南京气候异常恶劣，能见度只有二百米，云层既低，又有蒙蒙细雨。当时何应钦、白崇禧、李汉魂①等都到机场迎接我，白还说："我听到半空飞机声音盘旋了半小时之久，尚在替你祷告平安哩！"

---

①李汉魂时任总统府参军长。

溪口盘桓

我回到南京后,虽然北平已于元月三十一日和平解放,中共方面还没有表示开始谈和的确实讯息,只好住下来再说。就在这时候,我常常听到李的左右很愤慨地在发牢骚,说蒋表面上是下了野,事实上还在溪口指挥一切,和各方面的联络,特别是对各地高级将领络绎不绝;而李发表的七项措施,特别是释放政治犯(指明张学良、杨虎城)根本做不到,因而说:"我们管不了,就交还给蒋吧!'总统'不过是代理,一走就可以了事的。"我看这情形不对,便动了劝蒋出国的念头,以便李放手去做,促进和平,这样对蒋个人亦属有利。这事我曾和李宗仁、张群、吴忠信等几个人商量过,他们都表同意,并且作了一个准备。刚好吴忠信也想去看蒋,我们两人就一道坐了飞机去。

三月三日到了宁波,蒋还派了蒋经国到机场接我们,转乘小车到溪口。蒋和我们寒暄后,劈头第一句就说:"你们的来意是要劝我出国的,昨天报纸已经登出来了!"(原来中外报纸都登出,说是据某方可靠消息,国民党中劝蒋下野的几个重要人物,现在正在劝蒋出洋云云。事后查询,却是李宗仁对甘介侯说过,由甘传出去的;但不知道他们基于何种见解而有意外泄或者于无意中泄露,则不得而知。)跟着很气愤地说:"他们逼我下野是可以的,要逼我'亡命'就不行!下野后我就是个普通国民,哪里都可以自由居住,何况是在我的家乡!"他这几句话把我们的嘴巴封起来了,我们两人只有把这问题搁在一边。先说别的话,不过既然来了,且先住下慢慢再谈吧。

当时蒋住在溪口雪窦寺妙高台,我和吴忠信也住在那里。一住就是五天,以后回到溪口又住了三天,早晚起居都在一起。白天蒋和我们逛山水,其余时间就谈话。上午谈,下午也谈,吃饭谈,逛山也谈,晚上围炉也谈,这八天中,真是无所不谈,一切的问题差不多都谈过了。当时我还作了一个记录,要点如下:

(一)关于和谈限度及代表人选问题,我们曾请蒋表示意见,蒋反问我们有什么意见。我说:"南京方面意见:中共所提八项的第一项,我们是不能接受的。关于军队改编一项,认为应先决定全国军队数额,然后研究双方军队所保持的比例,各自编成。并在三年内分期逐步把全国军队缩减到适应国防上需要的最低限度数额,并且确实完成军队国家化的目标。我们希望能够确保长江以南若干省份的完整,由国民党领导,如东北、华北各地由中共领导一样。必要时让步到湖北、江西、安徽、江苏四省和汉口、南京、上海三市联合管理。至于联合政府问题,过去有三三制的主张,最近也有建议六六制的,不外使双方在未来政府中保持同等的发言地位。至于双方管辖及共同管理的地区,将来也要分期实现政治民主化,使国家真正趋于统一。至于其他各项,都可加以考虑。"蒋对这些意见表示首肯,不过认为湖北、江西、安徽、江苏、汉口、南京、上海七省市共管一事不必由我们提出,中共恐怕还不是这样看法。

至于和谈代表人选,报上有增请张群、吴忠信两位参加的传闻,吴当时坚决表示不愿干,蒋说:"不干也好。"我也表示不愿参加,蒋先说:"这是值得考虑的。"后来又说:"不参加也好,恐怕摆脱不了。"又彭昭贤、钟天心已经请辞代表名义,蒋说:"于北方籍的立监委员中遴选最好。"

(二)关于党的问题,我们力言一年来全国党务几乎已经完全陷于停顿,党的神经中枢亦呈瘫痪状态,如果长此拖延,恐怕会无形解体,应该切实整顿,团结并发挥革命组织的力量,达成新生的任务,对这方面有详细的分析。蒋对此频频点首,并说以后当邀集有关同志,对如何健全本党,作具体详尽的研究。蒋又多次表示他必竭力支持李宗仁,李现在负的责任就是他的责任,李的成败就是他的成败,不过希望李、白也要具有同样的认识,才能做到内部的团结。就是希望李、白先从心理上转变,对他的态度有所改正。最后一再表示他不会再度出山,终他的一生也不愿再度执政。又说去年他当总统实在是一切失败的根源。

(三)关于外交政策问题,我们拿平时一贯的主张,作详尽的申述,认为必须做到平时美苏并重,战时善意中立,设法打开中苏僵局,国内才能团结安定。蒋对这点表示也可以,但一再说对中日问题不宜忽视,认为中日两国能够亲善合作,不但对两国有利,对远东以至世界和平都有利。我们将来可望因此不再受白种人的欺负压迫,不过目前还做不到——或者终他的一生也还做不到。

(四)关于特殊建议问题,我们建议他对革命的领导方针应该重新郑重考虑,从今以后,应该放弃和中共军事斗争的企图,移作政治竞赛的努力,在保有的若干省份中,彻底实行三民主义,争取人民对党的同情,恢复人民对政府的信任。至于今后国家的体制，当然是实行多党政治，所以我们可能一时执政，一时在野，绝不能再存那种由本党一党专政，或以为以本党为主体执政能够行之久远的错误观念。我们对国家民族的前途应该有远大的打算，只有实现政治民主化，实现多党的民主政治，才是今后中国应走的路向。蒋对这两点频频点头，但表示：我们虽然想保有若干完整的地区，彻底实行三民主义，可是共产党是不愿意我们这样的，同时我们也不容易做到，我们现在应该先作最恶劣的打算，即使毫无完整的地区，亦要作复兴国家的努力。

（五）关于蒋的出国问题，第一天看到蒋，便被他发了一顿脾气，我们不容易再开口，以后只得转弯抹角地从老远的地方转到这问题上来，给他委婉分析，认为他留在国内，无论对大局对个人，都只有害处而毫无益处。谈了好几次，有时一接触到本题，他就故意谈到别的问题去；有时很愤慨地说："我是一定不会出国的！我是一定不会亡命的！我可以不做总统，但做个老百姓总可以自由！"有时我举出事实说明他还在那里指挥军事，譬如宋希濂要逼走孙德操，自己移驻到宜昌去，便说是奉了他的电报，以后孙到重庆便很愤慨地告诉萧毅肃，由萧传了出来。蒋连说："没有这回事，我没有发这个电报！"后来，他的态度比较和缓，只说："如果要希望我出国，要好好地来！他们太不了解我的个性，竟想利用中外报纸对我施加压力，这是不可以的，我可以自动住到国内任何地方，即使到国外也可以，但是绝对不能出之于逼迫。"到这种地步，我们不好再勉强说下去，也就留到以后再说了。

（六）关于内阁改组问题，李上台后，孙阁就有总辞的消息，立法院对孙极不满意，李也不愿意孙继续下去。三日到溪口后，我们曾和蒋谈到这一问题，蒋表示对孙不勉强予以支持，如大势所趋，孙被迫辞职，只有听他辞去。到七日，孙阁已向李提出辞呈，李打电话到溪口和我们商量，提出几个继任人选，特别着重在何应钦，但是蒋表示不赞成，说："为什么一定要提和我有关系的人来做院长？""院长应该让别人来做，何任副院长兼国防部长好了。"并且指出：（1）在准备和谈期间，敬之任行政院长颇有不便，甚至发生不良影响；（2）现在是备战求和，仍然以整饬军事为重，不应分心；（3）何在目前继孙组阁也不相宜。我又以电话和何商议。何对组阁很犹豫，关于任副院长兼国防部长问题，何说："院长我都不愿意做，我还做副院长？"我又回过头来劝蒋："你要不同意由何敬之来组阁，内阁组不成，李又要来抱怨你，把责任推给你了。而且你希望何任副院长兼国防部长，何是一定不会干的。"蒋仍未同意，问题便僵住了。李又一天几次电话来催促，一直到十日我们准备离溪口回南京前，蒋才同意了，而且写了一封亲笔信给何，要我们带去。

由于这八天来的盘桓，我们用尽种种委婉的言辞来和蒋谈，培养大家的感情，后来蒋的态度就和缓多了。临别还送我们下山到溪口，并一直送到宁波机场上飞机，欢然握别。

何应钦组阁

我们回到南京后的第一件事,便是和顾祝同、白崇禧带了蒋的信到杭州劝何应钦。何在极为踌躇之后终于答应了,不过他一再郑重对我说:"你一定要答应负起和谈的责任我才干!"到了这种地步,我也只有同意了。于是何的新命在三月十二日正式发表。

何阁成立后第一件事是和谈,其次是财政(特别是物价),再就是外交。为了打开中苏僵局,我主张邵力子先生出任外长,但是邵不愿意。不得已而思其次。我曾建议以当时的驻苏大使傅秉常出任。内阁名单发表后,外间便纷纷传说:"这是张某人提出的,今后要改走苏联路线了",各种反对的论调纷至沓来。其实,我和傅只有一面之缘,并非素交,我的建议只是着眼在外交政策为事择人而已。后来因党内顽固派的反对,傅也不敢就了。

到同月二十六日,中共正式发表派周恩来、林伯渠、林彪、叶剑英、李维汉为和谈代表(四月一日加派聂荣臻做代表),周恩来为首席代表,以元月十四日《中共中央毛泽东主席关于时局的声明》所列八项和平条件为基础,自四月一日起在北平开始谈判,并由广播电台通知南京政府依据上述时间地点,派遣代表团,携带为八项条件所需的必要材料,以利举行谈判。这个消息一发表,沉闷的空气为之一振,而南京政府的和平商谈代表团名单[首席代表:张治中;代表:邵力子、黄绍竑、章士钊、刘斐(后发表)、李蒸;秘书长:卢郁文;顾问:屈武、李俊龙、金山、刘仲华]也在这时通过发表。

和谈腹案

在中共通知和谈地点与时间前,对于如何进行商谈,有过四次集会研究,都由何应钦主持。出席的除代表邵力子、章士钊、李蒸外(黄绍竑在赴平前才赶到,刘斐在代表团启程赴平前才发表),翁文灏、彭昭贤、贺耀组都参加,黄少谷也以行政院秘书长资格参加。

经过这几次研究后,决定:

(一)为会商和谈问题的便利,建议请国民党中央常务委员会和中央政治委员会改在南京开会(这时国民党中央已迁往广州);

(二)为指导和谈进行事宜,请李代总统、何院长,并由中央常务委员会、中央政治委员会联席会议公推委员三人,共同组织指导委员会;

(三)和谈不另订方案,只就中共所提八项作基础,加以研究、酌定原则性限度,由和谈代表负责进行。

最后把四次会议研究的"原则性限度"写成一个腹案,作为到北平商谈的依据。全文如下:

预拟与中共商谈之腹案

一、双方既确认以和平商谈解决国是为全国人民之要求,则双方所应商谈者,端在国家元气之如何保存,人民痛苦之如何解除,国家政策之如何拟订,及政治制度之如何建立,以谋长治久安,是以关于战争责任问题,不应再提。

二、同意重订新宪法,此新宪法之起草,我方应有相当比例之人数参加。

三、关于法统问题,与前项有连带关系,可合并商讨。

四、双方军队应分期分年各就驻在区域自行整编,并应树立健全的军事制度,俾达成军队国家化之目的,至分期整编时双方应保留之军队数字,另作商讨。

五、"没收官僚资本"一节,原则同意,但须另行商定施行条例办理。

六、"改革土地制度"一节,原则同意,但须另行商定施行条例办理。

七、关于"废除卖国条约"一事,将来由政府根据国家独立自主之精神、平等互惠之原则,就过去对外签订条约加以审查,如有损害国家领土主权者,应予修改或废止。

八、同意召开政治协商会议,并由该会产生联合政府,惟在该会议与联合政府中,我方与共方应以同等名额参加,其属于第三方面人士之名额,亦于双方区域中各占其半。

九、代表团抵平后,即向中共提出双方应于正式商谈开始之前,就地停战,并参酌国防部所拟停战意见(附后)进行商谈。

以上九项,仅系商谈之预定腹案,并不书面提出。又其内容亦仅为我方可能让步之原则性的限度,商谈时仍应逐条力争,不得已时方渐次让步,如共方要求超过以上各项限度,应由代表团随时电报中央请示核夺。

国防部对于国共停战协定最低限度之要求：

一、青岛及长江流域连接鄂西、陕西、绥远地区双方第一线部队，应即停止一切战斗行动，各守原防，停止前进，并不得向空隙发展。

二、共军立即解除对新乡、安阳、太原、大同、榆林之包围封锁，准许国军采购粮食及生活必需品。

三、国军海空军立即停止海上与空中之攻击行动，但空军之侦察及空中输送补给，海军之江海巡逻及对各海港之输送补给，不受限制。又国军为防卫长江及海上之袭击，如发现共军集结渡江材料及运兵船队时，得采取自卫行动。

四、双方立即停止一切敌意宣传。

五、双方对于间谍之防范及维持后方秩序之一切行动，不受限制。

六、为免除误会与冲突，除另有协议者外，双方第一线交通通信之恢复，应俟另行协议，在停战期间暂不开放。

七、关于双方俘虏之交换，另行协议。

顽固派的压力

和平虽然是绝大多数人民的渴望，但是近视盲目、自私自利的顽固分子，依然多次从中阻梗，给我们很大的压力。我举几个例子：

"……惟愿诸公始终勿忘政治民主、经济平等、社会安全、生活自由、军队国有五大原则，而作合情、合理、合法之解决；否则苟安于一时，必抱憾于无穷也。……"——潘公展等给李宗仁、何应钦、于右任、居正的寅艳电。

"……和谈为国家之大事，决非国共两方可得而专。其在政府，尤需不忘自身之立场，乃为国民大会去岁依据宪法所产生者。苟先漠视宪法而又置国民大会于不顾，试问诸公将凭借何种地位，有何种权力以与共党谈判？本日本会开会，佥认为此次和谈，政府应在合情、合理、合法范围以内，力求平等的和平。而其必须坚持者，应为政治民主、经济平等、社会安全、生活自由四大原则。至于一切军队之必须国有，基本人权之必须维护，尤为天经地义，毫无假借迁就之余地。同人等更以为宪法与政制之任何修改，绝对为国民大会之职权，不容任何人越俎代庖。特主张即请政府根据去年国民大会之决议，克日召集国民大会临时会议，以为最后之决定。……"——国大代表上海联谊会给李宗仁、何应钦并转各和谈代表的寅艳电。

……（一）宪法之尊严必须维护，如需修改，应于合法程序行之；（二）中华民国国体不容改易；（三）有关人民之基本权利与自由生活方式，均应予以确实保障；（四）自和谈开始之日起，政府与中共应即无条件停止一切战斗行动；（五）政府代表之和谈结果，必须依法定程序核准；（六）和谈进行情形，应随时公开报道，准许新闻界自由采访。……——留穗立法委员联谊会给李宗仁、何应钦并转各和谈代表的寅世电。

……（一）和谈内容，攸关全民利害存亡，况国家主权属于人民,故和谈进行,国共双方而外,宜有民意代表参加,容许双方记者自由采访,随时公开,以示坦白无私;(二)宪法为国家根本大法,纵可依法修改,而不容任意放弃;(三)自由为国民基本人权,尤为任何政府所当尊重,本会前电所提政治民主化、经济社会化、军队国家化,不但为往年政协决议之原则,亦且为全国人民心理之所同,此次和谈,仍应遵循不变。……——全国和平促进会给李宗仁、何应钦并转各和谈代表的寅陷电。

……(一)和平代表抵平后,应先提出双方立刻无条件停战;(二)和谈一切报道公开;(三)和谈进行详情,应随时报告党的中央,谈判结果,并应对党完成法定程序;(四)和谈内容,应坚持下列原则:(甲)国体不容变更;(乙)人民之自由生活方式必须保障;(丙)宪法之修改必须依法定程序;(丁)土地改革应首先实行,但反对以暴力实施;(戊)战争责任问题应毋庸议。……——国民党中央执监常委及中央政治委员谈话会决定,由中央秘书处发给居正、于右任、李宗仁、何应钦的寅三十议穗午电。

……(一)在总的原则上,必须将和谈与投降界限划分清楚,双方应以平等合理为谈判基础;(二)现有华北国军扼守之各据点,如青岛、太原、归绥、包头、大同、新乡、安阳等地,必须保持,不能以和平为借口而轻易放弃,或有任何不合理的措施……;(三)双方为表示和平诚意,于和谈开始应即停止战斗行为,并对上列各据点先行解围。……——立法委员王秉钧等六十一人没有日期和称谓的来信。

从这些电文中，显然已看出了顽固派的组织行动，也充分说明了国民党内部极大多数人不知己、不知彼的昏庸糊涂情形。在那种情形下，给我们的压力是显得十分沉重的。

再到溪口

决定了四月一日动身到北平去之后，我就在三月二十九日到溪口去看蒋。这件事，外间传说有"奉李宗仁、何应钦之命"之说，这是与事实不符的。这事是我自动提出，我的用意是：（一）蒋虽退到溪口，但到底力量还在他手上，如果得不到他同意，即使商谈得到协议，也没用。这是一种现实的做法。（二）那时候，京沪的顽固分子气焰嚣张，常有对我不利的谣言，溪口之行，我认为对他们有一种镇压的作用。（三）蒋当时还是国民党的总裁，在党的体系上，代表们除了章士钊外，都是党员，应有向他请示的必要。（四）在礼貌上说，也有去看蒋的理由。其实，当时李宗仁对这件事倒是并不怎样同意的。

我在二十九日飞到溪口，三十日回南京，同行的还有屈武。吴忠信是早在溪口的。到溪口以后，我就感觉到空气和上次颇有不同。到那里的人不少，有些露了面，有些没露面。当我把和谈研究的大概情形报告了蒋，并把上述"腹案"给他看，他只说："我没有什么意见。""你这次负担的是一件最艰苦的任务，一切要当心！"此外就广泛地谈，没有具体的意见。但是我和郑彦棻谈话时，从他的态度和说话里，就可以体察出他们到溪口来的目的。后来在回程飞机上屈武告诉我，蒋左右有人对他狠狠地说："张先生这样热心和谈，将来是没有好结果的！""张先生太天真了！现在还讲和平，共产党愿意和平吗？我看他会死无葬身之地！"这话是对我说的，不过不敢当面和我说，要是屈武早对我说，我一定会向他提出质问。

这次和蒋谈了几回话。二十九日一到溪口就单独谈，以后有吴礼卿在座也谈，三十日离溪口前又做最后一次的谈话。记得二十九日下午蒋、吴和我，从蒋住的蒋母墓庐由山径边谈边走，一直走到溪口，他表示愿意和平，愿意终老是乡。我听了很高兴地说："总裁这话对和谈是很有帮助的，也可以消除党内的分裂。不知愿意在报端发表否？"蒋答："你斟酌吧。"

回到南京后，我马上把在溪口时蒋的表示写成新闻稿发表，次日更应立法院的邀请，作了一次慷慨激昂的演说，当时博得全场不断的掌声。事后朋友们还对我说："这是行宪以来，在立法院会议中所未曾有过的热烈情形。"到四月一日飞北平的那一天，立法院特别休会半天，全体立法委员到明故宫机场送行，可以看出他们——至少是大多数人心理的趋向了。

飞到北平

我们是四月一日上午起飞的，中央航空公司还特别为我们准备了"空中行宫"号。同行的除了邵力子、章士钊、黄绍竑、刘斐、李蒸和我外，还有顾问屈武、李俊龙、金山，秘书长卢郁文及秘书、译电员等二十余人。到了北平，被招待住在六国饭店。

当日晚六时，中共代表周恩来、林伯渠、林彪、叶剑英、李维汉、聂荣臻等公宴代表团同人。饭后，周、林两位邀我和邵代表谈话。周首先提出质问："为什么离开南京前要到溪口去见蒋？"认为这完全是为了加强蒋的地位，淆乱视听，且证明蒋仍有力量控制代表团，大表不满，并说："这种由蒋导演的假和平，我们是不能接受的！"我当时不免动了一点感情，解释了必到溪口去的种种理由。以后他又提出过两次，我又加以解释。一直到商谈末期，这段赴溪口的理由才为中共方面所了解，但是对商谈、至少对初期商谈的情绪是有些影响的。

这晚谈话，我先提出外交政策问题，主张"平时美苏并重，战时善意中立"，又说："如果亲苏而反美，则美必武装日本和用经济封锁来对付中国"，这种论调，当然不为中共所同意而加以反驳。这次算是泛谈，无结果而散。

从四月二日到十二日，完全由双方代表个别交换意见，或是广泛地谈，或是具体地谈。最后由毛泽东先生分别约见各代表谈话。在这一段时间，有几点值得一提的事：

第一件是何应钦四月九日拍来的卯佳电，据说他六日到广州，列席中常会三次会议，决议要我们坚持下列几点：

（一）为表示谋和诚意，昭信国人，在和谈进行开始时，双方应即下令停战，部队各守原防。共军在和谈进行期间，如实行渡江，即表示其无谋和诚意，政府应即召回代表，并宣告和谈破裂之责任属于共方。

（二）为保守国家独立自主之精神，以践履联合国宪章所赋予之责任，对于向以促进国际合作、维护世界和平为目的之外交政策,应予维持。

(三)为切实维护人民之自由生活方式,应停止所有施行暴力之政策,对人民之自由权利及其生命财产,应依法予以保障。

(四)双方军队应在平等条件之下,各就防区自行整编,其整编方案,必须有双方互相尊重同时实行之保证。

(五)政府之组织形式及其构成分子,以确能保证上列(二)(三)(四)项原则之实施为条件。

讨论时各委员均发言激烈,反对联合政府甚力,对和谈特种委员会之设立及人选,亦几经磋商,始获协议。

从这个"决议"里,可以看出这班顽固分子还在那里打的什么如意算盘,做的什么梦想?实在可恨亦复可叹!

第二件是李宗仁为了表示谋和的诚意,有阳电给毛泽东先生,毛也复他一电。

李宗仁的电报全文如下:

张长官文白兄转润之先生有道:自宗仁主政以来,排除万难,决心谋和,悱恻之忱,谅贵党及各位民主人士所共谅察。今届和谈伊始,政府代表现已遵邀莅平,协商问题亦已采纳贵方所提八条为基础。宗仁懔于战祸之惨酷,苍生之憔悴,更鉴于人类历史演成之错误,因以虑及和谈困难之焦点,愿秉己饥己溺之怀,更作进一步之表示:凡所谓历史错误足以妨碍和平如所谓战犯也者,纵有汤镬之刑,宗仁一身欣然受之而不辞。至立国大计,决遵孙总理之不朽遗嘱,与贵党携手,并与各民主人士共负努力建设新中国之使命。况复世界风云日益诡谲,国共合作尤为迫切。如彼此同守此义，其他问题便可迎刃而解。宗仁何求，今日所冀，唯化干戈为玉帛，登斯民于衽席。耿耿此心，有如白水，特电布悃，诸希亮察。弟李宗仁卯阳印。

毛泽东复电全文如下：

南京李德邻先生勋鉴：卯阳电悉。中国共产党对时局主张，具见本年一月十四日声明，贵方既然同意以八项条件为谈判基础，则根据此八项原则以求具体实现，自不难获得正确之解决。战犯问题，亦是如此。总以是否有利于中国人民解放事业之推进，是否有利于用和平方法解决国内问题为标准。在此标准下，我们准备采取宽大的政策，本日与张文白先生晤谈时，即曾以此意告之。为着中国人民的解放和中华民族的独立，为着早日结束战争，恢复和平，以利在全国范围内开始生产建设的伟大工作，使国家和人民稳步地进入富强康乐之境，贵我双方亟宜早日成立和平协定，中国共产党甚愿与国内一切爱国分子携手合作，为此项伟大目的而奋斗。毛泽东，一九四九年四月八日。

这是对和谈进行具有推动作用的。实在说，李的主和，虽然目的在倒蒋，要是不问动机如何，他到底是想和的；可惜溺于一派一系的私利和个人的权位，无定见，无担当，到了重要关头，不能作出勇敢果断的行动。

第三件是我在溪口时虽然劝蒋出国未成，到平以后，更痛感他的留居国内，实为和平的最大障碍，所以又再去信，痛陈利害，摘录如下：

……默察大局前途，审慎判断，深觉吾人自身之政治经济腐败至于此极；尤其军队本身之内腐外溃，军心不固，士气不振，纪律不严，可谓已濒于总崩溃之前夕。同时在平十日以来所闻所见，共方蓬勃气象之盛，新兴力量之厚，莫不异口同声，无可否认。假如共方别无顾虑之因素，则殊无与我谈和之必要，而具有充分力量以彻底消灭我方。凡欲重振旗鼓为作最后之挣扎者，皆为缺乏自知不合现实之一种幻想！此非怯懦自卑之言，实由我方党政军内腐外溃之情形，积渐所致，由来已久，大势所趋，大错铸成。尤其既失之民心，今已不可复得。纵以钧座英明，亦万难将此腐朽集团重新提振有所作为也。倘吾人知彼知己，即以吾党北伐时期北洋军阀腐溃失败之经过事实而益可证明。职是之故，唯有钧座痛下决心，放下一切，毅然决然放下一切。能如是，则腐朽集团经受剧变之深刻刺激，唤起淘汰作用，产生新机，将来尚有重新提起之一日。而不然者，将使失败之中遭受更大更惨之失败，而无复再振再起之可言。此实从任何方面冷静观察，皆为必然之情势与现实，摆在吾人面前，显而易见，决非夸大其词、危言耸听之意也！

前与吴礼卿先生到溪口时，曾就两个月来大局演变情形加以研究判断结果，认为无论和战，大局恐难免相当时期之混乱，而钧座虽引退故乡，仍难避免造成混乱之责任，此最大吃亏处，亦即最大失策处，唯有断然暂时出国，摆脱一切牵挂为最有利。当时亦曾面陈钧座，未蒙示可，谨再将其利害列述如下：

甲、出国之利

（一）不做反对者之攻击对象——反对者以"天下之恶皆归焉"之存心，任何问题如不能解决时，即认为钧座所操纵，所阻挠，横施攻击，无法剖白。

（二）对人民表示赞成和平，转移人民观感，以恢复人民之怀念与信仰。一年来国人怨声载道，对于钧座之信仰，可谓低落至无以复加，甚至认为钧座如不远离国门，不但为和平之障碍，亦为战争之障碍，且为美援之障碍，此种众怒难犯之严重压力，何必负担？故钧座为恢复信仰计，自以及时摆脱为宜。

（三）避免和谈失败之责任，与在和谈中提出有伤尊严之要求，并免将来遭遇进退两难之窘境——证以共党迄来之态度，可知如钧座仍留国内，则共方及反对者必将发动更大规模之攻击，极端难堪，殆无疑问。

（四）避免再负战争之责任。盖如和谈成功，则归功领袖下野出国所促成；即如再战，亦不负任何责任，而可引起军民之回忆，并可转变友邦之观点——今日之情势，如和谈成功，自是幸事；倘不幸而和谈失败，亦唯有将党政军大权，尤其军事上之全权，交与李、何两同志①负责，乃为最明智之做法。盖若继续战争，而钧座或在幕后或径出面指挥，则桂系必掉头而去，引起内部之分裂，危险孰甚，真毫无是处也。

（五）对党政军干部之麻木情绪、腐化生活及依赖心理，

---

①指李宗仁、何应钦。

予以刺激，唤起觉悟，并恢复其对领袖之信仰——现时吾人所感失望者，厥为党政军人员之麻木情绪、腐化生活及依赖心理为主要因素，而尤使吾人最感失望者，乃为党政军一般干部对于领袖貌似恭顺，实则背后均多怨言，牢骚满腹，皆谓今日之失败，乃由钧座领导错误所招致，尤其黄埔系高级将领，多认为钧座之指挥方法太过陈旧，认为钧座以数十年前之陈旧方法指挥新的军事，太不合原则，必然失败。在此种生活与心理状况之下，焉有恢复信心挽回颓势之余地？故为钧座将来革命大业计，目前唯有放下一切，飘然远引，静观大家之如何作为、如何应付，使之重受刺激，从而引起觉悟，恢复对钧座之信仰。

（六）在个人方面，增强将来革命事业种种有利因素，如广益见闻，结交国际朋友等——钧座曩者虽曾留学日本、游历苏联，然而时代转变甚速，阅时既久，自有孤陋寡闻之感。尤其欧美方面由于科学与工业进步，一日千里，时代之转变益剧，新的事物与新的潮流有不可想像者，倘能在欧美作一番游历考察，广交游而益见闻，则对将来之事业将有极大之裨益，盖可断言。

乙、出国之害

（一）在国外安全问题不无顾虑，但可设法防范维护。

（二）军事力量顿失维系中心，但只需付托有人，似无可虑；且现在军队腐败已极，不足珍惜，何况今后领袖事业，只有恢复信仰，争取政治上领导之胜利，而不在能否保有若干军事力量为转移。

（三）党的领导，一时远离，不免更形涣散，但如能组成干部会议，亦可维持现状，何况本党早已解体，尚须彻底改造，始可复兴，然此非待大局明朗时莫办。

根据以上各项分析而言，钧座倘能毅然出国，将有百利而无一害，盖甚显然，甚愿钧座再作一切实周详之考虑而及时采取行动，且愈早愈好愈有利。

抑更有陈者，此次到平以来，所受刺激之大，非可言喻，真是万感交集。倘使三年以前，甚至去年六月在西安时钧座采纳职之建议，则绝不至有今日如是之惨败，职亦可免今日在北平写此一篇忍辱受气一言难尽之痛史也。职素以吾人应拥护领袖成功不应拥护领袖失败为言为志，倘今此建议仍不蒙钧座采纳，而仍听信拥护领袖失败者之言，留居国内，再起再战，则非至本党彻底消灭钧座亦彻底失败不止。今请再将往者一切失败经过作一检讨，昔日一切建议献策者孰是孰非，无不晓然，目前之情势，岂非铁的事实证明乎？

信是由屈武同志带回南京托吴忠信转交的，不知蒋看后反应如何，事实已经说明他是不会接受的。

一次会议

经过十二天的个别谈话，大多为双方交换对各项问题的意见，未作任何结论。到十三日早，中共首席代表周恩来交来《国内和平协定草案》一份,并通知当晚九时开始正式会议。

我马上召集各代表、顾问和秘书长加以研究。坦白地说,当时我一口气把它看完之后,我的第一个感觉是全篇充满了降书和罪状的语气,第二个感觉是:"完了!和是不可能的!"实在说,这个草案在国民党顽固分子看来,不啻是"招降书""判决状",和他们那种"划江而治""平等的和平"的主观幻想固然相差十万八千里,即就我想像中的条款来说,也实在觉得"苛刻"些。固然,和谈是以毛先生元月十四日所提的八项做基础,而且我事前也明知这次和谈成功的可能性太小,但是由于自己主观上对和平的痴心梦想所驱使,仍然期望"奇迹"一旦会出现。现在是完了,在我当时尚且认为"苛刻"些的条款,在国民党反动派又岂有接受的可能?不过,我仍然耐心地和大家逐条研究下去,并且考虑在今晚会议上应该采取的态度。

心情是沉重的,时间却如箭般飞逝,晚上九点我们就到了会场。

这是一栋宽敞、华贵而又幽静的封建遗物——中南海勤政殿。大厅中间横放着一张长条桌,两端分坐双方代表。条桌两端的后侧还各有三张小条桌,是双方列席和记录人员的座位。布置简朴,但空气则显得异常严肃。

会议并没有固定程序,在双方首席代表同意会议开始后,首先由中共首席代表周恩来提出《国内和平协定草案》,并作了一个概括的说明,原词大意如后(是记录,未经周先生核定):

这次南京国民政府代表团到北平来,我们经过十二天非正式的谈判，各方交换了意见。从今天起，已经进到正式谈判的阶段。在正式谈判开始以前，我们已经于昨天晚上把《国内和平协定草案》送给张先生。草案的主要意思，在过去十二天非正式的商谈中，大致都已经谈过，并且充分地交换了意见。在交换意见过程中，开始有很大的距离，经过十二天的商谈后，曾经把许多有距离的意见，得到了以张治中先生为首的六位代表的同意，有了统一的理解，因此我们觉得很高兴。并且南京代表团已经声明，中国共产党毛主席在今年一月十四日所发表的声明中的八项主张，已经经过李德邻先生在南京发表声明，同意以这八项主张为基本条件来谈判，也就是以八项条件为谈判的基础；同时南京代表团有这个声明，在八项基础条件下，并没有一个具体的方案提出，愿意由我们方面——中共代表团提出实现八项基础条件的具体方案。因此中共代表团就起草这一个草案，送达南京代表团。这个草案，是根据中共毛主席在一月十四日所提的八项条件为基础而草拟的。

这个草案已于昨晚送达，今天两方代表团各有一份，无须详细解释，但是必须说明中共对这个草案所持的原则。

首先，在这个协定草案中，我们认为必须先叙述历史的责任。因为不如此，就无以使全中国人民、全世界爱好和平的人士知道我们根据什么而提出这一个协定。

现在必须说明的，是从民国三十五年南京国民政府在美国帝国主义的鼓励和帮助下，违背了人民的意旨，破坏当时的停战协定和政治协商会议的决定，在反对中共的名义下，向中国人民、中国人民解放军发动全国规模的反动战争。这种战争，到今天来说,已经有两年零九个半月了。在这么长的时间中,全国人民因此遭受了空前的灾难,不但财力物力生命受了很大的损害,国家的主权也受到损失。因为这样,所以全国人民对于南京国民政府背叛了孙中山先生革命的三民主义与三大政策,也就是背叛了孙中山先生最终的遗教,引起了全国人民极大的不满。这种情形,不只这三年来如此,从国民党执政以来就是如此。尤其以这次为全国人民所反对的空前规模的反革命战争,也是南京国民政府发动的。唯其如此,人民对于国民政府所采取的各种错误政策、反动政策表示更大的不满。从这点来说,这种错误,是应该由国民政府负责任的。它已经因此完全丧失了人民的信任。在这两年零九个半月的战争中,国民政府所统率的军队,已经被中国共产党所领导的、也是中国人民革命军事委员会所统率的军队所击败,这一点,现在已经肯定而无疑。因为有上述情况,所以南京国民政府在今年——中华民国三十八年一月一日向中国共产党提出停止内战恢复和谈的要求。在那一个文件里所提的条件,我们认为不能接受,不过在一月十四日毛主席所发表的声明中,我们已经同意谈判和平的提议,所以才有八项具体的原则性主张的提出,这就是大家所共知的:惩办战争罪犯,废除伪宪法,废除伪法统,依据民主原则改编一切反动军队,实行土地改革,没收官僚资本,废除卖国条约,和召集没有反动分子参加的新的政治协商会议、成立民主联合政府、接收南京国民党反动政府及其所属各级政府的一切权力。这八项主张发表以后,得到了国民政府李代总统德邻先生发表的声明同意以它作谈判和平的基础,以后我们接待了南京方面的人民代表团,也接待了上海方面的人民代表团,后者今天在座的章行严先生、邵力子先生都曾参加。那是私人名义的代表团。两次的接待,经过他们诸位的努力,因此才有今天双方的代表团在这里开始正式谈判。

根据上述情况,我们不能不提出来,事实是很清楚的,战争的全部责任,应该由南京国民政府担负。因为这是一个历史性的协定,是保证今后国内和平的一个文件,所以必须在条款的前文里明确这个责任。

其次,在这个协定草案里,依据毛主席所提八项主张,分别列出好些款项,现在打算把这些款项的具体内容要点说一说。

第一条是惩办战争罪犯。分两款,一款是规定在这次战争中主要的战犯必须惩办。在惩办原则之下,也就是在南京国民政府的李德邻先生所承认的原则之下,经过南京代表团再三说明的,而且得到中共毛泽东主席同意的宽大办法原则下,所拟订出来的两项具体办法,分别情况,予以办理。这一点,在我们方面,也就是中共代表团方面,认为异常宽大的。因为这种规定,对全国人民来说,只是一种很宽大的提议,广大的人民到今天还不知道是否同意。就各民主党派来说,我们所得到的反映,他们都觉得很宽大,甚至觉得不满,因为这里面的宽大不限于任何人。当然,办法尽管宽大,但是执行一定要严格;在原则上不能动摇这个规定。就是一切战犯,不问任何人,必须他能"认清是非,幡然悔悟,出于真心实意,确有事实表现,因而有利于中国人民解放事业之推进,有利于用和平方法解决国内问题者",才能取消战犯罪名,给以宽大待遇。因为不如此,就不能得到全国遭受战争灾害和不满于国民政府一切措施的人们的谅解。另一项的规定是：不问任何人，如果不遵守这个规定，而且有下述的情况，就是怙恶不悛，阻碍人民解放事业的推进，不利于用和平方法解决国内问题或者策动叛乱的，应该严予惩处。协定签订以后，如果有率队叛乱的，应该由中国人民革命军事委员会负责讨平。

第二款是关于日本战犯的。对于日本战犯的处理，国际上已经有了协定，也有了其他关于日本投降问题的各项协定，中国应该遵守，但是南京国民政府破坏条约，在李德邻先生发表同意以中共八项主张为谈判基础以后，在南京国民政府主权之内，放走了冈村宁次——日本侵华战争的最大的战犯。这个战犯曾在华北实行"三光"政策，残杀众多的生命，以后提升为侵华日军总司令。就国民政府管辖的地区来说，像湘桂战争，也是他指挥发动的。这样大的战犯竟放走了，甚至把已经确定为日本战犯的二百六十多名送还日本。对于这种措施，全国人民异常震怒。所以我们一定要求在签订协定以后，由政府要回来重办。

在第一条的两款里，我们认为都是异常重大的问题，事前也曾尽量采纳南京代表团诸位先生的意见，是必须要做到的。

第二条是废除伪宪法，第三条是废除伪法统。这两条，我们认为在李德邻先生已经同意了的毛泽东主席所提八项主张的原则下，已经没有任何争执，也无须再加解释了。因为这不是我们中共今日如此主张，就在伪国民大会违背政治协商会议的决议召开时，各民主党派都已经一致反对，乃至于国民党的一部分爱国人士也是一样反对，所以由此而产生的伪宪法，全国人民当然不会承认；因此而产生的选举的结果，全国人民也已经表示不承认，这种不承认，在各种的人民运动中已经表示过。因此，伪宪法、伪法统之必须废除，这是已经毋庸置疑的事情，也就应该于条文中明确规定。

第四条是依据民主原则改编一切反动军队。这一点，为了维持全国永久的和平，我们必须负责解决，而且要谨慎行事的。所谓负责解决，是要使今后不会再蹈过去历史的覆辙。远的不说，光就中华民国现代历史说。这三十八年来，已经发生了多少次压迫人民的反动战争，使全国人民遭受到极大的灾害，这是大家都看到的。我们今天都希望获得永久的和平，就必须消灭这一个祸根。反动军队就是进行压迫人民的工具，也就是祸根的所在。如何消灭它？有两种方式：一种是以武力消灭武力，这就是过去和现在所进行的革命战争。为了制止国民政府所发动的反动战争，我们以革命武力来抵抗，后来由抵抗进入反攻，由反攻而得到今天的胜利。这种方式继续下去，无疑地一定达到全国反动军队的彻底消灭。另一种方式，就是以和平的方法改编一切反动军队，使它不再能使国家蒙受变乱的灾害。这种方式，是以民主的方法来改编，使它变成人民的军队，也就是国家的军队；在军队里实行广大的民主，在民主的基础上集中指挥；使军队为人民所有，不再为私人所有，不再为封建力量所有，不再为帝国主义侵略的工具。这种军队，是全国人民所需要的，因为它再没有派系性，没有封建性，没有买办性；相反的，它可以保护人民，可以作为国防的力量，使国内不再发生内战。

这就是我们所坚持的，也就是已经得到南京李德邻先生同意的一条原则。

至于实施的步骤，我们这里提出了若干的意见。因为南京政府到现在还保持着相当的军队，包括海、陆、空军，乃至军事机关、学校、工厂、后勤机构等。我们希望以和平的方式改编，而不用军事来解决；同时必须给他们以出路，使他们不会感到像过去国民政府所谓的裁兵，按照派系观点去裁并；或者以复员退役的口号，使他们流离失所。我们认为这不是使国家长治久安的负责任的态度，这是错误的。我们要采取负责任的态度，谨慎行事，就改编计划提出来两个阶段：

第一阶段，就如这个协定里面所写的，按照各地区的情况，分区而且分期，依照原编制、原番号、原人数，定出集中地点，开到那里去整理。要这样做的目的，是使他们不发生动乱和不安，而且感觉到有前途，能够各得其所。用这种负责任的精神来解决这个问题，是应该的，也是必要的。

以同样的精神来从事分区改编，这是第二个阶段。因为各地区远近不同，人民解放军接收的迟早也不同，一定要有先后集中，所以改编也就有了先后之分。这些军队改编成为人民解放军正规军时，其中士兵有老弱残废，确实需要退伍，或者愿意退伍的，都分别予以安置和回家的便利。对于军官也是一样，我们不是用这部分，不用那部分，像过去南京国民政府所采取的那种办法；我们要采取相反的办法，正因为如此，所以我们必须负责任，否则就不能达到这个目标。要改编这样大的军队，是一项艰巨的工作，而且是需要相当时间的工作。我们认为这项工作必须有一个机构来负责进行，所以主张设置一个整编委员会。在这个整编委员会里，我们愿意和国民政府方面合作，所以在组织上双方都有人参加。在这个委员会里，中国人民革命军事委员会派的委员占多数，为主任，国民政府派的代表为副主任。以这个机构从事上述的整编工作，因为不如此就无法统率，就无法使这个集中整理分区改编的计划彻底实施。整编这相当数目的军队，一定需要相当的时间、人力、工具，不使它发生动乱，安心服务，使他们觉得有前途。这些军队整编好了，就是国家的力量，人民的力量。他们都是来自民间的，我们的责任使我们必须改造它，否则可能到处发生骚乱，为反动集团所挑拨、所破坏、所利用，在国民政府今日所管辖的地区中成为极大的祸患。这个整编委员会，就是为了执行这个改编计划的工作，是不可少的。因为不如此就无从改革。但是这个组织又向什么机构负责呢？联合政府未成立，还是军事管制时期，它应该向中国人民革命军事委员会负责。这个革命军事委员会在抗战期间就已经有了的。在抗战期间，国民党政府违背了双方合作的协定，在愿为抗战而努力的新四军被国民政府片面宣布为非法的部队而遭解散之后，我们一切在前线抗战的军队没有人管，中国人民革命军事委员会，也就是中国共产党领导下的军事委员会，即在此时产生。同时以新四军负责的将领一时之人接替，也有成立这个委员会的必要。自从这个委员会成立以后，新四军就在它的指挥下壮大起来，而成为敌后的一支精干的军队。在现在来看，事情非常清楚，我们因为有了这个委员会担负起对军队的指挥领导，才能在这两年又九个半月的战争中击败从事反革命的国民政府,才有今天革命战争的胜利!这个机构和它的成就,这是全国解放区所共同承认的,也是全国人民所共同承认的。在民主联合政府未成立前,没有任何机构能够负起这个责任,所以它就自然成为指挥整编军队的机构了。在和平协定签订后,在整编计划进行中,破坏的应该受到处分,叛乱的应该予以讨平,这是当然的。这个责任谁负?当然只有由这个委员会担负。

第五条是没收官僚资本。这一条的精神也是得到南京代表团的同意写出的。现在是更具体地指出,凡是在官僚资本中,是在南京国民政府统治时期倚仗政治特权及豪门势力而获得或侵占的才没收。至于在南京国民政府统治以前,及虽为统治时期而为不大的企业,进行生产已久,对国计民生没有害处的,并不没收。这是我们顾虑到社会生产之处。不过如果系众所公认的官僚资本企业财产合乎这条各款规定的,就是移到国外去,也得没收。

第六条是改革土地制度。这一点,我们不仅在原则上规定了在解放军到达的地区,先行减租减息,再行分地;就是在解放军还没有到的地区,也一样要实行土地改革。要南京国民政府所属的地方政府负责保护农民群众的组织和活动,等到解放军到了,也要分期进行。就是先来减租减息,再来分配土地。在这条的两款中,规定得很切实,我们所以规定要南京国民政府所属的地方政府对解放军未到的地区保护农民的组织和活动,是有事实根据的。这种事实,也不必列举,直到最近,当南京代表团离开南京的时候,在南京政府统治之下,还有打伤打死学生的事情；最近两天还有逮捕南京国民政府立法委员的事件，这是事实昭彰，应该严禁发生的。

第七条是废除卖国条约。这一条也有原则的规定，使得将来联合政府根据这个原则审查国民政府统治时期的一切条约，尤其要审查对国家和人民不利，有出卖国家主权利性质的条约，分别废除、修正或者重订。

第八条是最后的一条，召开没有反动分子参加的政治协商会议，成立民主联合政府，接收南京国民政府及其所属各级政府的一切权力。这一条是一个程序问题，必须明确规定。因为在和平协定签订之后，新的政治协商会议召开和联合政府成立之前，还有一段相当的时期。即使不长，也有几个月。在这个时期，我们不能使全国陷入无主的状态，更不能使全国陷入纷乱的状态，所以我们规定在和平协定签字之后，民主联合政府成立之前，南京政府还要暂时维持下去，尤其它的首脑部分——府、院、部、会等机构，应该保留到联合政府成立以后，实行交代，宣告自己的结束。但是在过渡期间，可能发生两类事情：一类是和平的接收，另一类是叛乱的讨伐。所谓和平的接收，就是国民政府所属的军队要集中一个地区整理，从原驻地开出来时，人民解放军开进去，这些地方就发生接收的问题，发生军事管制的问题，发生建立民主政府的问题。就是说，我们不能使过渡期间一切陷于停顿；停顿下来就等于让反动势力乘机捣乱，乘机分化。为中国和平事业计，这是我们不容许的，也是全国人民所不容许的。同时，如果还有人，还有反动集团破坏协定，公然反对和叛乱，就必须予以讨伐，而且要迅速镇压，使祸难不致扩大，使人民的损失越少越好。我们是对人民负责的，我们必须有行动，才能予以制止。假使叛乱发生或者正在酝酿，我们就要把它消灭。因为有这种情形，就必须要南京国民政府的行动和人民利益一致，就是服从人民的利益，也就是对人民革命军事委员会负责。这样对接收地区和镇压叛乱，才能得到顺利的解决，才能使得新政协召开以后的联合政府有秩序，不会有多少损失。国民政府和它所属政府的一切权力必须接收，这是另一个重要的程序。同时在接收中，乃至于在将来全国范围内，我们应该对国民政府所属的广大的公教人员负责，有如要向国民政府所属的军队官兵负责一样。绝不能使他们有国事和平解决而他们反流离失所的感觉，甚至使他们觉得毫无出路，这不是我们的负责的态度。所以我们必须规定，这些工作人员中的爱国分子、有用人才，都给他们民主的领导和适当的工作岗位；除了为人民反对、声名狼藉的反动分子，应该依据他的罪状予以处分以外，我们对绝大多数的公教人员要负起责任，解决他们的问题。我们和平解决的目的，是使这个政权为人民所有；这个为人民所有的政权，就要把国家的一切担负起来，进行伟大的生产建设，所以现在南京国民政府管辖下的生产机构，都要加以保存，不使破坏。这一点，也是非常重要的。

如果上述这些和平条款都能实现，我们相信国内的和平就有了永久的保证，南京政府代表团及南京政府中的爱国分子，努力于这个全国人民的共同希求的和平事业，当然可以得到人民的谅解，也可以得到人民的赞许。在这种情形之下，中共代表团愿意在这里提出保证，当新的政治协商会议召开时，以及在筹备开幕时，接受南京爱国分子的参加，同时也参加联合政府。这一点，并不如外间所传的是谈判中成为条件的一件事，而是一个应该的、合理的、公平的、人民的结论。我们认为这一个结论是合乎人民的意志的。根据我们的解释，我们觉得这样的一个协定草案，一定可以得到南京代表团的同意。同时在这十二天非正式的和谈中，在个人的接触中，我们觉得南京代表团的意见和我们是有距离的；但是我们都具有和平的愿望，由于这个愿望，把它具体化的时候，只能做到我们现在所提出的结论。只有这一种结论，才能使全国人民相信今后和平有了保障，也就是南京代表团在过去十二天中所接谈的、所希望的和平真正得到实现。因为我们相信，在这个和平协定签订前，双方都可以合作，双方都可以负责使它实施，所以当我们提出来的时候，抱着极大的希望，对于南京国民政府代表团，对于以张文白先生为首的代表团，寄予极大的希望——希望接受这一个《国内和平协定草案》，我们相信当这个协定变成正式签订的文件时，对全国人民、对各民主党派、对一切民主力量，他们听到了，一定欢欣鼓舞。在正式谈判的第一天，希望我们的希望由于南京代表团的接受而变成现实。

我的话完了，现在想听取张文白先生贵方的意见。

然后，由我把不可能接受的各点逐一提出，并在发言中还强调对于国民党的错误，有诚意承认；对于国民党的失败，也有勇气接受。最后指出愿就中共所提草案再加研究，提出修正案，原词如后：

刚才周恩来先生这番话说得很详细。国民政府派遣我们这个代表团到北平来同中国共产党进行和平商谈，承蒙以周恩来先生为首的中共代表团，与我们作很多次的交换意见，特别也承蒙中国共产党主席毛先生与我们各代表个别交换意见，我们各代表同人感觉很兴奋。同时代表团这一向受到贵方十二分周到的接待，我们不但感谢，内心还甚觉不安，首先要代表我们全体同人在这里向中共代表团表示感谢和敬意。

说到昨日周恩来先生当面交给我们的《国内和平协定草案》，因为时间太匆促，我们代表团只作了一个大体的研究。现在我愿意把我们对于这个草案所研究出的几点意见提出来说明一下。

关于《国内和平协定草案》前文一段，我们很了解过去这一个战争的责任问题，更明白前文中所指出的两点意义。第一，说到我们国民党过去背叛了我们总理中山先生的遗教和政策，我是一个国民党员，在我们代表团中，除章行严先生外，其他四位也都是国民党员，以国民党员的立场，我们很坦白地承认这是我们党的一个错误。国民党执政二十多年，都没有能切实遵循我们总理——伟大的革命领袖孙中山先生的遗教和他所决定的政策去做，实在是一个不幸的错误，因此才形成了今日失败的局势。第二，说到在这次国内战争中，南京政府军队已被人民解放军所战败，这也是事实，不必我多说。在此我愿意向中共代表团申明：对于自己的错误，我们今日诚意承认；对于我们的失败，也有勇气来承认。所以协定草案前文中指出的我们因错误致遭遇失败，我们绝不作任何掩饰。同时还可以说，中共把我们总理孙中山先生特别提出来，这是一个很大的礼貌，对于我们国民党，也可说是一个很好的友谊表现，我们乐意接受。不过，在前文里有若干过于刺激的字句，我们希望在精神和内容上能酌加删节。至于如何删节，此刻我不必一一提出。

第一条关于战争责任问题，本来在多少次交换意见中，我已一再希望不要作成一个条文。我和毛先生见面时，毛先生已表示很大让步态度，但我还是坚持这一项最好不要列成条文；如果要列成条文，也应该只说：凡今后拥护和平的，可以给予宽大待遇，有谁背叛和平，才应追究。现在这个协定草案第一条所列第一款一、二两项，大致上和我们的意见相符，今天我们代表团同人不想再为这问题而僵持，同时我们也很了解周恩来先生和其他五位先生尤其是毛先生对我们的让步。对第二款我们没有什么意见，可以等到民主联合政府成立后处理。

第二条关于宪法问题和第三条关于法统问题，有连带关系，我们也没有多大不同的意见，不过认为在文字表现上，似宜删改。举一个例，譬如第三款："双方确认南京国民政府于中华民国三十五年十一月召开的'国民代表大会'所通过的《中华民国宪法》，是违背人民意志的，应予废除"，我们认为"应予废除"是目的，"违背人民意志"是理由，依条款惯例说，理由无须列入。又如第四款中"……中国国家及人民所当遵循的根本法律……"，"根本法律"四字应改为根本大法，并且规定这一根本大法由新的政治协商会议及民主联合政府制定，这样才能使人民知道，将来我们的政府还是要有新宪法。

第四条关于军队改编问题，刚才听到周恩来先生的详细解释，我们对这条也研究了很久。研究结果，认为本着协定草案的规定，军队改编分成两个阶段，即是两个时期，究竟这两个时期怎样分法？是以年月来分，还是以事实来分？例如以一年或半年为第一期，或以联合政府未成立前为第一期，联合政府成立后为第二期？我们想阶段的划分，总不外这两种分法。不管怎样分，第一期的整编是一个驻地问题，就是我们军队指定或商定一个驻地后自行整理。对这一原则性，我们的意见与之没有多大出入。第二期为实行改编时期。改编的时间当然有许久，集中整理之时当然也要有若干时日，无论整理与改编阶段，都应有若干原则或注意事项要订出来，不过我们觉得这些原则或注意事项也不必在和平协定中列出许多条文，可以用另外方式提出。

最重要的是整编委员会问题。第一阶段的改编计划是集中整理，不是改编，负责机构用整编委员会名义好，还是用另一个名义如监察委员会或监督、视察、督导委员会这类名义好？第二阶段着手分区改编，自可以用整编委员会或军事委员会名义。联合政府成立后有军事机构，当然会讨论到军队改编问题。

另外还有一点，刚才周恩来先生说，整编委员会要在人民革命军事委员会领导下成立，我们觉得有值得考虑的地方。在第一时期，民主联合政府没有成立以前，军队的集中整理，当然还是由南京我们的政府负责任，与中共合作，设立一个什么名义的委员会来监督实施，这我们都可以接受，但是到第二时期，应该由联合政府来办理分区改编军队工作，联合政府下自然有军事机构来掌管这一事项，而且是全国军队一律的整编改编。人民革命军事委员会本来是中共的军事机构，不过协定草案上没有标明，只说是属于人民的，一般人的看法当然还是认为是中共的机构（事实上是如此），这点实应考虑。

同时协定草案第十款，文字上表现得太严重，刺激性也太大，如"……对改编计划抗不执行者，中国人民革命军事委员会有权命令南京国民政府协助人民解放军强制执行……"这样一来，无异南京国民政府成为人民革命军事委员会底下一个机构。虽然说旧法统要废除，但现在国民政府接受了八条，在联合政府未成立前，还是要行使职权；如果国民政府变成了人民革命军事委员会所辖的一个机构，对国家的体制以及对一般人民的观感都很不好。这一点我今天率直说出来，希望恩来先生和各位先生慎重考虑。

第五条没收官僚资本，第六条改革土地制度，第七条废除卖国条约，这些条款我们认为在若干处文字上或太重，意思上或有些抵触，建议作文字上的修改删节，原则上我们没有不同意的。没收官僚资本，改革土地制度，原是我们国民党执政二十多年来早就应该做的事。本党第一次全国代表大会（中共党员曾经参加）所制定的政纲政策如果实施，我们也不致有今天这样地步，现在中共提出这样条款，我们只有惭愧，绝无反对之意。

最后，第八条关于召开政协会议、成立民主联合政府，这一条很重要，我们也很了解中共方面所表示的很好意思。不过，有些字眼同样太重，有些文字同样嫌重复些。举例说，协定草案第二十款"南京国民政府及其各级地方政府与其一切机构举行移交时，人民解放军、各地人民政府及中国民主联合政府必须注意吸收其工作人员中一切爱国分子及有用人才，给予民主教育，并任用于适当的工作岗位。除不愿改悔的反动分子及声名狼藉的贪污分子以外，其他一切人员，均应给予适当的安置，不使流离失所"。既然必须是爱国分子及有用人才才给他适当工作，底下又提到反动分子、贪污分子，似乎重复。因为爱国分子自不是反动分子，所以"适当工作岗位"以下一段可以不要，只保留最后一句"不使流离失所"就成了。又如第二十二款所规定的一切在第二十一款中都有，这种重复条款可以删去。

成问题的是第十九款："双方同意，在《国内和平协定》签字之后，民主联合政府成立之前，南京国民政府及其府、院、部、委、会等项机构，应暂予保留，向中国人民革命军事委员会负责，并接受其领导，除处理日常工作外，应协助人民解放军办理各地的接收和移交事项。待民主联合政府成立之后，南京国民政府即向民主联合政府移交，并宣告自己的结束。"我那天同毛先生谈到这一问题时，毛先生表示说："今后联合政府不知哪天成立，也许要两个月或三四个月后都说不定。在这时期中，你们南京政府应照常行使职权。"还特别加重语调说："不要散掉了，要他们注意，不要大家都跑了，南京就散了。"意思非常明显，在联合政府没有成立以前，南京国民政府应该继续行使职权。因为江南还管辖有这样多省份，许许多多政务要经常处理，例如外交、经济、财政等事项。若是南京国民政府要向人民革命军事委员会负责并接受其领导，岂不是人民革命军事委员会变成了南京的太上政府？这点我要重申刚才所提同样的理由，认为不相宜，请中共代表团诸位先生再加考虑。我的意思是："……等项机构应暂予保留……"句可改客气一点，改成"……应照常行使职权",下面紧接"待民主联合政府成立后……移交并宣告结束"。删去"……向人民革命军事委员会负责……"一段,与原来主旨并没有多大出入。

末了的第二十三、二十四两款,表现了中共方面的友谊和好意,我们当然了解,只是文字上觉得重了一点。我们以后参加政治协商会议和民主联合政府,都要由中国共产党代表团负责保举推荐,在诸位先生是好意,但是文字上是否要这样表达?我们研究之后,虽没有具体修正的意见,却总希望能用其他比较更友好些的字句。

以上是我们对于《国内和平协定草案》条款的一个简要意见的说明。其次,我还说一点浅薄的感想。

刚才周恩来先生说,我们争取和平,一定要永久的和平。稍有国家观念、人民思想的人,没有不同意这句话的。国民党政权领导的失败,我们希望能做大家的前车之鉴。今后任何一党来执政,应该不再走国民党的道路,一定要从根本上来铲除内战的因素,使我们国家真能从此获致永久的和平。在平常谈话时,我常表示这样的意见,认为中国实在太落后,尤其我们要由农业国家走向工业化国家道路上去,非努力建设、迎头赶上去,就不够资格在二十世纪五十年代立足于世界之上,成为一个独立自由的国家。对于这一层,没有比中共方面看得更确实更深刻的。从毛先生的文章和中共许多先生的言论中,我们可以得到这样一个认识。所以目前这一阶段,是国家走向进步大道的重要关键,是中华民国一个划时代的转变。在这划时代的转变中,我们要建立怎样一个国家?就是和平协定草案最后的一段话，也是毛先生所讲的话："为着中国人民的解放和中华民族的独立，为着早日结束战争，恢复和平，以利在全国范围内开始生产建设的伟大工作，使国家和人民稳步地进入富强康乐之境。"这几句话，可以说是今后历史上最宝贵的话，是全国同胞所一致拥护的话。我认为我们尤其要着重"稳步地"三个字上面。这次我们从事和平商谈，同人没有别的意思，只希望国家经此划时代的转变后，能够避免再牺牲再破坏，能够很稳当地实在地达到富强康乐的目的。我曾经和许多朋友研究，一次战争中总有几万几十万人的牺牲，一个大的战役或重要据点的争夺战，至少有几千几万人的伤亡。又如上海发生战争遭受破坏，不知要多少年才能再建设起来。所以战争是妨碍国家走向富强康乐之境的死敌，是建设的对头。我今天固然代表我们政府和中共商谈和平，同时个人一向也是中国共产党的朋友，至少不是中国共产党的反对者。这次中共在战争中的胜利，可说已到了一个圆满的地步，如果现在这个明智的和平政策能贯彻下去，那么，中共就不仅是军事的胜利者，而且是政治上的大大的成功者。我今天在中共代表团诸位先生面前，不想说什么恭维的话，但我愿唤起各位先生的注意，今后国家的责任，是落到了你们的肩膀上。国民党的政权当然是完了，今后的国民党或者再经过一番改造后，做中共一个友党。目前则我们以至诚至敬之心，希望中共能从此领导国家，达到独立、自由和民主的目标，并建设国家，臻于富强康乐之境。就是我们代表团同人向中共代表团同人所想表示的一点小小意见和希望。

至于和平协定草案，我们预备在明天提出一个对案——也不是对案，总之，就这原草案哪些地方要删，哪些地方要改，把我们的意见另外写出来。至于用什么方式来商量，我们没有成见。等到双方代表团能得到一致的意见，我们当派人回南京请示，这是今天特别附带声明的。

最后双方同意再作会外协商，然后定期举行第二次会议，于是在十一时五十五分宣告散会。

次日，我们继续研究修正案完毕。

这个修正案和原草案最大的不同之点是：词句力求和缓，避免刺眼的词句，同时对军队改编、联合政府两项也有若干的修正。目的完全在希望南京方面或者能够接受，使和平不至于破坏。因为当时代表团同人有这样的一些共同认识：对国民党方面，认为失败是肯定的，我们既然注定失败，何必还一定拖累国家和人民。对中共方面，认为是必然胜利的，但如果在达成成功的途径上，能够减少国家元气的凋丧、人民生命财产的损失，不是更好吗？其实，即使这个修正案为中共方面接受了，南京、特别是溪口和广州方面也是不会接受的，他们还没有那种远见和定见，我们的想法也未免太天真了！

第二天——十四日晚上，我把这个修正案交给周恩来，并和他谈了很久。十五日晨，各代表复与中共代表分别交谈，希望能够找到一线解决的希望，但是进展殊少。到晚上七时，中共送来了最后决定的《国内和平协定》，并定于是晚九点仍在勤政殿举行第二次会议。

二次会议

中共方面宣布是最后定稿的《国内和平协定》（见毛泽东：《向全国进军的命令》注释〔1〕）。

第二次会议地点仍旧，先由周恩来先生把这个定稿修正之点，亦即接受我们所提修正之点加以说明，然后对渡江问题等项郑重提出。最后再三说明，这是不可变动的定稿，在本月二十日以前，如果南京政府同意就签字，否则就马上过江，其大意如下（记录稿，未经周先生核定）：

经过十三日第一次正式会议后，十四日一天我和文白先生就《国内和平协定草案》全部内容要点再度具体交换了意见。昨天晚上文白先生在会谈后，也将南京国民政府代表团对这草案所提出的书面意见交给本席。我们根据这两天的交谈，参考各种材料，改订了中共代表团方面的和平协定最后稿件，就是今日下午七点钟送达南京代表团各位先生的本日所印出的《国内和平协定》文件。

在这两天接谈中，中共代表团尽可能吸收南京政府代表团许多意见，就是说凡是与推进和平事业有利，与中国人民解放有利的意见，我们尽量采纳。换句话说，就是在某些大问题上，凡我们觉得应该求得妥协的，总尽量妥协，所以今日提出的这最后定稿，较上次的草案已有若干修正，须得向南京代表团全体朋友说明一下。

在定稿中，最重要一个问题，是中国人民革命军事委员会的权力问题。文白先生和其他代表都希望能有变动。经过我们的考虑,觉得为使和平事业能实现,我们愿意让步,在联合政府成立前,双方成立的机构,还是用一种合作的办法,南京国民政府暂时行使职权,一直到自己宣告结束之时,也就是联合政府成立以后,同时与人民革命军事委员会合作协商,以解决过渡时期一切问题。在军事方面,成立整编委员会,依照定案上所规定情形办理,上面不再冠以人民革命军事委员会统率和指挥字样。这是我们一个重大让步,是为使得南京代表团向今日南京政府负责人李德邻先生、何敬之先生说服时有很多便利,俾和平能早日实现。军事整编委员会双方合作、政权方面则互相协商解决。这样的重大让步,我想南京代表团方面也会体谅得到。另外,我们必须指出两点,是曾经讨论为我们所不能接受的,在这地方我要向南京代表团各位代表和顾问说明,就是关于军队改编程序和人民解放军开往江南接收一部分地方政权之事。

第一,军队改编问题。在上次会议中已详细解释,南京代表团重复提出希望规定两个阶段的划分时期,以联合政府成立前后为界限。意思就是说,在联合政府成立前,国民政府所统率一切武装力量,由国民政府自己处理,联合政府成立后,再由整编委员会处理。我们认为国民党一切武装力量应即改编,上次已说明,用意在使中国国内从此得到永久和平。要达到此目的,必须全国军队编成名副其实的人民的部队,不可再敷衍,有如过去部队的编遣,徒然贻害地方,使人民受到极大痛苦和损失。对于这点,南京代表团的意思和我们在精神上是相同的;

假如还让原有机构负责整理，甚至提出复员口号——复员名词当然很好听，实际却难免流于敷衍，不可能使社会安定无事。因为在复员口号下，做起来会产生两种现象：一种是不负责任的裁兵，结果士兵或回到农村为害乡里，或漂泊城市流落街头，形成严重的社会问题；另一种是借此把武力暂时埋伏起来，藏起枪支武器，将来再来进行破坏革命的勾当。对于这种人，我们虽然有办法，在人民觉悟以后，土地改革实施，他们就无藏身之地，但这样一定要经过很大波动，所以我们觉得冒昧提出复员颇不适宜，应该在和平协定签字后成立整编委员会，双方合作来解决这一问题，不必分联合政府成立前一段时期和后一段时期，而是一道来。搞的办法我们非常慎重，上次我已讲了，今日不妨再解释。譬如说集中整理和分区分期办法，其目的在使大家各得其所，安心听候改编，保证集中在好的地方的先集中，不能集中在好地方的按情形缓办，时间给予很宽的限制，如长江以南人民解放军易于到达的地点，集中的时间比较早，苏、浙、皖、湘、鄂、赣与陕西、陇东等地属之。其他远的地方如西南、西北（兰州到迪化）乃至台湾等地，那就不可能在三五个月集中，不妨由原来的南京国民政府暂时维持，等联合政府成立后再来加以规定。实际上维持的时间，比南京代表团所提方案还要长，甚至长到一年。因为集中整理后，必然要筹划给养、驻地等，还要予以各种保证，不然就会发生乱子，整编委员会要负责，也就是人民革命军事委员会要负责，同样南京国民政府也要负责，故此我们这样规定，完全是负责和谨慎从事的态度。

转到第二阶段，分区改编，也不是一下全国都改编，弄得到处没有安定，而是有秩序地集中整理，筹划好了，还要进行教育，使大家觉得改编有利，不是打击谁，淘汰谁。负责这种工作的整编委员会将来双方都要参加，都要负责，完全是站在一家人地位来办理。我曾以此跟文白先生特别剀切说明，认为这种责任不能逃避，要为人民办好。那样的改编，士兵也才心安理得，明白这不是排挤倾轧，打击派系，因而无所恐惧，只觉得这是走向正道。他们愿意学习为人民服务技能的便加学习（也应该学习），愿意回家的给他回家，但也决不勉强他回家。像这样的改编计划，是我们方案中很重要的一点，我想双方都会了解。打这样久的内战，国民党凭的什么？武力。武力现在已失败，就应好好交出来，由人民革命军事委员会和人民解放军把他们好好地教育，不使其流离失所，而是各得其所。这件事做得好，才能保证中国永无内战。所以对于协定第四条，我们曾考虑至再。在我们方面也有同人这样想：裁军可使人民减少负担，我同文白先生亦曾这样说过，但是后来一想，冒昧地裁军将形成社会的动乱，增加人民的苦痛，将来各方面都会责备我们。所以我们定出这样办法，务求做到合理适当。现在我们坚持这部分，而且确信这种意见一定可得到全国人民的赞同。我们也曾在各民主党派会议上征询他们的意见，他们都一致赞成，希望南京代表团能同意我们这个办法，说服南京当政的几位先生。今日南京当政的几位原都是军人，李德邻先生、何敬之先生、白健生先生和顾墨三先生[①]等，当年都带过兵，只要他

[①]顾祝同，字墨三。

们能为人民着想，这个问题就可迎刃而解，其他问题更是如此。

由此而联想到第二个问题，就是人民解放军接收地方政权问题。在这个问题上也必须加以说明的。协定中我们规定人民解放军在已到达和接收的地区，实行军事管制，接收当地政权。为什么要如此？这是革命过程中必须经过的阶段。在座双方都有经过辛亥革命的前辈，其他各位则都经过了北伐大革命，这两段历史就给我们以证明。辛亥革命时，先成立都督府、军政府（各地都是如此），然后才有临时政府，从辛亥革命到第二年成立临时政府，经过相当长的时间。上次北伐大革命更是证明如此。从广东北伐到南京，都是以总司令部下的政务委员会行使政权，革命军到哪里就行使到哪里，革命军就是政权的先锋队。根据这两个例子，我们这次的解放战争、人民革命也是用这样的方式。所以在联合政府还没有成立以前这一段相当的时日，人民解放军必然要接收一些地区，才能保障地方秩序的建立，才能使该地的国民党所统辖的部队能交出来集中整理，才能使和平有确实保障。这是当然的道理，也非此不可。

以上两点我们决不能让步，若让步就失掉了毛泽东主席所提八项条款的基本精神。对于这种重大关键，我们不会使双方代表团有任何不了解，否则我们就不是真正坦白的谈判。人民解放军要接收一部分地方政权和改编国民政府所统率的军队，这两者不可分。至于划分时期我们不会急躁，急躁反会发生错误，招致乱子，所以我们对军队改编要分期而且分区，初期设想只能在江、浙、皖、湘、鄂、赣、陕、陇东这些地区先接收，其他地区则后一步。联合政府大概可在接收中或接收后成立，或还早一点，只要不出别的乱子。这是我们必须坚持的不能让步的最主要的两点。

其次，关于重要事项方面，文白先生领导的南京代表团提出的对协定草案的修正意见，凡是我们能接受的都接受了，譬如前文有些带刺激性的字眼像"反动分子"等形容词，我们通通去掉了，"背叛"改成"违背"，以便能为南京政府所接受。文白先生还曾提到，是不是把过去错误部分不写，我们认为这与贯彻后面八条相关，所以不能不保留，而在第二、第三条规定宪法和法统性质有相互关联的两处，我们同意去掉。又如八条题目文白先生认为无须再提，我们也同意。第一条内容很重要，曾经为此在谈判初期争执很久，初稿已把战犯名单去掉，"元凶巨恶"不提起，这次文白先生再要求把"首要次要"字样也去掉，我们考虑"元凶巨恶"既可不提，这点当然再让步，接受文白先生的意见，这样南京方面也好接受些。第二、第三条刚才已说过，已把对宪法和法统性质的解释勾去，文字上"根本法律"四字去掉一个"律"字。第四条把人民革命军事委员会统率和指挥整编委员会这点也去掉了。国民政府一切武力改编为人民解放军，也不由人民革命军事委员会统率指挥。实际上改编为人民解放军是联合政府成立后的事，应有一个时间，但我们也可以不写。第四条的最后一段，我们把"人民革命军事委员会"去掉，改成"国民政府协助人民解放军强制执行以保证改编计划的彻底实施"。第五、第六、第七条南京代表团所提。只是文字上的修正意见，没有什么重要性，而且原来规定也比较切实，因此没有接纳修改，只是把题目去掉。第八条主要的修改在同意文白先生提出的国民政府暂时行使职权的意见，但必须与人民革命军事委员会协商处理。第二十款中文字上反面意思不提了，合成一句，去掉了"反动分子""贪污分子"等字眼。第二十一款属于技术性质，文字多的地方也去掉一些。第二十二款，关于接收国民政府所管辖地方一切权力，改为由当地军事管制委员会与地方政府负责。这是依照北平的接收情形来定的。最后，在双方代表团一段声明中，也依照了文白先生的意思，加上"独立"与"自由"等字。总括《国内和平协定》全文的修改，我们总是尽量求取原则上的同意与实施技术上的合理，以便利和平事业的推行，也便利南京代表团好说服南京政府，使协定能很快签字。

这个《国内和平协定》，当然是中共代表团最后的定案，现在提交南京国民政府代表团，我们期待南京代表团同意这个协定，接受这个协定，在协定上签字，使全国人民所热望所关切的伟大和平事业，能在我们双方代表团合作如同一家人的精神上搞好。我们负了历史的使命，全国人民看着我们，全世界爱好和平的人士看着我们，我相信南京代表团诸位先生也和我们具有同样的认识。南京政府负责人不是主战的人，是主和的人，尤其章行严先生不是南京的人，以事外之身，也热心来参加和平大业；我们面对着中国人民，面对着历史，应有很好的交代，更不能让某些反动的私人集团来破坏。对于反动好战分子我们有什么办法来感动他们？他们的破坏是必然的，他们的阻挠也是必然的。帝国主义者也一定要来破坏我们的和平，我们脑子里不想他们；如果要想，想的是对付他们，打击他们的阴谋。

相信在南京政府辖区下,也有千千万万愿意和平热心和平的人士,和平能早实现,他们都有生路,不再担负战争的责任,不会流离失所。诸位来到北平已经半月,在这半月中间,江南一带物价又有了多次的飞涨,较之去年"八一九",指数高达一两万倍。在这种情形下,我们可说延误浪费了半月时间,使人民多吃了半月苦痛,现在实应努力把这神圣伟大的和平事业加速达成。昨天文白先生已说过,要把我们提出的最后稿子带回南京,说服南京当局,但愿能如此,不然我们解放军就会向前推进,因为他们正在等待着向江南推进的命令。因此,我必须在这个协定的本文以外,关于人民解放军渡江接收的问题,还要提出几点。刚才已经和文白先生说过,我想归纳成五点来说。

第一点,人民解放军没有宣布过停战。南京国民政府曾经要求停战议和,我们没有同意;我们只同意这个协定签订之后永无内战,也就是在和平协定签字之日,就对全国人民宣告永远不再有内战。我们双方代表团应该有这个勇气,以全权代表的资格,宣布不容许再有内战。至于我们中共代表团,是有这个信心、有这个勇气、有这个力量的,只要这个协定签字,我们愿意忠实执行,并且保证:任何人要破坏这个协定,我们一定制止他。我们认为和平谈判的本身,就可以产生一个不再有内战的中国。所以我们只说在协定签字之后,永远不再有内战,而不是说在协定签字之前,就可以宣布停战。但是有一个临时的情况,就是因为南京代表团到了北平,而代表团诸位也是在南京政府中主和的人士,热心和平的人士,这是我们素来知道的,为了使谈判更顺利,所以我们愿意在谈判进行期间,命令人民解放军暂时不渡江。这一个约束,我们不仅是在南京代表团到北平以后才这样说,就是以前对李德邻先生、白健生先生的私人代表,也同样地告诉过他们。李任潮先生派到南京去的两位代表朱蕴山、李民欣,我们也托他们这样转达过。但是我们不能无限期地受到约束,所以我们今天正式地告诉文白先生,请南京代表团回去南京的先生转告李德邻先生和何敬之先生,我们只能约束到本月二十日为止,到那时还不能获得协议签字,那我们就只有渡江,不能再拖延到二十日以后了。再重复说一遍,我们并没有承认停战,但是为了达成和平协定,使中国成为永无内战的国家,我们在协定签字后,应该向全国宣布:我们不能容许再有内战,而在和谈进行中,我们愿意受这个约束,就是暂时不渡江。不过约束是有限期的,最初我们设想到本月十五日可以完成协商,但是经努力后现在不可能了,所以才推到二十日为止,这是特别要提出来的第一点。

第二点,为了保证协定签字以后有效实施,我们必须渡江接收。如何叫有效实施?就是在协定签字之后,要使存心破坏者不敢破坏;如果到时还有敢于称兵作乱的,要很快地把他们讨平。为了达到这个要求,我们于协定签字之后,必须渡江接收江南地区,来保证这一个和平协定的实施。这一点,已经口头地、书面地和文白先生说过,就是要在长江下游的扬中、江阴两县,和上游的繁县、南陵、铜陵、青阳、石埭、贵池、东流、至德八县,由解放军和平地渡江,接管这十个县的地区。这样一来,就可以使得长江以南在国民政府管辖下的要想率部叛乱破坏协定的部队,不能不有所顾虑。如果还是有敢于称兵作乱的,我们就以力量协同南京国民政府所管辖愿意和平的部队,一起讨平它。这不仅是为了保证和平的实现,也是南京国民政府在它的统辖区域内得到帮助,以利和平协定的执行。至于如何在这十个县份渡江,南京政府军队如何调开,在协定签订的前后,当然都要商量好。既然是和平解决,办法当然可以商量,我们愿意在这两三天之内就开始研究。

第三点,至于其他的地区,像刚才所提到的苏、浙、皖、湘、鄂、赣、陕、陇东等地如何接收,那就要等到整编委员会成立以后。整编委员会何时成立,根据协定应该立即成立。所谓立即,最少也有几天。协定签字是在二十日以前,这个会的成立就可以接在签字之后的几天内。

第四点,在南京国民政府管辖下的部队,如果有不同意和破坏这个协定称兵作乱的,那么为了要协同讨平它,人民解放军就不能受约束在这十个县份之内,我们愿意与南京国民政府管辖下接受和平协定的部队一同动作。

第五点,南京国民政府对于中共代表团所提这一个和平协定定案的回答,我们愿意等到二十日。当然,我们很愿意以双方的努力,促成和平协定的签字,所以在和平商谈开始我们就表示过,希望李德邻先生、何敬之先生、于右任先生(本来说今天来,但没有来)、居觉生①先生、童冠贤先生五位②,到北平来参加签字,使得中国早日变成和平的国度。我们非常热烈地期待这一个日子的来到。就在这几天之内,给南京方面以千载一

---

① 居正,字觉生。
② 何应钦,行政院长;于右任,监察院长;居正,司法院长;童冠贤,立法院长。

时的机会。李任潮先生已经在各党派会议上表示：假使李德邻先生来的话，他愿意保证陪德邻先生回去。意思是有些地方不是德邻先生所能管得到的，但是汉口由白崇禧管辖。万一的时候，也可以到汉口去。这可以看出他们对和平期待的殷切，我们所以定出限期到二十日为止，就是因为适应全国人民热切的期待。

　　以上这些话，是在这个协定以外需要加以说明的，我们希望回南京去的代表转达给南京政府。有许多朋友们都知道，中国共产党有时候是很硬的，不过我们也是根据原则性才这样做的；我们要是从四面八方的讲敷衍，就不会有今天的局面。因为我们要替人民做事，就要对反对人民的分子加以打击，使人民的力量成长起来。我相信在南京代表团的诸位先生，在交换意见的十五天中，对我们一定有了相当的了解。拿我个人来说，除了李蒸先生是初次见面之外，其他的都是极熟的朋友，我们大家的生平都很清楚。我们认为确实只有在这个原则下，才能解决问题，所以我们就不能不有所坚持，以强硬的态度来解决。但是只要原则上解决，其他还是要大家来协商。只要协定签订了，以后一切的事情，还是可以像我们今天一样，在一个屋子里商量办理。这一点我们也希望回南京去的先生给我们转达。上面所提的五位老先生我们都认得。童冠贤先生除了我们这几位代表没会过外，和我还是很熟的朋友。至于其他的四位先生，就更不用说了。我们今天要和平，就只有以这样老老实实、坦白真诚的态度，才能保证其成功；我们今天提出来的问题，说一句俗话，是硬绷绷的，也许南京代表团朋友们觉得我们太认真，但是中共朋友都是这样的。刚才文白先生说我们干脆，我们原则上就是这样。最后我们期待着和平的早日实现。我的话完了,文白先生以为怎样?

到这地步,对这个协定我自然无话可说,只是简单地发表了我的意见和感想,并声明明天即派人到南京请示再行答复,全文如下:

刚才听到恩来先生的话语,同时在今天下午大概是七点钟的光景,和恩来先生见面,他交给我这一个《国内和平协定》的文件,恩来先生向我表示:这是最后的一个文件(刚才恩来先生也说了,这是中国共产党最后提出来的一个定案)。我当时对恩来先生说:"所谓最后的文件,是不是解释为最后的通牒?是不是只许我们说一个对或者不对?"恩来先生对这点表示是最后的态度。因此我说:"也好,干脆!"我说这句话,当然也不是随便地、偶然地说出来。因为这次到北平来,到今天已经半个月了。在这半个月当中,双方代表团分别经过无数次的会谈,对于最重大的几个问题,已经交换了很详尽的意见。可以说,应该说的话,应该说的理由,通通都说了,说尽了。到十三日恩来先生提出来这个第一次的文件——《国内和平协定草案》。当然,在中共方面,是根据双方十多天来的会商所提出来的一个草案。我们代表团接到这个草案后,经过郑重研究的结果,对草案内容的许多原则、文字方面,已经提出来很多修改的意见。这些修改的意见,一方面和恩来先生谈了,同时也用了书面提出来。直至今天下午七点钟,恩来先生又当面交给我这个《国内和平协定》，草案两字已经删去了，并且说明这是最后的文件。我们也清楚，这是双方经过半个月来无数次交换意见后，中共所提出来的最后的定案。我们接到这个文件后，临时作了一个初步的研究，因为会议的时间到了，很仓猝，所以还没得结论，还是在慎重研究中。

刚才听到恩来先生对这个文件的解释，对于我们所提的修正意见，有许多是接受了。诚如恩来先生刚才所说的，譬如在前文里头，文字上有修改的地方。第一条"首要及次要"字样也删去了。在第四、第八两条内，关于"中国人民革命军事委员会"的地位和关系，也接受了我们的意见改变了。其他关于文字方面，也有很多接受了我们的意见。据恩来先生说，修改的一共有二十多处。这一点，我们代表团同人是完全了解的。当然，刚才恩来先生说，有些地方是不能变动的。譬如说，军队改编的原则问题、军队接收地方政权的问题，都是不能变动的。

同时，恩来先生的解释除了有关这个文件的内容之外，还提到渡江的问题。刚才他和我会面的时候也说，中共方面预定在四月二十日渡江。我就问他："你过去说在和平协定签字后三两天就渡江的话我是没有同意的，现在和平协定还没签字，你怎么说就预定四月二十日渡江呢？"恩来先生曾续加解释说："你们代表团派人把这个最后文件带到南京去请示，如果来电报说可以签字，当然渡江的日期和办法是可以商量的。"意思就是说：如果我们带回南京请示不能签字后，中共就预定四月二十日渡江，是不是这样意思？（周恩来先生答：是的）这一点，刚才恩来先生解释时遗漏了，所以我把它补说出来。当然，恩来先生让步的地方，我们很了解，就是不能让步的地方，他所持的理由，我们也是了解的。不过在我们代表团的立场来说，这个《国内和平协定》既然是最后的文件，我们对它如果认为是完全对的，就答应签字；认为不能签字，就不签字；不是说还有商量，还有字斟句酌的余地。只是同意签字，不同意就拉倒。如果"最后文件"是照这样解释的话，那么我们代表团同人在现在就没有再发表意见的理由了，也没有发表意见的必要了。当然，我们的政府正等待着我们代表团的报告，这次会议之后，我们还是继续研究，准备把我们的意见报告政府，请示它作最后的决定，然后再来答复中共代表团。

对于这一个问题，我不能再有话说下去，不过我想略为提出一点个人的意见或感想。我要再说明：这是我个人的意见和感想，而不是代表团的意思和感想。

国共两党的斗争，到今天可以说是告一个结束了。谁胜谁败，谁得谁失，谁是谁非，当然有事实作证明，将来也自有历史作评判。不过要打个比方来说，我想国共两党之争，好比是兄弟之争。我们同是中国人，同是一个民族，俗语说"便宜不出外"，今天谁吃了亏，谁讨了便宜，那是不必太认真的。国共两党等于兄弟一样，大哥管家管不好，让给弟弟管，没有关系，"便宜不出外"。做大哥的人，不但对于弟弟的能干，有这个能耐来担当重责大任，表示敬重，表示高兴，而且要格外的帮助他，使他做得好，做得比哥哥好。表示我当不好，你来当；希望你当得好，一定当得好。这不仅是站在兄弟的立场应该如此，就光是基于人类之爱、同胞之爱、民族之爱，也应该如此。

今天的中国，是不是一个独立的国家？我们的总理说："余致力国民革命，凡四十年，其目的在求中国之自由平等"，但是总理去世二十四年了，我们还没有把中国弄成自由、平等、独立的国家；我们的同胞，在国外受到人家的鄙视轻视，我们实在不知从哪里说起的惭愧与羞辱！我们今天有这个情绪。我们在同一民族里，在兄弟手足里，出来很好的兄弟，能够有这一个能耐，有这一个魄力，来把家当好，使全国人民得到解放，使国家得到独立自由，使邻家看得起我们，这是一家子的光荣，也是做哥哥的光荣。过去做哥哥的虽有错误，自己感到惭愧，但是自己的弟弟能够担当起来，把家当好，自己也实在觉得光荣。

这是一个通俗的比方，但是我觉得其中有真理存焉。我们今后对于国家民族的前途有这样的看法，我们每个人都具有这一种基本的精神和观点，我觉得是一种最重要的心理建设。如果大家都有这种存心的话，相信没有什么问题解决不了。现在对于这个《国内和平协定》，如果还想字斟句酌地去辩论，等于白费，是不必要的；我们应该把眼光放大些，胸襟开阔些，重新合作，这才是国家民族之福！在国民党方面，今后应该有这个眼光，有这个胸襟，有这个态度，这是我个人在自我反省之余的一点感想，愿意提出来请大家指教。

说到这里，我想到中国的一句古话，就是"兄友弟恭"，也许恩来先生会觉得这话有封建的意味。在中国旧伦理里，所谓"父慈子孝，兄友弟恭"，做哥哥的友爱弟弟，做弟弟的才能恭敬哥哥。我们今天的情形，正好如此。我们极愿意把眼光放远些，把胸襟放宽些，来迎接这一个新的时代，来接受这一个新时代的转变——历史的转变，同时共同来担当这一个伟大的新的历史的责任。我们所谓眼光放远些是什么？比方拿主义来讲，今天共产党所主张实行的不是共产主义，而是新民主主义，将来才实行社会主义、共产主义；如果眼光放远大一点儿，今后五十年、五百年、五千年的世界，究竟是奉行哪一种主义，抑或是另外一种与现在世界各种主义都有或多或少不同的主义，谁都料不到。在我们的三民主义来说，它的最后阶段是世界大同。大同之治，与共产主义的最终目标有没有很大的距离和差别，据我个人所知，是没有什么不同的。就拿三民主义中的民生主义来说，也是和中国共产党现在所谓的新民主主义，乃至共产主义所讨论的民生经济方面，没有多大的差异，最少目标是一致的。我们所惭愧的，只是没有好好地把它兑现而已。这一点，我们过去常常说到，最近偶尔拜读到毛泽东先生的一些言论，他对于这个问题，发挥得很多；尤其对"新""旧"三民主义与新民主主义方面，也说得很多。总之，从人类的思想潮流来说，今后世界的前途，我们对继往开来的历史的责任，实在都远大得很；我们应该适应时代、创造时代，使中华民国永远自由独立于世界之上！

对于这一点，相信大家都能看到，而且比我看得更清楚、更远大些，这是没有疑义的。我们今天是自我反省，如同一家子的兄弟手足一样，用不着有所隐讳。我觉得，我们国民党在这二十多年来，尤其是在最近这几年，以国内第一大党的地位，对待共产党实在太狭隘了一点——我们的胸襟和态度，实在有表现得太狭隘之处。老实地说，是有很多对不起人家的地方，所以今天应该转变过来。我们国民党虽然失败了,但是今后它还有新生和改造的机会;我们还是愿意重新团结合作,来共同担负复兴中华民族的历史的责任。当然,这要看我们的内部与将来的努力,我今天实在还不敢讲这种话,还没有脸面讲这种话!这次到北平来见到毛泽东先生,我曾经不经意地说:"今后是你们执政了,你们怎样做?"他马上说:"不是的,我们大家来做的,大家合作做的!"恩来先生和在座的各位中共代表也曾说过,今后不是一党专政的政权,而是民主联合的政权,各党各派都可以参加。像这些地方,我们可以看出来,在毛先生的领导下,中国共产党是看到国民党过去的错误的,尤其对于友党胸襟狭隘方面,所以才有今天放开胸襟,汇纳众流的表示。对于这点,我们不能不表示很大的敬意。

最后,我们没有别的,只有祝望两党过去的一切芥蒂、一切误会、一切恩怨,永远结束;过去的让它过去,今后我们应有一个新的意愿。在我们方面,当然首先作一个自我反省,同时希望中共方面也保持着这种远大的眼光、开阔的胸襟、明朗的态度,来领导未来的、历史性的、新的政权。中国共产党基于其过去的努力奋斗,到今天已经接近——最少可以说接近——到它当政的理想。也有了成功的把握,用不着我们来恭维。

对于其他方面,没有任何意见。以上只是我个人的意见与感想,假使有不对的地方,希望恩来先生和诸位代表先生们加以原谅。

关于我的感想,周有一个驳正,是这样说的:

刚才文白先生说的几句话，我不能不辩白一下。就是对于"兄弟"的比喻。假使文白先生说双方的关系等于兄弟一样，是指两个代表团的立场，那么我们都是为和平而努力的，我们很愿意接受。过去大家虽有不对，今后大家仍可以一道合作。但是如果拿过去国民党二十多年来，尤其最近两年又九个半月的蒋介石的朝廷来说，这就不是兄弟之争，而是革命与反革命之争！孙中山先生当年革命的时候，对清那拉氏进行的斗争，就不是兄弟之争，对袁世凯的讨伐，就不是兄弟之争；对曹、吴的声讨，就不是兄弟之争，而都是革命与反革命之争。如果说是兄弟之争，孙中山先生是不会同意的。对于这一点，中国共产党不能不表示它的严肃性。说是兄弟之争，如果把蒋介石朝廷和一切死硬派也包括进去，就失掉了它的严肃性。孙中山先生过去领导的多少次革命的失败，这也是教训之一，等到国共合作后，才补救过来了，但是以后蒋介石叛变了。我们今天愿意与一切可能合作的人合作，愿意与一切可能团结的人团结在一起；中国现在占全人口百分之九十以上的人是劳动人民，这是最广大的基础，其他如地主阶级的开明分子也可以合作，中、小资产阶级也可以合作；至于知识分子，当然更可以合作。这是最广大的合作，可以达到与全国人口百分之九十以上的人们合作。我们可以概括到这个程度，但是对于蒋介石朝廷，小到四大家族，就不可以包括在一起。这一点，我们是必须加以说明的。

还有一点，就是这个文件本身的问题。因为如果我们没有最后的定稿，就使南京代表团无以说服南京当局；没有这个最后的定稿，就不能使它考虑同意与不同意的问题。我们认为，一个问题一定要有一个结束。我们提的最后方案,南京代表团乃至南京当局,都有他的自由,就是同意或者不同意。我们提这个方案,是从远大的眼光、从人民的利益出发的,今天南京不同意,明日也会觉得同意。我们认为,这个方案在南京代表团、在南京当局、在南京方面爱好和平的人士,一定可以接受的;但是我们也料到,南京的好战分子是一定不会接受的——其实,任何的东西他们都不会接受的。我们这几天的争执,都是重要的问题。至于技术上、文字上的修正,这是极小的问题、微渺的问题,这是我们应该声明的地方。文白先生还有什么意见?如果没有意见,我们就散会。

会议在十点二十分就结束,回到住处后经过代表团郑重的研究,认为这个定稿已经接受了我们所提修正意见四十余处的过半数,特别是关于战争罪犯一项删去"首要次要"字样;原来把南京政府和所属部队置于人民革命军事委员会指挥统辖之下一句也改换了,所以代表团一致的意见,认为尽管条件过高些,如果能了然于"败战求和""天下为公"的道理,不囿于一派一系的私利,以国家元气、人民生命财产为重,那么,就只有毅然接受;以诚心承认错误,以勇气接受失败,则对国家、对人民、对国民党保全者实多,总比顽固到底、失败到底的好。大家表示只有接受这个《国内和平协定》为是。并决定在十六日派黄绍竑代表和屈武顾问带了文件回南京去,劝告李、何接受。

南京拒绝签订国内和平协定

在这一段时间,商谈是完全停止了,不过接触却仍继续,中共代表分日轮流宴请代表团同人。黄代表十七日来电也只说:"各项问题刻正研究中,俟商妥即行电告。"到十九日,我们等得不耐烦了,便去电南京催询,到二十日深夜接到李、何卯号复电,全文如下:

限一小时到,政府和平商谈代表团张首席代表治中并转邵、章、李、刘诸代表均鉴:黄代表绍竑、屈顾问武返京备述和谈进行经过,并携回中共代表团所提出之《国内和平协定》全文得悉。今日国家残败如此之甚,人民痛苦如此之深,在八年惨烈抗战获得光荣胜利之后,国际地位反一落千丈,此皆由于战乱之所致。但求能彻底消弭战祸,实现真正和平,使人民获得休养机会,国家进入建设途程,吾人自应不惜一切牺牲,以促其成,庶几毋背革命之初志;上可以对中华民族之列宗列祖,下可以交代后世子孙。政府方面,自蒋总统之元旦文告倡导和平,以迄宗仁、应钦等主政后之一切措施,无一非遵循全国人民渴望和平之意旨,以国家人民最高利益为前提,委曲求全,忍辱负重,开诚布公,苦心谋和。蒋总统之毅然引去,与宗仁前致毛泽东先生卯阳电,即在欲牺牲一己,以成大局,耿耿此心,宜为全国同胞所共鉴。乃综观中共所提之协定全文,其基本精神所在,不啻为征服者对被征服者之处置。以解除兄弟阋墙之争端者,竟甚于敌国受降之形式;且复限期答复,形同最后通牒,则又视和谈之开端,为战争之前夕;政府方面纵令甘心屈辱予以签署,窃恐畏于此种狭隘与威压作用,刺激士气民心,同深悲愤;不特各项条款,非政府之能力所能保证执行,而由此引起之恶劣影响与后果,亦决非政府能力所能挽救。良以此种协定果一旦订立,所给予人民者将非真正之和平,而为更残酷更大规模之长期战争;迫切渴望和平之人民,亦必决不愿政府接受此一名为"和平"实为"战争"之协定,招致全国人民重罹浩劫,岂徒显背谋和之初衷,抑必造成仇雠相报永远砍杀之悲惨局面。原文前言,全属对政府及中国国民党诋毁谴责之词,等于对罪犯之判决,何能称为和平协定?即以条文内改编军队一项而论,双方军队既罢战言和,自应同时改编,以实现军队国家化之原则;而该项协定政府所属的一切武装力量,包括一切陆军、海军、空军、宪兵部队、交通警察部队、地方部队,一切军事机关、学校、工厂及后方勤务机构,均应编为人民解放军,政府一切军事设备及一切军用物资,亦应移交人民解放军接收,所谓"民主原则",竟成共军独占之制度。关于整编程序,规定为集中整理与分区改编两个阶段,所谓集中整理,即是由共方所控制之整编会,命令国军将防区与仓库物资先行移交人民解放军接收,再开赴共军认为适当之地点集中,以便分区改编,成为"人民解放军"。如此改编工作完成之日,即国军全被消灭之时。在政治方面,联合政府成立之前,政府虽被允许暂时行使职权,实际上是奉共军总部之命办事。其主要任务为协助共军"办理各地的接受和移交事项",中共不但要接收政府的军队和政权而已,且要通过军事管制委员会之统驭形式，以"接收地方的一切权力及国家产业财富"。关于决定国家人民命运之政治协商会议问题，照协定条文二十三款："在南京国民政府代表团签字于《国内和平协定》并由南京国民政府付诸实施后，中国共产党代表团愿意负责向新的政治协商会议的筹备委员会提议，南京国民政府得派遣爱国分子若干人为代表，出席新的政治协商会议，在取得新的政治协商会议筹备委员会批准后，指派国民政府的代表，即可出席新的政治协商会议"，质言之，政府参加政协，须俟中共考察政府执行和平协定之成绩，认为满意始允负责提议，以待批准。又照协定，政府即获"批准"参加政协，而能否参加联合政府，仍须待共党之提议；而且政府参加政协及联合政府之人数及人选，均预先听命决定。上述云云，不过略举数项，以为例证，则该项协定全文，均充满以中共武力控制全国之意味。一则曰："人民解放军"开进，再则曰："人民解放军"接收。所谓和平协定，实际为欲政府承认中共以武力征服全中国。政府军队，固等于全部缴械投降；即全国各城市乡村，亦将因中共军之普遍开进，原有之社会组织与人民生活方式，亦将依中共之意旨而彻底改变。如此，势必激起军民之愤怒。若中共部队向各地开进，中共人员向各地渗透，其必然遭遇军民抗拒，殆为不可避免之事实，结果战火与屠杀即将遍及全国之每一城市与乡村，人民之痛苦愈益加深，国家之损失愈益增重，势所必然，无待深论。事果演变不幸至此，则谋和适以制造乱源，弭战反而扩展战祸，岂忠于谋国爱护人民者所宜出此，以忍出此？总之，吾人如真能体认全国人民渴望和平，共同具有谋和之诚意，则必须消除一切敌对与报复之心理，根据事实，适应环境，共策合理有效之方法，以达到彻底消弭战争获致真正永久和平之目的。因之，政府除对此次中共所提出之《国内和平协定》表示上述原则性之意见外，仍希望中共方面，确认人民利益高于一切之原则，对此项协定之基本精神与内容，重新予以考虑。至于自今年元旦以来，政府军队每遇共军进攻，均尽可能极力退让。事实俱在，有目共睹，然中共方面不但未能停止进攻，且自四月一日政府和谈代表抵达北平以后，衔接地区之攻势，较前愈趋猛烈，殊堪遗憾。兹为培育祥和空气，极盼能即日成立临时停战协定，借以表示双方谋取真正和平之决心与诚意，俾和谈得以顺利进行。特电布达，希即将上述各项意见转达中共方面并复为盼。李宗仁、何应钦卯号印。

南京方面除了拒绝接受这个和平协定外，并且先要求成立临时停战协定。代表团即刻把复电抄送中共，请他们再加考虑，这是二十一日上午九时的事。不久，街上到处喧嚷着"号外！号外！"之声，毛主席、朱总司令已经命令人民解放军进军江南了。

到了这地步，代表团已经没有继续停留北平的必要。同日接到李、何卯马电：

张文白兄并转行严、力子、云亭、为章①诸兄暨代表团全体同志：共方本日广播毛朱对共军之命令全文已悉，此间迎代表

---

①章士钊，字行严；李蒸，字云亭；刘斐，字为章。

团之专机应于何日飞平，请洽妥电告。兄等此行劳苦，事虽未诸，俯仰无愧，谨先奉慰，诸容面罄。李宗仁、何应钦卯马印。

我们就一面电复南京，一面转知中共方面：南京飞机二十三日来平，我们定二十四日回南京，请他们查照。而周恩来先生当天来看我，他说渡江已经完成，随着形势的转移，仍有恢复和谈的可能；并说代表团不管回到上海或者广州，国民党的特务分子是会有不利于我们的。还说："西安事变时我们已经对不起一个姓张的朋友，今天再不能对不起你了！"词意恳挚、温和而又坚决。而中共的其他各代表也对我们代表有同样的表示，并说："过去在南京重庆谈和破裂后，我方代表并不撤退，以保留和谈线索，现在挽留你们，也是同样意思。"这时候，我的心情陷于极度的苦恼与矛盾中：不回去吧，我是南京政府的首席代表，和谈破裂，理应回去复命；回去吧，中共的挽留是诚意的和善意的；而且脑子里也确实幻想着一旦解放大军渡过长江，协定还是有签订的可能。在无可奈何之中也只有暂时留下来了。

二十三日早，从长途电话中知道南京国民党军警都已撤退。二十四日民革李民欣先生从南京带来何应钦二十三日函，要我们径飞上海：

文白吾兄并转邵、章、李、刘诸兄均鉴：此次和平谈判，经兄等尽最大之努力，仍未能克底于成，此属国运使然，凡我爱国之士，莫不同声悲叹。兹特派专机来平，敬祈与全团同人即日径飞上海为盼。专此敬颂勋安。弟何应钦敬启四月二十三日。

当时我们曾复何一函，由全体代表签署：

敬之院长先生：李民欣先生带来二十三日手示奉悉。和谈破裂以后，同人等正待命南返中，二十二日晚间接奉德公电话，谓于翌日派机来平，当即转告各同人准备南行，并即函告共方查照。旋由周恩来、林祖涵、李立三诸位分别访问同人等，坚相挽留，并表示随着将来新的形势发展，尚可续为和平努力等语，曾于二十二、二十三两日两电并于二十三日晨以电话向南京请示数次，皆未得通。昨闻中央公司今日有机来平，复与共方洽商，申明必须南返理由，冀其同意，然周仍诚意挽留，未肯同意，似此只有暂留静待而已。尚祈亮察。再同人等此行未克达成任务，万荷李代总统与先生函电相慰，殊深惭汗！并请为转陈德公为祷。专此奉复，敬颂勋绥。张治中、邵力子、章士钊、李蒸、刘斐四月二十四日。

这信是二十五日交飞机带回去的。

对时局的声明

在四月到六月这一段时间，是我最苦闷的一个时期。脑海中有许多问题没法解答，矛盾彷徨，展开了激烈的自我思想斗争。这时期周恩来先生常来相看，多所劝导，又蒙毛泽东先生亲临慰问，思想乃初步搞通，内心亦渐次宽解。刚好在这时候，国民党中央社在六月十五日发出一个电讯，标题是《张治中在平被扣详情》。二十、二十二两日又继续发出两个电讯，说我又在北平策动和平，受了中共的"唆使"，离开北平，行踪不明，对我开始攻击了。这给我的"启发"不少。在中央社这三个电讯发表之后，我不能不有所表示，于是在六月二十六日发表了一篇《对时局的声明》，原文如下：

新华社北平二十六日电，广州中央社十五日电传广州《西南日报》香港航讯，曾报道《张治中在北平被共产党扣留之详情》，接着广州中央社二十日、二十二日两次电讯，又对张治中将军等进行攻击和诽谤，现居北平之张治中将军特为此事发表声明如下：

这几篇电讯，一派胡言诳语，没有驳斥的必要。不过我来平以后，颇承各地同志和友好关怀，我倒想就这个机会说几句话。

实在说起来，我现在北平所过着的是闲适自在的生活；而且引起一种欣喜安慰的情绪，与日俱增。什么缘由呢？我居留北平已八十多天了，以我所见所闻的，觉得处处显露出一种新的转变、新的趋向，象征着我们国家民族的前途已显露出新的希望。就是中共以二十多年来的奋斗经验，深得服务人民建设国家的要领，并且具有严格的批评制度，学习精神，和切实、刻苦、稳健的作风。这些优点反映到政府设施的，是有效率的、没有贪污的政府。反映到党员行动的，是俭朴、肯干、实事求是的军政干部。尤其中共所倡导的新民主主义，在现阶段看来，实与我革命的三民主义之基本要求相符合。综合说一句，这都不是过去我们国民党所表现于政治设施和党员行动所能做到的。我以国民党党员一分子的立场只有感到无限的惭疚，但是站在国民一分子的立场说，又觉得极大的欣慰。我们中国人毕竟还有能力把国家危机挽转过来，还可希望把国家搞好，断不是一个没出息的民族，已可得到证明。我多年来内心所累积的苦闷，为之一扫而空，真是精神上获得了解放，怎能不令人欣慰不已呢？

我再要为关心我的同志们特别指出：这次和谈破裂，在我们国民党内有些人认为条件太苛，类似投降。其实平心而论，这八条原则早为南京政府李代总统所承认的和谈基础，二十四款就是实行这八条原则的具体办法。在谈判期间，我们代表团已经和中共代表恳切磋商，并提出书面修正意见四十余处，被中共接受过半数。如战犯只作原则规定，名单完全不提，就是中共最大让步之一例。并且口头约定，如果南京政府同意签字，还可作文字上的修改。倘我们认识战败求和的必然情势，又能了然于政权更迭的历史常例，则革命大义，天下为公，我们自己既然无能，就应该让给有能的；自己既然无成，就应该让给有成的。因为国内战争，本属同胞，谁得谁失，非同异国。试想清廷末季，要是没有我们孙先生号召革命，推翻专制，中国不早就遭受了帝国主义的瓜分共管了吗？我们国民党执政二十多年，竟弄到这样地步，也不是偶然的事。当然，我是党的干部，也要负一份责任。所以今日我们就应该以诚意承认错误，以勇气承认失败，坦然放弃政权，表示一种革命事业成功固不必在我的态度,则人民观感将为我们这种坦白率真的态度而另眼相看,重新评价。甚望我们国民党中央和各地负责同志能够善用理智,正视现实,以反省自咎的胸襟,作悬崖勒马的打算,悲天悯人,忍辱负重,为军民减少牺牲,为国家多保元气。现在虽未为最晚,实已到了最后机会,万不宜轻忽地听其错过。如果还是昧于人心与大势所趋,继续作毫无希望的战争,其结果徒然损伤了大众,贻害了自己,这是无从索解的!

本人虽然身在北平,而心念战区。回想个人的主张,一向力主贯彻革命,实行民主政治。"九一八"变起以后,力主全国团结,坚决抗战,对国内问题,力主以政治方式解决,促成和平。这些,都是大家共见共闻的。目前大局已演变到此,我觉得各地同志们应该惩前毖后,当机立断,毅然决然表示与中共精诚合作,为孙先生的革命三民主义,亦即为中共新民主主义的实现而共同努力。至于我们国民党,早就应彻底改造,促进新生,才能适应时代,创造时代,达成我们革命党人应负的历史使命。在目前,我们如果把眼光放远些,心胸放大些,一切为国家民族利益着想,一切为子孙万代幸福着想,我们不但没有悲观的必要,而且还有乐观的理由。国家要求新生,也正在新生;人民要求新生,也正在新生,为什么我们国民党和个人独甘落后,不能新生呢!

同一天的《人民日报》还发表一篇新华社社评——《评张治中声明》,认为"这个声明是值得欢迎的。其中对于国民党内爱国分子的劝告,是向他们指出唯一的光明出路"。

这时期承蒙毛主席多次和我谈话,希望我参加中国人民政协和担任中央人民政府的职务。我说:"过去这一阶段的政权是我们负责的,今已失败,成为过去了,我这个人也应成为过去了。"他笑着说:"过去的阶段从你发表了声明,等于过了年三十,今后还应从年初一做起!"

从此,我又开始了新的历程。

1958年9月,张治中随同毛主席视察大江南北时,在长江途中轮上。

1958年,毛泽东与张治中在船上。

1960年10月在颐和园介寿堂,
周恩来、邓颖超、张治中、邵力子接见在京黄埔军校早期毕业学生时合影。其中有杜聿明、王耀武、郑洞国、侯镜如、覃异之、杨伯涛、郑庭笈等。

1962年春节，左起：张治中、周恩来、傅作义、屈武在钓鱼台合影。

20世纪60年代,张治中在颐和园留影。